目　录

草原英雄

忽必烈

田芳芳◎著　　　上册

中国铁道出版社有限公司
CHINA RAILWAY PUBLISHING HOUSE CO., LTD.

图书在版编目（CIP）数据

草原英雄——忽必烈：全2册 / 田芳芳著.—北京：
中国铁道出版社，2017.3（2021.9重印）
　（中国历代风云人物）
　ISBN 978-7-113-22640-4

Ⅰ.①草… Ⅱ.①田… Ⅲ.①忽必烈（1215–1294）–
传记 Ⅳ.①K827=47

中国版本图书馆CIP数据核字（2016）第312973号

书　　名：草原英雄：忽必烈
作　　者：田芳芳

责任编辑：刘建玮　　　　　电　　话：（010）51873038
封面设计：**MXK** DESIGN STUDIO
责任印制：赵星辰　　　　　电子邮箱：liujw0827@163.com

出版发行：中国铁道出版社有限公司（北京市西城区右安门西街8号，100054）
印　　刷：三河市燕春印务有限公司
版　　次：2017年3月第1版　2021年9月第2次印刷
开　　本：787mm×1092mm　1/16　印张：28.5　字数：543千字
书　　号：ISBN 978-7-113-22640-4
定　　价：72.00元（全二册）

【第一回】

挟风雨世祖出世，离家人蒙哥远行

八月的漠北草原，一望无垠，碧草如茵，鲜花盛开。骄阳高悬在天空，朵朵白云点缀其间，宛如图画般美丽。

一座颇为华美的蒙古包边，一位位蒙古族打扮的妇女们端着净水盆瓶和一沓沓白绢出出进进，忙碌非常。

这座宽大富丽的蒙古包是大蒙古国监国拖雷的妻子唆鲁禾帖尼的住所。此刻，唆鲁禾帖尼正躺在帐内，美丽的脸庞因痛苦而扭曲着，汗水早已浸透了她的衣衫，一头乌发也宛如水洗一般，粘在了肩上。她正在经历着分娩前的阵痛。

一位侍妇边给唆鲁禾帖尼擦拭着额上的汗水，边劝她多喝一点水："您不要太紧张，出汗太多会伤身子的。唉，怎么就没有一丝风，怎么就这么热呢。"

侍妇的话音刚落，碧空如洗的天空便滚来团团浓云。随即，一阵凉风吹来，整个漠北草原片刻之间便笼罩在一场暴雨之中。随着一声震耳欲聋的炸雷，"呱呱呱"的声音响起，一个黑黑的、粗壮的健硕男婴降临到了人间。

这个男婴便是日后彪炳史册的元世祖忽必烈。

忽必烈幸运地出生在了黄金家族，而且有一位顶天立地的祖父——成吉思汗。忽必烈出生这一年是元太祖成吉思汗统一蒙古各部后的第四年，成吉思汗已经是漠北草原人人敬重的大汗了。

成吉思汗出生于金大定二年（1162年）。在他九岁那年，父亲也速该遭到世仇塔塔儿部的仇杀身亡。父亲的过早去世，使成吉思汗一家的生活陷入了难以为继的困顿之中，家族中的亲友及仆人都纷纷离开，成吉思汗在颠沛流离中度过了他苦难的童年。这种环境，使成吉思汗练就了刚毅、果敢的性格和强悍的体魄。

当时的蒙古各部落间，几乎每天都在进行着争斗，都在为了争夺人口、牲畜和财产而血腥拼杀着。成吉思汗目睹这种情况，先是与一些小部落结成同盟，而后一起攻击其他部落。他先以弱小的部落为目标，进而在战争中不断扩大自己的阵营。

1

在吞并了一个个小的游牧部落后，成吉思汗开始了统一蒙古的大业。金泰和二年（1202年），他击溃了强大的十一部落联盟，继而又灭掉了杀害父亲的塔塔儿部及弘吉剌部。这时，成吉思汗的势力已经非常强大了，他又在以后的几年间，接连灭掉了克烈部及乃蛮太阳汗部，兼并了蔑儿乞惕部，逐步完成了统一蒙古的伟业。

成吉思汗有勇有谋，在统一了蒙古高原后，及时地召开了忽里台。忽里台是各部落间议会的称谓，忽里台上，成吉思汗被推举为全蒙古的大汗，正式在1206年建立了大蒙古国。在成吉思汗统一蒙古后，忽里台就成为了大蒙古国各汗决议国家大事的会议。

蒙古族人多是以游牧为生，故而成吉思汗在统一蒙古后，也仍以四处战争为主要行为。他先后出兵攻打中原地区的金朝，使得先前定都中都（今北京）的金朝，不得不迁都汴梁（今河南开封），以躲避成吉思汗的犀利攻势。

这时的成吉思汗尚没有驻守中原的打算，他多是以抢掠财产物资为主要目的。就在成吉思汗占领了金朝的中都之后，他仍率军回到了漠北草原，回到了他熟悉的家乡。

忽必烈就是在祖父得胜回乡的时刻来到人世的。

成吉思汗听说自己又得到了一个孙子，非常高兴。当听说是挟带风雨而降，长得又黑又壮，更是大为欣喜。他情不自禁地望着襁褓中的忽必烈哈哈大笑："真是我的好孙子，几年后又多了一条壮汉。"成吉思汗又颇为细心地吩咐下人，一定要给忽必烈找一个好奶母，要让忽必烈成长为一个强壮勇猛的汉子。

成吉思汗的子孙颇多，可却从未像对忽必烈的这般细心呵护。

蒙古人的习俗，有能力的男人可以任意娶自己可以养活的女人，可以是五个、十个或几十个，但只有正妻生的孩子有继承家业的权利。成吉思汗的正妻孛儿帖生有四子：术赤、察合台、窝阔台、拖雷。成吉思汗在灭掉克烈部时，见到首领王汗的侄女很漂亮，便把大侄女娶为自己的妻子，二侄女许配了长子术赤，三侄女许配给了幼子拖雷。

忽必烈即为拖雷的正妻唆鲁禾帖尼所生。在忽必烈之前，唆鲁禾帖尼生了蒙哥，在他之后，又生了旭烈兀和阿里不哥。

成吉思汗在统一蒙古后，将蒙古牧民分为近百个千户，多由那些随从成吉思汗出生入死的将领们担任，千户下设百户和十户。成吉思汗在善待那些为他拼死的将士之外，也没有亏待自己的四个儿子及亲戚：封兄弟为王，并分拙赤哈撒儿四千军，哈赤温三千军，帖木哥斡赤斤五千军；封儿子为王，并分术赤、察合台、窝阔台各四千军，小儿子拖雷一万一千人。

忽必烈生在了这样一个家族，可以说是很幸福的。他就是在这样富有的环境中度过了幼年时期。

转眼间，忽必烈已经十岁了。

蒙古族是善于骑射的民族，孩子们从小接受的就是"能骑能猎就是英雄"的理念，所以，十岁的忽必烈已经骑技精湛、射术高超了。

这天清晨，忽必烈和兄长蒙哥骑马出去，他们约好，谁先打到野兔，谁就当四兄弟中的首领。

广袤的草原上，青草如毯，鲜花如珠。蔚蓝的天空中，白云朵朵。轻风吹来，花枝摇曳，十分美丽。两位健硕少年肩搭弓箭，坐骑骏马，正寻觅着隐身在草丛中的猎物。忽然，不远处传来沙沙的声音，蒙哥一马当先，拍马便朝声响处奔去。忽必烈略一思忖，便打马朝蒙哥去的侧方过去，他让马放慢脚步，寻到一个土岗边下马，让马卧下，自己悄然搭开弓箭，等待猎物。这时，蒙哥已经拍马驰出几百米了，惊慌的野兔听见声响传来，便飞快地向着忽必烈这方向逃来。忽必烈候个正着，待野兔进入射程之内后，轻舒右腕，箭矢直射入了野兔的右眼，野兔来不及哼叫一声便倒地死了。

这时，蒙哥也拍马赶到了，见自己一直追赶的猎物已经挂在了忽必烈的马鞍边，忽必烈正以得意的眼神望着自己。蒙哥大怒，吼道："骗子！是我先发现野兔的！"

忽必烈笑着，慢条斯理地说："可是，是我先射死它的。"

蒙哥的脸憋得通红，张了张嘴，却不知该说些什么，于是拍马上前，伸手就要抢。忽必烈一个鹞子翻身，跃上马背，一溜烟儿地跑回家去了。

蒙古包帐外，唆鲁禾帖尼正坐在木几上喝奶茶，见两兄弟飞也似地打马到跟前，便站起身道："看这一身的汗，快坐下休息一下。"忽必烈对母亲极为尊重，应声坐下了。

可蒙哥依旧是恼怒万分，他急切地把刚才发生的事情告诉了母亲："他夺走我的猎物，不是英雄好汉所为，您一定要管教一下忽必烈。"

唆鲁禾帖尼看着满脸通红、呼呼喘着粗气的大儿子道："野兔并不是你射杀的，怎么算是你的猎物呢？"

蒙哥张张嘴，又低下头嘟囔道："是我先追赶的。"

接着，唆鲁禾帖尼又问正悠闲地看着天空的忽必烈："既然是蒙哥先发现的，你为什么要先出手呢？"

忽必烈正声道："我只是想借这次猎兔告诉他一件事。"

唆鲁禾帖尼皱眉问道："什么事？"

忽必烈站起身，把兔子交到蒙哥手中道："我们是兄弟，我的就是你的，你的又何尝不算我的。你在前边追赶野兔，我在后边狙击，这样成功的可能性就会大些。如果我们兄弟团结，就会办成大事的。"忽必烈顿了顿，又向母亲道：

"我只是证实了这个道理，并让兄弟们都明白这个道理。这样，祖父的汗位传到我们这一辈时才不会衰落。"

唆鲁禾帖尼听着带有稚声的儿子的话，看着一脸庄严的忽必烈，泪水盈满了她美丽的双眸，她伸手把两个儿子揽到怀中："忽必烈说得对，你们以后要一心一意，团结对外。忽必烈，难得你小小年纪便如此持重，你祖父最疼爱你了，别辜负了他的期望才对。"

忽必烈笑着点点头，并用手轻握住了蒙哥的手，蒙哥也点点头，但却坚决地从忽必烈的手中抽出了自己的手。忽必烈的眉头不禁皱了一下。

忽必烈讲的继承汗位，对于拖雷的儿子们来说应该是有希望的。蒙古族的习俗与汉族不同，汉族皇帝往往把帝位传给长子，而蒙古族的习俗是幼子继承。在一般的家庭中，长子长大成人后，会带着自己的妻儿离开父母独自生活，唯有幼子会继续跟父母住在一起，父母过世后，其家产便归幼子所有。按照这个习俗，成吉思汗的汗位是应该传给忽必烈的父亲拖雷的，所以，忽必烈的分析是有道理的。

忽必烈帮母亲斟满奶茶，问母亲道："祖父他们什么时候才能回来？"

唆鲁禾帖尼凝视着无垠的草原，许久才缓缓地道："快了，打了胜仗就会回来了。"

忽必烈最喜欢听人们讲祖父征服蒙古各部、统一蒙古的事，他对祖父的每一个胜利都熟悉得犹如亲临，他心中最崇敬的人就是祖父成吉思汗。但在他懂事后，祖父就远征走了，在他的印象中，或说是心中冥想的形象，就是祖父很高大、威猛，其余的便无法具体化了，所以他十分想念祖父成吉思汗。

成吉思汗在占领了金朝中都以后，听说曾被他灭掉的太阳汗的儿子屈出律率领残部投靠了西辽，并且当上了西辽的驸马。成吉思汗不给穷寇以生机，于1218年征伐西辽，杀了屈出律，并灭了西辽。但成吉思汗并没有做多时休整，又听说自己派往西辽西边的花剌子模国的贸易使节被花剌子模国当成间谍给杀死了，贸易使团有四百多人被害，所携财宝、丝绸毛皮等也均被花剌子模国占有。成吉思汗大怒，立刻点集军队，并亲率诸子及二十万大军杀向了花剌子模国。

1224年，成吉思汗灭掉了花剌子模，并深入到了南俄罗斯，而后才凯旋回归。

成吉思汗得胜归来，整个漠北草原一派欢腾。妇孺们迎回了思念多日的父亲、丈夫，人们开始饮酒欢歌，庆祝胜利。

成吉思汗年纪有些大了，眷恋子孙之情也是自然。在一次率子孙围猎中，忽必烈矫健、机智的身影引起了成吉思汗的注意，他指着忽必烈对拖雷道："你的这个儿子很不一般，长大之后定有作为。我的子孙不乏勇猛之辈，可忽必烈很机敏，这是他与众不同的地方。"果然，忽必烈不负众望，率先猎得一只野兔。

蒙古族人有一个习俗，就是孩子在猎杀猎物后，会把猎物的鲜血涂在自己心

草原英雄：忽必烈

目中最崇仰的长辈的手指上。忽必烈猎得野兔后，翻身下马，沾上兔血，毕恭毕敬地走到成吉思汗面前，轻轻地涂在了成吉思汗的手指上，并轻声贺道："恭贺祖父得胜归来，孙儿太想念祖父了。"

成吉思汗龙颜大悦，抬手抚了抚忽必烈的肩膀："好一个机智而又懂礼节的孩子，不愧为我成吉思汗的子孙！"

拖雷在一旁赔笑道："忽必烈天天缠着他母亲讲您的事迹，天天盼着您的归来呢。"

成吉思汗爽朗一笑："是吗？哪天我给你讲讲吧，努力吧，好孩子。"

忽必烈仰起头，向成吉思汗道："孙儿已经十岁了，可以帮助您做事了，您再出征就带上我吧，我一定会跟您一样勇敢的。"

成吉思汗一敛笑容："你不怕受伤流血吗？"

忽必烈一咬嘴唇："大丈夫何所惧！"

成吉思汗道："好！你长大后，封你个将军锻炼一下。"

拖雷一脸笑意，没注意到其他儿子的脸上已浮现出了不悦之色。蒙哥的牙也快咬碎了。

成吉思汗倒下了。

在成吉思汗称雄蒙古后，南方的两个主要政权西夏和金朝看到日渐强大的蒙古力量，很是害怕。成吉思汗先是占领金朝中都，继而又三次攻打西夏，西夏不得不奉上美女金银，俯首称臣。但是，在成吉思汗胜利归回漠北草原后，西夏与金朝缔结联盟，联合抗击蒙古。成吉思汗得知这一消息时，不顾自己年老体弱，于1226年亲率10万大军，分两路攻打西夏。蒙古军骁勇善战，多年来从未停止过拼杀打斗，西夏根本不是对手，蒙古军将西夏国都包围半年之后，西夏末帝李睍投降，西夏从此灭亡。可此时成吉思汗已经含恨去世了。

在包围西夏国都之时，成吉思汗又欲集中全力攻金，不幸有一次从马上摔下来后便卧床不起了。成吉思汗自知再难康复，灭金的抱负只得交与继位者了。

按照蒙古族的习俗，成吉思汗应该把汗位传给幼子拖雷，但必须经过忽里台的选举认可，方能生效。成吉思汗思忖良久，把拖雷叫到了自己的帐前。

"拖雷，你知道我的身体难以复原了，我们应该考虑由谁来继承汗位了。"成吉思汗对拖雷直截了当地提出了问题。

拖雷在父亲卧床不起的这些日子里，早已想过一千遍这个问题了。他管理着大蒙古国的账目、军务等多项繁杂事务，在父亲的大蒙古国中，宛如汉族王朝中的宰相一样，管理的事务很多。他知道父亲很亲近、器重自己，传位给他似乎是顺理成章的事。但是，今天听成吉思汗一开口，便是商讨谁继承汗位，而不是说

他如何继承汗位，拖雷的心里不由得一紧：莫非是他不如术赤、察合台、窝阔台他们那样，每次打仗都能统领一方？的确，拖雷的三位同母兄长都是率军的将领，每次战役都能独当一面，而拖雷多是侍奉在成吉思汗帐前，管理粮草等具体事情。拖雷平日最担心的事还是发生了，他略一沉吟，回答道："父亲想必已经胸有成竹，拖雷听从就是。"

成吉思汗看着自己心爱的幼子，缓缓说道："我知道你在平时最辛劳，你管的事也最杂乱，按习俗你继汗位也算正理，但是……"成吉思汗顿了顿，拖雷明白父亲要讲明白了。果然，成吉思汗接着道："但是，窝阔台似乎更合适些。术赤、察合台都是一介勇夫，做将尚可，统帅还嫌不稳，窝阔台不仅能一路拼杀，而且还有谋略，如果他继承了汗位，又能得到你的辅佐的话，我倒也放心一些。"

拖雷听到这里，明白了父亲心里早已经把汗位留给了三哥窝阔台。他张嘴刚要说什么，成吉思汗抬手制止住，又接着说道："我这一生拼杀奔波，征服了无数部落，从塔塔儿到西夏，已不知经历了多少场战争了，但我还有一个心愿未了啊，金朝一直在与我大蒙古国对立，我多想征服这个最富裕的金朝。看来我是力不从心了，但继承汗位的人一定要征服金朝！你管理事务能力很强，但统军打仗还是稚弱了些，而且军中的将领们恐也难听你调动。窝阔台继承了汗位，有你帮助他，一定会完成我未竟的征服金朝的大业。拖雷，我的财产你都继承了，为了父亲，你能否不要这个汗位，帮助窝阔台呀？"

成吉思汗说到自己未竟的大业时，眼中已经闪着泪花，拖雷从未见过父亲这么心平气和地同别人说过话。成吉思汗平时极其威严，一言九鼎，从不允许别人说个"不"字，有时应得慢了便会遭到他的责骂，甚至杀头。今天听到父亲这番语重心长的话，拖雷不由得一阵感动，他哽咽着说："我听父亲的。"

成吉思汗满意地点了点头，喘了口气又道："由你任监国，负责召开忽里台，辅助窝阔台当大汗。你放心，我一定会让他善待你的。你去吧。"成吉思汗一下子说了这么多话，显得十分疲惫。

拖雷应声转身，刚要离去，就听成吉思汗又道："拖雷，你的儿子忽必烈是个好材料，你好好培养，定能成大器的。"

拖雷道："可是……"

成吉思汗打断拖雷的话，道："可是无法从你这里继承汗位是吗？别着急，他还太小，日后呀，这大蒙古国靠他喽。你若亏待他，我定不饶你！"成吉思汗说完，便挥挥手让拖雷走，合目休息了。

拖雷走出帐外，脚步格外沉重，心里也是百感交集，不知是为自己失去了本可继承的汗位而痛苦，还是为父亲对忽必烈的未来前瞻而欣喜。拖雷最不能理解的是父汗说自己是因继承了财产，便不再继承汗位了，倘若继承了汗位，纵然让出目

草原英雄：忽必烈

前的财产又何妨，大汗还会没有财产吗？拖雷自信深得父汗亲传，在父汗左右备受重用。1213年伐金时，他亲率中路军攻到了河北、山东，1219年西征时，他同父汗一起攻陷不花剌、撒麻耳干；1221年，自己又单独率领一军，攻陷马鲁、弥沙不儿、也里等，在蒙人中颇有威信。父汗怎么会认为自己不能统摄好军队呢？怎么就认为自己不能完成父汗未竟的事业呢？拖雷陷入了深深的痛苦之中。

　　成吉思汗故去后，监国拖雷在主持了丧仪之后，开始着手召开忽里台的准备工作，以推举并认可成吉思汗遗言中提出的窝阔台。这准备工作一拖就是两年，汗位虚悬的态势引起了蒙古诸王的不安。人们纷纷猜测拖雷是否要违背父命，自己来当大汗了。

　　蒙古诸王对拖雷的猜测并非没有一点儿道理。

　　本来该传给拖雷的汗位不给了，而且还要拖雷主持大会，来帮助窝阔台成为新的大汗，这的确让拖雷心中不是滋味。因为成吉思汗的病故，原先草原上一些不太顺从的蒙古王开始了一些小规模的反叛和自立山头的行为，窝阔台、术赤他们要不时地去出击镇压一下。这种纷乱的局面给了拖雷缓开忽里台大会的托辞，拖雷也想借此机会好好想想这个问题。他开始了娶妻生子以来，在家中住得最久的一段岁月。

　　此时的忽必烈已经长成一个健壮的少年了，他从没有这样长时间地能跟父亲亲近。他每晚都要缠着父亲讲打仗的事情，几个月下来，祖父和父亲经历的战役他都烂熟于胸，而且他常常就有些战役提出一些评述，其观点深刻、精辟，很令拖雷惊喜。拖雷常在私下跟妻子说："几个儿子中唯有忽必烈像我。"而妻子多是笑答："我看忽必烈更比你多了一份机智与果敢。"拖雷颔首同意。

　　不久之后的一件事，又让拖雷在认识到了忽必烈的机智与果敢后，发现了儿子的缜密心思与远大抱负较自己更胜一筹。

　　这天上午，拖雷刚刚起床，兄长窝阔台的手下就牵着两匹马过来了。

　　"王爷，窝阔台王爷让我给您送来了几件稀罕的物件。"下人恭敬地把驮着两大包东西的马牵了过来。

　　拖雷眉头一皱，道："王爷怎么不自己留着？"

　　下人回道："回王爷，这是在赤不斤的帐内缴获的，有两柄嵌玉宝刀，还有一些银器和玉器，窝阔台王爷说他是遵从父汗的旨意办的。"

　　拖雷踱到一边，冷笑道："我父汗的什么旨意？"

　　"大汗曾吩咐窝阔台王爷，说有什么都要跟拖雷王爷分享。"

　　"哼！我——"拖雷还未说完，忽必烈在一旁赶紧插言道："谢谢伯父了。你回去吧，就说我父王很高兴。"

　　"是。"

见下人走了，拖雷不悦地看着忽必烈解开包袱，道："你好大的胆子，竟敢替我做主当家！"

忽必烈取出一柄宝刀，道："父亲，这可是一柄利器？"

"是。"

"那它能否杀人？"

"当然。"拖雷面色凝重。

忽必烈放下刀，又问："父亲，您可知世上有一种最柔软的东西，杀人比利器更加快捷，更加狠毒？"

"怎么？你想教训我吗？"拖雷盯着儿子的脸，要发火了。

忽必烈跪下，抬头仰望着父亲，道："父亲，舌头是天下最尖锐的武器呀！您想，如若我们不收下这些礼物，窝阔台王爷肯定会心生疑虑，会猜测父亲想自己称汗。所以，他才用祖父的旨意来压我们呐。"

拖雷"哼"了一声："小孩子，懂什么！"

忽必烈急道："父亲，术赤、察合台、窝阔台三位伯父都曾自统一方，除了有自己的封地外，还都有自己统率的蒙古铁骑，而我们却只有财富、封地和三千户。父亲，如果与他们一旦交恶，我们又岂是对手？"

拖雷踱了几步，转身拉起儿子，又问："怎么，你害怕了？"

忽必烈一挺胸脯，回道："孩儿不怕，孩儿只是担心我们还小，不能给父亲帮什么忙。"

拖雷明白了忽必烈的意思，他是说蒙哥他们哥几个还小，没有经过战事历练，而且自己手下的亲军太少，无法与三位兄长抗衡。拖雷叹了一口气，道："我也是因此才按兵不动，静观其变呢。"

唆鲁禾帖尼在一旁听了一会儿，见丈夫叹气，她接着道："那总这么拖着也不是办法呀，忽必烈说得对，舌头也能杀死人，人家会说我们不守信用，违背父汗的遗愿呢。"

忽必烈点头道："父亲，我们蒙古人讲的是一个'信'字，一'义'字，如果我们背负了这个污名，在大草原上会没有立足之地的。"

拖雷正色道："我从来没有想过要违背父汗的旨意，只是近日的战事不断，再加上几个王爷兴风作浪，才推迟了忽里台会议。当然，要说我心有不甘，也是实情。"

忽必烈抓住父亲的手，放在自己的肩上，道："父亲，您捏一下，可感到坚硬宽阔？"

拖雷点点头。

"那父亲就放心吧。只要几年，我就会长大成人，我肩膀就能驮起万重山峰。"

拖雷抱着忽必烈，笑了，唆鲁禾帖尼却流下了一行欣喜的泪珠。

窝阔台自然是坐卧不安。他急于想登上汗位，但又没有自行召开忽里台的权力，而且父汗在临终前与他密谈时，曾告诉他"若想江山坐稳，须得二人力助，一是拖雷，一是耶律楚材"，并分析两人的情况道："耶律楚材为契丹人，深受汉儒文化熏陶，他信奉君臣之道，一定会尽心辅佐任何一个汗王的，拖雷手中有财富和封地，不宜强迫。拖雷较仁厚，会屈从于良信与忠诚，你要善待他、感动他，方可得到他的帮助。"

窝阔台思量许久，终于把耶律楚材请到了自己的帐内。

"耶律先生，我乃行军之人，恐是无法担当父汗留下的汗位。"窝阔台首先纡尊降贵，谦虚地向耶律楚材道。

耶律楚材跟从成吉思汗多年，深深折服于成吉思汗的雄才伟略，他得到成吉思汗的密嘱，要扶持窝阔台登汗位。他明白窝阔台请自己来此的目的，沉吟片刻道："我明白您的意思，我尽快去找察合台与拖雷，您放心吧。"

窝阔台轻舒一口气，又道："我无法支撑没有你的帮助的局面，事成与否，都希望你能留在我的帐前。"

耶律楚材听出了窝阔台话中的许诺，便急忙起身，找拖雷去了。

耶律楚材见到拖雷，并劝道："您必须帮助窝阔台当大汗。蒙古族是个骁勇、崇尚英雄的民族，违背父命会被人们视为小人行为。您肯定不想失去大家对您的尊敬与崇尚，忠诚的名誉是无价之宝，望您三思啊。"

在耶律楚材及忽必烈的劝说下，拖雷同意即刻召开忽里台，推举窝阔台成为新的大汗。终于，在成吉思汗去世两年之后，窝阔台成了大蒙古国新的大汗。

窝阔台即位后，马上开始了成吉思汗生前定下的灭金战略计划。

元太宗三年（1231年），窝阔台兵分三路，启动了灭金的战车：拖雷率军出凤翔、宝鸡、八大散关，经兴元、钧州南下；窝阔台率军经山西进驻郑州；铁木哥斡赤斤率军进入山东。第二年春天，三军汇合于大梁，金军大败，精锐尽失。大梁城防坚固，蒙古军一时难以攻破，于是，留速不台继续包围大梁，拖雷和窝阔台率军回漠北草原。

归途中，一向纵情声色的窝阔台病倒了，拖雷请来萨满巫师为窝阔台念咒驱邪。拖雷端着念咒的清水，道："长生天，如果你要责罚谁的话，就选我吧，大蒙古国不可没有大汗，让我来替代大汗受罚吧。"言罢，将水一饮而尽。

第二天，窝阔台神奇般地康复了；而拖雷却大病临身，几天后病死途中。

这一年，忽必烈年仅十八岁，他同母亲唆鲁禾帖尼期盼来的父亲已是一缕亡魂了。

忽必烈、蒙哥、旭烈兀、阿里不哥跟母亲唆鲁禾帖尼守候在拖雷的灵柩前，陷入了深深的悲痛之中。

忽必烈已经成长为一个健硕的男子汉了，他不仅骑射技艺精湛，而且数年来大蒙古国内的权力争夺倾轧，使他已经历练了胆大而心细的性格。他起身给母亲唆鲁禾帖尼拭去泪水，道："母亲，不要悲伤，父亲是忠诚之士，会得到勇士的敬仰缅怀的。"

唆鲁禾帖尼抚了抚阿里不哥的头，道："你们还太小，不明白我的心中所想，我不仅是悲伤，更是为你们担心呢。"

蒙哥攥着拳头道："母亲，我已经长大，我会像父亲一样，继续跟随窝阔台汗去战斗的。"

唆鲁禾帖尼抬手做了个制止的动作，道："不，你们不要再离开我的视线了，我要你们都平平安安的。"

唆鲁禾帖尼成了一个寡妇，还有拖雷遗留下来的几个妾和她们的子女，都需要她来安排料理。现在，少年忽必烈已能感到族人对他们一家的疏远。族人们欺负他们孤儿寡母，先后多人偷着掠走马匹羊群，离开了拖雷一系的封地，去寻求更有实力的靠山。一切都没有了办法，唆鲁禾帖尼只有带着忽必烈这一群人回到怯绿连河，以打猎捕鱼为生。但唆鲁禾帖尼不论到哪里，都始终叫蒙哥、忽必烈、阿里不哥和旭烈兀四兄弟背着箭袋。唆鲁禾帖尼自己也拿着一个箭袋，里面有五支金箭——这是拖雷给她留下的传家之宝。加上拖雷和妾生的一子末哥，忽必烈知道他们现在是五兄弟了。

唆鲁禾帖尼把五兄弟叫到帐中，她讲起先祖孛端察儿临死时，曾分给他们每人一支箭，叫他们折断，每个人都是应手而断。孛端察儿又把束在一起的五支箭拿出来，叫他们拗折，结果没有一个人能够折断。于是，孛端察儿对五个儿子道："你们就是这五支箭，分开来一定容易折断，只有合在一起才不会被人折断。"唆鲁禾帖尼以把这个祖宗遗训告诫忽必烈："你们要记着父亲的荣耀，要为拖雷王爷复仇，一定要把部族的人拢住，不要分散。"

"如果部族的人不肯拢在一起，应该怎么办呢？"蒙哥问。唆鲁禾帖尼只是握着忽必烈的手，并不理会蒙哥。蒙哥想起拖雷教他的战歌："杀尽头颅千万颗。"在他的心目中，竟然认为凶杀也是团结力量的一个办法。

末哥还有一个妹妹名叫婉君，蒙哥第一个拿他这个庶妹开刀。有一天，正当蒙哥带领阿里不哥、忽必烈、旭烈兀还有婉君打猎时，忽然一阵惊天雷雨，他们只好躲到一个大池边的灌木林之内。就在这时候，一条耀人眼目的金色大鲤鱼，突然在池中高声一跃，不偏不倚，正好落在蒙哥和婉君中间的地方。蒙哥随手抓住，叫弟妹们快送回家中去。因为蒙哥知道这条金鱼能卖很好的价钱，全家生活将会有几天着落，可是，当他去领着母亲唆鲁禾帖尼回来时，却发觉这条金色大鲤鱼不见了。全家兄弟姐妹都感到非常吃惊。蒙哥察言观色，已知道是婉君偷了这条鲤鱼。婉君已经把这条鲤鱼拿去卖了，买回来许多女人用品。蒙哥一声不响，挽起弓箭，把婉君哄到帐外的树林中，一箭把她射死了。

唆鲁禾帖尼知道这件事后，对蒙哥加以责骂，但蒙哥非常平静地对母亲说："婉君这样做法，是不把咱们当一家人看，将来大家还不被她害死？就是父王再生，也不能容忍她，何况她从来不服从我这个长兄的吩咐！我绝不能容忍咱们族里有这样一个胸怀异心的人。"

蒙哥说完之后，竟然从腰间拔出家传的宝刀，把刀向空中挥舞，目光逼人，在忽必烈、阿里不哥、末哥身上扫来扫去，大喝一声："抗我者将被杀！"

忽必烈心中一惊。唆鲁禾帖尼也吓了一跳，她似乎也不敢说些什么，只是感到蒙哥如真能成为汗王，这岂不是她教子有出息吗？她应当高兴才是，但她嗫嚅着说："蒙哥，不管你怎么说，你这样做引起了全家的不安，也会被黄金家族的人笑话，我不知道你怎样在家中立足？蒙哥，你最好到外边去避一避吧。"

蒙哥点了点头，却皱着眉头说："父王已死，人们都不与我们往来，我到哪里去？真好笑，他们都像怕我们似的躲着我们，难道我还要缠着他们不成？"

唆鲁禾帖尼说："你父王死后，家族中的人都不愿与我们亲近，但你在长大，总要闯天下。"

"那我就与忽必烈一块儿出去。"蒙哥说着看了一眼忽必烈。

末哥扯了一下忽必烈的衣袖："好男儿志在天涯。"

忽必烈明白了末哥的意思，他答应蒙哥愿跟他一块儿出去。

唆鲁禾帖尼说："蒙哥，王爷在世时曾为你订下一门亲事，对方是咱们蒙古人出美女的地方。"

"弘吉剌部？"包括忽必烈在内的几个男儿差不多异口同声地问道。

唆鲁禾帖尼微笑一下说："是的，与兴安岭西边弘吉剌部首领的女儿订的亲，如果他们还没有忘记我们，我想，你是应该去那里娶亲的。"

这句话燃起了蒙哥的希望，他决定与忽必烈一起马上就动身去那里。二人骑上马，朝着兴安岭进发。

蒙哥与忽必烈的全部所有，也就只有三匹马，那捆装着替换衣服的革裹行囊，绑在马背上，看起来轻飘飘的，让人看上去就禁不住生出一种哀怜。

蒙哥对忽必烈道："我这样去见我未来的丈人，他会不会小瞧于我？这可怎么办？"

忽必烈说："不会的。"正当兄弟二人言语之时，忽然天空之上发出一阵尖锐的怪啸。一只双翼蔽天的大雕正朝着他们头上飞过来，看起来那巨爪铁喙的目标，竟是兄弟二人身后的从马。蒙哥忽然开颜地笑了笑："忽必烈，这就是我送给丈人的礼物。"

只见蒙哥闪电似地挽弓在手，铁臂弓弯成个满月，高喝一声："着！"跟着便是一声震满山野的哀鸣，连忽必烈的马也吓得扬起前蹄长嘶。

蒙哥此时满怀得意，一跃下马，见巨雕坠下所在山林就在前边小路，便示意忽必烈翻身下马，徒步过去拖取。可是，就在他们进入路口之时，蓦地发觉，在草丛之中，几十支弓箭正对着他们兄弟二人。待兄弟二人回头看时，到处都是弓箭手，都在向他们瞄准。

正当蒙哥和忽必烈满腹狐疑之时，小路拐弯处已闪出三个大汉，为首的一个，不是别人，正是赤亦速不花，他向兄弟二人冷笑道："你们一家人也许都会记得拖雷王爷在世时对我家的不好。"

蒙哥和忽必烈想起速不花是个趋炎附势的小人，都觉胸中怒火如焚。他们兄弟二人这时却身处重重包围之中，只要一发作，马上就会死无葬身之地。

忽必烈见蒙哥发呆，便立刻抱拳含笑道："速不花叔叔，许久不见，我们一家人都想着你哩！"

速不花却哈哈大笑："你们一家人真的如此想念我？是不是念念不忘，想要我的性命？"

忽必烈问："叔叔何出此言？"

只见速不花沉着脸说："我听你们乞颜族人说，在我走后，你们兄弟几个人曾经对天立誓，将来如果兴起，第一件事就是要把第一个离去的部族首领速不花杀死，我现在等着你们兄弟把我抓回去哩。"

蒙哥早已惊得时而点头，时而摇头。忽必烈此时哪敢承认，只好摇头道："我们兄弟没发过这样的誓，我们兄弟也不敢抓叔叔。"

这时，只听速不花说："此事是我亲自听说的，为免后患，饶你们不得，既然你们兄弟抓不得我，我倒要抓你们了。"

忽必烈说："老叔，我们毕竟是自己人，当年我父亲待你不薄，你自己问良心好了。人一定要讲良心。"

速不花一阵冷笑："什么良心不良心。"说着回过头去，随后抓起蒙哥手中的大雕。蒙哥想说这是我的东西，你不要动。这时候只见速不花刀闪寒光，大雕的头已经被砍了下来。蒙哥说："这是我的东西，你怎么能霸占？"

速不花说："什么你的东西？连你兄弟二人的性命都在我手上，我看你还是闭上你的鸟嘴吧。"

蒙哥生平憎恨自己的东西为人掠夺，他满腔怒火，禁不住大喝一声："速不花，老狗，你……"可是，蒙哥的刀还没拔出来，已经被成群的大汉击倒在地。

忽必烈被速不花提起来摔到地上。从此以后，忽必烈和蒙哥就像两头被困的熊，被速不花锁在特制的木笼中，每天任由观看的人指手画脚地嘲笑。

"这兄弟二人就是发誓要灭我们的小子，真是无能。"然后大家就是一阵嘲骂之声。对于忽必烈和蒙哥来说，这些嘲骂他们都要忍住。因为他们明白，这不是他们兄弟二人反抗的时候，反抗只能招来更大的灾祸。

在囚笼中，兄弟二人已呆坐数日。这一天中午，正当兄弟二人打盹的时候，忽然远处传来了一阵呼喝声，有如地动山摇。

"这究竟是怎么一回事？"忽必烈和蒙哥还在想时，平日给他们兄弟二人送食物的老者走了过来，食物之中多了块奶酪。忽必烈和蒙哥都感到奇怪，因为这许多天来，他们兄弟二人所能吃到的只是最粗糙的东西，所以忍不住对那块奶酪看了一看。

这时，老者低声说道："快点吃了它，否则我和你们兄弟二人都不方便。"
机灵的忽必烈示意蒙哥，真的三下两口就把那奶酪吞了下去。

忽必烈说："多谢公公，可不知道何故今天赐我们兄弟二人如此大的奶酪？我兄弟二人真要谢谢您老人家。"

老者左右偷看一下，看没人在旁边，这才叹一口气说："这是我们族里人一年才有一次的摔跤大会。"

蒙哥问："摔跤大会？"
老者点了点头。

忽必烈说："既是族人一年一度的盛会，跟着一定还有骗马大会，只是不知道我们却与此事何干？"

老者叹一口气说："我听说他们回头要找你们兄弟二人去角力，我怕你们兄弟二人这几日劳累体力不够，所以才给你们一些好吃的，希望你们多些气力。"

蒙哥和忽必烈都知道，当地所产的牛都是野蛮无比。忽必烈问："和牛角力？"

老者点了点头，说："正是，所以你们兄弟二人要小心。"说完，便匆忙地走开了。

就在那老者走开不久，一群泰亦赤兀惕部的壮汉嘻嘻哈哈地走过来，打开笼子，松开蒙哥和忽必烈的脚链，却把两副更沉的、犁耙似的大锁，架到兄弟二人的头颈上。

蒙哥和忽必烈被推到广场上，一个武士上来松开忽必烈颈上的锁。速不花站在高台之上，对忽必烈阴险地笑了笑。

忽必烈感到心里吹过一阵冷气，只见速不花拍了拍掌，对众人高声喊道："族人们，我们接下来的这场角力表演，就是一头大公牛与乞颜少年忽必烈的争斗，大家可别忘了欣赏。"人群之中一阵狂呼。

一匹硕大无比的大公牛被牵了出来，随即有人在牛背与忽必烈颈上搭了好几根粗壮的绳子。然后就有人对忽必烈喊道："忽必烈，你和公牛各自背占一方，你得用力扯，把公牛扯过中间的白线，就是你赢了，今天晚上有一顿好吃的东西给你吃；如果你给公牛扯过了白线，哼，我们就让公牛把你拖着走一里路。"

忽必烈看了看地面那些凹凸不平的沙砾，也不禁打了一个冷战。但他明白，除了听从和死拼之外，再也没有别的道路可走。忽必烈只好低下头，暗自运力。突然，钟声一响，众人已经在狂呼乱叫。

忽必烈望一眼蒙哥。蒙哥也望一眼忽必烈。

兄弟二人差不多同时叹一口气。大公牛吃了一鞭，拼命往前走，忽必烈也就只能背对着大公牛，拼命向自己这一方扯。粗绳和木枷擦过忽必烈的肩，先是皮破，继而流血，甚至磨到胛骨。

忽必烈忍受剧痛，咬紧牙齿，一点儿也不敢松懈，拼命向前拉。忽必烈心想：一定要胜过蛮牛。如果战不胜蛮牛，自己就得赤裸着身子，被狂奔的蛮牛在沙碛上拖上一里路，那准是一片血肉模糊。

忽必烈凭着求生的意志，也凭着那送饭老者送给他的一块奶酪，他竟然胜了。这头蛮牛在勇猛的忽必烈舍身拉扯之下，竟然后脚一趴，将身子伏到地上，再也起不来了，任由忽必烈把它像拖耗子一样，一直拖到那条白线上。牛在哀叫，人群之中竟然有人喝起彩来，速不花脸色陡变，把头一摆，于是忽必烈也像那垂死的牛一样，被拖回笼中的蒙哥身边。

蒙哥流泪了。

忽必烈感到剧烈的痛楚，昏迷了过去。

沉沉的黑夜中，忽然一阵冷水从忽必烈的头上直泼下来，他骤然清醒许多。他还以为是下雨，随手抹一把脸，张开眼来。朦胧的星月底下，忽必烈见蒙哥正目光直直地望着一处。忽必烈顺着蒙哥的目光望过去，竟然看到一个十分丰满的少妇。

忽必烈一愣，哑着嗓子问道："你是谁？"

"嘘！"那少妇把一只食指放在唇间，然后低声说，"我是速不花小妾，因为你兄弟二人了不起，所以我救你们。"

"救我们？"忽必烈也来了精神。

可是，忽必烈望了望脚镣和粗重如椽的木枷，苦笑着摇一下头："你怎么可能救我们兄弟二人呢？"

少妇马上说道："不是现在，是明天。我刚才听说速不花父子正在商量，明天骗马大会时，要用绳子将你们兄弟二人拴在马后，与骑马的人一块儿奔跑，而这匹马却是全兴安岭最好的马，只要你们兄弟二人能够骑得上去，就没有任何人能追上你们。"

速不花的小妾如此这般说了之后，似乎在蒙哥和忽必烈心上点了明灯一样。兄弟二人用感激的目光目送着速不花小妾离去，蒙哥说："忽必烈，有朝一日，我消灭速不花，一定娶她为妻。"蒙哥说这话时，发现忽必烈的目光也是动情的，这令蒙哥老大的不高兴。

次日一早，太阳刚露头，骗马大会便已开始。这是一个最能展露蒙古英雄气概的大会，许多骑功超卓的青年男子，都在骗马大会上显露他们的骑技。有人能弯身到马背下射箭，有人能够从一匹飞驰的马背上飞跃到另一匹马背上。即使是最顽劣的马匹，在他们胯下，也只能成为绝对驯服的奴隶。甚至少女也是双足踏在飞驰的马背上，呈现出她们矫健婀娜的青春美姿，每当她们身到马腹之时，那美妙的腰肢不知道会引起多少男人的目光，一直把他们的目光拉弯。

这正是蒙古尚武精神的最高表现。在他们的心目中，骏马是胯下的战友，也是可以愚弄的奴隶。而每逢骗马盛会，他们也要找一些奴隶来加以愚弄，甚至如忽必烈和蒙哥这种不可愚弄的奴隶，一样也要加以虐待，以博全场的欢笑。生死关头，蒙哥和忽必烈都睡得很香。但兄弟二人在甜美的梦中，却已被人扯了起来，用一根绳子拴住了他们的脖子，推到骗马大会的广场上。兄弟二人的出现引起一阵骚动，似乎每一个人都惊奇于忽必烈经过一场折磨之后，何以还能够如此神采奕奕、双目闪闪，尤其是族中的少女，还不时对兄弟二人发出一阵阵爱怜的叹息。她们总觉得这样对待兄弟二人真是不公平。

这时，速不花又走上台子，他大声说："族人们，我们今天的骗马大会，还有一个特备的花样，是我们最好的骑士，蒙哥和忽必烈，他们要与我们的马赛跑。"这时，大家反而都屏住了气息，好一会儿，才有几个男人发出一阵怪叫。因为任何人都知道，这所谓的赛跑，实际上就是惩罚不听话的俘虏的一项酷刑。跑不上一会儿，俘虏就会被拖在沙砾之上，最后只剩下一团模糊的血肉。

人们担心着忽必烈和蒙哥。忽必烈和蒙哥也从人们眼中看出了惊恐，心里也有些怕。

兄弟二人这时已被拴在马后一丈余处，他们神色木然。忽必烈只是半眯着眼，在打量着马上速不花的身段，心想，这小子曾和我父王拖雷王爷一块儿玩耍，他儿子时常被我打成滚地葫芦，可是现在人家父子二人强壮多了，也威风多了，原因就是他手中有兵马呀。

突然，一阵锣声响起，忽必烈看到蒙哥已被马拖得狂奔，他自己也感到颈项间一阵抖动，已经不容他考虑什么，赶快拔腿便跑。

蒙哥在前面跑得飞快，忽必烈必须像他那样狂奔。

忽必烈有时觉得赶不上，他就必须舍命把前边的绳子向自己身体这边拉，以命令自己有一点余地。但这种倒拉，在马匹飞驰之时，得用上极大的力，所以手掌很快就被磨破了。马匹愈跑愈快，还掺杂着马背上速不花儿子得意的呼啸声。

蒙哥已有倦意，忽必烈在其后为他加油："哥哥，只有朝前跑。"

忽必烈眼看蒙哥再也支撑不住了，但马匹这时却正向沙碛的一处陡坡之上跑去，速度也放缓了不少。

蒙哥对忽必烈回头喊一句："弟弟，我们会活下去。"

就在两匹马上到坡顶之时，蒙哥和忽必烈都精神一振，把绳一收，发狂似地飞跑起来。

忽必烈和蒙哥兄弟二人飞身一跃，都已上了马背，闪电似地夺过绳子，双腿一夹马肚，一声断喝，他们的胯下马匹已经如箭脱弦，如追星赶月般，瞬间即消逝得无影无踪。

速不花见情况有变，连忙派人去追，可哪里还来得及？

忽必烈和蒙哥兄弟二人在茫茫荒野之中，二人四目血红，差不多同时振臂大呼："速不花，我们会用千万支箭把你射穿，把你千刀万剐，把你碎尸万段，把你全族人灭掉。"兄弟二人这一呼，真是天鸣地应，四面震荡，声音久久始散。兄弟二人四下望了望，他们商议一番，还是决定按母亲所言去弘吉剌的牧地。他们要去找那里的酋长，找到那位指腹为婚的人儿再说。这时的兄弟二人已是一无所有，蒙哥只穿一条破裤子，还满身伤痕。忽必烈也已身无长物。

正在兄弟二人踌躇之间，蒙哥忽然笑了："我骑着的马匹不正是最好的礼物？还有你的坐骑，忽必烈，对吗？"

忽必烈说："是的，大概弘吉剌部也找不到这样好的马儿。"

穿过兴安岭向西时，多的是藤蔓和参天大树，满地叶子。忽必烈和蒙哥耐心地用叶子编成两件特别的斗篷，各自披在身上，觉得这个样子一定还很英武。

走了近十日，兄弟二人身上的伤都复原了，他们到了弘吉剌部。蒙哥未来的岳父波拿拉赤一见这两个少年十分健硕，自然十分欣喜。忽必烈说："波拿拉赤酋长，我兄长的坐骑叫汗血赤骝马，望您老人家笑纳。"波拿拉赤酋长很愉快地接受了，他向兄弟二人回赠两匹宝马，另外还回赠两把宝刀。蒙哥和忽必烈都非常满意，更使蒙哥满意的，是刚健、婀娜的波拿拉赤的女儿令改公主。

令改公主也很喜欢蒙哥，三天之后，二人成了亲。

忽必烈也非常喜欢令改这个嫂子，但他更敬重波拿酋长的武功，他认老酋长为师，暂时住在弘吉剌部，潜心习文尚武。

在成吉思汗征服草原诸部、统一蒙古的过程中，弘吉剌部是归顺成吉思汗较早的部族。弘吉剌部是出美女的部族，所以成吉思汗有过"我的子孙要娶弘吉剌部的女人为妻"的话，他自己的斡耳朵（即宫帐）里也曾有过数不清的弘吉剌部的女人。

忽必烈在弘吉剌部的日子是平静的。波拿族长很是喜欢蒙哥这个女婿，对他们兄弟俩整日嘘寒问暖，照顾得十分周到。二人除了白天领着弘吉剌部小伙子们练习骑射外，并无它事。到了晚上，蒙哥就迫不及待地跟令改公主缠绵去了，只剩下忽必烈寂寞地望着天上的星星，挂念着不儿罕山的娘亲。忽必烈几次催促哥哥回去，蒙哥都舍不得令改，敷衍道："回去也是衣食无着，你在这里又能习文，又能练武，过些天再说吧。"

波拿族长看出了忽必烈的心思。说实话，对于拖雷的这两个儿子，他倒是更看中忽必烈一些。在上次弘吉剌部的射猎行动中，他示意由兄弟俩总领一切安排。结果，他不仅领略了蒙哥的猛悍，更是对忽必烈的沉着缜密的筹划赞不绝口。在射猎得胜的酒宴上，波拿族长曾高擎酒碗，大声叹道："伟大的成吉思汗，您把蒙古组成了一家，更是拥有蒙哥这样的勇士，拥有忽必烈这样足智多谋的子孙，何忧汗国不能万世兴盛！"

正由于弘吉剌部素有出美女的名声，故而免不了有一些其他部族的人常来骚扰、抢夺女人。弘吉剌部人口不多，在周围蔑儿乞惕等部族中，算是势力较弱的一支，波拿族长有心留住忽必烈兄弟二人，希望他们能护卫弘吉剌人的安全。但波拿族长还没有想好怎样把自己的心思说给忽必烈听，发生的一件事就让他死了这条心。

波拿族长的侄女玉罕是个漂亮的姑娘，今年刚满十六岁，高高的身材，大大的眼睛，是弘吉剌部的一朵鲜花，常有不少小伙子向她献媚示意，但玉罕心比天高，她发誓一定要嫁给一位大英雄。忽必烈兄弟二人在速不花处受到折磨又顽强地逃脱的故事深深地打动了她，尤其是胸有成竹、沉着坚定的忽必烈，更是让她的内心充满了钦佩与爱慕。

一天，吃过晚饭后，玉罕见蒙哥一头扎进令改姐姐的帐内不再出来，她便悄悄地走向了忽必烈的蒙古包。忽必烈正仰面躺在草地上，望着繁星闪烁的夜空沉思，听见脚步声，便欲起身。

玉罕上前按住他的肩膀，问道："看什么哪？这么出神。"

"是玉罕呢，没什么，我正想去睡觉。"

"蒙哥有姐姐陪着，自然是早睡晚起，你一个人又着什么急？"玉罕打趣道。

忽必烈笑笑，没有做声。

玉罕伏下身，紧挨着忽必烈坐下，又问："忽必烈，你为何不娶亲呢？"

忽必烈只觉得一个柔软、芳香的身体这么近地贴着自己，有些不好意思，他轻轻地向旁边挪动了一下。

玉罕见他这样，调皮地笑道："怎么？怕我吃了你？"

忽必烈的脸有点发烧了。他已经是个大小伙子了，对异性的憧憬与好奇是早就有过的事了，见玉罕这么问，他有点心虚。

玉罕又问："你怎么不说话？连速不花的折磨都不怕的人，会怕我一个小姑娘？"

忽必烈仍旧笑着，不说话。

"我倒要看看，你是不是一个没长舌头的雄狮。"玉罕调笑着，弯下身子，俯在忽必烈胸前，露出了一口珠贝般的玉齿。

忽必烈看着晃在自己眼前的这张鲜活、灿烂的笑脸，嗅着玉罕散发的怡人体香，他的心不由得狂跳不止，有些晕眩。

玉罕伸出两只小手，抚着忽必烈的脸颊，又问："那天射猎时，你面对扑上来的群狼都不变脸色，怎么现在倒脸烫起来，是不是怕我吃了你？小心，我要吃掉你了！"说着，玉罕张开了红嫩的小嘴，吻上了忽必烈的脸颊，一边吻，一边还小鸟般用牙齿轻啄着。

忽必烈先是感到双颊一阵酥软，一阵痒痛，接着心如撞鹿，浑身的血像是沸腾了一般，他不由得张开了双臂，搂住了玉罕，同时也急促地回吻着她。

玉罕娇喘着，仰面倒下，把忽必烈搂到胸前，轻问道："你是雄鹰，可否在这里筑巢？你是雄狮，可否在这里停下脚步？"玉罕是说要忽必烈留在弘吉剌，娶自己为妻。

被青春的情欲点燃的忽必烈沉浸在欢愉的亲吻中，闻听此话，还在准备解玉罕衣袍的双手不由得停了下来。

玉罕睁开俊美的双眼，又问："你说话呀，能否答应我？"

忽必烈翻身坐了起来，用手拍拍自己的头，静静地沉思起来。

玉罕的心里溢满了幸福，本还期待着忽必烈的海誓山盟，却见他兀自坐了起来，不由得有些不悦："怎么？你不喜欢我？我还不够好看？"

忽必烈的心里翻江倒海般地斗争着。他无法抗拒玉罕那鲜活、美丽的身体，可他更无法挣脱自己心中要发誓复仇、光大家族的信条，他怎么能留在弘吉剌部呢？他怎么能忘了远在不儿罕山受尽艰辛的母亲呢？他不能，而且要马上回去！

当玉罕向波拿族长哭诉忽必烈不喜欢自己时，忽必烈也想出了催蒙哥返家的办法。她知道令改嫂嫂通情达理，便把自己的想法告诉了嫂嫂，请她去劝劝蒙哥。令改公主深明大义，爽快地答应了。

令改美好的胴体使蒙哥暂时忘掉一切，几乎两年时间，他都是沉浸在疯狂的肉欲之中，甚至在波拿族长带领全族人出动大会猎时，他都是紧紧地把令改抱在怀中。但令改却不曾因爱与欲而沉溺，相反地，她却一天比一天沉默。

这种沉默使蒙哥感到不安，在一次无声的亲昵之后，蒙哥终于忍不住问："我可爱的公主，当我们新婚之初，每次我们欢好，你都热烈地呼叫，为何现在却半点声音都没有了，你甚至显得恹恹的，莫不是你已经不喜欢我了？"

令改没有回答，她只是紧紧地搂着蒙哥，侧着脸儿摇了摇头。蒙哥又继续追问："那为何？"

半晌，令改才幽幽地道："你一定要听我说吗？"

蒙哥连忙说道："是的，好好告诉我吧。令改，只要你有什么心事，一定要说出来，如果不告诉我，那我们还算什么恩爱夫妻呢？"

这时，令改弱弱地叹了一口气说："就算是再恩爱的夫妻，也不是能一天到晚搂着玩的，你是个堂堂男子汉大丈夫，难道除了这些，就没有别的事要做了吗？"

只是这一说，蒙哥倏然坐了起来，他讪讪地说："是，是的，爱妻所言极是。"

少年夫妻十分恩爱，令改嫣然一笑，说："你父王拖雷是人人敬仰的大英雄，而你现在却沦落得家在荒山，投奔他人，连累得忽必烈也屈居在此处。说老实话，做你的妻子很伤心。"

蒙哥脸上一红，跟着便俯下身来，压在令改酥软软的胸脯上，甜甜一笑："我可爱的令改，你真是一语惊醒梦中人，你的丈夫的确大器不成。可是，从明天起，你的丈夫却会因为你的鼓励而成为一位草原英雄。"

令改听过之后，显然也充满了激动，紧紧拥吻着蒙哥。

次日上午，蒙哥和忽必烈跟波拿族长告别，兄弟二人离开了弘吉刺部。

速不扎目前拥有草原最大的部落之一，兄弟二人筹划一番，决定暂在他的营中历练带兵之术。于是，二人拍马直奔速不扎营地。

速不扎望着蒙哥和忽必烈献来的宝刀，高兴地说道："我的两个侄儿，你们简直就是天神化身，拖雷王爷在世也远不及你们兄弟二人威风。"

他崇敬忽必烈的先祖是一代天骄，是名扬草原的大英雄。现在，各部之间正进行无休止的部族征战，正所谓时势造英雄，谁能断定这两个黄金家族的孩子不能一统天下呢。他的先祖次第削平群雄，统一各部，在他的授意下，蒙古文字创制了，文化发展了，大札萨颁布了。他非常练达，知人善任，不问出身，不计前仇，量才录用。

忽必烈苦笑道："我和我哥怎能和我父王相提并论。今日，我们兄弟二人来投奔老元帅，母亲还在不儿罕山以打猎为生，苦呀！"

速不扎望着忽必烈和蒙哥，他突然升起一种欲望，如果将他们留在这里多好啊。这里东经兴安岭与东北相连，西以阿尔泰山为界接中亚细亚，北自贝加尔湖一带直至西伯利亚，南越阴山山脉，到万里长城与宋金相连，西南与天山山脉、塔里木盆地的广大地域毗邻，这便是他们的属地。

忽必烈记得蒙哥曾对他说起不论何时都要记住为家族复仇。眼前，尽管速不扎对他充满善意地微笑着，但他一点儿也不动心，只当这是来暂时寄人篱下的。蒙哥也是，任凭速不扎巧舌如簧，只是坚持暂住于此，绝不与速不扎攀亲。

忽必烈和蒙哥便在速不扎大营住了下来。起初，速不扎也不委他们什么职任，只是闲养似的让兄弟二人待在大营。

忽必烈在速不扎大营有意识地寻访长者智者，特别是速不扎的军师兀朝晖给他讲了不少森林部落与草原部落的往事。忽必烈想起来都会热血沸腾。现在，他和蒙哥寄住在速不扎帐下，大丈夫有志难伸，令他时常喟然长叹。每当忽必烈叹息之时，蒙哥便劝他："咱们眼下能有一口饭吃，已经不错了。"

"兄长，我们的家族已经有过辉煌的战绩，我们要为先祖争光才是。"忽必烈说，"眼下速不扎正是用人之际，也许是你我兄弟建功立业的机会到了。"

恰逢速不花来犯，千军万马发出地动山摇般的声响，突然向速不扎部袭来。

这次的袭击令速不扎措手不及，他急令亲眷各自乘马逃跑。忽必烈跋涉淹没膝盖的泥泞，通过难行的深山老林，登上不儿罕山隐藏了起来。掠夺速不扎家产的速不花得意忘形地扬鞭策马而去。

听到速不花兵马离去的声音，忽必烈下山，看到速不扎捶胸顿足，仰天痛哭，正巧蒙哥和阿术也策马过来了，三人差不多是同声问速不扎是怎么回事，速不扎发誓道："巍峨的不儿罕山啊，你像保护虱子一样护着我，我实在惊恐不已，从此我每天早晨向你祈祷，每天祭祀你，子子孙孙永志不忘。"

速不扎把腰带挂到脖子上，向着太阳行九拜礼，把奶酒洒向大地，向着九重天进行祈祷。速不扎认为腰带和帽子象征着个人的自由意志，因此解腰带脱帽冠以表示崇敬，在召开会议之时表示赞成者亦脱帽。速不扎老妻被速不花夺去，他被夺妻之恨所驱使，决意借助蒙哥、忽必烈、阿术这三个年轻人的力量复仇，于是，对三个人封官许愿。

阿术是札答兰氏族出身，同忽必烈一样有神话般的祖先孛端察儿，因而与忽必烈有血缘关系。忽必烈儿时曾与阿术一块儿铸髀石，阿术曾把一个钻孔大鹿角骨箭头送给忽必烈，他们在斡难河的冰层上投掷玩耍，建立了兄弟情谊。阿术家也能算得上贵族，二人英雄惜英雄。在皓月之夜，二人互相拥抱，发誓一定要干一番大事。速不扎此次命他们和蒙哥一起分兵去袭击速不花，他们决定举行突击。

忽必烈、阿术、蒙哥率军进抵勒勒豁河畔，乘着夜色扎结木筏渡河。

蒙哥第一个领兵冲进速不花阵营，忽必烈和阿术二人也争先恐后地领兵紧紧跟在蒙哥后面。一番血战之后，速不花落荒而逃，沿薛凉格河逃往巴儿忽真峡谷去了。速不扎老妻幸被留下。速不扎大喊着她的名字，追击逃敌，随即在一辆准备逃跑的车中发现了她。她此时正侧耳倾听速不扎呼唤，忙下车奔来。速不扎欣喜之极，夫妻团圆。

此战获得许多重要战利品自不必说，速不扎还把速不花所部及三百多名蔑儿乞惕人，连同其子孙全部斩尽杀绝，其余的妇女、孩子，可做妻室的做妻室，可做奴隶的带回各自的蒙古包做了奴隶。

战争以速不花惨败告终，留下了两个悲剧。其一是速不花的儿子认为羞愧难当，带几名俘虏逃进密林，不知去向。比这事更麻烦的是速不扎老妻疯了，因为人们都以为她是被别的男人用过的人。速不扎受不了这样的打击，他爱他的老妻，他也疯了，也像他老妻一样跳舞狂歌。

"我要执掌这支军队。"蒙哥见到速不扎疯狂的样子说。

"大哥，这不是夺权吗？"忽必烈显得有些举棋不定。

"这确实是一个很好的时机。"阿术说，"既然主帅会因一个老妇人而失智，以后怎能领兵打仗？"

"所以我才要接过帅印。"蒙哥的眼中露出凶光。

"我和阿术应当为大哥当左右先锋。"忽必烈说，"不过，就怕我和阿术年少，会有人认为少不更事。"

"如果计划成功，我要把速不扎老帅的人马调整一番，不然的话，他们不光认为你们少不更事，还会认为我无功受禄。事实上，此役是靠咱们三人拼杀才胜的。"

"是这样的。"忽必烈说，"我和阿术将尽全力支持大哥。"

蒙哥怀着夺权的野心去见速不扎，未料到速不扎却说："蒙哥啊，我们靠山下马驻下来吧，牧马者寻草喂马，我们依水下马驻下吧，好让牧羊人找水解渴。"

蒙哥听了，不晓此话含意，静悄悄地沉默着，请教忽必烈和阿术这是什么意思，但在二人未回答之前，他幡然悟道："人们说速不扎喜新厌旧，现在大概是讨厌我们了。恐怕他要加害我们，我们不能下马宿营，最好离他远些。弟兄们，我们连夜起程吧。"忽必烈和阿术认为蒙哥的话有理，没有宿营，连夜前进。途中，三人经过泰亦赤兀惕部，当夜逃往母亲的住处。

既然蒙哥因误会速不扎而离去，他便和忽必烈、阿术三人回到了自己的家。在一次众人集会之上，蒙哥向苍天祈祷，在恍惚之中暗示神的旨意说，我们是神圣的孛端察儿娶的姑娘所生，我们的祖先与速不扎的祖先本是同一个，是一胎所生，我们没有离开速不扎，我是传达神的旨意，我亲眼看到一头健美的乳牛告诉速不扎，经天神神祇、权卫降旨，要蒙哥我为王，君临国土。这是神旨，不可违。

阿术听蒙哥如此自吹自擂，不服气地对忽必烈说："忽必烈安答，我宁愿保你为王，让你君临国土。"

忽必烈说："不可，蒙哥是我兄长，我要保他为王。"

"神旨不能违背。"阿术说，"那我也请来神谕，如何？"

"这都是定数。"忽必烈说，"我们家族能有蒙哥为王，足矣。"

蒙哥果然当仁不让地成为部族联合之长，但这并不是所有人的心愿，也不是所有的人都衷心拥护，他们只是打算把年轻的蒙哥推上来，当做一把随时可以挥舞的剑。

蒙哥的誓言极其鼓舞人心。部族们对蒙哥说，你做了我们的头领，到战场上我们率先突入敌阵，掠来的美女和异邦容颜美丽的女犯以及优良的马匹都献给你，蒙哥！出场打猎之时，猎得的狩猎物连肠带肚包括心都裹起来献给您，若是在山峰之上猎得猎物连腿带肉都包起来献给你。战时如果违背了你的命令，你可以拆散我们的妻室，割下我们的头颅，抛弃在大地之上。如果平时不遵守协议而破坏了它，可以把我们的家属发落到人烟绝迹之地。

在这里把游牧国家战时、平时的君臣关系，用朴素的语言说明一番，真是感人。蒙哥既立为族长，便在忽必烈奏议之下筹建斡耳朵制度。箭筒士带着箭筒，在蒙哥大帐四周值勤。巴鲁乞、保尔兀儿臣、司厨，早晚供应蒙哥膳食。还有牧马、牧羊之人，负责放牧管理骟马。扯儿必监督帐内人事及驻地动静情况。带刀士从事警戒，还有阿朵乞掌管放牧管理马群。指挥弓箭手，像箭矢一样随时指挥去征讨、去巡营。最后，说到忽必烈和阿术自己头上时，蒙哥说："你们俩，在我除了影子没有兵马之时，你们成了影子安抚我，我永远不忘。你们二人始终跟着我。"

忽必烈点一下头。阿术也点一下头。

拖雷一系的族人们总算有了盼头，拖雷的儿子们终于长大了，终于有了保护他们的能力。草原上的人们崇尚勇猛，而蒙哥不但打仗一马当先，而且面黑体壮，吃肉喝酒都豪爽异常，很得族人的尊重。族人们渐渐地对蒙哥服从了。

窝阔台汗一直忙着征宋抗金，草原上倒也没什么风波再起。忽必烈和蒙哥除了时而抵抗一下来犯的小股人马之外，就是习武，日子过得还算平静。

族里有一个马夫叫赤剌台，四十多岁，妻子早年病故，他日夜思念妻子，身体每况愈下。忽必烈见他一人带着十五岁的女儿云珠过日子，很是艰难，便让他专门负责给蒙哥和他喂马，算是照顾他。而且忽必烈听说赤剌台的妻舅是速不花手下的一个头目，忽必烈知道自己的羽翼未丰，不想得罪速不花，对赤剌台的照顾也有点这个因素。

赤剌台是个耿介直爽的汉子，为人豪放，对令他佩服的人一腔热血，而对他看不起的人则是冷若冰霜。忽必烈对他好他记在心上，而且忽必烈的母亲也心疼云珠从小没了娘，常给云珠缝缝补补，所以赤剌台对忽必烈一家感恩戴德。

赤剌台有个嗜酒如命的毛病，而且常常一醉方休。有一天他又喝醉了，蒙哥吩咐他去备马，他没有反应。蒙哥当时很生气，抢起马鞭抽了他一下。被鞭子抽醒后的他自知是自己失职理亏，就忍了下来，没有反抗，但从此他便对蒙哥有了看法，尤其是蒙哥对部族的任何人都颐指气使，让赤剌台很是看不惯。

就在赤剌台半醉半醒地过着日子时，他的女儿云珠悄然长大了。云珠出落得千娇百媚，高挑的身材，纤细的腰肢，乌黑的长发，大大的明眸，尤其是那丰满的胸脯，无不散发着一股青春鲜活的气息。云珠性情温婉，不善言语，平时除了做些家务，便是到忽必烈的母亲那里做点儿针线活。整个族里的人都夸云珠是个好姑娘，而年轻小伙子们也都睁大了眼睛，想找机会跟云珠拉上关系。

赤剌台自然知道姑娘长大了，也知道那些小伙子们为何常请他喝酒，但云珠是他的眼珠子、心头肉，他当然不能轻易地把姑娘嫁出去。他准备给女儿找个好婆家。

有天晚上，赤剌台破例没有喝酒。他把云珠叫到身边，抚着女儿的长发，道：“云珠，你有着灵鹿般轻盈的身体，有着天上星星般明亮的眼睛，你可看清了谁是值得你依靠的心上人了？”

云珠的两颊飞上了两片红云：“父亲嫌我多余了？”

“哪儿呀，我巴不得你在我身边侍奉我呢。”

“那云珠就侍奉您一辈子。”

赤剌台笑道：“混账话，哪有女儿不出嫁的。你若没有心上人，父亲为你选一个。”

云珠身子一扭：“不，我不离开父亲，我走了，谁给父亲洗衣做饭？”

“我还不老，自己能行。前几天你舅父来过，他说速不花的儿子威猛无比，听说了你的名字，想娶你呢。”

云珠开始时以为父亲只是随便说说而已，没想到父亲已有了人选，云珠急了，忙道：“父亲，云珠不嫁。”

“不行！”赤剌台有点生气了，都怪自己平日太娇宠她了，一点儿也不听话。

“父亲，云珠不离开我们部族。”

“那……部族中，难道你相中什么人了？”

云珠怕父亲真把自己许给速不花的儿子，索性点了点头。

赤剌台欣喜地追问道：“是谁？”

云珠张张嘴，没出声。

“到底是谁？”

云珠依旧没吭声。

赤剌台有点急了：“你是骗我！我明天就去速不花部。”

“是忽必烈！”云珠情急之下，脱口而出。

“忽必烈？”赤剌台先是吃惊，继而笑道，“好！忽必烈是个好人，讲义气，讲道理，不错！”

赤刺台这才明白女儿为什么总是喜欢去唆鲁禾帖尼那里，原来是心里有了忽必烈。他高兴女儿有眼光，选中了草原上最通情达理而又不失刚猛的雄鹰。他在帐内来回走了几圈，又停住，疑惑地问："忽必烈也喜欢你吗？"

云珠总是到唆鲁禾帖尼那里，开始是因为她在那里感受到了她从小便失去的母爱，后来，随着跟这个家庭的交往，她发现唆鲁禾帖尼很听她的二儿子忽必烈的话。她曾问过唆鲁禾帖尼这个问题，唆鲁禾帖尼便把忽必烈小时候的一些事讲给她听，讲毕，又道："我的这个儿子刚猛赛过草原上的雄狮，论心智，那机敏的羚羊也比不过他。"

自此以后，云珠便开始注意起了忽必烈，并渐渐地喜欢上了他。但云珠素来内向，不善言辞，再加上偷偷地爱上了他，所以每逢忽必烈跟她说话的时候，她都是心如鹿撞，张口结舌，无法自然地交谈。每逢这种时候，忽必烈总是伸出大手，抚摸她的头道："云珠，你太胆小了，简直像只玉兔一样。"

忽必烈对她的抚摸，总能让她的头火辣辣地烧上几天，刚退去热潮，便又会发生一次。后来，云珠见忽必烈总戏称自己是一只胆小的玉兔，便把父亲猎得的野兔皮收起来，精心地给忽必烈缝制了一副手套。她想把这副手套送给他，借此来表达自己对他的爱慕，同时也暗喻自己就是一只玉兔，把自己送给他。

那个晚上，当她忐忑地拿着手套走进唆鲁禾帖尼的帐内时，正逢忽必烈独自躺在毛毯上睡觉。她有些迟疑是走还是留，想走，可忽必烈强壮的身体闯入眼帘；想留，又怕忽必烈醒来，无法应对。正犹豫着，阿里不哥走了进来。

云珠忙问："阿里不哥，你母亲呢？"

阿里不哥坐在毛毯上回道："去邻家了。"

云珠转身欲走，忽必烈醒了："云珠，有事么？"

"没……没事，我……"云珠又无法说出完整的一句话了，她扫了一眼忽必烈英武的面孔，低下了头，又抬起头，摇了摇手中的兔皮手套。

阿里不哥见了，忽必烈一跃而起，伸手拿过手套，问："云珠姐姐，这可是送给我的？"

云珠搓着衣角，点点头，又摇摇头，不知怎样回答。

忽必烈笑道："那就谢谢你了，还有什么事吗？"

云珠点点头，又马上摇摇头，跑出了大帐。

一路上，她的泪水止不住流，她不怪忽必烈不解她的情谊，只怪自己没有胆量向他倾诉衷肠。

面对父亲的问话，她无法回答，她从没问过忽必烈是否喜欢自己。

赤刺台见女儿不说话，眼泪却流了下来，忙道："别急，明天我去问忽必烈就是了。"

"不！我自己去问，您不要管。"

"好！不管，我不管。"赤剌台高兴地笑了，笑得那么开心。

可谁知第二天晚上，等着她的是一个晴空霹雳！

第二天晚上的天有点阴沉沉的，云珠收拾完家务，早早地准备休息了。可赤剌台心里有事存不住，他耐不住性子问女儿："你今天去问忽必烈了吗？"

"没有。"

"那还不快去。"

云珠嘟囔道："你没见天要下雨了。"

"快去吧，早知道信儿，我早点心安，快去。"

在赤剌台的催促下，云珠只得慢腾腾地起身，走出了蒙古包。

到了帐外，天就开始下起了小雨，黑得伸手不见五指。云珠迟疑了一下，想回去，又烦父亲的唠叨，只得冒雨向唆鲁禾帖尼的大帐走去。

唆鲁禾帖尼是拖雷王爷的正妻，她的蒙古包自然较常人的华丽、宽大些。云珠来到帐外，只听里边悄无声息，门帘边上透出了几缕微弱的灯光。云珠知道唆鲁禾帖尼不会睡这么早，想必是在做针线活儿呢。

云珠撩帘儿进去，见整个蒙古包内只有蒙哥一人，他正坐在木案边喝酒呢。云珠见唆鲁禾帖尼没在，忽必烈也不见踪影，她跟蒙哥打了声招呼，转身想走。

蒙哥喝了不少酒，已有了几分醉意。昏暗的灯光下，见云珠走了进来，他使劲睁开眼睛，只见被雨水淋湿的衣袍下，云珠凹凸有致的身子纤美极了。他不由得说道："云珠，坐一会儿吧，我母亲带阿里不哥出去了，马上就会回来的。"

云珠顿了顿，想说什么，又闭上嘴，听话地坐在案边。

"外边下雨了，天挺冷的，你喝些酒暖暖身子吧。"

云珠低着头，摇摇手，表示不喝。

蒙哥笑道："好一个羞怯的丫头！抬起头来，喝一杯。"

一向温顺的云珠抬起头来，接过酒杯，喝了下去。

喝了酒的云珠，脸颊上飞起了两朵红霞，大眼睛忽闪着，抿了抿鲜红的嘴唇，又低下了头。蒙哥凝视着眼前这个娇弱俊美的女孩，有些把持不住了。他整天东打西杀，没留意自己的部族中竟有如此艳丽的女孩。他不由自主地拉住云珠的手，道："看你的手多凉，脱掉湿衣服烤一烤吧。"

云珠依旧摇着头。

蒙哥提高声调："你怎么不说话？我让你脱掉外衣。"

云珠抬头看了看面目红赤的蒙哥，心里掠过一丝惊恐，她站起身就要往外走。

"坐下！"蒙哥使劲一拉，把云珠又拽到大案边。云珠没坐稳，在蒙哥的拉扯下，身子一歪，倒在了蒙哥的怀里。

不期然怀里有了一个美貌的女子，蒙哥不由自主地伸出双臂搂住了云珠。云珠满脸通红，挣扎着想站起身来。蒙哥笑了："云珠长大了，长成大姑娘了。"还边说边用嘴去亲吻云珠红润、娇嫩的脸蛋儿。

云珠有些急了，她撕扯着，愤道："你太放肆了，让我回家！"

蒙哥脸一沉："怎么，你敢骂部族的主公？小姑娘，我看你太不听话了。"

蒙哥一边说，一边用手撕开了云珠的衣襟，云珠丰满的乳房颤动着跃入了蒙哥的眼帘。蒙哥只觉得浑身燥热，血脉贲张，他再也忍不住了，一边用手揉捏着，一边把云珠压在了身下……

赤刺台见女儿去了很久仍不回来，又见天在下雨，有些担心，便准备去找女儿回来。他刚出家门，便见女儿一路小跑着回来了。女儿进到帐中，一头栽倒在毛毡上，痛哭起来。

赤刺台见状，急忙上前问道："怎么？忽必烈不喜欢你？"

云珠一边哭，一边摇头。

赤刺台又问："那他不想娶你？"

云珠又摇摇头。

"到底是怎么了，你说话呀！"

云珠抬起身，指了指自己被撕扯坏的衣襟。赤刺台一见，就明白了，他急道："他糟蹋了你？"

云珠抽泣着："是蒙哥，他……他欺负了我。"

赤刺台站起身，抓起刀就要冲出去。云珠一把抱住父亲的双腿，哭道："不要去，父亲，他是部族首领，你斗不过他。"

赤刺台在女儿的劝阻下，心境稍微平静了下来。他安慰着女儿睡下后，自己打算明天去找唆鲁禾帖尼，把这件事告诉她，要让她把女儿娶过去，蒙哥不能白白糟蹋了云珠。云珠嫁给蒙哥也不错，虽然他没忽必烈好。

第二天清晨，赤刺台醒来后，不见女儿忙碌着烧饭的身影，也没什么动静。他走出蒙古包一看，不由得大叫一声，昏厥在地——云珠用一根带子把自己挂在了马厩里！

赤刺台在部族亲友的帮助下，掩埋了女儿。他在女儿死后的一段日子里沉默着，没有说过一句话，他的心里在酝酿着一件报仇的大事。

唆鲁禾帖尼不知事情的真相，只是尽力在生活上帮助他，忽必烈也常宽慰他几句，而罪魁祸首蒙哥却一直没有露面。蒙哥在听闻云珠被自己奸污后上吊自尽了，心里着实忐忑了一阵子。他倒不是怕赤刺台会跟自己大打出手，他自信自己的力气，他只是怕母亲会责骂他，怕部族人会看不起他，也怕妻子令改公主不高兴。他知道那天是自己喝多了酒，也怪那姑娘长得太可人儿了。后来，见没有什么动静，他便猜测云珠没把这事告诉任何人，他放心了，也把这事放在了脑后。

就在云珠死后一个月的一天夜里，速不花的一干人马偷袭了蒙哥部族，掳走了不少的马匹和衣物，还放火点着了蒙哥的大帐。即便是忽必烈他们及时赶来，速不花一伙儿仗着人多势众，依旧是得胜而去。有人在夜幕中看见了赤刺台的身影，是他带路把速不花的人马引到了蒙哥的帐前。

蒙哥知道这是赤刺台在为云珠向自己复仇。他只能多派人马，日夜巡视封地，加强警戒。这件事情后，蒙哥有了想离开母亲、出去闯荡一下的念头。

忽必烈母子几人在纷乱的征战中，艰难地生存着。忽必烈愈来愈感觉到手中没有军队的日子太难熬了，有一天，他把自己的感受跟蒙哥说了。蒙哥也颇有同感，马上备好了食物，与母亲告别，踏上了追随窝阔台汗的征程。

唆鲁禾帖尼明白儿子的举动是正确的，是明智的，但她又不免为儿子担忧。在蒙哥走后的一段日子里，她整日以泪洗面，不思茶饭。忽必烈看在眼里，急在心上。一天晚上，吃罢晚饭，他坐在了母亲面前，温婉地道："母亲，哥哥去打仗，您无须过多担心，他会照料好自己的。"

唆鲁禾帖尼红着眼圈道："你父亲刚刚故去不久，族人都对我们这一系的财物、部民虎视眈眈，我更担心的是他们的蓄意欺负呀。"

忽必烈笑道："谅他们不敢明目张胆地打压忠于窝阔台汗的人。再说，哥哥日后手中掌握了军队，咱们的境况会日益好转的。"

唆鲁禾帖尼的泪水又流了下来。忽必烈示意旭烈兀和阿里不哥出去，自己则坐在母亲面前，缓缓地说道："母亲，我已成人，我明白你的心。父亲死得很英勇，很值得，他为我们这一系争来了忠臣的荣誉，这在大蒙古国内钩心斗角的环境中很重要，这是我们兄弟同母亲的护身符，母亲尽可放心我们这一系今后的安危。"

唆鲁禾帖尼抬头看了看忽必烈，又转向远方漆黑的草原，叹道："你们兄弟四人，只有你真的明白我的担忧，你父亲的死因……"

忽必烈赶紧打断母亲的话："母亲勿言。"说着，他起身走到帐外巡视一番，又回来坐定，盯着母亲的眼睛坚定地说："母亲的意思我明白，而且已经有人在怀疑父亲是死于他人陷害，我向您保证一定会有水落石出的一天，但恳请您再不要提起，会惹大祸的。"

唆鲁禾帖尼抚了抚忽必烈的肩头，点头道："孩子，你是我的主心骨儿，以后有事多给我出出主意。蒙哥执意要随窝阔台汗去征战，你怎么看？"

忽必烈道："我们有忠臣的'护身符'，不会有事的。是骏马就要奔驰在草原，是勇士就要拼杀在战场，蒙哥和我都应该在战场上去得到历练。不仅是得到经验，而且会逐渐掌握军队，会逐渐赢得人心与声望。"

唆鲁禾帖尼看着忽必烈那闪射着坚毅目光的双眸，终于轻轻舒出了一口郁闷在心头许久的忧虑。

一天晚上，当唆鲁禾帖尼正与几个儿子吃饭的时候，一位窝阔台汗的使者来到了他们的帐前。使者向她递上了大汗的诏书，诏书中窝阔台要求唆鲁禾帖尼嫁给他的大儿子贵由。

蒙古族有一个古老的习惯，当家族中的已婚男子死后，为了使其遗孀不受孤独及无法养家，可以由该家族中的其他男性再迎娶其遗孀。这男性可以是丈夫的兄弟，也可以是丈夫的侄辈。窝阔台让唆鲁禾帖尼改嫁给自己的儿子贵由，一可以显示他遵从习俗，照料弟妻的一面，二也可以使拖雷一系的财产不至流落到他人手中，可谓费尽心机。

唆鲁禾帖尼接过诏书后，先看看回来探望她的蒙哥，蒙哥低下了头，回避了母亲的问询眼神。唆鲁禾帖尼又看了看忽必烈，忽必烈没有说话，只是紧攥着拳头，槽牙咬得吱吱直响，两眼直逼着母亲的脸。唆鲁禾帖尼向忽必烈轻轻地点了一下头，转向使者道："我怎么敢违背诏书呢？但我一定要把拖雷的四个儿子养大成人，我心里早已向拖雷作过了保证。拖雷死得很伟大，很有意义，我怎么可以离开他的孩子而去呢？请向窝阔台汗转达我的意思。"

贵由得知唆鲁禾帖尼的回话后，未予坚持，窝阔台也只好作罢。

夜已很深了，唆鲁禾帖尼仍坐在蒙古包外，凝视着高悬在夜空的明月，无法入眠。忽必烈悄然坐在母亲面前，陪母亲沉浸在复杂的心绪中，良久无语。

"多美的夜色啊，多少个夜晚，我都是守坐在帐外，一边听着你们四个睡觉的鼾声，一边盼着你的父亲归来。"

"父亲顾及蒙古大局，他将永远被善良的人所怀念。"

"是啊，可是他先走了，真不知我还能扛多久，不知还有什么事会发生。"

"我会跟母亲一起承担的。我推想，不久就会有别的事情发生的，母亲，只要我们能忍下一时，待来日我和蒙哥闯下一番天地之后，就会雨过天晴了。"

果如忽必烈所言。不久，窝阔台便与宗亲商量，下诏把原属于拖雷的三千户赐给了自己的儿子阔端。当拖雷部下的首领纷纷找到唆鲁禾帖尼气愤地指出，窝阔台夺走的是成吉思汗赐给拖雷的军队是违背了成吉思汗的意愿时，唆鲁禾帖尼眼含泪水道："你们说的是对的，但我们听从窝阔台汗的诏书也是应该的。"

忽必烈给各位将领斟好酒，道："感谢各位的盛意，父亲留下的财产尚能维持我们母子的生活，我父亲是个忠臣，我们也想跟父亲一样为窝阔台大汗出力。各位请不要再提这些了，我们只想有一段平安的日子。"

窝阔台后来听说了此事，很为唆鲁禾帖尼保全大局、调和宗亲矛盾所感动。此后，他再没有制造其他事端来损伤拖雷一系，而忽必烈也被征到军中效力，并逐渐站稳了脚跟。

第二回

显英武烈马认主，论古今子聪仕元

元太宗七年（1235年），忽必烈送走了长兄蒙哥。

蒙哥随大汗窝阔台西征去了。忽必烈同弟弟旭烈兀和阿里不哥留在了漠北，陪同母亲一起料理家中的事务。

在漠北的一段日子，忽必烈邂逅了翁吉拉部酋长授春的女儿察必公主。授春欣赏拖雷的品行，察必公主也爱上了英姿勃发的忽必烈。

于是，忽必烈把察必公主带到自己家中，替自己帮母亲料理家事及照顾两个弟弟，自己去找窝阔台，加入军旅。

忽必烈留住母亲及察必公主送行的脚步，驰马向前奔去。

忽必烈来到扎赉特部德勒格图巴彦牧场时，看到一位面色漆黑、目如晨星的少年正在牧羊。他走上前去，礼貌地问道："请问蒙哥的营地在哪个方向？"此时，蒙哥已被窝阔台封为将领了。

少年上下打量了一下忽必烈，狐疑地反问："你是何人？打听蒙哥的驻地干什么？"

忽必烈见他小小年纪，倒也机智，提防心蛮高的，不由得笑了起来。

少年见忽必烈笑他，不由得怒从心生，扬起马鞭就朝忽必烈抽去，边抽边叫道："你竟敢笑我！"

忽必烈早从他言语当中听出，这少年肯定是与蒙哥部属很亲密的，否则不会那么警惕自己的打探。

忽必烈见他鞭子抽得又凶又狠，制止已是不及，忙灵巧地一个蹬里翻身，躲过鞭锋，又顺势跃上马背，一把夺下了少年的鞭子。

少年没想到忽必烈有如此灵巧的身手，他见鞭子被夺，怕忽必烈报复，调头就跑。

忽必烈哈哈大笑，跃下马，朝着跑远的少年喊着："别跑了，我不会打你的，告诉你吧，我是蒙哥的弟弟忽必烈。"

少年倏地止住脚步，转身上下打量起忽必烈来。

"我又不是如花少女，怎么看起来没完了。"忽必烈笑道。

少年连跑几步，凑近忽必烈问："你果真就是那位被成吉思汗夸奖的忽必烈吗？"

"如假包换。"

"是的，肯定是，我抽出的鞭子还没有第二个人可以躲过呢，只有忽必烈才例外。"少年自己说服着自己，笑意和敬慕浮上脸来，"我叫吹见哗，是速不台的后人。我早就倾慕你的胆识了，早就跟我父亲讲好要去投奔你，当你的马童的。太巧了，今日让我碰到你，收下我吧，我会为你办很多事的。"

忽必烈一直笑着，听吹见哗连珠炮般地说着，见自己刚刚离家，便遇上了与自己神交已久的人，便痛快地答应道："好吧，我们一起去找蒙哥。"

到了蒙哥营地，兄弟相逢，格外亲切。蒙哥设酒宴款待忽必烈，一时间，帐内摆满了美酒佳肴，空气中飘荡着肉香和酒香的气味，几位女奴长舒云袖轻歌曼舞。她们时而跪在蒙哥座前献酒，时而附在忽必烈桌前添菜，帐内因有了这几位俘来的突厥女子，气氛喧哗而热闹，嬉笑打诨声不绝于耳。

忽必烈看到眼前这几个身披五彩轻纱的女人，不由得想到了陪伴在母亲身边的察必公主，也不知自己没有在母亲身边，她们生活得可还安定？想着这些，忽必烈的面色不由得沉了下来。

蒙哥一边豪饮着碗中的酒，一边对忽必烈道："怎么，你不满意这几位女人吗？给！"蒙哥一把把自己面前的女人推到忽必烈面前："这是一位最漂亮的，抱住、抱住她呀。"

忽必烈伸手接住了倒在自己怀中的女人。女人红红的脸颊上长着一双圆圆的大眼睛，丰腴的酥胸因为忽必烈的搂抱急促地起伏着。

"你叫什么名字？"忽必烈低声问道。

"我叫米力。"米力回答时，鲜红的唇一张一合，露出了两排碎银般洁白的牙齿。

蒙哥和其他人哄笑道："把她带走，带走吧！"

就在忽必烈稍一迟疑时，米力站起身，拉着忽必烈就跑到了帐外，只在身后丢下了一串银铃般的笑声。

忽必烈同米力进到自己的蒙古包中。他看着娇怯的米力，心中腾起一股烈火，不禁用力搂了搂米力柔软的腰肢。

米力抬眼望着呼吸渐渐急促的忽必烈，跪在忽必烈的面前，轻缓地解开了他的袍子，而后，把自己缠在身上的五彩轻纱一件一件地脱了下来……

第二天清晨，蒙哥便整兵集合，向着窝阔台的驻地奔去。

一路上，旌旗蔽空，戈矛蔽日，战马嘶鸣，人声不断。忽必烈目睹这盛大的军威军容，不由怦然心动：要是自己麾下也有这么一队人马该有多好，那就能同父亲一样，威名远播于大草原了。想想自己与米力的一夜激情，不过是一瞬的欢愉，而搏杀于疆场、创一番伟业才是有志男儿的大志向呀。忽必烈下定决心，一定要在窝阔台大汗面前谦恭隐忍一些，以得到军权及大汗的信任为第一主旨。

窝阔台是一位喜欢酒色的人，行军打仗时，总会带上几位随行的少女。他的行为受到了耶律楚材的劝阻："大汗，行猎是我们军队的正当职务，不妨在战歇时多习猎。"

窝阔台同意了耶律楚材的提议，他也想在行猎中看看忽必烈的能力如何。

狩猎前，要集会祭祀战神"苏鲁锭"，慷慨激昂的祭词就是一枚吹火器，最易激发斗志。行猎时，从万户、千户、百户、十户，依次排开队形。大汗和将领们，也都携带着他们的妃子、夫人及其食品、饮料，随同出猎。

围猎的时间，有时长达一个月。要先把方圆几百里远的猎物围在一个圈子内，再缓缓地、逐步地驱赶着山涧、草丛间的野兽，小心翼翼地，唯恐有一只野兽逃出圈子。如果有一只野兽破阵而出，将查其原因，失职的人不论职位高低，均要根据情况轻重给予处刑。如果士兵不按照"捏儿格"行走，或前或后，错走一步，亦要严厉惩罚，绝不宽恕。

猎围收缩到直径两三伯勒之时，就要把绳索连接起来，在上面覆以毛毡，众人则围着猎圈停下，并肩而立。

此时，猎圈之中充满各种兽类的哀嚎和咆哮，野兽们都处在一片骚乱之中。老虎跟野驴昵近，豺狼同野兔亲善，豹子与黄羊友邻，狐狸和山鸡并肩。待到猎圈收缩到野兽不能逃窜的地步，窝阔台带领几骑首先驰入猎场。

少顷，窝阔台汗厌烦了，便登上高峰观猎。耶律楚材和直新义立在左右，他们二人一文一武，是窝阔台汗视为手足的权臣。此时，诸王、诸万户、千户、百户依次进入猎场。最后，除了几只伤残而游荡的野兽之外，猎场只剩下几个长髯老者了，他们走近窝阔台大汗，为大汗的幸福祈祷，为余下的野兽乞命，请求窝阔台汗让它们到水草丰茂之处。这样，围猎之事才告一段落。

如果把这种情趣比做一杯甘甜的奶酒，那么，弓箭和马背就是它酿造的作坊。因此，苍天在马镫旁，命运在嚼辔上。

窝阔台大汗自贺兰山下黄河边，横扫西夏残余势力之后，又参加一次祭祖。久经征伐，又经三千里路长途跋涉，窝阔台已经疲惫不堪。他想从他的一千匹白马群里挑选几匹精骑，以备西征时骑用。

在这一千匹白马里，有一匹独特的骒马，三尺鬃毛，七尺尾巴。但是，大汗窝阔台为它多年不能产驹常常苦恼。

就在大汗窝阔台准备攻打西夏的前一年，那骒马竟真的产了一匹骏驹。骏驹刚离母胎就会在草丛间撒欢，四蹄未开就会在棚圈内尥蹶子。长大后，这匹马性情暴躁，不让任何人近前，曾经踢伤过不少的人。窝阔台很喜欢这匹刚直不阿的骏骑，在这次狩猎前，把它也牵了出来。

忽必烈和众将围在窝阔台的四周，准备分四路开始狩猎。这时，这匹骏骑突然咬断了缰绳，直向人群冲来。众将均知道这马的烈性，都明白无法阻拦住它，人们怕它冲撞了大汗，便全都拔出了钢刀，准备砍杀它。

"慢着！"忽必烈大吼一声，止住了众人的动作，尔后一个箭步跨上前去，伸手便去抓它脖子上的一节绳子，不想这骏骑脖子一梗，抬腿便朝窝阔台踢去，人们"啊"了一声，又忙举刀。

说时迟，那时快，忽必烈飞身抢前，挡在窝阔台面前，并伸出右掌，在骏骑的脖子上轻拍一下，嘴中吼道："停！老实点！"

就在人们已经举起了钢刀，准备砍向它的颈下时，它却倏然静了下来。它走到忽必烈面前，低头嗅了嗅忽必烈的衣襟后，便低声嘶鸣着，乖乖地站在了忽必烈的身旁。

蒙哥抹掉额头上的汗水，埋怨忽必烈道："你怎么如此不小心，差一点……"

窝阔台汗打断蒙哥的话，拍了拍忽必烈的肩膀说："蒙哥不要怪他，你们当中呀，就属他机灵，也就属他勇敢，把我护在了身后。既没伤了宝马，又保护了我。好小伙子！"

刚才在驯服烈马时英气勃勃的忽必烈，听到大汗的赞扬，低下了头，没说一句话。

"这匹烈马日行八百里，至今尚无人能降服它。看来是跟你有缘哪。今天你护汗有功，这马就赏给你了。"窝阔台见谦恭而有些羞涩的忽必烈一点也没有张扬傲慢，心中越发喜欢他了。

"谢大汗。"忽必烈收下了这匹骏骑。

忽必烈非常钟爱大汗窝阔台赐给他的这匹宝马，专程从回回人手中买回了一座黄金包裹的吊马柱子。这座吊马柱子上端雕着精细的龙头凤尾，看起来非常美丽大方。吊马柱的两侧还有两对别致的银环，银环上系着四九三十六个小巧玲珑的铜铃。每当南风吹到铜铃上的时候，三十六个铜铃叮当作响，铃声好似龙吟。每当北风吹到铜铃上的时候，三十六个铜铃低吟，铃声宛如凤鸣。每当清晨，百鸟在金马柱子上空盘旋歌唱；每当夜里，群星与金马柱子相互辉映。

忽必烈就这样开始了军旅生活。讲义气的名声使他很容易地交了很多朋友，其中，除了吹见哗外，他与速不台的孙子阿术也颇投契。速不台是成吉思汗帐前的四大勇士之一，当年，成吉思汗闯天下时，手下有四勇、四杰、四个胞弟和四个结义安答，这十六员战将，为大蒙古国的统一立下了汗马功劳。

一天，忽必烈和阿术及姐姐良沿兰正坐在草地上欣赏着夜色。

"阿术，你的祖父速不台和父亲兀良合台都是威名赫赫的战将，我们在军中也不要给长辈丢脸才是。"忽必烈希望自己的挚友都能同自己一样，有抱负和理想。

阿术是一个外貌粗犷的汉子，胖嘟嘟的红脸膛，一双狭长的眼睛，一看就知道是一个憨厚、朴实的人。他不善言辞，听着忽必烈的话，没有多说，只是点了点头。

良沿兰的相貌同弟弟一样，是个不算美丽的女子。她一边抚着阿术的黑发，一边悄悄地打量着忽必烈。

月光下的忽必烈，仍不掩一身勃发的英气，一头卷曲的黑发下，宽宽的额头犹如广袤的草原，挺拔的鼻梁，有棱有角的嘴唇，刚毅和俊美在这张脸上得到了统一，散发出逼人的男子汉气息。良沿兰痴迷地盯视着忽必烈，心儿也不由地怦怦直跳，她知道自己已经深深地爱上了他。

许久，良沿兰仍无法从忽必烈的脸上收回自己的视线，她轻叹一声道："我会始终追随在你身旁，为你侍奉内务的。"

阿术大笑一声："姐姐，我会一生跟着忽必烈的，莫非你也一生不嫁吗？别逗了。"他认为姐姐的话是对他讲的。

"对，我会。"良沿兰低声应着。

忽必烈同阿术、伯颜、吹见哗结为安答后的这些日子，几个人常在一起练武打猎，嬉戏玩耍，从不分开，阿术的姐姐良沿兰便成了这几个大小伙子的管家，平常也跟着他们一块儿出行，到了晚间则多是静坐在灯下，或为他们几个缝补衣袍，或为他们几个烧饭。几个小伙子对她也不见外，整天打闹在一处，但忽必烈却总是感到有些异样。

开始时，良沿兰总是把盛好的第一碗酒捧给忽必烈，总是把第一盆热水放在忽必烈的脚下让他烫脚，总是把最好看、最结实的布给忽必烈缝成衣袍。

忽必烈曾留意到这种与阿术几个不同的"待遇"，但他认为良沿兰尊重自己是拖雷王爷的儿子才这么做的。但慢慢地，忽必烈有了新的发现，每当他们几个吃饭时，或是坐在夜空下聊天时，他总能感到一缕目光在盯着他。他发现是良沿兰在凝视他。

有一天晚上，更是发生了一件让忽必烈意外的事。那天，夜空繁星闪闪，月

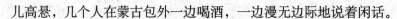

儿高悬，几个人在蒙古包外一边喝酒，一边漫无边际地说着闲话。

"忽必烈，你将来最想干什么？"吹见哗一边打着哈哈，一边问道。

"你呢？"忽必烈反问着。

"是雄鹰就要在天空翱翔，是骏马就要在草原上奔驰，是男人就要在战场上建功立业。我要像成吉思汗一样，在战场上杀尽仇敌，做个令敌人闻风丧胆的大英雄！"吹见哗说着，不由得攥紧了拳头。

"好样的，有志气，来，干了这碗酒。"忽必烈边赞许着，边给吹见哗斟满了酒。

阿术也连忙把碗递过来，让忽必烈倒上酒，粗声粗气地道："我也不是孬种。以后，你忽必烈走到哪，我就跟在哪儿，为你冲锋陷阵。"言罢，一口气喝下了碗中的酒。

良沿兰忽闪着黑亮的大眼睛，盯着忽必烈问："你还没说以后你想干什么呢？"

忽必烈抬起头来，遥望着一望无垠的大草原，良久，才道："你们可知这天下有多大吗？"

几人摇摇头。

忽必烈接着又问："你们可知我大蒙古国有多大吗？"

几个人又摇摇头。

忽必烈说："现在，草原上有马儿奔跑的地方都让我祖父成吉思汗握在了手中。可是比草原更大、更美的天下，我们却从没有见过。"

"听说中原和江南都很富有，但他们没有马奶子酒，也没有大草原，有什么好的。"阿术嘟囔道。

"是的。我们的大草原养育了我们。每年春天，蓝天白云下，羊儿成群，鲜花竞放，我们的草原是太美好了。可是中原还有更美的景致，我们没有见过。"

良沿兰插嘴问道："那你是想将来到中原，去住用土堆成的房子？"

忽必烈点头道："是的，听说那里四季如春，那里的皇帝住在用金子砌成的屋子里，每天有三千个美丽的女人陪着他。"

阿术扔下酒碗，嚷道："他凭什么一个人占着三千个女人，不行，我们也要住金屋，也要三千个女人陪着。"

忽必烈微微一笑，道："我祖父一生征战，把草原掌握在手中，我怎么就不能继续征战，把整个中原踩在脚下呢？"

"对！我们也能！"

"我们跟着你干！"几个人激动地喊了起来。

忽必烈点了点头，道："所以，我们几个要练好身体跟骑术、射术，打拼出一片我们的天地来。"

草原英雄：忽必烈

良沿兰冷冷地问："那你也要三千个女人陪着吗？"

忽必烈"哈哈"一笑："我渴望的是那里天空下的沃土，三千个女人又岂能让我满足！"

忽必烈在军中的日子，生活上得到了良沿兰无微不至的关照，他很感激善良能干的良沿兰，也很喜欢她，但从未把她视为一个女子，她从未在他心里引起过对异性的激情。此刻听了良沿兰的话，他不由得一激灵：莫非她爱上我了？

忽必烈的眼前闪过了性感丰腴的米力和典雅秀美的察必公主，他静了一下，笑道："良沿兰，可惜你不是男人，否则就可以跟我们几个结成安答了。"

"只是安答吗？只是因为我是女子吗？"良沿兰从草地上站起身，跑向了漆黑的夜幕中。

"良沿兰怎么了？"阿术不解地问道。

"大概怨长生天没把自己生为男儿身吧。"忽必烈淡淡一笑。

几个人酒足饭饱后，便到蒙古包中休息去了。

阿术他们都沉入了梦乡，而忽必烈却还在为刚才的一番谈话激动不已。他把双手枕在头下，冥思苦想起来。

突然，蒙古包外有轻微的脚步声传来，忽必烈警觉地抬起了身子。自父亲拖雷死后，忽必烈已经养成了随时防备仇家暗中下手的习惯。

脚步声在蒙古包外停了下来，好像有人在偷听帐内的动静。忽必烈抓起身畔的刀，悄然起身，走到门口，猛地掀开了门帘。

"啊！"一个人惊叫着后退了几步。

忽必烈一个箭步跨上去，一把就攥住了来人的胸襟，沉声问道："谁？想干什么？"

"是我，快放手，你……弄疼我了。"是良沿兰羞怯又有些嗔怪的声音。

忽必烈放下心来，这时方感到右手似乎握住的是一个极为柔软的东西。他知道自己刚才用力扼住的是良沿兰的胸脯，赶紧松开了手，有些尴尬又有些诧异地问："这么晚了，你还不睡觉，来干吗呀？"

良沿兰转身向外走了几步，又回头说道："我睡不着，我耳边一直响着你说要去中原的那些话。"

忽必烈笑了，也向前走了几步道："那是我的一个梦想，我也是睡不着，正想这事呢。"

良沿兰拉忽必烈坐在草地上，指着远方夜空中的一颗星星问："中原有多远？有那颗星星远吗？"

"听说一直向南就到了。"

"那我在草原，能像望见那颗星星一样，望见你吗？"

"怎么？你不准备与我们一起去打天下吗？"

"你们要我？"

"当然。"

"那你说的三千个女人呢？"

"傻丫头，我只是借此说一下中原皇帝的奢华和富有而已。"

良沿兰莞尔一笑，又问："我还能给你缝衣服吗？"

"还要给我们倒马奶子酒呢。"忽必烈见良沿兰笑了，也不由得随着回答。

良沿兰一听，像一头灵鹿一样轻轻跃起，跑着回自己的蒙古包，边跑边笑道："我要回去睡觉了，睡个好觉。"

忽必烈目送着她苗条的身影，摇头自语着："真是个疯丫头，总说疯话。"

说罢，他也回到帐内休息去了。

忽必烈随蒙哥又回到了漠北草原。母亲唆鲁禾帖尼欣喜万分，摸摸这个儿子的头，又抚抚那个儿子的臂，眼中噙满了欢慰的泪水。

晚饭后，唆鲁禾帖尼把几个儿子叫到面前，怜爱地抚着忽必烈壮硕的身子，笑道："你该完婚了。"

忽必烈扭头看了一眼面色绯红的察必，向母亲点了点头。

唆鲁禾帖尼接着道："择日不如撞日，就是今晚吧。"

阿里不哥眨着眼睛疑惑地道："母亲，忽必烈跟谁完婚呀？"

"当然是察必啦。"唆鲁禾帖尼拍了一下儿子的肩膀。

阿里不哥"嗖"地站起身，涨红着脸叫道："不行！察必姐姐是我的人，我长大后会娶她的。"

几个人闻听阿里不哥带着稚气的话，都不禁笑了起来。唆鲁禾帖尼抚了抚阿里不哥胖嘟嘟的脸蛋儿，笑道："你还小，察必是忽必烈的新娘。"

忽必烈也站起身来，走近阿里不哥道："等你长大了，母亲会给你挑选一位美丽的新娘的。小小年纪，怎么想起娶亲来了。"

众人又一起大笑起来。

阿里不哥拂开母亲的手，抹去被众人笑声恼怒出来的泪水，道："不！我谁都不要，只要察必公主！"

忽必烈敛去笑容，正色道："不可如此无理，小小年纪不思骑射本事，却沉湎于儿女之事，你真是愧对父亲的威名。"

阿里不哥用刀子一般的眼神逼视着忽必烈，恨恨地说道："我的骑射本事不比你差，察必姐姐喜欢的是我，你妄想娶她！"

一时间，气氛倒凝固了似的，察必公主见状，便走上前来，给阿里不哥正正衣襟，笑着说：“我以后还会好好照顾你的，姐姐是喜欢你，可姐姐想嫁的是忽必烈呀。”

阿里不哥握住察必的手道：“你骗我，你是害怕忽必烈才这么说的，是不是？你告诉我是不是？”

唆鲁禾帖尼拉开阿里不哥，对他说：“走，跟我回帐篷，让忽必烈他们休息一下。”

这场似嗔似怒的争执就算收场了，但阿里不哥的心里就此埋下了怨恨忽必烈的种子。

夜晚，四周静寂，繁星闪烁，淡淡的月光洒在忽必烈和察必的身上。忽必烈拥着察必温软香滑的肢体，仿佛血腥的战事离自己很远很远……

察必柔细的双手抚摸到他身体的哪个地方，哪个地方的皮肤便如火灼一般，滚烫滚烫的。忽必烈吻着察必鲜红的唇，体内激荡起一阵阵潮水翻涌般的热情，他一次次地把察必压在了自己强健的身下……

忽必烈不知道，在他与新娘察必沉醉在琴瑟云雨的甜蜜之中时，阿里不哥正躲在他们的小蒙古包外。

阿里不哥刚及弱冠，但对异性的向往与冲动却不逊成人。大草原风霜雪雨和烈酒烤肉锤炼了他粗壮健硕的身板，骑术和力气早就不输别人，唯有颏下初长的粗须和略带稚气的眼神，才稍稍流露出一点儿少年的气息。

在忽必烈从军在外的日子里，阿里不哥跟母亲一直住在漠北，整天除了和小伙伴儿们玩耍外，就喜欢腻在察必身边。察必洗衣服，他便帮着打水；察必做饭，他便帮着拢火。察必也很喜欢他，常给他讲故事。

阿里不哥一直是把察必当姐姐的，因为他有三个哥哥，除了母亲以外，他从未感受过其他女性的抚慰。察必的到来，使他常在心中涌动一股快乐与温暖舒服的感觉，他从心里觉得姐姐比哥哥好多了。

但有一天，他改变了。

那是一个夏日炎热的午后，天蓝蓝的，没有一丝云彩，烈日像下火一般直射着大草原，仿佛要点燃天下所有的事物。狗儿们卧在蒙古包后边的阴凉处，吐着舌头喘气，羊儿们也懒洋洋地在圈内打着盹。四周静极了。

阿里不哥的心也跟这天一般，火烧火燎的。母亲到邻家去了，小伙伴儿们也惧怕骄阳的烤炙，没来找他。他自己躺在草地上，无聊地望了一会儿天空，便睡着了。

突然，他被一阵声响吵醒了。

阿里不哥坐起来，揉了揉惺忪的睡眼，先是茫然地望了一下四周，继而发现声响是从蒙古包内传出来的。他不禁站起来，走到蒙古包前，掀起了门帘的一角向里看去。

　　只是这一看，他就呆住了。原来，是察必正在洗澡。察必也实在耐不住这炎热的天气，见家中没有别人，便褪去衣衫，在蒙古包内用冷水擦拭起身体来。

　　阿里不哥掀起门帘后，只觉得眼前白光一闪——是察必姐姐在洗澡！他的心一阵狂跳，赶忙松开了撩门帘的手，背过身去，抚住前胸，不敢再看了。

　　察必不知道阿里不哥在帐外，冷水的洗浴给她带来了一丝清凉。她一边洗，一边哼着歌，感觉非常惬意。

　　阿里不哥在帐外调整了一下呼吸，想轻手轻脚地走开。他知道察必公主是忽必烈的人，他不应该偷看。但他走了几步，又停了下来，他长这么大，从没有见过女人的身体，刚才的惊鸿一瞥，也没有看清楚。他知道大草原上每一个男人都会娶女人，但他不知道女人到底与男人有什么不同。强烈的好奇心促使他又转过身来，走到帐前，悄然掀开了门帘的一角，定睛望去。

　　蒙古包内，察必赤裸着身子，饱满、坚挺的胸脯随着她擦拭的动作上下颤动着，白皙的皮肤宛如凝脂光润鲜活，一头长及腰畔的黑发，黑缎子般披在肩上，笔直、纤美的双腿在轻跳着舞步……

　　蒙古包外的阿里不哥愣住了！他从不知道女人的身体是如此美丽的，是如此令他的心狂跳不止的。他盯视着察必的胸脯，忽然产生了想去抚摸去亲吻的冲动，想去感觉那光滑的肌肤的冲动。

　　他浑身像着了火一样，血在周身肆意地贲张着，嘴大张着，仿佛要吞下什么一般。他使劲咽下一口唾沫，不敢再看下去。

　　他扭头跑了。他怕会管不住自己冲进去。

　　从那以后的一段时间，他不敢正视察必的眼睛，他怕自己会泄露出这个秘密。而察必却浑然不觉，依旧给他洗衣服，给他做饭，依旧温柔体贴地关怀着家中每一个人。

　　过了几天，阿里不哥平静了些，他又开始注意察必的一举一动。他不明白察必的衣衫下，怎么会有如此美妙的身体呢？他开始喜欢跟察必玩儿赛跑的游戏，因为在跑步时，察必的胸脯会起伏，会颤动，会令他回忆起那令他魂牵梦绕的一瞬。

　　有一天夜晚，他试着躺在察必的怀里，撒娇着说："姐姐哄我睡觉吧。"

　　母亲唆鲁禾帖尼笑着打了他一下："你都多大了，别烦察必，自己去睡。"

　　"不，我要听察必姐姐讲故事。"

　　"好，"察必抚着阿里不哥的肩头笑道，"好弟弟，闭上眼睛，我给你讲。"

　　阿里不哥顺从地闭上了眼，伏在察必的怀里。

　　察必浑身散发着一股清新的香气，阿里不哥深吸了一口，把脸偎在了察必的

草原英雄：忽必烈

胸前。他只觉着那里是那么的柔软，是那么的富有弹性，他不敢伸手去抚摸，也不敢去亲吻，只能尽量地去贴近、去贴紧……

从此，阿里不哥找到了感受女人的方式，他越来越多地赖在察必的怀里听故事，越来越想跟察必在一起了。

但忽必烈的回来，打破了他对察必的憧憬，夺走了他青春萌动的快慰。当他在帐外窥到哥哥忽必烈竟然粗犷地脱去了察必的衣服，亲吻着他曾依偎的乐园，抚摸着他向往的肌肤时，他哭了。他的牙齿把下唇咬出了血，他的手心攥出了汗……

忽必烈在漠北的这段日子，蒙古大军并没有停止战事，先是铲平了山东小股叛民，接着又接到了窝阔台汗的指令，出漠南、围邓州。邓州有十万守军，战斗很是激烈，就在邓州战事正酣的时候，一件事情突然发生了。

窝阔台汗死了。元太宗十三年（1241年），窝阔台汗死在了征宋的途中。

就在窝阔台汗实施联宋抗金后，宋先是应允，继而反悔，窝阔台一怒之下，下令挥师伐宋。耶律楚材及一些老臣曾劝说窝阔台不可四面出击，窝阔台不听，结果在尚未攻宋之际，死在睡梦中了。

窝阔台在位时，曾选定由乃马真皇后所生第三子阔出继任汗位，但阔出先于父汗死去。于是，窝阔台又有意把汗位传给阔出的幼子失烈门。窝阔台死后，乃马真皇后监国，她废黜了失烈门，欲立长子贵由继任汗位。皇后先后罢免了耶律楚材、镇海等一些旧臣，企图为贵由的继位扫清障碍。

自窝阔台汗死后，由于汗位悬而未定，漠北草原群龙无首，蒙古宗亲们便陷入了互相抢掠的境况。太子贵由为了早日登上汗位，四处活动，拉拢手中控有军队的宗亲们。

蒙哥能征惯战，首先成了贵由拉拢的目标。贵由主动向蒙哥示好，委蒙哥以重任。

蒙哥受到太子贵由的重用，很快获得了不儿罕山之地的军政大权。这样，他便更容不下有与他意志不符者。

蒙哥动辄挥金如土，包括唆鲁禾帖尼在内皆不敢言。唯忽必烈常直抒己见。

在蒙哥军中的这段时间内，由于蒙哥手中握有重兵，所以，尽管汗位虚而未定，但是其他支系的宗亲们没人敢小看蒙哥及其家人。忽必烈除了偶尔出去打个小仗外，多数时间是跟妻子察必和手下的部属们谈天说地，日子过得倒也舒心。

刘秉忠，字仲晦，金贞祐四年（1216年）生于金王朝统治下的邢州。其时，正值金王朝衰亡之时，成吉思汗的蒙古国正在四处征讨，当成吉思汗的太师国王木华黎攻下邢州后，刘秉忠的父亲刘润被任命为都统，后改任邢州录事，颇有清廉之名。

刘秉忠曾出家为僧，法名子聪，因才学过人，深受忽必烈倚重。有了这些才俊为忽必烈出谋划策，忽必烈办起事来方便多了。

龙广天书是一位跟察必年龄相仿的女子，早年从师于全真教门下，与刘秉忠相识。当她听说刘秉忠跟杜轿均已投奔了蒙古的忽必烈，便也一路打听，到了漠北。

龙广天书从小习文练武，总是一身男人装束，体态矫健，满面英姿。到漠北不久，她便与察必成了好友。二人经常在一起说笑，龙广天书给察必讲述中原及江南的风土人情，察必介绍蒙古的风俗习惯给龙广天书听，久而久之，二人成了无话不谈的朋友。

忽必烈整天跟刘秉忠他们在一起。刘秉忠从中原到江南，从南宋到辽金，向忽必烈介绍着天下形势，也从古到今，从孔孟之道到佛、道宗教等，一股脑儿地讲给忽必烈听。

这些知识或者说见闻令忽必烈大感新鲜与有趣。他原先接触的人不外乎被俘未杀的匠工、医卜等，如今刘秉忠从天文地理到中原历代帝王的兴衰演变均一一清晰道来，使忽必烈的眼前恍若洞开了一扇窗户，看到了大草原之外的令他有些眼花缭乱的世界。他如饥似渴地接受着知识的同时，也被汉儒文化的博大精深所深深震撼。

直到这时，忽必烈才知道除了用刀箭去征服敌人外，还有一种更厉害、更有效的武器——那就是拥有知识后所孕育的"术"——统御术、谋略术、识人术等等。所以，他越发看中他身边的这些汉人儒士了。

忽必烈与下属龙广天书意气相投，龙广天书更是巾帼不让须眉，广交天下豪杰，漠南漠北无不随势附之，来投其父沈元帅者有之，来投龙广天书门庭谈文论武者有之。一时间，龙广天书成为忽必烈面前举足轻重的人物，王杜教、文灿、万尊东三人最先携手而至。

忽必烈听龙广天书谈到三兄弟都是人中龙凤，当下便要约见。上自天文地理，下至国事民情，三人口若悬河侃侃而谈。忽必烈心中大悦。

早有蒙哥心腹去报知忽必烈新纳三兄弟，蒙哥怒问忽必烈："为何私下结盟？"

忽必烈当下心头吃惊不小，但表面上仍是和颜悦色，只是推说是三个落魄之人而已。蒙哥满腹狐疑地望了一眼忽必烈，不再追问，但忽必烈却着实吓了一跳，回去长吁短叹。察必问其故，他便和盘托出。

察必说："不如早日离去。长此以往，难免兄弟争斗。"他采纳了这个意见，率领手下的兵马及几位汉儒离开了蒙哥。当然，忽必烈离开的借口是："我

草原英雄：忽必烈

要杀了速不花，报昔日之仇。"

蒙哥巴不得他离去，这样就少了一个敢跟他叫板的人。

月色淡淡，东方微明，坐拥三千帐的忽必烈回到大营，马上把最精锐的伯颜部调到离不儿罕山很远的岸边，对他说道："伯颜，你时常对我说，想报答我对你的知遇之恩，明天你就报答吧。"

此时，伯颜已成为忽必烈帐前最重要的一员大将，他曾和阿术一起受命来到蒙哥身边，是忽必烈最忠勇的四大将军之一，另外三位是阿术、沈元帅和廉希宪。

"主公要我怎样？"伯颜说，"只要您一声令下，我可以赴汤蹈火。主公，我自投奔你以来，就想着建功立业。"

忽必烈只是冷冷地说："不许速不花的兵马渡过不儿罕山脚下的港河沿。"

"港河沿？"伯颜问，"就是在大顾和照庄之间的港河沿吗？"

"是的。"忽必烈点一下头，"你且去那里，阿术将在三座楼、平坊、成凹、桥子、尚楼、沉堂寺那一带配合你。"

杀速不花是忽必烈离开蒙哥的借口，同时也是他一个未了的心愿。

也就是在忽必烈分兵布阵圆满之后，有信使来报说速不花来了。忽必烈大惊，他正有意去攻打速不花部，怎么这个时候他会突然到来呢？

阿术主张把速不花杀掉。忽必烈不允，他说要到时再见机行事。就这样说着，速不花就来到帐内。

忽必烈说："阿术，给我宰一千头羊、一千头牛、一千头骆驼，送过来，就对部下说，是速不花的世侄忽必烈慰问他的部队。去吧，一定要办好。"

阿术附在忽必烈耳畔说："王爷，速不花此次前来，不是朋友，是要来杀我们的呀，我的王爷！"

忽必烈轻声说："让他们吃了喝了，我们就像宰牛一样，用牛马换回他们的血肉之躯，还不合算？"

听罢，阿术微笑着走了。

忽必烈和速不花都在虚情假意地寒暄着，但没人感到不自在。

"坚利的刀刃游在牛羊身上，我的兵士就要美餐一顿。"速不花说，"真不知要怎样感谢贤侄的好意。"

"该我谢您！"

"谢我？"

"想当初，如果不是您老人家留我性命，我怎么会羽翼丰满呢？"忽必烈笑着说，"所以，我总想报答您老的恩情。"

"贤侄，这几年眼见着你有出息，我真高兴呀！"速不花说，"真是应了中原人说的一句话哟！"

"什么话？"

"'长江后浪推前浪，一浪更比一浪强'啊！"速不花说，"贤侄，你和蒙哥都是我看着长大的。想当年，拖雷监国在世时，对我这个山大王手下留情，我就一直感恩不尽，并对你母亲说过要扶持你们兄弟成才。"

"多谢前辈扶持，才使我兄弟羽翼丰满。"忽必烈说，"方才我命阿术出去宰牛杀羊，就是聊表谢意。"

当阿术把劳师礼物送到阵前时，忽必烈和速不花也走了过来。

忽必烈来到阵前，并没有任何战备的阵式，只是非常恭敬地对速不花说："侄儿知道叔叔听了别人谗言，是前来教训侄儿的，侄儿今日的一切，都是得自叔叔。叔叔喜欢拿些什么东西回去，尽管拿去好了。尽管拿，能拿多少就拿多少，侄儿说什么也不会抵抗的，请叔叔派人前来掠取。"

"是叫我来抢吗？"速不花有些不悦，但又想不出更好的话。

忽必烈说："我的意思是你如果喜欢，尽管拿去。"

速不花听了顿觉赧然，便暗示他几个贴身部下不要轻举妄动。

但是，速不花的儿子奕刺合却忍不住了，他立刻高声叫道："既然忽必烈将军如此识相，财物任我们掠取，那么我就让部下到库里去拿了！"

这么一说，对速不花来说，正是一个致命的打击。

速不花所有的部众，一听说可以掠取忽必烈的财物，立刻便乱作一团，欢喜若狂似的纷纷抢着向忽必烈的库帐冲过来，完全没有了阵式。而忽必烈的铁骑，则早已在帐后布下了天罗地网。

抢财物的一大群人，才涌进帐中，就像进入阿鼻地狱一样。

他们惨叫、狂号，被带着火焰的利簇插入体内，痛得在地上乱滚一气，哭爹喊娘，那惨不忍睹的景象，令人触目惊心。他们高声痛呼，声音悲惨、凄绝，犹如凄厉的鬼叫。

速不花十分惊诧，他马上叫号角手吹响了撤退的号角，数以万计的人，争抢着向斡难河逃去，根本就没有了队形。忽必烈并不派人追赶，只是笑了笑。

忽必烈很开心。逃去的速不花在路上痛骂忽必烈的狡猾，过一会儿，他又痛骂儿子奕刺合。可是，骂声未落，大队人马已陷入了伯颜的钢铁重围。伯颜这条大汉，依然是他以往的作战风格，身先士卒，从不畏死。

伯颜骑在一匹高大的枣红马上，往来冲杀，只要是他的箭所到之处，先是带头的一个眉心中箭下马，然后大批蒙古兵就趁着后面的人惊魂未定，狂呼大叫，一路冲杀过去。逃到斡难河的，几乎就如伯颜向忽必烈许下的誓言一样，没有一

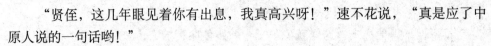

个可以生还过河，只有跪在地上的得以留下了性命。因为忽必烈一再嘱咐，不许杀降。

士兵们在相互厮杀。

不儿罕山脚下血流成河。

速不花在众将护拥下冲过斡难河，向不儿罕山遁去。

忽必烈大获全胜，他高兴地举起了帅旗，仰天长呼："蒙哥，咱们又胜了一仗！"

这时，伯颜策马驰到忽必烈面前，满面羞愧地说："主公，我没有抓到速不花和他的一些军将。"

伯颜跪下来了，他难过得几乎要流下眼泪！

忽必烈哈哈大笑，拉起伯颜，拍了拍他的肩说："好样的，别泄气！伯颜，这正是你另一个立功的机会。"

"主公，"伯颜说，"我哪还有立功的机会？末将罪该万死。"

"胜败乃兵家常事！"忽必烈笑着说，"一切都过去啦！"

"末将罪该万死。"伯颜说，"在下一时大意，让那老贼跑了。"

"这不能怪你。"忽必烈说，"机会多多，我会给你杀那老贼的机会的。"

伯颜满腹狐疑地望了忽必烈一眼："我还有机会？"

忽必烈一本正经地说道："是的，伯颜！你应该知道，速不花他们此次在这里大败，最有可能逃到哪里？"

"漠南？"伯颜说，"主公是说速不花会逃到漠南去？"

"是的。"

"那我们就追过去！他跑到漠南，我们就追到漠南！"

"对。"

"在漠南摆开战场。"

"先把速不花的人都杀死，消灭得一干二净，然后，我们在那里驻兵养兵，等待大汗的召用。"

"主公高见。"

"这正是我和子聪先生早已谋划好的。"忽必烈说，"眼下速不花已无路可逃，漠南已是唯一能去的地方。"

"主公，我现在明白了！"伯颜笑了笑，"主公真是英明啊！"

"伯颜！"忽必烈拉住伯颜的手，亲切地说道，"此次攻打漠南在即，对你来说，是不是有机会？"

伯颜尴尬地笑了笑："主公，如此说，将来要是有这机会，主公须得让我先大干一场，立功赎罪。"

忽必烈点了点头："伯颜，你至今还未娶老婆。"

"谁肯嫁给我这个丑汉子。"伯颜说，"主公，我太丑了。"

忽必烈见伯颜有几分自惭形秽，拍了一下他的肩，笑了。伯颜猪肝似的脸，这时红得更变成了深紫色。

忽必烈说："伯颜，别泄气，我要你在今天一个晚上讨几个女人！"

"主公赐给我？"

"对。自先祖创业以来，主公都有权赐女人给下属。"忽必烈说，"去吧，跟廉希宪一块儿去吧。"

廉希宪来了，忽必烈对他轻言了几句。廉希宪转身离去，不一会儿，他带来四个女人，让她们一齐站在伯颜面前。

伯颜笑了。忽必烈拍一下伯颜的肩说："伯颜，你可别忘了弓箭哟！"

狼狈逃亡的速不花和他的儿子奕刺合，果然不出忽必烈所料，逃到了漠南之地。逃到那里之后，他们就不停地招兵买马。

益州的千户李璮，也由胶南向漠南发展，在胶州渤海湾一带网络大金遗民，私下里劝说他们向蒙古人复仇。李璮说要先发制人，把追来的蒙古人先行荡平，再活捉几个蒙古军元帅。就在李璮准备趁乱扩大势力、攻打蒙古人之时，一件令蒙古人和金人遗民感到奇怪的事情发生了。

一天晚上，正当忽必烈独处大帐的时候，左右急急前来报告："速不花那边有一队人马悄悄朝这里奔过来，像是怕被人发现似的。"

此时，忽必烈已经拥有一支善战的军队，而且也拥有了一块不小的地盘，蒙哥他们也没有干涉过他的行动。

忽必烈听后感到奇怪："来人是从漠南而来，那漠南目前正是速不花所在之地，难道他敢斗胆先行出兵？"

忽然，前面的兵马亮出了一面标志着归降的旗子。忽必烈当下备了战马，亲自迎上前去，他要看一下这时奔过来的都是些什么人，为何深夜而来。

那小队兵马像是突然加快了步伐，像飞一样，"嗖嗖嗖"地奔腾而来。忽必烈有些疑心，他举弓在手，但很快就把弓箭重放了下来。

此时，忽必烈听到一阵呖呖莺声："忽必烈，我是速不花的妃子耶律美，现在特来找你，有急事。"

忽必烈什么都没有说，他静观眼前这一队人马。她们已滚鞍下马，而且清一色都是耶律美的奴婢侍女。

忽必烈不再多言，只是笑了笑，便把耶律美引到自己的大帐中，并且关上了帐门。

帐内被羊脂巨烛映照得很亮，忽必烈看清了耶律美的容貌——她依旧是一个矫健婀娜的绝色美人。

忽必烈笑道："耶律夫人，你刚才说找我有急事？"

耶律美掠了掠头上的秀发，忽然间竟掉下了两颗泪珠，幽咽道："王爷，速不花垂垂老矣，真没想到李璮会背信弃义，用兵夺取漠南许多重镇。"

"他夺了漠南重镇？"

"嗯。"

"那速不花叔叔为何不出兵痛击？"忽必烈笑道，"那李璮他为何会反呢？"

"只是说他笼络人心为了迎击蒙古人，不知怎的，他的手下竟然连我们在漠南的地盘一块儿占了。"耶律美说，"那李璮并不制止他的部下，似乎还怂恿他的部下这么做。速不花患了大病啦！"

"速不花病啦？"

"嗯。"

"那现在是奕剌合在主政漠南？"忽必烈道，"奕剌合还是有些才干的，他会把漠南治理好的。"

"不，现在只有忽必烈王爷您能救我和速不花。"

"您这么说，是认为我一定会帮你们的忙，我会给你们这个面子？"忽必烈说，"不过，你是个女人，路上又那么多匪徒，真不该让你来呀！"

耶律美这时却是脸上一红："王爷，你，你是见过我的，一定会帮我们的忙，因为我和你有过交往，对吗？"

忽必烈一把把她抱起，低声说道："可爱的美人儿，你的事就是我的事，你就放心吧。但现在，你毕竟是太疲劳了，你得在这里休息一个晚上。耶律美，你明天再回去吧，一切都不用担心。"

这时，耶律美用充满感激的双眼柔情地望着他，情不自禁地递上了两片红唇，就像一团欲火，烧向忽必烈的脸庞。耶律美的形体是如此婀娜刚健，可是，当她躺在忽必烈怀中时，却柔得像一团软化的玉脂。

忽必烈左手一用力，把耶律美扳了过来，面对面，双手托着耶律美丰满的地方。耶律美的一双手，就像是两根不可解开的藤条，缠住了忽必烈的脖子。

一天的奔波，耶律美的身上多的是汗味，但忽必烈嗅着时，却只觉得十分醉人。于是，忽必烈用手扯开了耶律美那根束腰的丝带，口中喃喃地说："耶律美，你真是一个小妖精，我不能总是这样抱着你吧，你松一下手，让我动一动。"

耶律美却摇一下头，沙哑着嗓子说："王爷，我现在是不能松手的。无论如何也不能松开你的手呀！"

忽必烈伏在耶律美的肩上轻轻咬了一口，说道："耶律美，你为何不能松开我的手呀？这是为何啊？"

耶律美娇笑着说："王爷，我没有洗身上，松开你的手，你就会让我去洗澡的。告诉你，王爷，我最讨厌洗澡的女人。"

忽必烈用手捏了耶律美一下说："美人儿，洗了澡就没有味道了，我是非常喜欢你的。"

耶律美笑道："我就是不喜欢洗澡，那你就看着办吧！"

忽必烈说："也好，此时你正是风尘中的样子，也是那风尘味，天下难得呀！"耶律美索性扭动着身子，不断地把身体压向忽必烈最感到难受的地方。

忽必烈不能再说话，索性双手把耶律美一抛，抛到了虎皮褥子上。

正当忽必烈虎视眈眈地盯着漠南，与耶律美巫山云雨时，察必正在漠北分娩。

此刻，察必正躺在帐内，美丽的脸因痛苦而扭曲着。守在一旁的唆鲁禾帖尼心痛万分，实在不忍心看心爱的儿媳察必受那么大的罪。

察必开始嚎叫起来。

汗水已浸透了察必的衣衫，一头乌发也宛如水洗一般，粘在胸前，她正经历着分娩前的阵痛。唆鲁禾帖尼擦拭着察必额上的汗水，轻声说："察必，你不要太紧张。"

"好的，额吉。"察必对唆鲁禾帖尼努力地笑了一下。

随着一声震耳欲聋的炸雷响起，一个黑黑的、粗壮的男婴坠落到了这个帐篷。

"哦，是个男婴。"唆鲁禾帖尼对察必笑了笑。

"这就好，这就好。"察必连声自语着，脸上洋溢出由衷的笑意，"他的父亲忽必烈还在漠南呢！"

唆鲁禾帖尼说："我会马上让阿里不哥去漠南告知忽必烈，让他得知自己有了一个儿子。这是一个好消息呀！察必，察必，你真幸福！"

"是的，额吉。"察必对唆鲁禾帖尼微笑一下。

"那我们给这个孩子取个什么名字呢？"唆鲁禾帖尼说。

"全凭额吉的意思，您就给他取个名字吧，也好让阿里不哥到漠南告知忽必烈。"察必说。

"不如就叫真金吧。"唆鲁禾帖尼说，"真金是好马之意，但愿这孩子长大后能像宝马一样驰骋在草原。现在，我们拖雷家正是需要人的时候。"

"真金，好，多好听的名字。"察必说，"但愿真金能成为一匹好马，能像他父亲一样驰骋在大草原。"

真金在乃马真后二年（1243年）出生在了漠北草原的黄金家族。此时，他的父亲正在悄然有序地壮大着自己的实力。

自从去年在漠北拥有了自己的军队后，忽必烈愈加感到拥有人才比拥有金钱更为重要。他四处招贤纳才，网罗精英，为扩充自己的势力准备着。此时，他的府内已经拥有了一大批汉人才俊，像社轿、王鹗、刘秉忠及姚枢等。

在窝阔台汗死后的这几年里，忽必烈潜心学习汉族文化，悄然扩大文才武士队伍，他的羽翼逐渐丰满了。

乃马真皇后打理漠南政事这几年，一直在为贵由继任大汗努力着。但是，乃马真皇后的威望还没有高到可以左右局势的地步。首先，拔都就百般阻挠忽里台的召开。

拔都是成吉思汗长子术赤的次子，是钦察汗国的创建人，他骁勇善战，很得部族的拥戴，而且战功卓著，势力、影响力均非一般人可比。

拔都之所以反对贵由继位，一是嫌乃马真皇后违背了窝阔台的意愿，二是因他与贵由有过节，这也是主要原因。

那还是在窝阔台西征的时候。当时参战的不乏年轻的宗亲后生，像蒙哥、拔都、贵由、别哥等，窝阔台根据能力及参战经验，任命拔都为统帅。蒙哥他们倒无意见，但贵由认为自己是大汗之子，不担任统帅面子上不好看，于是在途中总是冷言冷语地嘲讽拔都。

在一次诸将的酒席上，拔都首先喝干了碗中的酒。贵由大怒而起，摔掉酒杯叫道："我不能喝没人敬的酒！"

言罢，贵由带着随从起身便走，边走还边叫着："是好汉战场上见，没能耐就当个老鼠在地上打洞算了，硬充什么雄鹰！莫非你还真能上天不成！"

拔都在一干将士面前受到了污辱，自然不会善罢甘休，他告状到了大汗面前。窝阔台一番安慰，并令贵由当众给拔都道歉，此事才算了结，但二人的仇恨也就此结下了。

拔都心挟旧怨，怎会高兴贵由上台。于是，在他的干涉下，忽里台一直没有召开，而大蒙古国的汗位一空就是五年。

在这五年间，一直由乃马真皇后监国。这五年，大蒙古国黄金家族的权力角逐日渐激烈，各个派系之间的矛盾也越发明朗化了。

忽必烈一直在静观着事态的发展。

作为拖雷一系，忽必烈感到有些身单力孤，尽管蒙哥和他各统一方，但蒙哥只以善战著称。于是忽必烈在这期间，几次与母亲分析局面，谋求自保及拓展势力的良策。

阿里不哥长大了。他面色青黑，两颊颧骨高耸，略显黄色的眼珠凶悍不羁，魁梧的身体像铁塔一般。唆鲁禾帖尼给他娶了一位顺从听话的妻子，但他心中仍是无法忘记美丽的察必，每当他看到忽必烈与察必一块儿出入、一起说笑时，他的心中就会燃起冲天的妒火。

在乃马真打理漠南政事的这段时间，蒙古大军放慢了向宋金腹地掳掠的速度，诸位蒙古王之间开始出现摩擦和内讧。

忽必烈家族的人们遵从唆鲁禾帖尼的话，在拖雷的兀鲁思（即属地）里循规蹈矩地过着平静的日子。但阿里不哥却总是捺不住性子，平时不是烂醉如泥，就是殴打妻儿，横行部族。忽必烈多次教训不果，就连一向疼爱小儿子的唆鲁禾帖尼也不得不出面斥责，希望他稍有收敛。

一天中午，忽必烈正在家中休息，忽然察必推他："你醒一醒，子聪先生有急事找你。"

忽必烈睁开眼睛，见刘秉忠一脸焦急地站在面前。他知道刘秉忠平素持重温和，喜怒不形于色，今天恐是有大事情发生了。忽必烈忙问："子聪先生，出事了？"

因刘秉忠经常给他讲说天文、地理、律历等知识，故忽必烈私下称他为"先生"。

刘秉忠抹一把汗，道："王爷，不好了，阿里不哥要杀海云大师。"

"噢？为什么？"

"海云大师偶经阿里不哥的帐前，因有狗上前狂吠，海云大师用拂尘赶了一下那只狗，阿里不哥就急了，说海云大师是登门挑衅于他，他要维护蒙古王的尊严，正嚷嚷着要杀海云大师呢！"

"胡闹！"

忽必烈一听便大怒，急忙穿衣下地，跟刘秉忠一道向阿里不哥的行帐跑去。

察必见他二人走了，也急忙把真金交给下人，奔出帐外，找额吉唆鲁禾帖尼去了。她知道阿里不哥一直恼怒忽必烈，唯有额吉的话他才听。

这位海云大师原是燕京有名的禅学大师，俗姓宋，山西人，自幼出家，修为持重德高，曾被金宣宗赐号为"通元广慧大师"。1219年，成吉思汗帐前大将攻克山西岚谷宁远时，海云大师在家乡被俘。

成吉思汗慕其声名，特地将他请到漠南，礼遇有加。开始时，成吉思汗礼遇海云大师的目的只是想以此告之天下人，蒙古汗王也尊重汉地的德高之人。后来在与海云大师的接触中，成吉思汗很是钦佩大师博大精深的禅学理念，便在一些事情的处理上，也逐渐地开始征求一下大师的看法。

元太宗七年（1235年），窝阔台汗差官选试天下僧道时，就是让海云大师任庆寿寺住持的。可以说，海云大师在漠南、漠北极为受人尊敬，就连刘秉忠也曾师从于海云大师。

有一回，忽必烈曾同刘秉忠一起就佛学的一些问题，请教于海云大师。

忽必烈问："请问佛法的最高精神是什么？"

海云大师答曰："宜稽古审得失，举贤错枉，以尊主庇民为务。佛法主要，孰大于此。"

忽必烈又道:"子聪已经给我讲过'得民心者得天下'的道理,关键是如何才能做到这一切呢?"

海云大师拈须大笑:"这要求助于儒。大王如若广求天下大贤硕儒,何愁解决不了治乱兴亡之事呢。"说毕,他指了指刘秉忠。

这些话对忽必烈触动极大,在以后的日子里,他果然是更加如饥似渴地听刘秉忠讲天讲地,讲古讲今了。

当刘秉忠跟忽必烈赶到阿里不哥的帐前时,却见阿里不哥正在桌边与海云大师交谈着什么。刘秉忠大为吃惊,疑惑不解地问道:"刚才这里还是硝烟四起,怎么眨眼的工夫就风平浪静了?"

阿里不哥抬头见忽必烈来了,便向海云大师点点头,转身进帐去了。临走,还瞪了忽必烈一眼。

海云大师当然知道忽必烈是来干什么的,他便起身,双手合十道:"老僧感谢王爷前来救险。"

刘秉忠问:"大师,怎么风平浪静的?"

海云大师呵呵笑道:"我只是告诉他,我这拂尘是大汗所赠而已。"

忽必烈摇头道:"不对,阿里不哥天不怕地不怕,如何会惧怕这一柄拂尘。"

"我还告诉他,我正要去给察必夫人讲经。"

刘秉忠开怀大笑起来:"怎么,大师也懂得凡尘之事?"

忽必烈也笑了:"忤逆子,真是不成器。"

一番风波过去了,但刘秉忠却感触颇深,在当晚与忽必烈的长谈中,他叹道:"我真是庆幸,遇到了王爷这样明智之人。"

"为何有此感慨?"忽必烈问道。

"以海云大师这般德高之辈,都赢不来阿里不哥的尊重,大汗的威名不能令其就范。我刘秉忠只不过多读了几本书,就得到王爷的如此信任,可谓庆幸,不是吗?"

"自我祖父起,都是靠马背上的拼杀才争得了今天的成就,我也深信没有征战就不能扩大蒙古的版图,但是,我纵然是赢得了天下,就能赢得天下人之心吗?"忽必烈饮下一杯酒,像是自言自语,又像是问刘秉忠。

"古人曾有'马上取天下,不可以马上治天下'的古训,"刘秉忠道,"王爷问得好呀。"

"王爷问什么问得好?"随着一串笑声,赵璧跟张德辉走了进来。

赵璧是中原一带有名的大儒,听说蒙古的王爷忽必烈礼遇有才之士,便应邀来到了忽必烈的幕帐。他精通蒙古文,是忽必烈了解、领会汉人统治经验的一根拐杖。忽必烈很喜欢他，给予了他很多经济上的支持与帮助。而张德辉是刘秉忠的旧识，也是应邀来到忽必烈幕帐做幕僚的。

赵璧见察必夫人也在帐中，连忙向前施礼，说道："夫人，您给我缝制的这件衣袍合身极了。"

自成吉思汗时代起，蒙古人向来蔑视汉人的繁杂礼节，鄙视男人没有阳刚威猛之势。忽必烈与蒙古其他藩王的最大区别就在于，他是最有思想、最先系统深入地了解汉儒文化的第一人。

成吉思汗尊重道教丘处机，也不过是想从丘处机那儿觅得长生不老丹术，后来倚重耶律楚材，也仅仅是因为耶律楚材精通星象占卜。至于其他的王爷们用汉人，也多是让汉人为他们制造弓矢武器或治病救人，像忽必烈这般如饥似渴地接触、接纳乃至推崇汉儒文化的，可以说是蒙古诸王中的第一人。

忽必烈不仅接纳了许多汉儒理念，他还极为尊重汉儒贤士。当赵璧只身来到草原后，忽必烈怕他单薄的身体经不住草原冷冽的寒风，特命察必亲手为赵璧缝制新衣，可谓是问寒问暖，关怀备至了。

察必笑笑说："先生风度翩翩，自是穿什么都好。"

张德辉坐定后，问道："王爷有何疑惑吗？"

忽必烈沉思道："我跟子聪先生正在谈呢。我们蒙古人原先扬起皮鞭，放牧的是牛羊，而如今放眼望去，有数不清的农人在等着我们治理，这是一；现在汗位虚悬，家族内讧纷起，祖父用血汗打拼来的帝国已经濒于分裂的边缘，如果没有一位强权的巨人来统御的话，大蒙古国将不堪设想，这是二；现今我有分封的一片兀鲁思，可以衣食无忧，但自你们的嘴中，我得知了中原的广袤和江南的秀美，我怎甘心不去游历一番天下美景呢？这是三。近日来，我萦绕心头的就是这三个问题。"

赵璧点头道："王爷果是心思缜密之人。目前王爷面临的几个问题在下都想过了，我来破这其一。"

赵璧站起身，在帐内踱了几步后，然后缓缓地说道："古人有'修身、齐家、治国、平天下'的古训，可谓是儒学的精华。王爷已逐渐进入儒学佳境，'修身'自是不在话下，而察必夫人明理通达，真金小王爷聪慧烂漫，'齐家'轻而易举。至于这'治国'嘛，宋是国，金也是国，我们这个小兀鲁思又何尝不是国呢？王爷不妨把这块兀鲁思作为试剑石，尝试一下赢得民心民意的感觉。这最后的'平天下'，就跟王爷的第三个问题有关了，还是请德辉兄说说罢。"

张德辉也不推辞，应道："孔子早已死了一千多年，为何他的品性还在呢？因为圣人与天地同始终，无往而不在，王爷如能行圣人之道，王爷就是圣人，圣人的品性自然就在我们围坐的帐中。"

忽必烈点了点头，心中有些快慰，张德辉的这番话虽然有恭维之意，但也不无道理。

赵璧又用手一指几案上的银盘，道："创业的君主，如同制作此盘的人，应该精选良工、规划铸范、以畀子孙，但还需要谨厚的人来掌管，才能永世保用。否则不仅有缺损之虞，还有被窃之忧哇。"

忽必烈应道："这正是我的第二个忧虑。"

"先汗创下了大蒙古国，谁有谨厚的品性呢？"张德辉接着道，"王爷不应有半点怀疑，这个人不是别人，正是王爷您呢。纵览蒙古诸王，拔都在遥远的西边乐不思蜀，蒙哥一味骄横，难成气候，乃马真皇后一介女流又怎能长期掌控草原。王爷挺身而出的时候不远了。"

这时，刘秉忠也插嘴道："十年磨得锋利剑。王爷首先要耐得住寂寞，等待渔翁得利的时候再出手。中原也好，江南也罢，都是可望而又可即的。"

忽必烈"哈哈"大笑起来："与君一席话，胜读十年书哇。察必，上酒，我要跟几位先生痛饮一回！"

忽必烈从几位汉儒那里得到了不少治国谋略，但他与汉人走动紧密的举动也招致一些王爷的蔑视，只是由于黄金家族目前争夺汗位的行动已经到了白热化程度，倒也没引起人们激烈的谴责。

突然有一天，忽必烈兄弟收到了召开忽里台的通知。

原来，久虚的汗位令黄金家族的人们垂涎不已，成吉思汗之弟斡赤斤首先耐不住寂寞，带兵向皇后驻地进发。乃马真皇后一边派人安抚，一边怕夜长梦多，便急于召开忽里台，强行推贵由继位。

唆鲁禾帖尼接到诏书后，心中七上八下，一时间没有了主意，便把蒙哥和忽必烈叫到了帐内共议。

蒙哥首先说道："母亲，我们不能出席忽里台。乃马真皇后违背汗命，另推贵由，是不对的，再说拔都与贵由积怨深厚，拔都不但不会去，而且还会迁怒于支持贵由的人的。"

"是啊，我就是基于此才有所顾虑的。忽必烈，你说去还是不去？"

忽必烈没有回答母亲的问话，而是面向蒙哥问道："你在拔都钦察之战中是否给了拔都很大的帮助？你跟拔都是否如人们传言般，真的亲如同胞兄弟？"

蒙哥有些得意，说道："是的，拔都常说在他军中唯有我是兄弟。"

忽必烈长出一口气道："那就好，母亲，我们参加忽里台。"

"你是说——"蒙哥有些明白了。

"是的，现在察合台一系也在盯着汗位，他们这一系的力量更有潜力，我们不妨助贵由继位，至于术赤一系的拔都不会为难我们，除了有你与他的交情外，日后我们还可以多做些帮助拔都的事情。"

唆鲁禾帖尼明白了忽必烈高瞻远瞩的考虑。的确，察合台一系的子孙人才辈出，如若汗位转到他们一系的话，恐怕别人再难以染指，而贵由这一系有才干的人物不多，战功显赫的也不多，日后也许会衰落。

唆鲁禾帖尼点了点头，道："好吧，我们到时候都去就是了。忽必烈，你与速不台的关系如何？"

忽必烈明白母亲是在提醒自己，速不台也是颇有势力的人，而且功劳多多。他冲母亲点头道："非常好，他的孙子就在我的帐前。"

"很好！"母亲笑了。

贵由如愿继承了汗位。他继位后，对蒙古军队进行了一系列的改编，先是任命野里知吉带为征西军统帅，继而又从诸王的部队中抽出五分之一交给野里知吉带统管，并特别委派野里知吉带统辖全蒙古军及各征服国军队，任何人都不得违命。

这些举措的出台，贵由汗的理由是为了更好地管理军队，光大父祖的事业，但将如此重的权力交给一个宗亲以外的人，自然会引起诸王的反感及恼怒，尤其是速不台这些老将帅的不忿。

贵由汗部署好蒙古国外围的军事力量后，便于1248年率军西行。行前，他特地下诏感谢唆鲁禾帖尼在忽里台的帮忙，而且说自己身体不适合住在本地，准备西行。

忽必烈从母亲手中接过诏书，心中疑团顿生。唆鲁禾帖尼看着儿子，问道："你是否也感到有些不对？"

忽必烈皱皱眉："他为何偏向西呢？拔都的钦察汗国正在西方，而且恰好最近有拔都患病的消息传来。母亲，我从社轿那里听到过一个汉人谚语，叫'鹬蚌相争，渔翁得利'。"

唆鲁禾帖尼明白忽必烈的意思："好，选几匹快马，赶紧通知拔都就是了。"

使者传信任务完成后，还带回了一个出乎人们意料但又在忽必烈预测当中的消息：贵由汗死了！

使者遵从女宗主唆鲁禾帖尼及忽必烈的吩咐，回忆道："我把信传给拔都汗以后，拔都考虑了半天才开始部署军队，他率了一支精锐将士向东出迎。在遇到贵由汗的人马后，拔都首先尊称大汗，述说自己是因身体不佳才没能出席忽里台，表示以后坚决听从大汗调遣，并说自己是宗族这一辈中年龄最长的，今后一定遵从汗命，给其他兄弟做表率。还说自己年纪大了，身体不好，请大汗考虑派人管理钦察汗国的事务。贵由大汗听后十分高兴，安营扎寨，与拔都喝酒庆宴。

可是贵由大汗却在饮酒后不久，倒在帐内死了。"

"那贵由大汗的随侍呢？"忽必烈问道。

"外边的统领根本不知道帐内发生了什么，天亮以后，拔都的大部队已经控制了局势。"

忽必烈听到此，沉吟半晌，便叫道："吹见哗！"

吹见哗正在帐外候命，听到传唤，马上进来。

"你送使者回去吧。"忽必烈先是对吹见哗嘱咐几句，而后又安抚着使者道："你回去好好休息几天。"

使者告辞出去，忽必烈又叫住吹见哗道："把事情办完后，马上复命。"言罢，右手用力向下一挥。

"明白。"吹见哗冲忽必烈眨了眨眼，走了出去。

唆鲁禾帖尼没有阻止忽必烈灭掉使者活口的行为，她知道事关重大，不容半点闪失。

"又将是一阵暴风雨啊！"忽必烈长叹一声。

果如忽必烈所言，贵由汗的死在大蒙古国又搅起了一场权力的争夺大战。贵由死因诡秘，而且事发突然，并没有留下由谁继承汗位的话，察合台一系率先发难，他们开始策划由他们一系来接替汗位。

忽必烈得到这一消息后，心里很乱，他左思右想不得要领，索性起身，来到了刘秉忠的帐内。刘秉忠帐内书几上平放着几本书，一本半开着——他正在读书。

"我知道您会来的。"刘秉忠起身道。

忽必烈坐下后，轻叹一声："我的心里有些乱，找先生来理顺一下。"

刘秉忠哑然一笑："你不是心乱，是有些心不甘。"

"此话怎讲？"

"目前的局势下，你们拖雷一系一直没有动静，不参与察合台系的举动，说明你心中早有计策，但又不甘于此。"

忽必烈叹道："是啊，现在出手是最好的机会，但出手又是为了谁呢？"

"当然是为了拖雷一系，而后才能说是为了蒙哥，并且最后，才是为了你自己。"

"是啊，"忽必烈见刘秉忠坦言，便也直言道，"蒙哥比我从军时间长，战功也立得比我多，但我的能力并不比他低，尤其是常从先生这里听讲兵书，知识也长了不少，但拖雷系出面的人只能有一个。我考虑再三，决定推蒙哥。其原因有三：一是他的声望目前暂比我高；二是母亲在宗系中有影响力，母亲会首选他的；三是他与拔都的交情很深。"

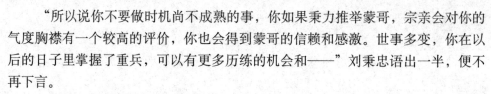

"所以说你不要做时机尚不成熟的事，你如果秉力推举蒙哥，宗亲会对你的气度胸襟有一个较高的评价，你也会得到蒙哥的信赖和感激。世事多变，你在以后的日子里掌握了重兵，可以有更多历练的机会和——"刘秉忠语出一半，便不再下言。

"听先生一席话，我心窗洞开了。"

"是你自己已经洞开了，我不过只是听见了开窗的声音。"刘秉忠言罢，二人哈哈大笑。

接下来的事情便按部就班地开始行动了。忽必烈先是主动跟母亲和蒙哥表明了自己推蒙哥为汗的心迹，继而马上派密使到钦察汗国拔都处去传递消息，又与速不台在酒宴上达成了共识。于是，一个拔都召集的忽里台就要开始了。

拔都很感激拖雷一系冒死给他传信的举动，又念及与蒙哥的友情，便以长兄的身份邀请诸王到钦察汗国开忽里台，推举蒙哥为新汗。

窝阔台系和察合台系诸王反对蒙哥当汗，并以钦察汗国不在蒙古本土为由，拒不参加，只派了八剌作为代表，目的是看看动静及选举结果。

术赤系和拖雷系的人参加了忽里台。会前，忽必烈做了周密的安排：他让旭烈兀和阿里不哥分别站在八剌面前，伺机行事；又让母亲在会上一定抢先发言，并事先与主持会议的别哥商量好，适时阻止有可能提反对意见的诸王发言。同时，忽必烈派选了近百名身体强壮的兵士分站帐外，以造成威慑之势。

拔都召集的忽里台在钦察汗国通过了推蒙哥为汗的提议。为了让这个提议得到其他宗亲的认同，拔都又令自己的军队进驻蒙古，在蒙古国土上召开了一次忽里台。窝阔台系及察合台系诸王迫于蒙哥的强大实力及拔都大兵压境的现实，也就勉强认同了蒙哥为新汗的提议。

在拖雷失去了继承汗位的机会后，蒙哥终于又在忽必烈及母亲的精心策划以及拔都的鼎力帮助下，得到了汗位，成为了大蒙古国的汗王。这一年是元宪宗元年（1251年）。

随着蒙哥汗的继位，忽必烈也开始了他展露文武全才的生涯。但也是随着蒙哥汗的继位，黄金家族的权力角逐又揭开了血腥的序幕。

【第三回】

烈女泪眼说国事，柔姝俏颜论君纲

这天清晨，李璮刚睁开眼睛，就听到院中传来了叽叽喳喳的喜鹊的欢叫声。他伸了个懒腰，向着正在梳洗打扮的夫人道："夫人，院中喜鹊造访，该是今天有什么喜事吧！"

李夫人一边梳着长发，一边叹道："如今天下大乱，到处硝烟弥漫，哪里会有什么喜事。"

李璮起身下床，走到夫人身边坐下，笑着说："夫人美貌依旧，不就是喜事吗？"

李夫人挡住李璮抚摸自己的手，也笑了："我们都是一把年纪的人了，儿女们也都大了，你还是这般动手动脚的，让孩子们笑话。"说笑着，夫妻二人到客厅落座，准备吃早饭。

李璮是山东潍州人，父亲李全曾在金朝末年起兵反金，是山东红袄军的头领。在金宣宗兴定二年（1218年），李全归顺了南宋，被封为京东路兵马副都总管。十年后，李全审时度势，又归顺了蒙古，以每年向蒙古进献金币的条件换取了山东淮南行省长官的职务。在元太宗三年（1231年）正月，李全在攻打南宋扬州时战死，李璮世袭接任了父职，改称益都行省官职，盘踞山东数十年，家存万贯金银，拥兵数万，在山东一带，他有说一不二的权力，也有说一不二的实力。

山东正处于南宋及蒙古国的中间地带，土地肥沃，是南宋及蒙古都想控制的地方。李璮不仅继承了父亲李全的职位，同时也继承了父亲趋强避弱、唯利是图的性情，只要是有利于自己势力的壮大，便背信弃义、朝秦暮楚。南宋势大时，李氏父子就依附南宋而要挟蒙古；蒙古势大时，又归顺蒙古而要挟南宋。几十年来，李璮就这般摇摆于蒙、宋之间，邀功讨赏，从中渔利。而蒙古与南宋互为敌人，又都想把李璮拉入自己的阵营，所以，李璮的这套把戏就有了一直玩儿下去的机会。

蒙哥汗继位后，忽必烈主理漠南一带的政务，经常派人到益都来拜访李璮，每次都会带上一批珍玩为礼。这天，李璮一家刚刚坐下吃早饭，忽必烈派来的人就叩门了。家仆开门后，忽必烈的近侍扎察衣着整齐地走了进来。

"李大人，"扎察揖首道，"忽必烈殿下差我来问候大人。"

李璮一边指挥下人设座上茶，一边笑道："我说今儿早晨就有喜鹊登枝呢，敢情是贵客到了，快请坐，殿下身体可好？"

扎察恭敬地回道："殿下很好。近日有人送给殿下一帧字画，殿下说李大人学识渊博，能欣赏这字画的真髓，就连忙差我给大人送来了。"说着，扎察递上了手中的画轴。

李璮忙起身接过，连声道："我李璮一介乡民，能得殿下垂爱，深表荣幸。请转告殿下，我李璮一定忠于蒙哥汗，一定听凭忽必烈殿下差遣。"

送走了扎察，李璮刚欲解开画轴，看看是哪位名家的墨宝，李夫人疾步走了进来，一把夺过画轴，几下子就撕了个粉碎。李璮伸手拦阻不及，仅夺下了一个巴掌大的纸片，纸片上，模糊地显出了"不易"两个隶书体的字。

李璮有些急了："夫人也是识文断字之人，怎么如此粗鲁，你可知这是哪位名人的真迹？"

李夫人道："我知道忽必烈送给你的定是价值连城的宝贝，但我不稀罕。"

李璮叹道："我知道你恨蒙古人，但这字画无罪呀。"

李夫人秀丽的双眸盈满了泪水，泣道："我们是汉人，是熟读过圣人之书的，怎么能在蒙古那些野蛮之人的膝下称臣呢？"

李璮坐在椅子上，端起茶杯，啜了一口，道："夫人，我山东虽然土地肥沃，我手下虽有数万兵勇，我家中虽有万贯财产，但比起蒙古人手下的大片疆域，比起南宋的富裕江南来，又算得了什么！我既没有南下攻宋的财力，也没有抵御北边来犯的实力呀。我有的只是周旋于二者间苟活的小伎俩罢了。"

李夫人回道："那为何不投靠南宋，一起抗蒙。毕竟，我们同是汉人子孙。"

李璮道："如今的南宋，已经不是父亲归顺时的南宋了。现在的南宋朝廷软弱，腐败盛行，早就犹如一株被蛀空的大树，灭亡是迟早的事。我再糊涂，也不会去依附这样一个昏聩的朝廷的。而且目前蒙古铁骑无数，一统天下是大势所趋。除非是他们蒙古内部内讧，否则，仅靠外力恐天下无人可撼。"

李夫人叹道："蒙古人生性粗野，嗜杀成性，如果一旦蒙古坐了天下，哪还有老百姓的活路。"

"这个忽必烈很不一般。他不同于其他的蒙古王侯，他不光崇尚武力，更是注重儒学礼义。听说他的周围汇聚了一大批能人志士，这个人不可小视哇。"

"对了，刘秉忠就投靠了他。"

李璮点头道："是的，你想那刘秉忠是什么人？如此胸有珠玑之人都钦服忽必烈，都甘为幕僚，所以，我不敢怠慢了忽必烈呀。"

草原英雄：忽必烈

李夫人又问："那蒙哥这人怎么样？"

"蒙哥是一位猛将，冲锋陷阵是把好手，这掌管国家嘛，恐怕是不行的。"

"忽必烈会不会也想当大汗呢？"

李璮笑了："我盼的就是这个结果。我巴不得他们兄弟二人为了争夺汗位打起来，他们内讧一起，我们山东就无忧了，我李璮的日子就好过多了。"

李夫人听罢，面露喜色："这兄弟二人打起来就好了，最好是一打几十年不分胜负。这样，我们汉人百姓就免了遭受屠戮的苦难了。"

"说得好，这样，我李璮不但能坐拥鲁南，说不定那河北一带也会攥在我的手心呢。"

这时，李璮的养女小禾端着茶进来了："父亲，母亲，换杯热茶吧。"

李璮有两个亲生女儿大木、小木，又收养了大禾、小禾两个养女，平日，四姐妹总是同进同出，如一奶同胞一般和睦。

李夫人疼爱地问道："你的姐姐们都干什么去了？"

小禾回道："姐姐们都在读书呢。"

李璮看着面若桃花的小禾，不禁心中一动，便道："来，坐在父亲身边，想听母亲说什么呀？"

"我刚才进来时，正听见父亲提到了忽必烈。父亲，这些蒙古人是不是很凶？他们吃生肉、喝生血，是这样的吗？"

李璮"哈哈"大笑："早上来的扎察就是一个蒙古人，你看他可怕吗？"

小禾摇头道："不可怕，那个扎察一身银灰衣袍，像个读书的公子。"

李璮道："对啦，这世上的人，不以民族分好坏，汉人中也有野蛮之人，蒙古人中也有谦谦君子。那忽必烈就是位英杰。"

"是吗？那忽必烈也很年轻吗？"小禾好奇地问。

"是的，那忽必烈身材魁梧，气宇不凡，面目英俊，是个颇有才华的青年人呢。"

"父亲！"小禾有些娇羞地说，"他英不英俊关我何事。"说罢，小禾捂着脸跑了出去。

李夫人目送着小禾出去，嗔怪道："看你，怎么跟孩子说这些。"

李璮叹道："忽必烈三番五次地派人来送重礼，我又怎能总让人家空手而归呢？"

李夫人闻之色变，急道："你是想——"

李璮点了点头。

"不行！小禾是我的心头肉，跟我的亲生女儿一般，我不能让你把她送给忽必烈。"李夫人站了起来，嚷道。

李璮道："小声点！我只是刚刚有这么个想法，这不是跟你商量嘛，你急什么。"

李夫人哭道："那些蒙古王侯们，哪个不是妻妾一大群，小禾从小知书达理，怎会同那些悍妇同侍一夫。再说，我断不能让小禾嫁给一个蒙古人。"

李璮冷冷地道："如果那位蒙古人日后成了天下之王呢？你等着吧，一旦忽必烈壮大了势力，一定会收拾蒙哥的。收拾完了蒙哥，就该轮到收拾我们、收拾南宋了。到那时，别说小禾，就是你我、麾下的几万兵勇，都会成为他的刀下之鬼。"

李夫人听着，不由得打了个冷战，颤声问道："那小禾就能阻止他做这些事情吗？"

"当然不能。"

"那你把小禾送去又有何用？"

"用处大了。"

"你说说。"

李璮见夫人态度有了转变，便和颜悦色地说道："小禾侍奉在忽必烈身边，凭小禾的美貌与学识，她定会赢得忽必烈的欢心。小禾一可以时常劝慰忽必烈少些杀气，放弃嗜杀举动，二可以让忽必烈相信我李璮的忠心，可以善待我及我手下的几万兵勇。小禾是以一人之身，换回了无数条濒于死境的性命啊。再说，忽必烈风华正茂，说不定小禾会爱上他的。"

李夫人的面色苍白，嘴中喃喃道："我的花骨朵一般的小禾就这样羊入虎口了？"

李璮冷冷一笑："还有大禾呢。让她们两人同去，也是个伴儿。"

李夫人本欲起身离去，一听这话，不想眼前一黑，一头栽倒在地上。李璮一见，赶紧从地上抱起夫人，大声叫着："大木、小木、大禾、小禾，快来，你们母亲昏倒了！"一时间，李府上下，一阵忙乱。

自成吉思汗时代起，几代蒙古汗王多次踏入中原，先是灭掉了金王朝，继而时时进入中原腹地，对南宋政权虎视眈眈。尽管成吉思汗、窝阔台、贵由、蒙哥几位汗王都没有驻守中原，但在数十载的征战过程中，也与中原的地方武装进行了多次接触。蒙古军队的勇猛善战威慑了大部分的中原地方武装，中原的地方势力纷纷归附了蒙古，蒙古汗王也没有对这些势力大动干戈，而且多是封之为汉人世侯，令这些人各自管理自己的地盘。可以说，这些汉人世侯就是蒙古汗王分封的地方长官。

从成吉思汗到蒙哥汗的几十年中，这些汉人世侯不仅财力得到了膨胀，其武装势力也极度扩张。而且兵勇们多年操练武艺，个个都是当时的悍将，作战能力不容低估，也不能忽视。

忽必烈早已洞察到了这种局面，而且敏锐地认识到对这些盘踞中原日久的军事力量绝不能硬性征伐，只能以抚代征。忽必烈早就与这些汉人世侯进行亲密交往，对于像史天泽、张柔以及李璮这些势力较大的世侯，忽必烈更是嘘寒问暖，关怀备至。忽必烈期望着有一天这些势力能成为自己的御用军队，最起码，不会成为敌对势力。但忽必烈同样清楚，与这些汉人世侯之间的关系纯粹是相互利用的互利关系，如果手中没有实力，纵是自己当了汗王，也难以驯服这些人。忽必烈静下心来，等待着自己掌握天下的时机，为这个时机的早日到来，尽心地周旋于世侯之间。

李璮是假意归附忽必烈，其实，忽必烈也是揣着明白装糊涂。他早已把李璮假意归附的本意看得一清二楚，但他需要把已经安抚李璮这一特大喜讯报告蒙哥，所以他就不揭穿李璮的真面目。

蒙哥得知忽必烈已收服山东的李璮，心中十分高兴，他把美丽的潘田米水派到漠南，算是对忽必烈的奖赏。忽必烈也是来者不拒。和忽必烈一番云雨之后，潘田米水说道："将军，我一直想侍奉您，今天终于有了机会。"

"是吗？"忽必烈对潘田米水笑了一下。

"我真幸运。"潘田米水说，"蒙哥汗让我这次来，就不要走了。"

忽必烈知道蒙哥汗对自己如此热诚是有原因的。他眯着眼睛，冷笑一声："你还是走吧，我不想夺蒙哥汗的心爱之人。"

天刚放明，忽必烈的四弟阿里不哥就被"咚咚咚"的声音惊醒。下人连忙出屋，把一个身体粗壮、满脸胡须的汉子领到了阿里不哥的面前。

"王叔，你可真早啊！"阿里不哥一边打着哈欠，一边打着招呼。

"殿下，如今蒙哥汗入主和林，而忽必烈又坐守漠南，你也是拖雷监国的嫡子，你就不想干点什么吗？"来人叫兔拔哥，论辈分是阿里不哥的远房叔叔，是海山系中的高辈分。

阿里不哥一听这话，刚站立起来便又坐在床上，叹道："我原来以为忽必烈会跟蒙哥汗争斗一番、抢汗位呢，谁知……"

兔拔哥微微一笑，低声道："你本想坐收渔利，可没打起来，对不对？"

"王叔，你大清早便来到我家，该不是来看我笑话的吧？"

"当然不是，"兔拔哥摇摇头，接着道，"我是为你不平，怕你心中不痛快呀。"

"王叔，我有气呀！我气的是二哥忽必烈。"阿里不哥叹着气说道。

"为何会气忽必烈呢？"兔拔哥觉得有戏，便与阿里不哥聊了起来，"孩子，有些事要忍。"

"我能忍，我是一个很能忍的人。可忽必烈为何会比我还能忍呀！"阿里不哥说，"他居然比我还有忍耐力，能按兵不动。"

"阿里不哥殿下，你说忽必烈按兵不动，是什么意思？"兔拔哥说，"难道蒙哥汗有出兵之意？"

"没有！"阿里不哥说，"我是很奇怪他们为何不打起来。"

"这是什么意思？"兔拔哥故作不解地问。

"为了汗位，忽必烈怎肯甘居漠南？我不相信，说什么我也不相信。"阿里不哥说，"忽必烈是在伪装。"

"忽必烈在伪装什么？他和你一样，都很忠于蒙哥呀！"兔拔哥说，"话又说回来，即使忽必烈不如你忠于蒙哥，你也要在蒙哥面前讲清楚。"

"到蒙哥面前去说清楚？"阿里不哥点头道，"我明白该怎么做了。"

阿里不哥见忽必烈把漠南治理得井然有序，极其嫉妒。他不明白蒙哥汗为何不把漠南交给自己，他决定离间两个哥哥的关系。他知道蒙哥汗心胸狭窄、嗜权如命，容不下有野心的人。

兔拔哥和阿里不哥是在一番密议之后，来到蒙哥大帐的。

"大汗，忽必烈是万万不能用的。"兔拔哥说。

"叔父说得很对。"阿里不哥说，"大汗，您是我和忽必烈的哥哥，我是站在真理的立场上说话，这叫帮理不帮亲，绝没有任何攻击忽必烈之意。"

"我并未说你要攻击忽必烈。"蒙哥说。

"现在还没有。"阿里不哥说，"不过，会有的。"

"为什么？"蒙哥想笑，他觉得阿里不哥莫名其妙。

"大汗，阿里不哥是说他只要说出他的本意，就会有人认为他是在攻击忽必烈，就会有人说他是在挑拨你们兄弟的关系。"兔拔哥说，"阿里不哥是指漠南那些人。"

"漠南？"蒙哥一惊，漠南一直是他心中的痛。"漠南那里怎么啦？他们那几个人还能翻天？任凭忽必烈身边猛士如云，也抵不过我漠北五十万兵马，况且他还不敢。"

"大汗何以见得他不敢？"兔拔哥说，"大汗您太粗心了。您想，既然您是大汗，漠南那些人为何只知有忽必烈，不知有您这个蒙哥汗呢？"

蒙哥的心情有了几分沉重，叹了一口气，又摇了摇头说，"怎么会是这个样子呢？"

"既然已经这样，我们都要面对现实。"阿里不哥说。

"面对现实？"蒙哥颇有几分惊诧，"什么样的现实？"

"就是针对漠南已经自成体系的现实。"兔拔哥说。

蒙哥有些不愿接受他心中最担心的事实，他甚至想自欺欺人，认为忽必烈不会在漠南自成体系。尽管如此，他从内心还是在暗暗地恨忽必烈，甚至可以说是仇视。

"孩子，是漠南人先负的你，你不必自疚。"兔拔哥说。

"我从内心里不愿接受这个事实。"蒙哥说。

"谁都不想是这个样子呀！"兔拔哥说，"可忽必烈不服气，忽必烈太不服气了呀！他怎么会干出这样的事？真是胆大包天！咱们漠北待他一直不错，他怎么就起了歹心，起了想称汗的心？"

"他想称汗？"蒙哥惊问，"叔父，您是说忽必烈有称汗之心？这不太可能吧？小时候我们一块儿受了那么多苦！我是了解他的！忽必烈不会和我争汗位的。"

兔拔哥笑道，"你和忽必烈自小就一直争个山高水低，怎么能瞒得住我呢？想一想，对不对？"

"是这样的，大哥，小时候是你先追到的兔子，他忽必烈都要挽弓射箭跟你抢，难道不是吗？这事我跟兔拔哥叔叔讲过，他说，小时候能争人家一只兔子，长大自然会抢人家的心爱之物，这是不争的事实。"阿里不哥说。

"我承认忽必烈小时候和我争东抢西，但那毕竟是小时候呀！"蒙哥心中有几分悲哀，他已经相信忽必烈有称汗之心了，更坚信阿里不哥是来者不善，"眼下又该怎么办呢？咱们只有想着把祖父和父亲的祖业发扬光大，才是咱们兄弟应当做的呀！我是这样想的。"

"你果真是这样想的？"兔拔哥笑了笑，只是那笑很诡秘，令蒙哥有几分背寒。蒙哥想，这老鬼头还真厉害。而兔拔哥则在想：小子，到底还是初生牛犊，你跟我较量，还是嫩了点呀！

其实，蒙哥从内心讨厌这个叔父兔拔哥。现在，海山家族中的人除兔拔哥之外，还有一位叫九九妹。九九妹不似她哥哥兔拔哥，她在漠北潜修武功。蒙哥是早就知道他们兄妹俩是有些野心的：妹妹想统治武林，哥哥想独步黄金家族。但是，好在蒙哥多有耳目，对外面的事多有了解。

蒙哥也是个很有心计的人，他内心从不放心任何人。耳目多也是蒙哥治军的一大特色，蒙哥很有信心治理好他的孛儿只斤氏的武士，也很有信心统治漠南漠北。他认为忽必烈会听他的话，漠南也没有胆量闹独立。

蒙哥也是个功名心很强的人，他少时多与忽必烈不和，就是因为有强烈的功名心。蒙哥也是当仁不让，他从来就不相信忽必烈会甘心落后于他，也不相信他蒙哥有什么三头六臂。但是，蒙哥总是以兄弟情谊为重，不想兄弟为仇。但这一次，他在汗殿之上听兔拔哥和阿里不哥一番挑拨叙说之后，心中升起一股怒气，他真的有些恨忽必烈了。

帐外，夜色迷离，明月高悬；帐内，灯火通明，酒肉飘香。忽必烈正在同刘秉忠、察必等持斛对饮。

忽必烈斜倚在锦兀边，一边嚼着吱吱冒油的烤肉，一边惬意地道："美酒佳肴，挚友倾谈，没有血腥，没有争斗，如此的生活真是神仙般的享受。"

"是啊，但愿从此再没有人类相互厮杀的战争。"刘秉忠盯着上下抖动的灯芯应合着。

"怎么可能？宋尚未被灭，蒙哥汗不会收手，而且我们蒙古人生来善战好动，不甘安分，这种日子恐难长久。"察必一袭轻纱罩身，灯光下，白皙的面孔上不无忧色。

"那就灭掉宋后再过这种日子好了，"忽必烈接道，"蒙哥汗恐怕在年内不会急于出兵宋朝，他先要安定内务的。而我也要趁此机会，多听先生讲些兵书及汉人文化，希望先生多多传授才是。"

"察必夫人现在已学识满腹，不妨多听听她的建议。"在忽必烈忙于助蒙哥争位的这段日子里，察必经常听刘秉忠讲学。她天资聪慧，常能举一反三，所以，现在的察必已经学识非凡了。

"先生面前，我岂敢班门弄斧。"察必笑着退到一边。

"大蒙古国连年征战，版图已扩大到了汉人地区，我们也曾目睹了汉人统驭国家的方略和成绩，但宗亲内总有人排斥汉人文化，像直新义，就多次责备我与先生交往过密，唯恐我被汉化。其实，如果我们汲取了各个民族的精髓后，再来营建我们大蒙古国，又有何不好呢？"忽必烈叹道。

"殿下说得是，"刘秉忠接过忽必烈的话题道，"汉人文化博大精深，蒙古人多是喜欢其中的医律、占卜、天历等一小部分。其实，汉人经营民事政策和对百姓进行教化的做法才是汉人文化的精华。蒙古民族善游猎，自古至今，并没有留下什么治理地方庶事的经验，你想想看，蒙哥汗现在驻扎的和林是大蒙古汗王的驻地，和林的繁华比得上汉人的一个小城镇么？比得过中都么？货币在中原地区早已流行多年，而这里还在用以物换物的方式进行贸易，这是落后，是观念的落后，是闭塞的落后啊。"

"所以说，我想先在漠南这里开一开学习汉学的先河。"忽必烈点了点头，接着道，"通商已经开始了，我想让先生设几个讲学堂，改一改蒙古贵族不习文字的习惯，更主要的是借此推广汉人治理地方庶务的政策。"

"我一定尽力，而且我会说服我的同仁一起努力。在不久之后，我相信殿下的举动定会吸引众多的有识之人来辅佐的。"刘秉忠笑着说。

这时，阿术掀开帐帘，走进来向忽必烈报告："蒙哥汗动手了。"

"噢？怎么回事？"

"蒙哥汗在和林处死了失烈门帐下的七十多个头目，将失烈门遭发汉地充军，而且把合扎合孙及野里知吉都交给了拔都，拔都也都把他们斩杀了。并且，蒙哥汗让失烈门的母亲也溺水而亡。"阿术一口气报告了近日蒙哥血洗窝阔台系及察合台系的情况。

"好，你坐下喝酒吧。"忽必烈挥了挥手。

"怎么会这样？手足相残，相煎太急呀！"察必听后，双眸盈满了泪水，"先生，汉人在争夺权势时，也会如此残忍吗？"

"是的，自古权力之争不乏血腥。像唐时李世民，也是在玄武门射杀兄弟后才登上了盛唐帝位的。皇帝的龙榻是用血肉铸成，没有哪个人能改变这些。"刘秉忠长叹一声。

"所以说，蒙哥的举动本在我意料之中，他目前最想要的就是大家都屈服于他的掌控之下。"忽必烈接道，"凡事成功都要有代价，这样做长生天都会谅解。"

察必看着忽必烈迸射着杀气的眼神，不禁打了一个寒战。

蒙哥汗在诛杀了对手后，将窝阔台的领地瓜分成数块，分赐给自己的亲信及转而附属于他的窝阔台的后代，并派遣三弟旭烈兀出征西伐，完成对西亚木剌夷国和报达（今伊拉克首都巴格达）的征服，并将漠南及汉地悉数分给忽必烈，令其主理漠南汉地的一切事物。

忽必烈分到了蒙哥汗继位的成果，名正言顺地拥有了属于自己的领地，开始采用文明的、尊重文化的方法来治理这些地方。他的这些举措得到了漠南汉地大批文人的赞赏，他们对蒙古国杀掠的原始形象有了逐步的改变。

一些想成就一番事业的文人志士，发现蒙古人不但拥有强大的军队和好战的习性，而且也开始接受了汉地文化的浸淫，不由地对蒙古人的前景大为看好。他们不约而同地来到了忽必烈的治所金莲川，投靠在忽必烈的帐下。忽必烈则以丰厚的赏赐报偿善待这些文人志士，并且选择性地采用他们献上的治国计策。这些人看到忽必烈果如盛传的那样，均认为遇上了贤明之主，对忽必烈更加忠心耿耿，倾力辅佐。至此，忽必烈帐下的饱学人才组成了庞大的金莲川幕府，开始了治军治国的辉煌实践。

一天清晨，忽必烈在女仆的侍奉下刚洗漱完毕，就听说脱兀烈派来的信使候在帐外，便传令让信使进帐来。信使跪下禀告："邢州的住户现在增至万户，民安无扰，捐税额上升，脱兀烈特命我向您报告。"

忽必烈一听大喜。邢州本是答剌罕昔里吉后裔的封地，因其位于驿路要道，官府在此横征暴敛，勒索居民商贾，致使百姓纷纷举家外迁，邢州渐渐荒凉。忽必烈闻知后，便以邢州为推行汉制的首选地，派出脱兀烈及张耕等人到邢州理事。一行人到邢州后，铲除贪官，推行汉制，优待商贾流通。不久，忽必烈的措施便渐有成效，百姓又纷纷迁回邢州。邢州作为忽必烈推广汉制的尝试，收到良效，他自然是欣喜万分，忙传命召刘秉忠来议事。

刘秉忠得知后，也很高兴，他进帐后又进言道："您是否考虑继续扩大汉制的范围？"

忽必烈点头道："我就是因此请教先生的。汴京、关中一带连年战事，民不聊生，如果下一步在这些地区施行抚治，我想也会收益多多。"

刘秉忠应道："您讲得对，中原地区土地肥沃，商贾云集，饱蕴无数珍藏，如果我们在这些地区能推行汉制进行安抚，一来可以为我们赢得大批税金银两，二来也可以使百姓得以温饱，宜从快从急进行。"

"还有两点你没说出，这好处之三便是，目前蒙哥汗掌握着大蒙古国的粮草调配权，我不得不因之掣肘，中原治理好了，可以成为我囤积粮草的后方；这好处之四，便是这些地区有几支颇有势力的地方武装，如果我能收而用之，可以成为我不在编制的部队。"

刘秉忠听忽必烈提到这好处之三、四，心里不由得一紧，他体味出了忽必烈急切扩大自己财力、物力、兵力的心态，也体味出忽必烈已经开始在暗中蓄势，以抗衡蒙哥汗的企图。

回到自己的住所以后，刘秉忠心事重重，他不知道在以后的日子里会发生什么，也不知道跟着忽必烈会有什么样的结果。他凝望着跳动的灯芯，陷入了深深的思索之中。

刘秉忠虽生于战乱，但自幼家境富足，他自幼天资颖悟，过目不忘，诗文字画，样样精通，同辈之人，不能比肩，十七岁便任邢台节度使府令史。在任职期间，政绩不凡。他满腹经纶，自然看不上小小的节度使府令史的官职。弃官后，他一度隐居在武安山，与全真教道士共居。

在出家隐居的日子里，他对道教有了一定的研究，研读了大量书籍，后得一佛教高僧赏识，入寺为僧，取名子聪。太宗十一年（1239年），与忽必烈相遇后的一番长谈，他被忽必烈的坚毅、果敢、胸襟博大所震撼，而忽必烈也被他的广博才识所打动。于是，在忽必烈的挽留之下，他便留了下来，成了忽必烈的高级幕僚。

元定宗二年（1247年）春天，刘秉忠去邢州为父奔丧。临行之际，忽必烈赏赐他一百两黄金做丧葬费用，同时又让人护送刘秉忠到邢州，使刘秉忠感激不已。当刘秉忠守孝期满之后，忽必烈又派人去召刘秉忠，让其继续为自己效力。而刘秉忠本人也非常乐意，便再一次奉召去了金莲川，去那里实现自己的理想和政治抱负。

刘秉忠在担任忽必烈的幕僚期间，向忽必烈推荐了大量的人才。先后经过刘秉忠推荐而受到忽必烈重用的，不下数十人，有的人后来居中枢要津，官拜右丞、左丞或参政、平章；有的人则被拜为封疆大吏或地方行政长官，官至宣抚使、转运司事或行御史台御史中丞、路府总管。因此，有人曾形象地说刘秉忠"身为师宾，门多卿相"，这是对刘秉忠担任幕僚的最好评价。

在刘秉忠向忽必烈推荐的儒士中，有一个人叫张文谦，字仲谦，邢州沙河人。此人幼年即以聪敏闻名，有过目不忘的本领。年长之后，又与刘秉忠同学，刘秉忠对他的为人了如指掌，也深深地佩服此人的学识，便将其推荐给了忽必烈，立即得到忽必烈的召见。张文谦以其儒雅的风度，颇得忽必烈欢心，交谈也非常投机，成为忽必烈极为信任和倚重之人。刘秉忠把大批的汉族儒士推荐给忽必烈，对忽必烈在以后改革蒙古旧制、附会汉法，都起了积极的促进作用。

作为一个高级幕僚，刘秉忠的职责应当是广泛的，不应当仅仅局限于推荐人才，他也正是这样做的。钦淑皇后元年（1249年）夏天，刘秉忠守孝期满后，便向忽必烈上策万余言，备陈正朝廷、振纪纲、选贤任相、安民固本的重要性，实质上是要忽必烈采用汉族封建王朝的统治方式。这次刘秉忠的万余言策略，也是他一生的思想精华，其略曰：

> 典章、礼乐、法度、三纲五常之教，备于尧、舜，三王因之，五霸败之。汉兴以来，至于五代，一千三百余年，由此道者，汉文、景、光武、唐太宗、玄宗五君，而玄宗不无疵也。然治乱之道，系乎天而由乎人。天生成吉思皇帝，起一旅，降诸国，不数年而取天下。勤劳忧苦，遗大宝于子孙，庶传万祀，永保无疆之福。

> 愚闻之曰："以马上取天下，不可以马上治。"昔武王，兄也，周公，弟也。周公思天下善事，夜以继日，每得一事，坐以待旦，以匡周室，以保周天下八百余年，周公之力也。君上，兄也；大王，弟也。思周公之故事而行之，在乎今日。千载一时，不可失也。

> 君之所任，在内莫大乎相，相以领百官，化万民；在外莫大乎将，将以统三军，安四域。内外相济，国之急务，必先之也。然天下之大，非一人之可及；万事之细，非一心之可察。当择开国功臣之子孙，分为京府州郡监守，督责旧官，以遵王法；仍差按察官守，治者升，否者黜。天下不劳力而定也。

> 天下户过百万，自忽都那演断事之后，差徭甚大，加以军马调发，使臣烦扰，官吏乞取，民不能当，是以逃窜。宜比旧减半，或三分去一，就见在之民以定差税，招逃者复业，再行定夺。官无定次，清洁者无以迁，污滥者无以降。可比附古例，定百官爵禄仪仗，使家足身贵。有犯于民，设条定罪。威福者君之权，奉命者臣之职。今百官自行威福，进退生杀惟意之从，宜从禁治。

> 天下之民未闻教化，见在囚人宜从赦免，明施教令，使之知畏，则犯者自少

也。教令既设，则不宜繁，因大朝旧例，增益民间所宜设者十数条足矣。教令既施，罪不至死者皆提察然后决，犯死刑者覆奏然后听断，不致刑及无辜。

天子以天下为家，兆民为子，国不足，取于民，民不足，取于国，相须如鱼水。有国家者，置府库，设仓廪，亦为助民；民有身者，营产业，辟田野，亦为资国用也。今宜打算官民所欠债负，若实为应当差发所借，宜依合罕皇帝圣旨，一本一利，官司归还。凡赔偿无名，虚契所负，及还过原本者，并行赦免。

纳粮就远仓，有一废十者，宜从近仓以输为便。当驿路州城，饮食祗待偏重，宜计所费以准差发。关市津梁正税十五分取一，宜从旧制。禁横取，减税法，以利百姓。仓库加耗甚重，宜令权量度均为一法，使锱铢圭撮尺寸皆平，以存信去诈。珍贝金银之所出，淘沙炼石，实不易为。一旦以缠丝缕，饰皮革，涂木石，妆器仗，取一时之华丽，废为尘而无济，甚可惜也，宜从禁治。除帝胄功臣大官以下章服有制外，无职之人不得僭越。今地广民微，赋敛繁重，民不聊生，何力耕耨以厚产业？宜差劝农官一员，率天下百姓务农桑，营产业，实国之大益。

古者庠序学校未尝废，今郡县虽有学，并非官置。宜从旧制，修建三学，设教授，开选择才，以经义为上，辞赋论策次之，兼科举之设，已奉合罕皇帝圣旨，因而言之，易行也。开设学校，宜择开国功臣子孙受教，选达才任用之。

天下莫大于朝省，亲民莫近于县宰。虽朝省有法，县宰宜择，县宰正，民自安矣。关西、河南地广土沃，以军马之所出入，治而未丰。宜设官招抚，不数年民归土辟，以资军马之用，实国之大事。移剌中丞拘榷盐铁诸产、商贾酒醋货殖诸事，以定宣课，虽使从实恢办，不足亦取于民，拖兑不办，已不为轻。奥鲁合蛮奏请于旧额加倍榷之，往往科取民间。科榷并行，民无所措手足。宜从旧例办榷，更或减轻，罢繁碎，止科征，无从献利之徒削民害国。鳏寡孤独废疾者，宜设孤老院，给衣粮以为养。使臣到州郡，宜设馆，不得于官衙民家安下。

孔子为百王师，立万世法，今庙堂虽废，存者尚多，宜令州郡祭祀，释奠如旧仪。近代礼乐器具靡散，宜令刷会，征太常旧人教引后学，使器备人存，渐以修之，实太平之基，王道之本。今天下广远，虽成吉思皇帝威福之致，亦天地神明阴所佑也。宜访名儒，循旧礼，尊祭上下神祇，和天地之气，顺时序之行，使神享民依，德极于幽明，天下赖一人之庆。

见行辽历，日月交食颇差，闻司天台改成新历，未见施行。宜因新君即位，颁历改元。令京府州郡置更漏，使民知时。国灭史存，古之常道，宜撰修《金史》，令一代君臣事业不坠于后世，甚有励也。

国家广大如天，万中取一，以养天下名士宿儒之无营运产业者，使不致困穷。或有营运产业者，会前圣旨，种养应输差税，其余大小杂泛并行蠲免，使自给养，实国家养才励人之大也。明君用人，如大匠用材，随其巨细长短，以施规矩绳墨。孔子曰："君子不可小知而可大受，小人不可大受而可小知。"盖君子所存者大，不能尽小人之事，或有一短；小人所拘者狭，不能同君子之量，或有一长。尽其才而用之，成功之道也。

君子不以言废人，不以人废言。大开言路，所以成天下、安兆民也。天地之大，日月之明，而或有所蔽。且蔽天之明者，云雾也；蔽人之明者，私欲佞说也。常人有之，蔽一心也；人君有之，蔽天下也。常选左右谏臣，使讽喻于未形，忖画于至密也。君子之心，一于理义，怀于忠良；小人之心，一于利欲，怀于谗佞。君子得位，有容于小人；小人得势，必排于君子。明君在上，不可不辨也。孔子曰"远佞人"，又曰"恶利口之覆邦家者"，此之谓也。

今言利者众，非图以利国害民，实欲残民而自利也。宜将国中人民必用场冶，付各路课税所，以定榷办，其余言利者并行罢去。古者明王不宝远物，所宝唯贤，如使贤者在位，能者在职，此皆一人之睿智，贤王之辅成也。古者治世均民产业，自废井田为阡陌，后世因之不能复。今穷乏者益损，富盛者增加。宜禁行利之人勿恃官势，居官在位者勿侵民利，商贾与民和好交易，不生擅夺欺罔之害，真国家之利也。

笞棰之制，宜会古酌今，均为一法，使无敢过越。禁私置牢狱，淫民无辜，鞭背之刑宜禁治，以彰爱生之德。立朝省以统百官，分有司以御众事，以至京府州郡亲民之职无不备，纪纲正于上，法度行于下，是故天下不劳而治也。今新君即位之后，可立朝省，以为政本。其余百官，不在员多，唯在得人焉耳。

对于刘秉忠的这些建议，后世人的评价很高，实际上都是涉及方方面面的建国、治国大纲。连忽必烈看过刘秉忠的建议之后，也不得不深为嘉许。

虽然刘秉忠的这些建议太过理想化了，有许多不可能在当时实现，但是，刘秉忠却认为："我追随的是一位胸怀鸿志的大人物，我辅佐的是一位要成就大事、改变史册的领袖。如果那一天真能到来的话，也不枉我一生苦读、一生奋斗了。"

所以，他暗下决心，要鼎力帮助忽必烈殿下，要鼎力传播儒学文化，要让忽必烈在成大事的征程中，尽量地少些血腥，少些杀戮。

忽必烈办事干脆迅速，他马上部署得力人士到河南、山东一带抚治。在忽必烈整顿吏治、奖励农桑、减税减赋一段时间后，中原一带一改往昔田地荒芜、日闭城门的旧貌，呈现出了民安于劳作、官勤于公务、粮草丰收、商贸繁华的太平景象。

忽必烈一系列举措，不但得到了汉地百姓的拥戴，而且极大地提高了他在汉地的声誉，爱民礼贤之名被到处颂扬。忽必烈在治理汉地的过程中，不仅扩张了自己的财力、物力、军力，而且得到了上至汉人官僚地主、中至文人贤士、下至黎民百姓的拥护和支持。

哥剌互赤打马奔驰在夜幕中的燕京大道上，心情真是好极了。他本是忽必烈的一个远房亲戚，从小跟忽必烈一起玩耍，长大后又跟在忽必烈鞍前马后，忠心不二，很得忽必烈的信任。

在云珠姑娘自尽后，速不花偷袭蒙哥营帐的那场战乱中，忽必烈正患脚疾。就在一个汉子举刀向忽必烈砍去时，哥剌互赤及时赶到，用身躯挡住了忽必烈，上臂被砍了一个三寸长的口子，鲜血流了一银盘。从那以后，忽必烈对他更是信赖有加，干什么事情总要把他带在身边。

一天晚上，当他回到自己家里，准备睡觉时，妻子芸唛尼坐在一边低泣。她一边哭，一边问丈夫："你对忽必烈王爷那么忠心，王爷对你又如何？"

哥剌互赤有些茫然，回道："好呀。你这是怎么了？快哄孩子睡觉吧。"

芸唛尼问丈夫："王爷对你好，还是对那群汉人好？"

"对我好，对汉人也……好。"

"你是用血向王爷尽忠的人，而那些人成天靠一根舌头就把王爷哄住了，你不觉得生气吗？"

"少废话！有你吃，有你喝，多什么嘴！"哥剌互赤有些不悦，一头倒在毛毡上睡下了。

哥剌互赤是个憨直的汉子，做事从来是性情所使，从未想过什么事，可今天，妻子的一番话让他睡不着了。他佩服忽必烈王爷，愿意为王爷出生入死，可是他有些看不惯王爷对那些汉人们的优厚赏赐。他们有何本事，臂不能拉弓搭箭，身不能跃马挥戈，哪里值得王爷对他们又封官又赏金的。

忽必烈一听哥剌互赤的抱怨，笑了，但他知道哥剌互赤是个直爽汉子，跟着自己鞍前马后十余载了，自己现在主理漠南政务，不妨给他一个官做，也算报答了当年他的救命之恩。

忽必烈先是封了他一个管财的小吏，没想到哥剌互赤公正无私，做得有模有样。半年后，忽必烈又升迁他为主理汉地财赋的断事官。

断事官是成吉思汗在当年颁布《大札撒》时设立的官衔，主理是非案件的判罪等。哥剌互赤上任后，兢兢业业，还算称职。但是，随着他在燕京时间的加长，他开始变了。

在继位之后的一段时间里，蒙哥汗忙于诛杀家族中的反对者，放松了对中原宋国的征战，同时为了安慰拉拢一些军中大将，他便封了一大批黄金家族的大小王爷们到汉地各府各州任职。这些人自恃身有战功，又是成吉思汗的后人，在地方上飞扬跋扈、欺男霸女、肆意妄为。

有一天，住在燕京的芒剌要在家中宴请在燕京蒙古诸王，因哥剌互赤位居断事官要职，又是忽必烈面前的大红人，故而也被请到了府上。

初春的燕京仍是寒风侵骨，哥剌互赤打马疾驰到了芒剌府门前。只见芒剌府门红灯高悬，院门大开，院内人声鼎沸，灯火通明。哥剌互赤下马之后，跨进了正房的大厅。

厅内中央有一大长几案，几案上摆满了山珍海味，酒杯里斟满了玉液琼浆，十几位蒙古王爷分坐在几案两旁，正一边吃喝一边观看着大厅东侧的舞蹈表演。哥剌互赤与一干人打过招呼后，也坐在几案边，喝起酒来。

喝着喝着酒，他不由自主地也跟其他人一样把头扭向了东侧。只见有三位身披透明白纱的汉女正在跳着一种舒缓的舞蹈，她们随着乐曲轻摆腰肢，时急时缓，时进时退，忽如狂风般旋转，忽如闪电般倒地，让人疑是飞鸿在蹁跹，又似灵鹿在奔跑，直让人看得眼睛都来不及眨一下。当哥剌互赤微醉着骑马回家时，他心中还在琢磨着今天所见到的一切。

他从不知道人还可以有这种活法，还可以有这种快乐，可以有这种享受。他的眼前依旧浮现着几位汉女那小巧玲珑的肢体，那艳丽多姿的舞蹈。他几十年的人生中，从没有想过女人的美会带给他如此大的震撼。妻子老了，而且还在忽必烈王爷的藩王属地，自己这些日子在燕京独卧空房，怎么就没想到汉女呢？

第二天，他向仆人李柱道："你看我只身来到燕京，身边连个倒茶的人都没有。"

李柱忙道："小的失职，我这就给您找个佣人。"

哥剌互赤点点头："只是要年轻一些的。"

侍从李柱答应着，复又问："大人是说找个女的？"

"不能太丑。"

李柱明白了，主人不是嫌没人斟茶倒水，而是想要女人了。他忙应声操办去了。

当晚，哥剌互赤回到家中时，见房中亮着灯，李柱笑着说："大人，我用五两银子给您买了个佣人，您休息吧。"说着李柱关上门，走了。

哥剌互赤走进内房，果见屋内坐着一个绿衣女子。女子侧身坐在床边，手中拿着针线，仿佛在绣花。女子听见动静，赶紧起身施礼："婢女玲儿见过大人。"

哥剌互赤一边上下打量着女子，一边坐在了椅子上。只见这个玲儿小巧的个头儿，纤细的腰肢，面目清秀，看上去也就十六七岁的样子。他从没用这种直愣愣的目光注视过妻子以外的任何女人，他咳了一声，想说什么，可又找不到合适的话，就又闭上嘴。

玲儿见主人不说话，以为是一天公务劳累了，便又道："大人是否饿了？要不要吃饭？"

哥剌互赤终于找到了话茬儿，点头道："先给我倒盆热水，我洗洗脸就吃。"

"哎。"玲儿清脆地答应着忙乎起来。

他一边坐在桌边吃饭，一边看着玲儿像只绿蜻蜓般地给自己斟酒、盛饭。他突然觉得这间屋子仿佛有了暖意，仿佛跟昨天大不一样了。他招手道："你坐下。"

玲儿放下手中的酒壶走过来，温顺地坐下了。

"吃饭。"

"玲儿不敢和主人同桌吃饭，等一会儿我侍奉大人睡下我再吃不迟。"

哥剌互赤心中不禁发出一股怜惜之意。这玲儿跟自己的女儿差不多大，却这么懂事乖巧，招人心疼。他的脸色不禁放松了些，话语也多了起来："这个家就只有你我两个人，不要太过生分。再说我一个人吃饭也冷清了点儿，以后就跟我一同吃。"

玲儿见主人如此温和，便听话地端起了饭碗。一边吃，一边不时地给主人倒酒、夹菜。

哥剌互赤有点儿眩晕的感觉了。他仿佛又回到了十年前的新婚的日子里，那时他与妻子也是这般亲热地一起吃饭，只不过妻子没有玲儿这般清秀、这般小巧。他透过模糊不清的醉眼，看到玲儿鲜嫩的红唇一张一合，似乎在说着什么，但他听不清了。他放下酒杯站起身来，一个趔趄，差点栽倒在地。是一个柔软的臂膀扶着他走到了床边，帮他脱下了靴子，褪去了衣衫。绿色的、泛着漠北大草原野花清香的影子在他身边忙碌着，他像火一般烧灼的血脉再也不听话了，一把就将这个绿色的精灵搂了怀里……

当第二天早上哥剌互赤睁开眼睛时，玲儿已把早饭摆上了几案，他抬眼见玲儿穿了一件红色的衣裙，便没话找话道："你怎么不穿那件绿色的衣服了？"

玲儿走到床边，边给哥剌互赤披着衣服，边娇羞地回答道："那件……那件让大人给撕破了。"

哥剌互赤见玲儿白皙的脸颊上飞起了两朵红云，俊秀的双眼满含羞怯的笑意，他不禁又一把抱住了玲儿，一边嗅着她身上散发出的少女的鲜活气息，一边把手放在了玲儿的胸前……

哥剌互赤一连几天没去办公事，厮守着玲儿颠鸾倒凤，着实快活。在玲儿到家中的第二个月，李柱瞅了个空子，在哥剌互赤耳边低语了几句后，二人一同走进了一个杂耍班子。原来是李柱见主人对玲儿过了新鲜劲儿，就又把一个女孩送进了主人的怀抱。

如此这般几回下来，哥剌互赤真真儿地掉进了温柔的陷阱，再没多少精力去处理政务了。而玩女人需要大把的银子，他开始或明或暗地接受一些犯案人的钱了，办起案来自然难保公允无私。渐渐地，这些事情传到了忽必烈的耳中。忽必烈没有作出反应，直到有件事情轰动了燕京。

那天，哥刺互赤在审案时，一口气判了二十八人死刑。有一案犯是个盗马贼，被当庭杖责五十后，准予开释。恰逢此刻有一个人进来献上一把祖传宝刀，哥刺互赤为了试一试这把宝刀是否锋利，竟用刀把这个盗马贼的头砍了下来。目睹哥刺互赤肆无忌惮地草菅人命，民众们纷传断事官是一个杀人不眨眼的魔王。

刘秉忠最先得知了这个消息。在第二天清晨例行的藩王府朝见时，刘秉忠把这件事告诉了忽必烈。忽必烈听后，沉着脸半天没有言语。

郝经看看面色阴沉的忽必烈，想了一下，上前说道："当年成吉思汗曾向丘处机道长询问长生不老的秘诀，丘道长说：'有卫生之道，而无长生之药，节欲止杀，外修阴德，内固精神，恤民保众，才是长生的妙方。'当时大汗也深以为然。如今哥刺互赤为试刀锋而妄杀百姓，已经在民间引起反响，如若姑息，那我们追求的治国、平天下的目标怎能实现，又何谈长生！"

姚枢也道："中国兵法的精要就是'不战而屈人之兵'，更何况是面对一个手无寸铁的百姓，请王爷重裁才是。"

"纵是判了死罪的人，也要给人家申冤的机会，哥刺互赤一天之内诛杀二十八人，其中必有屈死之士，他对一个小小的贼寇先杖后斩，真是可恶之极。把哥刺互赤叫回来吧，我要好好地处理他。"忽必烈顿了顿，又接着说道，"我更担心的倒是这些散布于各州府的王爷们呀。他们生活荒淫豪奢，竞修府邸，为祸乡里，不除不足以安民心。"

刘秉忠心中窃喜，他终于看到数年来的努力成果了，他终于感到忽必烈捐弃了凶暴，选择了文明与仁儒的治世观。一边是无辜的平民，一边是有过赫赫战功的心腹，在公允与私情、凶残与文明之间，忽必烈从容、自然地选择了文明与公正，而且更深一步地前瞻了将要发生的类似事情。刘秉忠有些激动，声音也有些颤抖："殿下说得好，我再给您献上一计釜底抽薪之法。您是汗弟，手中又有主持漠南的政务军事大权，不妨把几位臭名昭著的蒙将分遣到兴元戍守，剩下的几位自会收敛行为。然后，再把王爷信任的人派到各府任上，事情就迎刃而解了。"

"有道理，就这么办。"

就在忽必烈兴致勃勃地致力于发展农商的时候，蒙哥汗也完成了自己清洗异己的行动，又开始了大举征宋的战争。为了对宋形成迂回包抄的局面，蒙哥命忽必烈率兵征伐云南，给宋以来自西南方的威慑。忽必烈集合兵力，同兀良合台祖孙三人及阿必失哈等兵分三路，直趋云南。

一路上，忽必烈率中路军同刘秉忠及吹见哗一行人经大雪山，渡大渡河，又穿行山谷两千余里，在与兀良合台汇合后，直逼云南重镇大理。大理国都定在太和城，大理国王段兴智和权臣高祥、高和兄弟闻知蒙古军兵围城下，一时慌了神。

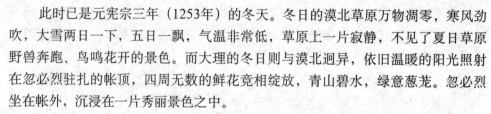

　　此时已是元宪宗三年（1253年）的冬天。冬日的漠北草原万物凋零，寒风劲吹，大雪两日一下，五日一飘，气温非常低，草原上一片寂静，不见了夏日草原野兽奔跑、鸟鸣花开的景色。而大理的冬日则与漠北迥异，依旧温暖的阳光照射在忽必烈驻扎的帐顶，四周无数的鲜花竞相绽放，青山碧水，绿意葱茏。忽必烈坐在帐外，沉浸在一片秀丽景色之中。

　　刘秉忠陪坐一旁，也在欣赏着这美轮美奂的南国风光，少顷，长叹一声："泛舟碧湖，吟诗把酒，正是绝佳的诗情画意之地呀。"

　　忽必烈把目光从远处拽回，应道："是啊，疆土之大，瑰丽风光之无限，真非漠北草原可比。"

　　"您是否也被这景致所迷醉？其实长江南岸的宋都之地，又是另一番景色。这里山水天琢，那里则有无数工匠巧夺天工般建筑了无数的楼阁亭台，气度恢宏，华丽无限。"

　　"所以说，我们任重如山呀，"忽必烈叹道，"漠北外边的世界之美、物产之丰，我非常喜爱，而且住砖房瓦屋想必一定很舒适。"

　　"对，您不妨在漠南兴建一处城垒，接受汉人文化的同时，接受些汉人享乐的方式也不为过呀。"

　　"可以，此番征服云南后，你便着手办此事。"

　　"遵命。"刘秉忠应道。

　　忽必烈信手摘下座边的一株野花，放到鼻前嗅了嗅，又道："可惜，这人间仙境将面临一场血肉搏杀呀。"

　　"我们可以尽量避开杀伐之举，派到太和城的特使如果能让段氏受降就好了。"

　　"我估计凶多吉少，几日来尚无消息，一路走来，瘟疫瘴气让我损失了不少兵马，此番段氏战也罢，降也罢，我绝不能无功而返！"忽必烈的损失很大，他心痛自己力量的削弱，故此说道。

　　"但军队如果在进城前严明军纪、不滥杀无辜的话，会减少我们攻城的难度。"刘秉忠试图劝告忽必烈，"讲军纪、不滥杀，一能约束军队的涣散之风，二能得到百姓的支持，三还可消减军队的嗜杀之习。古来常胜之师均遵此训。"

　　忽必烈听后，没有立刻回答，半晌才道："好吧，我试一试。"

　　忽必烈派往太和城劝降的三位使者被段兴智斩杀，并将尸体挂在城墙上向城外的蒙古军示威。忽必烈手下的将士见到三个劝降的使者尸体被高悬在城墙之上，头颅也被砍下，不知去向，都气红了眼，纷纷要忽必烈下令屠城。由于接受了刘秉忠的劝告，所以忽必烈耐心地对将士们道："这都是段兴智及高氏兄弟所为，与百姓无关，不可迁怒于无辜之人。"

　　军队进城后，没有掳掠百姓，没有抢掠商号，故而军队在城内得到了百姓的

草原英雄：忽必烈

认可与粮草帮助。这是蒙古军队多少年来没有过的事情，忽必烈在此事上深深感到了为百姓安宁着想，百姓就会无私回报，这一点对他以后登上汗位后的治国起了巨大的影响。而忽必烈的军队不杀不抢的军风，亦被当时及后人传为了美谈。

攻下大理，并诛杀高氏兄弟及段兴智后，忽必烈令军队饮酒庆贺，并嘉奖立功将领。一时间，大理城内酒肉飘香，欢声鼎沸。宴席间，一个意外惊扰了欢庆的气氛。

速不台帐下的一位千夫长因酒醉失智，闯入城内一民户家中，掳一民妇奸淫，民妇不堪污辱，被奸后上吊自杀。民妇之夫痛不欲生，直接闯到忽必烈帐前，责骂蒙古军是真强盗，是伪君子。

此时，忽必烈已是有些醉意迷蒙了，笙歌间听到帐外有人喧哗，不悦地问道："帐外因何吵闹？"

吹见哗出帐问询后，回复道："是一民夫，他的妻子被速不台将军手下的千夫长奸杀，故而来告状申冤。"

忽必烈在此次攻征云南中，已经收到了严格军纪的效果，闻听来报，不由大怒："把那千夫长给我抓起来！"

速不台见忽必烈急了，连忙站起来说道："免了他千夫长的职！"

忽必烈盯了一眼速不台，冷冷地说道："怎么，免职就算完了吗？"

"那……"

刘秉忠放下酒樽，忙道："不可！百姓之躯也是上天同赐，一定要严办凶手，否则军纪无法贯彻下去。"

兀良合台轻蔑地扫了一眼刘秉忠，好像想说什么，但看了看忽必烈，把话又咽了下去。

"对，绝不轻饶，这分明是无视我的命令。看来军中确有抗命之人啊！"忽必烈盯着速不台的脸道，"将军，你说是不是啊？"

速不台雪白的胡须颤抖起来，他连忙站起身来，俯首应道："是我管教不严，我马上回去诛杀了这个抗上的忤逆。"

忽必烈在帐内踱了一圈后，神色和缓下来，点了点头道："好吧，你是军中老帅，先祖的帐前勇士，知道该怎么办。"

兀良合台看了看父亲有些佝偻的身躯，应道："父亲，还是我去吧。今天是喜庆的时候，别扫了大伙的兴，你陪忽必烈王饮酒，我去。"

忽必烈见状，没有再说什么。

酒宴过后，忽必烈回到帐内就寝。李小禾殷勤地帮他宽衣解带，扶忽必烈躺下。忽必烈搂着李小禾温软的肢体，不禁涌起欢娱之念，翻身压在了李小禾的身上……

忽必烈一番云雨后，正欲入眠，帐外突然传来察必的声音："请让我进去。"

"可忽必烈王已经睡下了。"守卫有些为难地道。

"让察必进来。"忽必烈道。

察必掀帘进了帐篷时，李小禾正往赤裸的身子上穿衣服，边穿边惊慌道："请恕小禾无礼，我马上起来招待别乞。"

蒙古诸王的妻女均称别乞，李小禾只是忽必烈收在帐内的女人，并无名号身份，按汉人妻妾的礼数，自然是低察必一等。

察必扫了一眼李小禾丰腴白皙的丰乳，抬手止住李小禾道："不必多礼，我只是有事跟大王谈，你先去休息吧。"

忽必烈一向敬重察必，他知道察必不是心胸狭窄之人，便道："你去吧，别乞有事要说。"

"是。"李小禾赔笑道。说罢，便起身出帐，临走时，一丝幽怨袭上了眉梢。

"我是为今晚宴会之事而来。宴席间，你对速不台的态度太严厉了，我怕会有不好的后果，而且兀良合台在席间颇为恼怒子聪先生，我很担忧。"察必开门见山地说道。

听到察必这番话，忽必烈披衣起身，在帐内踱了几步，回道："不会吧！速不台祖孙三代都在我军中效力，而且都是忠勇之士。晚上我是对他严厉了些，我倒不怀疑他会有什么逆反之举，只是因为我统领军队后，帐下尽是战功赫赫的人，我意在告诫他们不可轻视我而已。"

"目前蒙哥汗统治着大蒙古国，如果你一直能受到重用，速不台三辈人自不会不听调遣，但如果你与蒙哥汗有了什么矛盾时，速不台会站在你这一边吗？所以说，你得尊重速不台。"

"有理，速不台诚信侠义，让他听命远远不够，更重要的是要他忠心不二，"忽必烈点点头，用赞许的目光看了看察必，"别乞，你很聪明，想得非常周到。"

"我……我只是多听了子聪先生讲解汉史诗文，哪里是聪明。"察必得到夸奖，有些不好意思。

"是啊，我可听说你经常跟子聪先生在一起。"忽必烈笑着揶揄道。

察必忙接过话题："我只是去学习，可没跟什么禾苗、荷花的在一块儿寻乐子。"

忽必烈看察必涨红了脸，哈哈大笑起来："怎么，你倒吃起醋来了？好，我就让你吃个够！"

忽必烈一边大笑，一边把察必拽到怀里，看着她欲拒还迎的羞涩样儿，禁不住撕开了察必薄薄的衣襟……

第四回

建城池秉忠献策，读汉书希宪捉蛇

元宪宗四年（1254年），忽必烈得知蒙哥伐宋进程不顺利，已回漠北，并传令他也可以结束这次伐宋行动。于是，忽必烈留下大将兀良合台继续征剿云南地区没有降服的部落，并令汉人刘时中为大理宣抚使，以巩固蒙古军在云南的统治，保持对宋的包围之势，他则率余部北返，回到了六盘山地区。

这是忽必烈第一次独立地统兵打仗，以胜利为结局。尽管在进攻云南的战役中，蒙古军因自然条件恶劣（如瘴疫等）伤亡很大，但对忽必烈来讲，意义是巨大的，因为在征途中，还征服了四川西部的吐蕃地区。在吐蕃地区，忽必烈接触并善待该地区的佛教上层人士，使吐蕃地区的多数首领均臣服于忽必烈帐下。这样，征战云南胜利的意义，除了证实他有统兵打仗的才能外，还把吐蕃地区攥在了自己的手中。

在吐蕃，忽必烈还结识了八思巴。相貌清奇的八思巴是吐蕃地区的佛教徒首领，在这一地区，八思巴有极大的影响力。忽必烈非常喜欢年轻而富有学识的八思巴，在与八思巴日益亲密的接触中，他对佛教知识有了更深的了解，尤其是佛祖在佛教徒心中至高无上的威严令他极为震撼。他发现，征服不仅仅靠刀枪才能完成。

忽必烈把八思巴留在了身边，并给予极高的礼遇。

回到六盘山地区后，忽必烈颇为惬意地在这里避起暑来，并开始考虑建筑开平城。

忽必烈把刘秉忠叫到帐前，商议建城之事。他首先言道："我们这几年来总是在六盘山一带避暑，冬季则又迁徙避寒，居无定所，不但不利于百姓的生活，也颇让你们这些先生不适应。你通晓风水占卜之术，该考虑一下选择一块好地建城。"

刘秉忠明白了忽必烈的意思。在他投靠忽必烈并得到重用后，他就提议忽必烈在汉地张榜纳员。汉地有识之人慕忽必烈英名，纷纷投到了忽必烈的帐前，使得忽必烈的金莲川幕府人才云集，非常兴盛。在接受了汉制理国的策略后，忽必烈也大胆重用这些人，把他们派到了漠南汉地的重要位置。虽然这些汉人在忽必烈这里找到了发挥才干的机会，但大多数人均不能适应蒙古人冬夏迁徙的习惯，多次建议忽必烈建城，而忽必烈在征服汉地后居房住屋，渐渐地也不喜欢住帐篷了。

见忽必烈提出此事，刘秉忠很高兴，马上应道："我已经选了一块风水宝地，正想请您批示呢。"

"噢？说来听听。"

刘秉忠道："请您与我实地勘察一下。"

忽必烈说："好，待我们回漠南后便去走一趟。"

龙冈在滦水北岸，北依南屏山，南临金莲川，东西则是一望无垠的大草原，土地平坦肥沃，颇适合建城。

忽必烈登上龙冈，见龙冈位于草原南端，北连朔漠，地处冲要，既方便与居在和林的大汗联系，又紧靠中原，利于控制中原汉地。忽必烈很满意，便点头道："很好，这个地方有战略意义，你卜过卦吗？"

刘秉忠笑道："龙冈恰处背山靠水之地，是蛟龙腾达之征象，卦象上上吉呀。"

"好，就定在这里吧。由你负责建城！"

刘秉忠边与忽必烈漫步，边小心提醒道："建城恐需要很多银两啊。"

"别吝啬嘛，我们不是正在筹备发行宝钞吗？中原汉地的财权掌握在我们手中，再加上税款一项，应该不会有困难的。"

"但是，如果税款不上交大汗总库，大汗知道后……"刘秉忠有些担心。

忽必烈哈哈一笑："看谁敢露出一点消息。不过，备用粮草的银两是一厘也不许动，军队是我们生存的根本呀。"

刘秉忠应道："好吧，但愿别让大汗因此怀疑我们的忠心。"

"我倒是想忠心，就怕大汗不信哪。"忽必烈停住脚步，看了看天际滚动的云朵，沉思一刻又道，"你记住，建城一要有高城墙，二要有护城设施，三要舒适而不奢华，不许有那些用不着的花哨装饰。"

"我明白了，内敛为旨。"刘秉忠应着。

和林，蒙哥汗的驻地。

蒙哥汗在屋内，正一边欣赏着一群彩衣女子的舞姿，一边吃着早餐。蒙哥较几年前胖了些，脸色也红润了不少。他登上汗位，在血洗了异己、安顿好军务后，日子生活得很安定，也很舒服。开始时，他倒是蛮钟情这种声色歌宴的日子，久了便也厌烦了，他总感到打仗征战反比这些更能让他打起精神。他端碗饮了一口奶茶，奶茶有些烫嘴，他一边吐出奶茶，一边把碗摔向了房外，嘴里大吼："谁想害我？拖出去打十鞭！"

"汗兄怎么清早起来就发火呀？"阿里不哥边笑边走进屋内。

蒙哥让阿里不哥坐在身边："奶茶烫破了我的嘴，下人太不小心了。"

阿里不哥冷笑一声，凑近了蒙哥低声道："一碗奶茶最多烫你疼几下，可有人想让你疼几年呀。"

"谁如此大胆？"

阿里不哥挥手让屋内的人员全部出去："你们候在帐外，没大汗的命令别让任何人进来。"

蒙哥的儿子玉龙答失见状也想退去，阿里不哥拦住他道："你不妨听听。"

蒙哥疑惑地看了看阿里不哥，不禁有些着急地问："是谁谋反了？还是南宋胆大包天攻掠我们了？"

阿里不哥端碗饮了一口茶后，缓缓地道："都不是，可又比这些都严重。"

蒙哥眉头一皱，冷冷地道："你讲。"

阿里不哥瞟了一眼在一边有些惊慌的玉龙答失，问："大汗可曾知道忽必烈正在建设开平城之事？"

"知道，这又如何？"

"建城可是要花大笔银两的，忽必烈怎么会有这么多钱？"

"噢，你说这个呀，忽必烈经管汉人属地很成功，想必建几间屋子难不倒他。"蒙哥见阿里不哥因这件事如此神秘，不禁笑道。

"不尽然。听说忽必烈不仅把汉地的税额截留，而且一点儿也没有交给大汗总库。我派出的人还打探到忽必烈在汉地有几处粮草大库呢。"

"真有此事？"蒙哥不禁欠起身子，问道。

阿里不哥见蒙哥认真了，便进一步说："现在忽必烈的帐下云集了大批汉人，这些人中不仅有深谋远略之士，也有骁勇善战之将，他们在漠南及汉地大造声势，说忽必烈有天子龙生之象，有掌管天下之仁贤，就连开平也是建在龙冈啊。"

蒙哥坐不住了，他站起身在屋内踱起步来。在争夺汗位过程中，他得到了忽必烈的鼎力相助，因此在继汗位后，他一是为了感激忽必烈，二是不想权力旁落到外人手中，故而把漠南及其汉地分给了忽必烈。他还真没有怀疑过忽必烈会真有异己之心。今天听阿里不哥谈及这些，他不禁心神大受震动，转身看了看正等着自己说话的阿里不哥，一字一句地问："你的消息可属实？"

"全是掌管各地税银的人告诉我的。本来这些人在收税银时，常能钻个空子给自己留点儿方便，但忽必烈给一些汉人委了重任，分派到一些要害部门，既争得了权力，又把原来掌管税银的人的财路断了，所以这些人怨声载道。我询问了好几个人，都说这是事实。"

蒙哥听罢，又是一阵沉思。他统兵征战多年，知道打仗靠的就是军力，而军力就是人和财呀，忽必烈悄然聚财的举动，让他想到了忽必烈的真正目的是什么——夺汗位？！

玉龙答失听叔叔说这些，不禁急道："父汗，请发兵征剿忽必烈吧，他分明是想争夺汗位呀。"

蒙哥瞪了儿子一眼，又转向阿里不哥问道："你为何不先去忽必烈处告诫他行为再谨慎些呀？"

阿里不哥显出一副深仇大恨的样子，咬牙切齿地说道："当年察必公主本有情于我，他夺去不算，还在众人面前羞辱我。我竟连心爱的女人都保不住，还丢尽了颜面。"

阿里不哥尽管早已娶妻生子，但仍是对初恋的察必念念不忘。他顿了顿，接着说道："我虽然憨笨了些，可还懂得服从大汗，懂得兄弟不该分心的粗浅道理。忽必烈心怀鬼胎，令我鄙视。"

蒙哥听阿里不哥先言旧恨，再提臣服大汗，听起来倒是实话。他缓缓地道："我们不宜先动杀手，忽必烈刚征云南得胜，如若我马上剿杀他，恐怕百姓认为我卸磨杀驴，于我声誉不利。"

"那待他羽翼丰满后，再剿怕是也难了。"玉龙答失有些急了。

"哼，我先剪了他的翅膀，看他如何飞，"蒙哥冷冷地道，"阿里不哥，你明天就到速不台处，帮助他掌管兵事。"

阿里不哥欣喜地道："妙！忽必烈的主要兵力都集中在速不台手下，我去了不但会起到监视他的作用，而且还能洞察他有什么不轨的举动。"

"对，你可直接向我报告，并且我会派阿兰答儿出使汉地，钩考忽必烈。"蒙哥言毕，举起手臂，一掌劈裂了案几。

忽必烈近来可谓春风得意，开平城的建设正在如火如荼地进行不说，单是派往汉地的宣抚司、经略司等大小官员们源源不断地送来的财物就足以让他开心了。他派往河南、陕西一带的官员们，多是初担重任，对他有一种伯乐识才的报恩之心，在任上不仅能除弊惩贪，给忽必烈带来了清廉的名望，而且忠心耿耿，所收的税金均呈送到了自己的王府。忽必烈一边休整军力，一边尽情地享受着酒色，惬意极了。

这天下午，忽必烈在帐中与郝经及察必闲谈。郝经一边分析这次出征云南的得失，一边讲一些历史上著名的成功战例，忽必烈和察必听得津津有味。

突然，一个满身血污的人滚进了帐内，察必和郝经皆惊得尖叫起来，忽必烈起身揪住来人，喝道："好没规矩的混蛋，不会禀报一声吗？"

来人跪在忽必烈脚边，边哭边道："十万火急呀，殿下。"只见这人面色苍黄，胸前的衣襟像是被利器刺破了大洞，血正从洞中汩汩外浸，衣服上、马靴上均蒙着一层厚厚的黄沙。

忽必烈认出了他，便扶他起来，和缓了口气问道："察扎，你不在和林办

事，怎么跑回来了？"

察扎低泣道："塞至旆被大汗杀掉了。"

"为什么？"忽必烈一听，脸色倏变，他一掌拨开正为察扎包扎伤口的察必，急道："快快讲！"

察扎接道："塞至旆的帐篷昨晚突然被大汗包围，阿里不哥殿下亲自出马，审问了塞至旆，并以杀死塞至旆的妻儿相要挟，要塞至旆把一切都说了出来。我见情况紧急，杀出一条血路来给您报信。"察扎说完后，已是气喘吁吁，汗湿衣袍了。

忽必烈的心像是被谁用手攥了一把似的，脸色严峻沉暗了许多。察必忙让察扎下去医伤，并起身抚了抚忽必烈的肩膀道："别太担心，是不是把子聪先生也叫来一并议事？"忽必烈踱了几步，点了点头。

塞至旆是蒙哥的宠臣，掌管着大蒙古国总库的库银，由于他善于谄媚，能说会道，在憨直的蒙古人中颇为少见，所以很令蒙哥汗喜爱。忽必烈通过考察，在了解到塞至旆的品行为人后，把从云南带回的一美丽女子送给了他，并一起送去了一箱珠宝。塞至旆喜不自禁，感激涕零地暗投到忽必烈帐下，借大汗库银管理疏虞之机，三番五次地把大汗库银偷偷地运往忽必烈的王府。当然，忽必烈每次也都分一杯羹给他。几回下来，没人发觉，他越发大胆，折腾得更加卖劲了。他没有想到阿里不哥另有高招，买通了他的一个运银的下人，暴露了他的行迹，最终被阿里不哥斩杀在自己的帐内。

其实，塞至旆只是忽必烈网罗的人群中的一个。忽必烈组成金莲川幕府以来，听从了一些汉人的建议，在宗亲及大汗府内广结能人，或以色收买，或以财相许，颇有一干人感动于忽必烈的慧眼相识，再加之忽必烈的声名鹊起，出手又大方，不由地都明投暗靠地拥在了忽必烈的帐前。而塞至旆的行迹暴露，让忽必烈感到了事态的严重与急迫。

刘秉忠急匆匆地从开平城的建筑工地赶来。听到忽必烈把事情经过介绍后，他沉吟了一下，建议道："要赶紧给中原及陕西的人传出信息，令他们暂时把税赋交付大汗总库，停止一切蓄积粮草的行为。"

郝经摇头道："不行，先前不交，现在再交，已经晚了。不如把税银暂存于各地，避过这一阵再说。"

忽必烈叹道："以我之兵力，尚无法抵抗大汗的征伐，况且阿里不哥已经像楔子般钉在速不台的帐前，我如有些举动，大汗会马上察觉的。"

"所以说，我们不宜先作决定，不妨看一看大汗有何动静，以静制动才是明智之策。"刘秉忠接道。

"看来只能如此了。"

这时，伯颜掀帐走了进来，他现在已被忽必烈提拔为统军的将领。见他亲自前来，忽必烈心中一紧，以为有什么军情变化，赶忙问道："怎么？有……"

不待忽必烈问完，伯颜神色严峻地道："大汗把阿兰答儿派到了河南、陕西，设钩考局，要检核这些地区的税赋情况。"

郝经听后，跌坐在榻上，喃喃道："开始了，开始动作了。"

刘秉忠亦是汗流满面，叹道："太快了，我们已经来不及补救了。"

忽必烈起身踱到帐外，遥望着天边滚滚而来的乌云，低声说道："一场暴风雨就要来了。"

阿兰答儿一脸肃穆，带领脱固、刘太平等随从，杀气腾腾地来到了河南、陕西一带，建立了钩考局。

河南经略司府上，芒哥、史天泽、杨唯中等几位参议正在商榷公务。经略司的驻地选在了一个不太奢华的宅院，在蒙哥汗把河南汉地封赐给忽必烈后，芒哥他们就受忽必烈的委派来到了汴京，并在汴京设立了经略司。他们几个感激忽必烈的委任，上任后，先是惩除了乡霸刘福，并把刘福的府邸充公为经略司宅府，继而又制定了一系列的措施，在邓州、陈州、亳州、清口地区驻守重兵，以防宋军侵袭，并参照汉制在各郡县分置提领，重修税赋，改行钞法。军中兵士身兼双职，敌来则御敌，敌去则耕作。一时间，河南地区居安泰兴，一派繁盛景致。近日，经略司又收到了不少州县上交的税赋，此时，几个人正在商议应该如何处理这些银两。

杨唯中主张暂封在司库内，先请示忽必烈后再做定夺，而史天泽则认为还是依惯例上送忽必烈为好。正当几人磋商之时，下人忽报有蒙哥汗特使到达门外。

杨唯中等连忙把阿兰答儿一行人接入屋内，趁仆人斟茶倒水之际，询问道："大汗派特使来此，不知有何指令？"

杨唯中是弘州人，初在窝阔台汗帐下走动，后因仰慕忽必烈尊重汉人志士之举而投至金莲川幕府，因学识高深，颇得忽必烈赏识，所以被派到河南管理民政。他见大汗特使不期而至，很是突然，隐约感到有一丝不祥之兆。

果然，阿兰答儿大大咧咧地坐在正座的太师椅上，斜睨着狭长的眼睛道："我特奉大汗之命在此设钩考局，对河南、陕西等地的税赋进行钩考，你们还是尽心配合为好。"

史天泽在一旁听到此言，忙站起身来，走到阿兰答儿面前，急问："忽必烈殿下可好？可有他的指令？"

史天泽原为一中原豪强，在忽必烈统摄中原汉地后，受忽必烈感召，率手下部卒归顺了忽必烈。他在这一带地方上颇有势力及影响，故而问起话来是不管不顾。

阿兰答儿"嘿嘿"一笑，冷冷地道："你们听仔细了，我是奉大汗之命！你们还是尽快把账目汇总起来，让我查看为好。"言罢，起身便朝房外走去。

杨唯中见状，稍一沉吟，赶紧堆起笑脸，拦住阿兰答儿道："请大人留步。

明早我一定依大人之言把账目准备齐全，请大人放心。不过，大人今日初到鄙地，让我也略尽地主之谊，为几位接风洗尘才是。"

史天泽此刻也有些明白了事态的严重，也赔笑道："怎么，怕我请不起大人吃花酒么？来、来、来，快请坐，公事明日再办，我们先叙叙旧嘛。"

阿兰答儿伸手拨开了杨唯中的手臂，回道："我知道二位大人腰包很满，还是不必打扰，走！"言毕，带领一干人径直走出了经略司的大门。

杨唯中几个人面面相觑，不知如何是好。半晌，史天泽才道："大汗一定是冲着忽必烈殿下来的。"

杨唯中也叹道："看来，我们是逃不过这一劫了。"

史天泽哈哈一笑，爽快地道："士为知己者死，我们为明主担当一些，又有何妨？我马上派人向殿下汇报，经略司的税金也一并送出，事不宜迟！"

杨唯中摇头应道："派信使就行了，再送税金恐已不及，而且留着些银两，也好打发这一行人。"史天泽怔了怔，说："也罢，由他们折腾吧。"

史天泽所言一点不差，阿兰答儿一行人的确折腾开了。他们是携大汗的"尚方宝剑"而来，大汗明令：除史天泽等有地方影响的人的处理需上报大汗外，对其余一切金莲川幕府人士均可杀无赦。阿兰答儿他们依恃蒙哥大汗这个大后台，在河南、陕西一带大兴酷吏之举，先后诛杀几十位忽必烈的幕府官员，查抄地方税赋无数。一时间，中原一带人心惶惶，不知哪一会儿自己的脑袋会搬家。

忽必烈此刻坐卧不安，陷入了极度的忧虑之中。他得知了阿兰答儿的行径后，知道蒙哥汗是要对自己下手了。大汗名为检视忽必烈管理的地区的财政情况，实际上是想在这些地区铲除自己的幕府势力，把汉地的军权民权重新夺回去。忽必烈在痛惜自己潜心经营的汉制毁于一旦的同时，不禁为自己目前的处境而深深忧虑。几位谋士坐在忽必烈帐内，开始商讨如何应对目前的局势。

郝经首先说道："现在大汗尚未真正与殿下短兵相接，说明大汗尚存一丝不忍之心。我们不妨忍为上策，避开钩考锋芒，让各地官员附顺为要，保存住一些实力才是。"

刘秉忠亦点头道："是啊，殿下与大汗久不相见，亲情一定疏离，又经阿里不哥蛊惑，大汗遂起疑心也是正常的。殿下应该与大汗尽早相见，冰释前嫌。"

"前嫌？"忽必烈冷笑一声，"我助他继汗位便是前嫌。如果我去和林，怎能保证他不会给我安个逆反的罪名？"

"不会！"刘秉忠接道，"大汗之所以没有出兵，而仅是钩考，说明他只是惧于殿下日渐鹊起的声望，不满殿下采用汉制后赢得的越来越多的人心，但还没有认定殿下定是有谋逆之罪。如果殿下不予理睬，反而让大汗认为殿下已是有备而为之。"

"是啊！"郝经接着道，"目前大汗统领着蒙古军的绝大多数兵力，如若真

的动了征伐之心，殿下恐怕会是在劫难逃。昔越王勾践卧薪尝胆，日后报了失国之仇。今殿下与大汗一母所生，'情'字是应对目前局面的最好策略。"

郝经的话落，几位谋士也纷纷表示目前尚未到与大汗兵戎相见的地步，也没有与之兵戎相见的优势，一致建议忽必烈委曲求全，暂渡难关。

忽必烈沉思片刻，点头道："好吧，我不妨试试。"

暮霭时分，火红的晚霞映照着西边天际，遥遥看去，红的天和绿的草原相交一处，姹紫嫣红，非常动人，依鄂尔浑河而建的和林城沐浴在一片红绿色彩之中。

成吉思汗生前把和林作为征战回归休整的落脚地，到窝阔台汗时期，汉族工匠领命在此筑建都城，城南北约二里长，东西约二里宽。大汗居住的万安宫，宫墙环绕，怯薛持刀操戈守护左右。窝阔台汗死后，从贵由汗到蒙哥汗都把和林作为大汗居地，把万安宫作为大汗的宅院。随着大蒙古国的逐渐强大，也随着东征西讨，蒙人接受了漠外一些宗教的熏陶，开始有一些佛寺、道观、基督教堂建在和林。大蒙古国的一些宗亲官员纷纷建宅和林，到宪宗五年（1255年），和林已逐渐成为一个繁华的城市，商贾及各国使者也纷纷涌到和林，为和林更增添了几分喧杂气氛。

蒙哥汗惬意地斜倚在万安宫内议事殿的锦榻上，听着阿兰答儿遣人汇报着钩考汉地的情况，看着送来的珠宝玉器，狭长的双眼更是笑成了一条缝。他越来越觉得自己实在英明，及早地采纳了阿里不哥的建议，钩考中原，初战大捷。

一个怯薛进来禀报："汗王，忽必烈正率人进入和林城门。"

"噢？"蒙哥放下酒盏，忙问，"多少人马？"

"目前进城的只有几十个人，其中，妇孺占了一半。"

蒙哥狐疑地走下床榻，沉思起来。他有些不明白忽必烈此刻来和林的用意了：为逆反而来？不可能仅带这么点人马，问询钩考情况？可能，我让阿兰答儿杀了他不少幕府人员，定是来讨说法的。好，我就应他这一招。

"来人！"蒙哥汗叫来怯薛头领道，"给我守好房屋四周，忽必烈来后，不准别人随着进房，只放一人进来，你们多派几人守在屋内屏障之后。"

怯薛是大汗的禁卫军，多是孔武有力之勇士，怯薛头目领命布置去了。

少顷，房外传来一个怯薛的报告："忽必烈殿下到——！"

蒙哥汗坐在锦榻之上，一脸严肃地盯着房门口。只见门帘一挑，满脸胡须的忽必烈只身走了进来。

忽必烈素有足疾，此刻一身黄沙尘埃的他进屋后，一拐一拐地走到蒙哥汗面前，跪下便道："臣弟身体不佳，久未给汗王请安问好，请汗王责罚。"言毕，抬起头来，充满亲情的目光仰视着蒙哥，双眼盈满了泪水。

蒙哥陡然见到久未谋面的忽必烈，又见他一身尘埃，步履蹒跚，一副落魄之相，不禁有些意外，而忽必烈的一席话也颇令他没有料想到。他欠了一下身子，准备起身扶起忽必烈，想了想又坐下，问道："不必拘礼，起来吧。"

忽必烈仍旧跪着道："今日我是请罪而来。我管理手下不严，让汗王操心钩考，请汗王责罚。"

蒙哥听忽必烈直言钩考一事，便一阵快意袭上心头，也没有再让他站起回话，缓缓地问道："钩考怎么了？有什么不合适的么？"

锦屏后的几位怯薛听到大汗的这句问话，全都把手里的兵械握得更紧了。

忽必烈低下头，用眼角的余光扫了一下传来金戈声音的两侧，几近哽咽道："汗王英明，替我检示出了下属的错误，汗王的钩考太及时了，"忽必烈说到此处，抬起头热切地盯着蒙哥的脸，接着道，"普天之下都是汗王的疆土，汗王信任我，才把如此丰沃的汉地托我管理，我却疏于律下，让下人有了私蓄税金的空子可钻，若非汗王明察秋毫，我大蒙古王国的财富岂不尽流失于汉人之手！汗王帮我挽回的不仅是我的过失，更是我大蒙古国的财富啊！尽管我与汗王一奶同胞，但还望汗王莫讲亲情，从重处治！"忽必烈说到此处，已是声音嘶哑，两行清泪顺着脸颊悄然落下。

说实话，蒙哥初见神色黯然的忽必烈进屋的那一瞬，心中已有些不忍，听毕他的一席话后，特别是提及"一奶同胞"后，又见忽必烈情深意切、泪满沾襟的样子，不禁心潮涌动。想到父亲拖雷英年早逝后，是忽必烈跟他一起帮助母亲经营支撑起拖雷一系的势力，尤其是在贵由汗死后，忽必烈更是跑前跑后，事无巨细地策划并扶持自己继汗位，而且在不久前又遵照自己的指令，远征云南，大获全胜，形成了对宋军的包围之势。蒙哥浮想联翩，也禁不住泪流满面，他疾步走下来，一边扶起忽必烈拥在怀里，一边哽咽道："我的好兄弟！"

忽必烈的足疾未愈，见蒙哥上前扶起自己，便趁势艰难起身。蒙哥见状，更是心酸不已，哭道："你身体不好，又何须亲来，传个信也就罢了。快坐下，歇息一下。"他边说边把忽必烈扶到椅上坐下，又忙叫下人斟茶倒水。

忽必烈身子坐到了椅子上，心也随之放了下来。忽必烈不再提钩考之事，而是就如何巩固大蒙古国边界及征宋等事，向蒙哥提出建议。蒙哥见忽必烈如此关心自己的安危与征宋大事，更是喜上眉梢，忙叫人摆宴，为忽必烈接风洗尘。

灯火通明的万安宫内欢声不断，忽必烈携察必及儿子与蒙哥汗和皇后忽都台、皇子玉龙答失一起欢宴。察必是一位识大体的妇人，此番是她主动请求来和林的，她一边吃一边向皇后忽都台轻声说道："我们久不见面，皇后就恩准我们娘儿几个跟您热乎些时日吧。"

蒙哥的正妻忽都台很明白察必的意思，她是想留在和林，有如忽必烈放在大汗手心里的人质，以解大汗之疑心的。她想了想，便爽快地道："好呀，我自己在这里也很闷的，没有什么人陪我说话，你就住下吧。"

忽必烈在席间频频与蒙哥对饮，边饮边假作醉态："汗王，你也看到了，我的身体不好，实在无力管理汉地的军事、民事，还请汗王念及亲情，顾我身体为要，另行派人经略吧。"

蒙哥见忽必烈主动交出了漠南汉地的权力，对忽必烈的忠心更加相信，他也就坡下驴，顺势夺回了封给忽必烈的汉中之地。

次日晨起，忽必烈留下妻儿和大批财宝，只身回到了开平。蒙哥汗望着越走越远的忽必烈，心里矛盾极了，酸甜苦辣一起涌上了心头……

开平城的建筑已经接近尾声了，所有的房屋已经有了雏形，只待粉刷雕镂了。房屋综合了汉式宫殿及住宅的风格，同时在色彩上又沿袭了蒙人喜欢的红绿之色。城墙均夯土而成，外砌砖石，东西各有两门，南北各有一门，城四角各建一座高高的角亭，有修饰及瞭望的双重作用。城内建筑参差排列，并凿泉池穿涌其间，有着江南园林的余韵，城内还建有寺院。城西北长约两千多米，西南为八百米，呈长方形布局。

忽必烈跟阿术边参观着开平的建筑，边评述着各个建筑物的风格特点。阿术啧啧称赞道："刘秉忠大人果然不凡，由他主管建城算是选对了人，看他把我们开平城建得多坚固、多漂亮。唉，汉人之中多人才呀。"

忽必烈伸手拍了拍一间房的门板，见很牢靠，开合之间，没有一丝"吱吱"声响，也不禁叹道："是啊，我们想成大事，就是需要这些有识之士的帮助。"

阿术想起了蒙哥汗钩考之事，不禁气愤道："可惜我们苦心营造的汉地形势又被阿兰答儿一伙给糟蹋了。殿下，我们就这样缩着头躲一辈子吗？"

"大汗不是已经下令停止钩考了吗？尽管我把人从河南、陕西一带撤了回来，可我只是暂时失去了管理的权力，我的声望及人员不是还在么？我不是还在吗？这就是以最小的损失换回的最好的结局呀。"忽必烈叹了一口气，又道，"汉人有一句名言，叫做'不鸣则已，一鸣惊人；不飞则已，一飞冲天'，我们尚需忍让些时日，会有机会的，会有的。"

"报告殿下！"一个侍卫快步跑了过来。

忽必烈说："讲吧。"

侍卫报告说："蒙哥大汗下诏，说要在近日征宋。"

"噢。"忽必烈听后倒不意外，又问，"还有什么？"

"大汗说殿下您从大理得胜归来后没能好好休息，而且足疾未愈，不宜长途跋涉，准许留在家中休养。"

"知道了，你回去吧。"忽必烈缓缓地坐在身边的一块石头上，自言自语道，"这还是在提防我呀。"

阿术急了，大叫道："这算什么？出兵征宋是先祖成吉思汗的遗志，凭什么

草原英雄：忽必烈

剥夺我们征战的权利！不行，我去见祖父。”

“回来！”忽必烈拦住阿术，喝道，“你已经是个将军了，怎么还没学会用脑子？大汗怕的就是我们立战功。”

阿术嘟囔着坐在忽必烈面前，不再嚷了。

忽必烈早已透彻地分析过蒙哥汗这个人及其统治的大蒙古国。近些年来，随着蒙古势力的日渐强大，百姓生活也有了很大程度的提高，人口增殖极快，而漠北草原的天然资源有限，不能满足那么多人的生活，所以，蒙哥有必要在近期重新四处征讨。再有，忽必烈自己依汉制来治理汉地，改变了旧蒙古人豪夺强掠的习惯，使一大部分人不满于这种状况，想去打出一块儿地方来让自己掠夺，便去怂恿蒙哥征宋。当然，他们的弟弟旭烈兀自元宪宗二年（1252年）西征波斯后，今年又攻灭了木剌夷国，战功赫赫，封地及征服地愈来愈多，蒙哥身为大汗，不想被忽必烈及旭烈兀这两个弟弟比下去，所以，他也会急于攻宋以建立自己的威信。所以说，听到蒙哥要出征伐宋的消息，忽必烈并不感到意外。

但是，他没有想到蒙哥会解除他的军权，不让他参加征宋：“他认为这样做，我就能一直如闲云野鹤般地度完余生吗？哼！”

阿术见忽必烈的嘴角泛起了一丝冷笑，不禁问道：“殿下，你有什么妙计吗？”

忽必烈想到此，心中一轻，笑道：“有，我们回去。”

回到住处后，忽必烈命阿术铺开地图，在地图上研究起来。

刘秉忠挑帘走了进来，见忽必烈正俯身在案几上，便没有打扰，而是悄声问阿术道：“殿下还好吗？”

阿术噘着嘴道：“好，太好了！不让去打仗，倒看起地图没完没了的。”

忽必烈抬身跟刘秉忠打招呼后笑道：“怎么？你倒管起我来了。”

刘秉忠也笑道：“殿下，我们的人都打探到了，是阿里不哥留守漠北，并由玉龙答失辅佐，说是宗族会议达成的征宋决议。不过，不让我们出征则是阿里不哥出的主意，大汗点头应允的。”

忽必烈近日一直密切注视着和林方面的动静。近几个月来，蒙哥多次举办大型宴会宴请宗族中诸王，目的不外有两个，一是借此笼络人心，一是多扩人马征宋。此番又听说蒙哥留阿里不哥留守漠北，他更加高兴——阿里不哥不常伴大汗左右，大汗就会少听些于己不利的谗言了。

“好！”忽必烈一拍几案，“我们不妨静观其态，也借此时间梳理一下我们自己的计划。”

刘秉忠应着：“对，机会就要来了。”

阿术一听机会来了，不由提起了精神，大声问道：“在哪里？”

刘秉忠笑道：“自然是在殿下研究的地图里。”

阿术抢步上前，在地图边左右观瞧，半天也没看出什么门道："刘大人，这横横竖竖的线条怎么会是机会？"

忽必烈与刘秉忠对视一眼，问道："你也看出来了？"

"嗯，我想不出一年。"

忽必烈朗声一笑，随即又阴沉了神色："只怕我的宗族人马会——"

刘秉忠赶忙打断他的话，接道："殿下，凡事都有代价的。这是必须付出的。"

"是呀……"

原来，忽必烈和刘秉忠都从蒙哥汗征伐宋军的战斗计划中发现了很多的纰漏及不妥之处，他们所指的机会，就是若蒙哥征宋不果，忽必烈便有了争夺汗位的机会了。

刘秉忠从忽必烈那里辞别之后，便一直挑灯苦读。夜读是能清心的，一个人假如能在夜读中品尝到生命的真实滋味，那肯定是能拥有一个超脱的心境。夜读寡意，狭小的书房盛不下太多的孤独，书卷之中无有他物，书本之外交谈者唯有自己。夜读又多情，纸面上音符般的字，像一串串成熟之果，令人垂涎。那里的人物，可趁着虚幻的月光，跳到面前，仿佛是诉苦，又好像是同乐，把人当成知己一般。

刘秉忠觉得夜读又如苦茶一般，茶有浓淡苦涩之分，但味涩的也未必不是好茶。高僧坐禅一般在书桌前孜孜以求，从字里行间挖掘出一连串问号，让人用心来分析，认真地去思索，渴望能得到一种小葱拌豆腐一般的结果，这确实是一杯苦茶，可一旦醒悟出别人不能知道的东西，真是令人如啜芳茗。有时刘秉忠又觉得夜读是一壶酒，那时，刘秉忠觉得他们读书人真如一群贪杯的汉子，明知不胜酒力，也要畅饮一壶逞英豪一样，过过李白那样的酒瘾。越喝越香的陈年老酒，秦皇汉武、李杜苏辛真是酒香飘处人皆醉，这是他们蒙古人无法想象得到的。

刘秉忠想，忽必烈不会在乎飞觞醉月的意境，只在乎对荡气回肠的豪迈的追求。

刘秉忠想吟"采菊东篱下，悠然见南山"，但他又觉得自己不会做五柳先生了，但他会有五柳先生的心情。他此时夜读正如镜子、如陶侃诗句一样纤尘无染，而又直面心灵。刘秉忠读些东西之后，又觉得像是有许多东西要与忽必烈谈。他像对着镜子抚摸到自己皱纹时仍有的那一份坦然，那就是一种精神世界的升华。此时的心情正如读书人能实现少时治国平天下的理想一样，也正如少时有精忠之志，要干一番能惊天地泣鬼神的大事业一样。

刘秉忠这样想着，就想去找王社教。这是因为他和王社教是志同道合的知己，他们会彻夜长谈，他们会直面人世上的一切恩怨是非，他们会说出当今世上所有读书人不敢说的爱国治民的豪言壮语。

刘秉忠去访王社教时，正是月光如水的最美妙的时刻。月光如一双少女的手轻抚在他的心头，痒痒的，非常舒坦。刘秉忠和王社教相见之后，王社教也和他一样正是在这月夜之下赏月抒怀。王社教脱口而出："更深人又静，月朗风又

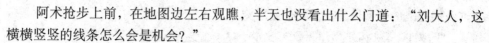

清，月下来散步，唤起我诗情。六岁人学堂，至今九个冬。立志对月誓，精忠报国同，侁侥无成绩，幡然悔之痛。"

刘秉忠说："这又何必呢？年轻之人多有机会。"

刘秉忠说这话是指他比王社教要年长几岁，所以他常以年长自居，但王社教多与他称兄道弟，他们几年来一直都是相处得十分融洽，从来没有什么芥蒂。最让王社教开心的是，他和刘秉忠一样都有过想成为僧侣主持一座寺院弘法讲佛的愿望。而今，他们都未能披上袈裟。刘秉忠是穿过一阵子袈裟的，不过，那时的刘秉忠叫子聪，现在那个超然不群的子聪先生不在了，只有一个辅佐忽必烈的刘秉忠了。刘秉忠死心塌地跟着忽必烈还有一个原因，那就是他早年曾钟情于察必。这是不为世人所知的缘由，只有察必一个人知道。王社教说起这段往事，刘秉忠听后只是淡淡一笑："过去了，一切都已经过去了！"

王社教有些怅然若失，他想起和龙广天书之事，说来又觉有些可笑，不说又觉得刘秉忠难得来访一次。

刘秉忠见王社教似乎有什么心事似的，便问："王先生有事请讲吧。"王社教嗟叹着摇了摇头。

刘秉忠叫下人备些酒菜，拍了拍王社教的肩头："如果你我能一起辅佐忽必烈，我们将很快得到天下。"

王社教冷笑一声："得天下是得谁的天下？"

刘秉忠说："学弟这是何意？"

王社教说："难道助忽必烈灭了南宋就算是建功立业吗？"

刘秉忠说："那南朝已是大厦将倾之势，我们不推它，它也会倒的。倒不如建一座新的广厦。"

王社教也是一位胸有珠玑的儒士，感动于忽必烈的礼贤下士而至金莲川，但还有一个理由，就是他钟情于忽必烈的手下将军龙广天书。他致情书给龙广天书，但龙广天书并未理会王社教，这对王社教的自尊心有一种挫伤，这才有了后来交结乡人王著，引出一段王著杀奸相阿合马的好戏。这是后话。

那时，阿合马在开平已经是呼风唤雨的人物，还有八思巴，他们联手对付刘秉忠，主要是想压制刘秉忠，让忽必烈不要过于任用汉人。

适逢阿里不哥殿下从漠北赶来，阿合马和八思巴更不想错过这个结交权贵的机会。三个人路过集贤馆时，阿合马朝那里努一下嘴说："这个馆主倒是十分可靠，他不像刘秉忠那样只亲汉人。"

"听说这个刘馆主和刘秉忠是本家吧？"八思巴说。

"是的，"阿合马说，"但这个刘馆主却是想亲近我们外人的，阿里不哥殿下，他很想亲近您呀！"

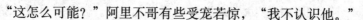

"这怎么可能？"阿里不哥有些受宠若惊，"我不认识他。"

"也许正因为如此吧，"阿合马说，"您不认识他，他却对您的英名如雷贯耳，想早日一睹您的尊容。"

"走，咱们去见一见他。"阿里不哥被阿合马说动了心。

"咱们还是先见一下忽必烈殿下吧。"八思巴有些谨慎。

"还忽必烈殿下呢！"阿合马说，"那刘秉忠早就把忽必烈殿下当成咱们蒙古的唯一大汗了。八思巴，难道你没听说过刘秉忠欲推忽必烈殿下为汗？"

"好像有过吧！"八思巴不置可否，他有些彷徨。

"那把大汗蒙哥朝哪里放？"阿里不哥不禁有些愠怒。

"就连旭烈兀殿下、末哥殿下还有其他几个殿下，心中也只有一个蒙哥大汗呀！"阿合马煽风点火地说，"看样子，是有些人不太服气蒙哥汗。"

"谁如此狂妄呀！"阿里不哥有些窃喜，他未料到开平如此不团结，他在心中打着自己的小算盘。

"走吧，殿下，"八思巴说，"不如咱们去见一下刘馆主。"

"说走就走！"说着，阿里不哥挽起八思巴的手就向集贤馆走去。

恰在这时，王社教和王著从里边走了出来，他们是在吐蕃见过八思巴的。

二人见到八思巴，王著说："在吐蕃云游时，咱们是会过这个大喇嘛的。"

"是的。"王社教说，"不要招惹他们，咱们走。"

但是，八思巴却叫住了他们："两位，不认得了吗？"

"认得，认得。"王著说，"您不是吐蕃大法师吗？"

"正是在下。"八思巴说，"麻烦你引我们到里边去。"

王社教对王著说："那您就引他们去吧，正好我要到墟城驿站有点事。"

于是，王著就引领着八思巴等人进了集贤馆。王社教看了看他们一行人的背影，便转身朝墟城驿站走去。

出了集贤馆就能入墟城文苑大门，再沿大门朝前直走就是墟城驿站了。那是一条很脏的路，在靠近墟城驿站南侧有一个墟城东关文化聚集娱乐处。王社教以前最喜欢到那里去听小曲，那些小曲使他文思不竭，文思不衰。他从三界兵车营到墟城之后，也最爱去那里，只是突然有一天，他路过那里时，那里改作一个什么叫"帮办"的地方。王社教有些好奇，刚从那里走过，便有一个涂着蔻丹的女子叫住他："兄弟，过来玩一玩。"

王社教在心里暗恨人心不古，民风日下，现在到处都是妓院，这里莫非就是花银子就可以玩儿女人的地方？他刚想走，四成杰从屋里走了出来。四成杰见到王社教先是一愣，也正如王社教见到四成杰一愣一样，他们愣了许久，四成杰走上前一把拉住王社教的手："哎呀！"

"哎呀！"王社教也十分惊愕，但他想不起眼前之人是谁。

"是你！"四成杰把王社教拉进屋内，训斥佣人快上茶，"这位是我在墟城神龙文苑的文友呀！"

王社教心中大呼上当。当初他未投忽必烈之前曾在三界兵车营做些文事，来到墟城之后在墟城文苑先是筹办一个炭桃学苑，但那里的人后来多为忽必烈所用。这并不是他的本意，他对蒙古人凶悍的秉性颇不喜欢，从心里是不想为蒙古汗王所用的，可事与愿违。后又有墟城一个什么神龙文苑，他打听一下说是赚银子的，特别是赚那些有些爱国激情的人的银子，到他们那里先交什么报名的银子，再交一块学什么文学治国的银子，算来算去，还是收那些莘莘学子的银子。这使王社教很伤心，但他也是无可奈何的。他也算是舞文弄墨，但总是一贫如洗，一事无成，一无所有，连最起码的讨一个婆娘的愿望都未达到，一直到他弱冠之年后又度数载还是孑然一身，真有些令人贻笑大方了。但又能怎么样呢？他又能怎么样呢？纵有满腹经纶，有着报国之志，但那又能价值几多，又能值多少银子呢？他来投忽必烈之前已是认定要做一介武夫的，但做武夫之时他却爱上风雅之事，这真是文不能压八卦、武不能定乾坤，故而他认为他是一个废人。家乡人也都称他百无一用一书生，因为乡野都知他舞文弄墨，想报效朝廷，却又不为朝廷所用，于是自命清高，对人对事让人看上去都显得恃才傲物，清高不俗，凡事不与人同流合污，甚至到墟城文苑之后，他还是一副正直得一尘不染的样子，整天把头高高仰起。集贤馆的人很少有人能容得下，偏偏又遇上一个令他最气愤的趋炎附势之人。那人趋炎附势有几个绝招，第一大招数就是见人就笑。这正犯了王社教的忌讳，因为他生平最恨那些奴颜婢膝之人，他认为那些见人就笑之人恰恰是一类趋炎附势的势利小人，他在背后也嘲弄那人，暗骂那人逢人就笑，不如狗叫。

恰恰有一批阿合马这样的人，他们整天都在想着整治那些被忽必烈重用的汉人，当然，也包括这个刚过弱冠之年的王社教。他孤芳自赏、唯我独尊，他目空一切、骄傲自大，这些早令那些蒙古人看不惯了，当然也有几个汉人想整治他，因为王社教的才华在刚到墟城文苑之后如日中天，先是办炭桃学社，讲治国大道理，为忽必烈立足漠南找理论借口，再接着就是给每一个年长者写一首诗："王侯将相本无种，敦聘鹏志挲云忠。勇猛精进报国事，竭骥奔泉志从戎。望天多盼无晦日，与吾同翻日车行。"紧接着就是渴望给谁当学生，说是当学生做学子，其实也有哗众取宠之意，分明是想让人家看一下自己的真才实学。

他也是在那个时候写情书给龙广天书的。那时沈元帅也已投奔忽必烈，还有廉希宪，他们已为忽必烈开辟疆土，似乎成了忽必烈的左膀右臂。而龙广天书呢，只身投在丘处机门下修得文武全才，又与刘秉忠有个心照不宣的协议：只要是刘秉忠辅佐忽必烈，就必须放他们山东道教弟子一马，对他们山东崟派全真弟子高看一眼，不得歧视。这样，他们山东全真教弟子就可以助蒙古人一臂之力。说是这样说的，但龙广天书唯恐刘秉忠言不副实，并不想全部依靠刘秉忠，况且，察必对她龙广天书已是另眼看待了。王社教和龙广天书的情缘毕竟是镜花水月，也可以是人们常说的海市蜃楼而已。

王社教投书给龙广天书未能得以回复，也就在情思缱绻中从三界兵车营来到墟城，在那里先是搞一个炭桃学社，提倡年轻人要勇猛精进，要为朝廷出力，报效忽必烈，也就是这样日复一日中，从弱冠之年到而立之年。

王社教已经感到忽必烈的不凡之处，已经感到忽必烈终将成为一位统御万方的大人物。王社教心中彷徨无助，不知道自己该为跟上了忽必烈这样的明主而庆幸，还是该为自己空有一腔学识，却要助蒙人打汉人而悲哀。

和林有阿里不哥跟玉龙答失留守，蒙哥又去攻打南宋了，忽必烈在开平又怎能闲得住？他很关心南宋的形势：那里的百姓是如何看待自己的？那里的官吏是如何面对蒙古大军的步步紧逼的？尤其是权倾天下的奸臣贾似道是怎样的一个人？大宋会不会一战即溃？

忽必烈知道蒙哥汗征宋的意图，也知道这次征宋是凶多吉少，但如果蒙哥真的侥幸灭了大宋，那定会威名远播，他就别想什么修身齐家治国平天下了。他知道龙广天书有个女友跟贾似道有些关系，于是他命龙广天书携带厚礼，去南宋探探虚实。

察必跟龙广天书是闺中挚友，她知道王社教钟情于龙广天书，便建议忽必烈派王社教跟龙广天书结伴去南宋，也好彼此相互照应。忽必烈采纳了察必的意见。

于是，龙广天书和王社教二人遵从忽必烈的命令，到南宋京城临安来广收人才，并暗地里打探宋都情报。

一路上，龙广天书和王社教二人晓行夜宿，向南行进。这日，到了邢州时已是傍晚，二人找了个客栈安顿了一下，便到楼下的酒肆吃饭。

邢州的夜晚也还算热闹，街道两旁的商铺、酒肆都灯火通明，人流如织。酒肆内人声鼎沸，猜拳行令的、说书杂耍的杂陈其间，一派繁荣景象。龙广天书和王社教边吃饭边听着周围人们的谈话，这也是他们这次出行的目的之一。

王社教指着街上的行人道："你看这些百姓衣着整洁，神色从容，看来忽必烈治世经国的本领不错。"

龙广天书接道："那是，忽必烈殿下深谙儒学理念，推崇汉制治汉，漠南一带到处祥和安定，忽必烈殿下是个明君。"

王社教叹了一口气，道："只可惜他是个蒙古人。"

"你怎么这么说？"

王社教回答道："我目睹宋、金夕阳西下，才断了仕途的念想，一心游历天下名山丽水，写下不朽诗行，直到在金莲川时见忽必烈礼贤汉儒才停下流浪的脚步。可是，忽必烈是个雄心万丈的大人物，怎会甘心在漠南偏守一隅，他早晚会入主中原的。中原是我们汉人的土地，我怎么能帮助蒙人来攻占我们汉人的家园呢？所以我痛苦哇。"言罢，将杯中酒一饮而尽。

龙广天书摇头道："你说对了一半，忽必烈终将统御天下。但我以为天下有个明君是最主要的，不在乎他是回人还是蒙古人，只要他能治国有方，给百姓带来安宁和富裕，他就是全天下人的君王，就是个伟大的君王。"

"你说得不错，所以我才没有离开忽必烈，而是潜心教育孺子，希冀培养一些仁贤之士。"

龙广天书莞尔一笑道："这就对了嘛，来，再喝一杯。"说着，龙广天书跟王社教干了杯中酒。

烛光下，一身男儿打扮的龙广天书英姿飒爽，加之喝了几杯，面色白里透红，俊美的脸上不乏一股威严之气。王社教看得有些呆了。

龙广天书见王社教傻傻地盯着自己看个没完，心里一阵紧张。她知道王社教钟情自己，她也颇为赏识王社教的文才风采，但她发过誓终身不嫁，要像男儿一般闯荡天下，建功立业。所以，在王社教向自己表露心迹之后，她没有任何回应。见王社教一直发愣，她岔开话题道："你可知殿下为何让我去南宋打探情报吗？"

"自然是你武功盖世。"王社教从龙广天书上拉回目光，有些心不在焉地道。

"非也。我与南宋巨擘贾似道的干女儿贾莉苹是密友。"

"看来你闺中好友真不少，察必夫人也是你的闺中好友吧？"龙广天书点点头。

王社教接道："那你为何不发展几位诗人好友、豪杰壮士好友呢？"

龙广天书知道他仍在对自己不回应他的情书耿耿于怀，便假装浑然不觉地道："你就是我的诗文好友，忽必烈殿下就是我的壮士好友哇。"

"你……你对忽必烈……"王社教睁大了眼睛，仿佛一下子明白了龙广天书一直不嫁人的原因。

"我对忽必烈是满腔的崇敬与尊重，除此之外没有其他，"龙广天书顿了顿，又道，"当然，他还是我一生中最好的朋友的丈夫。"

王社教听出了她的话中话。他轻舒了一口气，很为自己刚才的真情流露不好意思，便转口问道："察必夫人也视你为最好的朋友吗？"

"当然，夫人她温婉而不失坚毅，顺从而不失原则，更重要的是她天性仁厚，聪明非凡。她现在对汉文化简直是痴迷。"

就这样一路走，一路看，一路聊，二人到了南宋临安。找了一个客栈住下后，龙广天书就开始想办法找贾莉苹。而王社教心中则喃喃默念着"龙广天书"这个令自己痴迷深爱的名字，走向了漆黑的夜幕之中……

南宋皇宫外，暮春时节，正是紫藤花开的时令，龙广天书和王社教居住的小院里有一株新植的老紫藤，去年没有开花，它还能绽放出俏丽的蝶形花束么？这株老紫藤是房东前年年初迁走之时，从房江那里迁过来的。当时，这样一株紫藤只是长约丈半，遍体薜苔，斑驳陆离，呈弯曲的一截只是长约丈余的黄色躯干，没有一枝一叶。

房东说，这是九华山一位道长送给他的，树龄快要有一百年了，还开过花哩。龙广天书和王社教饶有兴致地为它挖掘深坑，填进从西子湖内挖来的泥，植下后再对它浇水，早晚探视，对它满怀深情地希望。春天到了，眼看杭州的梧桐都抽芽长叶了，这株老紫藤却依旧是光秃秃的躯干，光秃秃的枝条，好像有那么几条枝上须仔细辨认，才看得清的幼芽，却总不见它有什么动静。

"它是老了，没有力气来追赶季节了。"天书似乎有些担忧，"莫非这株老紫藤的生命就要耗尽了？"

但王社教仍然对它寄予厚望，为它松土锄草，浇水施肥，日夜盼望它再显露出勃勃生机——王社教把这株紫藤简直视为他和龙广天书的情爱之树了。果然，这株老紫藤沐浴了几番风雨之后，当邻园的紫藤绽放出一串串青紫或粉色的蝶形花束的时候，它的躯干上终于又冒出了幼芽，又萌生出片片嫩叶，尽管错过了开花的季节，但很快就展现出一片新鲜的绿意。

二人经过几天的打探与暗访后，得知古塔附近常有文人志士汇聚。于是，二人决定到那里走一趟。

未及成行，文天祥突然来访，令龙广天书和王社教颇感意外。文天祥与王社教曾是旧识，这回听说王社教来了临安，便急忙探访来了。文天祥带来一篮荔枝，说这是一位同窗让他捎来的。

"长安回望绣成堆，山顶千门次第开。一骑红尘妃子笑，无人知是荔枝来"。荔枝是有名的佳果，龙广天书得到荔枝后，心中十分高兴。文天祥建议与龙广天书和王社教一块儿去游岳庙，王社教点头应允。

到了岳庙，王社教心情有几分激动，他说："当年，我就是崇拜岳飞才去当兵的。在三界巴儿思溜溜之际，杨玉琪在军马场兵车营训练大队还问过我为啥当兵呢。我说：'为岳飞，为岳飞。'"到了大雄宝殿，三人正巧遇见贾似道的义女贾莉苹。

龙广天书不想在这里会轻松解决了自己的难题。所以，二人相见，免不了一阵寒暄。

"汝父乃当朝重臣，实是一人之下，万人之上，令人倾慕之极。"龙广天书笑道。"不谈这个。"贾莉苹嗔道，"今日只谈棋，不谈国事。"

贾莉苹偶遇久未谋面的故友，非常高兴，便热情地邀龙广天书二人到家中一叙。龙广天书也正想了解一下权倾朝野的贾似道，所以便欣然同意了。

一行人被请到贾府时，正好赶上贾似道下朝。贾似道似乎很高兴，热情地向龙广天书等人打着招呼。

　　龙广天书早就听说贾似道是个有学问的人，她以为文天祥一定会对他有几分崇拜，没想到文天祥却似乎一直对什么事耿耿于怀，显出一副爱理不理的样子。

　　在幽美的夜色中，文天祥和贾莉苹踏着花圃里软绵绵的小径，沿着假山水池边慢慢地向前走去。池水轻轻地抚摸着细软的沙堤，发出温柔的刷刷声，晚来的风儿，清新而又凉爽。贾莉苹心里有着一种说不出的兴奋和愉快——她非常倾慕文天祥。

　　夜风轻轻地吹拂着，空气中飘荡着一种水气和草卉相混合的香味，柔软的沙滩之上还残留着白日太阳炙晒之余温，文天祥走在软绵绵的沙堤之上，望着那缀满星星的夜空，心里释然许多。

　　"今晚景致如此美妙，如能换个地方，我会更高兴。"文天祥说，"莉苹，都说你是出水芙蓉，我看你更像出淤泥而不染的荷花，一朵娇而不艳的荷花。"

　　"不，我就是我。"贾莉苹说，"我父乃当朝重臣，一定会得罪不少人的。文先生，你一定是听了一些闲言碎语，才对我们贾府有些偏见，才想今晚换一个地方，你还说换一个地方心情会好一些。你说这话，我心中自然十分清楚，你恨屋及乌。"

　　"我们既然互相钟情，我才有什么就说什么。"文天祥说，"说实话，你父把持朝纲，正是忽必烈看中他的地方，忽必烈派龙广天书前来是劝降你父的。"

　　"是能劝降得了的吗？"贾莉苹嗔道，"读书人是有气节的。"

　　"是的。"

　　"正如你。"

　　"如我？"

　　"嗯。"贾莉苹说，"我正是看中文先生的气节，才与文先生交往的。文先生，我父能为当朝重臣，宋王难道能昏聩之极，任用一个碌碌无为之辈？"

　　"难道宋王不昏聩吗？"文天祥有些愠怒地说，"宋王终日淫乐，把朝纲交与你父，结果他是结党营私，到处卖官。天下人谁不知道有钱就能买官。"

　　听文天祥大骂当朝帝王远不如前朝君主贤哲，贾莉苹说："宋王的父亲、祖父、曾祖父还不都是个个昏聩，而今皇帝居然去嫖妓、去画画，何谈国事。"

　　文天祥说："江山不一统，何谈清平盛世呢？"

　　贾莉苹说："我也知道龙广天书是来劝降我父，但试想每一个爱国志士仁人，也不会苟活的。"

　　文天祥冷笑几声，他说："如果把你父这个大奸贼当做志士仁人，天下还分什么忠义黑白？真是笑话。"

　　贾莉苹越发生气了。

　　文天祥七岁那年，他的家乡江西庐陵来了两位客人——父女俩，据说是家境贫寒，从遥远的南方卖艺到此。父亲约有四五十岁的光景，却全然没有中年人热火朝天的闯劲儿，一张苍老的面孔记录着命运多舛的经历；小姑娘穿着淡蓝色的小褂，上面缀着朵朵洁白的兰花，两条细溜溜的麻花辫子整齐地搭在胸前，齐刷刷的刘海儿下，与之相辉映的是一双深不可测的眼眸，高挺的鼻梁，微翘的小嘴，给人一种很自信的感觉，更特别的是当她"咯咯"笑的时候，嘴角会漾起一对可爱的小酒窝。在阳光之下，她仿佛是一株沐浴着春光的野雏菊。可惜她的身材矮小，总让人担心这棵可爱的小菊会被风连根拔起，瞬间就会消失得无影无踪。人生地不熟，好心的爸妈便留宿他们，那时文天祥有些不懂，他不明白为何有人会讨饭。

她就是贾莉苹，不过，那时她就是叫一个很土的名字，兰花花。她刚出生时就失去了妈妈，父女俩相依为命，老父右腿残废不方便挣钱糊口，便狠下心，让她拜师练武功，卖艺为生。兰花花很懂事，能吃苦，她一方面忙着挣钱，一方面料理家务，可她只有十几岁，及笄少女，小小年纪怎能吃得了那么多苦，每想到此，文天祥都会泪眼朦胧。兰花花的老父也总是伤心落泪，子女都是父母心头之肉啊，纵是铁石心肠的人，也不得不落泪呀！

不知从什么时候起，文天祥和乡邻都称她是"小豆芽瓣儿"，然而兰花花却不以为然，她不明白那名字的含义，也不知道那名字的滋味，只知道她的那些刀枪很有意思。那时的文天祥天天嚷着让"小豆芽瓣儿"舞一会儿剑给他看，只知他有一位了不起的小朋友——她是兰花花，而不是他别的什么舞文弄墨的朋友，和她在一起，有好多稀奇的事儿令他惊奇和喜悦。一次她在登杭州雷峰塔时告诉文天祥，她的故乡在很远的地方，她的故乡山清水秀，美丽可爱，蓝百合、白茉莉、红杜鹃漫山遍野，相映成趣，草蛉、蝈蝈和许多不知名的虫子在小草丛中歌唱着，美丽的蝴蝶翩翩起舞，在花街之中徜徉。更让她感到骄傲的是在高山流水和幽幽深竹的深处，还能找到属于她的吉祥之花，那就是兰花。她说这种花很难觅得到，普通的山丘根本找不到它，兰花只生长在有灵气的山上。文天祥有些不服气，愤愤地发誓，就是踏破百双鞋，他也要在皇藏峪瑞云寺一带找到一株兰花。兰花花也不争论，只是淡淡的一笑说："兰花性灵，幽香遍野，一个山沟里若有一枝兰花，整个山沟都会很香呢！天祥，你可以这样找它。"

文天祥便痴痴地问："你那儿，兰花一定很多吧？"

兰花花弯弯腰，月牙般地咯咯笑着说："当然喽！如果可能的话，以后我回去一定采一大把兰花送给你。"于是，文天祥便嫉妒得要命，当时心里一个劲儿地向往那座闪耀着灵光的仙山。它到底在哪里？是瑞云寺还是圣泉寺？或者是县城西六十里的沉堂寺？

屋外，文天祥与贾莉苹不欢而散，而屋内的人依然谈笑风生。听龙广天书力述忽必烈的文治武功，贾似道也露出赞许的神情，见女儿贾莉苹气呼呼地走进来，忙问是怎么一回事，贾莉苹说："他走了。"

"谁？"贾似道问。

"文天祥。"贾莉苹嗔道，"好像天下就他一个忠义之人。"

龙广天书说："其实我等今日已经所谈甚多，不知日后有谁来论咱们之忠义啊。"

"公道自在人心。"贾似道说，"道可道，不可道也。"

"那名也名，不可名也。"龙广天书纵声笑了起来。

贾似道相貌周正，身材适中，举手投足间流露着文人儒雅的气质，他上下打量着龙广天书道："你若是复还女儿身，定是一位倾城倾国的佳人。只是为何要女扮男装呢？"

"父亲，你不知道，龙姐姐在丘处机门下数载，她发过誓，要为全真奉献一切，其中就包括女儿身这一条。"贾莉苹替龙广天书回道。

"噢？那你为何又离开全真，到蒙古人帐下任一小吏呢？"

龙广天书没把自己在忽必烈藩府的重要职位告诉贾莉苹，只是佯称是一个小头头。龙广天书沉稳地答道："丘道长故去多年，全真也不再似从前那么兴盛，我家中还有一老父尚需赡养，故而混口饭吃。"

"那这些礼物又是从何而来？"贾似道仍追问着。

"是忽必烈偶闻我与莉苹有旧，让我给大人送来的。"

"无功不受禄，我收下这些又何以为报？"

龙广天书摇摇头："不知道，忽必烈长什么样我也不知道。他只是差人把这个包裹送到我的营中，包里有什么我也不清楚。"

贾似道疑惑地道："这包里全是我喜欢的珍宝字画，看来忽必烈是知道我善收藏的习惯。目前蒙古蒙哥汗正南下征宋，而忽必烈为何送如此重礼予我呢？"

贾莉苹一听，急道："爹爹，蒙古人要打来了么？临安有无危险？我们该怎么办才好？"

"不妨事，我已经布下了天罗地网，就等着蒙哥来钻呢。他打不到临安就会撞个头破血流的。"

龙广天书一脸忧虑地道："那蒙哥骁勇善战，帐下铁骑凶残无比，大人还是小心为好，早作打算，免得我们汉人死伤。"

贾似道笑道："那蒙哥有勇无谋，他的排兵布阵漏洞百出，我早已成竹在胸了。"

"那就好，莉苹，咱俩多日没见面了，想不想杀上两盘？"龙广天书见贾似道的真话已吐，便想与贾莉苹下棋，以转移话题。

"太好了，爹爹，你休息去吧。"

龙广天书一行回到漠南，便把南宋的国情向忽必烈作了汇报，并特别提到了自己的闺中好友贾莉苹与其父贾似道的情况。忽必烈令龙广天书要与贾氏父女保持联系，以备后用。龙广天书向忽必烈谏议大兴学业，重用汉人大儒，忽必烈点头应允了，并在众人面前赞许了龙广天书的提议。谁知，忽必烈的点头在漠南引起了风波。

忽必烈本来是想趁蒙哥汗征宋的机会，自己在漠南休整一番，但族人因他过分倚重刘秉忠等汉人，尤其是当众允诺了龙广天书的提议，开始向他吐露心中的不满了。

阿合马原是富甲一方的商人，因与察必母亲家有亲戚关系，故近日投靠在忽必烈府中做事。他机敏灵活，善于辞令，对忽必烈很忠诚，渴望得到重用。见忽必烈总是冷落自己，颇为不满。

他首先找到了忽必烈信任的佛教僧人八思巴。他知道八思巴德高望重，颇受忽必烈的尊重。

忽必烈一直尊称八思巴为法师，故而阿合马一进屋子，就冲八思巴道："法师，现在忽必烈殿下受蒙哥汗冷落，他不思夺兵权、扩地盘，却整日跟一群汉人说儒论道，如此下去，我们没有盼头不说，殿下也难有作为。他最尊重您，您可要劝劝他呀。"

八思巴让下人给阿合马倒了一杯茶后，缓缓地说道："我是想劝他，劝他再多任用一些汉人。"

"这如何使得？现在已经有不少蒙古人对殿下颇有微词了，如果再长汉人威风，我们蒙古人就没有活路了。"

"此言差矣。汉人再有威风，也是蒙古人给的，汉人再有能力，也是为蒙古人出力的。你不要多说了，殿下会考虑这些的。"

见说不动八思巴，阿合马只好又揣着满腹的不忿走了。

忽必烈自然知道重用汉人引起的各种议论，他并未申辩。他心中最为担忧的是阿里不哥。

阿里不哥留守在漠北，他正在干什么？他是否又想生出是非？忽必烈不放心，决定派一个人去阿里不哥身边。他想到了廉希宪。

廉希宪是一个孤儿，小时住在叔叔家，婶婶养了一对双胞胎，都是女儿。廉希宪的叔婶把廉希宪过继到他的家，虽然他的婶子一人支撑着这一家五口，日子过得很艰难，但却对廉希宪很好，与自己的一对女儿无别，有好吃的，先让廉希宪吃了以后再让那对孪生女儿吃。两个妹妹对廉希宪也很好，人前人后叫哥，叫声甜甜的，但廉希宪天生瘦小屠弱，一张老也长不舒展的窄脸，看上去一脸的苦命相，叫人不由揣想这可怜小人儿在叔婶那儿受多大委屈。村人可怜他，都摸他的小脑壳，摇摇头，抚抚他的消瘦的小脸，并不说什么，但都认为孤儿廉希宪在叔婶那里受冤屈，可他们不知道，真正受冤屈的是他的叔婶。

那天寨子里又来了一帮人，村里的人没太注意，他们以为又是来看景的。那些人在村子里转，向他们打听村里谁家孩子最苦最可怜，问孩子们上学堂的一些事。村里的人朴实，他们不管来人动机，问啥答啥，如实相告。村里的人都相信世上好人多，不会坑人，更不会骗人。他们这一次确实遇见了好人——那些年大汗窝阔台在搞救助穷牧羊人之子女求学，他们并不知道蒙哥和忽必烈都在其间。他们说："廉希宪呗，就他最可怜。"接着，村里的人把廉希宪叫到蒙哥和忽必烈面前。

"就他了。"蒙哥说。其实廉希宪已偷偷在人家学堂下读书，只是众人不知道而已。廉希宪个子小，头发稀，脸黄黄的，瘦得像一个饭勺，而且眼睛有些近视，看东西看人都要贴近了看。他还有一只不争气的鼻子，成天流黄涕，读到《大学》《中庸》之时，不是他不肯吃苦，可他吃多少苦也没有用。有些人不能说脑子不好用不聪明，但偏偏功课学不会，就是听不进去"四书五经风雅颂"，他不明白大汗窝阔台为何让忽必烈，让蒙哥他们这些人抓什么汉学之事。廉希宪在班上不起眼，所以经师王社教和众多学子眼里都没有他，他在学堂之上是个可有可无之人，或者说只在大家眼角角里。廉希宪老跟人搭话，可男男女女都对他爱理不理。

但他却不以为然，除了每日殷勤地打扫学堂、浇花植树外，他还乐于帮助其他人，甚至刷刷马槽子、清理忽必烈或蒙哥的马围栏他都争着干，总想表现自己。

转折是从一次春游开始的。那天，王社教组织大家外出踏青，过一条泥沟时有人尖叫，众人回望时才发现是察必。察必和忽必烈在这一天也恰逢来到了学堂，过泥沟时察必狂呼乱喊，原来沟里有一条花蛇。大家都被吓住了，连忽必烈都不敢妄动。人们以为没有人敢往前了，那条蛇把大家堵在那儿，两边是陡直的悬崖，有两三丈那么高，绕是没法绕过去了。大家惊恐了好一阵子，脸白白的，迟疑不决。有人问："回吧？"

"我看只有回了。"阿术说。察必已快步如风撒腿跑了起来，跑着跑着听到有人喊"都站住"，大家回过头，看见勇敢的人出现了。那人跳进沟里，弯下身很迅捷地将那蛇了，就像从沟底捡起一根绳，很轻松。那人就是廉希宪，大家都大眼小眼睁圆了，愣愣地望着廉希宪。

"这没啥。"廉希宪说着，将那蛇绳似的缠在颈脖之上，他像玩儿根好看的绳儿，让男男女女都惊诧了大半天。尤其是察必的几个女侍，她们想看又不敢看，偶然偷偷看一眼便引出一片尖叫声，一直到众人都上了返程之路，廉希宪才挖个坑把死蛇埋了。这就是廉希宪弄蛇的事。从那以后，众人都对廉希宪刮目相看。廉希宪仿佛长高了许多，也长得端正了许多。

有一天，忽必烈问起他那天捉蛇的事："你跟谁学的捉蛇？"

廉希宪的回答让忽必烈非常吃惊。"没有，谁说我学过捕蛇？"廉希宪说，那神态不像说谎。

忽必烈惊道："没学过捉蛇你就敢捉？"

廉希宪说："我就是想到殿下您在那里，我才有勇气。"他知道这番话会让忽必烈更加喜爱他，更加相信他的忠勇。

忽必烈把廉希宪叫到自己的帐内，问廉希宪："如果让你回漠北，你会怎想？"廉希宪吃了一惊。"我在问你话呢！"忽必烈的语气有些生硬，他好像是在审问廉希宪。这使廉希宪十分意外，他不明白忽必烈为何用这种语气对待他，他想到了可能是有人在忽必烈面前说了他许多坏话。他十分恭谨地肃立在忽必烈身旁，浑身都在抖。廉希宪拭一下额上的汗说："我只知忠于你。"

廉希宪走了，但忽必烈心中并不安宁，他知道阿里不哥在和林不会闲着，定在做一些有害于他的事情。而且近来不少同族人也在背后对他议论纷纷，这令他很烦。他把自己的心事告诉了察必。

察必说："现在，宗亲王爷们最大的不满，就是你对刘秉忠那些汉人过于亲近他们以为你只会重用汉人，不知偏袒蒙古人，他们的一些说法也有一些道理，值得借鉴。"

"什么道理？"

"就是说这天下毕竟是咱蒙古人的天下。"察必说，"他们担心如果这天下都让刘秉忠那些汉人说了算，如何是好？"

"察必，"忽必烈说，"这天下之人汉人居多，不用汉人治汉，怎能使天下太平呢？再说，刘秉忠他们还是忠于我的。眼下，我最忧心的是阿里不哥。"

"你们是兄弟。"

"察必，"忽必烈微笑一下，"在权力这个问题面前，纵是父子都能同室操戈，更何况是兄弟。"

"阿里不哥也这么认为吗？只是一种猜测而已。"察必说。

"我的探子亲自送来的密令。"忽必烈说，"他们探得的消息能假吗？不可能，我相信他们所言是实。"

"你为什么派廉希宪去漠北呢？"察必说，"他去了阿里不哥那里，又能如何？他又管得了谁？"

"他有心智与忠诚。"

"这倒不假，"察必说，"他虽是回人，但既称臣蒙古人，就会忠心耿耿为咱们做事的。用不用哪一个人，想好了再用，既然用了，就不要怀疑他。"

"这就是汉人说的'用人不疑，疑人不用'。"忽必烈笑了一下。

"是这样的。"

"但凡事都要谨慎。"忽必烈说，"这漠南来了这么多人，刘先生告诉我说，人上一百，形形色色，还不是说鱼龙混杂吗？这天下之人，哪一个不想要权势？为了权势，兄弟反目也是常有之事。"

"反目？"

"咱们读不懂汉人之书，应多向汉人请教一些东西。"忽必烈说，"听刘先生讲一些汉人之事，挺有趣。"

"有趣？"

"嗯，是蛮有意思的。"忽必烈说，"比咱们蒙古人会玩弄权术。"

"怎么个玩法？"

"汉人当官的讲究你踩着我，我踢开你，一直朝上爬，实在爬不动，也会同那个挡他路的人同归于尽。"

听罢，察必不禁哑然失笑。忽必烈也笑了一下。

察必说："你笑什么？为了争职当官，把同伴都杀死，还可笑吗？但愿刘先生说的是真切之事。"

正在这时，侍卫禀报说："刘秉忠来了，还带来一个人。"

忽必烈说："叫他进来。"

察必笑道："一定又是引荐某一个有治国之才的学士。"

"也许是吧。"忽必烈笑了起来，"反正这已是刘先生的习惯了，每次外出，都能为我举荐几个有识之士。"

刘秉忠和王社进来了，他们见过忽必烈和察必之后，便坐在一旁。忽必烈命人备些酒菜，见察必想走，忽必烈示意她一起坐下来，察必便顺从地坐了下来。

忽必烈说："既然大家为中兴漠南而聚，当为漠南中兴之计畅所欲言。刘先生，还是你先说一下最近有什么好的筹划，我们一块儿合谋一番。"

刘秉忠说："可以让王先生告诉我们一个想法。"

"什么想法？"忽必烈呷一口酒说，"说来听一听。"

王社说："我叫王社，家住三座楼和沉堂寺之间的那个小村子。我以为殿下应该去狩猎，以激发将士的练武热情。"

见忽必烈挥一下手，刘秉忠说："你说仔细一点。"

王社顿了一下，他想，也许话是不该这样说，但他又觉得不这样说的话，忽必烈会搞不明白。

察必说："两位先生，眼下正是用人之际，你们也许真的是才高八斗，但能否直抒胸臆，说出心里话？"

刘秉忠叹一口气。忽必烈依然不语，只是一口接一口地呷着酒。

王社道："殿下目前最需要的是一支能战之师呀。"

刘秉忠望一眼察必，察必对他点了一下头。

忽必烈叹了一口气说："还是到漠南的金莲川去吧。我的属下不应只有文士，更该有一支虎狼之师。王先生真是一语惊醒梦中人啊。"

"作甚？"察必问。

"狩猎。"忽必烈说着站起身来，若有所思地走出帐外。

察必连忙跟了出去，悄声问道："现在汗王在外征战，我们却大举狩猎，如果传到阿里不哥那里，他会不会又在汗王面前诋毁一番呢？"

忽必烈冷冷一笑："不能瞻前顾后了。王社说得有理，没有一支得力的军队握在手中，别说想争取点什么，就是保住这条命苟活都难。"

"那……"

忽必烈打断察必的话，道："察必，你看府里还有多少库银，拿出来，我要借这次狩猎，分发银子，大赏三军。"

察必应着，准备去了。

第二天，在祭过战神苏鲁锭之后，忽必烈宣布狩猎开始。一干将士争先恐后，或射或砍，半天下来，猎物已经堆成了小山。忽必烈命人抬出五只大木箱，箱内装满了白花花的银子，忽必烈按狩猎战果大小，一一封赏下去，不一会儿，将士们都欢天喜地地拿到了银子。

察必坐在一边，见银子已经分发完毕了，而忽必烈的安答伯颜两手空空，没有领到一文赏银，她不禁拽拽忽必烈的衣角，轻声说："你把伯颜忘记了。"

忽必烈笑笑："不用给他。"

察必纳闷道："伯颜是你最好的朋友，也是最骁勇善战的勇士，为何不给他？"

忽必烈沉声道："这世上的人心可不是用银两能买到手的。像那些儒士汉臣，礼遇与尊重比钱更有效，而伯颜与我之间是可以换命的情谊，银子岂不污辱了它？伯颜是一员战将，我知道他最喜爱什么。我把自己那匹四蹄踏雪的坐骑送给了他。"

察必听毕丈夫一番话，一股钦佩之情涌上心头，不禁望着丈夫，笑了。

围猎结束之后，伯颜激动得数日难眠。伯颜非常钟爱忽必烈赐给他的这匹宝马，他专程从回回人手中，买回了一座金黄色包裹的吊马柱子。

伯颜和阿术非常投机。阿术的堂姐呼兰也和伯颜非常要好，他们坐在草地上，赏夜色美景，畅所欲言，非常愉快。

"阿术，你的祖父速不台和父亲兀良合台都是威名赫赫的战将，我们在军中千万不可以给他们这些长辈丢脸。"伯颜希望阿术能和他一样有抱负。

阿术是个外貌粗壮的小伙子，胖嘟嘟的红脸膛，一双狭长的眼睛，一看就知道是个憨厚朴实之人。

伯颜知道，阿术是个不善言语之人，听着忽必烈的话，跟着忽必烈走路，也和他一样十分忠于忽必烈。

阿术没有说话，只是点了一下头。伯颜拍了一下阿术的肩。

呼兰跟阿术一样平凡，是一个不算美丽的女子，她抚着阿术的黑发，悄悄地打量伯颜。伯颜也看了呼兰一眼，他对呼兰的意思很明白。

眼下的伯颜，仍不掩一身勃发的英气，一头卷曲的黑发下，宽宽的额头犹如广袤的草原，挺拔的鼻梁、有棱有角的嘴唇，刚毅、俊美在这张脸上得到了统

一，散发出逼人的男子汉气息，很吸引人，也很让女人们着迷，让她们心动。

呼兰痴迷地盯视着伯颜，心儿也不由得突突直跳。呼兰已知道自己深深爱着伯颜，而且不能自拔。许久，许久，呼兰仍无法从伯颜的脸上拉回自己的视线。

呼兰轻叹一声说："我会始终跟着你们，不离开。"

阿术笑了一声说："姐姐，我和伯颜都要跟忽必烈南征北战，莫非你也愿意，真的一生都跟着我们？"

"是的。"呼兰说。

"那怎么行？"阿术不明白，"你总跟着我们，那哪行？"

"不行吗？"呼兰睁大眼睛，"这又有什么不行的？"

"就是不行。"阿术说，"我们到处征战拼杀，那哪儿行？"

"就是要跟着你们。"呼兰有些生气，她捶一下阿术。

"我们都是男人，你跟着不方便呀。"阿术说。

"男人怎么啦！男人也是人嘛！"呼兰气呼呼地说。

"征战在即，女人是不能随行的。"阿术也急了。

"那我就去找忽必烈大将军。"呼兰说着站起了身。

"不要找我了。"呼兰听到这声音一愣，回头一望，见是忽必烈和察必，竟惊呆了，不知如何是好。

"我们已听你们说笑聊天许久了。"察必说，"阿术你真笨呀。"

"我笨？"阿术不懂。

"是啊！"察必笑了笑说，"不信的话，你问伯颜。"

"问伯颜？"阿术更不明白，"让我去问伯颜干啥？"

"问嘛！"忽必烈风趣地说，"阿术，问一下嘛！"

"伯颜？"阿术还是不懂，"将军，你也让我问伯颜？"

"是的。"忽必烈点一下头，"让你问，你就问吧。"阿术愣住了。

月光下，伯颜和呼兰对视一眼，都沉默不语。

阿术叹一口气，喃喃自语："还是不懂，伯颜比我聪明？"

"傻瓜蛋子！"忽必烈点了一下阿术的额头说。

伯颜看到呼兰那一嘴光彩夺目的牙齿，那是从长生天那里奉了一道使命的笑。一顶垂着白色长飘带的精致固姑帽被她拿在手里，平时也是极少戴在头上，这个伯颜是知道的。呼兰一头蓬松的黄发，偏偏喜欢飘舞，容易披散，不时需要整理，仿佛是为了使她羞容有遮似的。她的樱唇喋喋不休，令人听了心醉，这是伯颜的看法和观察，真个是情人眼里出西施了。

伯颜随呼兰前行，在漠南的金莲川山路上走了一阵子，呼兰像是有点累了，微黑的、丰满的脸上爬满汗珠。

"歇一下吧。"伯颜说道。

"快点走吧,伯颜。"呼兰笑着说,"这一次见我父亲,我们就要出征了,也许还能见到祖父哩。"

"也许吧。"

"累了吗?"

"嗯。"

"我都不累。"

"真的?"

"是。"

"还是你的身体健硕。"伯颜笑了一下,"在漠南,除了察必夫人,没有几个能和你比的。"

"伯颜,你的心思,我还能不知道。"呼兰说。

"我有什么心思?"伯颜不自然地笑一下,"瞎说。"

"伯颜,"呼兰故作生气状,微笑一下说,"真的不明白?"

"不明白。"

"这世间,什么事能瞒过我们女人。"呼兰笑一下。

"你是说,我有什么事在瞒着你?"伯颜有些委屈的样子。

"难道不是吗?"

"不是。"

"就是你承认,也不妨碍什么的。"呼兰笑着说。

"有什么可承认的。"伯颜还是有些茫然。他收住马缰,立在那儿,望着呼兰大声说,"我只忠于你。"

"你忠于我?"

"是的。"

"那好吧。"

"什么意思?"

"就是好吧,没有什么意思。"呼兰说,"但愿你忠于我。"

"我要盟誓。"伯颜翻身下马,"扑通"一声跪下。

"听我说,你快起来。"呼兰拉起伯颜,"阿术还在后面呢!"

"阿术是傻子。"

"傻子?"呼兰笑着说,"阿术才不傻呢,我知道。"

"忽必烈将军不说他是个傻小子吗?"伯颜笑着说。

"那是忽必烈将军开玩笑呢!还有你,你要是真的把阿术当成傻子,你才是天下第一号傻子呢。"呼兰说。

"我傻？"

"是的，伯颜。"

伯颜有些不悦："阿术哪一点比我好，我哪一点又比阿术要差呢？"

"不知道吗？"

"嗯。"

"那你就去问阿术吧！"呼兰格格地笑了一阵子，打马而去。

伯颜好不容易才追上呼兰，他们下了马。呼兰也真的有点累了，额上的一绺短发淌着汗珠子，贴在左边眉尖上。二人来到一眼井跟前，呼兰放下手中的马鞭，对伯颜说道："坐下吧。"说罢，又扯起褪了色的粉红布褂子的大襟抹了抹脸上的汗水。

伯颜微笑着望着呼兰，他的微笑和脸上的表情是那么和谐一致，他的额头上匀称地布着深深的皱纹，他的眉毛总是向上扬起，微微带点儿希望，稍稍有点儿惊异，还有点开心的意味，他的嘴巴给人以友好的印象。他有一对招风耳，就像小男孩和小牛犊常有的那样，还长着一个小男孩的向上翘的狮子鼻。他的皮肤原本被漠北的风吹成了褐色，现在跟随忽必烈到漠南之后，又好看了许多。他的那双小眼睛灼灼逼人，最主要的是训练有素，是蒙古汉子特有的那种。

伯颜也很自信，在任何时候绝不会流露出恐惧的神色。

呼兰觉得自己现在爱伯颜爱到极点，伯颜就是她的性命、她的心肝，这份爱仿佛光辉四射，把她包围起来，叫她把过去的苦恼一概忘却。想到这儿，她就笑了，却又忽然想起伯颜在身边。

"你笑什么？"

"没有呀。"

"我看到了。"

"真的吗？"呼兰又笑一下，"也没有什么，走吧！"

说罢，二人上马并辔而行。

现在，果林里的鲜花正在盛开，火红的桃花，雪白的梨花，娇艳的海棠花，楚楚动人的樱桃花，都开得笑盈盈的。万紫千红，飘荡着浓郁的花香。

成群的蜂蝶在花间飞舞，百灵鸟在锦簇般的果林上空欢乐地歌唱。漠南的栾河水，绕着果林，在汹涌地奔流着。那碧绿的河面上，反射着苍穹水晶似的蓝光。

天是瓦蓝瓦蓝的。

廉希宪策马而来。伯颜说："刚从漠北来吗？"说着，伯颜和呼兰都翻身下了马。廉希宪也下了马。三个人牵着马继续走。呼兰说："廉大人不是受命去阿里不哥那里了吗？"

廉希宪像是十分生气的样子："我一定要回来。"

"你是私自回来的？"伯颜睁大了眼睛，"阿里不哥不知道吗？"

"不知道。"廉希宪说，"我一天也待不下去了。"

"为什么？"呼兰说，"为何会一天也待不下去呢？"

"阿里不哥没有容人之量。"廉希宪叹了一口气。

"他一直是一个气量很窄的人。"伯颜笑了笑说。

"是这样的，"廉希宪说，"所以，我从漠北回来了。"

"不，"呼兰说，"应当说，你是从阿里不哥那里偷跑回来了。"

"这样做是不对的，"伯颜说，"忽必烈将军也不答应。"

"忽必烈将军也不答应？"廉希宪说，"他会的。"

"会吗？"伯颜摇一下头说，"我看他不会答应。"

"为什么？"廉希宪叹了一口气，"这是为何？"

"你想，"伯颜说，"忽必烈和阿里不哥毕竟是兄弟。"

"那又怎样？"廉希宪说，"我看，阿里不哥不拿他当兄弟。"

"何以见得？"呼兰说，"中原人有句话，'打仗亲兄弟'嘛！"

"不，"廉希宪说，"阿里不哥有独持大局之心。"

"他想独持大局？"呼兰说，"这完全没有可能。"

"我是知道的。"廉希宪说，"待了一阵子，什么都明白了。"

"你明白了什么？"伯颜问，"这天下，还不是他们兄弟的天下，不管怎么说，他们毕竟是兄弟啊！"

"阿里不哥对忽必烈殿下却不那么认为。"廉希宪说。

"他如何行事？"呼兰说，"难道他有三头六臂？"

"没有。"廉希宪说。

"那还有什么可说的，"伯颜说，"忽必烈殿下如何？"

"漠南人才济济，"呼兰说，"现在，每天都有人来。"

"这个我承认，"廉希宪说，"漠南之势必独霸天下。"

"你承认漠南能得天下，那还有什么可说的呢？"伯颜说。

"阿里不哥也非等闲之辈。"廉希宪说，"他也会用人。"

"他能用些什么人？"呼兰笑了笑说，"还不是靠老夫人。"

"唆鲁禾帖尼老夫人确实有安邦之才。"廉希宪笑了笑说，"阿里不哥也是很会团结那些王公贵族的。"

"不就是兔拔哥和九九妹嘛！"呼兰说，"怎比漠南？"

"是和漠南没办法比，"廉希宪说，"但我还是不放心。"

"你不放心阿里不哥殿下？"伯颜问。

"是的，"廉希宪说，"我确实有些不放心，一定要面见忽必烈殿下，把我在漠北的所见所闻告知忽必烈殿下。"

"那你去吧，"伯颜笑了一下说，"但愿忽必烈将军会宽宥你的。也许，你能将功折罪。"

于是，廉希宪翻身上马，驰骋而去。

呼兰说："也许他是对的，忽必烈殿下什么时候都不拒绝对他忠心的人。"

"是这样的。"伯颜说，"想起来，忽必烈殿下还是能称得上雄才大略的，至少，他有宽容之心。"

"对。"呼兰说，"没有宽容之心，会一事无成的。"

"我们都要学忽必烈将军这一点。"伯颜笑着说。

"你也很宽容。"呼兰说，"至少宽容了我的容貌。"

"容貌，是什么意思？"伯颜有些莫名其妙，他不太明白呼兰所说的容貌是什么意思，"我宽容了你的容貌？"

"我很丑。"

"你丑？"

"嗯！"呼兰有些自惭形秽，她抿嘴微笑一下。

"你不丑。"

"不，你不必瞒我。"呼兰说，"伯颜，我知道你宽容我丑陋的容貌，这是令我十分感激的。"

"别开玩笑了。"伯颜说，"快些走吧，一会儿，阿术又该追上了。"

正说着，阿术策马而至。伯颜和呼兰都笑了起来。

"笑什么呢？"阿术不知二人为何一见他就大笑，"如果不是我在路上方便了一下，早已追上你们了。"

"如果我们不在路上遇到廉希宪，你还是追不上我们。"呼兰说。

"廉希宪？"阿术说，"遇上他了？他不是到漠北去了吗？"

"是去了漠北，但他又偷跑回来了。"伯颜说。

"忽必烈殿下会不会怪罪他啊？"阿术不无担忧地说。

其实，忽必烈并未怪罪廉希宪，真的如伯颜所说的那样，忽必烈非常赞赏廉希宪的忠勇，还当着朝臣的面夸奖了他几句，说他忠勇难得。

廉希宪走后，忽必烈对察必说："我们需要这样的人。"

察必点了点头。

忽必烈说："可以对廉希宪委以重任，是时候啦。"

"殿下识人一向精准。"察必说。

"夫人，这漠南之事一定要料理好。"忽必烈说，"一个漠南都治不好，何谈治理天下？汉人有句话，叫'一屋不扫，何以扫天下'。"

"汉人之中，沈元帅也是难得人才。"

"是的。"

"龙广天书也是人中龙凤。"察必说，"是人才呀！"

"人才难得。"忽必烈说，"漠南正是用人之际。"

察必说："我们需要廉希宪、龙广天书这样的人才，如果多有一些这样的人，得天下也是指日可待的事情。有人就好办！"

"我也懂得这个道理，"忽必烈叹一口气说，"可过于委汉人权势，那些王爷们会议论纷纷的。"

"议论纷纷？"察必笑了笑说，"龙广天书不是人才？"

"我也承认龙广天书是人才。"忽必烈说。

"让我取舍，我宁愿要龙广天书。"察必摇摇头说，"那些王爷们只会喝酒玩儿女人，毫无礼仪之态，刘先生已对此有了异议。"

"有异议？"

"是的。"察必点了一下头，接着对忽必烈说道："你不认为龙广天书是旷世之才吗？"

"夫人，有些过誉了。"忽必烈朗声笑了起来。

"龙广天书是可以助我们完成东征大业的。"察必说。

"我只信其父。"

"沈元帅？"

"对。"

"沈元帅垂垂老矣。"察必微笑一下说，"有道是：'长江后浪推前浪。'"

"沈元帅有难得的忠心，我宁愿用年老有忠心的，也不想用少壮派多事的。"忽必烈笑着说。

"龙广天书多事？"

"难道夫人不这样认为吗？"忽必烈叹了一口气。

"有什么地方是多事之策？自南征以来，他们父女还不是屡建奇功？"察必有些激愤地说道，"总比那些只会甜言蜜语者要好吧？他们那才叫多事。"

"谁？"

"阿里不哥他们，那才叫多事。"察必说。

"夫人息怒。"

"一定是有人又在说沈元帅父女的谗言了。"察必说。

"谁？夫人。"

"还能有谁？"

"夫人的意思是，阿合马在我面前说了一些沈元帅父女的坏话。"忽必烈微笑一下。

"难道不是吗？"

"夫人，你多虑了。"忽必烈见察必认真的样子，很想笑，但他又怕笑出声来会让察必不快。

"我多虑？"

"对，有些多虑。"忽必烈说，"你想不到那些人。"

"那些人？"察必有些莫名其妙，"还有很多人谗言沈元帅他们吗？我真是想不通这到底为何？"

"他们不是谗言沈元帅他们。"忽必烈说，"我刚才是说我要天下所有能人，不管他是回人、蒙古人还是汉人。我看阿合马就挺机灵的。"

忽必烈的话令察必感到好笑，她愤懑地说，"我还是认为有人说了龙广天书的坏话。"

"坏话？"

"是的。"

"你以后会明白的，夫人。"忽必烈不想再多说此事。

察必斟了一杯酒送给忽必烈，说："殿下是不是对汉人有了怀疑？"

忽必烈说："现在对汉人的重用，已引起蒙古贵人的闲言碎语，怎能一味地重用汉人呢？"

"这汉人之多、地域之广是人所共知的。"察必说。

"我明白这个道理，可并不是所有蒙古达官贵人都明白的，尤其是几个殿下。"忽必烈有些激动地说，"你看一看阿里不哥，还有他们那些人。"

"是够让人担心的，"察必说，"特别是阿里不哥。"

"我怕他又会在蒙哥汗面前说我的坏话呀。"忽必烈说。

"那也是无可奈何之事，"察必说，"廉希宪回来不是说他在整备粮草、屯兵和林吗？"

"我觉得阿里不哥那儿的事，总要有个由头。"忽必烈说。

"什么由头？"

"阿里不哥如此做，到底是为何？"忽必烈说。

"还不是想当大汗？"察必说，"我一直认为他只是借你重用汉人发牢骚，其真实目的还是想在汗王面前诋毁你，让你永无翻身之日。"

"也许任用汉人是有些过分了。"忽必烈目光有些迷茫。

"你不必自责，不用刘秉忠他们，还能把江山交给阿合马这样的行商之人吗？"察必的语气有些激动，说话时把酒樽朝桌上一掷，溅出来的酒水洒了一地。

"夫人息怒。"忽必烈见察必生气，自己的气有些消了。

"想来就让人动怒，"察必说，"蒙古人不帮蒙古人，真是让人好气，让人好恼，让人无地自容。”

“那又有什么办法呀！”忽必烈端起酒一饮而尽。

“真可以再把汉人的权势加强一些。”察必说。

“不行。”

“为什么？”

“我对其他人还没摸准。”忽必烈说。

“阿里不哥和几个王爷都不太安分，难道不该再把汉人权势加大一些来抑制他们吗？”察必端起酒一饮而尽，又为忽必烈和自己都斟满了酒。

“夫人，你说的也有些道理。”察必的话让忽必烈皱起眉头，过了一会儿，他还是叹了一口气，“夫人，如果汉人权势过大，也让人忧心。”

“汉人们都说‘用人不疑，疑人不用’。”察必说。

“我懂。”

“你真懂？”

忽必烈点一下头。

在开平，与刘秉忠一起在忽必烈面前平起平坐的就八思巴一个人。八思巴是藏民，是那里的大法师，那里战乱三百年，被八思巴一统而治之，因此很得忽必烈的赏识。“藏”在藏语里是“圣洁”之意，藏民主要分布在四川、青海、甘肃、云南等省区，藏族地区农牧业为主，藏地森林繁茂，盛产各种珍禽异兽和名贵药材，藏族男女都蓄辫子，喜欢首饰。藏族人民信仰喇嘛教，宗教寺院遍布藏族地区，有布达拉宫、大昭寺、昌都寺、拉卜楞寺、塔尔寺。他们还有自己的文字，自己的语言，藏文文献卷帙浩繁，内容十分丰富。

去找刘秉忠共商治国之计，也是忽必烈吩咐八思巴的。忽必烈对八思巴和同他一块儿来的几个人说：“刘先生毕竟年长你们几个新来的，你们要多向刘先生求教。”。

其实，察必深知刘秉忠为辅佐忽必烈所付出的心血。她曾私下与刘秉忠谈起，而他却笑而不答，他知道人生道路不是铺满鲜花的坦途，难免会有身处逆境的时候。人在逆境之中就要学会忍耐，忍耐是逆境中最好的精神支柱，因为忍耐是默默地承受，是理智的克制，是高尚的自我容纳。忍耐有时又是委曲求全的策略，是对自我命运的正确把握，因而在逆境忍耐可以说是一种独到的境界，是一种对明天的寄托；在逆境中学会忍耐，是对人生认真之省察，是为下一次的崛起和腾飞积蓄力量；在忍耐中求生求存，在逆境中不忘大志——为忽必烈效命，为忽必烈殚尽心力，也就是为天下苍生造福。刘秉忠知道自己当忽必烈的官，主要目的还是想为汉人办些事情，为忽必烈广纳人才也主要是笼络汉人。

刘秉忠中年已过，家庭和人生志向之事都已安定下来，最令他难以释怀的就是他钟爱着察必。察必是忽必烈之妻，但他本人却对她有一种十分尴尬的情感。有时在开平，文武权臣都离去之后，刘秉忠便会有一种空落落的感觉，他就是在这种情况之后又和察必有了交往。

文武大臣都离开开平之后，察必来到了刘秉忠处理军机政务的大殿。整个大殿只有刘秉忠和察必，只有察必坐在刘秉忠处理公务的桌旁，她还帮着刘秉忠整理些南宋过来的新臣子们的奏章。忘了什么引起的话题，察必开始抨击南宋官僚的腐败，刘秉忠也说着他看不惯的人和事，交谈之中发现，原来他们对许多事的看法有着惊人的一致。

从那之后，察必总是挤出些许时间，到刘秉忠那里聊上几句，刘秉忠也谈一些他启用的几个汉人做官被蒙古人排挤所遇的烦恼，再后来，二人一块儿谈起对忽必烈治理漠南的看法，自然而然地便谈到一些感情上的困惑。有一次，在漫无边际交谈之后，刘秉忠的内心有了一种莫名的冲动，他想用拥抱来表达那种感情，但察必却浑然不觉。

其实，察必岂能没有注意到刘秉忠的神态有些异常。

自刘秉忠来到忽必烈身边后，忽必烈见刘秉忠全身心地扑到了辅助自己的事业上，从没时间、也没心思想过自己成家娶妻的事情，忽必烈颇为感动，也记在了心上。开始时，忽必烈总让察必在生活上帮刘秉忠料理一些衣物等琐事，后来又做媒，让刘秉忠迎娶了幕府另一文士商挺的女儿为妻。商挺的女儿虽不是花容月貌，但出身书香门第，倒也颇有一股清新脱俗的风韵，故而刘秉忠夫妻的日子过得还算顺心平和。

察必越来越感到了汉学的博大精深，也越来越爱听刘秉忠讲古论今了。随着与刘秉忠接触的增多，察必除了增长了不少的文化学识之外，也发现了刘秉忠的诸多优点，比如刘秉忠性情儒雅、彬彬有礼，比如刘秉忠心机缜密、谋略深厚，比如刘秉忠学识过人、通晓广博等等。刘秉忠的这些特质是察必在和她接触过的诸多蒙古人身上所难以见到的，因而也使得她对刘秉忠颇为敬重与钦佩。

察必对忽必烈戏说她与刘秉忠是"二多"：首先，为了治理开平，为了安天下与刘秉忠一块儿吃的饭要比与忽必烈一块儿吃的饭还要多；其次，她与刘秉忠一块儿讨论重用汉人抑制蒙古新贵，常常是殚精竭虑，与刘秉忠在朝上朝下侃侃而谈，她与刘秉忠说的话要比跟忽必烈说的话还要多。顺理成章的就是她与刘秉忠待在一起的时日要比与忽必烈待在一起的时日还要多，这一切，都源于刘秉忠对忽必烈的效忠。

他们亲密接触的时日久了，多少都会有些闲言碎语，特别是阿合马，他常怂恿八思巴治一治包括刘秉忠在内的一些汉人。因而，阿合马便到处散布一些察必与刘秉忠一块儿日久生情的传闻。于是，关于察必和刘秉忠的绯闻便像长了翅膀一样越飞越远，连忽必烈也有所耳闻了，因为察必和刘秉忠的事越传越真了。

事实上，刘秉忠一直被诱惑着，但他却像武士把关一样死守着他与察必那最后一道防线，最终没有酿出那种桃色事件来。

一天，忽必烈邀刘秉忠到他的居所喝酒。刘秉忠心中一惊：莫非殿下信了传言不成？他想错了。忽必烈对落座的刘秉忠说："汉人之中，就数你能让我放心。"

刘秉忠有些诚惶诚恐："我很感激您的知遇之恩。"

忽必烈笑了。他命人置上酒菜，亲自为刘秉忠斟了一杯酒："你以为汉人之中，还有谁比较可靠？"

刘秉忠一惊，他把已经递到唇边的酒杯又放到桌上。

忽必烈微笑一下。刘秉忠急忙恭立在忽必烈身旁，谨小慎微地说："微臣自受命执掌吏治之事，对任人之术多有研讨，几乎到了殚精竭虑的地步，每日都惴惴难寝，如履薄冰，深恐办事有什么不尽如人意之处。"

刘秉忠还想说什么，却见忽必烈挥了挥手，又摇了一下头。

"我是想说我一直唯您马首是瞻，从不敢有私心。"刘秉忠说，"如有任人失察，我当立即辞去官职。"

"先生，"忽必烈说，"我只是问你谁可重用。"

"八思巴！"刘秉忠果断地说，"可委以重任者当属八思巴。"

忽必烈又摇了一下头说："我是问你汉人中还有谁可委以重任！八思巴乃西藩国师，他不是汉人。"

刘秉忠若有所思，像是在喃喃自语："墟城有文武双全者当属沈元帅、张元帅，还有元烈、王社教、王浩、月琴、王锦等，还有廉希宪、龙广天书他们都可委以重任。"

忽必烈点了一下头。刘秉忠借擦口角酒水的工夫，擦了一下额上的汗。

忽必烈看到了刘秉忠这一细微的动作，他又为刘秉忠斟满酒："今天，咱们说话要推心置腹。"

"是。"

"请教你之事，望能不留余地地和盘托出。"忽必烈说。

"我会的。"刘秉忠又擦了一下额上的汗，"不敢搪塞。"

"这个我信。"

"自从我到漠南开始，就把身心交于您了。"刘秉忠说，"我对您的赤胆忠心，请明鉴。"

"我知道。"

"但愿天遂人愿，"刘秉忠说，"真不希望有什么意外之事发生，当务之急，以收服天下百姓之心为大任。得人心者才能得天下，此乃千古不变之理。"

"你看蒙哥汗攻宋之事怎么样了？"

"殿下，该有结果了。"

第五回

十面浴血破城壁，四方合聚尊汗王

蒙哥汗此番大举征宋，志在必得。他的进攻计划是兵分三路：他自己率领四万军士，号称十万，为西路军，主攻四川；塔察儿（成吉思汗之侄孙）率东路军，攻襄（今湖北襄樊）、鄂（今湖北武昌）等地；驻守云南的兀良合台引兵北上，攻会潭州（今湖南长沙）等地，企图对宋形成合围之势。他还传令三路军队在长沙汇合后，乘胜围攻宋朝的首府临安（今浙江杭州），一举灭掉南宋。

其实，在他率军出征之前，军中有不少人对此计划提出过异议。老将刘敏就曾建议他改变计划，因计划的主攻方向选择不妥，三路大军的配合上也没有安排详尽。蒙哥急于借此战提高自己的声望，故而并未采纳刘敏的建议，而忽必烈及刘秉忠恰恰也是从这计划中洞察到这两点不足的。

南宋大厦不稳主要有两个原因：一个是奸臣当道。贾似道把持朝政，任人唯亲，朝野上下均敢怒不敢言。大小官吏均忘记了公正与律法，一切以贾似道马首是瞻。这便让全国上下歪风邪气盛行，民愤民怨极大。

另一个原因是蒙古军的屡屡进犯。几十年来，蒙古军总会隔一段时间便南下掳掠一番。蒙古军抢走了百姓官府的大量财物，更重要的是摧毁了南宋政权的抗击信心，并且让百姓及一些有识人才对南宋的前途失去了信心。

当然，南宋将倾而未倾的原因也很多，其中蒙古军对南宋只攻不占的习惯，让南宋有了得以残喘的机会，而南宋虽然政体腐败，但军队仍有百万，所以虽经屡次战乱，却均未遭受过致命打击。

忽必烈在蒙哥汗此次出征南宋时，就敏锐地洞察到了这些。蒙哥急功近利，欲一口吞下尚有抵抗能力的南宋是不现实的，而且几路兵马分布散乱，看似四面八方都有蒙古军在攻城，但是每一支队伍的兵力都没有战胜敌人的绝对把握和实力，而且相互呼应不够。失败的结局在所难免。

而事态的发展也果如忽必烈预料的那样。鄂州城下，塔察儿正急得手足无措。

塔察儿是成吉思汗之弟铁木哥斡赤斤的孙子，他身材高大，膂力过人，是一位久经沙场的悍将。他率东路大军出漠北后，顺利地攻占了沿途城镇，一路东进，围住了郓州。

郓州的城防非常坚固，几年来南宋趁大蒙古国屡屡内乱之机，加紧备战，把郓州城修建得固若金汤。

塔察儿行进到郓州后受阻，难以拿下，而且多次攻城失败，攻城先锋被郓州的守兵用箭矢、石块甚至沸油还击，伤亡很多。

塔察儿几万大军驻扎城外，因粮草不济，无力再次攻城。塔察儿无奈，只好率军西退，并呈报蒙哥汗，拟另设进军路线。

蒙哥及其西路军的日子也不好过。四川境内多崇山峻岭，蒙古军不熟悉当地地形，常被宋军突袭。宋军采用"打一枪换一个地方"的战术，打完便隐入深山，待蒙古军稍有懈怠时，便又从暗处杀出。

蒙哥四处挨打，又找不到打他的宋军。陷在四川后，粮草渐竭，蒙哥非常恼怒，可又想不出什么良策。

这时，塔察儿在东路攻郓州受阻的消息报告了过来。蒙哥气愤之极，马上派信使传信："你们只会忙着吃喝玩乐，有辱大蒙古国之威名，回漠北后我一定严厉查办你！"

塔察儿攻城略地，辛苦征战多日，仅一个失误就得来了大汗如此的责骂，他心里十分不满，索性整兵不发，真的吃喝游乐起来了。

而此时的忽必烈虽然在漠北草原上饮酒、骑猎、读书，日子过得颇为惬意，但他一刻也未曾放松对蒙哥征宋局势的关注。当东路大军受阻、西路大军处境艰难的消息传来时，忽必烈思虑许久后，准备邀请留守和林的阿里不哥、玉龙答失及阿兰答儿到开平狩猎、欢宴。

翌日，开平城刚从晨睡中醒来，城内街道人流尚且稀少，有不多几家的屋顶刚刚冒出炊烟，突然一阵黄沙巨浪由北向开平疾速滚来，其声如海潮轰鸣，其势似排山倒海，转眼之间，无数铁骑裹挟着黄沙巨浪已飞奔到了城门口。守城门卫也不上前询问，便洞开城门，把铁骑迎进了城内。

进得城内，铁骑拍击着城内的甬道，发出了巨大的声响。一时间，许多人家悄然半开门板，偷窥着这清晨从天而降的兵士们。

忽必烈早已穿戴整齐，在宅邸门前静候着。一行铁骑奔驰到忽必烈面前后，几位汉子飞身下马，向着忽必烈走了过去。忽必烈见状，急忙上前迎接，边迎边说道："欢迎弟弟和侄儿来开平。"

阿里不哥是个粗壮敦实的汉子，他笑着回答道："二哥邀我几个来狩猎，我也想看看二哥的开平城。这不，一接到你传的信便打马来了。"

忽必烈一边寒暄着，一边把阿里不哥一行人迎进了宅邸。进得客厅，阿里不哥大大咧咧地一屁股坐在了上座的太师椅上，大声地嚷道："二哥，你的开平城真是气度不凡，规模直逼和林呀。"

忽必烈让玉龙答失坐在偏座，没有搭理阿兰答儿，自己坐在阿里不哥一旁，笑着回道："三弟，你的话不对，这里是咱们大蒙古国的开平，三弟喜欢这里，不妨搬来住下，咱们兄弟也好经常叙谈叙谈。"

在阿里不哥收到忽必烈请他到开平的信后，阿兰答儿劝他说："殿下不可前去，忽必烈赋闲在家，本该安分守己，这回四处邀人狩猎，想是有什么阴谋。"

阿里不哥当时哈哈一笑，没有听劝，执意来了开平。他目前手中掌握着留守漠北的全部兵马，自然不担心忽必烈有何企图。他很想在忽必烈受大汗冷落之际，来奚落一番忽必烈，一是灭灭他的威风，二是找找乐子。再说，也可以观察一下忽必烈的动向，好在大汗面前说几句落井下石的坏话。

玉龙答失也很想来看看开平城。他从进城之后，眼睛就不够用了，一会儿瞅瞅东边的角楼，一会儿看看西边的寺院，进屋后又被摆放在橱柜上的一柄玉如意吸引住了。

忽必烈也留意到了玉龙答失的举动，站起身，拿起这柄约一尺长的玉如意，说道："这是汉地朋友史天泽送的。柄上这块玉是老祖母绿，世间罕见。不过，侄儿要是喜欢，拿去就是了。"忽必烈边说边把如意递到了玉龙答失的手中。

玉龙答失喜不自禁地伸出双手，捧住如意，连声说着："谢谢二叔，谢谢。"

"谢什么，别说见外的话，这都是我们大蒙古国的财富嘛。三弟，"忽必烈转身向着阿里不哥，接着道："来我这里，不要客气，看上什么，拿几件回去玩儿玩儿。"

阿里不哥抬眼扫视了一下座前的人，没有发现察必，他沉吟一下，说："那我就不客气了。二哥你知道我喜欢什么，晚上给弟弟准备下吧。"

忽必烈面色不改，神态镇定地道："好！一言为定。"

夜幕降临后，忽必烈跟阿里不哥狩猎归来，在藩王宅邸大摆酒宴，款待阿里不哥一行。

阿里不哥饮下一杯酒后，跟忽必烈谈起了蒙哥汗的征宋之事："二哥可知道大汗征宋的情况？"

忽必烈叹口气道："我的身体一直不好，没能随汗兄出征，很遗憾啊！怎么？大汗有信传回么？"

阿里不哥笑道："简直是势如破竹哇。塔察儿连破襄鄂，汗兄也该攻到四川腹地了。"他不想让忽必烈知道战局发展不顺利的消息。

忽必烈也佯装不知，高兴地道："太好了，汗兄统军打仗非常稳当，肯定会大获全胜的，这也是完成了祖父未竟的遗愿吧。我们都是一母同胞，血管里流着一样的血，最近我的身体已经渐渐恢复，我真想也去为汗兄分担一二呀。"

玉龙答失首先被忽必烈真挚的话语打动，当然还有那柄玉如意，他马上应道："塔察儿率东路军在郢州受阻，现已西撤。二叔，你身体已愈，不如奏请我父汗，率队出征吧。"

阿里不哥不悦地斜了一眼玉龙答失，张张嘴想说什么，又咽了回去。

忽必烈点头道："塔察儿受阻了？那汗兄目前正是需要我们鼎力相助之时。也好，就劳侄儿奏请大汗吧。我也上书，请命出征。"

玉龙答失笑道："好！一言为定！"

阿里不哥此刻才明白忽必烈请他来开平的真正目的，名为狩猎，其实是醉翁之意不在酒。见玉龙答失爽快地应了忽必烈，他的脸色阴沉了下来，但又不好发作，毕竟玉龙答失是大汗的亲生儿子，与他相比，大汗自然是相信儿子。因此，阿里不哥没有理会下座中阿兰答儿焦急的手势，低着头开始大杯喝酒。

阿兰答儿自从钩考河南、陕西归来后，自感功劳不小，而且也得到了阿里不哥的赏识。他投到阿里不哥帐下后，更是处心积虑地为阿里不哥出谋划策。这次来开平，他先是反对，见阿里不哥执意要来后，他不想同来，可又不放心，怕阿里不哥受忽必烈的欺瞒，而到开平后，他更是诸事小心，诸事留心，妄想勘破忽必烈的隐情。此时，听忽必烈企图出征伐宋，他焦急万分，怕忽必烈掌握军权后会壮大势力、吞灭蒙哥，他更怕忽必烈会杀自己，以报钩考之仇。他见阿里不哥不理会自己的手势，便动起了心思。

"殿下，"阿兰答儿面向忽必烈，笑着问道，"怎么今天没见察必别乞出来饮酒哇？"他知道阿里不哥与忽必烈的分歧最初就是察必，故此问道，以激怒阿里不哥。

阿里不哥果然从阿兰答儿的问话中听出了暗示，也接话道："听说二哥的帐内美女无数，莫非察必别乞已经让二哥厌烦了？二哥不妨大方些，把自己不用的女人分给三弟我用用。"

忽必烈脸色一沉，沉声问道："阿兰答儿，你是嫌我这里招待不周，挑剔来了，是吗？"

阿兰答儿赶紧摇头否认。

"这就对了嘛，"忽必烈口气一缓，向阿里不哥笑道，"察必别乞身体不适，你别介意。怎么？酒还没有喝透，就想女人了？放心，二哥我自有安排。"

"好，好，"阿里不哥干笑两声，应声道，"太好了，我一定要跟二哥喝个痛快。"

"干！"忽必烈端起了酒杯。

"干！"众人一起应合着。

夜已很深了，阿里不哥从宴厅中醉眼朦胧地跟着侍卫，走向忽必烈为他安排的卧房准备睡下。

侍卫将他带到一处颇有江南园林风韵的房屋门前站住。他见里面红烛高照，暗香隐隐飘来，便问："这是谁的住宅？"

随侍应道："这是为您安排的。"

"好，好。"阿里不哥挥手让随侍守在门边，自己抬手推开了紫红色的木门。

屋内的摆设一如汉族风格，屋子的中央放一张四方的红木桌子，桌子四周摆放着四把雕镂精细的红木椅，屋子的两侧分别是一架锦屏和一个卧式橱柜，橱柜上陈列着几件样式古朴的瓷瓶，屏风边上是一个摆着镜子的梳妆台，台面上平放着几件女人梳妆的胭脂香粉盒子，整个屋子里弥散着一股幽香——这是一个女人的卧房。

阿里不哥走进屋内，屋内静悄悄的。他环视了一下，便直奔屋里端的红木床上，脱下靴子，解开衣袍，躺在床上，懒懒地伸了伸腰，带着醉意就要安睡。

朦胧之间，他感到一双柔嫩温软的手抚上了他的胸膛。这双手轻缓地在他胸前划动着，摩挲着，渐渐地犹如一尾游动的小鱼儿向他的小腹伸去……

他感到自己的身体开始膨胀，先是从小腹部升腾起一股灼热的火焰，接着，这火便烧灼着整个的身体，他的心跳开始加快，四肢开始冒汗，气息也急促起来。

他不想睁开眼睛，不想分辨这是梦幻还是真实的，他微合双目，尽情地享乐在一片柔美的抚慰之中……

就在他的呼吸越加急促、身体开始强直、就要迸发出快慰的呼叫时，那双温软的手停止了动作，并且离开了他的身体，仿佛消失在空气中一样，没有了声息。

阿里不哥就如同饥渴多日的人，刚要把甘美的水饮进嘴里，却又被人夺走般，痛苦而又急不可耐，他大吼一声，坐起了身，随即睁开了双眼。

床前，一位亭亭玉立的女子正含情脉脉地注视着他。这位女子身材高挑，曲线玲珑，一袭薄薄的白纱下，丰腴的双乳微微起伏着。向上望去，瀑布般的黑发下一张鹅蛋形的脸娇嫩无比，眉如山黛，唇红欲滴，他简直认定是天仙来到了自己的面前。他抬手想拉过女子，又像是怕触犯了仙女，赶紧把手缩了回来，不知所措间，只是傻傻地盯着女子，仿佛他一移开视线，女子便会飞走一般。

女子微微一笑，露出两排珍珠般的玉齿："殿下，可想让小女子侍奉您？"

阿里不哥点了点头，又摇了摇头，嘴里不清不楚地喃喃道："仙女，仙女。"

女子抬腿迈上了床，伸出玉葱般的手指抚了抚阿里不哥的脸颊，便撩开了披在肩上的轻纱，赤裸着投到了他的怀里。阿里不哥登时感到女子滑嫩的躯体贴紧了自己的胸膛，他不由自主地抱住了女子，顺势把女子压在了身下……

一番激情云雨之后，他仍旧紧紧地搂着女子，问道："简直太完美了，你该不是天女下凡吧？"

女子轻笑着应道："我叫大禾，是忽必烈殿下让我来侍奉您的。"

"大禾？那李小禾是……"阿里不哥知道忽必烈有个李小禾很受宠。

"我是小禾的姐姐，小禾是侍奉忽必烈殿下的。"

"我知道了，你们姐妹是李璮的干女儿。"

"是。"

阿里不哥抚了抚李大禾的乌发，沉吟片刻，又问："你父亲曾败在忽必烈的手下，你们姐妹为何还甘心做他的玩物？"

大禾神色忧郁了些，叹道："女人的命运都是一样，我们又怎能逃出男人的手心，尤其是大蒙古国的男人的手心。"

阿里不哥明白忽必烈为自己安排这个尤物，目的是不想与自己太过生分，想缓和一下关系，他才不会领这个情。他松手放开搂着大禾的手，又问："你不想为你父亲报仇吗？你和小禾身在忽必烈周围，若想报仇，简直是易如反掌。"

大禾听出了阿里不哥话中的另外一层意思，她正色道："当初我姐妹投身蒙古，目的是让蒙古兵不杀百姓，忽必烈遵守了诺言，的确放过了无辜的人，我们虽是女人，但也要讲究诚信。再说，我干爹目前已降顺了忽必烈殿下，所以，我们只会对忽必烈殿下尽忠的。"

阿里不哥原本想挑动李氏姐妹对忽必烈的旧怨，不想，深受儒家文化熏陶的大禾作了如此的回答，而且还在话中透露着对忽必烈的尊崇。阿里不哥不禁有些恼怒，他冷笑一声："是吗？那你就尽忠吧。"说着，伸手拧了一把大禾白嫩的脸蛋儿。

大禾疼得惊叫一声，怨道："殿下出手太重了。"

"是吗？"阿里不哥反问一句，又把手伸到了大禾的小腹，大禾不断地惨叫着，低泣着。阿里不哥见状，翻身又跃上了大禾的身子……

忽必烈得知蒙哥征宋受阻后，他听从了幕府谋士们的建议，认为在蒙古军面临困难之时，如不积极地出面表示分担困难，恐怕日后反会成为一个过错。而且，此时主动请战，肯定能重新掌握兵权，是最佳的出头机会。所以，忽必烈借宴请阿里不哥之机，游说好玉龙答失，让他奏请父亲，自己再上书请战，蒙哥肯定会同意的。

果然，蒙哥汗在先后接到玉龙答失和忽必烈的上书后，同意了忽必烈出征伐宋，这样，如果胜了，也还是他蒙哥的功劳。于是，蒙哥下令忽必烈代替塔察儿统率东路诸军，依照计划进取鄂州、郢州。

赋闲中的忽必烈又一次出征了。

忽必烈率军直出漠南，一路南下，如秋风扫落叶之势，轻松地来到了长江北岸，却不想在石城遇上了麻烦。

石城的南宋守将张将军胆大心细，沉着布兵。他们全数出动了由金陵赶来的炮军，而蒙古铁骑从未经受过如此猛烈的火炮，既有响天雷，还有地老鼠——都是用火药造的武器。

"轰！轰！轰！"那炮弹在忽必烈的兵马中间炸响了，骑兵一排排地倒下去，人马被炸得血肉横飞，吓得其他骑兵调头就跑。一时人马相互践踏，死伤更多。

忽必烈见天色已晚，不好把退回来的兵马再赶回去，于是命令收兵回营。

当晚，忽必烈对帐下的大将们说道："宋军的大炮果真厉害，必须想个对付大炮的办法，不然就难以取胜了！"

众将领被大炮的威力轰得晕头转向，都不敢乱说乱道，只听伯颜高声说道："尺有所短，寸有所长，宋廷的大炮固然厉害，但是它也有许多弱点，比如装药太慢，放了一炮之后要停许多工夫，才能再放第二炮。若是利用这段时间，发挥咱们铁骑的长处，迅速冲过去，他的炮手还有命吗？"

经他这么一说，会场上立刻活跃起来，大家的心里也亮堂了，于是，你一言他一语地议论着、策划着对付大炮的方法。

刘秉忠道："这石城的守将张将军是行伍出身，略通兵书，殿下一定要小心才是。"

阿术大眼一瞪，叫道："怕他个屁！不过仗着几件火器逞能，有本事跟咱单挑！"

刘秉忠摇头又道："这张将军是准备充分的呀。今日攻城只闻炮声，不见敌兵，看来他在城墙上堆满了掩体。"

伯颜的副将多赤插嘴道："我看伯颜将军说得有理。刘先生莫不是害怕了吧？"

"多赤！"忽必烈叱责一声，又道，"明日按伯颜的主意试一试吧。只是不要把精锐尽遣，要小心为好。"

石城仿佛一座典型的江淮小城。城内小桥流水，飞檐画梁，庭廊山石，颇为幽静秀美。因为蒙古军的攻城，才是傍晚时分，城内街上已是行人稀少，只有将军府门前的两尊石狮孤独地矗立在夜幕中，拱卫着这片秀丽与肥沃的土地。

张将军此刻正坐在木桌前自斟自饮。他一生戎马生涯，饱读兵书，阅人无数。今天白天的小胜一点也没让他开心，他不过靠几门大炮暂时打退了蒙古兵的攻击。看到城下黑压压的蒙古军，他知道这石城是守不住的，失城是早晚的事。

"将军！"随着一阵脚步，他的谋士王义进屋了，"将军，蒙古人飞箭传信来了。"

王义是个白面书生模样的青年人，他手拿一张白纸禀报着。

"上面说什么？"

"说如果将军投……投诚，就不屠城，并委您要职。"

"哼！"

"将军，不妨考虑一下。"王义劝道。

"我是军人，掉头事小，失节事大，我不能为了一己之安，而不顾一个汉人的气节吧。"张将军叹道。

"可是，如果明天不再守城，百姓就会活下去呀。"

"蒙古人又有何信用可讲。"

王义仍劝道："将军，您一定要想清楚，失节是失您一人之节，保命可是保了全城人的命啊。"

"你不要说了，百姓又何尝甘愿做忽必烈的子民而苟活呢？"张将军手一挥，让王义出去了。

次日，天刚刚亮，双方便拉开了战幕，宋军营中的炮手早已就位，只待一声号令，那炮弹便会呼啸着、燃烧着腾空飞去。

而在蒙古兵阵中，那些铁骑精锐也已整装待命，一旦螺号吹响，他们就奔驰而出，冲向宋营。

由于双方都想发挥自己的优势，想用自己的优势消灭对方，于是，极为巧合的事情就发生了。

当宋营中的大炮刚刚震响，忽必烈的轻骑也已飞出。一时间，大炮的响声、人们的叫喊声、马咴咴的鸣叫声混成一团，阵亡士兵的人头在地上乱滚。

自早上开始拼杀，直杀到下午，太阳已偏西了，两军还在混战着，地上的尸首到处都是，有的地方已堆积得很高。人血与马血混在一起，散发着一股股的腥味。

天色暗下来时，两下才各自收兵，双方查点人数，互有伤亡，因为大炮威力厉害，蒙古兵的死亡人数稍多一些，蒙古铁骑的精锐已损失了三四千。伯颜没有办法，只得飞骑再次奏知忽必烈。

忽必烈亲赴战场，思忖半天，突然便问伯颜："能够使用制造这些武器的，总不会只有城里这一批人。"

"将军何意？"伯颜问。

"动一下脑子想一下嘛！"忽必烈笑了笑说，"我们可以以牙还牙。"

"以牙还牙？"

"对。"忽必烈说，"暂时按兵不动，先行找到能造这种武器的工匠。"

"我懂了，将军。"伯颜说，"我们也要造这种火器。"

伯颜在蒙宋交界处张贴了榜文："有能制造火炮、飞矢火箭的，赏银百两，酌封官职。"

而忽必烈吩咐各军营："俘虏来的敌人之中，暂且不要杀掉那些能工巧匠，看一看有没有能制造这些炮火的人才。"

果然，不久就找到了一批，其中还有些是被俘虏后被迫归降蒙古的人。在忽必烈的重赏和亲自监督之下，短短的一个月，蒙古兵就造出了一百门攻城大炮。

一个漆黑的夜晚，石城东边城墙上悄然滑下了一根绳子，绳下一个黑影灵猫一般蹿入了蒙古军的行帐之中。

此时，忽必烈正坐在帐中合目休息，突然一个侍卫报道："殿下，伯颜将军抓了个俘虏。"

"噢？带上来。"

伯颜臂下挟着个身着蓝袍的人走了进来，他把那人往地上一扔，粗声粗气地道："这人溜入我的营中，说要见殿下。"

那人拍拍身上的土，站起身，向忽必烈打揖道："见过忽必烈殿下，我是张将军的谋士王义。"

"是张将军叫你来的？"忽必烈冷冷地问。

"不是，是我自己悄悄来的。我想跟殿下做个交易。"

"是吗？"忽必烈一听，来了兴趣，"说说看。"

"我想请殿下手下留情，放过百姓。"

忽必烈微微一笑："那你用什么来交换我的留情呢？"

"秘密，石城的秘密。"

忽必烈哈哈一笑，继而戛然止住，厉声道："你来晚了，明天我就攻城，石城不再会有秘密了。"

王义凑前一步，又道："殿下有一个月没有大举攻城，我知道是在营造大炮，可城内的人也没闲着。"

忽必烈听罢，沉吟一会儿，又道："你们的大炮夺走了我数千铁骑的生命，我恐怕无法平息属下的怒火，这个交易恐怕做不成了。"

伯颜道："你如果说出秘密，你的命倒可以保住。"

忽必烈打量着王义，又道："你像个读书人，想必也知道南宋奸人当权、百姓痛不欲生的状况，你为何还死抱着大宋的皮囊不死心呢？"

王义回道："我对南宋早已不抱希望，一个月前我劝过张将军投奔殿下，张将军放不下气节的束缚。我是不想看到百姓流血。"

忽必烈有点喜欢这个年轻人了，点了点头："我做这个交易。"

王义大喜，跪在地上磕头道："殿下，城内宋兵挖了不少地道，妄想与殿下进行巷战，而且集中在城东一带，城西埋着万石粮食。"

"好！你下去吧，伯颜，就让王先生留在你的帐中吧。"

王义下去了。伯颜急道："殿下，我不能保证不杀人，你也别做这个交易。"

忽必烈脸色一沉，冷冷地道："明日照安排攻城，挡路者死，违令者杀！"

"那刚才……"伯颜有点不明白。

忽必烈哼道："石城胆敢阻我忽必烈的大军，我岂能放过。我要让所有的宋军都知道，拂了我忽必烈雅兴的人都得死！"

"我明白了，杀一儆百。"

"对这个王义，你要安抚住，他是个材料。"

"怎么抚住？"

忽必烈责备道："动动脑子！你委他个重要的闲职，给他重俸，让宋将看看，我忽必烈绝不亏待弃暗投明的人！"

"是！我明白了。"

忽必烈传令晚上突袭，全力指挥攻城。当晚，百门大炮齐发，轰坍了石城的城防，几万如狼似虎的蒙古兵马，直入城中。

伯颜一马当先，他亲自下令屠城："有多少杀多少，特别是当官的。南人赃官多，统统都杀光。"

阿术问："都杀光？"

"是的。"伯颜点一下头，"不能留，把他们都杀光。"

"一个也不留？"

"是的。"

"依我看，"阿术说，"把妇人留下，任人奸淫。"

"给谁？"

"兵士们。"

"是吗？"

"是的。"阿术说，"兵士们都是一群羊，要吃草。"

"兵士们要把妇人当作草？"伯颜笑道，"吃草行吗？"

"不行？"

"坚决不行。"伯颜说，"蒙古兵士就应当如狼似虎。"

"如狼似虎？"

"是的。"

"伯颜，女人可以留下的。"阿术说，"她们能生。"

"生什么？"

"生儿育女呀。"阿术说，"一场仗下来，死那么多人呀。"

"那有什么？"伯颜说，"这世道，你不杀南人，南人就会杀你的。"

"南人敢杀我们？"

“是的。”

“他们不敢！”

“怎么？”

“你瞧，伯颜。”阿术朝四散的人群指了一下说。

“看什么？”

“你没看到吗？”

“看到什么？”

“瞧一瞧，那些人群，”阿术说，“他们都在跑。”

“在跑，那又有什么？”

“伯颜，他们怕我们。”阿术说，“宋人怕我们。”

伯颜说：“阿术，我要与你比一个高低，看谁杀的宋兵多。”

阿术说：“那好，比吧。”

伯颜哈哈大笑：“前面是宋人将军府前的大广场，咱们来个人头比高，你堆一座山，我也来堆一座山，且看哪个的人头山要高一些，敢比吗？”

“着啊。”阿术说，“那我们就来个筑山比高，一人各用十亩地，堆砌人头，咱们最好以七日为期。”

“好。”

二人哪里还理会什么男的女的，老的少的，各自率领着一大队兵，一个自北而南，一个自西而东，一路杀去。就这样，一连杀了七日七夜，端是杀得石城血流成渠，天昏地暗。江淮一带，十室九空。

伯颜砍得兴起，便也把斩下的一些宋将的脑袋拿了出来，他声称要把将领的脑袋摆在最高处，这是要高看他们一眼，因为他们平日宝马香车、大鱼大肉欺压老百姓惯了。

伯颜和阿术的比赛结果，是阿术略胜一筹，他杀的人头要比伯颜高出了三寸，这一场屠戮，南宋江北简直是人烟灭绝。

跑得慢的都死了，跑得快的则往南逃命。但逃也难逃走，忽必烈铁骑一路狂追，不几日便已杀至武汉城下。在樊城一带，忽必烈遇到了樊志天的顽强抵抗。还有襄阳的苗力、戴毅，三人在主帅郑大明的指挥下，英勇作战，令忽必烈士兵不得不停了下来。

忽必烈问刘秉忠：“郑大明何许人也？他的三将如何这般英勇？”

刘秉忠说：“樊城的樊志天本是文人，还有襄阳的苗力、戴毅二人，他们一开始都是在河教苑追随郑大明读四书五经的，只是蒙宋开战以来，他们才拿起刀枪，做起了将军。”

忽必烈笑了笑说：“将军能是好当的？笑话。”

刘秉忠说："是的，他们和南宋朝廷多有瓜葛。"

忽必烈说："有什么瓜葛？南朝兵士兵败如山倒，他们还会出援樊、襄二城？真是不可思议。"

"他们心中常想的是'天有三宝'。"

"什么意思？"

"日月风。"

"何谓日月风？"

"乃天地造化，正如人应有精气神一样，"刘秉忠说，"汉人中每次国难当头之日，总有那些有精气神的人出来。"

"干什么？"

"抵抗。"

"结果呢？"

"可想而知。"

"以卵击石吗？"忽必烈朗声大笑起来。

"是的。"

"那你怎么评价这些人呢？"忽必烈的口气有些冷峻。

"他们是英雄。"

"你这么认为？"

"应当这样认为，"刘秉忠平静地说，"我们都该这样认为，包括和他们作战的蒙古人。"

"还有我吗？"

"是的，殿下，"刘秉忠说，"您也应当这样认为。"

"你们汉人有句话，"忽必烈顿了一下，"是'英雄当识时务，识时务者为俊杰'，所以英雄应当识时务。"

"我先为僧，又为儒，又为道，可谓儒释道三位一体了。"刘秉忠说，"但我不如樊、襄的英雄们。"

"为何？"

"不比襄、樊的汉将们执着。"刘秉忠说。

"为何这样说呢？"忽必烈有些丈二和尚摸不着头脑。

"他们一心侍主，忠心可嘉，但是他们不识时务。"刘秉忠说。

"何以如此见地？"忽必烈说，"他们不正是舍生取义、杀身成仁，一心一意、不留后路地作战吗？"

"是这样的。"

"他们令人敬佩，也令人惋惜。"忽必烈说，"他们毕竟是英雄嘛！"

"南宋王朝腐败透顶，还值得他们去卖命吗？"刘秉忠说。

"为将者当忠于朝廷，这也是天经地义的事。"忽必烈说，"难道作为一个臣子，不该如此吗？"

"是该如此。"

"这就好了。"

"但宋王昏聩，属下卖官买官，贤者不得出，竖子却成名呀。"刘秉忠说，"老百姓过的日子苦呀。"

"历朝如此。"

"但宋王朝更有过之而无不及。"刘秉忠说，"奸人贾似道把持朝纲，贤哲之士难成大事，想为老百姓做一点事的有识之士，不低三下四去求贾似道，行吗？"

"我们以后当借鉴此例，绝不可有人专权、弄权。"忽必烈说。

"是这样的。"

"如攻下襄、樊二城，我会重用那些宋城将军。"忽必烈说。

"人才难得。"

"我有这样的感慨，"忽必烈说，"没有人才不行。"

"对，人才是第一位的。"刘秉忠说，"此后要在开平多兴学府，多培养有志仁人。"

"为蒙古人。"

"为天下所有人。"刘秉忠说。

"先灭了宋国之后再说吧！"忽必烈叹了一口气。

"殿下在为阿里不哥之事发愁吧？"刘秉忠问。

"正是。"

"何必呢？顺其天命吧！"刘秉忠说，"天命难违也！"

"对阿里不哥绝不能放任不管，"忽必烈说道，"我还想再遣廉希宪回到漠北，让他看一下那里的动静。"

刘秉忠谨慎地说："不让廉希宪回去行吗，殿下？"

"为何？"

"廉希宪在西廊之地干得很好。"刘秉忠轻声说。

"这是什么意思？"

"你想一下，廉希宪一片赤胆忠心从漠北而回，他怎肯回去？"

"他敢抗命？"

"不，他不敢。"

"那就行了。"忽必烈微笑一下说，"遣廉希宪去吧。"

刘秉忠诺诺应允。

廉希宪走了之后，刘秉忠心中总有愧疚之感。

伯颜和阿术向忽必烈报功，忽必烈说："全凭两位将领英勇，以后要继续协作，直捣临安，捉了宋帝。"

伯颜说："我一定要亲手捉了宋帝，连宋朝皇后也一块儿捉回来。"

忽必烈笑了。

阿术说："我有几个想法，以后攻城，第一，以金银珠宝妇女粮食赎城者，可以放过不杀。第二，必攻之城，投降令下，立即投降者，只杀军，不杀民；七日不降者，军民尽杀。第三，屠城之时，妇孺皆杀，唯有壮士不杀，编入奴兵，必须于下次攻城时打头阵，三次不死，乃可正式成为战士。"

"成为战士？"伯颜有些迟疑，"那样做能行吗？"

"听阿术说。"忽必烈说，"伯颜，阿术的想法很好。"

阿术说："第四，屠城之举，不及工匠，有一技之长者，一概免死，随军听用。殿下，这样行吗？"

"行。"忽必烈笑着拍了拍阿术的肩，"很好的四条建议，我全部采纳，传令下去，立即执行。"

伯颜摇一下头。

"怎么啦？"忽必烈问伯颜，"你认为有何不妥？"

伯颜说："妇孺皆杀，不如不杀，请殿下采纳。"

忽必烈点了一下头。

阿术问："为何？"

伯颜说："宋人的习惯，乃是派兵戍守甲城，对吗？"

阿术点了一下头。

忽必烈说："是戍甲城，伯颜，这样又能如何？"

伯颜说："宋将还将兵士的家眷们放在乙城的。"

阿术说："对的。"

忽必烈说："有道理，伯颜说得有道理，可以采纳。"

"伯颜说了什么？"阿术有些懵懂，"伯颜说了什么？"

伯颜十分佩服忽必烈的悟性，他说："殿下英明。"

忽必烈说："是你说得有道理。如果我下令攻乙城，把乙城的妇孺都杀了，还不是让甲城的宋兵死守吗？"

"原来如此。"阿术点一下头，"我现在才明白。"

伯颜说："如果攻下乙城，我们可以把乙城的妇孺押到甲城之下，可以让他们去妇唤爷，儿唤爹，守城的将士还能恋战吗？他们会不战而溃。"

忽必烈点了点头。

伯颜说："不止如此，城破之时，不加滥杀，让他们各安生理，至少还有一城人，将来有什么需要，都可以向他们索取，也是一个大用处呀。"

"是这样的。"阿术说，"伯颜说得好，有道理。"

忽必烈点了点头说："我有你们二人，何愁攻不下临安。"

伯颜说："我就是要发誓尽快直捣临安，灭了宋朝。"

阿术说："我们进城时，不杀也要抢光，否则难消我一口气。抢光之后，满城百姓有价值吗？"

伯颜说："有。要知道这一阵抢，只不过有如割草，草根不拔，生息一段日子之后，又可再割。"

"再割？"阿术问。

"是的。"伯颜说，"他们既要活命，难道还怕没有生理？这样，我们就可以每一个城子一两年割一次，而非每到一处，就变了一座死城。"

"是这样的。"忽必烈说，"不要把占了的城池变成死城。"

阿术说："好主意，我以前为何没有想到？真笨。"

"你不笨了。"伯颜说，"你仿佛比以前聪明多了。"

"我不如你。"阿术说，"你能提出这许多想法来，难得。"

"还不是靠你先说出的四条想法嘛！"伯颜说。

忽必烈笑了："你们二人是我的左膀右臂，伐宋以来，节节胜利，全凭你们二人齐心合力呀。真是人才难得，人才难得啊！"

阿术笑了。

这阿术天性好杀，杀起人来一如家常便饭，所以伯颜还是有些担心阿术滥杀。他很想给阿术多讲一些道理，攻城略地，不可一味地杀人呀！

忽必烈传令对襄、樊二城猛攻，但一连数月，还是攻不下来。

襄阳边城是武玑堡，忽必烈传令伯颜和阿术猛攻武玑堡。武玑堡的守军武子君和杜文化二人拼死反抗，但对于伯颜的精骑来说，反抗成了一个可笑的名词。

阿术见武玑堡已下，马上以五百骑组成一个屠城队伍，但伯颜马上制止，只是对阿术说："阿术，你把这城中之人分成三份，一份是抵抗我们的宋兵，一份是城中的百姓，都是正在青壮年龄的，还有一份，则是妇人和老弱。阿术，照我说的办吧。"

阿术点了一下头。

阿术分好之后，对伯颜说事已办妥，便又听伯颜说："妇人老弱那一份，你交给我，百姓壮丁那一份，你拿去编到你军队去。用我们十个蒙古人管一百个汉人，再教给他们以阵战之术。"

"这样行吗？"

"我看行。"

"我看不行。"

"为何？"

"用汉人当兵？"

"是的。"

"那能可靠？"

"可靠。"

"我看不行，靠不住的。"阿术说，"不如杀掉他们。"

"不行。"伯颜说，"你已经答应过忽必烈殿下了。"

"那我不想要这些汉人当我的兵丁。"阿术说，"他们靠不住。"

"靠得住。"伯颜说，"我们用十个人管他们一百个人。"

"那他们要是反了呢？"阿术说，"一百个人动手很容易。"

伯颜说："他们敢反抗我们蒙古人吗？"

"难道不敢？"

"不敢。"

"一百个汉人杀我们十个蒙古人，还不容易吗？"阿术说，"这事非同小可。伯颜，你不要乱来。"

"这是什么话？"

"怎么？"

"阿术，这是一种战术。"伯颜说，"当初你也同意了。"

"我反悔。"

"不行。"

"为何不行？"

"军令如山。"

"伯颜，办法倒是不错，但是太危险了。"阿术有些不服气，"我说不行就是不行，不行。"

"为何不行？"

"汉人起来，一百个杀十个。"阿术说，"他们杀红了眼，还不连我一块儿杀掉，不行，这样不行！"

"咱们一路杀过来，那些汉人还不是闻风而降？"伯颜说，"特别是那些当官的，平日骑在老百姓头上，今天要这个钱，明天要那个钱，要来钱之后再朝上边送，买官啊！现在如何，他们还不是一个个闻风而降。他们不会反抗，不会的。"

"要请示忽必烈殿下。"阿术说，"这事非同小可。"

正说着，忽必烈来了，伯颜和阿术争着向忽必烈陈述自己的理由，诉说对方的不是。忽必烈笑了："行了，二位不要再争了，你们都有道理。"

伯颜说："殿下，那该怎么办呀？这仗再打下去，攻城略地总是要人手的。江北空了，江南不能再空。"忽必烈点了一下头。

这一来，武玑堡的大部分宋兵和百姓的性命都得以保全，只是一些抵抗的宋兵将士被蒙古军杀了头，而忽必烈的精骑却迅速地扩充了兵马。这令忽必烈十分满意，让刘秉忠为伯颜和阿术记了头功。

伯颜说："现在可以打樊城了，而且可以用这批妇人打头阵，她们中间有不少人都是樊城守军的家眷。"

阿术说："好计，好计，那就让这些亲眷们见一面吧。"

于是，当这群来自襄阳武玑堡的宋兵亲眷们哭哭啼啼地赶到樊城时，城上的守军一下子傻了眼。

阿术驱赶的敢死队，全都是樊城兵将的妻子父母，而且还在哭哭啼啼，真把他们的心哭碎了。樊城守将这时看了也着了忙，无可奈何之下只好硬着头皮大声喝道："各位兄弟，我们要保卫樊城。"

没有人附和。

守将下令放箭。士卒们你看我，我看你，无人放箭。

守将下令不放箭者死。

城上的弓箭手举起弓箭，却无力放箭。

放下弓箭，弓箭手早已热泪盈眶。偶尔有一个弓箭手的箭才一射出，已被后边的守军一刀砍将下去，大声哭叫道："小子，敢射自己人。"

城头上一片大乱，守城主将大喝一声："不许乱，都朝下边看一看。"

"看什么？"副将轻声顶撞一句，"有什么好看的。"

"城下是蒙古人。"主将大声说，"蒙古人就要上来了。"

副将说："可前面那些人，是咱们自己的人呀。"

主将问副将："是你什么人？说，那些人是你啥？"

副将说："是我们的兄弟姐妹，是我们的爹娘。"

主将说："我们为官者，朝廷就是咱们的父母呀。"

副将说："不，百姓才是咱们的衣食父母，那些人是咱们自己的骨肉同胞呀！兄弟们，不能放箭。"

主将挥一下手："放箭！"

副将说："不能放。"

主将说："放！"

副将说："不能放。"

主将对副将怒目而视："你的官不想当了吗？不容易呀！"

"有什么不容易？"副将说，"咱们心里都明白，还不是花银子买来的吗？你在贾似道那儿花了多少银子。"

主将说："咱们好不容易混到这一地步，不容易呀。"

"有什么不容易的？"副将冷笑一声，"买来的官，有什么意思？"

主将说："我们守不住城，贾大人会杀了我们的。"

副将说："百姓的命才是最值钱的命，咱们要爱惜他们。"

主将说："他们是一些草民！快点放箭！放箭！"

副将说："不能放！"

主将说："你要反吗？"

说罢，主将举刀砍向副将，副将侧身扑向主将。主将后退，副将紧追。二人抱在一起，滚下了高高的城墙，摔死了。

樊城另一个守将邹贤，见到忽必烈的兵马这么快就围了城，立即下令关闭城门，准备死守。

忽必烈的兵马刚抵城下时，另一副将张旆向邹贤请求领兵出城，说："在蒙古兵马立脚未稳之时，突然打击他们一下，准会收到良好的战果！"

邹贤拒不听从，坚持不准出战。

部将张程也竭力劝道："兵法上说：'敌驻，扰之也。'张副将的意见请将军考虑，该让他带兵出城……"

邹贤不予理睬，反而不耐烦地说道："不要再说了，咱们齐心合力守城吧！"

这位邹贤将军真是铁了心，什么意见也听不进去，决心死守，与城共存亡！

那天，出城刈草的军卒听说蒙古的兵马来了，急忙奔回城下，但是邹贤不予开城门，不让他们进城，结果数百名士兵无路可走，只得四散奔逃。他们之中的大部分被蒙古兵捉住杀了头，这事在宋军中影响极坏。

邹贤率领守军七千余人，利用城上设置的众多大炮以及大量的滚木、礌石、弓箭等据城设防，决心死守。

第二天清晨，忽必烈立即传令各旗兵马，将城包围起来，刹那间，一座偌大的樊城被围得水泄不通。

忽必烈命令士兵喊话，让邹贤出城说话，喊了好长时间，邹贤不予理睬。最后，他立于城头，对忽必烈说道："有什么好谈的！无非你要我投降，绝对办不到！"

忽必烈仍不死心，又劝说道："俗话说：'识时务者为俊杰。'赵家气数已尽，你还保它干啥？何必自寻死路？你归顺了我，前程似锦，有何不好？"

邹贤听了，义正词严地说道："你算什么东西？我是泱泱宋朝的大将，岂能向你这个野鞑子投降？我誓与樊城共存亡，你别痴心妄想了！"

忽必烈气得满脸通红，说道："这人不识时务，只有以武力相拼了！"

说罢，忽必烈立刻下令攻城，眨眼之间，角螺齐鸣，蒙古将士争先恐后，有的冲到城下登云梯，有的向城上放箭，喊杀声如雷霆万钧，在山间谷地回荡着。

邹贤亲临城头，指挥守城将士，据险防守，对准攻城蒙古军连续开炮。与此同时，滚木、礌石一齐打下。那些如雨点一样的石块、木头自城头打下来，与飞鸣着的炮弹一齐落在蒙古兵中，蒙古兵马死伤惨重。但是，忽必烈亲自在后面督战，蒙古兵将只得冒死进攻；蒙古铁骑一向是有进无退的，结果死伤很多，尸首遍地狼藉。

忽必烈利用将士的激愤情绪，向大家鼓动道："我是奉着长生天的旨意，来讨伐有罪之人，蒙古铁骑是不可战胜的，樊城必破，邹贤必将死于我们的铁蹄之下！"

在忽必烈的鼓动下，将士奋不顾身地冲去，他们冒着隆隆的炮火，顶着飞进的弹片，继续搬云梯攻城，勇猛地前进。可是，由于士卒死伤太多，从忽必烈的兵营到城下，在这段不足半里的战场上，尸积遍地，血流成河。

忽必烈看得清楚，只得退兵回营。第一次猛攻遭遇到了惨败。

回到营里，忽必烈耐心听取各方面意见，便决心改变策略，由近攻改远围。

他命令暂停攻城，让将士回营休息，自己也觉得有些疲累，就与刘秉忠回到帐里去了。

由于忽必烈兵马攻势凌厉，从清晨连续强攻，在邹贤等将领指挥下，全体守兵顽强反击，打退了蒙古军的八次猛攻，至双方休战时已是满天星斗。

邹贤见蒙古兵马又被打退了，在这难得的喘息时间里，他及时召开头目会议，说道："从清晨打到天黑，咱们已八次打退忽必烈的进攻了！蒙古的士兵，至少也被咱们消灭了好几千人，这是一个不小的胜利！我知道，大家都很累，但是在这生死存亡关头，不能有丝毫麻痹大意啊！忽必烈一向好偷袭，若是借着夜色来攻城，怎么办？咱们不能学王义，咱们活着是大宋的臣民，死了也要当大宋的鬼！除此之外，再无他路了！"

邹贤的字字句句如重锤，敲击着每个将士的心，大家都不说话，但是都在想着守好城，都不愿做大宋朝的叛臣贼子！

之后，邹贤又派专人到城里居民中宣传，要求每个有战斗能力的人都来积极参加守城，支持守城的将士，绝不做汉奸！

经过这一番激励，城里的抗敌情绪又高涨起来了，城里百姓中走出很多青壮年男子，邹贤把他们编进了守兵的队伍。

且说忽必烈与刘秉忠在帐里休息，怎么也睡不着，忽必烈有些沮丧地说道："面对如此强敌，士兵伤亡太重，这样的攻城方法必须改变才行。"

刘秉忠听后，立即提出自己独到的见解："请殿下考虑一个问题：邹贤所能阻止咱们勇猛的进攻，靠的是什么？"

忽必烈立即说道："邹贤依仗他的大炮，还有滚木、礌石呀！"

"不对！没有说对！"见忽必烈一愣，刘秉忠接着朗声说道，"邹贤靠的是那一圈坚固的城墙！"

忽必烈听了，又是一愣，立即问道："那么，依先生的意见，攻城应如何进行？"

"依我之见，不如趁着这夜色的掩护，把那城墙掏开一个缺口……"

未等说完，忽必烈连拍脑门子说："我这头脑就是没有先生的好使，看来还是读书人脑子灵活呀！"

他一边说，一边坐起来把众将喊来，商议扒开城墙缺口的办法……

讨论来，商议去，最后还是伯颜的办法可行，他向大家说道："让士兵头顶木板，冲到城下掏洞，另派一队强弓硬弩在城外不远处掩护他们。"

忽必烈又补充道："也可用咱们传统的手推板车，推着前去，士兵们躲在木板下面的车厢里，安全又便当，不是更好么？"

大家都赞成这方法，于是都忙着准备木板、板车和铁锹等工具去了。

且说樊城里守城将士们，眼看着蒙古兵马不来攻城，便渐渐松懈下来，加上一天的拼杀疲劳，再也忍受不住瞌睡的袭击，沉沉地睡去了。这就给蒙古兵造成了一个良好的机会。

蒙古军紧紧抓住这个机会，趁着夜色，围到城墙边。他们发现东北角城墙下面的土潮湿，便于挖掘，于是便集中人力去挖东北角的城墙。

约在四更天时分，东北角的城墙下面居然被掏通了，蒙古兵又把掏通部分向两边延伸，总有几丈有余，伯颜伸手推了一下，那城墙便晃了一下，他心中大喜。

此时，忽必烈已吩咐兵马，做好从缺口冲进去的准备，只待一声号令了。

忽必烈向伯颜猛一挥手，只见这位猛将领着数十名士兵，用力猛推那一截城墙。忽听"轰隆"一声，那一截墙根被掏完了的城墙全倒了！

城上的守将与士兵们，吓得连声喊叫："城墙倒了！蒙古兵马杀进城了！"

他们这一声喊叫，更给蒙古兵帮了大忙，城上的守兵在睡梦中被惊醒，来不及站起来，就被冲上城去的蒙古将士砍死了！

面对那么大的缺口，忽必烈指挥将士，闪电般冲杀进去，谁又能阻止得住？

他们手执大刀，风驰电掣似的一阵砍杀，把城里的守军杀得晕头转向，溃败不堪，只得四下逃窜，死伤无数。邹贤一见，心知城已守不住了，便飞跑回府，把一家老小全关在一间屋里，一把火全都给烧死了。

此时，守城将士已与蒙古士兵展开了巷战，邹贤上马提刀，杀入军中，连续砍死多个蒙古兵。忽见王义也在挥刀砍杀，当即骂道："你这汉奸卖国贼，必将不得好死！"

刚骂完，阿术赶来，立即向弓箭手命令道："把那个死硬家伙邹贤立即射死！"

只见乱箭之下的邹贤晃了几晃身子，两眼还瞪了王义一会儿，才倒了下去。守城的副将张旃也在混战之中，死于乱刀之下。

张程则领着残余士卒在城里坚持巷战，直到士兵全部战死，他又与伯颜拼杀了好几十回合之后，才终因疲劳过度，被砍下马来。

直至清晨，城内尚有宋朝官兵四千多人，居民五百多家，与冲进城里的蒙古兵展开巷战。因为蒙古兵不识路径，被杀伤众多，残余的宋兵与百姓们合在一起共同对抗，直杀得尸塞街道，血流成河。

樊城终被攻破了，被杀军民近万人，而蒙古骑兵也伤亡了不少。

伯颜和阿术大军开进樊城，二人心花怒放。阿术说："你真了不起，真是有远见呀。"

伯颜说："我有何远见？不都是忽必烈殿下的指挥？"

阿术说："是的。"

伯颜说："能遇忽必烈殿下，咱们真是三生有幸了。"

阿术说："是的，也算是遇到一位明主了，将来他成为大汗，一定是天下苍生的福气，是万民的福气呀。"

刘秉忠走近忽必烈说："但愿殿下进城之后，放过全城百姓的性命。"

忽必烈点了一下头："这个当然，我会放过他们的。"

刘秉忠说："殿下英明。"

忽必烈说："不杀戮也是个好策略，比如这次兵不血刃，至少我又可以多数万将士。只是这一次樊城的人太多了，就怕我们再朝南进，养不起这些人。"

阿术说："那还是杀吧。"

伯颜说："杀？不是好办法。咱们已经领教过的好处，怎能轻易错过呢？还是把他们收编为妙。"

刘秉忠说："对。"

忽必烈说："我也这么认为。我想，不如把他们送到漠北去。"

"漠北？"刘秉忠说，"去漠北，还不如暂且留在军营。"

忽必烈问："那是为何？"

刘秉忠说："去漠北之后，他们还不是都成了阿里不哥的人？"

"对。"忽必烈点了一下头，"到漠北之后，难以驯服。"

阿术说："我有办法。"

伯颜问："什么办法？"

阿术说："可以在这里驯服好之后，再送他们去漠南。"

刘秉忠说："也行，反正以后还需更多人手。暂时到漠南，待到用时能调动起来，也是好计。"

忽必烈说："是好计。消灭宋王朝也是一件大事，必须谋定而后动，需要后援部队，还有军需。"

刘秉忠说："从今天起，我们需要的是人力和物力，所以最后是把攻取樊城的所得，包括人口、牲口在内，全部返给漠南，到那里休养生息。"

忽必烈说："现在这些地方饱经战火，我们占领它还不是一个负担吗？只是攻襄阳之阵势，还真的需要樊城配合。现在我们可以一鼓作气，攻襄阳。"

九月的鄂州，天气已经转凉了，但田野里却是一片稻香，可忽必烈在这丰收的时节却没有什么收获。他率兵已经行至长江北岸，直通鄂州，并令兀良合台率南路军北上，力图与之合力，呈现对鄂州的夹击之势。但是，近些日子以来，南宋的兵力不断增加，南宋宰相贾似道坐镇指挥，再加上鄂州城防坚固，忽必烈在一时也无法马上拿下鄂州城。他独自斜倚在座榻上，一筹莫展。

忽必烈的营帐扎在距鄂州数十里的一个小镇上。镇上的乡绅陈子敬一向胆小如鼠，一见蒙古大军来到，早就乖乖地把自己的房子腾出来让给了忽必烈。

忽必烈在这里已经住了有些时日了，他在久攻鄂州不果的日子里，心烦意乱，出现了头昏无力的毛病。

侍卫杨和跟着忽必烈已有好几年了，他见主人整日愁眉不展，心里很着急，左思右想，终于想出了一个主意。

杨和的心确实很细。他认为要照顾好一个心情不好的男人，女人是最拿手的。而忽必烈的妻妾都远在开平，找谁好呢？杨和眼前闪过了乡绅陈子敬儿媳妇孙氏那娇小的身影。

于是杨和轻轻地走到忽必烈跟前，问道："殿下，陈家有个女人相貌清秀，叫她过来陪您说说话吧。"

"没心情。"忽必烈摇了摇头。

"听说那孙氏粗通医术，让她给殿下看看脉吧。"

忽必烈已经有一段时间没沾女人了，即使是手下的将士们在攻上石城后都满城地搜罗女人，他都没动过心思。他心里有太多的事情要想。

这段时间，伯颜和阿术在前边攻鄂州，刘秉忠则领着一干人忙着处理文书，飞箭传书到鄂州城内，他倒成了个无事可做的人。也罢，有个人说说话也不错。想到这里，忽必烈便点了点头。

见忽必烈点头应允，杨和就乐颠颠地走了。于是，忽必烈就躺在屋子里的一张宽大的床上，等待着那个孙氏的到来了。忽必烈的心里确实蛮激动的。也许，

草原英雄：忽必烈

一个男人在等待一个美貌女人到来的时候，都会有像忽必烈当时同样的心情吧。更何况，忽必烈已经有好长时间没碰过女人了。

忽必烈就躺在床上闭目养神了。他虽然没有什么头疼脑热之类的病，但浑身上下一点儿精神也没有，似乎比有病还难受。

杨和亲自给屋子里生了两个火炉，暖洋洋的，叫人昏昏欲睡，忽必烈自然不想入睡，可躺着躺着也就睡着了。

孙氏是在忽必烈睡着了之后来到忽必烈身边的。忽必烈醒来后，没看见杨和，却看见了那个孙氏。她就站在他的床边，身体有点颤抖，许是时间站得太长了吧。屋里很闷热，她却穿着厚厚的棉衣，所以她的额上和鼻尖上都是汗，那汗水看起来晶莹剔透。

忽必烈努力地动了一下身躯，然后挤出一缕笑容问道："屋里这么热，你为什么不脱了衣裳？"

她哆哆嗦嗦地言道："大帅不发话，民妇不敢擅自脱衣裳。"

忽必烈觉得孙氏这个人有点意思："好了，现在我发话了，你就脱衣裳吧。"

她却又低声问道："不知大帅叫民妇脱多少衣裳？"

忽必烈越来越觉得孙氏这个女人有意思了，于是说道："脱多少衣裳你自己看，只要不觉得热就行了。"

孙氏轻声问道："大帅，民妇这样……可以了吗？"

说着，孙氏脱去了棉衣，露出一身雪白雪白、紧绷紧绷的内衣来。

雪白雪白的衣衫，映得孙氏的肌肤越发地细嫩，紧绷紧绷的衣衫又衬得她的身体，凸的更凸、凹的更凹。加上她那么一副可怜又动人的表情，忽必烈不禁暗叹道："真是天底下最美貌的女人啊！"

这么想着，忽必烈就不觉叹出了声。那孙氏慌忙道："大帅，是不是肚子饿了？杨将军吩咐民妇给大帅端饭的。"

忽必烈露出一丝苦笑道："我动都懒得动一下，还想吃什么饭？你过来，坐在我身边，让我看着你也就行了。"

看着看着，忽必烈就有点心动了。这孙氏长得的确可人儿，他不自主地就伸出了手，抚着孙氏的脸蛋，又把手放在了孙氏的大腿上。可他只是心有所动，身上却没有什么反应。

他没有什么反应，但她的反应却十分明显。她的身体有些痉挛起来，上下牙齿也"咯咯"地打起架来，似乎是她穿得太少了，有些冷了。

忽必烈不高兴了："你这是怎么了？我只不过是隔着衣裳摸摸你，你就抖成这样，要是我把你的衣裳都扒光了，你还不打起摆子来？"

孙氏赶紧回道："不……大帅，民妇不是在发抖，民妇是想……给大帅按摩按摩。"

忽必烈不觉"哦"了一声，道："你会按摩？"

孙氏言道："民妇曾经跟别人学过按摩术……杨将军告诉民妇，说是大帅浑身无力，民妇想，也许按摩能使大帅恢复过来。"

忽必烈不相信："按摩按摩就能使我恢复过来？"

孙氏犹犹豫豫地道："民妇也不敢肯定……民妇只是想试试。如果大帅不愿意，民妇也就算了。"

忽必烈想：反正闲着也是闲着，就让她试一回吧。于是忽必烈就言道："你给我按摩吧。"

孙氏不敢再多言，蹑手蹑脚地爬上了床。

在孙氏的帮助下，忽必烈好不容易地翻身趴在了床上。孙氏不敢怠慢，深深地吸了一口气，然后就开始为忽必烈用心地按摩了。

如果忽必烈懂得按摩之道，便会发觉，那孙氏确实是此道中的行家里手。她的一招一式，不仅很有章法，而且每一次用力都透入了忽必烈的肌理之内。就是外行人看去，她推拿滚按的动作也极富美感。

不过，忽必烈虽不懂得按摩，却能感受到她按摩的独到之处。她的手指只要一按下来，他那个地方便会酸热发胀，而且酸热得舒服，发胀得痛快。

孙氏用的是"穴位按摩法"。这种按摩方法，不仅要准确，而且还需要一定的力度。孙氏毕竟是一个柔弱的女子，按摩了一会儿之后，便大汗淋漓。纵然早已按摩得气喘吁吁，可还是依然一丝不苟地按摩着，而忽必烈却在酸热发胀的感觉中，又一次睡着了。

这次忽必烈睡得很长，大约一个时辰左右，他才睁开了眼。睁眼一看，那孙氏竟然趴在他的背上也睡着了。自然，她是太累了，是不知不觉地睡着的。

忽必烈不知道她有多累，只觉得她趴在他的背上蛮好玩的，于是就拱了拱腰身言道："喂，你怎么偷懒啊？你只按摩了我的后面，我的前面你还没有按摩呢。"

忽必烈没有想到的是，他这么一拱腰身，竟然将她从他的背上拱下来了。忽必烈就觉得有些奇怪了：我怎么有这么大的力气？莫非，我的体力又恢复了？

他试着动了动身子，一下子，他就翻过身子了。他再一翘头，竟然"呼"一声坐了起来。他不相信似的又一屈膝蹬腿，果然，他从床上站了起来。

忽必烈坐回到床上。此刻，他有的就是使不完的力气。一个人的力气如果太旺盛了，那总是闲不住的。不过，忽必烈一开始也没有对孙氏动手动脚。

忽必烈就那么坐着，两眼直勾勾在盯着孙氏看，看她的脸，看她的胸，看她的大腿。她的脸那么动人，她的胸那么诱人，她的大腿又是那么蛊惑人。看着看着，他的身体就有些不对劲儿了。

他开始为她做起按摩来。他的按摩与她的按摩截然不同。她是按摩他的背，而他则是按摩她的胸。

他只按摩了片刻，她的双眼就睁开了。睁开了眼之后，她有些糊里糊涂地问道："大帅，你这是……想干什么？"

忽必烈就一边扒她的衣服一边道："这你还不懂吗？"

忽必烈积蓄多日的精力一下子全部释放出来，那可真像决了堤的江河，一泻千里、势不可挡。

他发现孙氏的身体里，好像没有骨头。她平躺在床上，躯体能拐几道弯，抓起她的脚趾，向上抬起，能碰到她的鼻尖。他想叫她摆出什么姿势，她几乎都能摆得出。这种"柔若无骨"的女人，忽必烈还是头一回碰到，也是头一回听说。

忽必烈和孙氏缠绵了一宿之后，不仅什么毛病也没有了，而且身体似乎还比过去更加强壮了。

忽必烈虽然什么毛病也没有了，但一连六七天，他几乎连院门都没有迈出过。别的人，甚至包括杨和在内，都以为忽必烈身体依然欠佳，还在卧床休息，只有孙氏才真正了解内中的实情。

忽必烈肉体上的不适可以让孙氏"解决"，但他内心的烦忧却仍无法排解。这天，他让杨和把孙氏送回了家，并给了她不少银两，算是答谢她这几天的酬劳。

忽必烈在屋里来回踱着步，他在考虑这鄂州还攻不攻了。如果一直围攻不撤，鄂州的城防再坚固也终有被破的一天，问题是要伤亡许多手下将士。

他惜才如命，对刘秉忠等一些文人智士尊重有加，刘秉忠们可以为他出谋划策，经略政务，但他同样对军中猛将倚重不疑，江山终还要他们流血拼杀才能得来。

自这次南下征宋以来，忽必烈有心笼络能征善战之人，每次缴获的战利品，他都要分发下去，仅留一小部分送回开平。众将都是久经战阵的人，从没遇到过如此慷慨的主人，都表示要誓死追随忽必烈殿下，而他想要的正是这个结果。因为他明白，要想成大事，手底下没有兵马会一事无成。

也不知开平怎么样了，阿里不哥在和林会不会骚扰开平呢？开平贮备的粮草会不会令阿里不哥垂涎呢？忽必烈心如长草般，纷乱极了。

"报！"一个卫兵在屋外喊着。

"何事呀？"忽必烈坐直身子，"进来吧。"

"末哥王传信使来，说蒙哥汗在攻打钓鱼山城时不幸阵亡，末哥已率四川的兵力护丧北还，末哥王请殿下撤军北返。"

"噢？！"忽必烈听到这里，不禁地站了起来，"你出去吧。"他没有想到正值壮年的蒙哥竟会突然故去，一时间，他的心里乱乱的，没有了头绪。

他缓步踱出屋外，在院子里边散步边思索着这突来的意外。

"殿下，"吹见哗一身戎装地走了进来，"我这回才算明白哪来的那么多宋兵，原来是从四川增援而来。刚才我抓了一个探子，问明白了。"

忽必烈抬头看了一眼吹见哗，没有应答。

"殿下，快给蒙哥汗传信吧，他们怎么没有截断宋兵增援鄂州的路呢？"见忽必烈没有反应，吹见哗急切地说道。

"不用了，蒙哥汗阵亡了，末哥已经率兵北返了。"

"啊！"吹见哗瞪大了双眼，"不会吧？"

"你传诸将到我这里议事吧。"

"好吧。不过，贾似道刚才派人来，说要跟咱们议和呢。"

"议什么和，他一个玩儿蟋蟀的人，也配跟我议和。"

南宋宰相贾似道是靠姐姐贾皇后才当上宰相的，虽然有点小聪明，但率兵打仗的本事一点儿也没有，所以忽必烈很看不起他。

"他说可以向我们称臣，并且每年纳银二十万两、绢二十万匹。"

"条件呢？"

"以长江为界，他在江南，我们在江北，互不侵犯。"

"知道了。现在顾不上这些，你让信使先住下吧。"忽必烈被许多突发事件搞得有点儿头昏脑涨的，他需要跟诸将、幕府人员商量一下。

当忽必烈把蒙哥汗阵亡及南宋议和诸事一讲时，人们全都大吃一惊。

忽必烈说："情况就是这些，你们看该如何是好。"

吹见哗首先急道："我们不能回漠北。目前已经对鄂州形成了南北夹击的态势，是灭宋的最好时机，不能前功尽弃。"

兀良合台也说："对，何不趁南宋议和之时，佯称议和，再突然攻下鄂州呢？"

忽必烈微微地点了点头，道："是啊，此番伐宋，规模很大，粮草、人员也耗费良多，我也觉得此时掉头北返，有些可惜。"

刘秉忠见忽必烈这么说，便站起身道："我觉得还是应该回漠北。"

"说说看，"忽必烈和缓地说道"有什么理由吗？"

"现在大蒙古国群龙无首，漠北定是一片混乱，殿下应该回去处理一些必要的事务，"刘秉忠说到这里，紧紧地盯视着忽必烈的眼睛，见忽必烈合了一下眼睑，他知道忽必烈明白了自己的意思，便又接着说道，"目前宋兵精锐均陈列鄂州一带，我们直接攻其城，恐会有更大伤亡，倒不如先答应贾似道的条件，待我们处理好漠北的事情后，再重新考虑攻宋。"

郝经也点头道："目前四川的宋兵已经全部增援到这一带，此时攻宋，已经不能保证多面夹击之势，仅左右围之恐怕不能全歼。再说，鄂州就犹如南宋放在这里的一块顽石，除了我们，别人无法吞下，而漠北则是一块肥肉，任谁都想吃，也都能吃呀。"

忽必烈明白刘秉忠和郝经的意思，也知道目前蒙古国汗位正虚，但要他放弃好不容易才形成的攻宋局势，他的确有些不忍放手。

他站起来走了几步，才道："让我再想想。你们先回去吧。目前行动方向未定，不要向下面散布什么不安定的言论。"

众人议论着走出房后，忽必烈自己在屋内踱起步来。

"殿下，"刘秉忠站在门口道，"您不要再犹豫了，回漠北吧。"

忽必烈见刘秉忠没有随众人同走，知道他还想劝说自己，便叹道："我明白你的心思，可是，如果我回漠北后，没有得到想得到的，而这里的战机也失去了，我岂不是落得个鸡飞蛋打？"

"殿下，蒙哥汗去世突然，没有安排继任汗位之事。目前您同旭烈兀、阿里不哥以及玉龙答失均有继汗位的可能，"刘秉忠一边说一边热切地注视着忽必烈道，"旭烈兀王现在正筹建他的伊利汗国，他的属地广阔富有，而且离漠北甚远，他不会回漠北来要这个汗位的玉龙答失阅历、资历均浅，尚未独自把握军权，他也不可能继汗位。这样一来，唯有您与阿里不哥实力、资历旗鼓相当。"

忽必烈言道："南宋欲以长江为界议和，我为何不可以在长江以北及漠南地区与阿里不哥和平共处呢？"

刘秉忠摇头道："您难道不想把长江南北及整个大漠都把握在手中吗？您贤仁明达，如果由您继承了汗位，天下百姓就不会遭受阿里不哥残暴的蹂躏了，这不仅仅是您自己的事情啊。"

忽必烈皱了皱眉："你以后不妨有话直说，我不喜欢阿谀奉承。"

刘秉忠正色道："我没有奉承。殿下统兵以来，礼待百姓、严明军纪都是事实。"

忽必烈见刘秉忠的脸有些红，不禁笑了笑，道："我没有指责你的意思。此次征宋，一路走来，漠南汉地的富饶美丽深深地打动了我，我是有些不舍得这人间美景呀。"

他笑着摇了摇头，又道："你看如何顺利继承汗位啊？"

刘秉忠见忽必烈同意北归，便进一步说道："除了在燕京至开平的兵力布置要万无一失外，尚需由您亲自游说诸王。忽里台会议是关键。"

忽必烈点头道："好，马上着手办吧。"

在和林，阿里不哥也开始了争夺汗位的行动。他先是布置兵力，陈兵于和林周围，继而让脱里赤速到燕京召集兵力，以图断绝忽必烈的归路，并派信使到伊利汗国，争取旭烈兀能支持自己继承汗位。

阿里不哥在争取到玉龙答失及皇后的支持后，便派信使给忽必烈送信，以监国的身份，要求忽必烈马上亲赴和林，安葬蒙哥，并参加在和林召开的忽里台会议，选举新汗。

忽必烈的妻子察必在开平得知了阿里不哥一系列的举动后，敏锐地洞察到他是想把忽必烈骗到和林，是想让忽必烈脱离开自己的势力范围，强迫忽必烈同意他继承汗位。察必也赶紧派信使知会忽必烈，揭发了这个阴谋。忽必烈看过察必的信后，坚定了马上回漠北的决心，率兵北返。

忽必烈一行急奔，到燕京时，果然发现脱里赤正在燕京纠集兵力。忽必烈径直闯入了脱里赤在燕京的宅邸。脱里赤正在大厅跟几个头领议事，见忽必烈突然闯入，惊得连忙站起，施礼跪迎。

忽必烈一路风尘，满腮的胡须又长又密，看上去更添几分冷峻，他冷冷地看了一眼脱里赤，问道："你在燕京如此规模地纠集兵力，是想干什么呀？"

脱里赤跪在地上支吾半天，也没说出什么。忽必烈又打量一眼脱里赤这座富丽堂皇的宅院，问道："这房子是谁的？可否让我住一住哇？"

脱里赤忙点头道："请，请。"

"那好，我今天就住在这里了。吹见哗，"忽必烈回头向门外喊了一声，见吹见哗进来了，接着道，"你令人把脱里赤纠集的兵力分散到我们军中。还有，把这宅院给我彻底搜一搜，看看有什么宝贝玩意儿，我正用得着。"

吹见哗领命办事去了。

忽必烈瞅了一眼打哆嗦的脱里赤道："这里没你的事了，找吹见哗谋个差事吧。"

脱里赤点着头退出房门，一边走一边回头，恋恋不舍地望着桌上自己刚刚掠来的金丝绣的锦屏。

刘秉忠见到这般景象，不由得笑道："殿下，您真真儿是横刀夺爱了，这府上说不定真有许多宝贝呢。"

忽必烈哈哈一笑，道："过几天我们回开平，得去看望不少人呢，我总得拿些见面礼呀。"

"周到，周到。"刘秉忠也笑了。

忽必烈在安顿好漠南汉地的兵力布置，保证了开平南面的安全后，他知道现在该动手游说或收买诸王的工作了。见到脱里赤的房内布置，忽必烈灵机一动，准备在燕京找些宝物带回开平备用。

小禾一边梳理着长长的黑发，一边问躺在床上的忽必烈："我们什么时候回开平呀？"

"怎么？你想漠南的大风沙了吗？"忽必烈笑道。

"哪儿呀，"小禾走到床边坐下，抚着忽必烈的胸膛道，"我是看到脱里赤纠合的兵力后有些担心。再说，我在燕京已经等了您好几个月，有些腻了。"

"担心什么？"

"阿里不哥在和林会闲着么？脱里赤今天很吃惊我们这么快就到了燕京，说明阿里不哥也想不到我们回开平有多快，不如我们明天就启程吧。"

忽必烈伸了伸懒腰，道："这一路上日夜兼程，大家都累坏了，在燕京住上几天也不妨，顺便也等一等兀良合台他们。"

小禾张了张嘴，想说什么，又止住了。

"你不用担心，阿里不哥不会翻天的。这十来年我治理漠南汉地，财力上胜他一筹，而且蒙古诸王也多与他不合，与我争斗，他讨不到便宜。"忽必烈说到这里，不由得下床走到窗前，对着窗外的夜空沉思起来。

"你不会真要跟他刀戈相见吧？"小禾给忽必烈披上一件衣服，问道。

"我们兄弟四个自小丧父，跟母亲相依为命才活了下来，我怎么忍心手足相残呢？"忽必烈沉了沉，又道，"只怕是我不想，而他却想啊。"

"那……那你能不能不先动手？"

"不先动手？动什么？是继承汗位，还是杀他？"忽必烈的语气变得有些冷峻。

"我……"小禾有些慌乱，连忙低头避开了忽必烈迫人魂魄的目光。

"你是不是心里有他？"忽必烈一把抓住她的肩头。

"不，不是……"小禾推开忽必烈的手，"你弄疼我了，我是不想看到你们兄弟自相残杀的境况。"

"你忘了蒙哥汗夺我兵权吗？你忘了阿里不哥攻击我的恶毒了吗？他早已忘记我们是兄弟了。"

小禾挨近忽必烈，轻声道："你可以以礼在先，不要背上杀弟篡位的骂名。"

"我会的。"

"这是你送我的玉镯，"小禾从腕上褪下一对闪着光泽的玉镯，递到忽必烈的手中，接着道，"你曾告诉过我这对玉镯天下无双，价值连城，你拿去送给有用的人吧。"

忽必烈握着这对带着小禾体温的、温润的玉镯，感动地道："多谢你这份心意，难得你如此识大体。你收好，不差这一对镯子。"

小禾靠在忽必烈的怀里，幽幽地说道："于天、于理、于百姓，你都应该是这汗位的继承人。"

忽必烈叹道："我最想的是实现先祖父的遗愿呀！"

他抬手指了指窗外远处的西山，道："你看到眼前的山了吗？从前在漠北，丰沃的草原犹如这山一般挡住了我的视线，我以为天下只有蓝天、草地、牛羊是最美的，后来到漠南汉地，我才发现天下之大、之美，我才萌生了一统天下的愿望，才萌生了大蒙古国要一掌天下的念头。"

小禾静静地依偎在忽必烈怀中，许久都没有说话。

"报！"一个卫兵在屋外报道。

"这么晚了，会是急事吧？"小禾连忙披衣，开门，接过了卫兵呈上的信函。

信是察必写来的。她在信中告知：玉龙答失率兵开到了开平附近，恐怕阿里不哥有占开平的企图，她已经派人阻止了玉龙答失的行动，希望忽必烈马上回开平。

忽必烈读罢信后，一边忙着穿衣，一边喊道："吹见哗！"

吹见哗进屋："这么晚了，有事？"

"马上召集军队，连夜回开平！"忽必烈感到事态危急，他不想自己苦心经营数年的开平落到阿里不哥手中。

隆冬腊月，大雪飘飞，狂风怒吼，整个开平笼罩在一片白茫茫的风雪之中。早掉光叶子的枯枝被风吹打得左右摇晃，发出一阵阵凄厉的呼号，街上行人稀少，鸟迹全无，没有一点儿生命的迹象，透出一股阴冷死寂的可怕氛围。

藩王府内外如同整座城市一样，无声无息，唯有女宗主察必的房间透出一缕昏暗的灯光，还表示着这座风雪中的孤城仍有人迹。察必呆坐在屋内，心里早已乱成了一团。

前些日子，闻听玉龙答失驻军离开平不足百里时，察必心里跟明镜似的，她知道这是阿里不哥要称汗夺权了。开平是他心中的一根肉刺，他要趁着忽必烈远在中原的机会，一并吞掉开平。

察必心中惊悚：这开平是忽必烈经营多年的属地，手下武将文士的家眷均在此不说，仅是那成山的粮草和银两，如果落在阿里不哥手里，就会是多大的麻烦。于是她果断地修书一封，严厉地告诫玉龙答失："这里有太阳汗的嫡孙真金在此，看谁敢动！"

龙广天书亲自送去，并按察必的意思告诫玉龙答失："忽必烈是拥立蒙哥汗最坚决、最出力的一个，大蒙古国尊崇的就是一个'义'字！"

玉龙答失收到信后，没有回复，但也没再行动，而是驻扎在了原地，并让龙广天书安全返回了开平。但他们不走，忽必烈又不回，察必又怎能放心呢。

"母亲，"真金走了进来，他一边跺着脚，一边拍打着身上的雪花，道，"母亲，我父王可有消息传来？"

察必摇摇头道："没有，也不知道他收到了我给他的信没有？真让人担心。"

真金已经长成了一个大小伙子，高高的身材，英武的相貌，颇有忽必烈年轻时的风姿。他宽慰母亲道："听探子说父亲已经离开了江淮，只是不知他现在到了哪里。"

"真金，玉龙答失可有行动？"察必问着。

"没有，他把人马扎在了开平北边，仅来了两千人马，我分析他是来监视开平的，不会有进一步的举动。"

察必点了点头："你说得对。阿里不哥目前正忙着准备忽里台，他恐怕不敢进犯开平，不想让别人说他杀兄灭侄。"

"父亲再不回来，阿里不哥叔叔就要继任大汗了，真是急死人了。"

"阿里不哥串联了不少人吧？"

"嗯，和林的宗亲都拥护他，还说我大蒙古的传统就是由幼子继承家产，他是爷爷的幼子，名正言顺。"

"顺什么？你爷爷故去时只是个监国。"

"那玉龙答失为何也同意三叔继汗位呢？"

"不知道，恐怕是害怕你三叔会杀他吧。"

察必分析得一点儿不错。当蒙哥汗暴卒的消息传到和林后，阿里不哥的第一个反应就是他终于熬出头了，终于可以尝试一下当大汗的滋味了。

阿里不哥一点儿也没有考虑玉龙答失，他知道这个侄子心智不高，胆子也不大，再说掌控和林军政权力的是自己。他所要做的，是尽快地调集军队，把开平以外的兵力都汇集到自己的手中。

阿里不哥派脱里赤到燕京后，又命阿兰答儿调度漠北军队，企图形成对开平合围之势。同时，他派心腹霍鲁怀到关中行中书省事，主要负责筹集粮饷，游说驻扎六盘山地区的浑部海和驻扎青居的乞带不花及驻成都的明里失者支持自己。这样，几支势力形成了对漠南以及中原的俯冲之势，可以逼迫忽必烈退出争汗的行列。

至于蒙哥一系，他只让阿兰答儿走了一趟，软硬手段一出，玉龙答失跟母亲就乖乖地表示拥戴他，而且玉龙答失还痛快地接受了监视开平的任务。

察必和真金二人为忽必烈担忧，又为开平担忧，更是为忽必烈将失去争夺汗位的机会而担忧。真金思索了一会儿，对察必道："母亲，我明日先到燕京去等父亲如何？"

"不行，脱里赤在燕京任断事官，他是阿里不哥的人，你去了还不是羊入虎口，不能去。"

"母亲，这样才能让父亲争取时间呀。再说，我小心一些，不去见他就是了。"

"那……那你独自去？"

"我把别赤带去，他武功高强，又在燕京住过三年，熟悉地理情况。"

"好吧，明早悄悄动身，只是千万要小心。"

真金微微一笑："我已经长大了，应该帮帮父亲了。"

真金和别赤日夜兼程，刚走到燕京城的北郊就遇到了忽必烈北上的大军。父子相见，自然是百感交集。

在仔细问询过之后，忽必烈有些放心了。他从真金的嘴里知道了阿里不哥的诸项举动，从这一系列的举动中可以分析出阿里不哥仍想以和林为老营，并没有把漠南及中原汉地放在眼里。

和林地处漠北，与中原相距遥远。近几年战争极少，漠北人口大增，而漠北气候恶劣，资源贫乏，日久难以负担人的生计问题，更何况还有大批兵马要吃要喝。而漠南是忽必烈的天下，扼住了中原向和林输送资源的咽喉，阿里不哥不战就已经输了一招。忽必烈的心放下了大半。

他现在已经不怕阿里不哥手中的兵马力量了，他所要做的，只是抢在阿里不哥前边称汗就可以了——阿里不哥自己选择了穷途末路。

忽必烈于中统元年（1260年）初回到了开平。回到开平后，他没有理会阿里不哥频频派来邀他到和林的信使，而是四处拜见蒙古诸王，并分别送上了许多的珍宝。他还到旭烈兀及察钦汗国的别哥儿处，委婉地告之如果他登上汗位，将无意到西路诸王的领土上去取收税银，而且许诺将由他们自己经营属地。

三月二十日这一天，是忽必烈最为忙碌的一天。他采纳了郝经的建议，在忽里台之前，先把内政军政事务妥善安排，以防不测。

察必起床后不久，真金便来给父母请安。

"真金，交代你的事情办得怎么样了？"忽必烈边披衣下床，边问着。

"都办好了，所有来开忽里台大会的人都收下了送去的重礼，都允诺拥护父亲。"真金笑着回答。

"好！到时候的警卫事务怎么安排？"

真金忙答道："吹见哗把这件事揽过去了，他说别人干，他不放心。"

察必点头道："有吹见哗护卫，不会有乱子。"

忽必烈颔首同意，在屋内踱了几步，又道："你吃过早饭后，到刘秉忠和八思巴那里去一下，看看登基的礼仪之事准备得怎么样了。"

"哎！"真金答应着刚要起身，刘秉忠便走了进来。

"殿下，前边信使回来了。"刘秉忠刚一进来，就忙禀报着。

"噢？哪里的信使？"忽必烈忙问。

"负责西北警戒的廉希宪、负责河南防务的史天泽及负责燕京府防务的董文炳均请殿下放心。"

"那负责两淮警戒的李璮呢？"忽必烈皱眉问道。

"尚无回复。不过，谅无大碍，南宋正待与我们议和呢！"

草原英雄：忽必烈

"嗯，就这样吧！走，我们去郝经那里，看看登基诏书拟得怎么样了。"

忽必烈起身向外走去，刘秉忠、真金也跟着走了出去。察必连忙追到门口，喊道："吃过早饭再去吧。"

"不了。"忽必烈一摆手，走了两步又道，"真金，你去吃吧。"

真金也摆摆手，表示不吃。察必无奈地摇了摇头，回屋去了。

三月二十四日这一天，艳阳高照，春风拂面。开平城内，人潮如涌，来自东、西两道的诸王在真金的陪同下，进入了临时搭起的大帐。

大帐内，锦杌排列，桌几上摆满了溢着酒香的杯子。忽必烈面东背西，坐在西侧的第一个位子。合丹、不都、塔察儿等几位王爷也一一坐下。

东道的合丹率先站起，扫视了一眼成吉思汗的子孙诸王后，道："蒙哥汗不幸故去，我们蒙古国不能群龙无首。蒙哥的二弟忽必烈殿下攻宋屡胜，功不可没，蒙哥汗的另一弟弟旭烈兀正在远方征战，术赤、察合台的子孙也在远方，我提议拥立忽必烈殿下为大汗，各位可有异议？"

塔察儿接着道："忽必烈殿下有勇有谋，当推为汗，我西道诸王赞同。"

这一片赞同声是在忽必烈的意料之中的。在他初回开平时，曾发邀请信，请察合台汗、伊儿汗及钦察汗来开平，均遭到了拒绝或推辞。今天能来的诸王自然是同意他为汗的。

忽必烈的心中不免有一些落寞，但北边和林的阿里不哥蠢蠢欲动，他不能坐失良机。见诸王推拥自己，他依例推辞几番后，见必陈赤勒已经解下腰带，跪下向自己行了九拜大礼，他也就站起身来，坐到背北面南的主座之上。

从这一刻起，忽必烈成了大蒙古国继成吉思汗、窝阔台、贵由、蒙哥之后的第五位蒙古汗王。当诸王举杯向忽必烈恭贺登基之喜时，忽必烈抚着身下温软的虎皮褥子，笑着长舒了一口气。

登汗位之后，忽必烈汗下了如下诏书：

朕惟祖宗肇造区宇，奄有四方，武功迭兴，文治多缺，五十余年于此矣。盖时有先后，事有缓急，天下大业，非一圣一朝所能兼备也。先皇帝即位之初，风飞雷厉，将大有为。忧国爱民之心虽切于己，尊贤使能之道未得其人。方董夔门之师，遽遗鼎湖之泣。岂期遗恨，竟勿克终。

肆予冲人，渡江之后，盖将深入焉，乃闻国中重以金军之扰，黎民惊骇，若不能一朝居者。予为此惧，驿骑驰归。目前之急虽纾，境外之兵未戢。乃会群议，以集良规。不意宗盟，辄先推戴。左右万里，名王巨臣，不召而来者有之，不谋而同者皆是，咸谓国家之大统不可久旷，神人之重寄不可暂虚。求之今日，太祖嫡孙之中，先皇母弟之列，以贤以长，止予一人。虽在征伐之间，每存仁爱之念，博施济众，实可为天下主。天骧道助顺，人谟与能。祖训传国大典，于是乎在，孰敢不从。朕峻辞固让，至于再三，祈恳益坚，誓以死请。于是俯徇舆情，勉登大宝。自惟寡昧，属时多艰，若涉渊冰，罔知攸济。爰当临御之始，宜新弘远之规。祖述变通，正在今日。务施实德，不尚虚文。虽承平未易遽臻，而饥渴所当先务。呜呼！历数攸归，钦应上天之命；勋亲斯托，敢忘烈祖之规？建极体元，与民更始。朕所不逮，更赖我远近宗族、中外文武，同心协力，献可替否之助也。诞告多方，体予至意！

忽必烈下了诏书后，又马不停蹄地建立中书省，委任王文统为平章政事，张文谦为左丞，一切尽仿中原王朝的体制。

蒙古人以十二生肖纪年，成吉思汗自立国以来也没有立年号，忽必烈对此也不通晓，但身边的这些汉臣都是熟谙此道的人，所以忽必烈继汗位后，依汉臣的建议，建元"中统"。王鹗起草了建元的诏书：

祖宗以神武定四方，淳德御群下。朝廷草创，未遑润色之文；政事变通，渐有纲维之目。朕获缵旧服，载扩丕图，稽列圣之洪规，讲前代之定制。建元表岁，示人君万世之传；纪时书王，见天下一家之义。法《春秋》之正始，体大《易》之乾元。炳焕皇猷，权舆治道。可自庚申年五月十九日，建元为中统元年。惟即位体元之始，必立经陈纪为先。故内立都省，以总宏纲；外设总司，以平庶政。仍以兴利除害之事、补偏救弊之方，随诏以颂。於戏！秉握枢，必因时而建号；施仁发政，期与物以更新。敷宣恳恻之辞，表著忧劳之意。凡在臣庶，体予至怀！

忽必烈知道姚枢、郝经学识渊博，刘秉忠忠心不二，但均不及王文统及张文谦二人善于变通，所以在这帝朝初创、内乱纷纭的时刻，应该用非常之人来渡过非常之时。而且，张文谦与王文统二人之间曾有隙在前，暂时用此二人，也好相互掣肘，免得有谁擅权僭越。

一番忙碌之后，开平局势稳定，政务井然有序，忽必烈该休息一下了。

草原英雄：忽必烈

第六回

语戏谑秉忠谈官，鉴宝器真金入帐

和林城是座较开平稍老一点、稍大一些的都城，是窝阔台在征战时，见金人住在屋中能避暑、能御寒，才突发奇想，也建造了这座有檐有顶的和林城。

和林城内，高屋亮瓦，飞檐画柱，颇有气势。大汗府更是金碧辉煌，丝毫不逊于中原的金朝皇宫。在蒙哥汗率兵征宋时，他把和林城留给了阿里不哥及自己的儿子玉龙答失守卫。

这天晚上，天空乌云密布，狂风骤起，大有山雨欲来风满楼之势。阿里不哥枯坐在软椅上，一边喝酒，一边纳闷：怎么在春天也会有这般大风出现？

大禾莲步轻移，走到阿里不哥面前，把一块毛毯盖在他身上，关切地道："殿下，外边起风了，小心着凉，不如早点儿歇息吧。"

大禾是忽必烈送给阿里不哥的女人。大禾风情万种的容貌让阿里不哥颇为痴迷，但他又怕这女子是忽必烈的内奸，所以，他对大禾是只玩不爱。在不高兴的时候，还常蹂躏大禾，以泄愤懑。

"大禾，你坐下吧，陪我喝一杯。"

大禾温顺地坐在阿里不哥脚前，把一头乌发铺在了阿里不哥的膝前。

"大禾，你见过春天刮这么大的风吗？"

大禾摇摇头道："我来漠北这几年，从未见过。"

"是呀，有大事要发生了。"阿里不哥阴郁地说道。

"什么大事？莫不是殿下又要去打仗？"

"是打仗，打大仗了。"

"啊？殿下，不要打仗了，我们平静地在和林不是挺好吗？"大禾道。

"不打可不行，你不打他，他还要打你呀。"

"谁敢冒犯殿下您呀？"

"谁？就是那个干什么都压我一头的忽必烈！"阿里不哥阴冷的脸上浮现出

了冷冷的笑容，让人看上去有一股不寒而栗的感觉。

大禾不由得打了个寒战，没敢吱声儿。

"怎么，你心疼他了？你害怕了？"阿里不哥伸手托起大禾的脸，朝着她那娇嫩的脸蛋狠狠地拧了一把。

"哎呀，你弄痛我了。"大禾不敢躲闪，泪水盈满了眼眶，悄声道。

"疼？我要你疼死！脱掉衣服。"

两行泪水淌到了大禾的两颊，她站起身来，慢慢地脱掉了衣服，白皙的身体在初春的夜晚赤裸着。灯光下，大禾的长发垂到腰际，仿佛万千柳枝迎风摇曳。

阿里不哥放下手中的酒杯，站起身来，一把拥住大禾，把她抱向了自己的锦榻……

"报！"门外的侍卫高声喊道。

"下去！"阿里不哥一边喘着粗气，一边尽情地戏弄着大禾。

"报！是玉龙答失王爷急至。"侍卫仍高声回道。

"请！"

阿里不哥知道玉龙答失深夜来府上，定是有急事。他一边令侍卫请玉龙答失进来，一边拍着大禾的脸蛋儿说："滚吧，别穿衣服，在床上等我。"

大禾听到门外愈来愈近的脚步声，来不及抱走自己的衣服，急忙闪身到了偏房寝室。

玉龙答失走进屋来，只觉得眼前白光一闪，又瞅见地上的女人衣饰，不由得冷笑道："王叔还有心思玩儿女人，忽必烈称汗了！"

"啊？什么时候？"阿里不哥宛如遭炸雷轰顶，一下子惊坐在了椅子上。

"就在三月二十四，是忽里台推举的。"

"他又一次抢在了我的前头。"

"王叔，我们怎么办？"

阿里不哥在屋内踱了几圈，转身盯住侄子的眼睛道："我们也召开忽里台，也推举新汗！"

玉龙答失摇头道："一国岂可有二主？我们动手晚了。"

"不晚！忽必烈的忽里台没有多少蒙古宗亲去，我们也有自己的朋友，为什么不能让他们推举我为大汗？"

玉龙答失疑惑道："那忽必烈进攻漠北，来打和林怎么办？"

"哼！我还要打他的开平呢。你快去准备吧，一定要让忽里台尽快召开。"

"是！"玉龙答失点了点头，走了。

阿里不哥一口喝干杯中的酒，走向了寝室。此时，大禾蜷缩在床上，两眼惊恐地盯着阿里不哥道："殿下。"

"称汗王！以后，我就是大蒙古国的汗王！"阿里不哥狞笑着，一把掀开大禾盖在身上的毯子，狠狠地扑了上去……

五月，阿里不哥在和林称汗，一国二主的局势就此形成。看来，一场杀戮在所难免。

忽必烈深知，登上汗位只是在蒙古贵族权力之争中取得的初步胜利，随之而来的斗争将更为广泛、激烈，还要付出更为艰苦的努力。

首先，忽必烈需要面对的仍是汉蒙臣子的委任问题。

忽必烈首先封八思巴为国师，赐给玉玺，让他管理天下的佛教徒，吐蕃地区也归他管辖。这一举动，不仅使忽必烈赢得了汉地佛教界的支持，也促进了吐蕃与蒙古草原的交往与关系的亲密。

继而，忽必烈又任命廉希宪任京兆四川道宣抚使，命刘秉忠担当组建中书省、宣抚司的工作。姚枢也被任命为东平宣抚使，担当重任。

中统元年（1260年）五月十九日这一天，忽必烈下诏建元中统。在建元诏中，重申要改行汉法之政治纲领，"稽列圣洪规，讲前代之定制"，并颁布了一系列兴利除弊的措施。大蒙古国的年号由这一天开始了。

中央权力机构的架子搭起来了，年号有了，但并不等于所有问题都解决了，比如钞法问题，就颇令忽必烈头痛。大蒙古国过去钞法杂乱，不便流通，民众之间以物易物仍极普遍。这不仅是原始与落后的一种表现，而且还掣肘商物交流、贸易往来，更为重要的还会对以前立下的捐税征收等带来极大的麻烦。所以，忽必烈便把这个问题提了出来。

在议政的朝会上，王文统首先站出来道："经济对一个国家而言，犹如食物对于人。食不果腹的人无法抵抗外来力量的侵袭，经济衰亡的国家没有捍卫威严的实力。而钞法又犹如这食之米粒，是国家经济的基本之策，大汗提出的问题可谓一语中的，击中要害。"

忽必烈点了点头："你比喻得很有道理，但如何解决呢？"

姚枢出班道："古有珍贝为币，后有冶铜及金银为币，不知大汗以为哪种可行？"

这时，王文统插嘴道："不可以，大汗，我汗国地处漠南，先人所用之法皆不可行。汗国居民以游牧为生，冶炼之术不甚精通。"

张文谦也道："大汗，或可用宝钞一试？"

见文臣们没有定论，忽必烈道："今日只是一议，下去后众卿思忖一下再作定夺吧。"

忽必烈回到察必的斡耳朵后，便与察必说起了此事。

历代蒙古汗王的嫔妃居住地，都称为斡耳朵，虽然察必是住在开平的大殿之中，已经不是往日的帐篷了，但仍沿袭着这一旧日叫法，她的住处仍被称为皇后斡耳朵。

察必听后也觉为难，想不出什么办法。恰巧阿合马正在此处——他是来给察必及真金王子送汉地的宝墨及一些女红之物的。前文中已经说过阿合马曾与察必娘家有些关系，故他可以随时出入察必的宫帐，加之他很乖巧，所以很讨忽必烈的喜欢。他本是一个色目人，为黄纳宫忒（今乌兹别克斯坦西南部）人，曾随侍察必的父亲，后行商到漠南，经常到察必的宫帐来，送一些中原的稀罕玩意儿给察必及其儿子们。在忽必烈称汗后，他看到诸多汉人都高官厚禄，心中也痒痒的，从官场中感受到了极大诱惑，也在想尽一切办法进入权力机构，弃商从政。最近，他就主动地来为察必打理宫帐的财务问题。

当听忽必烈提起钞法一事，阿合马不由得灵机一动，上前道："大汗，我有一个想法，不知是否可用？"

"说来听听。"忽必烈除了喜欢他的讨巧之外，对他经商精明从不失手也很称道。

"大汗，币钞必须由汗廷统一发行。可印纸钞，但以丝为本，每银五十两易丝纱一千两，诸物之值，并从丝例，不限年月。诸路通行，民间课赋、课税均用新钞交纲，其他币钞一律弃用。大汗看可行吗？"

忽必烈听后，笑逐颜开："不错，有道理，待我跟张文谦他们议一议。阿合马，你很聪明，以后就伴在我左右吧。"

阿合马一听忽必烈肯定了自己的建议，正自欣喜，不想忽必烈又云要与汉人议一议，也没给自己封个官什么的，心里不免有些愤愤不平，但又不敢流露出来。

忽必烈大张旗鼓地重任异族人的举动，又一次遭到了蒙古权贵的反对。阿合马倚仗自己曾为开平府出钱出力的功劳，首先站出来反对。

钞法的难题解决后，忽必烈心中兴奋不已，但阿合马还是给他泼了一盆冷水，他说："大汗，阿里不哥在漠北，也不是一个长久之计，不能总这样下去。"

忽必烈问："有何计策？"他知道阿合马一定有计策。

果然，阿合马说出了两汗之制的计策。他说，这样，井水不犯河水，漠南漠北，分而治之，有何不可。

忽必烈不语。

"大汗。"

"如何？"忽必烈不置可否。

"两都之制，有它的好处。"阿合马说，"至少不要兵戎相见。"

"兵戎相见？"忽必烈一愣，"我说过要兵戎相见吗？"

阿合马谨慎地说："没有，大汗没有说过这话。"

忽必烈笑了。

阿合马说："大汗，您是不忍心与漠北兵戎相见的。"

忽必烈点了一下头。

阿合马说："但刘秉忠先生曾说，必要时可以兵戎相见。"

忽必烈摇了一下头。阿合马不敢说话了。

忽必烈笑了，他想道：还是阿合马听话，不似那些汉人耿介不阿，天天进谏不断，但他却摸透了自己的心思。

忽必烈觉得两汗并存心有不甘，但是又想不出更好的办法。

阿合马对忽必烈说："大汗，眼下是考虑如何牵制汉人的时候了。"

忽必烈问："牵制汉人做什么？"

"眼下汉人权势过大，已使得蒙古人怨声载道。"阿合马说话时手舞足蹈，显得十分激动。

"有些言过其实了吧！"忽必烈纵情大笑起来。

"大汗，是真的。"

"有些怨言，我相信，"忽必烈说，"但没那么严重。"

"请大汗明察吧！"阿合马居然流下了眼泪，他继续说道，"大汗，再这样下去，汗国的江山不稳呀！有好多王爷都是心有怨言，但他们不敢说。只是微臣斗胆直言，望明察。"

"阿合马忠心可嘉，苍天可鉴。"忽必烈道，"我知道你心存忧虑，是难得的忠臣。但是，你的一些话，是有些言过其实了。"

"大汗，你亲自去听一听，就会明白微臣所言不差。"阿合马涕泪交流，悲天悯人地说道。

"我会去听一听的。"忽必烈走过去拍了一下阿合马的肩。

阿合马双腿一软，跪在忽必烈面前，伏地叩头。忽必烈说："起来吧。"

"臣还有话要说。"

"还有什么可说的？"忽必烈已经有些不耐烦了。

"大汗，我觉得该削去刘秉忠一些权势。"阿合马说。

"削刘秉忠的权？"忽必烈微笑一下说，"把刘秉忠的权削下来给谁？给你吗？"

"不。"

"阿合马，你有什么话？说吧。"忽必烈示意阿合马站起来说话，但他依然直挺挺地跪在那儿。

"大汗，"阿合马说，"我是一心一意为大汗着想。"

"真的为我着想，就不该在我面前说刘先生的坏话。"忽必烈说，"刘先生也是一个忠臣，跟你一样忠于我。"

"他是忠臣。"

"你也这么认为，你也从心里认为刘先生是忠臣？"忽必烈问。

"我承认。"

"那就好。"

"大汗，他的权势过大，该削下来给真金殿下。"阿合马说。

"你走吧。"忽必烈言罢兀自离去。

阿合马与真金来到马可·波罗住处，发现马可·波罗正与龙广天书谈得投机，心中妒恨油然而起。二人相视一眼，不由分说便冲着马可·波罗抱拳施礼，很不礼貌地打断了马可·波罗与龙广天书的谈话。

马可·波罗是位意大利商人。他来到中国后，拜见了忽必烈，得到了忽必烈的信任与喜欢，被留在了开平。

"两位，谈什么呢？"阿合马笑了笑，那是一种奸笑的声音，"马可·波罗，忽必烈大汗封你为地方官，不知何时去上任呢？告诉你，天下美女数中原，那里可是出美女的地方呀！"

"美女？"马可·波罗有些不明白阿合马的意思，他望一眼龙广天书。

龙广天书压根儿就不想与阿合马交谈，她甚至不想见到阿合马。现在，既然阿合马来到她的面前，还有真金，她只好硬着头皮应付几句。

"马可·波罗先生，"龙广天书说，"阿合马大人的意思就是让你多找几个漂亮的女人。"

"不行，不行。"马可·波罗连连摆手说，"我的叔父不会同意我这样做的。再说，我既答应效忠忽必烈汗，帮他料理朝政，就决定把我的妻子接来。"

"接来？"太子真金有些奇怪，"把你妻子接到中土来？"

"是这样的。"马可·波罗点了点头，"我有这个决心。"

"你还真有官瘾呢！"阿合马讥讽道，"马可·波罗先生，你应当先问清中土的官都是怎么当的。"

龙广天书冷笑一声，拂袖而去。她实在不能再听到阿合马的声音，她已像王社教的朋友王著一样有恨不得杀掉阿合马的心——王著不止一次叫着要杀掉阿合马。

忽必烈也在私下多次提醒阿合马不要过于张扬，不要总是与汉人为敌，他要阿合马收敛些，也要龙广天书多提醒阿合马，但龙广天书自知与阿合马冰炭不能同炉。龙广天书愤而离开几个人正谈笑风生的地方，出了院门，却突然感到有些茫然，一时间竟不知要到哪里去。就在这时，王著和王社教二人策马而来，他们见到龙广天书之后便翻身下马。龙广天书问："你们这是到哪里去？"

"正是闲着无事呢！"王社教说，"要不然再去你刚才去的地方？"

"原来你们也是想来看一下这个洋人。"龙广天书说，"算啦，阿合马和真金都在里边呢！"

"走吧！我们赶快去另一个地方。"王著快快地说。王著也是一位慕名投靠忽必烈的读书人，与龙广天书颇为投缘。

龙广天书、王著、王社教三人离开马可·波罗的寓所，策马驰到郊外的一处酒馆，要了一坛老酒和几斤牛肉，畅饮起来。三人谈笑风生，但都像是在有意识地回避一个问题——那就是尽量不提阿合马，提到他，三个人都会恨得牙根子痛。

王社教的心情是少有的快慰。他自从来到漠北之后，第一次饮这么多酒，第一次和龙广天书坐这么近，第一次和朋友喝得酣畅淋漓、说得直抒胸臆、笑得洒脱豪气。

王著再一次提出他想杀死阿合马，龙广天书挥了一下手道："不可，刺杀阿合马，忽必烈汗怎能饶恕你呢？况且，阿合马又是真金的红人，谁敢惹阿合马。"

"阿合马太可恶了，听说他总进言大汗要把汉臣权力削减下来。"王社教说，"大汗只是一味地怂恿着他，总有一天会不可收拾的。照这样下去，岂不是又像南朝一样，朝政一天天腐败下去。"想起在南朝的伤心之事，王社教又动了归隐之心。

早在从戎到巴儿思溜溜部队时，王社教就给少林寺德虔长老去过信，表达自己出家为僧的愿望。不过，那时他并不是直接去笺给德虔长老的，只是他去笺到少林寺之后，在彷徨之中穿上戎装后才收到德虔长老复笺的。他想，如果德虔长老的信能早些给他答复的话，他一定会不着军服去披袈裟的。

"走吧，咱们去找刘秉忠问一下征战之事。"龙广天书说，"如果再派我父亲去征战，不如咱们一块儿前往，既能常聚聚，也能帮我父帅谋划一番呀！再说，还可以不看那走狗的嘴脸呀！"

"就是再山高路远，只要能三人常聚，也是人世间一大快事。"王社教说，"沈元帅还真是不服老啊！"

"他是老当益壮！"王著说，"走吧，咱们到刘秉忠那里去问一问。"

说罢，三个人起身就走。赶到刘秉忠府上时，正好马可·波罗也在那里，刘秉忠说："真是碰巧了。"

"我是来向刘秉忠大人辞行的。"马可·波罗说。

"我们也是闲来无事，"龙广天书说，"顺道来看望一下刘大人，问他最近可有人外出打仗，如果有，最好也算上我们三个。两都之制以来，我们漠南漠北来回跑，都极少参与什么战事啦！"

"是这样的。"刘秉忠说，"两都之制，是让人够操心的。"

"你操心的是什么？"马可·波罗说，"现在你是唯一能调配各色人种出任官员之人，哪一个不怕你？"

"马可·波罗先生，"刘秉忠说，"你到中原赴任之后，就知道咱们中土的官是多么难当了，中土的事是多么难做了，中土的人是多么难为了。我们有一句古话，说出来你也许不懂，算啦，别说了。"

"什么话？"马可·波罗说，"我随我伯父在东土经商数载，两度穿越西方与东方大千世界，你说什么话，我都会听懂的。说吧，我能听懂！"

"那句话叫'骑着毛驴看唱本——走着瞧'！"刘秉忠说。

"看唱本为什么要骑着毛驴呀？"马可·波罗不解地问。

刘秉忠、龙广天书、王社教、王著几个人都笑了起来。

"那你就试着走吧。"王著说，"刘大人的意思是让你找一头驴子。驴子，你懂吗？马可·波罗先生。"

"我懂了，我懂了。"马可·波罗学着汉人礼节抱拳当胸，"在下告辞了！我马上就去找一头驴。"

马可·波罗走了，他走出刘宅时，又听到身后的笑声。

马可·波罗一直很纳闷，快到自己的寓所时，还在想着为什么看唱本要骑着驴。他想，东方人也是够滑稽的了！难道让我去赴任，也要骑一头驴？他的叔叔佛罗伦萨见他有些神魂颠倒，便拍了一下他的脑门："马可·波罗，你在想什么呢？怎么一下子变成这个样子了？"

"叔父，我不明白中土之人为何看唱本要骑着驴呢？"马可·波罗说，"真是滑稽，让人搞不懂。"

"真是傻小子。"佛罗伦萨笑了起来，"看来你真不懂。"

"我是不懂。"马可·波罗说，"请叔父告诉我。"

"这是东方人的戏谑语。"佛罗伦萨笑着说道。

马可·波罗说："刘秉忠还能戏谑我？我去当地方官是忽必烈大汗亲自恩准的，我去拜访刘秉忠，还不是给他一个面子吗？"

"也许刘秉忠对你是没有恶意的。"佛罗伦萨说。

"我也不相信他会对我有恶意。"马可·波罗喃喃地说，"难道和刘秉忠在一块儿的王著、王社教，还有那个很神秘的龙广天书对我有敌意？"

"谁？"佛罗伦萨说，"孩子，你是说刘先生说这话之时，有许多人在他的身旁吗？这倒让人生些疑问。"

"王著非常仇恨外族人，我听阿合马说的，也许是真的。"马可·波罗说，"在此之前阿合马总跟我说要防备王著，他说王著非常仇视外族人。"

草原英雄：忽必烈

"外族人？"佛罗伦萨说，"难道也包括所有蒙古人？"

"是包括蒙古人。"马可·波罗说，"阿里不哥殿下又有反心，他派人前来与一些色目人勾结，也不知是大汗有意放纵，还是阿里不哥胆大妄为。他正笼络阿合马，与以刘秉忠为首的汉人斗。"

"能斗过汉人吗？"佛罗伦萨说，"眼下有王文统、张文谦他们把持朝政，就算是蒙古人也斗不过他们，何况阿合马只是个回回人。"

"回回人？"马可·波罗问，"阿合马是一个回回人？"

"是的。"佛罗伦萨说。

"叔父，"马可·波罗说，"我已和阿合马有默契。"

"什么意思？"佛罗伦萨有些紧张，他握住马可·波罗的手说，"孩子，你可不要轻信阿合马。"

"为何？"马可·波罗有些惊奇，"为何不能轻信他？"

"阿合马和咱们一样，"佛罗伦萨说，"他也是个商人。"

"是个商人？你是说阿合马也是一个商人？"马可·波罗睁大眼睛说，"真是令人吃惊。"

"让人吃惊的还在后边。"佛罗伦萨说，"孩子，阿合马是十分奸猾的，你切不可上他的贼船啊！"

"贼船！"马可·波罗有些吃惊，更有些不相信，"阿合马的贼船？叔父，难道阿合马是一个十分凶恶之人吗？"

"首先你要知道东土有一句话。"佛罗伦萨说。

"什么话？"马可·波罗有些迷惘。

"那就是东土人的'无商不奸'。"佛罗伦萨说。

"无商不奸？是什么意思？"马可·波罗耸一耸肩说，"难道叔父说的意思也包括我们两个人？"

"应当这样说。"佛罗伦萨点一下头，"是商人都奸恶。"

"都奸恶？"马可·波罗有些莫名其妙，他对佛罗伦萨笑了笑，"难道你我也是十分奸恶之人？"

"难道不是吗？"佛罗伦萨说，"孩子，在上帝面前，我们都是有罪的。我们行商多年，还不都是靠算计别人才赚来这么多钱吗？就是靠的奸诈呀！"

"这也是有道德的。"马可·波罗说。

"正因为我们的奸恶才赚来这么多银子。"佛罗伦萨说。

"商人的目的难道不是赚银子吗？"马可·波罗叹一口气。

"是的！正是如此，我们才变得不诚实，不诚实就是奸诈，奸诈就是有罪之人。"佛罗伦萨说。

"我们在上帝面前都有罪。"马可·波罗嗟叹一声。

"孩子，那阿合马正是大奸大恶之人呀！"佛罗伦萨说。

"可是阿合马仅是个管钱的小人物，又跟察必皇后有关系，他怎会是奸恶之人？"马可·波罗说什么也不愿相信。

"你想，我的孩子，阿合马为何总与你亲近？"佛罗伦萨说，"他为何又不与刘秉忠那些汉人亲近？"

"这是因为阿合马与刘秉忠的政见不一。"马可·波罗坚持说，"我并不认为阿合马是个坏人。"

"可你也不十分赞同刘秉忠是一个好人，"佛罗伦萨说，"至少，你从骨子里有些不大赞同那些汉人。"

"是的，是这样的。"马可·波罗点点头。

"那还不是受了阿合马的影响？"佛罗伦萨说。

"叔父，我要到中原当官，到那里去管理的大多是些汉人。"马可·波罗说，"在治理汉人上，阿合马还是很有经验的。比如，那些汉人在没当上官之前拼命读书，当上官之后就不读书了。"

"还有呢？"佛罗伦萨微笑一下，拍了拍马可·波罗的肩头。

"还有就是汉人中那些读书人，未当上官的时候就说朝廷这也不好，那也不好，一旦被朝廷重用，又会说这个也好，那个也好，到处莺歌燕舞，一片大好，还会说国正天心顺。"

"这是真的吗？"佛罗伦萨拍了拍马可·波罗的肩，"我的侄儿，这一定是阿合马在教你这些传言。"

"是真的。"马可·波罗说，"刘秉忠本人也是这样的。"

"刘秉忠？你是说刘秉忠本人也是这样的人？"佛罗伦萨吃惊地睁大眼睛，"难道不是他举荐你当的官？"

"是他举荐我当的官，但他确实是我说的那样的文人。"

"何以见得？"佛罗伦萨说，"是阿合马在造谣吧？"

"不是阿合马在谣传，这是刘秉忠的事实呀！"马可·波罗说，"他先是出家当和尚，叫子聪，又当道士，后来又当和尚，再后来到漠南投奔忽必烈。"

"谁说的？"佛罗伦萨说，"一定是那几个阿合马身边的人在瞎说，他们对刘秉忠有几分仇视。"

"不，是刘秉忠身边的几个人告诉我的。"马可·波罗说，"龙广天书、王社教、王著那几个汉人。"

"他们汉人真不团结。"佛罗伦萨叹了一口气。

"是这样的。"马可·波罗说，"他们常是内部钩心斗角，对外毫无抵抗能力。现在，阿合马的势力越来越高过他们汉人，这是因为有许多汉人背叛了刘秉忠，投奔了阿合马。这就说明汉人的骨头很软，很会见风使舵，很会攀龙附凤，很会阿谀奉承，很会溜须拍马，很会见异思迁。"

"这只是很少的人。"佛罗伦萨笑了笑说，"孩子，阿合马的骨头再硬也斗不过刘秉忠。汉人多有心机，谋略在胸，可以'不战而屈人之兵'。"

"叔叔，你可能受汉人蒙蔽太深了。"马可·波罗说。

"不，是你太不懂汉人。"佛罗伦萨说，"我是不会同你到中原去当什么官的，原来我真想随你到那里享受几天荣华富贵，顺便再做一点儿小本生意，借你的光发点儿小财。现在看来，跟着你很危险。"

"很危险？"马可·波罗有些不服气，"有何危险？"

"孩子，因为你不太懂汉人，却要去当汉人的官。"佛罗伦萨说，"这正如叫我们的国王去当船的舵手一样，他未划过船，又不习水性，那船还能坐？"

"不能坐。"马可·波罗若有所思地点了点头。

"是啊！"佛罗伦萨说，"那船是不能坐，不能坐啊！谁要坐上去，还不是天下第一号大傻瓜！"

"叔父言之有理。"马可·波罗说，"叔父，我该如何？"

"怎么？不想去当中原的大老爷了？"佛罗伦萨问。

"想！我十分想。"马可·波罗笑着说，"叔父，我做梦都想着尝试一下做官的感觉，一心一意想为老百姓做几件事。"

"行，我看你能当好官。"佛罗伦萨笑了起来。

马可·波罗说："我有这个想法，叔父能否陪我前往？我们不应分开。"

"孩子，除非你拿到忽必烈的特赦令。"佛罗伦萨说，"有了忽必烈的特赦令，我才敢跟你去。"

"特赦令？"马可·波罗问，"什么是你说的特赦令？"

"就是一种在任何情况下都能赦免我们罪行的文书。有了它，我才敢跟你去到扬州。"

"那好吧。"马可·波罗说，"我去找忽必烈大汗问一下。"

"不要问，是一定要把那个特赦令拿到手。"佛罗伦萨说，"没有它，我是不敢和你一起下扬州的。"

隔了几日，马可·波罗到了大殿，真的跪下向忽必烈讨要什么特赦令，搞得满朝文武都有些哭笑不得。

"你还未去赴任，却要什么特赦令？"忽必烈笑道。

"臣怕万一到任后有些过失，你会杀了我。"马可·波罗说话中带着一些只有细心人才能听出的哭腔。

"会有过失？"忽必烈感到有些莫名其妙，他问，"你还未去赴任，怎知会有过失呀！笑话。"

"这不是笑话。"马可·波罗说，"大汗不给特赦令，臣是万万不敢去赴任的，一定要给。"

"一定要给？"忽必烈感到又好气又好笑，"是谁教你这样说的，为何一定要给？"

"大汗！我确实有难言之隐。"马可·波罗说。

"有何难言之隐？"忽必烈问，"难道有人为难你？"

"没有，"马可·波罗说，"没有任何人为难我。"

"那你为何还坚持要什么特赦令？"忽必烈问。

"这是因为你不给我特赦令，我叔父就不会跟着我去中原。你是知道的，我叔父是我唯一的亲人，我不忍心和他分离。"马可·波罗叹一口气。

"原来是这样。"忽必烈笑了起来，"起来吧！我完全明白了，原来是你的叔叔怕你到中原后惹祸。"

"是这样的，是这样的。"马可·波罗站起身连声说道，"如果大汗能给我一个特赦令，我会尽心尽力效力大汗，为大汗竭尽全力，贡献我的聪明才智，用我们那里最先进的方法料理好公务。"

"你们那里？一个小水乡？或者是意大利教堂式的？不，不！不应当那样，我的子民应当是以农桑为主。刘爱卿已经说了，如今南方最当紧的是补给农桑，抓紧耕种。"忽必烈说着看了刘秉忠一眼。

刘秉忠微笑着很得意。也就是在刘秉忠看着趾高气扬之时，阿合马正恨得咬牙切齿，怒火中烧。

"你们都下去吧！子聪先生和郝经留下。"

忽必烈看着大臣们斗嘴，心中有点烦。等众人出了门后，忽必烈招手道："你俩坐近些，咱们商量一下阿里不哥的事。"

刘秉忠和郝经坐下后，郝经率先说道："大汗，由于我们放权给伊儿汗等诸王，蒙古诸王已经先后向我们示好，阿里不哥现在很孤立。"

"可他手中尚有和林跟军队呀。"忽必烈仰面倚在锦椅上，叹息道。

"是呀，他让阿兰答儿出兵河西走廊，又派刘太平到关西统领军队，川蜀一带局势不稳。如果他们合兵进据京兆，阿里不哥再挥兵由和林南下开平，那我们的形势就十分不妙了啊。"刘秉忠分析道。

"不知道廉希宪在京兆宣抚使的任上干得怎么样，不知道他能否左右住京兆的局面？"郝经也担心地说道。

忽必烈摇摇头道："我倒不担心廉希宪，他有勇有谋，不会出岔子。我倒是担心阿里不哥南下攻打开平，我若还击，这同胞相残的骂名怕是洗不掉了。"

"大汗勿虑。阿里不哥性情毛躁，定会率先动手，大汗是无奈而为，天下人岂会不辨是非。"郝经回道。

"你们先在私下跟诸王透透这个意思，要让诸王知道我忽必烈绝不会先不仁不义的。"

"好的。"

"还有，目前局势不稳，攻伐南宋的行动恐怕要暂缓。跟南宋议和之事，你们怎么看？"忽必烈话锋一转，又提及攻宋之事。

"我看事不宜迟，免得南宋知道我汗国内部情况有变，再生它意。"刘秉忠建议道。

"这出使之人，你们可有人选？"

"我看还是我去最好。"郝经接口道。

忽必烈摆手道："不行，目前汗国初建，诸多朝政尚需你来料理，你不能离开。"

"有子聪先生和王文统、张文谦他们足矣。贾似道阴险狡诈，别人去我怕谈不拢啊。"

听了郝经的分析，忽必烈和刘秉忠二人都未再说什么。半晌，忽必烈方道："也罢，你去后，不管是否能谈妥，快快回来为盼。"

"好！"

目送着刘秉忠、郝经二人的背影，忽必烈深深地感悟到汉人中才俊的重要。

郝经是金代名士郝天挺的孙子。金朝末年，蒙古和金朝交战，郝经的父亲郝思温带着年仅九岁的儿子郝经及妻子许氏，从老家山西迁到了河南。谁知河南也并非乐土，乱兵四处劫掠。一天，当郝思温外出办事时，家中又有乱兵闯进，许氏领着郝经赶紧躲到了地窖中。乱兵见郝家贫寒，没有可掠之物，愤然地点燃了柴堆，并扔进了地窖。郝经母子在地窖中被烟熏火烤，却不敢发出一点儿声响。时间一长，许氏便被烟火熏烤得晕了过去。九岁的郝经临危不乱，在黑暗的地窖中摸索着找到了一坛酸菜和一罐蜂蜜，他把酸菜汤跟蜂蜜掺起来，用手扒开母亲的牙关，将又酸又甜的汤汁灌进了母亲的口中。在儿子的侍奉下，许氏渐渐地苏醒了过来。

九岁的郝经智救母亲的事在乡邻被传为佳话，而郝思温也感到儿子天赋聪慧，不读书实在可惜。于是，郝经便在家境贫寒的情况下，依然被父亲送到一个学堂去读书。郝经虽然年幼，但颇懂事理，他知道自己家中并不富裕，为使自己读书，父母已经不堪重负。他每天闻鸡而起，打柴挑水，等一番家务事干完之后，天才大亮。在学堂里，他穷读六经，涉猎诸史，常常借着月光和庙中的烛光彻夜长读。学堂的老师都不忍心看郝经这般刻苦，常劝他要注意身体，小小的郝经却道："如今天下战争频仍，人人崇尚习武之士，但我却认为世事张弛有衡，一旦四海安靖，仍是读书人的天下。我早已立志不学无用之学，不读非圣之书，不务边幅之事，不做章句儒冗。"

郝经年纪不大，却能道出如此富于远见及志向之言，老师及乡邻们都赞叹不绝。后来，因河南不靖，郝经又同父母一起流浪到了顺天（今河北保定），也把饱学之名带到了顺天。几年之后，顺天路左副元帅贾辅慕其才学，把郝经请到了府上，教授自己的儿女。后来，顺天的万户张柔与郝经见面之后，深深地被郝经的才华打动，又备重礼把郝经请到张府，授教于子嗣们。

日子一长，张柔发现郝经不仅博学善文，而且目光敏锐，胸襟远大，分析起政事来一针见血，见地极深，便诚邀郝经出来为官。郝经以"读书人不为艺文，选官不为利养"婉拒，更是令闻之者赞叹不已。

元宪宗二年（1252年），忽必烈在金莲川招才纳贤，听说郝经的大名后，便把郝经请到府中。几番长谈之后，忽必烈对诸多问题有了茅塞顿开之感，他再也舍不得郝经离去，便把郝经留在了府中。

郝经深知自己此次使宋的责任重大。目前阿里不哥在和林磨刀霍霍，而又逢忽必烈汗登位伊始，百废待兴，国力不足，此刻忽必烈汗是想稳住南宋，全力对付阿里不哥。如果自己不能完成使命，南北一起向新生的忽必烈政权夹击的话，后事不容乐观。

郝经回到住所已是深夜了，他见书房的灯还亮着，便信步走了进去。房内，侍女小兰正捧着一本书，聚精会神地读着。听见郝经进来，忙站起身，不好意思地道："大人回来了？要不要喝碗热汤？"

"不用了，你怎么还不休息呀？"郝经用怜爱的目光抚着小兰清秀的脸庞问道。

"我烧好了热水，等着给大人烫脚呢。"

"这些事让他们干就是了，你又何必亲自动手呢。"

小兰是个孤儿，被郝经收留在府中，几年的工夫便已出落得如花似玉。郝经几次给她说婆家，小兰都寻死觅活地不答应，声言除了大人谁也不嫁，郝经只得收在房内。小兰年轻漂亮，性情温顺，颇得郝经宠爱。

小兰端着水盆，一边给郝经洗脚，一边道："大人，明日可否晚点起床，这些天你都累瘦了。"

"不行。小兰，一会儿你把我的行囊打好，明天我要出使宋国。"

"什么？大人，大汗这么需要你，你离开大汗，大汗同意吗？"

"我出使宋国，就是为了他的要事。"

"那我也跟着大人去，也好一路照料大人。"

草原英雄：忽必烈

郝经不无爱怜地抚着小兰的脸，笑着说道："我们出使团人可不少，怎么能都带着自己的女人呢？"

小兰给郝经揩净脚上的水珠儿，扶着郝经躺在床上，一边解着衣扣，一边道："那一路上谁来侍奉大人？"

"我又不是小孩子了，你放心吧。我走后，你照顾好自己。"

小兰偎在郝经的怀里，红着眼圈道："大人这一去，不知何时方能回来，我该怎么熬哇。"

郝经搂紧了小兰，没有吱声。

"大人，我要有个孩子就好了。"小兰说着，两颊飞上了红云。

"好！"郝经会意地笑了……

第二天清晨，郝经一行人便匆匆上路了。郝经用手抚抚揣在怀中的《和宋书》，心中盼着自己能完成忽必烈交给的任务。这《和宋书》中写道：

皇天眷命大蒙古国皇帝致书于南宋皇帝：'爰自平金之后，蜀汉荆扬，如兵几三十年，交聘非一，卒无成约。比者川蜀捣虚，荆湖批亢。生灵有涂炭之苦，战士有暴露之劳。朕甚悯焉，是以即位之始，首议寝兵，用示同仁，以彰兼爱，期于休息元元，与天下共享有生之乐而已。且南交广而西巴蜀，北长江而东沧海，分兵守险，彼所恃以为国者也。今战舰万艘，既渡江以扼海，铁骑千群，复逾广而出蜀。四塞无结草之御，六军有破竹之威，人所共知，不必遍举。于此时也，非不能犄角长驱，水陆并进。秋风虎旅，指挥看浙江之潮，春露擎杯，谈笑把吴山之翠。盖以佳兵不祥，素所不喜，守位以仁，今之本心。又况靖康南北衅端，初无盘错大故，非如女真、西夏，恶积实深而不可解者也。往者彼己胜负之事，往来曲直之辞，各有攸当，置而勿论。自今作始，咸取一新，故先之以信使，申之以忱辞，告宝位之初登，明朕心之已定，唯亲王上宰，能报聘之一来，则保国乐天，必仁智之两得。苟尽事大之礼，自有岁寒之盟。若乃忧大位之难继，虑诡道之多方，坐令失图，自甘绝弃，则请修浚城池，增益戈甲，以待秣马厉兵，会当大举，论天时则炎瘴一无畏惮，论地险则江海皆所习知，必也穷兵极讨，一决存亡而后已。力之所至，天其识之；祸自彼挑，此无可慊。在我者至诚可保，在彼者听所择焉，毋循前例，止作虚文。时荐清和，善绥福履，不宣。白。庚申年四月七日开平府行。

郝经到达济南时，已是荷花初绽的五月了。李璮从益都捎信来，要郝经小心为上。信中说南宋曾于日前杀了他派去的使者，而且还放言绝不容蒙古人活着踏进大宋的疆域。李璮还说他已经抓了不少南宋的百姓及兵吏，报复了他们。

郝经闻之大惊。他深知李璮的报复之举会破坏了自己的讲和大计，会给南宋以借口。郝经赶紧修书至李璮，要他立刻放还南宋被抓的兵吏、百姓，切勿再生事端。

随行的人劝郝经放弃使宋的任务，回开平算了，郝经正色道："我们岂能惧死而逃跑。"

一行人到了宿州（今安徽宿县）时，恰逢天下大雨，郝经望着窗外的电闪雷鸣，不由地吟道：

> 飞电穿窗满室光，却从陡黑见昏黄。
> 雷霆半夜翻龙窟，风雨终宵撼客床。
> 塞上诗怀尤索莫，天涯壮气独昂藏。
> 星麾何日平康了，两国长令似一王。

郝经一行人晓行夜宿，备尝艰辛。他牢记着忽必烈为自己送行时的嘱托："你此番前去，只要办好两件事，一是示好息战，再结和约；二是索要贾似道在以前密约中允诺的岁币银两。"

郝经一行人风尘仆仆地到了南宋的真州城。真州城内人来人往，一派平安之态。街道两旁，店铺林立；茶楼酒肆，宾客如云。

郝经他们找了一间干净一些的客栈住了下来——他准备在这里打探一下情况，了解一下南宋的政局有无变化。

"小二，上一桌最好的饭菜。"郝经知道随从们都太辛苦了，应该慰劳一顿。

"好嘞！"小二欢快地应着。

郝经坐在客栈楼下的饭馆里，一边吃，一边跟小二聊着："小二，你们真州好繁华呀。"

"那当然，我们这里距临安只一步之遥，天子脚下，自然是繁华。"

"你们不怕蒙古人打过来吗？"郝经一身儒士装扮，风骨清雅，自然不怕让小二疑为蒙古人。

"先生此言差矣。我们的贾似道宰相督军鄂州，一下子就吓退了蒙古的围鄂大军。有贾宰相在，我们才不怕蒙古人呢。"

原来，在忽必烈率兵围攻鄂州时，贾似道是背着皇上，偷偷跟蒙古议和的。当初忽必烈为了抢先回开平称汗，撤走了围鄂兵力，贾似道却在宋朝臣民眼中成了抗蒙英雄。宋理宗皇帝还下诏晋升贾似道为少师，封为卫国公，大肆褒奖。

郝经并不知晓这些。他为了表示对贾似道的尊敬，便没有径直去见宋理宗皇帝，而是先遣密使到宰相府，告之贾似道蒙古国有议和信使在真州，请宰相安排

草原英雄：忽必烈

会见事宜。

"大人，不好了，馆舍四周全是持刀枪的宋兵。"第二天清晨起床后，侍从王金刚一出门，便被全副武装的宋兵给拦了回来。

郝经一愣，急忙下床，走到窗前一看，果然见到不少宋兵围住了馆舍，不准任何人出入。

郝经踱了几步，回想起店小二的话，方悟道："贾似道是背着宋帝私自议和，他不会让我见大宋皇帝的。"

郝经稳住神儿，安慰王金道："别慌，贾似道肯定会来见我的。"

"郝大人真是能掐会算呀。"随着话音，一个衣着锦服的中年人迈进屋来。

"你是谁？不懂得叩门问礼吗？"郝经心中已经知道此人是谁了，他是故意冷着脸问话，借以抒发自己的不满。

"郝大人，长了一张利嘴呀，我是谁，想必郝大人早已知道了吧！"

"王金，你出去一下。"郝经依旧冷着脸。

"久闻郝大人满腹经纶，是否有兴趣与我贾某共奉大宋呀？"

贾似道惊闻蒙古使者到了真州，便急派手下围了馆舍，不许走漏一人，也不许走漏风声，并且连夜来到真州，欲先行稳住郝经。

郝经冷冷一笑："怎么？贾宰相先前允诺要臣服蒙古，每年进奉银币之事，都忘了？"

"没忘，不过此一时，彼一时，你们蒙古内部争夺汗位正如火如荼，哪里还有闲情逸致来理会我们大宋的事情。"贾似道奸笑着，一副无赖的嘴脸。

郝经略一沉吟，又道："既是如此，我们就不多打扰了，明日便离真州，回蒙古复命。"

"急什么，大宋山清水秀，人杰地灵，郝大人不想领略一番吗？"贾似道依旧奸笑着。

"贾大人莫非想违古训，密斩来使不成！"郝经语气强硬了起来。

"不斩，不斩，我怎么舍得斩你这位大才子呢？如你想通了，同意与我一起辅佐大宋，我还要给你封官呢。"

"与其与你这般败类同流合污，倒不如一死而谢世。"郝经愤然说道。

"真有一股'士可杀不可辱'的意思，你就踏踏实实地在这住着吧。"贾似道一甩手，走了。就这样，郝经一行被贾似道秘密地囚了起来。

忽必烈称汗以来，夜以继日地忙碌着，唯有跟察必在一起的时候方可清静一会儿。这天晚上，忽必烈躺在床上，与察必说着话。

察必靠在忽必烈的怀里，幽幽地道："于天、于理、于百姓，你都该得到这个汗位，这天下该属于你的。"

忽必烈叹道："我日思夜想的是实现先祖父的遗愿呀。"

"是啊！"察必说，"这天下，该是一统而治的时候了。"

忽必烈点一下头。

察必静静地倚在忽必烈怀中，许久都没有说话。

忽必烈叹了一口气，缓缓地道："廉希宪是个能干之臣，他行事迅疾、果断，跟合丹亲王、汪良臣杀了阿兰答儿，稳定了川蜀、京兆的局势，该获奖励呀！"

"所以说，大汗用人时心里不要有汉、回、蒙的区别。这些年来，多亏了汉臣刘秉忠、姚枢、郝经、沈元帅，多亏了回人廉希宪，也多亏了藏人八思巴大法师呀。"

"不错，一些宗亲王爷们就看不到这些，总是进谏说我太过倚重汉臣。岂不知，这些汉臣为我们的蒙古国立下了多大的功勋。"

"报！"怯薛在门外喊道。

"什么事？"忽必烈松开察必的肩头，心中一紧，知道怯薛深夜来报，肯定是有什么急事。

"阿里不哥率兵南下，正向开平杀来。"怯薛禀道。

阿里不哥真的动手了。在此前，忽必烈因为阿里不哥派阿兰答儿去河西走廊，便生气地断绝了漠南通向草原的交通。几个月来，和林逐渐地断食断物，生活无着，阿里不哥终于铤而走险，率先杀了过来。

忽必烈笑了，他要的就是这个结局。

阿里不哥讨伐阿鲁忽，初战不利，先锋哈剌不幸被杀，但随后大败阿鲁忽，进据察合台汗阿鲁忽的统治中心阿力麻里。阿鲁忽带着妻子和阿速歹等人逃往斡端。

阿里不哥驻军阿力麻里，阿鲁忽又西走撒麻耳干。

阿里不哥讨伐阿鲁忽虽然获得了胜利，但因为他肆无忌惮地杀害了合罕的军民并凌辱他们，他的一些追随者便大多离开他，各找一个借口脱离他而去，他们说："他如此残酷地折磨自己人，我们都是蒙古人，我们该走啊！"

旭烈兀的儿子主木忽儿身体稍有不适，便借口离去，就在这时，阿力麻里又发生了饥荒，人民不断死亡。一天，阿里不哥正在帐中寻欢，突然刮起一阵旋风，撕破了丝质大帐，并折断了支柱，许多人受到伤害。阿里不哥的部下以为这是不祥之兆，是阿里不哥崩溃的开始。于是，又有更多的人离开阿里不哥，投忽必烈去了。

兀鲁忽乃妃子是阿鲁忽最钟爱的女人，这一次进驻阿力麻里时，被阿里不哥霸占了，遭到了百般蹂躏，因为阿里不哥感到自己的一切不幸都是她带来的。

"女人真是祸水。"阿里不哥拔剑指向兀鲁忽乃。

"杀我吧。"兀鲁忽乃已感到活着是多么不易。

"这个贱女子!"阿里不哥把剑锋抵向兀鲁忽乃的脖颈。

"你更贱。"

"贱女人,你还敢嘴硬。"阿里不哥收起剑,踢了兀鲁忽乃一脚,又打了她一个耳光,"贱女人,该死。"

兀鲁忽乃说:"难道你连最后的活路也不要了吗?"

"什么活路?"阿里不哥睁大了眼睛,"此话怎讲?"

"想活?"

"嗯,想活下去,怎么办?"阿里不哥语气柔顺许多。

"听着,"兀鲁忽乃说,"先把我送到阿鲁忽属地里去。"

"去求阿鲁忽?"

"对。"

"只有此路?"

"是的。"兀鲁忽乃说,"我是阿鲁忽心爱的妃子,和察必又有亲缘,把这事办好,你就有活命。"

阿里不哥同意了。他将扣押的兀鲁忽乃妃子和麻速送到阿鲁忽,以求和解。

兵残饷乏的阿里不哥已无力自存,在兀鲁忽乃的撮合下,阿里不哥只好带着阿速歹几人归降忽必烈。忽必烈看阿里不哥狼狈的样子,心一软,便又放他回了和林,但严令他不许执掌和林政务及军队,不许出和林一步。

晚上,忽必烈下朝回到寝宫,一边喝着奶茶,一边与察必皇后聊天。忽必烈对察必说:"能使阿里不哥归降,当记你一功。"

"记我一功?"

"是的。"

"为什么?"

忽必烈笑了。察必像是醒悟什么似的,也朗声笑了起来,她点了一下头说:"是兀鲁忽乃妃子和我有情谊,多亏她了。"

"她还不是看在你的面子上?"忽必烈说,"女人有时真不简单。"

察必很高兴,她对忽必烈说:"真金也大了,该为他选宫了吧。这岁月,真是催人老啊。"

忽必烈说:"咱们老了吗?我还从未觉得老哩。"

"没觉得?"

"是啊。"

"真金都大了。"

"真金大了,咱们该老了?"忽必烈说着说着便笑了起来。

"这天下之事，有时真怪。"察必说，"越老越想小。"

"什么小？"

"大汗，"察必朗声笑了起来，"小孩子嘛！难道你不想要一个小孙子吗？想想吧。"

"孙子？"

"是的。"察必说，"咱们该有一个小孙子了，也就是说真金该找一个别乞，他已成为大人了。"

"再是大人，在我们面前还不是一个孩子嘛！"忽必烈笑着说，"听你这样说，真该问一下真金的婚事了。"

"真金是个内向的人，他平时不太言语。"察必说，"有人说他和阿合马走得很近，不知是真的吗？"

"我也听说了。"忽必烈说，"阿合马是个有心计的人。"

"这样的话，对真金是好事，还是坏事呢？"察必叹了一口气。

"应当是好事吧。"忽必烈说，"子聪先生也常夸阿合马有灵性，是一个很了不起的人物，有治国之才。"

"阿合马？"

"子聪先生这样说的。"忽必烈说，"他很少夸一个人。"

"未必是实话。"察必说，"也许是子聪先生不想与阿合马有隙。"

"这是什么意思？"

"你没有听说？"

"听说什么？"忽必烈说，"察必，你听说了什么？"

"子聪先生和阿合马多有不合。"察必说，"他们水火不容。"

"水火不容没什么不好，他们正好相互牵制，免得有谁擅权。"

"可你想过没有，这会让朝廷大臣不睦，影响政务的管理呀！"

"这怎么可能？"

"有什么不可能的。"察必摇了一下头，她说，"子聪先生权势过大，早有非议。"

"我们掌握着大片的汉人土地，怎么能把汉人排斥在朝堂之外呢？"

"阿合马很嫉妒子聪先生。"察必说，"他们不会友好。"

"但子聪先生确实在我面前夸阿合马的治国之才。自从阿合马在中书左右部诸路都转运使任上以来，他干得颇为出色，为汗国理顺了财务运转，是个能干之人。"忽必烈说，"子聪先生的态度非常诚恳，很感人。"

"这就是子聪先生的不凡之处。"察必说。

"他才是人才难得呀。"忽必烈感慨地说道，"有气量，有胸怀，只有这样的人才能成就大事业呀。"

"大汗，你的意思是什么？"察必有些谨慎地说。

"现在我想，真金应当跟子聪先生近一点，离阿合马远一点。"忽必烈说，"察必，你说一下吧。"

"对真金说？"

"是的。"

"就怕真金不能接受。"察必说，"他毕竟大了，其实他也看不上阿合马的巧言善变，跟阿合马不过也是敷衍关系。"

"是大了，才应当为他多费些心神。"忽必烈说。

"那我就说一下吧。"察必的态度有些勉强，她觉得真金已和阿合马走得很近，就怕难以说服。

果然，如察必担心的那样，真金一听说忽必烈汗要他多跟刘秉忠学一下，就嗤之以鼻道："刘秉忠毕竟是一个汉人，汉人能可靠吗？不靠蒙古人治天下，还能把权势都交给汉人吗？"

真金照样我行我素，还把察必说的一些话对阿合马说了。阿合马从心里有些忌恨忽必烈，但嘴上一点也不敢说出来，只是长吁短叹。

"叹什么气？"真金安慰阿合马，"不要怕。"

"我怕什么？"

"难道你不怕？"

"我不怕，一切有您呢。"阿合马笑着说，"我是忠于您的，您是一棵大树，会为我遮风挡雨的。"

"阿合马，你很忠于我，对吧？"真金说。

"苍天可鉴。"

"阿合马，我相信你。"真金说，"但是，我毕竟只是一个王，不能掌控全蒙古之权，是块心病呀。"

"殿下，你要忍耐一些。"阿合马为真金小小年纪就有如此野心，感到异常吃惊，他想：只要你有争权的愿望，我就会成就你，帮助你。

"我忍耐？"

"要忍。"

"难呀。"

"那也要忍。"

"怕什么？"

"刘秉忠专权呀！"阿合马说，"眼下，刘秉忠权倾朝野，忽必烈汗就信任他们那些人，不好办。"

"除去他。"

"不行。"

"怎么？"

"他是你父汗的宠臣，我们斗不过他。"阿合马说。

真金对阿合马说："如果逼父汗让位于我，如何？"

阿合马"扑通"一声跪在真金面前："殿下英明。"

"阿合马，我有何英明之处？"真金有些莫名其妙。

"殿下就是英明。"阿合马说，"简直英明之极也。"

"有何英明之处？"

"殿下，你朝树上看。"

"树有什么好看的。"真金笑了。

"树上有什么呢？"阿合马把真金拉到树下。

"树上有树枝。"

"只有树枝？"

"还有叶子。"

"只能看到叶子？"阿合马很神秘地微笑一下。

"阿合马，你搞什么名堂？"真金有些愠怒了。

"殿下不要生气。"阿合马激动地拍了一下树干。

"阿合马，我很生气。"真金一副气呼呼的样子。

"殿下，我在心里忠于您呀。"阿合马说，"我让您看树，是让您明白叶老落地之理，但要有机遇和机会方可，懂了吗？"

"原来如此。"真金点了点头。

忽必烈对真金专权之事早有耳闻，近又听说他和阿合马搅到一块儿，那阿合马更是有恃无恐，和真金常在各州县狐假虎威地发号施令。后来发生的一件事儿令忽必烈对阿合马与真金的关系产生了警惕。

阿合马在修筑上都至开平之间大路时，曾在正月征集陇西苦力，引起那里人们怨声载道。

正月十二那一天，陇龙盐场的董浩迎来了两个客人，一个是汪湛，一个是吹见哗。汪湛讲述了自己跟阿合马的关系，言外之意他能神力通天。他说在通往开平的白城仑下有一个修路的活，活儿挺肥，包吃包住，一个月还给不少银子，干好了上不封顶。很快，董浩召集到同陇的村民吴辰和里树里、雪坚、玛秋、鱼秋拾、凌波和降红等。他们又把此等发财机缘在乡邻间广为宣传，一时间，四邻八乡，不少村民都跃跃欲试。火候一到，汪湛和吹见哗声称漠北还有急事安排，便先起程而去。招农工的事宜，由董浩和里树里全权代理操持。里树里四处游说，不足一月即有数十村社百余人签订意向劳工契书。

　　向来做事谨慎的路下，也被这诱人的骗局迷住心窍，立志去实践自己发财之梦。东北白城与牧场盐山一北一南相距千余里，策马而行需要数十日，吹见哗见路下等一行数人一路颠簸，于春日一个凌晨抵达漠北一个青山镇，但却被安排在两间租用的民房之中，屋顶用几根发了芽的杨木柱子顶着，湿得几乎冒出水珠的床板上什么也没有铺，乡邻们只好用自带的褥子铺在上面。刚刚坐稳，一个号称阿合马大管家的人便叫里树里领教了一个下马威："在此处劳作，当服我们阿合马大人管教，如有不服，当属死罪。首先是不准与外界接触，再是不准逃逸，还有就是要等工期满时方能领到银子。"

　　农工之人出来即为讨几两银子，对大管家的态度亦不想过多计较，便即忍下自己的愤懑之情。可令他们难以忍受的是猪狗不吃的伙食——切上两三个大萝卜熬锅汤即算是菜，主食亦是又黑又黏的馒头，有时还半生不熟。不给开水喝，民工们渴急了，就喝一点儿又苦又涩的笼锅水。笼锅水，即蒸馒头用的锅底水。到了晌午，菜汤里只漂着几根土豆条，让民工们实在难以下咽。

　　一位叫鱼救实的民工胃痛，吃馒头时扔了一块儿生馒头，正巧被阿合马发现。阿合马拿起马鞭就砸在他的头上，嘴里还说："砸烂你的头。"

　　先前说是用马牛操作，其实全靠人工出苦力。说是平平路、挂挂线什么的，其实是用那不开刃的铁镐挖又硬又黏的土方。说是一天只劳作几个时辰，其实民工们每日子夜刚过即被轰起，简单吃些东西即被拉往工地，一直干到伸手不见五指。

　　一日，雪坚正在工地干活，阿合马说："你他娘的南方佬，你就用这架子干活吗？"阿合马生性恨那南方人，特别是大金和宋的子民，他没等雪坚说什么话，即夺过铁锹朝对方的脚脖子铲过去，铲得雪坚瘸了好几天。数位民工过着非人的生活，白天忍受监工的打骂。此时，民工们都已醒悟了，他们决心逃跑。民工们的住处有四五个打手昼夜监视，发现可疑行为便拳脚相加。这天，民工们实在忍不住了，找到阿合马的大管家要求放人，遭到大管家一阵狂骂，并声称，谁敢走就把骨头留在这里。尽管如此，也没有浇灭民工们逃跑的念头。

　　头昏脑涨的路下感到浑身无力，虚汗不止，便向阿合马的大管家请求休息，大管家却说："有病也得上工地。"

　　无奈，路下坚持拖着病体上了工地，可高烧令他无法干活，只想躺下休息一番。这时，正逢阿合马前来巡视，他大骂路下不用心干活。路下解释说自己有病，阿合马却连连摆手，大骂不止。此时此刻，路下积压月余的怨恨顿时涌上心头，他恨不得一铲铲死面前的阿合马。这样想着，他就真的扑向阿合马。二人厮打之中，阿合马一拳打在路下的脸上，路下顿时鲜血直流。

　　在众乡邻们的帮助下，路下忍痛跑回住处，准备逃跑，后被大管家追回。几

个时辰过后，阿合马带着几个武士过来对他大打出手，有备而来的阿合马还持刀刺向路下的背部和臀部，路下昏死过去。大管家等人拖着路下扬长而去，还说是扔到野地里喂狼。约摸半夜时分，路下忍住疼痛，从山沟里爬回来了。

路下命不该绝，历尽千辛万苦，终于来到上都，到处传扬阿合马的残暴，忽必烈亦有所闻，十分生气。忽必烈叫来儿子真金，想借此事劝说儿子一番。

"难道你和阿合马那样的人搅和在一块，会有什么好下场吗？"忽必烈这样问真金，其实还是在关怀他，使他不至于走歪路走得更远。

"当今世上能像阿合马这样精于理财者，实在屈指可数也。"真金继续祖护着阿合马，他知道现在他如果不偏祖阿合马，已无别人替他说话。

真金从忽必烈那儿辞别后，便急忙赶回阿合马的住处。阿合马住在山脚下，那里有一座仙鹤子样的小山，头向西北，展翅欲飞，其起飞的方向一马平川，当地人称鹤落坪。鹤落坪南高北低，重峦叠嶂，水流湍急，山高林密，景观多样，冬暖夏凉。那里有绿阔叶林，还有落叶常绿阔叶混交林、落叶阔叶林、竹林、针叶林、灌木丛、苟草丛子，虽经蒙金之战大肆砍伐，但依然枝繁叶茂，有金钱松、香果树、多枝杜鹃、灭女花、天麻、连香树、银杏等。这里群峰兀立、山体陡峻、到处可见陡岩绝壁、深潭瀑布，还有迷人的景观错落其间，令人浮想联翩。甘庵华庙，风火水洞，一条数百步宽的清澈溪流，弯了几弯冲下山去，一弯就是一道风光，一岩就是一幅美景，一潭就是一幅图画。阳光已被树叶遮蔽，青山满目泛绿。远看绿色，由浅而深，苍苍而去，近处绿色丝丝如韵，弥漫无际。这里从春末到深秋，黄松黑杉、珍珠杨林、多枝杜鹃林红的似火焰片片，白的似粉妆玉琢，绿的似翡翠滴水，黑的则香气袭人。这里的空气清新，水质优良，土壤肥沃，彩蝶飞舞，百鸟争鸣，身在其中，亲近自然，让人尽情领略人与天地自然和谐之美。鹤落坪的美景被阿合马一人占尽不算，他还在山脚下建一大宫，名其曰"赛上都"。他知道忽必烈常居大都，他是不敢赛大都的。

真金向他明说忽必烈对他已有忌恨之意，阿合马笑道："殿下勿虑，我又没做什么亏心之事，怕什么呢？"言罢，阿合马纵情大笑起来，使真金突然觉得阿合马是个阴鸷可怕之人。人说"不做亏心事，不怕鬼敲门"，你阿合马广结党羽独断专行还不怕皇上，真乃高人。真金这样想，突然又感到阿合马能如此处变不惊，也正是人才难得。做大事者，就是应处变不惊，泰山崩于前而色不变。

"殿下，不知忽必烈汗用人之道是什么？"请真金坐定之后，阿合马问。

"我未曾揣摩。"真金说。

"用人之道，当任人唯贤。"阿合马说，"过去齐威王问朝臣，邑守中谁贤？谁不贤？朝臣之中无不极口称阿大夫贤，而众人皆贬即墨大夫。威王复问左右近侍，所对大略相同。过了很长时日，威王召两邑大夫于朝堂，左右私心揣度，都说阿大夫今番必有赏，即墨大夫祸事到矣。"

"即墨大夫祸事临头，难逃一劫。"真金说。

"太子请听，"阿合马说，"王对阿大夫说：'子守阿，誉日言圣，吾使人视阿，田野荒芜，人民冻馁，守之不肖无过于汝。'令执而烹之，召即墨大夫近前抚曰：'自子之官即墨也，毁言日至，吾使人视即墨，田野开辟，人民富饶，官无留事，东方以宁，繇子专意治邑，不肯媚吾左右，故蒙毁耳。子诚贤令矣。'遂大加褒奖。事情真是出乎众人之料。齐威王考察官吏，不仅倾听朝臣众议，且又在近侍中细加核对。一国之君尚且如此，用人、选官、辨才事关人民生计，事关国之兴亡，用人之道当德才兼备尽人皆知，这大元之中，谁人能比我阿合马有卓越治国之才，我当退而让贤。难道许多人都说这个人好，这个人就一定好吗？难道许多人都说那个人坏，那个人就一定坏吗？不可思议。"

真金见阿合马像受许多委屈似的，又好气又好笑，心想，这天下之人，最会做戏者，莫过于阿合马。

真金一边啜饮着香茗，一边听阿合马唾星四溅地说着。少顷，真金问道："路下后来是你害死的？"

阿合马正说得起劲，忽闻真金问起这件事，不由得一愣，稍一思忖，笑道："殿下，我的手下是有点过分了，可我也是为了大蒙古国呀。如果不严格管束那些乡民，这路还不知何时修好呢。"

真金依旧冷着脸，又问："你跟我父汗说过此事吗？"

"还没有，区区小事，不敢烦劳大汗。怎么，大汗也知道这事了？"此时，阿合马有点坐不住了。

"死个把儿乡民倒是小事，可你克扣乡民的工钱、口粮，这事就大了。"真金阴郁地说道。

"殿下，"阿合马一听，吓得脸色大变，赶紧跪在真金的膝前，道，"请殿下千万为我在大汗面前美言几句，我为了大蒙古国日理万机，充盈国库。这回犯了小错，下次不敢了。"

真金起身在屋内踱了几步，笑道："你这小错，说小了是财迷心窍，见钱眼开，说大了可就是贪污官饷，罪不容诛哇。"

阿合马膝行几步，爬到真金脚下，叩头道："我家本是富甲一方的巨商，怎会看上这几个小钱，是我管教手下不严，让手下人钻了空子。殿下，您一定要替我做主哇。"

真金伸手扶起阿合马，又问："你知道是谁把这事禀告了父汗的吗？"

"一定是刘秉忠！"

"不对。"

"那……一定是张文谦！"阿合马知道汉臣都很讨厌他。

"也不对。"真金依旧摇头。

"那……那会是谁呢？"

"是龙广天书。"真金道。

"怎么会是龙将军？难道她也插手军务以外的事吗？"阿合马颇感意外。

真金示意阿合马坐下，方道："龙将军跟王社教、王著几人走得很近，那几个人有多恨你，你该心如明镜。去年，你在乡下收了个侍女叫小兰对吗？"

阿合马点点头。

"那小兰是王著的一个远房亲戚，本来准备要出嫁的。谁知你看上了小兰的姿色，硬是把人家抢到了你的府上。你呀，是色欲晃瞎了眼，去招惹那一帮汉人。你想想，会有你的好果子吃吗？"真金道。

"殿下，"阿合马急道，"我真不知道中间还有这些隐情。唉，那小兰倒是国色天香，可我接回府内后，我夫人把她收在房内做丫环，我是一点儿腥也没沾着，真冤。"阿合马边说边懊恼地拍着大腿。

真金微微一笑，又道："好啦，我该回去了，你还是藏好你的小兰吧。"真金言罢，便欲起身。

阿合马眨了眨眼睛，道："殿下，我有一事相求。"

"什么事？"

"去年我在乡间得了一件宝贝，想让殿下给鉴赏一下。"

"噢？什么宝贝？"真金不动声色地问道。

"就在东偏房，请殿下移步前去。"阿合马边说，边招呼过来一个侍从，小声吩咐了几句，侍从点着头去了。

真金额首应道："那好吧，不过，你若骗我，我可不在汗父面前为你开脱了。"

"那是，那是。"

阿合马一边应着，一边引着真金走到了东偏房门口，推开门后，冲真金恭敬地道："请殿下慢慢鉴赏，我在院中候着。"言罢，随手关上了房门。

真金缓步走进了屋内。只见屋内高烛闪亮，外屋摆放着一桌四椅，靠墙的条几上有几件玉器闪着翠绿的光芒。向里屋望去，一张横贯南北的大木床红幔低垂，帐内恍若有人影晃动。

真金走了几步到来床前，一把撩开了红帐，只见帐内一位肩披蓝纱的妙龄少女正在铺床。

少女听见响动，停止了手中的动作，跪在床上道："请殿下安歇。"

真金向少女望去。少女明眸皓齿，樱唇柳眉，白皙的肩头裸露在外边，动作之中，纤细的腰肢如柳摇曳，真真儿是风情万千。真金静了一下，问道："你的主子让我鉴赏的宝贝呢？"

少女起身，脱下了蓝纱衣，回道："请殿下鉴赏兰儿。"

"你就是小兰？"真金盯着少女的胴体问。

小兰羞涩地点了点头。

真金哈哈一笑，一把扯过小兰，搂在怀里，抚着那温软的肌肤，调笑道："鉴赏你的什么呀？"

小兰一边给真金解着衣扣，一边把真金拽到了床上……

两个时辰后，真金打着哈欠走出了东偏房。阿合马果真站在院中候着，见真金出来，忙上前道："殿下，这件宝贝可否称心？"

真金的眼前闪过刚才屋内床上的点点落英，应道："你倒没有骗我，是件宝贝。"

"那……那明日我给殿下送去？"

"算啦，我已经'鉴赏'过了，再说我不能让父汗和母后知道，还是留在你府上吧，哪天我再过来。"

"那……"阿合马张嘴想说什么，又没说出口。

"父汗那里有我，你放心。不过，你也要检点一些，别再留什么小辫子让那些汉人抓了。"

"是！"

真金一边向自己的宅邸走着，一边在心内笑着：你阿合马也是一个奸猾之人，我怎么能与你扯上干系，你不过是我手上的一枚棋子，是我对付权臣的一个武器罢了。有你在前面跟汉臣们争斗，父汗自然不会一味地倚重汉臣，说不定为了平息大臣的矛盾，倒会分权给我呢……

真金从小饱浸汉儒文化，一向认为汉制治国是对的。他对汉臣的所有怨恨都是因为父汗对汉臣过分倚重，而轻视自己的能力。他其实从心里讨厌阿合马这个人，但他必须与之虚与委蛇，因为，阿合马是他对付权臣的一件利器，当然也因为善于敛财的阿合马是父汗宠信的人。

此时，适逢高丽国王子率人来朝见，忽必烈马上命怯薛去接待。问怯薛："东瀛那边是否来人？"怯薛如实相告，说西域和南交趾诸国都已来朝纳贡，独东瀛国未来人，忽必烈汗已有意出兵讨伐。

说："唐开元间张守节《史记正义》引唐魏王李泰、萧德言《括地志》说：'倭国武皇后改日本，国在百济南，隔海依岛而居。富士山曾有一金印，上书倭王印，专为秦始皇封赐，日本国，与倭奴也，咸亨元年遭使贺平高丽，倭名更名为日本，使者言，近日所以为本。'"

怯薛笑了笑说："那里自是太阳所出之本地，故曰日本，乃夜郎自大耳！"

说："咸亨之际，距武则天接受皇后玺绶已历十五年之久也。十五年之中，在武则天操持之下，已干出了诸如通杀、罢黜长孙无忌、褚遂良之大事。又过一年，武则天政归中宫，直接垂帘于后，成为二圣共掌天下之局，及至高宗养病期间，她更是直接全权行皇帝之职权。在此种情形之下，武则天树立权势，将带有蔑称之义的倭字送给日本。"

怯薛说："武则天执政十五年改年号十七次，小小的日本被她改为倭已是理所当然。"

说："现在又称其为东瀛了。在下此次前来，就是期望大汗出兵东瀛！蕃帮之中，也就是那里最不服畏大汗之皇权，必须出兵以击之。"

忽必烈听怯薛的回报，心有所动。察必说："此事可交与张元帅、沈元帅二位去办。"

忽必烈说："我也正有此意。"

沈元帅回到帅府，说起造船过海征战之事，龙广天书说："东征日本当造能顶得起风浪的大船。那大船之名，莫如就叫'天书号'吧！"沈元帅笑了。

"天书号"大船很快骄傲地昂起船头，在东海之上划起道道涟漪，猛地驶向远方，龙广天书就负责对天书号大船官兵的操练。她已经记不清这是多少次出海了，每一次远航，全船官兵面对海风中猎猎飘扬的沈元帅帅旗，心中顿时升起一种大辽人时刻听从沈元帅命令的责任感。几个月的考训过去，今日是沈元帅要察看的日子。在烈日下，天书船上的帅旗显得格外艳丽，龙广天书挺起那高挑的身躯，转眼间就融进碧蓝色的大海之中。当年轻的龙广天书第一次踏上"天书号"的甲板时，她顿时感到肩头沉甸甸的，她知道，天书号大船将作为此次攻打东瀛的首船，可毕竟未打过海战，要取得辉煌的战绩，非常难。

天书船上的生活是艰苦的，出海之时少则八九天，龙广天书面对的是一群黑黝黝的年轻兵士，从他们那个个坚毅的目光中，她寻找出一个答案，那就是为沈元帅争光的信念化作一股力量，激励他们不畏艰险，不怕困难，以天书船为家，同恶风大浪搏斗。

天书船上的空间是有限的，在一个仅有一个蒙古帐篷大小的兵舱里，几排上中下床铺竟睡有几十个人，而在水线下的兵舱里，不光拥挤，还没有舷窗，闷热不透气，床铺也就几个拳头宽，上下间距也仅是几个拳头高，人不能坐在床上，睡觉时先脱下衣服，一下子钻到床铺，睡在中铺和上铺的兵士，要学会一套动作，双手撑住床架，用力一悠，靠惯性悠进床铺。一旦进了床铺，身体平躺不能动，一动则碰胳膊碰腿。如果遇到风浪，天书船的船体摇晃得厉害，要用绳子把身体绑好，不然就会翻下床。出海时，天书船所带的淡水和蔬菜都是有限的，除了正常饮用水，每天每人仅分到一杯淡水，洗漱洗脸用毛巾湿一下，用过之后，水舍不得倒掉，再用来搓几下换下来的衣服，衣服因汗多又洗不干净，晒干之后都是硬邦邦的。在这种环境下，士兵战斗力是不强的，能否攻下日本也是未知数。而且，如今汗国初建，南宋仍盘踞江南，当务之急是壮大国力，养兵蓄锐，先灭南宋，再图向四外拓展。

龙广天书决定上书忽必烈汗，阻止大汗东征的想法。忽必烈听了龙广天书的分析，也认为有理，虽然内心仍然想灭掉日本，但还是收回了命令，留待征服南宋后再渡海作战。

忽必烈非常喜欢这位文武全才的龙广天书。她从其父那里学得一身用兵韬略，又饱读万卷诗书，重要的是她忠于蒙古。忽必烈早就知道龙广天书是女扮男装，他也曾跟察必谈起过这一点。

察必与龙广天书也很投缘，二人常在一起吟诗对弈。见大汗说起，察必也无奈地道："这个人哪，女扮男装，不娶不嫁，十多年来与父为伴，也苦了她了。"

"你是皇后，又是她的好友，何不指一门婚事与她？"忽必烈笑道。

"谁知她的心里是否早已有了情人。王社教文识过人，钟情于她，也蛮配得上她，可她总是不温不火，让人捉摸不透。"

忽必烈饶有兴致地接着道："那你就指派一位蒙古的良将与她不就行了。"

"放眼大蒙古国，恐怕唯有汗王您才令她敬佩呀。"

"那就把我指给她好了。"忽必烈开起了玩笑。

察必娇嗔地看了一眼丈夫，笑了。

中统二年（1261年）四月，忽必烈汗宣谕大司农姚枢，诏令十路宣抚司劝课农桑：

一、禁诸道戍兵纵畜牧犯桑枣禾稼。

二、谕诸路管民官，毋令军马、使臣入州城、村居、镇市，扰及良民。

三、命行中书省、宣慰司、诸路达鲁花赤、管民官，劝诱百姓，开垦田土，种植桑枣，不得擅兴不急之役，妨夺农时。

四、诏河东两路并平阳、太原路达鲁花赤及兵民官，抚安军民，各安生业，毋失岁计。

五、申严军官及兵伍扰民之禁，凡诸王、使臣、师旅敢有恃势扰民者，令所在拘执以闻。

中统二年（1261年）六月，忽必烈特诏"宣圣庙及管内书院，有司岁时致祭，月朔释奠；禁诸官员使臣军马，毋得侵扰亵渎，违者加罪"。同时诏选三十名儒士为诸路提举学校官。修复孔庙。

七月，诏设翰林国史院，以史天泽监修国史，耶律铸监修辽史，王文统监修金史。

中原境内，举国上下，都以为这一次要过太平的日子了。五十年战乱也该到了修整的时候了。

这仗还打不打？忽必烈知道肯定要打。纵是阿里不哥不打，他也无法把一枚炸弹留在自己的北方。只是他不想打，不想匆忙地打，他还有很多事情要做。目前，让百姓务农桑是第一要务。

中统二年（1261年）九月，阿里不哥经过一年的休整，养肥了马群，便率领他的手下突袭了忽必烈派守和林的移相哥，之后杀气腾腾地挥师南下，直扑开平。

此时，忽必烈正忙于整治漠南政务，兴农扶桑，闻听此讯，自是怒火中烧。他亲披战袍，迎向了死而不僵、东山又起的胞弟阿里不哥。

这场争斗一直持续到了第二年的七月，被逼到沙漠边缘的阿里不哥断粮断水，无奈地又一次向忽必烈投降。

阿里不哥的投降仪式在开平城内举行。开平城中心搭起一座丈余高的大帐，忽必烈安坐在大帐正中，等待着阿里不哥跪降。

"报！降虏已到！"怯薛在门外高声喊道。

真金首先站起，准备叫阿里不哥进来。

"慢！"忽必烈摆手止住真金，盯着怯薛问道，"他是否身披门帘？"

依蒙古族古训，败将降时要身披大帐门帘，以示恭敬臣服。

"回禀大汗，是的。"

忽必烈满意地点了点头，命道："在门外候着，我们正商量政务。"

"是！"怯薛转身走出了大帐。

真金明白了父亲的用意。一年前阿里不哥投降后，不甘心臣服父汗，此次又降，他能是真心归附吗？父亲让他在帐外等候，是想从意志上摧毁他的反叛之心，让他永远牢记在门外披帘待降的羞辱，让他永远不敢再起祸心。

刘秉忠立在一旁，没有进言。他了解忽必烈，他知道忽必烈此举是想饶恕阿里不哥，是想不背负杀弟的名声。思忖片刻，他近前奏道："大汗英明，如留下阿里不哥的性命，将他囚养起来，于大汗有利无害。"

阿合马为了表示忠心，急忙说道："大汗，我以为阿里不哥不可留，他屡次叛逆，直接威胁我大汗江山，当诛。"

真金从小浸淫汉儒文化，深知杀弟之举有违儒学仁恕，加之他天性仁厚，不忍心看着叔叔被父汗所杀。所以，他上前进言道："父汗，我不主张杀他。当年唐太宗李世民创立了盛唐的贞观之治，唐朝国运鸿达，李世民堪称一代英帝。但他杀兄夺位，发动了玄武门政变，这个污点多少遮掩了他的光辉。阿里不哥今日来降，已是断翅的飞禽，谅他再无飞天之势，不如留下他的性命，以全父汗仁恕之名。"

"怎么？我若杀他，便成了凶残之人吗？"忽必烈面色凝重，沉声问着儿子。

阿合马见忽必烈质询真金，估计大汗已有杀弟之心，他不想错过这个机会，便道："大汗杀他是平逆保民，他在和林凶残无忌，欺压部属，当诛十次。真金殿下，你提议留下他性命，就不怕他日后再起叛心，令更多的性命被他所伤吗？我以为，杀他就是仁恕之举。"

　　真金瞪了阿合马一眼，没有回答。

　　张文谦出班奏道："我也赞同真金殿下的意见。目前不少蒙古诸王都拥兵数万，都在看大汗如何惩治阿里不哥，如果大汗能留下阿里不哥，那其他的蒙古王会念及大汗仁厚，断了起兵之心。"

　　忽必烈长叹道："纵是朕再仁厚，也难保他们没有夺汗之心呀。"

　　阿合马立刻应道："大汗所虑极是。就是要诛了阿里不哥，方能起到杀一儆百的作用。"

　　张文谦冷笑道："蒙古王们岂是被吓大的。目前一统天下大业未竟，大汗应先安内，全力对付南宋，日后再言其他。"

　　阿合马也反唇相讥道："蒙古王们不是吓大的，但却是被气极了，还不是你们这帮人占着朝堂，才没有了诸王的位子。"

　　张文谦气得脸色通红，张嘴又欲与阿合马辩论。

　　"好了，"忽必烈摆了摆手，止住了他们的争执，道，"我自有主意，传他进来吧。"

　　"传降虏阿里不哥进帐！"怯薛洪亮地传着大汗的命令。

　　七月的草原，烈日当空，骄阳似火，阿里不哥候在帐外已有一个多时辰了。厚重的门帘披在肩上，火辣辣的太阳照在头顶，他热得汗流浃背，门帘也被汗水浸透。他口渴难耐，几次向侍卫要水，都被拒绝。

　　此时的阿里不哥后悔了。

　　如若当初自己未萌当大汗之心，乖乖地在和林当自己的汗弟、亲王，忽必烈是不会对自己动杀机的。和林城繁华热闹，要美食有美食，要女人有女人，自己有福不享，偏要当大汗，偏要与忽必烈为敌，悔矣。

　　从小自己就不是忽必烈的对手，不管是打猎习武，还是心机计谋，自己都略逊他一筹，就连自己心爱的女人察必都投入了他的怀抱。如早些认输，又哪有今日的披帘之辱哇。

　　阿里不哥一路思忖着进入大帐，跪在了忽必烈的面前。

　　忽必烈看到面颊消瘦、一身尘埃的弟弟跪在自己面前，不由得百感交集，胜者的自豪感和手足亲情一起袭上心头。他的眼睛盈满了泪水，哽咽着扶起了阿里不哥，道："这是为什么？手足相残谁对谁错呀！"

　　阿里不哥也哭道："汗兄，我知错了，望汗兄不杀。"

忽必烈接道："我怎能杀你，怎能做令我们的父亲母亲痛心的事情。"

忽必烈擦掉滚落的泪水，转身走了几步，又猛地回身道："你屡次谋反，连累无辜兵将为你送命，死罪可免，但活罪难逃。我赐你一处宅院，好好生活着吧。"言罢，一挥手，令怯薛把阿里不哥带出了大帐。

持续数年的蒙古汗位争夺战，终于画上了句号，刘秉忠长长地出了一口气。他知道忽必烈已经逐步接受了汉儒文化的熏染。如依蒙古古训，阿里不哥早在一年前就被杀了，而现在忽必烈却依然饶了他的性命。

姚枢静立一旁，虽未言语，但是他同样心中欣喜，尤其是真金的一番话，更是让他欣慰。真金曾师从于他，学习汉文化，如今的真金心胸宽阔，俨然一身帝王之气。他不由得看了一眼刘秉忠，轻轻地点了点头。

因为他俩在年初时，就商议过劝谏忽必烈早立太子，以固朝政纷乱。他感到时机已到，准备与刘秉忠一同上书，请大汗立真金为太子。

做了大汗之后，身边的女人越来越多，可忽必烈的内心深处却仅有察必一人。他们青梅竹马，共同携扶着经历了重重险阻，而且察必的品性仁厚贤淑。他的心里已经装不下别的女人了。

这天，在议完政务后，他又习惯地向察必的院子走去。还没进门，就听见屋内传来了察必银铃般的笑声。察必现在是皇后了，举止行为都是子民的楷模，她又是那么端庄高贵的人，平时笑不露齿，坐如青松，今天怎么如此毫无顾忌？忽必烈猜想一定是龙广天书来了。在开平，只有在龙广天书面前，察必才会表现出一个女子本来的性情。忽必烈对龙广天书也颇有好感，便信步走进屋里，想看看这两人为什么如此高兴。

撩开门帘一见，察必正和一位他不熟悉的女子在说笑。二人见忽必烈进来，赶紧起身迎候。

察必侍奉他坐下后，介绍道："这是安童的母亲，是到后宫来看望安童的。"

安童是成吉思汗帐下赫赫有名的国王木华黎的曾孙，年方十三岁就进宫做了忽必烈的侍卫。这是忽必烈自己安排过的，他知道。

蒙古汗廷的宫帐向来不设太监，只有怯薛。忽必烈对怯薛军的要求很严格，要他们"在阴风里，经常守卫我的门的帐房，使我平安地睡眠"，"不分昼夜地保卫我的帐房，不合眼睛地护卫我的身躯"，"一听到我的桦皮筒哗啦啦地响，便不停地跑来"。

忽必烈对宿卫要求甚严，要求他们必须尽心尽责做事，否则严惩不贷。若是有人误了班，不按时到达，第一次鞭打三下，第二次鞭打七下，第三次鞭打三十七下并被流放远方。

草原英雄：忽必烈

这支精锐的怯薛军有着严格的纪律，同时也享有非同一般的特权，一个普普通通的怯薛队员的地位和待遇，甚至高于千户官。

对这支亲军的每个成员，忽必烈都要亲自挑选，在入选条件上特别严格，既要忠于大汗，武艺高强，长相威武英俊，还要有一技之长。挑选这些怯薛军的范围，按照他的旨意，是从"各官并白身人儿子内"选出，也就是从万户官、千户官、百户官、十户官及自由民的儿子中间挑选。这说明忽必烈十分注意怯薛军的出身，规定主要从各级那颜贵族及有较高社会地位的自由民中选择，目的是保证这支队伍的政治可靠性。

依据忽必烈的规定，护卫是从万户、千户、百户、十户的儿子及白身人的儿子中有技能、身体健壮者中挑选。千户那颜的儿子可带七个伴当和兄弟一人；百户那颜的儿子可带五个伴当和兄弟一人；十户那颜的儿子和白身人的儿子可带三个伴当和一个兄弟。

忽必烈要求挑选来的队员要自备乘马，所需物品由所属千户管区内征用。

这支怯薛军拥有大量的万户、千户、百户等各级那颜官员的子弟，忽必烈是有其十分深远的用意的，这表示他对各级官员的信任，也可以通过日常观察，锻炼和培养一批出身贵族的将领，并与这些官员继承人建立世代相袭的主奴和师徒关系。更重要的是通过这些官员子弟，忽必烈可以了解和控制各地方和出征在外的各级官员、统帅们，使他们不敢轻易生出叛心，既为自己和子弟的前途着想，也要自觉自愿、忠心耿耿为大汗效力。因此，有人干脆把这支怯薛军称为"质子兵"，可见忽必烈建立这支亲军的良苦用心。

忽必烈摆摆手叫二人坐下，又道："安童这孩子怎么样？"

察必连忙让人把安童从殿外叫了进来。

十五岁的安童已经长得颇似一个成年人了。高挑的身材虽稍显单薄，但宽肩虎背，反显出灵活机敏、壮而不憨的气势。安童长得不像蒙古人，没有淡黄的眼珠和黄黑的皮肤，他面白如玉，齿皓唇红，大大的眼睛，高高的鼻梁，分明是一位风采儒雅的白面书生。

安童进来见过忽必烈后，便乖觉地侧立在一旁。

察必见安童有些拘谨，便笑道："这孩子自打十三岁就跟在我们身边，从不跟其他怯薛们喝酒打闹，没事儿就自己读书写字，要不就请我给他讲经文。不知道的，还都以为是我的儿子呢。"屋内的几人听后都笑了，气氛有些活跃。

忽必烈也很喜欢安童，他有意想看看安童的本事，于是问："安童，郝经信使被南宋贾似道扣压，你怎么看？"

"昨天，我蒙古内部未靖，不应征伐；今日，我们已经平定了内乱；明天，我们就恢复了力气，可以讨伐南宋。"

"噢？"忽必烈重重地盯着安童，他感到这孩子不简单，"说说看，如何伐宋。"

"南宋已如被虫蛀空的老树，无法抵御大汗的攻歼。但山东是我们攻宋的咽喉要道，也是我们粮草的后仓。所以，内部清可以伐宋，而山东安则可灭宋。"

"好！不愧是木华黎的后人。好好干，我升你为怯薛副将。"

"谢大汗！"安童跪地谢恩。

第二天，忽必烈便颁诏，加封益都万户李璮为江淮大都督，并赐金符二十，银符五。令李璮沿江淮备战，做好讨伐南宋的准备工作。

忽必烈清楚，安童的分析一点都不错。所以，他除了安抚李璮外，还把姚枢派出任东平路宣抚使，使姚枢站在益都与开平之间，一是观察李璮的行动，二是为日后征宋做好双重保险准备。

远在益都的李璮虽然收到了忽必烈汗对他的加封和赏赐，但他高兴不起来。

这天清晨，他坐在客厅的太师椅上，独自思考着前边的路该如何走。他是地地道道的汉人，如今被一个蒙古人封以高官，在孔孟的家乡人看来是一件羞耻的事情。想当年，在窝阔台汗时期，他就曾以不得罪蒙古、也不得罪南宋的策略，保存了自己手下的一支武装，近几年更是发展壮大成数万之众。但当时，他并未向双方的任何一方俯首称臣。后来在忽必烈经略漠南汉地时期，他使用的依然是两面三刀这一招。尽管因此他的夫人都看不起他，但他知道这是苟活的唯一手段。如今不同了，忽必烈汗三番五次地加封他的官爵，让他在世人面前已经俨然是一个蒙古大汗的忠臣宠将的形象了，而且忽必烈汗还非常"友好"地把自己的儿子"请"到了开平，说是开平有天下最好的儒士可以教育儿子。忽必烈这一招高哇，儿子在他手上，自己必须乖乖地做蒙古人的忠臣，否则，儿子性命就危在旦夕。

李璮越想越觉出忽必烈的可怕，他现在刚平定了阿里不哥的叛乱，还没腾出手来整治他怀疑的人，如果有朝一日他羽翼丰满了，谁敢保证自己不是他下一个诛杀的人？自己在他面前寸功立未，却被他一而再、再而三地封赏，说白了是他忌惮自己手下的数万兵马。如果日后他有气力来消灭这几万兵马时，他又怎会手软呢？这封赏分明就是钓鱼的诱饵啊！

李璮的后背不禁一阵阵发冷。在他看来，蒙古人打仗天下第一，而谋略则是汉人的专权，可怎么这个忽必烈又像汉人又像蒙人呢？说他是汉人，他有蒙古人身上最为勇猛坚毅的一面，说他是蒙古人，他的城府韬略却堪与刘备比肩。李璮庆幸自己早有安排，跟忽必烈手下的宠相王文统关系热络，又在年前让王文统批了公文，让儿子回到了益都，暂时脱离了虎口，可这仅是权宜之计，日后我该怎么办呢？

李璮想啊想啊，想得头都大了。

"爹爹，吃早饭了。"儿子走进来，催他去吃饭。

李璮站起来，走到饭桌边坐下，看了一眼碗中的面条，一点儿食欲都没有。

"怎么？当了大官就能当饭吃了？"李夫人冷嘲道。

李璮知道李夫人很讨厌自己亲蒙，他不想吵架，所以也就没回应，而是端起碗来。

李夫人不再理他，对儿子道："小三，吃过饭，娘带你去做几身棉袍。"李璮的女儿大木、小木比儿子大，故而李夫人惯称自己的儿子为"小三"。

小三摇头道："你自己去吧，我跟别人约好了，去看斗鸡。"

"斗鸡，斗鸡，你不小了，读书才是正事。"李璮道。

"在开平天天读书，我现在一想起书来，头都疼。"

提到开平，李璮想起了什么，又问："你王文统爷爷忙吗？"

"忙，整天都见不到他，王奶奶说他是大汗最喜欢的人。"

"大汗不是最喜欢刘秉忠吗？"

"才不是呢，王爷爷总说大汗对姚枢好。"

"姚枢没在开平吧？"

"是王爷爷推荐他给小王爷们当师傅的，可姚枢不去，大汗才又把他派到东平的。"

李璮知道忽必烈手下的汉臣们并不团结，姚枢就看不惯王文统巧言令色，因此两人矛盾颇深。姚枢曾在大汗面前公开指责王文统"心术不正，不宜在相位"，但因王文统极会察言观色，办事又利落，还是得以被忽必烈委以重任，为平章政事，总理国家规章法度及财政税赋、差发、盐铁诸事。

李夫人不耐烦了："你那么关心开平，索性搬到开平去算了。"

李璮叹道："纵是我想搬，人家也不会让呢。"

李夫人冷笑道："怎么，你不是那蒙古皇帝的心腹吗？"

"是心腹——心腹之患。"

李夫人直了直腰，又问："那你打算怎么办？"

"我现在是左右为难。"

"你左右逢源了多少年，也该为难一下了。"

"夫人，你看该如何是好？"

"我的心志你明白，'宁当汉人鬼，不做蒙人雄'。"

"唉，只怕现在连鬼雄都容不得我呀。"

"你别叹气！"李夫人正色道，"我们手中有数万兵马，而且汉地百姓也不堪蒙古人统治，如果你登高一呼，麾下定会万众一心，你反了就是了。"

"区区数万，还比不过忽必烈的一根汗毛。我岂能做以卵击石的傻事？"

李夫人把碗往桌上一摔："那你就伸长脖子，等着蒙古刀侍候吧！"

说罢，李夫人拂袖而去，只留下李璮和小三面面相觑。屋里的气氛冷冷的，许久，小三才怯声道："父亲，我去玩儿了。"

李璮招手道："小三，坐在爹跟前来。爹问你，你可想再回开平去？"

小三听话地坐下，道："我是再也不想回去了，开平天气特别冷，而且大风一刮就是十几天，我要是再回去，准得死在那儿不可。"

李璮看着儿子苍白消瘦的脸，道："爹也舍不得你去呀。"

"那我就不用回去了？"小三高兴了。

李璮点了点头，又道："可你不回去，大汗会对爹不放心。"

"爹，你怎么这么怕忽必烈汗，你宁愿自己的亲生儿子当人质，也不敢得罪他吗？"

"不是爹怕他，是爹得罪不起他。"李璮沉了一会儿，又问，"你可见过你的大禾姐姐？"

"没有。不过，听说大禾姐姐失踪了。"

"失踪了？她不是在开平吗？"

小三摇头道："听说大禾姐被大汗送给了阿里不哥，阿里不哥挥兵南下攻打忽必烈汗时，大禾姐姐偷着跑了。"

"怎么？她没有回家呀。"

"她才不会回来呢。她一个活生生的人，被你们当成礼物送来送去的，她早寒了心了。可我听说小禾姐过得挺好的，史天泽叔叔有一天给我送去了一些银子，他说小禾姐在斡耳朵里过得好好的。"

一听到"史天泽"三个字，李璮有了些精神，忙问："你史叔叔可知道你要回来？"

"知道，他还要我问你好呢。"

李璮仿佛黑暗中看到了光亮一般，又问："还说什么？"

"没什么了。爹，我去斗鸡了。"小三有些不耐烦了。

李璮摆了摆手，让儿子走了。

李璮独自坐在房中，心里翻江倒海般折腾起来。忽必烈近年忙于剿灭阿里不哥，又耗费了大量兵力、物力，肯定无暇南顾。史天泽等一些汉人世侯，虽然多年事蒙，但大多数蒙古贵族歧视汉人，史天泽他们一定受过不少委屈。他们大多数汉侯的势力集中在中原一带，如果能联合起来，一起抗蒙，说不定就能闯出一条大道来，也说不定能创出一片江山来。如果再跟南宋搭上关系，让南宋出资，这蒙古还真有可能灭了呢！

李璮越想越激动，忙叫小妾杏红研墨，提笔大书起来：

腰刀首帕从军，戍楼独倚闲凝眺。

中原气象，狐居兔穴，暮烟残照。

投笔书怀，枕戈待旦，陇西年少。

叹光阴掣电，易生髀肉，不如易腔改调。

世变沧海成田，奈群生、几番惊扰。

干戈烂漫，无时休息，凭谁驱扫。

眼底山河，胸中事业，一声长啸。

太平时、相将近也，稳稳百年燕赵。

"好！"李夫人在一旁的一声喝彩，把李璮从万千思绪中拽了出来。李璮放下手中的毛笔，问道："夫人，你可从这诗文中看出了什么？"

李夫人笑道："自是看出了一位伟丈夫成就事业的雄心壮志。"

李璮摇了摇头，道："夫人，诗自心出，但我心中的另一份担忧却没从诗文中抒发出来。"

李夫人答道："我知道你心中所虑。人生苦短，做一件惊天地、泣鬼神的事情，就没白来世上走了一趟。事事均有成败，一味瞻前顾后，怎堪称人中之杰？再说，我们手中还有几分胜算呢。"

李璮点了点头："不错，我马上就修书，知会中原几位汉人世侯，想必他们也早就不堪蒙古人的欺负了。"

李夫人笑道："怎么，不想给南边写一封吗？"

李璮道："想到了，只是尚未考虑成熟。"

李夫人抬手拍了一下丈夫的肩，道："呆子！舍不得孩子圈不来狼。你投下点诱饵不就行了！"

"可这诱饵选哪个好呢？"李璮把目光投向了挂在东墙的地图。

李夫人走到东墙边，抬手指着地图道："你看这海州（今江苏连云港）、涟水如何？"

"妙！夫人高明！"

新年刚过，李璮便向南宋呈文，文中说要献海州、涟水等城，投降南宋，并欲与南宋联手，一起抗蒙。

【第七回】

求国治广兴儒教，为民安一吐曲情

又是一个秋天到来了。

真州的秋天也是这般无情，秋风阵起，枯叶瑟瑟。郝经脚踩着吱吱作响的树叶，望着头顶飞过的大雁，一阵凄楚袭上心头：秋风催人老，何日再返家？

王金见郝经又在叹气，忙上前劝道："大人，外面冷，我们还是回屋去吧。"

"我的寒意是自心而起，回屋又怎能避得了呢？"郝经叹道。虽然嘴上这般说，郝经还是迈步向屋中走去，仆人王金连忙跟在后头。

郝经被南宋宰相贾似道扣在真州已有数载。开始时，贾似道将郝经一行扣在驿馆是暗地里进行的，以免朝臣及皇上知道自己曾私下与蒙古军议和的事。后来李璮多次在南宋北部边境挑衅，贾似道便心生一计，将郝经一行来真州的消息告诉了度宗皇帝，并说忽必烈一边派人讲和，一边让李璮挑衅，定有阴谋，还是不见蒙古信使为好。度宗皇帝对贾似道是言听计从，便准了贾似道的奏议。

就这样，郝经一行便从贾似道的囚徒变成了南宋的囚徒。贾似道打着皇帝的旗号，把郝经关进了真州忠勇军营。郝经居住的馆所，馆门紧闭，院墙丈余，上面安着栅栏，下面布满荆棘，门外有百余名兵卒日夜巡视。除了一日三餐有人来送到之外，馆门从不开启，郝经他们更是不准出院门一步。

几位随从开始时还能昼听蝉鸣，夜观残月，但日子一长，便埋怨郝经不该执意南下，当初听从李璮的警告，回开平就好了。郝经斥道："我为臣子，当奉圣命，违之苟活，岂是中州士人所为！"

几位随从被关久了，性情焦躁，互相殴斗身亡，仅剩下了郝经自己的仆人王金了。后来，看守他们的南宋小校也渐渐跟他们熟稔起来，听王金讲了郝经的生平之后，也很钦佩郝经。

小校几经努力，终于给郝经争取来了可以读书写字的机会。郝经屡次要求北归被拒之后，便也断了念头，倒真的潜心作起文章来。

回到屋中，郝经对王金道："研墨。"

王金知道主人又是诗兴大发了，便连忙研墨忙活起来。

郝经抬首稍一思忖，提笔写道：

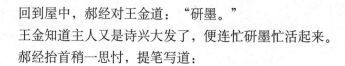

> 江馆无家久似家，西风院落老天涯。
> 黄缠薯蓣犹多叶，绿拥芙蓉尚未花。
> 纱幕坠尘归晚燕，窨池生草窟秋蛙。
> 枯肠欲断谁濡沫，击柝声中夜煮茶。

王金见郝经一脸凄冷，赶紧劝道："大人，我们现在吟诗作画，也算是轻闲。"

郝经看看花白了头发的王金，道："只是委屈了你。"

"大人为义为礼，毅然请命南下，我王金是为忠为义，自然会追随大人的。"

郝经抬手拍拍王金的肩，没有说出一个字来，只是眼圈已湿润了。当初意气风发南下使宋的郝经，如今只能吟诗寄兴，对景伤怀，发思古之忧，叹命运之厄了。

忽必烈近来心情不好。郝经使宋已被贾似道秘密囚禁的消息令他心中不快，但目前阿里不哥刚降，蒙古国尚无实力去伐宋，只能让郝经多耐些时日了。

刘秉忠前些日子提出了建立新的蒙古国都的建议，理由是开平地处漠南，与中原距离太远，不利于管理中原，而且蒙古国早有灭宋的打算，如果移都燕京，到时候指挥战事也方便许多。

忽必烈准其建议，并责令他主办此事。刘秉忠临行前，还进谏立真金为太子之事，忽必烈沉吟许久，没有应允，但答应考虑一下。

此时，忽必烈的心情不好，主要就是因为汉蒙臣子们的争斗。阿合马极尽所能，追随真金。而真金呢，既厌恶阿合马的品性，又因他与汉臣势如水火，所以与他也不即不离。

忽必烈明白儿子真金的心中所想：真金既叹服汉臣们办理政务的能力，又不满自己对汉臣过分倚重。忽必烈虽然知道自己的儿子中唯真金可堪重任，但他自己正值壮年，不想匆忙立太子，他还想再看一看。

忽必烈回到察必的斡耳朵休息时，不禁跟她说起了儿子真金的事。察必敏锐地感到忽必烈想立太子，定是汉臣的进谏，她问道："大汗，这可是张文谦提出来的？"

忽必烈摇了摇头，继而又纳闷地问："你为何猜是他提出的？"

察必笑道："这拥立太子是汉地统治王朝的旧制，当是汉臣提出，至于张文谦嘛，听真金说，他最钦佩的汉臣就是张文谦，说张文谦仁厚，不善辞令，只知

草原英雄：忽必烈

埋头政务。他二人关系颇近。"

忽必烈拍了拍察必的肩，回道："你的分析很有道理，不过，这建议是子聪先生提出的。"

察必惊声说道："子聪先生？真金嫉妒他在大汗面前位高权重，都快恨死他了，怎么子聪先生还如此提议？"

"这就是子聪先生的忠心可彰了。他心里想的都是如何让我汗国兴盛，却没有一丝个人杂念。"忽必烈赞叹着。

察必为忽必烈沏上一杯香茗，端了上来。忽必烈喝了一口，又道："想当年，母亲在世时，就曾对管理我们家属地的董文柄三兄弟倚重不疑，窝阔台汗也是因为有了耶律楚材的辅助，才会自汉地每年征得银五十万两、帛八万匹、粟四十万石。汉人中英才无数，能为我用，真是幸事，怎么那些宗亲们却对他们耿耿于怀呢？"

"大汗，"察必接道，"如今我们汗国运转良好，想起来还不都是这些汉臣在支撑。"

忽必烈点头称是。自己自称汗以来，委任了一大批官吏经略全国，其中汉臣占了绝大多数。平章政事王文统、赵璧、左丞张文谦、参政执事张启元、燕京路宣抚使李德辉、济南等路宣抚使宋子贞、平阳太原宣抚使张德辉、京兆等路宣抚使廉希宪等十九位中央官员及封疆大吏中除了有四位不是汉人（勃鲁海哥、粘合南合、赛典赤、廉希宪）外，其余十五位均是汉人，而廉希宪也早已是个比汉人都推崇汉制的回回儿。这些官员卖力地为他争夺地盘、稳固汗国江山，从心里已经认同了他这个从马背上走下来的皇帝，那他又有什么理由不信任、不倚重他们呢？

还有那些汉族地方武装势力，也同样对他推崇备至。这回在清剿、平复阿里不哥的行动中，史天泽、张柔接到自己征调军队的命令时，都是迅速地赶来，起了不容置疑的重大作用。

这些汉臣一生苦读，想的就是能遇到名主，可以一展自己的才华。这些人已经铁了心跟随自己，自己为何还要有什么疑虑。汉制统治利大于弊，为何不可借来一用？

忽必烈心里翻江倒海般地思考着，他知道汉臣汉制的好，也知道蒙古亲王们的怨，他需要面对的蒙汉臣子的权力之争是无法避免的。今天刘秉忠提出立真金为太子之事，真要考虑一下了。

察必见忽必烈沉思不语，担心地问："大汗，有什么解决不了的问题吗？"

忽必烈有了主意，委真金重任，看看他的治国才略，也算是制约蒙汉臣属的一个手段。他吩咐道："叫安童进来。"

忽必烈的怯薛长安童进来后，跪道："大汗，安童听凭吩咐。"

"安童，你传旨下去，封皇子真金为燕王，领中书省事。"

"是。"

这一举动，表明忽必烈准备打破蒙古传统选汗的仪制，不再有什么忽里台会议了，他要全面接受汉制，预立皇储了。

中统三年（1262年）春天，一件事情令忽必烈冷了立太子的心。

李璮反叛了。

李璮手下有精兵五万，他盘踞在自己苦心经营了几十年的山东，表面上是臣服蒙古大汗，而且也得到了大汗的重用，但他一直未泯自立为王之心，终于在这一年的二月，歼灭了山东的蒙古戍兵，传檄山东，反蒙叛乱。

正在漠北狩猎的忽必烈闻听赶紧南下回开平，商量平叛计策。

张文谦首先奏道："大汗，叛军兵仅五万，不足以成大事，可放宽心。"

"如果李璮沿江滨北上攻占燕京，封闭居庸险关，号令中原大地，岂不毁了我祖孙三代的灭金胜果。"忽必烈担忧地道。

真金说："如果他与宋结盟，盘踞山东，也是我们日后灭宋的一大障碍呀。"

"李璮如真像大汗之所说的那样，便是他叛蒙的上策，如他像真金王子所说的那样，便是他叛蒙的中策。但他不会那样，他只能出兵济南，企图等待山东各地支援，壮大后再北上，来犯开平。"

"那就派兵出剿吧。"忽必烈同意张文谦的分析，便派沈元帅领兵先行。

李璮的反叛让忽必烈气愤，而姚枢的安危更让他担心。他连派了三批人去东平接姚枢回开平，仍没有消息。

忽必烈知道姚枢的才能，更知道王文统与姚枢有隙，而王文统曾过当过李璮的幕府，他怕李璮会伤害姚枢。就在忽必烈在殿内来回踱步时，怯薛报姚枢回来了。

忽必烈望着一身风尘的姚枢，竟情不自禁地伸手搀起了跪拜的姚枢，嘴中唠叨着："终于回来了，好，回来好。"

姚枢见忽必烈如此关心自己，也不由得红了眼眶："大汗，臣有您庇护，总会逢凶化吉的。"说罢，二人哈哈大笑起来。

姚枢坐定后，说道："大汗，李璮区区几万兵马，不足挂怀，真正的麻烦恐怕是来自朝中政务的纷乱。"

"怎么讲？"

"臣听说真金殿下已经把批准李璮儿子回益都的王文统收监在押了，臣请大汗不要再扩大范围了。"

"这是为何？"

姚枢接着道："王文统任相日久，朝中诸多大臣与他有千丝万缕的关系，如果一味追究有牵连之人，恐怕朝中的汉臣会有不少难脱干系。"

"先生不是曾言王文统不可入相吗？怎么会为他开脱呢？"

"臣对大汗的忠心，苍天可鉴，我是为大汗的江山社稷着想。那些人不是王文统的人，是大汗您的人呢。"

忽必烈大为感动："先生心胸豁达，真君子也。"

"是大汗英明慧眼，识得臣这颗忠心。"

忽必烈"哈哈"一笑："好，就依先生了。"

"谢大汗。"

真金在一旁听得仔细，看得明白。他开始敬佩父汗手下这些汉臣了。

真金暗想：姚枢的一席话，不仅让父汗领略了他的胸襟，日后传出去，那些脱了干系的人更会感激他的救命之恩，姚枢一举两得呀。不，是一举三得，李璮的背叛帮着他除去了宿敌王文统，姚枢真是高明。

当然，姚枢这番话语也可能是发自肺腑，为的是父汗的江山大业。真金看看满面春风的父汗，心中猜测着：父汗会像我一样这么分析姚枢的话吗？

忽必烈依旧跟姚枢商量着如何平息李璮反叛的事情，依旧面色平静，但忽必烈心里跟明镜一样，什么都清楚，他愿意手下臣子团结一心，鼎力公务，他同样愿意臣子们相互监督，好让他明察秋毫，杜绝第二个李璮的出现。

沈元帅回到府上，龙广天书正与王社教探讨此次征战之事。

沈元帅走进女儿房间，他看到窗台右边的墙角那儿斜放着一张淡绿色的梳妆台，上面放满了大大小小、高高低低的装饰用品，右边摆着一张淡绿色的衣橱，斜对面是一张大床，上面铺着天蓝色的绸缎被子，一对白府绸的枕头上各绣了两个色彩斑斓的鸳鸯。紧靠着窗户摆着一张淡绿色的小桌，四周放了四把淡绿色的矮背椅子，小圆桌上铺了一张紫红的红绒桌毯，那上面有马可·波罗送给龙广天书的一只玛瑙色的小玻璃花瓶，里面插了一束水红色的康乃馨和雪白的夜来香，散发着淡淡的沁人心脾的香味。

龙广天书知道这里原来的一切不如现在美丽，是老父对她的一番关爱，才如此精美雅致的。屋顶白得耀眼，四周的墙用青漆漆了一人高，再往上就刷白色，地板暗红闪光，能照出人影子来。紫檀色橱柜，嫩黄色的写字台，更有两张出奇的矮凳比太师椅还大，里外包着皮，也叫不上它的名字。再看床上，垫的是花床单，盖的是新被子，雪白的被底，崭新的绸面，呱呱叫的三层新。

暗淡的灯光照射着一些散乱的书稿画轴，窗外是缠绕上来的常青藤，墙是麻灰粘泥，显得笃实浑厚。穿形浮花窗子，绿色小圆柱的阳台，又使它玲珑精致。经过几百载风雨的淋洗，这座几百年的老屋门窗糟朽了，可砖石还结实。

沈元帅走进女儿房间时，女儿龙广天书正和王社教谈笑风生，见沈元帅进来，却都突然缄默不语了。沈元帅说："你们是不是在谈征东之事？"

　　龙广天书和王社教对视了一眼又摇了一下头。其实他们根本不是谈征东之事，只是在谈刘秉忠倡导尊孔之事。

　　沈元帅坐了下来，伸手拿过一只茶杯。龙广天书见父亲并没有马上要走的意思，便起身为父亲倒茶。沈元帅满意地点一下头。

　　龙广天书说："刘先生大谈尊儒，就怕要得罪一些人了。"

　　沈元帅说："刚才真金还在忽必烈汗面前参刘秉忠呢。"

　　王社教问："参他什么？"

　　沈元帅说："参刘秉忠专权，说刘秉忠任用汉人过多，就这些。"

　　龙广天书说："这有什么？这也是一个事实呀！"

　　沈元帅说："这些已引起大汗和阿合马那些人的不满。"

　　龙广天书说："阿合马不满也有他的道理，他要与刘秉忠争权。但是，我不明白，真金为何不满？"

　　沈元帅说："真金殿下实在不是什么治国之才。"

　　沈元帅说："此次东征，我意带上真金殿下，望你们随行时，对太子言行多加教诲，这也是大汗之意。"

　　龙广天书说："就怕他不听。他是王子，谁能把他怎么样？"

　　王社教说："征东之事关乎军国未来，几十万大军，再跟上一个王子，岂不是过于招人耳目。"

　　龙广天书说："就怕未能陈师江边，倭国兵力已来岸迎战了。太子殿下跟着我们也是碍手碍脚。"

　　王社教说："是的。如果王子跟着，行军打仗多有不便。"

　　沈元帅说："只是让他去学一些军国大事，还有一些做人的道理，这也是大汗的意思呀。"

　　龙广天书说："大汗已下令将孔子像塑在释迦牟尼像旁，这也就是说，忽必烈汗是认定了兼容百家以汉学治国，真金又明确了反抗之意，这样下来，真金搅和到征东中，还不是无形之中也把咱们卷进了这场争斗？这并不是一件好事。"

　　王社教也点了一下头。

　　沈元帅说："我并没有这个方面的忧虑，也不朝这方面多想。我只是觉得，为人臣子，应为汗国分忧。"

　　龙广天书说："道理是这样，但大汗以汉儒治国，还不是把蒙古新贵都得罪了吗？这如何了得。"

　　沈元帅说："能有什么办法吗？我们也没有办法。"

龙广天书说："办法倒是有一个，父亲可能听进去？"

沈元帅问："什么办法？"

龙广天书说："那就是此次征东，不带着真金。"

沈元帅说："教辅真金，也是每个老臣的责任呀。"

龙广天书说："就怕真金不领你这个情，他不会认为作为一个老臣所做的一切事都是为了他好。"王社教听罢，又点了一下头。

沈元帅说："就怕皇上不允，因为我已答应要带真金出征，并且是我主动提出来要带他出征的。"

沈元帅携真金到山东后，依计包围济南，但兵力不足，真金上奏忽必烈，请求增兵。

忽必烈说："伯颜，你再点三万精兵，前往山东。"

伯颜说："多谢皇上信任，在下一定不负皇恩。"

伯颜点齐兵马到达山东时，少不得与沈元帅兵合一处、将打一家，大赏沈元帅那里的一些将士。这时，沈元帅却见忽必烈给伯颜的赏赐，要比给他这些汉将的赏赐要多出一倍，真金也把这一切看在眼里。沈元帅手下将领看了，不免意有不平。

沈元帅的副帅王公伟暗地里和擂青安、直家祺、今成、往老五几人纷纷议论。真金知道后，把他们召来骂道："你们都是些没头脑的家伙，真是一群猪。"

被真金骂过之后，他们找沈元帅诉苦，沈元帅说："四海之富，有办法就有财源，人不杀而拿来做奴隶，每年可给我们做许多工。拿去当兵，我们为蒙古人可以省去不少兵力，也就是为我们汉人省去不少去卖命的人。征得一些地盘之后，留在原地的，可以每年向他们抽税，迫他们献宝。现在，我们不要同蒙古人计较这些，如果不依他们所说，反而会坏了大事。"

众人点头称是。而伯颜更是对汉人恨之入骨，每征得一块李璮领土，他都将财物抢尽，第二天便是掳掠人口，把活人用一根绳子穿了，押回来做奴隶。只可怜李璮属地的汉人百姓，死亡虽然免了，这活罪却更难受。

百姓被伯颜那些蒙古兵抓起，被成群结队驱往北边，从此一生一世，再也休想回到家乡，就只能起早贪黑地给蒙古主人放牧牛羊，或做各种粗活。有耕田的，自己就是牛。有运货的，自己就是马。由早到晚，由春到冬，就是受尽折磨。也有些想逃的，但无奈极边风雪之地，难越重重关山，即使成功逃脱了，也会被抓到，被抓到时会更为悲惨。

做主人的，对抓回来的奴隶并不杀死，只是用两块布满铁钉的木板，拿来反钉到他的脚板之上，让他求生不得、求死不能。被钉在钉板之后，也有不死的，每天还得踏着那两块木板去做苦工。至于那些女的，只要稍为年轻，被抓到北边之后，也就立刻同家人断绝了往来，或是分配给军士做妻妾，或是被骗到边界去给那些商人做老婆，也是苦不堪言。

刘秉忠听说之后，向忽必烈进言，请求准许李璮属地被掳者可与家人团聚，除此之外，又由忽必烈颁下禁令，不许再把李璮所部的妇女卖到边界野人地区，这些劫后黎民才算过上了好一点儿的日子。而忽必烈此时，也本不打算再向山东李璮之地用兵了，只是想让沈元帅直指东方，一是威慑高丽，再就是征日。这样，伯颜大军使用了三万乘马车、三千头骆驼，搬走了几乎可以搬走的所有东西。

伯颜三万精骑直赴胶东，本以为这山东天下险关可以唾手而得，却万万没想到山东李璮知胶东这一关不保就会失去整个山东境地，竟是全力设防，连最新的、威力更大的、从兔拔哥那儿买来的最新火药武器也搬进了胶东。

兔拔哥和阿里不哥分别卖给李璮的火药武器是轰天雷和飞虎枪。轰天雷的杀伤力实际不是很大，但一爆炸起来，那种震天欲破的声音却足以使当者丧胆；而飞虎枪，就是能喷出火龙来的火枪，着起火来一大片，专烧蒙古包。

这一场胶东攻防战打下来，伯颜不但没有把胶东拿下，反而损兵折将，死伤多人，自觉脸上无光。

此时，忽必烈下来诏书，不但没有责备他，反而赐给他以丹书铁券，封他为先锋大元帅，叫他不必再打胶东，只要矛头直指东方，打下去就行，并派史天泽率兵来助战。

伯颜应命，自胶东撤退，一路向东海边攻去。这一场东征，他竟然一路打到渤海湾，这样，李璮大片土地便完全归到蒙古人手下。

见蒙古人撤退，胶东王赶赴李璮那里，却不想中途被伯颜大军截住。伯颜下令所有弓箭手把他包围起来，一阵乱射，把胶东兵射杀得东倒西歪。

伯颜索性将胶东王的尸首高悬在一根旗杆之上，并且着人传了一个讯息给李璮："如果三日之内不依命行事，就会马上攻城，城攻破之后，犬猪鸡鸭都要杀个干净。"李璮此时已是真的害怕了。

李夫人说："为了城中百姓，为了大宋子民遗风，不如背水一战。眼下，伯颜大军已兵临城下，只有死战。"

"没想到伯颜会杀一个回马枪。"李璮说，"真没想到。"

"这是忽必烈之计，"李夫人说，"伯颜没有这个本事。"

"忽必烈也没有此计，"李璮说，"这是刘秉忠的计谋。"

李夫人叹了一口气。

"夫人，你叹什么气？"李璮呷一口酒，他努力地使自己镇定下来，但他还是感到心烦意乱。

"刘秉忠可恨，"李夫人说，"他也是一个汉人。"

"汉人中的奸贼，"李璮说，"没有汉人的骨气。"

"有奶就是娘，"李夫人说，"这样的人没骨气。"

"骨气值多少银子？"李璮说，"他还不是花天酒地。"

"有人说他很清廉。"

"清廉？"

"不可能吗？"

"那刘秉忠一向狡诈，一向诡计多端，"李璮说，"真想不到，他又是当和尚，又是当道人，真会做戏。"

"夫人，"李璮接着说道，"眼下，咱们只有一条路了。"

"什么路？"

"学刘秉忠。"

"那还不是降吗？"李夫人气愤地捏碎了一只酒杯。

"不叫降。"

"去跟忽必烈做事，还不叫降吗？"李夫人羞怒地说。

"百姓之命要紧。"

"你畏惧了？想逃跑或投降了？"李夫人说，"只有战死到底一条路。相公，咱们没有别的路。"

"有的。"

"没有！我说没有就没有！"说着，李夫人抽出青锋剑斩去了一个桌角。

"夫人干什么？"

"要明说吗？"李夫人抽剑又斩去一个桌角，大声说，"谁再言投降忽必烈，我就会斩下他的头。"言罢，李夫人怒冲冲地走了。

李璮望着李夫人背影，恨得咬牙切齿，又拿她没有办法。

这时，几个副将走过来。李璮对他们密语几句，几个副将点头离去。

还未等李夫人回到女子营，几个副将便把她击昏，锁进了一个大箱子里，然后，朝城外抛了出去。

李璮还想拖延下去，伯颜此时已大怒不止，不光要银子，还要女人。李哪敢再怠慢下去，立刻备齐伯颜所要求的东西，而且也不管他的小妾杏红如何啼哭，就把她塞进暖车之中，送到伯颜大帐。

伯颜此时正独坐大帐，愈想愈气，一侍卫禀报："山东李璮和亲美女送到。"他便冷冷地哼了一声。

侍卫出去，伯颜对门外大声说："先行将那女人的衣服都剥了，要让她行一里路，到我帐中。"侍卫折身应诺。

伯颜又补上一句："那雌儿步入大帐之时，务要儿郎们夹道观看，都要看个仔细，饱个眼福。"

沈元帅想要对伯颜说句劝止的话，见伯颜白了他一眼，也就止住要说的话，退向一边。

阿术说："你这做法不一定对，要是呼兰知道，还能不怪你？"

伯颜说："没人对她说。"

阿术说："包括我？"

伯颜点一下头。

阿术说："谢谢你信任我，其实，我也恨李璮。"

杏红独处车内，被送来大帐之前，心伤欲碎，本欲自尽，但一想到真的如此，整个李璮属地百姓就要遭难了。现在，她要为了百姓忍受住羞辱。

杏红忍悲含泪。让杏红料想不到的是，刚听得几声吆喝，十来个蒙古大汉已经一拥而上，瞬息之间便将自己剥得不留寸缕，而且吆喝着将她推着拥着直往前走，她的手脚一点儿也不当家。

不多时，杏红来到了伯颜帐前。这时，甬道两旁，那些蒙古兵已站成两堵人墙。

杏红哭了。平日里金枝玉叶的杏红，只是穿金戴银，千人仰慕，何曾想今日到了蒙古大营，竟落得这番羞辱。

就在杏红进入大帐后，伯颜铁青着脸，有如天神似的，手中提着一根大皮鞭，见杏红进来，不但没有上前扶起，反而上前当胸一脚踢去，冷笑一声："今天乃是李璮献降喜庆之日，你为何哭哭啼啼，不许哭。"

杏红此时尽管惊怕，却也按不住心头怒火，一边哭一边说："你们这些蒙古人，都是野兽，不是人！这样凌辱于我，欺侮一个女流算是什么英雄？"

伯颜闻言大怒，心想平日受尽妻子呼兰之气，今日可让这个女人受一下罪了。他骂了一声"臭女人"，便抡起大皮鞭抽将下去，噼噼啪啪一阵抽，将杏红那又白又嫩的躯体抽得血红一片。这时，伯颜怒叱道："你敢在我面前无礼，再逞刁的话，我把你抽得皮开肉烂。"

杏红此时受此羞辱，已是拼着一死，大骂不止。伯颜又是一阵鞭打。

杏红骂道："野兽。"

伯颜叱道："看你嘴硬。"

杏红骂声不止："一群野兽，都是野兽，打死我吧。"

伯颜扔掉鞭子说："你这个雌儿真是嘴硬，我真有点儿喜欢你这样的女人，且看你一身细皮白肉，这么打下去，打坏了也怪可惜，不如享受一下。"

伯颜挥一下手，七八个蒙古健妇忙不迭地走上来跪到伯颜面前，伯颜又挥了一下手说："都起来，给我做一点工夫。你们先团团围住这个雌儿，听我的吩咐。你们要听我的，懂吗？"

几个健妇点头称是。

那杏红此时羞得连忙转身，俯伏在地上，不停地抽泣。而伯颜就在众目睽睽之下，占有了杏红。

一切过去之后，杏红匍匐着爬向帐外。帐外有一株小树，她解开裙带，准备爬到那里后自尽而死。

"这小树，便是我的了结之地。"杏红在心里说。杏红挣扎着起来，用力把绳子抛过树杈，套成一个圈。

杏红透过泪眼，凝望着东方的大海，心里默道："我要到另一个世界去了。我一定要变成一个厉鬼，扒出伯颜的心，扯出伯颜的肺，报今日受辱之仇。"继而，她毅然地把头伸到了树杈上的绳套里……

"娘，你去休息吧，我来照顾小娘。"

"不用了，小木，你把参汤端来，杏红也该醒了。"李夫人坐在床边的椅子上，盯着躺在床上的杏红。

杏红的嘴唇动了几下，细弱、嘶哑地呢喃着："夫人，是您吗？"

"是我，杏红，"李夫人听见杏红的话，忙欠着身子关切地说着，"傻丫头，你怎么会想着寻死呢？"

"夫人，你不该救我，杏红没脸见人了。"杏红说着，两行泪水滚落到了枕畔。

"小娘，你醒了！"小木手捧着热气腾腾的参汤走了进来，见杏红睁开了眼睛，高兴地道，"你怎么想到了死呢？多亏我娘隐在暗处，趁蒙古兵不留神赶忙把你救了下来。你已昏迷多日了。"

李夫人接过参汤，一边用小勺喂着杏红，一边道："喝点参汤，早点恢复身子要紧。"

"夫人，这是哪儿呀？"杏红喝着参汤，面色红润了些。她坐起身来，打量着这间简陋而又洁净的小屋。

"这是琼兰岛。如今蒙古人已经攻下了整个山东，李璮投降忽必烈后也被杀死了。唉，整个山东已经没有我们的立足之地了。这琼兰岛是个小孤岛，蒙古人没发现这里，我们才得以藏身。"李夫人说着，泪水也滚了下来。

杏红握着李夫人的手，有些茫然，问道："夫人，我们躲在这孤岛上也不是长久之计呀，我们以后该怎么办呢？"

小木在一旁插嘴道："小娘，你不恨蒙古人吗？你不想报仇吗？"

"恨，我恨不得剥了伯颜的皮，抽了伯颜的筋，可我们几个弱女子又怎能报得了仇呢？"

"小娘，你别忘了，我娘可是武功高强之人，我和姐姐也习武多年，我可不怕那个伯颜。"

李夫人点头道："是呀，杏红，你自寻短见多不值得，跟蒙古人真刀真枪地干一场，报得深仇大恨才是呀。"

杏红思忖一会儿，点头道："夫人教训得是，杏红一时心胸窄了，没转过弯来。杀上几个蒙古兵再死，也不枉活上一回。"

"你怎么总想着死呢？"李夫人摇了摇头道，"如今这孤岛上已经云集了几十位武功高手和胶东地面上的知名人物，他们都对伯颜的暴行愤怒不已，都准备跟伯颜大干一场呢。"

"那……没有士卒怎么打仗，怎么报仇？"杏红仍是有些不放心。

"我们来琼兰岛时，带出了不少银两，不愁没有士卒。再说伯颜在山东境内烧杀抢掠，人神共愤，不少人都在暗处跟蒙古人对着干呢。如果我们能竖起大旗，反抗蒙古人，保证能一呼百应、云集万众。"

杏红闻听李夫人这一番话后，转忧为喜，笑了。

经过李夫人的精心调养，杏红的身体逐渐恢复了，也跟琼兰岛上的人们交谈起来。看到人们都对伯颜恨之入骨，杏红方知李夫人所言没错，只要有人拉起反蒙大旗，定会有不少义士前来投奔的。

一个月后，杏红和小木带着银两，划着一个小木舟离开了琼兰岛。半月后，她带回了十五只小木舟，载来了一百多名决心与蒙古人血战到底的胶东百姓。接着，杏红又多次用同样的方式往琼兰岛上带回人、粮、马，几个月下来，琼兰岛已经成了一座拥有了数千人的反抗蒙古人暴行的基地了。

李夫人年纪大了，大木、小木又是没出嫁的姑娘，李夫人思前想后，便决定由杏红来统领这支人马。因杏红的遭遇传遍了山东，在山东百姓中自然会有更大的号召力，李夫人便因袭了金末"红袄军"在山东百姓中的威名，将这支队伍命名为"红袄军"，军中每人均着红袄。李夫人又将自己的武功悉数传给杏红，让她慢慢练习，并把这几千人编成十个小队，大木、小木各领五队。

编整完备后，杏红领着红袄军到胶东各县府去骚扰蒙古军，打一枪换一个地方，今天在这里杀死十个蒙古骑兵，明天在那里烧毁一个蒙古军的粮仓，来去无踪，飘忽无定所，令驻扎在山东的蒙古军极为头痛。

而且，红袄军一路打来，队伍几无伤亡，人员却一路激增，几个月的工夫便在胶东南部打出了一块地盘，李夫人也从琼兰岛来到了这里。

李璮献出自己的小妾也没能保住性命。在济南城破后，伯颜下令不许招降李璮。李璮无奈、也无颜再见人，只得跳进了大明湖，后被蒙古铁骑从湖中捞出，押入了济南大牢。

史天泽认为李璮为害山东日久，当立即诛杀，伯颜拍手赞同，于是李璮被斩于济南。这边李璮的反叛以家破人亡告终，那边王文统也没能活下去。

忽必烈亲自审讯王文统。王文统被带到殿下，跪地大哭起来。

忽必烈问道："你为何而哭哇？"

王文统抽泣着："罪臣有负大汗的信任，不胜懊悔。"

忽必烈又问："你在与李璮的信中提到'期癸亥'是何意？"

"李璮久存叛心，罪臣早想告发，却又恐无真凭实据，便告诉他拖到甲子年再反。罪臣一是想在这段时间内收集他的罪证，二是想找一个合适的机会告诉大汗，望大汗明察罪臣的忠心。"

"哼！表现你的忠心还需要找机会吗？"忽必烈拂袖而起，指着跪在地上的王文统大怒。

姚枢在一边问道："你可曾把李璮欲反的消息告知别人？"

"罪臣没有告诉别人，不过……不过，罪臣的妻兄知道一点儿。"

王文统的妻兄是蒙古东道王塔察尔，王文统提到塔察尔是知道忽必烈很喜欢塔察尔。如果忽必烈不舍得杀塔察尔，那他自己也许能苟活下去。

忽必烈自然明白他的意图，他想不到自己一向信任的宰相竟是如此恶毒之徒。忽必烈心中一阵绞痛：怎么自己的宠信就换不来这个汉臣的忠心呢？

第二天午时，王文统被处极刑而亡，张德辉因与王文统亲如一人，也被罢了职。

忽必烈准备让姚枢主理中书省，但被姚枢婉言拒绝了，理由是年事已高、身体弱。于是，忽必烈让史天泽、赵璧共理中书省，授姚枢为知枢密院事，同时授阿合马为太仓使，主理国家税赋。

忽必烈在举手之间就消灭了李璮，诛杀了王文统，但这件事的余波却久久徘徊在忽必烈的心间，不能消弭。

从建立漠南金莲川幕府到修建开平城，从远征云南到称汗，忽必烈同一干汉臣一路走来，相互信任，肝胆相照，不论是谈古论今，还是运筹帷幄，都是君臣一心、合心同力。汉儒们尽心辅佐忽必烈一步步登上大汗之位，忽必烈也高官厚禄封赏汉臣，双方一直是和谐、亲密、无隙的。

李璮的反叛虽被大多数人说为情理之外，但并未出乎忽必烈的意料之中。仅是一个李璮，忽必烈不会对汉儒产生看法，问题是李璮之事牵连了中原地区不少的世侯，而且还有自己最为信赖的宰相王文统。忽必烈心中不禁有一股冷意袭来。

当然，令忽必烈难舒心中块垒的还有史天泽。

史天泽是永清人（今河北永清），生于金章宗泰和二年（1202年）。史天泽出身于世侯军阀之家，身材魁梧，武艺高强。少年时便加入军旅，出生入死，屡立战功。早在窝阔台汗时期，他就被封赏三万户，分统汉军，跟随着几位蒙古汗征战南北，深得信任。

忽必烈登汗位后，同样对史天泽信任有加，不仅授他为河南路宣抚使，还授予其江淮诸翼军的大权，守卫蒙宋边防。

中统二年（1261年），史天泽调任中书省，拜右丞相，可谓是受宠之极。在李璮反叛后，忽必烈依然没有因为他是中原世侯便疑其忠心，仍派他到山东镇压李璮。但是，史天泽在济南擅自诛杀了李璮后，忽必烈心中掠过了一丝疑云。

忽必烈曾私下问过伯颜、阿术，杀李是否是史天泽的私下之举，伯颜二人均言是在他们赞同下才杀的，只不过李璮死时喊了一句："你为何背信弃义！"就是这句话令忽必烈如冷箭穿心，痛彻心底。难道史天泽也会与李璮有"盟信反蒙"之约吗？

忽必烈心中一阵惊悚。汉臣、世侯如果联起手来，自己有多大的把握能战胜他们呢？现在朝廷中汉臣早已多过了蒙古臣子，没有汉臣打理朝政，那国家就会濒于瘫痪，而如果要依靠这些汉臣，哪一位汉臣又是自己可以信赖的呢？

忽必烈终于没有对史天泽动手，是因为发生了三件事。

第一件事便是廉希宪出面为史天泽说情。在李璮被灭之后，在李璮家中抄出了一些中原世侯们之间的书信，其中也有史天泽的，尽管其中并没什么蛛丝马迹，但说明史天泽与李璮之间常有往来，朝中也难免有人会对史天泽说三道四。

廉希宪知道后，私下对忽必烈道："大汗，史天泽曾事蒙古国数位汗王，大汗也一直对他信任有加。不论是征战沙场，还是料理政务，史天泽一直成绩斐然。如今虽有些许证据证明其与李璮叛乱有关，但我劝大汗要宽忍一些。大汗信任史天泽，不因朝中私议而贬之，朝中的诸位汉臣才会庆幸遇到了明主，才会相信大汗对汉臣依旧倚重。望大汗三思。"

廉希宪的这番话，让忽必烈有了放史天泽一马的念头。他知道史天泽的身后有一大批汉臣，弄不好会引发一场政治风波。

第二件事令忽必烈有些意外。自山东回来后，史天泽便将镇压李璮的战功全都推给了阿术他们，而且主动奏道："中原世侯手握兵权是一大隐患，大汗应使之全部交出兵权，归于大汗。臣带头，史氏一族愿意把兵勇全部归于朝廷。"

史天泽带头交出兵权，的确可以让忽必烈对汉族世侯们少一份担心，也就顺水推舟地答应了。

第三件事是在一次朝廷议事时，史天泽把花白的胡子染成了黑色。当时朝堂之上引发了一阵欢笑，忽必烈也笑了，问道："你这是为何？"

史天泽正色回禀道："臣用药汁把胡须染黑，是因为臣昨日照镜子时，发现臣老态毕现，臣想多为大汗尽忠效力几年，故而将胡须染黑，以激励臣如青年人一般活力无限。"

忽必烈终于放过了史天泽，也才有了让史天泽主理中书省的宠信之举。但忽必烈并没有一如既往地重用汉臣，至少从心中已发生了改变。

他开始对身边的汉臣谋士起了疑虑之心，开始不再对汉臣一味偏听偏信。而此时的开平已经吸引了一大批从全国各地、乃至西域一带各族人士相投，其中不乏有识之士，忽必烈开始任用一些其他民族的人在朝中担任职务。这些人不会形成汉人武装那样的叛乱集团，还可以跟汉臣相互牵制。阿合马便是其中之一。

一日，忽必烈又问起各地战事。察必又叫来怯薛问起伯颜的战事进展如何。怯薛说道，李璮已死，但李夫人和杏红已成了红袄军之首。

"红袄军？"忽必烈惊诧不已，他从王文统那里知道李夫人的足智多谋，也知道她的刚直不阿，这都是李璮不具备的，也是若干个李璮不能比的。

伯颜在山东的日子不好过。本来平息了李璮的叛乱，他也该班师回开平了。可由于山东境内仍有小股反蒙武装力量存在，他不得不再接着打下去。再说渤海沿海一带和几个小镇还没有完全掌控在手，他不能回禀忽必烈说"山东已靖"，他必须肃清山东，让大汗放心。

一天，伯颜正躺在床上休息，幕僚王义急匆匆地走进来道："将军，清城被红袄军攻陷了。"

伯颜一骨碌儿身爬起来，问道："真的？"

"是，刚从清城逃回的兵士说的。"

"驻扎在那里的丁白呢？"

"被毒死了。"

"被毒死了？"伯颜有些纳闷。丁白本是一介书生，七年前到了金莲川，没有跟王社教他们论诗作画，却喜欢上了舞枪弄棒，跟阿术颇为投契。后来伯颜把他要到了自己帐下，做了参将。

王义解释道："是被一个红袄军的奸细毒死的。"

"奸细？"

"是这么回事。"王义给伯颜讲了起来。

清城其实不过是座人口仅万来户的小镇，但由于它处于渤海之滨，过往的船只客商很多，所以镇上还算繁华，酒肆、客栈布满了大街小巷，就连风月场所也到处都是，烟月街就是一个汇集了清城名妓的、较为高级的花街。

丁白刚逾而立之年，又读过几年书，有几分追寻风花雪月的清雅。他带着五百士兵开进清城后，除了管管城内的反蒙之人外，倒也悠闲得很。日子长了，他便经受不住寂寞，成了烟月街的常客。

这天，他又一步三摇地进了烟月街，走进了他熟悉的销魂坊。那老鸨一见，急忙捧来一杯香茶，说道："新来一位姑娘，不仅相貌出众，长得像下凡的嫦娥、还魂的西施，而且风度高雅、人品端方，琴棋书画，无所不精。"

丁白有些不耐烦了："太饶舌了！就让这姑娘来，她的名字叫什么？"

"她名叫碧菡。"

丁白听后，不禁心中暗笑：这姑娘也未免太天真了！自名"碧菡"，倒有些高雅，但是既已身入这烟花场中，能够出污泥而不染么？

不一会儿，老鸨领进一个十六七岁的少女。只见她面貌清秀，不施脂粉，却玉肤花容，唇不点而朱，眉不画而黛，腰若纨素，乳蕴微丰，款款娉婷，端庄雍容。

丁白十分高兴，对老鸨说道："快摆酒来。"

酒菜上齐之后，丁白向姑娘问道："碧菡姑娘，能否唱个曲儿助兴？"

姑娘听了，眉间微微一颦，便拿起琵琶，轻拢慢捻，唱了起来：

> 无言独上西楼，
> 月如钩。
> 寂寞梧桐深院锁清秋。
> 剪不断，
> 理还乱，是离愁。
> 别是一番滋味在心头。

丁白听后，觉得凄切愁苦，又不好直问，遂斟上一杯酒，说道："碧菡姑娘，你弹得好，唱得也好，我敬你一杯。"

"我初到这地方，不会饮酒，请老爷见谅。"

丁白见她斯文典雅，楚楚动人，不由得伸手将其揽入怀中，想扯掉她的裙子。谁知她却死命挣扎，说道："老爷！请不要这样，我虽沦入这风月之地，可是出身清白，只陪唱，不陪……"

丁白听了，哈哈大笑道："你太幼稚了！如今既入烟花，何谈清白？今日我也高兴，不如就让我为你开……苞吧！"

说罢，丁白伸手去抚摸她的胸脯。这时，她拼命阻挡，双泪交流地哭道："老爷真若相逼，我只有一死罢了！"

听她这么一说，丁白一下子凉了半截，那升腾起来的欲焰顿时消失干净，只好双手一松，将她放了，心中暗自思忖："这少女如此贞烈，更加令人怜爱，但只能用软功夫慢慢抻她，也许时间长了，她会就范的。"

想到这里，丁白关切地问道："姑娘是怎么流落到这烟花巷里来的？"

少女见问，那眼泪便如断线珠儿般垂落，道："我父亲原是南宋的一名小吏，因不堪奸相恶行，辞官与我返回山东老家。不想半路染病，死在了济南，我无钱葬父，只得卖身到了烟月街。"

丁白听后，心中也觉凄然，不由得伸手握住碧菡嫩葱般的手指，安慰道："别难过，这南宋已是秋后的蚂蚱——没几天活头了，你放心，我一定为你报仇。"

碧菡抬起泪脸，问："老爷一介书生，何言为我报仇？"

"不瞒你说，我便是蒙古国的守城参将丁白。如不嫌弃，你就叫我一声叔父吧。"

这碧菡姑娘倒也聪颖异常，立即跪倒在丁白面前，流着眼泪说道："叔叔在上，恕侄女碧菡无知，在此向你老人家赔罪，尚祈原谅。"

丁白弯腰双手扶起碧菡，说道："既然如此，我就立即把你赎出去，不知愿意否？"

碧菡听后，立即跪地拜谢道："感激叔叔厚爱。"

丁白再次扶起碧菡姑娘，向外喊道："快来人啊！"

老鸨进来，笑问道："老爷有何事吩咐？"

丁白指着碧菡姑娘说道："这姑娘的父亲是我的熟人，本官要把她带回府里去！"

说完，丁白从怀里摸出两根黄澄澄的金条，放到桌子上，对老鸨说道："这该够了罢？"

那老鸨一见，两眼露出惊喜，嘴里不停地说着："够了，够了，足够了！"

丁白在城北边买了一处幽静的小院落，将碧菡姑娘安置进去。当晚，丁白来到藏娇的新居小院，独自连喝几杯酒之后，新浴的碧菡姑娘出现在他的面前。只见她身披天蓝色的真丝纱巾，着雪白的曳地裙，面容仍然没有化妆，黛眉微颦，凤眼含春，微微突现的双乳宛然在目，丁白看罢，不由得冒出一句："好一朵出水芙蓉啊！"

碧菡细步纤纤地来到丁白面前，跪倒在地，说道："碧菡感激您一片冰心相待，只是父仇在胸，曾有誓言在先，此恨不雪，终身不嫁！你若真心怜我，为我报仇雪恨，我定以身相许！"

丁白一听，十分惊叹她小小年纪便意志甚坚，只得虚与答应她再说，便伸手拉她起来道："我答应你就是了。"

碧菡站起身，又问："那你为何总驻扎在清城，不南下征宋呢？"

丁白道："目前山东境内叛军未清除干净，尤其是红袄军在南边颇成气候，伯颜将军说待山东全境平定后再南下攻宋。"

碧菡又问："那何时去扫荡红袄军呀？"

"不知道，不过我答应你，一定为你报得父仇，杀了贾似道还不成吗？"说罢，丁白走过去又要搂抱碧菡姑娘。只见碧菡把身子一扭，倏地闪到了一边，红着脸说道："你别性急！若是真心杀敌，愿为我报仇，就应我两件心愿。"

丁白忙说道："别说两件，八件十件都可，你就快说吧！"

"自今开始，你不能再去烟月街上的任何妓院了，这第一条你能做到吗？"

"放心吧，从此不再去了！"

"这第二条，我只是夜里陪你，白天，你要到城上去练兵。"

"放心吧！我的心肝宝贝，一定遵守。"

丁白一边说，一边上去搂住碧菡姑娘，去吻她的脸颊。此时，碧菡还在喁喁言道："无论何时，我若发现你违犯了这两条中的其中一条，我将与你同归于尽！"

"行啊！我的小心肝，我的小宝贝！"

丁白把碧菡抱在怀里，早已控制不住欲焰的炙烤，立刻向里屋的床上跑去……

丁白得了碧菡，果然再也没迈进过烟月街一步。半月来，二人颇是亲热。一天，当丁白午后回家时，发现碧菡正跟七八位姑娘在屋内说着话。

丁白从没有大白天就回来过。此时见丁白进屋，碧菡多少显得有点吃惊，但旋即便镇定地道："这是我在济南认识的杂耍班子的姐妹，多亏她们帮我葬父。听说我有了好归宿，是来看望我的。"

丁白没有多心，热情地招呼客人吃饭，直到晚上二人上床安歇了，他才搂着碧菡问："你的这几位姐妹都容貌端正，不像是闯荡江湖的人呀。"

碧菡娇嗔地用手一指丁白的脑门子："你总是注意女人的长相，没出息。"

丁白笑了笑，又问："她们打算住几天？"

"她们不走了。"

"不走了？"

碧菡点头道："她们也都是无家可归的孤儿，闻听我嫁了个大英雄，都想跟着我住呢。"

丁白笑了："怎么，你要给我招妾呀？"

"美得你！她们自幼进入杂耍班子，都有些武功在身，她们都恨不得早日把奸相诛杀，想从军。"

"从军？她们都是女儿身怎么从军？"

"女扮男装呗。"

"不行，如果露了马脚，我可担不了责任。"

碧菡翻身过去，生气了。丁白连忙扳过碧菡的肩，解释道："伯颜治军很严，怎会允许女人进军营呢？别胡闹了，我供你们吃喝还不行吗？"

碧菡慢慢地问道："好吧，那我就跟姐妹们走，我们自己去报仇。"

丁白一听碧菡要走，哪里舍得。他亲了亲她红嫩的脸蛋，终于答应了。

第二天，丁白便把几位女扮男装的姑娘带到了军营，分配到各个营帐中。中午饭后，军营的人开始腹痛、呕吐，继而一个个倒了下去，丁白也没能幸免。当天下午，红袄军的人马就占了清城，那几个姑娘和碧菡也都换上了艳红的大袄。原来碧菡她们是李夫人派过来的。

王义一口气把丁白被毒死的情景讲给伯颜听后，伯颜大怒，睁圆了虎目吼道："集合队伍，跟我去清城！"

一路上，伯颜心急如焚，虎步生风，只半天的光景就开到了清城，八千大军呼啦一下围住了清城。

此时，李夫人正在城中布置防卫事宜，不想伯颜这么快就打了过来，事前竟没有听到一点儿消息。她急忙点兵马，准备开城迎敌。杏红见清城被围得铁桶一般，知道唯有杀出一条血路方能有活命的可能，于是她与李夫人各领一千人马，从东西两门向外突围。

按说伯颜这些蒙古兵长围既成，便是铜墙铁壁，任是强悍之人也动不能动，但就与李夫人和杏红打了一个回合，奇迹也就发生了。

这时，李夫人本已被伯颜所围，左冲右突都无法突破，正自惊慌间，杏红就如红风卷来。红袄军在杏红带领下只一卷而过，伯颜的蒙古兵也免不了张皇失措，只听李夫人大喝一声："儿郎们，冲出去。"

李夫人率被围义军便跟着杏红在混乱之中杀出一条血路。此时，天昏地暗，叫伯颜那些蒙古兵根本辨不清李夫人所逃方向。就这样，李夫人逃出伯颜兵阵，和杏红兵合一处，安然进入枣林之中。

此时，杏红对李夫人嫣然一笑，斜倚在李夫人的肩上："夫人，我这招铺天盖地阵法，令伯颜敌也敌不过。"

"是的。"

"也不是蒙古人打不败，"杏红说，"只要众人一心。"

"嗯。"

"你怎么啦？"

"我很累。"

"夫人，如果你当年不救我，也就没有了今天。"

"天经地义，该救你。"李夫人说，"哪有见死不救之理？"

"真要多谢你。"

"杏红，你重新组织了红袄军，已是对我最大的报恩。"李夫人说，"眼下，我们红袄军要扩充人马。"

杏红笑了。

"你笑什么？"

"夫人，有不少人来投，"杏红说，"只要拉大旗，不怕没有人。"

李夫人笑了。

只这一战，端的是日月无光，天地为愁，伯颜的无数蒙古大军死于红袄军各路英雄刀锋之下。伯颜下令："上天入海，也要把李夫人、杏红擒杀。"

于是，几天工夫，伯颜就杀到红袄军地盘的南部，不费吹灰之力，就把几个初设的义军地盘攻陷了。

李夫人前去观战，竟被伯颜大军困在悬崖之上，只有一条路可逃，结果就连人带马从三百多尺的悬崖跃进一条河中，被渔船载走，直逃到杏红的琼兰岛上，这才拣得一条性命。她们刚一见面，就相拥流泪。

"蒙古人，太可恨了。"

"夫人，我要替你报仇。"杏红说，"咱们不要丧气。"

"我已心力交瘁。"

"心力交瘁？"

李夫人说："杏红，也许我躲不过此劫，我就要死了。"

"啊？夫人！"杏红大声喊道，"咱们还未杀了伯颜，还未杀了忽必烈，你千万不要把我一人留下。"

李夫人说："杏红，我手中这刀染血成行，将遗留给你，你只要看着这刀就会想到我，想到我和你率领红袄军取得的成绩。"

杏红点一下头。

李夫人溘然死去。母亲一死，大木、小木悲痛万分。

杏红含泪把李夫人埋葬，好几日站在坟前恸哭不已。大木和小木看在眼里，亦自凄然，对杏红说："小娘，你现在是红袄军兵马大元帅，要保重。"

杏红听了，懊丧地对大木、小木说："家仇国恨，更兼绝路，你们叫我如何不哭？只恨事已至此，兵马尽亡，你我都已无能为力。你们两个孩子，能有何计？"

大木、小木摇了一下头。杏红见了只是微微一笑："如今也不是无能为力，只不过时运如此，即使能够尽力，亦甚是有限。"

大木和小木都跪在杏红面前："小娘，何不告诉我们？"

杏红说："在我看来，复国已不可能，但如果要在伯颜身上报复，却还是有点儿办法。"

大木说："报复伯颜，不如去找他的主子忽必烈。"

小木说："擒贼先擒王。"

杏红一惊："去找忽必烈？"大木、小木点了一下头。

杏红说："去取他性命。"

大木和小木又点了一下头："是的，小娘的意思，我们懂。"

杏红说："我观天象，天狼星已应归位，而忽必烈也确有死之征兆，你们有这个想法，很好。"

忽必烈得知伯颜大军东征受阻后，他听从了刘秉忠建议，认为在伯颜的大军面临困难之时，如不及时地出兵增援，恐怕会有更大的伤亡。而且，忽必烈也想再派阿术前去助战。阿术能和伯颜去打联手，是最佳的出兵作战搭档。所以，忽必烈便直接命阿术前去伯颜那儿助战。

阿术高兴地答应了。

阿术又一次出征了，不过，这一次出征前，他带上了他的堂姐呼兰。这是因为阿术亲眼看到伯颜对杏红的残暴，他理解成伯颜当时一定是因为缺少女人，才那样做的。

阿术于当日从大都出发，至东海之滨。其时，伯颜在胶东屡战屡胜，不料进出渤海湾时被阻，恰在这时，阿术到了。

刚到渤海湾，乌沉沉的云雾突然隐去，湾外的帽山顶上一道蓝天，浮着几小片金色浮云，一缕阳光像闪电样落在左边峭壁上。右面峰顶上一片白云像银片一般发亮了，但阳光还没有照射下来。

这时，远方无数层峦叠嶂之上，迷雾之中，忽然出现一团红雾，绛色的山峰衬着这一团雾，就像那深谷之中向上射出红色宝石的闪光，令人仿佛进入神话境界，真是美极了。

眺望伯颜大营，那里是些幽暗环抱的山峰，它们先是微红，然后加深直到殷红，以至像一朵迎向天空、欲放未放的荷花紫红了，赭红了，红得耀眼，红得美丽。一转眼，太阳已经升起，那红色的峰顶也变为翠绿色的峰顶。

阿术在帽山安营扎寨，和伯颜合兵攻打渤海湾。在渤海湾外有处城池隶属三界之地，故称三界城，那里的守将是马阳伦。

与蒙古军交战前，马阳伦遣黄承彦去三界布防。黄承彦走后，马阳伦感叹道："阿术又来援伯颜，如不及早除掉这两股蒙古大军，将来必成红袄军大患。这渤海湾也迟早会成他们蒙古人汤锅里的鱼。"

此时，黄承彦飞报马阳伦，说他的兵马已布置在周围十二个小城，十二位城主正急往此处会盟。马阳伦这才放下心来。

十二城主歃血盟誓，宰杀黑狗脚踏丘陵之地，剑劈树皮宣誓："我们当中如果有人违背誓言，就像土地一样粉身碎骨，如同树皮被人削割。"

池河城主杜文化异常兴奋，摆设大宴，欢乐达旦。虽说三界外有那么几株树，却早已被人抢占。池河城主几次想找个乘凉之地，却无人让位，正在他懊恼之际，恰遇十一城主武子君喝醉了酒，脱光衣服，赤裸裸地立在面前。杜文化认为这是对他的羞辱，命令将士把武子君按倒在地，对其猛抽猛打，喜庆的气氛被扰乱了。最终，宴会不欢而散。

十一城主武子君怀着满腔怒火，忍着剧痛，趴在马鞍上，直到半夜才走到他的棋友金亮家。金亮把十一城主武子君扶进帐房，惊问何以如此狼狈？十一城主说："该死的老杜，决定偷袭阿术以耀武扬威，竟在众人面前抽打我。"

金亮听罢，大吃一惊，连夜骑马去禀报他义兄文灿和尊东，他们二人又把此事报给少华，少华又把消息报给阿术，很快，蒙古主帅伯颜便获知此事。

伯颜对少华赐给重赏，包括绸缎、毛毡、皮被、羊毛等物，并夸奖他："全赖你等耳聪目明，探听到这般机密，真是人才难得，确是忠良大将。"

伯颜当即派人告知阿术驻扎在三界东部池河城外围，等候调遣。早有巴儿思溜溜兵车营杨玉琪、邢远海、郭海波、李容玉、鞠猛、靳华、张海军、朱廷常等十几员大将开始进攻池河城。

池河城主当即报告主帅马阳伦，很快，马阳伦请来大元帅杏红。杏红知道忽必烈有必夺渤海湾之心，见派出去的大木、小木并未开始行刺忽必烈，便积极在渤海湾准备战事。她提议道："欲抵抗伯颜、阿术大军，当与湾内桃花岛的桃花公主修好。"

武子君说："多少年来各安其命互不来往，大敌临城却要与人家修好，这样传出去，有损红袄军威名。"

杜文化说："多少年从未跟人家打过交道，真是笑话。"

杏红说："李瓒和桃花公主本是因政见不和才断了来往，现在，她既知是为了携手击败蒙古人，我想她会念此谊而答应下来的。快说，谁愿前往？"

金亮说："我愿前往。"

少华说："末将也想为天下苍生做些善事，也愿去。"

文灿说："我也愿去，并无抢功之意，只想为百姓做实事。"

杏红说："路上小心。"

几人去了桃花岛之后，杏红预知此役关系到她的生死存亡，更激起了她率红袄军与伯颜决战之心。故而，战前布置十分精细、全面。

共六万四千兵马被杏红集结到三界崔家湾军马场，出征前举行了祭旗仪式。一二三城主为右路大军，四五六城主统率左路军，七八九城主统率中路大军。十城主、十一城主和十二城主去了桃花岛，杏红自命为殿军元帅，统帅六万四千兵马，直扑伯颜大营。

杏红行军至帽山之时，突然鼓声大作，闪出大将阿术，他身骑灰马，手舞长柄大刀，拦住去路。

"来者通名？"阿术高声喊道，"我好像看你面熟。"

"在下乃红袄军元帅杏红。"杏红黄伞一晃，"你又是何人，在下不斩无名小卒。"

"可笑。"阿术仰天大笑，"我家三代英名震世，祖父速不台曾随先大汗东征西杀南征北战，远征过多瑙河、埃及，父亲兀良合台随蒙哥汗立下汗马功劳，至于我嘛，难道你忘了？"

"不知。"杏红早已认出他是阿术，但她故作未曾谋面，只是高傲地仰起头，对阿术嘲笑道，"野蛮人，你以为你是谁？快来受死。"

"好恼。"阿术听罢怒火万丈，舞刀砍杀过来，杏红只勉强战了几个回合便调转了马头。杏红的手下也纷纷抱头而逃，一路上弃刀丢枪。

阿术一时兴起，正欲下令追击，部将耶律力明上前拦阻道："元帅，万万不可追，此次不宜出击。"

"大雨扑向前面那堆流火，将它们熄灭。"阿术说。

"元帅三思。"耶律力明见阿术正欲举鞭下令，忙上前相劝，"元帅，红袄军北部十二城主名闻天下，一战即败，其中必然有诈。十二城主皆是百战百胜的大将，末将早年就听过他们威名。"

阿术说："他们有什么威名？一群山贼。"

"元帅，你看，"耶律力明说，"你再看那远山之中，山中禽鸟惊慌不定！说明那里有众多伏兵。"

"他们不可能布置得那么快。"阿术说完，便命大军追击。耶律力明见劝不动阿术，随即令人报与中军得知此事。

且说阿术率领大军以排山倒海之势，狼奔豕突一般勇往直前，直把红袄军追到帽山深处。突然一声炮响，闪出一二三城主前来应战——他们正是杏红设伏的右路大军。此时，阿术已知事情有变，但此时他已进退维谷了。

阿术只好下令应战，他后悔没有听耶律力明之言，但悔之晚矣。

"不许后退，后退者死。"阿术大叫着挥刀向前冲去，阵地逐渐缩小。尽管阿术大叫着不要乱，但蒙古军还是乱作一团。蒙古军士兵不断向阿术靠拢着，结果却自相践踏，死伤惨重。

"活捉蒙古军援军主帅，把他献给杏红元帅！封官荫子，黄金万两。"池河城主大叫，其余城主喊声此起彼伏，在山间回荡，令红袄军个个以一当十。

"伯颜元帅，快来救我！"无人回应。

阿术未料到会有这等凄惨下场，不免悲痛万分，望天长叹。

他率军拼命杀出一条血路，落荒而逃。耶律力明和几员副将紧随其后，他们护着阿术逃了出去。

"元帅你先走。"耶律力明劝阿术先走，自己和正大明、舟学峰、吹见哗、里树里、虎小明、戴毅、苗力、樊志天一行数人断后，拼命与红袄军厮杀。

阿术遁逃之后，十城主高琼领兵杀将过来，耶律力明举刀相迎，只听"哐啷"一声，刀刃迸出闪亮火星。原来，耶律力明和高琼的刀刃砍在一起，豹尾缨绞到一起。耶律力明早已无心恋战，弃刀而逃。高琼命夏娟、潘昆鹏、潘迎雪、黄贞几名高徒拼命去追，直追得耶律力明哭爹喊娘。

先头部队只有阿术和耶律力明二人折回，这令伯颜大惊失色。伯颜感到红袄军并非他料想的那样——都是贪生怕死之辈。

此时，红袄军十二城主早已控制了渤海湾高峻之处，居高临下，令弓箭手发射箭矢。一时万箭齐飞，如雪如絮，弄得伯颜有些眼花缭乱。

于是，蒙古军又是一片哭号之声，如落叶遇到强风般纷纷倒毙。伯颜不忍军士惨遭涂炭，急忙挺身而出，右手举着头盔高喊："我乃元军征东大元帅伯颜，伯颜在此！"

杏红冷笑一声："杀的就是你！兄弟们，放箭。"

伯颜觉得声音耳熟，来不及多想，就见乱箭如雨点般射了过来。伯颜大叫："你是何人呀！"

几个箭筒士急忙上前把伯颜拉了下来，他们说："元帅，你怎么把她忘了？"

"谁？"伯颜有些莫名其妙，"你们说那女子是谁？"

"就是当年被你强暴的那个李璮小妾呀！"众人答道气得伯颜一阵哇哇怪叫。

阿术见势不妙，劝道："咱们撤兵吧。"

"撤退！"伯颜大喝一声。蒙古军随即鸣金收兵。

再说红袄军大元帅听到蒙古军鸣锣收兵，便令人打扫战场，缴获了许多兵器、盔甲、战马、旗鼓等物。

池河城主前来献上伯颜帐前几个大将首级请功。杏红看了看，梦招元说道："元帅，该奖池河城主。"

"池河城主，你真是英勇之极。"杏红笑着说。

"全凭元帅栽培。"池河城主说，"多蒙元帅不弃，才使我有为汉人江山立功之机，可惜未杀了伯颜。"

"先寄下他的人头，"杏红说，"我们一定会杀了他。"

"是的。"

"那你有何打算？"

"只想听元帅吩咐。"池河城主说，"元帅一切决断都对。"

"只可惜了你这么委曲求全。"杏红说，"李璮没有用你，大宋也没有用你，可惜呀。"

"多谢元帅体谅。"

"池河城主，宋军不用你、李璮不用你，我用。"杏红说。

"元帅知遇之恩难忘！"池河城主急忙跪了下来。

"起来吧。"

"多谢元帅扶掖。"池河城主对杏红元帅连叩三头。

"不用谢了。"杏红说，"我问了一下其他城主，他们有意推你为十二城主之盟主，你意如何？"

"让我做十二城主之盟主？"池河城主有些惊惑。

"正是。"

"元帅，我不行。"池河城主有些惊慌，也有些手足无措，"元帅，我不是那块材料，别误了大事。"

"不要推辞了。"杏红说，"我也是这个意思呀。"

"我贪酒。"池河城主说，"酒是能误事的，这个您知道。"

"我知道。"

"我贪财。"池河城主说，"大宋之人都知我吝惜钱财，不肯朝上边送银子，所以才不能大受重用。"

"这个我也知道。"

"元帅知道？"

"嗯。"

"还有，我贪色。"

"你贪色？"

"是的，元帅。"池河城主朝别的城主看了看，众人在窃笑，"元帅，他们都是知道的，我贪色。"

杏红闻听此言愀然色变，转身离去。池河城主也大笑起来。

　　且说伯颜在军中的日子，生活上得到了呼兰无微不至的关照，他也是很感激她的。此次阿术把她带过来，久别胜新婚，伯颜觉得从心里非常喜欢她。静下心来，又觉得自己从未视她为一个女子，从未在心里引起过对异性的激情。

"元帅真是大难不死，这一仗打得太恶了，那红袄军女首真是母夜叉？"呼兰说话时有点粗声粗气。

伯颜点了一下头，心想：你才是一个母夜叉呢！但不知怎的，伯颜的眼前就闪过了杏红那性感丰腴的躯体，自然而然地想起了杏红的典雅秀美。

伯颜恍惚间捉住了呼兰的手，呼兰也趁势倒在伯颜怀中。一番云雨之后，伯颜才发现眼前之人并非梦中情人，只是拥了拥呼兰说："可惜你不是个男人呀。"

"怎么要我是个男人？"呼兰问道。

"要你是个男人，咱们可以结为安答。"伯颜说。

"男人跟男人才能结为安答哩。"呼兰娇媚地勾了一下伯颜的鼻子，这令伯颜有些别扭。

"所以我才希望是。"伯颜像逃避什么似的扭开头。

"和我结安答？"

"嗯。"

"只是安答？"呼兰有些敏感地推开伯颜，"为什么？"

"不为什么。"

"只因为我是个女子？"呼兰穿戴整齐，气呼呼地立在门口。

"你怎么了？"

"这倒要问一问你。"呼兰有些愤懑地朝帐门踢了一脚。

"我是为你好。"

"为我好？"

"是的。"

"好什么？"

"就是觉得你如果是个男人，咱们就可以结为安答。"伯颜还是那个口吻，这令一向娇纵的呼兰十分气恼。

"伯颜？"

"怎么？"

"你这个笨蛋！"

"我笨吗？"

"是的。"呼兰说，"当初忽必烈汗还夸你比阿术聪明来着！现在看来，你是天底下最笨的男人。"

"我最笨！"

"是的。"

"为何这般气恼？"

"你知道。"

"我并不知道呀。"

"伯颜，你不要揣着明白装糊涂。"呼兰又朝帐门踢了一脚。

"我真想和你结为安答。"伯颜有些耍赖了。

"不想让我做你的女人？"呼兰又朝帐门上踢了一脚。

草原英雄：忽必烈

"不是那个意思。"

"那你为何还要和我结什么狗屁安答？"

"我是为你好。"

"好什么？"

"就觉得咱们做安答更为合适一些。"伯颜说。

"你真是在山东玩儿野了。"

"我整日布防平逆，哪里去玩儿了？"

"你看不上我了。"

"怎么？难道就是因为想和你结为安答？"伯颜说。

"你忘了你是怎么起家的？无情无义的小人！"呼兰说着又朝帐门上踢了一脚，这一回，她觉得踢空了，低头一看，才发现那帐门早已被她踢飞。

"我是屡立战功，才有今日。"伯颜也有些生气了。

"狗屁！"呼兰扑过来对着伯颜裆部就是一脚。

"哎哟！"突如其来的一脚，令伯颜防不胜防。其实，他压根儿也未想到呼兰会真的踢他这一脚。

呼兰也一下子懵了，她压根儿就没想到会踢到伯颜的命根子。她不知所措地望着躺在地上的伯颜，呆若木鸡。

见伯颜裆部有血流出，呼兰号啕大哭。

阿术跑了进来。他望着昏死在地上的伯颜，又望了一眼大哭不止的姐姐呼兰，一时间不知东西南北。

"怎么啦？姐姐。"

"小弟弟没有了。"

"在哪儿？"

"没有了。"

"姐姐，怎么回事？"

"他不想要我了，只说跟我结成安答，他肯定是有了别的女人，我……我才踢了他的裆。"呼兰惊恐万状，说起话来有点语无伦次。

"大汗不会饶我们的。"阿术说，"伯颜乃大元第一元帅，灭金征宋，屡立战功，怎么会死在你手？"

"他没死。"呼兰说，"他刚才还动了一下，你看，他在动。"

"伯颜！"阿术扑过去，不停地摇晃着伯颜的身子。

"快起来呀，伯颜！"呼兰也觉得自己做错了一件事。

"他不动？"阿术站起身来，有点手足无措的感觉，他盯着呼兰说，"此次征东，如果大汗得知伯颜元帅是被你踢死的，他一定会治你死罪。"

"叔父得知实情，也不会饶过我的呀。"呼兰痛哭起来，"阿术呀，小时我对你多好呀。"

"我知道。"

"知道？"

"嗯。"

"你要帮一帮我。"呼兰扯住阿术衣襟说道，"只有你能帮我呀！阿术，无论如何你要帮我呀。"

"我就对大汗说，是红袄军派人来行刺伯颜，搏斗之中伤成这样的。"阿术说，"这样说行吗？"

"真的？走。"

"去哪儿？"

"去找忽必烈大汗。"

"这军中如何处置？"阿术说，"我失去两万兵马，主帅又不明不白地死去，回去后，大汗会如何处置我？"

"大不了一个死，"呼兰说，"我已经想开了。"

"那不行，我不能置大事于不顾，你踢死了伯颜，我要把你送回去接受裁决。"阿术说着拉起呼兰就走，却怎么也迈不开步，低头一看，原来是伯颜抱着他的腿。

"伯颜没有死！"呼兰也发现伯颜活着，心里特别高兴，急忙伏下身，拥着伯颜说，"活着就好。"

"是的。"阿术说，"伯颜，咱们仨从小一块儿玩着长大，我总觉得你不会这么轻易就闭上眼睛，对吧？"

"如果闭上眼睛，怎么能完成忽必烈汗交给咱们的征东大业呢。"伯颜想站起身，却怎么也挪不动身子。

"别动，我去叫医官。"呼兰说着急匆匆地跑了去。

阿术望着呼兰出去的背影，笑着摇一下头，叹了一口气说："我这个姐呀！心里是不坏的，就是性急。"

"还不坏呀！"伯颜说，"这都快要了我的命啦！"

"你这不还活着吗？"阿术笑着说，"你们打架还不是常事？伯颜，这一次又是为了啥？女人？"

"大概她怨长生天没把自己生为男儿身了吧。"伯颜淡淡一笑，可能又感到疼痛了，咧了一下嘴。

呼兰叫来医官，合力把伯颜抬到床上，经过几次医治，伯颜才可勉强下床，医官说："元帅，切忌房事。"

伯颜点了一下头："这样更好，这样反而更好了。"

呼兰说："这有什么好的？是不是我可以主动和你结为安答啦！"

伯颜低头不语。

数日后，忽必烈得报征东战况，深感红袄军是一股劲敌，遂派真金和老元帅兀良合台再次率军前往。一时间，东海之滨狼烟四起，大战频频。

对于李璮的反叛，忽必烈极为气愤。自己如此真诚地对待他，封他官职，赏他银两，他也屡屡上表忠心，可无论如何也没有想到他会出尔反尔、言而无信。忽必烈有些摸不准这群汉臣的心思了。

如果让忽必烈选择对手的话，他倒宁愿要阿里不哥这样的，可以直言不讳地面对面地干，也不愿要像李璮那样阳奉阴违、两面三刀的。

莫非这汉人都是这般暗藏心机？莫非他们的当面忠诚的背后是反心？尤令忽必烈恼怒的是宰相王文统。

王文统在李璮的反叛中起了推波助澜的作用，而王文统身受忽必烈宠信，还被擢升为平章政事，主理蒙古国官员任免之要职。忽必烈惊闻王文统的逆行，才把他怒斩于丹墀之下。

忽必烈越加相信汉人天生狡诈，生下来就会交结朋党，互相攀援，党同伐异，互相攻讦。他回想起去年姚枢曾劝告自己，说"王文统学术不正，久居相位，终会乱正"时，自己还拂袖而起，未予理睬。

忽必烈被这些钩心斗角的汉臣闹得心神不宁，但他又不得不用汉臣，不得不用汉制来统治中原地区的广大汉民百姓。他决定任命姚枢为大司农外，开始升迁阿合马，让他主理汗国财政大权，并打定主意扶植蒙古人，比如木华黎的孙子——安童。

这一天，忽必烈正和刘秉忠、八思巴、阿合马探讨宗教问题，且谈兴正浓："长生天是我们蒙古人之神圣宗教，这与佛教相近。"

刘秉忠说："佛教、道教、儒学三个都应有塑像。"

阿合马说："如果要塑像的话，也应塑忽必烈汗的像。"

八思巴说："大汗，阿合马大人所言不无道理。"

忽必烈问："什么道理？"

八思巴说："该塑您的像，把您的像塑到释、儒、道之中。"

忽必烈笑了。八思巴问："大汗何意？"

忽必烈并不回复八思巴的提问，而是笑着看了看刘秉忠，像是在征询刘秉忠之意，希望刘秉忠说出己见。但刘秉忠默然不语。

阿合马说道："如果不把大汗之像塑在三教之首，这国将不国、民将不民，国与民中无信仰。"

忽必烈问："信仰？阿合马，你说的信仰是何物？"

阿合马说："大汗，我的意思是让天下人信奉您。"

听罢，忽必烈哈哈大笑，但刘秉忠人仍然默坐不语。

阿合马说："这天下之人信奉大汗您，怎能有错？"

八思巴说："没有错。"

忽必烈挥了一下手，笑道："阿合马，这悠悠众口，焉能统一。况且，中土之人早有'萝卜青菜，各有所爱'之言，怎能强制他们信仰我一个忽必烈。"

刘秉忠说："大汗。"

阿合马和八思巴一愣，他们一直为刘秉忠不语纳闷，心想，你刘秉忠的葫芦里卖的什么药？只听刘秉忠说道："大汗，阿合马大人和八思巴大人所言极是。"

忽必烈惊住了，只听刘秉忠继续说道："他们二人可谓对大汗您忠心耿耿。"

忽必烈点一下头。刘秉忠接着说道："大汗，他们二人所言是有道理的。"

忽必烈问："有何道理？"

刘秉忠说："您想，这正如一个人走路，前面总要有些标志，有些光亮，才能不走错路。"

忽必烈问："是这样吗？"

刘秉忠点一下头。

八思巴说："大汗，刘大人所言无外乎您是我们的引路之人，事实亦是如此，不正是大汗领着我们走路？"

阿合马说："大汗，刘先生之意也就是同意把您的塑像立在三教之首，这样，汗国之民才有崇拜之像。"

刘秉忠说："不。"

忽必烈一愣。八思巴和阿合马也有些吃惊，刘秉忠怎么会如此大胆。

于是，阿合马直问刘秉忠道："刘大人，你不同意把大汗之像塑在三教之首？真是大胆，敢反对大汗。"

刘秉忠笑了笑。

阿合马问："你笑什么？"

八思巴说："刘先生方才一时冲动，才有失言。"

忽必烈不语。

刘秉忠说："大汗，我的意思是为汗国千年之计着想。"

阿合马问："什么千年之计？你分明弄舌取宠。"

刘秉忠说："阿合马大人、八思巴大人，你们二位忠于大汗，我也从无反对大汗之意。"

八思巴说："那刘大人，你为何反对阿合马大人之意，反对阿合马之意就是反对大汗。"

刘秉忠笑了。

阿合马问："你笑什么？"

刘秉忠说："我笑八思巴大人真会讲笑话，试问，我反对阿合马大人的言论就是反对大汗，那把阿合马大人所言之事放了出去任人抨击，难道那些不苟同者都是反对大汗？不是，当然不是。"

阿合马说："就是。"

八思巴愣了一下，他望了一眼有些愤懑的忽必烈汗，说道："刘先生，有时你真是一个不识时务之人。"

阿合马说："大汗要兼容百家治国，你却把汉人之理奉为治国之理，这天下还不成了汉人天下。"

八思巴说："汉人治国之理，当以蒙古之理为准绳。"

阿合马说："唯大汗马首是瞻才对，刘大人。"

八思巴说："不要过于胆大妄为，刘大人，你想一下你的权势来之不易，你的权势也有过大之嫌。"

刘秉忠说："二位大人，我一片赤诚之心，大汗知道，也不是你们二位大人能否定的。"

八思巴说："谁信？有人就不太相信刘大人你是忠于大汗的。"

阿合马说："你如果真忠于大汗，为何会反对我和八思巴大人的提议，真是莫名其妙。"

刘秉忠说："二位大人误解了我的意思，你们误解了。"

阿合马说："刘大人，你就是有些狂妄、不明大体。"

刘秉忠说："二位大人，我怎么又是不明大体的？"

阿合马说："眼下大汗以儒治国，还不都是因为你？我和八思巴大人多次探讨，认为应以大汗之言为治国之言，以大汗之像为汗国塑像，可是，刘大人你却为何一而再、再而三地反对？"

刘秉忠说："你们二人对我误解太深了，以后，咱们应多一些直面谈论，共同为汗国、为大汗效力。"

八思巴说："大汗呢？怎么，也不知他什么时候退朝了。阿合马大人，刚才刘大人说要和咱们多一些直面谈论，试问，咱们跟一个不愿立大汗塑像之人，还有什么可多谈的呢？"阿合马摇了一下头。

刘秉忠叹了一口气。

一日，忽必烈正听察必讲《鹿王》。

忽必烈听毕说："杀虐之行，乃是豺狼之行。我不荡平李璮，那李璮所部不还是在肆虐山东吗？"

察必说："是这样的。现在平了山东，却未平其夫人李氏之乱。李氏之后，又有其妾杏红作乱。"

忽必烈说："曾为斯仁，有奉天之德矣！但我意仍要剿杀红袄军。"

察必说："大汗，那王遣鹿去还其本居，敕一国界，若有犯鹿者，与人同罚。自此之后，王及群寮率化，黎民尊仁不杀，润逮草木，国遂太平。"

忽必烈点了一下头。察必接着说道："菩萨世世危命济物，功成德隆，遂为尊雄。佛告诸比丘，时鹿王者，是吾身也。国王者，舍利佛是也。大汗，你方才讲到刘秉忠不苟同阿合马、八思巴他们所谓塑像之事，当有佛心存身、有菩萨慈悲度无极行布施。"

忽必烈点头称是："夫人，你有让我入佛之意。"

察必说："入佛要有苦心孤诣之心，你能做到吗？"

忽必烈说："能。"

忽必烈真的皈依了佛门，并为察必夫人和真金密施灌顶礼，秉受佛戒。

八思巴作为佛教宗师，受察必之命向忽必烈讲述四害子之佛事。忽必烈听罢八思巴一席话，点头道："父凶念生，厥性恶重，前有治师去城七里，四姓者调达也。八思巴，菩萨法忍度无极行忍辱如是。"

八思巴说："大汗真是有佛性。"

忽必烈说："要稳固汗国，不能唯教为胜，当然，可把佛教奉为极教，可令汗国臣民以信之。"听罢，八思巴大喜过望。

于是，佛教兴盛至极，释迦牟尼像塑在中间，完全是由忽必烈决定的。

忽必烈知道，祖父成吉思汗曾经征召全真道教教主丘处机赴中亚雪山论道，那时，丘处机被奉为丘神仙。

忽必烈知道，他需要一个象征神的人，让他享受特权和地位上的尊崇，还要加封他无上之职和巨大荣誉，对他的德言嘉行都要对外宣扬，以抬高自己在汗国无可比拟的地位。忽必烈这样想着，就开始对八思巴封赏。

忽必烈封八思巴为国师，授以玉印，让他统领天下佛教，又下令"在上都城中乾、民二隅造两佛寺，曰大乾元寺，曰龙光华严佛寺"。又在中央设立总制院，命八思巴管辖全国佛教及吐蕃地区僧俗事务。

忽必烈又封八思巴为帝师、大宝法王，他说："八思巴，你的佛学之才已令我钦佩，所以还要封赏你。"

八思巴获得殊荣，这是他自己也不曾料到的。

阿合马去贺八思巴获大宝法王、帝师、国师之殊荣，八思巴说："这都是大汗的错爱，其实我内心的愿望唯有一个，那就是弘大佛法，向心从善。"

"超过刘秉忠了。"阿合马说，"能超过刘秉忠，就是一大快事。"

"我为佛教之首，刘秉忠为儒教之首，你信奉什么？"八思巴说，"现在大汗正想三教合一，大兴百家之言，千载难逢之机。"

阿合马摇了一下头。八思巴说："怎么啦？"

"我不信那玩意儿。"阿合马呷了一口酒说，"那玩意儿难以自圆其说，我是不信什么佛教道教的。"

"那你信儒教？"

"也不信。"

"那你信什么？"

"什么都不信。"

"阿合马大人，大汗都皈依我佛了，"八思巴说，"你总该信上一教，也好有立足之地嘛。"

"可笑。"

"没想到你阿合马会认为我说的话是可笑。"八思巴猛饮一杯酒，有些生气地说，"阿合马大人，我是在大汗面前说了你不少好话的。阿合马大人，你要感激我。"

"有什么好感激的？"

"你想，三教之中唯道教四分五裂，你把它统一起来，也算为大汗做了一件好事。"八思巴认真地说。

"大事都让你们去做吧。"阿合马说，"过河拆桥。"

"阿合马大人，你说谁呢？"八思巴听出阿合马的不满，"你好像在对我发牢骚，说我过河拆桥。"

"是的，就是说你！"阿合马理直气壮地说道，他有些气呼呼地，"八思巴大人，正如我鼎力相助抬高你的地位一样。封你帝师、国师，还封你大宝法王，你知道不知道，是有人请大汗封的。"

八思巴一愣。阿合马也嗟叹一声。

八思巴说："是有汗国僧众联名，他们上书请大汗让我出来主持佛事，我，也对佛事进行了钻研。"

阿合马冷笑一声。

八思巴问："怎么了？"

阿合马说："八思巴大国师，你这些联名都是我阿合马去给你做的，是我为你买通各路谏事官。"

"你？"

"是的，天地作证。"阿合马说。

"我谢阿合马大人。"八思巴面色沉静地道。

"我才不信你那些招神驱鬼、告天祝祷的胡话呢。"

"大汗都信这个了，"八思巴说，"告天祝祷，也是大汗恩准的，他还要亲自参与其中哩！"

"大汗也信这个？"阿合马摇了一下头，"不可能。"

"阿合马大人，大汗命我置白伞盖于大明殿。"

"白伞盖？"

"对。"

"他真信这个？"

"的确如此。"

"怎么回事？"阿合马举起酒杯和八思巴碰了一下，然后和八思巴一起一饮而尽，"我觉得你八思巴真是一个惊世之才、绝世之才，比刘秉忠要高十倍。"

"不比刘秉忠。"

"不，刘秉忠绝对比不过你。"阿合马说，"我现在才承认，要想斗败刘秉忠，还得靠你八思巴大人。"

"你为何不想与刘秉忠握手言欢？"

"有他没我，有我没他！"

"阿合马大人醉了。"八思巴为阿合马斟了一杯酒说。

"我没醉。"

"阿合马大人，咱们都是大汗的臣子，怎能内讧误政呢？"八思巴边慢慢地为自己斟满酒，边微笑着说，"阿合马大人，想来咱们才是同甘共苦的兄弟。"

阿合马说："八思巴大人，真没想到会这样，居然能让大汗的大明殿置上你的白伞。"

"是白伞盖。"

"八思巴大人，不要谦虚了，那怎么能是一把伞呢？"阿合马不动声色地望了一眼八思巴，慢慢地呷了一口酒。

"那就是一把伞。"

"八思巴大人，平常人看着是一把伞，我看还能是伞吗？"阿合马狞笑两声，"真人面前不说假话。"

"阿合马大人，咱们总不能抬扛，我说那就是一把伞。"八思巴拭了一下额上的汗水，他望了一眼阿合马，又镇静地呷了一口酒。

"不，那是一把能罩住汗位的伞。"阿合马说。

"罩住汗位？"

"是的。"

"怎么罩住汗位？"八思巴冷冷地说，"阿合马大人，你说的话我不太懂，什么是罩住汗位？"

"现在，忽必烈大汗都信服了你的招神驱鬼、永保平安的鬼话，还让你在大明殿上罩一把白伞盖，这说明大汗时时都受制于你呀！"阿合马说。

八思巴说："阿合马大人真是惊世之才、绝世之才，世上惊绝之极的大智大勇之人，实在佩服。"

"不。"

"阿合马大人，你比我要高明十倍百倍，能把小事演绎成惊天动地的灾难。"八思巴边给阿合马斟酒边说道。

"咱们还有合作共事之缘，这些话我只是私下与你说说罢了。"

"最好如此。"

"但愿八思巴大人不忘旧交。"阿合马阴冷地笑一下。

"不会的。"

"那就好。"

"我这个帝师，日后还多仰仗大人助我宏大佛法，"八思巴谨慎地说，"咱们日后应联手大干一番。当然，咱们都是为大汗共事。"

"是为大汗。"

"阿合马大人，"八思巴呷了一口酒，对阿合马微笑了一下说，"眼下，大汗让我决定一个日子做佛事呢。"

"都干些什么？"

"阿合马大人，你帮我出个主意吧！"八思巴说。

"出个主意？"阿合马沉吟了一会儿，呷了一口酒说，"主意倒是有，只是咱们日后都要联起手来，相互也好有个照应，这样，咱们会共同发达。"

"那好！"阿合马说，"做佛事就是要张扬一下。"

"怎么张扬？"

"让大汗游皇城。"

"大汗会同意吗？"

阿合马笑了笑，说道："大汗都让你在大明殿置白伞盖了，还能不同意你为他设计的佛事活动吗？"

八思巴点了一下头。

忽必烈同意了八思巴在二月十五出游皇城的佛事，吹吹打打，护卫仪仗长达三十余里，察必夫人、真金等一些皇亲国戚在宫中彩楼观览。

在忽必烈的尊崇之下，佛教迅速发展起来，全国寺院多达四万两千三百一十八所，僧民达二十一万三千一百四十八人。

忽必烈崇尚佛教之风盛行，红袄军军师海山法师便以为有机可乘，他携大木、小木二徒潜入上都。这也是红袄军大元帅杏红之意，她授意李大木、李小木对忽必烈行刺，并允诺事成之后将红袄军兵权交于二人。李大木、李小木对红袄军兵权曾寄厚望，一直期盼由她们姐妹掌兵，这个意思杏红是知道的。因此杏红如此这般的一说，李大木、李小木二人已是欣喜若狂。

何曾想，在整个佛事过程中，怯薛首领安童把护卫工作做得滴水不漏，大木、小木无法欺近，只得悻悻作罢，再待时机。

忽必烈在上都和八思巴做过佛事之后，心情非常舒畅。那盛大的场景令他难忘，那攒动的人头更令他心安，如若国家的臣民们都人心向佛、向仁、向善，自会国泰民安。回到大明宫，忽必烈仍兴致不减，在酒宴上又与八思巴谈起了佛经。

八思巴恭敬地给忽必烈斟满酒，道："大汗，请听我讲一个故事。"

忽必烈笑着道："怎么，又要讲故事？"

八思巴点了点头，道："话说有一只野猫正值产仔期，它隐居在一片丛林之后。有一日，它感到腹中空空，饥饿万分，便欲寻觅一些食物，一可充饥，再是为了产仔积蓄力气。这只母野猫环顾四周，除了草木花叶，并无可食之物。"

察必插言道："猫喜食鱼腥肉食，岂可以草木果腹。"

八思巴点头道："皇后所言极是。那猫正无奈之时，倏然发现前面一棵树上正站着一只羽毛鲜艳的小野鸡，野猫不由得心中大喜。"

忽必烈道："野鸡命不久矣。"

"正是。"八思巴接着道，"但那野猫腹怀仔猫，身体不似平日灵活矫健。那猫稍作思考，想出一计。"

察必皱眉道："天下万物，盖是弱肉强食。"

八思巴说："那猫徐徐来到树下，以柔辞而说颂曰：'意寂相异殊，食鱼者好服，从树来下地，当为你作妻。'"

忽必烈笑了起来，他说："这怎么可能呀！真是荒唐。"

八思巴说："大汗，并不荒唐，此时，那鸡以偈云：'仁者有四脚，我身有两足，计鸟与野猫，不宜为夫妻。'"

忽必烈大笑起来，他侧身对身边的察必说道："国师太会开玩笑了，猫要娶鸡，鸡却说自己只有两只脚。"

察必也笑了。

八思巴继续说："大汗，正是如此。试想，两只脚的怎能和四只脚的过到一

草原英雄：忽必烈

块儿呢？不可能过到一块儿。"

忽必烈问："那当如何是好？八思巴帝师有良策？"

察必也说道："帝师用佛家偈语，是想对大汗说什么。"

八思巴对察必伏地而拜："皇后真是聪慧。"

忽必烈说："八思巴，你有什么话对我说？"

八思巴说："皇后方才已猜出八九不离十，我只是再说上一二，不知大汗心里有何感想，如果不顺大汗之耳，还请大汗切勿责怨。"

忽必烈说："八思巴，你是当朝帝师，有什么话就说吧。"

八思巴说："大汗，骑在马背上的蒙古人和走在地上的中原人，还不就是四条腿的猫和两只腿的鸡吗？"

听罢，忽必烈皱一下眉头。

八思巴说："大汗，你想，马是四条腿，蒙古人生活在马背之上呀。四条腿的怎能和两条腿的和睦相处呢？大汗，微臣认为这是万万不能的。"

忽必烈说："如何不能？国师，现在大汗国任用这么多汉官，还不是把属地治理得井井有条。"

八思巴摇了一下头。

察必问："国师有何见教？难道你不同意大汗所言？"

八思巴说："山东李璮之乱，足以令大汗惊心。"

忽必烈说，"我是有些惊心，但现在仍有不少汉臣，还是能为我所用。国师，难道不是吗？"

八思巴说："大汗，我从来都认为猫与鸡不能相处。"

忽必烈说："汉人也很忠诚。"

八思巴叹了一口气，说道："大汗，那汉臣不会真心归顺您的。"

忽必烈说："为何？"

八思巴说："你想他们饱浸儒学，怎堪侍奉外主。"

忽必烈笑了："我不久就要统御中原，怎能算是外主？如今汉臣与其他家族的将士是有些争斗与内讧，但只要他们能为我所用，我还是会用之不疑的。"

"大汗英明，我只是借此提醒大汗，洞察一切，把未起之乱消灭于未然。"八思巴点点头道。

"国师的心意我明白，你怎么看阿合马与刘秉忠？"

八思巴稍一沉吟，方道："阿合马善于辞令，但未免心胸狭隘，他的长处是机灵圆滑，处世有方，是为大汗理财的最佳人选。至于刘大人嘛，饱浸汉学，耿介不阿，一心侍主，只是有些不谙世故。再有，就是刘大人门下弟子颇众。"

忽必烈面色凝重，半天没有言语。

忽必烈率众出游，闲暇时兀自走到一处颇有江南园林风韵的房屋门前站住，见里面红烛高照，暗香隐隐飘来，便问："我是忽必烈，有人吗？"

阿合马尾随而至："大汗，您不要声张，这就是为您安排的。"

"为我？"

"是的。"

"不会有诈？"

"谁敢。"

"那我进去？"

"大汗请。"

"没有别人？"

"都退下了。"

"就你一个随我？"

"不。"

"为什么？"

"大汗，我进去不方便。"阿合马说着，诡秘地笑了一下。

"只我一个人？"

忽必烈睨视一眼四周，确实很静，他不由得有些紧张，一把捉住阿合马的手道："阿合马，随行。"

"大汗，不可以的，绝对不可以。"阿合马道，"大汗，这是微臣特意为你设置的。"

"什么？"

"进去便知。"

"到底怎么回事？"

"大汗进去吧！"

忽必烈狐疑地把阿合马推到一边，兀自进去了。

门，被推开了。忽必烈走进屋内，屋内静悄悄的。他环视了一下后，便直奔屋里红木床上。他脱下鞋子，解开衣袍，躺在床上，懒懒地伸了个腰，带着倦意就要安睡。他有些累了，真的想睡。

忽必烈在朦胧之间，感到一双柔嫩温软的手抚上了他的胸膛。这双手轻缓地在他胸前划动着、摩挲着，渐渐地犹如一尾游动的小鱼儿，向他的小腹游去。忽必烈能感到自己开始飞，像黑桑树着火了，像天狼星在燃烧。空气中到处飘着夜的新鲜。

忽必烈不想睁开眼睛，他觉得这是在自己的兀鲁思，在一条清宫河畔，是谁呢？米力、耶律红，他想不起来了，也不想分辨这是梦幻，还是真实。

猛地睁开眼睛，却真的见一位女子亭亭玉立，正含情脉脉地注视着他。这位女子身材高挑，曲线玲珑，一袭薄薄的轻纱下，丰腴的双乳微微起伏。向上望去，女子瀑布般的黑发下一张鹅蛋形的脸娇嫩无比，眉如黛山，唇红欲滴。

忽必烈认定是天仙来到自己的面前，他抬手想去拉过那女子，又像是怕触犯了仙女，赶紧把手缩了回来，不知所措之间，只是愣愣地盯着那女子，仿佛他一移开视线，女子就会飞走一般。

女子微微一笑，露出两排珍珠般的玉齿："大汗，阿合马大人让我来侍奉您喝酒，您可愿意？"

"喝酒？"

"是的。"

"什么酒？"

"就是您想喝的那一种酒呀！"女子嫣然一笑。

忽必烈被这女子的笑靥迷得有点心跳。只见这女子抬腿上了床，伸出玉葱一般的手指抚了抚忽必烈的脸颊，便撩开了披在肩上的轻纱，赤裸了身子。

"好美！"

"大汗，喝酒吗？"

"在哪里？"

"你看一看在哪里？"女子笑吟吟地望着忽必烈。

"看不到。"

"大汗，你醉了。"女子说着便把忽必烈揽在怀里。

"这是干什么？"忽必烈也伸出了手。

"喜欢吗？"

"你是谁？"

"我就喜欢你这样成熟的男人。"女子热烈地在忽必烈怀里扭动着。

"你叫什么名字？"忽必烈问道。

"叫我丽妃吧。"

"你是从哪来的？"忽必烈把丽妃紧紧搂着，不由得从心里赞叹了一句，"你确是一个不简单的女人。"

"我是阿合马大人从中原请来做琴师的。"

"噢？那你怎么不做琴师了？"

"做呀，这就是我的琴房。"

"你的琴呢？"

丽妃美目流盼，粲然一笑道："大汗就是琴弦，听我为您弹奏一曲吧。"言罢，丽妃柔软的身子在忽必烈怀里奔放起来……

少顷，忽必烈睁开了眼睛，一阵激情过后，在极度欢愉之后，他感到了一些疲惫。他抚着这个让自己如此亢奋的丽妃，问着："你还有家人吗？"

"有，我哥哥是刘秉忠大人府上的二管家。"

忽必烈有些意外，刘秉忠跟阿合马二人水火不容，怎么会有刘府的下人之妹又在阿合马府中做事的事情，又是便又问道："那阿合马知道你有个在刘府做事的哥哥吗？"

"不知道，但刘大人知道我。"

忽必烈有些警觉，这姑娘莫非是刘秉忠派到阿合马府中的奸细？他不由得坐起来，接着问："那你侍奉我，刘秉忠也知道？"

"不，是阿合马看中了我的容貌，让我来的。"

"你愿意？"

丽妃有点脸色发红，点了点头，回道："我是心甘情愿的。我从小生在一个书香门第，从小琴棋书画都学了一些。我娘相貌俊美，被城里的守将抢去，我娘不堪凌辱，投了河。我爹也自此一病不起，不久就去世了。恰逢大汗南下征宋，我哥哥因诗文出众，被刘秉忠大人带回了开平，我也跟了来。"

"你也在刘府住着？"

"不，我哥租了房子。我平日靠哥哥的钱活着很不甘心，后来阿合马大人招琴师，我便来到了阿合马府上。"

"你还没说为何心甘情愿地来侍奉我呀？"忽必烈仍追问着。

丽妃面色严肃了起来，郑重地道："我常在阿合马大人酒宴上为客人弹曲，听到了不少关于大汗的事情，对大汗的仰慕之情油然而生，但让我舍颜而来的倒是另外的理由。"

丽妃见忽必烈没有插话，便接着道："阿合马大人跟刘大人一向有隙，而与八思巴国师也是心有芥蒂。前几天，我听说八思巴国师已拥数万僧兵。阿合马大人正想法子拉拢八思巴国师，说是想借八思巴国师的势力压制刘大人。我是一介民女，这几位大人是大汗的左臂右膀，如果如此争斗，伤害的恐是我大汗国呀。所以，我只能用此办法面见大汗，以示警醒。"

忽必烈一边听着，一边看着眼含泪水的丽妃，一股怜惜之情涌上心头，不由得把丽妃搂在了怀里，喃喃地道："难得你有如此忠心，难得你如此深明大义！"

"大汗！"丽妃偎在忽必烈的怀里哭了。

"好了，你就不要再做什么琴师了，你看，"忽必烈指了指刚才一番欢愉后留下的点点落红，道，"你已经是我的人了，跟我回皇宫吧。""谢大汗！"

忽必烈此时在这明媚的月光之下，和国师八思巴、阿合马和丽妃正游山玩水呢。八思巴正在为怎样把刘秉忠之弟办经学院之事告诉大汗犯愁，他朝阿合马递了几次眼神，希望阿合马能趁忽必烈兴致极高时诋毁刘秉忠，但阿合马总是没有动静，好像并不理解八思巴之意。

同战争一样，女人也是忽必烈生活中不可缺少的调味东西，杏艳桃红，百媚千娇，总是惹人喜爱的。

忽必烈同他的先祖比起来，似乎在两性的战场上显得更温柔一些。

对于女人的鉴赏及两性关系上，不同的民族、时代、个体皆有不同的标准与态度。他的祖父曾说过：我有上百个妻子，却没有一个称心的。有智慧的，他领略不到她的美丽，有美丽相貌的，他又领略不到她的智慧。这是一个男人的悲哀。

蒙古男人的大部分时间消磨在狩猎和作战中，闲暇时则制造弓箭、制作马具和修造帐幕，女人则包揽了全部家务和提供一切生活用品、缝制各种皮货、制作奶油等食物、搬迁营帐、照顾畜群和孩子。

忽必烈有许多妻妾后妃，名字载入史册的就有九人，但忽必烈似乎只爱察必一人。

忽必烈忠于夫人察必，不仅她长得极美，而且人极聪明，思维敏捷，此外还很勤俭，娴雅柔顺，具有蒙古女人所有的种种美德。而察必之所以能够吸引忽必烈，还在于她兼备政治才能，具有敏锐的政治嗅觉。

每一个成功的男人背后，必然有一个不同凡响的女人在支撑着他。蒙古人创造的帝国如果没有伟大的诃额仑、孛儿帖、唆鲁禾帖尼以及现在的察必，很难想象帝国天下的统一，至少忽必烈汗位都难坐稳，这是因为她为忽必烈争汗位时立下殊功。忽必烈告诫自己不要沉迷在丽妃的柔情中，要清醒要冷静。

忽必烈多想也给王子真金找一个像察必一样的女人呀。

月光下，忽必烈纵马驰骋起来，把阿合马、丽妃、八思巴都抛在后面。他们在后边大声喊着忽必烈慢一点儿。

"大汗，等我一下。"这是丽妃的声音，但忽必烈对她毫不理会。

忽必烈的马越来越快，渐渐地像飞了一样，一切景物飞快地向他身后遁去，使他感到有一种云间飞扬的快意。

驰过好几里地，他突然觉得有些口渴了，正巧见一个帐篷前，有一位年轻貌美的姑娘正在搓驼绒，忽必烈便翻身下马，走上前去讨马奶喝。

姑娘温柔地说："马奶倒有，但我父母不在，兄长也不在，帐篷里只有我一个女子，不便待客。"

"那就算啦。"忽必烈已深受汉儒传统思想影响，明白男女授受不亲的古训。

"怎么？"姑娘问。

"告辞。"忽必烈想走。

"你等一下。"姑娘说，"我们都是大汗忽必烈子民，大汗常教训汗民要习学汉礼。我既居此，客人来了又走，于理不宜。我父母一会儿就来，请稍等。"

"那我等一下。"忽必烈叹息道，如果能为儿子真金找到这样贤惠识理聪明的姑娘多么好呀。

忽必烈在帐内待了一会儿，那姑娘的父母兄长都骑马回来了。

忽必烈经过交谈，方知此处是弘吉剌部，那个姑娘的名字叫阔阔真。她的父亲是寿椿长老，母亲是迎河公主，兄长是拔公山，他们一家也是贵胄，只是几经战乱，到阔阔真这个时候，他们家已沦为普通牧民。忽必烈回到上都后，便把这件事跟察必说了，察必听忽必烈这么一说，便笑道："就为真金选阔阔真作别乞吧。"

而此时，真金正在胶东准备和红袄军决战。

真金解下腰间的佩带搭在肩上，摘下金盔捧在手里，与阿术、伯颜、兀良合台一起向着忽必烈在的方向行了九叩礼。

渤海湾索儿山有个天然阅兵台，真金坐在大型四轮帐车之上，车上有一架能容纳百人的白毡帐幕，车前插着一把锋锐的黑缨大矛，象征着战神的苏鲁锭立在那里纹丝不动。

广场上，林立的兵器种类繁多，钢刀利剑、铁镞钢矢，每个百户方阵均有一张巨弓。士兵们阵容严整。真金面色冷峻，他扫视了一遍自己的部下后，严厉地喝道："儿郎们，我此次东征必胜，必须把红袄军荡平，好向忽必烈汗报功，听懂了吗？"

"我军必胜！我军必胜！我军必胜！"军中三呼震天动地。

兀良合台元帅统率的铁车军，单独列在渤海湾口，炮口直指红袄军大营，让人看上去不寒而栗。

真金披着金盔金甲走出帅帐时，下面一片欢呼。

真金激动了，他想：我要是能尽早当上大汗，一定比这场面还要威风。真金盘算着他如果也像父汗当年网织金莲川幕府，组成一班文臣武将，大干一番，该有多好啊。真金想，老帅速不台是个见圈就跳的人，早年是与父汗交过手的，只要他反，他的子孙就不愁不反，他的孙女婿伯颜自然也就没有什么话说。这样，真的要早日称汗，也是不成问题的。真金这样想着，脸上就溢出了笑容。

祭旗开始。

真金挥动一下令箭，二十七个身着盔甲、双背弓箭的威武壮士，牵来二十七匹儿马，分别拴在二十七个木桩之上。一排号角发出惊天动地的声响。

只见真金盔缨一闪，伸手拔出镂花雕鹰护手的佩剑，向天一挥，那二十七匹儿马"唰"的一声，都被劈开了半脸，二十七股血泉冲上天空，然后把马血涂在军旗上，以血祭旗。此时，二十万将士个个无不热血沸腾，斗志陡增。

真金说："尔等听着，远征途中，应像雁群一样有秩序。征战之时，应像雄鹰般顽强，应以鹌鹑的步履，应以雄雕的神态，应以雄狮的迅猛，应以斑虎的目光，从此，跨上战马，举起刀枪。生命系在缰绳下，苍天就在马镫旁。"

至此，士气如翻滚的江河，奔腾的万马，然而，只有真金一人知道，这样大胆的计划并不是轻而易举就够成功的。但真金就是要做出成绩，他要让他的父汗忽必烈看一看，他真金也不是吃闲饭的，是能成大器的。

此时，真金在心底吟道："宁可抛弃圣地，不留一个敌手，宁可鱼死网破，不留一股后患。"真金考虑到这些，于是，他把伯颜原来的兵马和速不台后援的兵马都统帅到自己新来的兵营里，一起出征。

祭旗之后，真金坐回帐车。两千个方阵齐唱征军歌，此起彼伏，煞是威风。二十万大军从渤海湾向红袄军的十几个州地推进。速不台打头阵，兀良合台率五个图们组成三个"翼"，犹如三只坚硬锋利的犄角。伯颜和阿术分左右两翼，各率四个方阵，紧随打头阵的速不台铁车军，组成精干的中军，犹如三座坚固而稳定的大山。真金则和吹见哗、里树里、兀辰、汪湛、东浩、樊志天、戴毅、苗力、虎孝明、里胆玛秋一千人等组成殿军，二十万大军一直蜿蜒起伏了二百伯勒，大军爬山越岭、涉过沼泽，没有损失一兵一卒。每个骑士挂上一匹从马，无论箭囊、盾牌、还是革囊里的阴阳刺轮圈、索马套，均成了投掷兵器，还备有肉干。

二十万大军占据着二百里的地面，仿佛天在动地在走。活跃在各个图们的箭筒士，将每日情报如闪电般传入真金的大帐。

这时正是东海之滨水草丰美、繁花似锦的季节，花儿草儿正是养马所需，每眼泉水都是夜间露营的有利地形，每道山冈都是白天的屏障。

箭筒士向真金汇报："速不台大军已过黄海，铁车军的望哨已到了东曲大沟，临近了红袄军地界。"

真金显得异常兴奋，他命令箭筒士传话："只要灭了红袄军的大沟城，我军即可切断红袄军向东边的退路，他们南北西都不能去，东曲大沟再被我军堵死，也就可活捉红袄军首领了。"

红袄军仅剩十余州地界，精兵皆集于池河城主帐下。池河城主把守东沟正门关，这道关是凭山而建。

速不台大军先行赶到，他仰头望去，见东沟正门关是一座天险，城坚壁实，守以精锐。摊开地势图，见龙山、凤山、虎山、九里山相依相偎，瑞云寺、圣泉寺、白鹤亭在木集、郝集、兀集、红庙相叩相环，速不台觉得不易攻击，如打一处，另几处环环相扣，共同夹击，将会腹背受敌。

这样，先行到达的元军和红袄军形成对峙的局面。

此时，城内一片寂静，东大沟元帅池河城主正坐在虎皮椅子上布置战局——

他向主帅杏红许诺过严守东曲阵线。

池河城主把与将领们研讨的作战计划亲笔写给杏红，要求防守北门皇藏峪白土的梦招远速来增援，来击速不台。若有败阵，宁愿自己提着头颅前来赎罪。

也巧，信使一出东门不远，就被蒙古游骑劫去。

密信被转到速不台手中，速不台又把信件呈报给真金之后，下令沿城环攻，城上则投石发箭。这样，不远不近，攻守数日，虽说守城者最忌消耗战，但池河城主仍把希望寄托在北城援军上，只盼梦招远从白土增援过来，里应外合，活捉王子真金。

但，这毕竟只是梦。

数日过后，池河城主并未等到援军，他感到有些恐慌，有点惴惴不安。

池河城主正在徘徊之际，信使传来真金的印鉴："粮草成患，伸手求援。燕子一万，可饱一餐。猫儿一千，可饱一天。两日送到，三日北还。"

池河城主看罢，庆幸之极，大声说道："天在辅，地在佑，让马蹄国的黑鞑靼，吞马肉，饮马血罢！给他一万只燕子，可饱一餐，猫儿一千，可饱一天。这算得了什么？只要真金肯北退一下让一步，我即可登天一层。只要缓上三日，一旦白土那边的梦招远和妻子马氏杀过来，就可以带上真金的脑袋，去见杏红主帅。快传我令，将全城什么燕儿、猫儿捕来送出去。"

真金令速不台差人把燕儿、猫儿分别装在三百座毡帐里，此时，真金信心百倍。东曲外的元军一切准备就绪之后，百里蹄声，千里烟尘，他们一鼓作气，一个又一个方阵扑向东曲，只消几个时辰，池河城主已招架不住了。

直到池河城主逃到城外，他还是弄不明白元军为何如此神速就掠据东曲。他非常气愤梦招远未能援助，从此二人便有间隙，直到红袄军全部覆灭。二人都在互相埋怨着对方，绝不握手言和。

真金带着无数的战利品，浩浩荡荡地向红袄军腹地挺进。攻占东曲，元军便可以长驱直入，如入无人之境。

这是真金第一次踏进胶东，传闻中的奇境已经变成了现实。比如，河里浮动的房子，真金确实看到了，并知道那是船只。水上的彩虹，真金也确实看到了，并知道它叫桥梁。虽然，真金还没有看到杏红的灿烂楼台、鳞鳞水榭，还没有见到蓬莱仙岛的千年名花、万种瑞草，还没有见到桃花岛上宫内的金钟天鼓，没有见到金钉玉磬、彩凤朱门，没有见到玲珑剔透的复道回廊，还没有见到那紫巍巍、明晃晃、亮灼灼的仙岛上的大金葫芦鼎，还没见到岛上五光十色的玻璃盘、玛瑙盏，但此时他已到了红袄军绿水环绕的城池和宫墙下。

对真金来说，这都是梦中奇境，他觉得他这次向父汗请战是非常对的，在他心目中，很早就崇敬那广阔的海滨沿线，还有临海仙岛。

芳草萋萋，香花郁郁的盛夏之季。太子真金有些陶醉了。

真金驻兵在蓬莱岛畔，金帐以毡为衣，裹以金锦彩缎，索以千条彩色皮索。门及顶柱皆包以黄金，故命为金帐，可容上百人。帐前玫瑰色的地毯，一直铺向绿色的草坪。阳光从帐顶射过来，帐内一片辉煌，真金也感到自己很辉煌。他已向速不台提出了自己想提前称汗的意思，希望得到速不台的策应。

速不台当下便吃了一惊，但他毕竟是一个久经风云的人物，只是故作镇定地对真金连声说好。

回到帐中，速不台招来阿术、伯颜、兀良合台密议。

"真金有何德何能，他竟有如此野心？我们随大汗东征西杀才夺得江山，他算什么。"阿术说。

"我也反对。"伯颜说，"早年我和阿术追随忽必烈，一路上不知经过多少生死关头，才有今日。"

"阿术和伯颜的话都有道理，但咱们现在受命于真金，怎么反驳？"兀良合台说，"弄不好要出事。"

"出啥事？"速不台问，"难道真金会杀我们。"

"不会吗？"兀良合台说，"真金既然敢想，一定敢做。"

"我先杀了他。"阿术说，"杀了他之后再去请功。"

"请功？"兀良合台说，"你真是浑，到哪里请功？"

"忽必烈汗还不感激我？"阿术说，"我想会的。"

"为什么要感激你呢？"速不台说，"凭什么呢？"

"我杀了一个叛乱分子，还不感激我？"阿术说。

"谁叛乱？"速不台问。

"真金呀！"阿术说。

"有何证据？"速不台又问，"这事要讲证据的。"

"祖父大人，你不是证据吗？"阿术有些急了，说道，"祖父，分明是你招我们来议此事，你怎又否认。"

"我否认？"速不台摇一下头说，"我并没有否认。"

"那你为何说真金谋反没有证据？"阿术气恼地说。

"你太幼稚了。"速不台说，"我说真金谋反，谁信？"

"是呀！谁信？"兀良合台说，"大汗会信我们吗？"

"为何不信？"阿术说，"真金确有此意呀。"

"但证人都是咱们一家人呀。"兀良合台苦笑着说。

"这样不行。"伯颜说，"直接去杀真金显然不行。"

"那当如何是好？"阿术有些急了，"没想到会这样。"

"哪样？"伯颜问。

"我们是来打仗的，不是来助他称汗的。"阿术说。

"事已至此，真是令我们好为难呀。"速不台叹一口气。

"不用急，办法还是有的。"伯颜说，"千万莫急。"

"我怎能不急呀！"速不台说，"现在大汗如此信任我，把蒙古军最精锐的铁车营交予我，我怎么能忘恩负义，与王子一起谋反呢？"

"我们不会谋反的。"兀良合台说，"坚决不反。"

"可真金在逼我们反呢！"速不台长叹一口气。

"真金既有此意，他一定是蓄谋已久了。"伯颜说。

"我也这么认为，他既然有反心，定有人在大都策应他。"兀良合台说，"我们一定要谨慎从事。"

"谨慎什么？必须大张旗鼓地与王子决裂，这样，咱们家族才能躲得一个清静呀。"阿术说。

"阿术说的也有道理。"伯颜说，"要与真金斗。"

"我们怎么能斗过一个皇太子呢？"速不台说。

兀良合台叹了一口气。

伯颜说："这办法倒是有一个，就是有些冒险。"

"什么办法？"阿术急问，"快说有什么妙计呀。"

"去向大汗报信，"伯颜说，"让大汗知道此事。"

速不台同意了伯颜的计策，他们决定先稳住真金，再偷偷去向忽必烈汗报告这里的情况。

伯颜回到帐篷后，呼兰问军中发生了何事？伯颜想了一下，还是决定把实情告知呼兰，谁知呼兰听了之后，摇了摇头说："你们绝不可以去大都汇报实情，这事如果让真金知道，那还不是掉脑袋的事？况且，你们这些人都不能擅离职守。"

"我们可以差人去的。"伯颜说，"反正我们不会在这里参与真金逆反之事的，如果那样，也对不起大汗。呼兰，依我看，这事不如你去。"

"我去？"

"对。"

"你怎么会想到我？"

"刚才听你一说，我们都不能擅离职守，派去的心腹又怕被真金的人掳去，依我看，不如你去。"

"我不去。"

"为何不去？"

"如果我去，不摆明了是与真金作对吗？"

"呼兰，你怎么会这样想？"伯颜有些哭笑不得。

"怎么？我为何会这样想？"呼兰说，"我才不像你们那样笨呢。你们一群男人呀！都太笨。"

"包括你祖父速不台老元帅？还有你叔父兀良合台，你弟弟阿术？"伯颜感到有点好笑。

"是的，包括他们。"呼兰气急败坏地说，"你们都没脑子。"

"怎么没脑子？"

"你想一想，如果把真金谋反之事告知大汗，就等于是在和真金为敌。"呼兰气愤地说道，"这样，对我们又有什么好处？"

"好处？"

"嗯。"

"我们追随大汗，要什么好处？"伯颜说。

"所以你们才笨呀！"呼兰说，"你们反对真金又有什么好处？"

"也没有。"

"伯颜，为人臣子，一定要小心奉上。"呼兰说，"何必要那么认真？这都是他们黄金家族的事。"

"你说得也有道理，但我们是忠于大汗的。"

"忠于王子又有什么错吗？"呼兰说，"真金早晚还不都是汗。"

"但真金现在只能做王子。"伯颜说，"做人不能那样。"

"哪样？"

"要忠诚，要有建功立业之心。"伯颜有些气愤地说。

"真金不也是能建功立业吗？"呼兰轻声说，"伯颜，你说呢？跟着忽必烈能建功立业，难道跟着真金就不能吗？你是一名武士，马上将军，跟谁还不是去打仗？管他是大汗还是王子呢。"

"呼兰，你不能这样是非不分。"伯颜气愤地说，"怪不得速不台老元帅一再叮嘱不要让我告诉你。"

"告诉我什么？"

"王子叛逆之事。"

"为什么？"

"还不是怕你嘴巴不严！"伯颜说，"现在你都知道了。"

"我是知道了。"

"那么，你应当为老元帅分忧，去向大汗报告此事。"伯颜说，"此事关系大汗的安危。"

"难道就不关乎你们的安危？"呼兰也有些生气了。

"我们是大汗的子民，只有忽必烈汗才是我们唯一的大汗。"

"真金是大汗的亲儿子，大汗能相信你们而不相信自己的儿子？"

"谁敢犯上作乱，还想当什么王子？"伯颜说，"报知忽必烈汗，就怕他连王子也做不成了，反贼。"

"你说谁？"

"真金！"

"他是反贼？"

"对。"

"他反了吗？"

"是的，他亲口告知你的祖父速不台，还扬言他近期就要加快称汗步伐。"伯颜越说越气，他咬了一下唇，牙齿咬进唇里，居然咬出了血。

"你是挺忠于忽必烈汗的。"呼兰阴冷地笑了一声。

"应当的。"

"但你也有不应当的。"呼兰说，"比如你反对王子。"

"呼兰，对那些反对大汗的人，咱们只有同他斗。"

"那我要让你同反对王子的人斗呢？"呼兰笑着说。

"王子怎能和大汗相提并论？"伯颜气愤地说。

"难道这大汗仅仅忽必烈当得，就不能有王子当得？"

"咱们是忽必烈汗的臣子，又不是真金的臣子。"呼兰的话令伯颜十分气恼，他推了一把呼兰道，"不管怎样，咱们都应当帮忽必烈汗。"

"不能帮王子？"

"嗯。"

"为什么？"

"就是不能帮。"

"伯颜，你真是不识时务。"呼兰说着推开内帐的门。伯颜看见，真金正立在内帐。

"王子？"伯颜愕然而立，"你怎么会在这里呢？"

"我为什么不能在这里？"王子真金笑眯眯地说。

"你知道我们的事？"伯颜说，"你早就知道我们不会配合你？"

"是的。"真金说，"这是天大的事，我怎能轻易相信你们呢？"

"不相信我们？"

"对。"

"你早就来这里了？"

"专等你回来呢。"

"这么说，老元帅他们也已被你擒住？"伯颜问。

"正是，速不台、兀良合台，还有阿术，他们都已被我捉住。"真金说，"你只是他们家的夫婿，我以为你不会那么坚决，就让呼兰劝你一下。"

"可惜，你不听劝。"呼兰说，"你如果听劝，也许能有一线生机。尽管我苦口婆心，可你就是不听。"

"听你的？"伯颜说，"你也不会真心拥戴真金叛逆吧。"

"她会。"太子真金说，"她的祖父、父亲、弟弟都在我手上，怎么不会听我的话呢？不然，就杀她全家。"

"杀？"伯颜问，"你想把我们都杀光？不行的，王子。"

"为何不行？"真金咳嗽了一声，帐外涌进许多箭筒士。

"不要杀死我们。"伯颜大声叫着，"王子饶命。"

"饶命？"真金走近伯颜，"你怕死了？没想到。"

"伯颜不怕死，只是不想死在自己人手中。"伯颜连声说。

"伯颜，你现在说话变得像个女人腔，没想到胆子也变得像女人一样小。"太子真金大笑起来。

"你笑什么？"伯颜愤怒地说。

太子真金说："伯颜，你不要狂傲，你的命在我手上。"

伯颜说："我们是奉大汗圣旨来东征的，你如果杀了我们，你如何向大汗交代？又作何解释？"

真金说："我可以说你们都战死了，够英勇的吧。"

真金说着走近伯颜，拍了拍他的肩膀，冷笑一声，走了。快走到帐外时，真金又回头对伯颜微笑一下。伯颜愣住了，他实在不理解真金为何会如此急迫地想当大汗。

就在伯颜发愣的当儿，上来几个箭筒士，把伯颜捆好后送到了速不台、兀良合台、阿术的牢房里。

速不台叹了一口气说："真金真是够狡猾的了。"

兀良合台说："咱们真是为忽必烈汗死，可他也未必知道呀。"

阿术说："一定要想法逃出去，我们不能困在这里。"

伯颜说："怎么逃？几十万大军都被太子控制了。"

速不台说："我就不相信，真金把我们这些人都扣押起来，还有谁能替他和红袄军对阵作战。"

兀良合台说："他会重新换上他的人马，也可以调一些人过来。"

事实正如兀良合台所说的那样，真金又从大都调来自己的亲信，并把渤海战况密呈阿合马，期望他们能在北边配合他的行动。

红袄军东曲之败之后，决定派池河城主去求和，真金决定示以仪式迎接——真金有意收降池河城主。

金帐入口处，放着一张大型檀木漆桌，桌上摆放着墨玉琢成的酒杯，里面盛满迎合来使口味的米酒。酒杯一旁，是方形的镂花木盘，里面放着金银玉器；另一侧是由两个表示吉祥的数组成的十八个个人乐队。除了火不鲁、忽雷、胡笳等北方乐器之外，还有南方的筝、管、丝竹等乐器。

金帐中是地毯包裹起来的板制栈垫，栈垫上是太子真金的座位，座位的右侧是刚被调来的吹见哗等，他们都穿了金锦缎袍，并悬着彩色宝石、闪光的东珠，绚烂缤纷。往日睥睨万物的真金，今天在神秘的布局中却憨态可掬。

"殿下，池河城主也算是红袄军大将了，今日能低三下四地前来求和，是否能表示红袄军之诚意呢？"吹见哗有些替池河城主说话的意思，他们曾有过交往。真金对吹见哗也颇为敬重，他知道吹见哗早年曾随忽必烈汗东征西杀，也算是一名老臣了，只是后来耽于声色，渐被忽必烈汗冷落。真金总是以晚辈之礼敬重吹见哗，他立在吹见哗身旁，显得异常亲昵。

"贤侄啊，"吹见哗望一眼真金说，"你父汗忽必烈能纵马驰骋天下，你知道最主要的原因是什么吗？"

真金说："敬爱的吹见哗叔父，请您赐教于我。"真金显得很恭谨。

"天上的风，永不平静，地上之人，不可永生。"吹见哗说着笑了笑，"九足白旄纛上飘扬先祖的英灵，他们分明在昭耀着辉煌的战绩，既已战之，即当胜之呀。"

真金说："开弓哪有回头的箭？我们对红袄军也是如此。"

"嗯。"吹见哗点一下头，"尔等应谨记先祖功业伟绩，只有扩展疆土，焉能罢战言和，此为何理？"

"气息奄奄的红袄军只有几个州县之地，"真金眼中闪着刚毅的光，"不与红袄军言和？"

"嗯。"吹见哗拍一下真金后背，"你难道不这样想吗？"

"我们一定将这群乌合之众赶尽杀绝。"真金摆出一副气宇轩昂之态，语气非常坚定，不容置疑。

"有志气，也有出息。"吹见哗开心地笑起来，他非常满意地抚摸一下真金的手，"这天下早晚都是你的呀。不过，王子不可性急呀。"

"我会有耐心的。"真金嘴里这样说着，心里却在暗恨阿合马不会办事：吹见哗并不是一个十分坚定支持我尽早称汗之人，为何要用他。

也正如真金所担忧的那样，吹见哗摸清太子想尽快称汗之意，并得知速不台一家被扣押的实情之后，连夜潜回开平，密报忽必烈实情。忽必烈当时就惊出一身冷汗，他最担心的事情还是要发生了。

忽必烈对真金倾注了过多的爱。真金是乃马真后二年（1243年）出生，那时忽必烈刚刚起家，对汉儒的学识钦佩不已。真金十岁那年，忽必烈命他跟姚枢学习《孝经》，以后王社教成为他的专职师授人员，而忽必烈自己帐幕中的其他幕僚都或多或少地影响过这个孩子，汉人王朝的父子争权、兄弟残杀的故事熏染了这个孩子。幕帐中浓烈的汉儒风气，诱蚀了这个孩子。他已经摆脱了草原的思维方式，而更多地沾染上了汉家习气，把汉儒的精华糟粕一并接受了下来。

儿子长大了！儿子已能独立思考，但他却不再理解他的老子了。羽毛丰满了，倒想抢班夺权了。忽必烈叹了一口气。

的确，真金的想法太幼稚、太单纯了。他的人生经历与从各种险滩中闯荡出来的忽必烈相比，实在是太单纯了。他所拥有的只是一堆爱民仁政的理论，他的经验犹如一只大蚂蚁攀援在忽必烈老谋深算的墙上，其渺小是一目了然的。尽管他十分热情、有朝气、胸怀壮志，而且急不可耐地参与政事。

忽必烈想到，如果给予真金以更多的施政机会和充足的时间，或许他能将自己接受的全盘儒家思想，全面推向治理帝国的实践中去。

尽管忽必烈爱儿子，也逐步培养儿子，但真金步入政治得力于汉儒幕僚，同时也受蒙古旧习的影响。当阿里不哥谋取大汗位时，十六岁的真金在蒙古人眼里已是个不可轻视的草原后王了。

儿子在草原游牧民族里具有极为重要的地位，无论是金还是辽，开国的最初支柱都是诸王，他们靠家庭的人丁兴旺和兄弟子侄们的赫赫神功而扩土开疆、构造帝国。蒙古黄金家族也不例外，在争位战争中，忽必烈命真金镇戍卫燕京，只是为了"示以形势"。汉儒们对忽必烈稍稍失望后，便将附会汉法的厚望寄托到忽必烈的下一代诸王上。而生性忠厚，对汉人有益的真金则为汉儒们拥戴的对象。

尽管真金是忽必烈诸子中最有才学的，但忽必烈并没有将实权授予儿子，只是到了阿合马势力恶性膨胀到使朝政失衡的情况下，忽必烈才决定接受汉法派拐弯抹角的建议，下诏规定：今后凡军国大事先启奏真金处分，然后再上报皇上。但此时的真金实在是太幼稚了，忽必烈对他已隐忍了许久。忽必烈早已感觉到中书省不能满足自己耀兵海疆的欲望，也感到真金、阿合马这些人都有些问题。至于是什么问题，他开始不太清楚，现在，有了吹见晔的密报，他暗暗下了决心。

"怎么处理真金急于主理政务之举呢？"忽必烈有什么话都想对察必说，几多风雨，他一直认为正妻察必是他唯一可靠的人，"他毕竟是自己的儿子。"

"大汗，不如下定决心，清理一下中书省吧。"察必说，"无风不起浪，只有镇住风头，汗国才能安稳。"

"给真金设一个套。"

"能套住他吗？"

"我想会的。"忽必烈说，"阔阔真的德行品貌，完全可以匹配咱们的真金，你让她去与真金完婚。"

"马上就去？"

"是的。"

"阔阔真？"

"是她。"

"那好吧，"察必说，"这也许能拴住真金。"

"会的，这是一个桃红陷阱，他掉下去，还以为是进了蜜罐子呢。"忽必烈说，"就用这个办法吧。"

真金幼稚又有些疯狂的行为并没有让父汗忽必烈处以惩戒。真金以为父汗并不知晓自己在山东的所作所为，所以当他回到开平后，坦然地接受了父汗给自己的封赏，并迎娶阔阔真为妻。真金并非想放弃抢争汗位的行动，是他的一个手下谋臣李轶之给他讲了一个"揠苗助长"的故事后，他才如梦初醒。

而忽必烈之所以未对儿子大动干戈，除了察必惜子苦劝之外，更重要的原因是真金与朝中大臣们千丝万缕的联系。汉臣们依附真金，是因为他们注意到了自己逐渐地由倚重汉臣，转向了倚重各家族不同的人，所以汉臣们才在真金那里企图弥补在自己面前渐渐失宠的失落。而蒙古诸王及军中将士们也有一部分亲近真金，是因为真金是蒙古诸王中掌控权力最大的一位，是在朝堂上蒙古宗亲的代表。如果重责真金，势必会在朝中引起动荡，而自己也正想让真金在诸臣中起一个互相牵制的作用。

真金在山东闯的祸，就这样轻描淡写地被一场婚宴给掩盖过去了，未在朝中引起任何波动。但忽必烈的心里却难以弥合真金带给自己的痛楚，从此，父子二人心中便有了芥蒂。

果然，真金很自然而然地走进一个温柔的陷阱。

忽必烈以召真金来上都接受封赏的名义，把真金从山东叫了回来，并以闪电般的速度让他迎娶了阔阔真。真金和阔阔真终日缠绵，无暇再理会胶东战事。在忽必烈的过问下，征东之事继续以伯颜为主，并着汉将张元帅同往。十万大军越海直逼日本，只可惜还未踏上日本本土就遭遇台风，数万大军仅有七人回归到中原本土。忽必烈闻报后惊厥得几乎昏了过去，好长时间都未提征东之事。

至元二年（1265年），阔阔真生下了儿子铁穆耳，真金极为高兴。

阿合马闻听后，急忙备下重礼，跟自己的门生卢世荣一起上门庆贺。这卢世荣颇有理财之能，经阿合马举荐，在江西榷荣运使。卢世荣富有万贯，不惜钱财，想的只是把握大权，荣居高位。他这次听说真金诞子，便主动前来，以结交权贵，图谋自己发展。

阿合马举杯对卢世荣说："这举国之财尽在我手中，真不知该怎么花掉这些钱。"

"你是我的恩师，一切全凭恩师的安排。"卢世荣说。

"如果不是真金产子铁穆耳，这财权理应与他商讨一番才是。"阿合马说，"还有八思巴大人。"

"是这样的。"

"听说铁穆耳长得很可爱，"阿合马说，"我们应给真金殿下拨去千万两黄金贺之，以表我们的诚意。"

"应该如此。"

"还有，八思巴大人有意让他的寺院经营酒馆、店铺，总是需要一些本钱的。"阿合马说，"卢大人，当如何？"

"拨给他。"卢世荣说，"只要八思巴大人需要，他要多少，咱们就给多少。这也是投入者越多，咱们收回来的越多。大人，这也是一笔好生意。"

"是好生意。"阿合马大笑起来，"卢大人是明白人。"

"请大人不要叫我卢大人，我是您的门生，早年没有您提拔我到江西任职，真不知我现在是在哪条街上吆喝卖茶叶呢。"卢世荣说。

"只是来哄骗王子开心，"阿合马说，"那些有实权之人，像伯颜、阿术、兀良合台、速不台、刘秉忠，他们却不曾来王子这里？这些人来了又有何用？"

"说什么呢？"真金走了过来，"原来卢大人来了，还不快请到内府一叙？你们到来，鄙府蓬荜生辉。"

卢世荣说："王子幸产龙子，我们前来贺喜。"

"你们二位是财神爷呀。"真金笑着招呼阔阔真把铁穆耳抱过来。

阿合马和卢世荣相视一笑，急忙把贺礼清单送到铁穆耳的褟褓里。

事后，真金对阔阔真说："现在整个汗国的财权都在阿合马手上，他们有的是钱。"

阔阔真说："你知道宋国怎么衰落得那么快么？"

真金说："还不是贾似道爱斗蟋蟀吗？"

阔阔真说："就是因为有贾似道专权敛财，国力才会衰弱，民不聊生，最后才有咱蒙古人攻占中原呀。"

真金并不理会阔阔真那一套。他一直都未曾理会阔阔真对他的谆谆告诫，也并不理解他母亲察必对他寄予的厚望。

阔阔真的脸是惨白的，她的嘴唇在颤抖，她用低微而又阴沉的声音说出了上面那一番话，她一直希望真金能有所领悟，但是，她很失望。她从内心对真金有一种极其憎厌的感觉，一阵痉挛掠过这位美妇人的身体，她好像很怕似的。

阔阔真宁愿回到她牧羊的山坡去当平民，她一点儿也不想和真金生活在一起，但忽必烈却偏偏选中了她，让她阔阔真做汗国王子之妻。

阔阔真记得真金第一次紧握她的手，她当时觉得，真金那只男性的、又粗又硬的大手，握得她从手上痛到心上，然而这痛是满足的。

那时候，她积压在心头好久的乌云，仿佛忽然化开，喷出烂漫的花蕊。当从真金眼里也同样看出一种快乐时，她便躲开他的注视，脸羞红了。

她能听见自己的心在怦怦地跳，跳得她激动不已。当真金无意之间触着她的指头时，她全身的血液都沸腾了。

"你在想什么？"

"我在想我们曾经有过的美好岁月。现在，这一切都过去了。"阔阔真被真金的话拉回了现实。

阔阔真很希望真金能回头，她忍着愤怒对真金说："真金，你当处处为父汗着想。而今阿合马、卢世荣敛财，日后汗国势必衰微，到那时，汗国会不会重蹈宋国覆辙？"

"别胡说。"

"阿合马的府宅奢华程度快赶上父汗的皇宫了。"阔阔真说。

"阿合马毕竟是一位老臣子，他为父汗也是鞍前马后劳顿一生。"

听罢，阔阔真冷笑一声。

"父汗自有父汗的道理，再说，他毕竟年岁已大。"真金在心底深处一直有一种急于登上汗位的欲望。尽管他在渤海湾的阴谋被忽必烈挫败，但他一直坚信他已羽翼丰满，不日即可腾飞。

"父汗年岁虽高，但他雄风不减当年，不容任何人对他有不恭之处。"阔阔真又一次警告真金，但真金全无悔改之意，且大有猖狂之态。

阔阔真大为伤心，她明里暗里不知为真金操了多少心，流了多少泪。找到皇后察必，但她还是欲言又止，她总不能把卢世荣、阿合马贿赂太子之事都捅出来吧？想到伤心处，眼泪又落了下来。

察必安慰阔阔真，她能猜到真金又有不端行为，因此才惹得阔阔真黯然神伤，悄然落泪。

忽必烈从大明殿归来，见察必正安慰阔阔真，便走过去问阔阔真："阔阔真，是不是真金欺负你？"

"没，没有。"阔阔真连连摇头，把铁穆耳递向忽必烈说，"请父汗看一眼铁穆耳，瞧，多壮实。”

忽必烈把铁穆耳接在手里，笑容就溢在脸上。察必也笑了。

忽必烈一见到铁穆耳，一切烦恼也就烟消云散了。忽必烈的额头上匀称地布着深深的皱纹，他的眉毛仿佛总是向上扬起，微微带点儿希望，稍稍有点儿惊异、有点开心的意味，他的嘴巴却给人友好的印象。他有一对招风耳，就像小男孩和小牛犊常有的那样，还长着向上翘的狮子鼻。

阔阔真望着忽必烈，又望着忽必烈怀中的铁穆耳。

炉膛里的火焰正好映在忽必烈的脸上，他的卷曲的短发垂在额上，他的金黄色的胡子被光映得发亮——他的脸被映成金脸了。

阔阔真还看到，忽必烈的颈像柱子一般粗，胸膛很宽，他的肩与臂都长得和雕刻一样和谐，可以说好像是雕出来的。

阔阔真一瞬间突然有了把真金与阿合马同流合污之事说出来的勇气，凭她的直感，忽必烈应该会引起警觉，并会阻止自己丈夫的行为的。

察必说：“真金一定是欺负阔阔真了。”

阔阔真说：“母后多心了，没有。”

“这样就好，这样就好。”忽必烈高兴地笑了。

这时，怯薛来报高丽王子觐见，忽必烈便把铁穆耳交给阔阔真出去了。

察必逗一下阔阔真怀中的皇孙，笑着对阔阔真说：“阔阔真，你应当高兴，有此龙子，是我汗国之大幸。”

“多谢母后。”阔阔真说，“其实，儿媳今日前来，确是有事禀报，只是怕您惦念，才未敢说。”

“说什么？”

“真金之事。”

“什么事？”

“母后，我怕说出来惹父汗生气。”阔阔真说。

“生什么气？”

“反正事关重大。”

“有多大？”

“大得很。”

“要杀人？”

“全凭父汗定夺。”阔阔真说，“儿媳以为该杀的还是要杀。”

“谁该杀？”

“阿合马。”

“他？”

"是的，他现在常去找真金，说些不利于汗国团结的话，而且，他的宅子快赶上皇宫了。"阔阔真看一眼察必，冷静地拢一下发丝，"皇后，阿合马确实该杀，他误国。"

"阿合马误国？"察必叹了一口气，"是有不少人到大汗面前奏报过此事，只是大汗并不相信。"

"为何不信？"

"你父汗说阿合马很会理财，"察必说，"这几年汗国的库银很充裕。"

"库银很丰，也不能说明阿合马会理财。"阔阔真说。

"就算阿合马误国枉法，又与真金有何关联？"察必说，"难道说他与真金是同流合污的吗？"

"正是。"阔阔真说，"他是不可一世的大贪官。"

"他是大贪官？"

"嗯。"阔阔真决定和盘托出，于是，她便把阿合马、卢世荣一起以万金贿赂真金之事说了出来。

"这还了得？"察必说，"真想不到他们如此胆大妄为。"

"还有呢。"阔阔真说，"他们还结党营私，有意再托真金谋平章政事之职，把持汗国大权。"

"难得你这么贤能的媳妇。"察必握着阔阔真的手说。

"儿媳应该这样做的，为了汗国子民，为了父汗和母后对我的宠爱，我一定万死不辞报答你们。"阔阔真说，"孩儿说出这些事来，一是想请父汗处置阿合马、卢世荣，再是想请父汗规劝真金一番。"

"会的，会的。"察必说，"阿合马居然如此胆大妄为。"

"这样下去，势必要威胁汗国根基。"阔阔真说。

"是这样的。"

"母后，我该回去了。"阔阔真说，"恳求母后不要告知真金我来过这里，更不可说出是我讲出阿合马、卢世荣贿赂他之事，那样，他会责怨我的。"

"你放心吧。"察必看到阔阔真很为难的样子，答应了她。但察必又担心，训斥儿子之时，难道他不会问一下是谁告诉她和父汗的吗？察必想到这儿，又忧虑起来。

待忽必烈回来之后，察必把阔阔真的话原原本本告知忽必烈，并劝忽必烈不要生气，哪知忽必烈听后哈哈大笑起来，而且笑了许久，才收住笑容。

"大汗因何发笑？"

"不知？"

"莫非高丽王子来称臣？"察必说，"刚才你见到了他？"

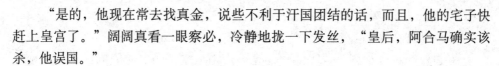

"这是自然的。"忽必烈说,"夫人,我是笑你呀。"

"笑我?"

"难道你不好笑吗?"忽必烈说,"阔阔真儿媳妇好聪慧呀。"

"怎么?"

"她在让你替她出气呢。"忽必烈说,"她只不过与真金不睦,又知阿合马、卢世荣与真金走得过近,一定怀疑是阿合马、卢世荣挑唆,因而才有意除了阿合马、卢世荣。她知道,只要我出面,重者会要他们的命,轻者会革了他们的职。"

"你怎么这样想?"

"为什么不能这样想呢?"忽必烈笑着拍了一下察必,"你过于轻信阔阔真了,她是一个聪明之极的人。"

"不对!"

"有什么不对?"

"她再聪明,也不会因小失大。"察必说,"难道她阔阔真敢以大臣之命开玩笑?这绝不可能。"

"那把真金叫来,"忽必烈说,"一问便知。"

察必摇了一下头。

忽必烈又笑了。

察必说:"你笑什么?"

忽必烈说:"难道你还不明白,她不让我们找真金对质,还不是摆明了要把这个事做得假的像真的吗?"

"你真的这么认为?"

"好了,别再提这个事了,"忽必烈说,"就让它过去吧!今晚,我们还要与高丽王子一块儿吃饭呢。"

"不,我不去。"

"怎么能不去呢?"忽必烈说,"高丽国王是我扶上王位的,如今,他的儿子前来朝觐,咱们应该见一下。"

"要见,你去吧。"

"生气了吗?"

"难道你没听见过一些朝中大臣告过阿合马和卢世荣?"

"听过。"

"不信吗?"

"那些大臣还不是嫉妒卢世荣权势过人?"忽必烈笑着说,"特别是一些汉人,他们就会这样。"

招待高丽王子愖时，察必一直不开心。当上高丽国外使以后，王禃除自己亲自向忽必烈朝觐以外，还遣世子王愖等人入元朝觐。

中统元年（1260年）六月，王禃遣世子王愖使元，这是王愖第一次使元。至元六年（1269年）四月，并遣王昭、王楠前行，同行的还有不少人。六月，高丽权臣逼迫王禃退位，谎称王禃病危，上书元朝，企图骗取忽必烈批准。

忽必烈听后，立即派中宪大夫和兵部侍郎桑哥前往高丽，从政治军事方面加紧了对高丽的控制。忽必烈帮助王禃恢复了王位，王禃感激涕零。至元七年（1270年），他亲赴大都，恳请忽必烈把公主嫁给自己的儿子。

此次，高丽王子便是为求婚而来。忽必烈见高丽王子前来请求和亲，他也有意通过这种政治联姻将高丽对元朝的依附关系进一步巩固下来。

"忽都鲁揭里迷失嫁给愖王子，如何？"察必耐着性子，尽量表现得和颜悦色。

"我也是这个意思。"忽必烈说，"瞧，愖王子还是不错的。"

"是不错。"

"那么，忽都鲁揭里迷失之母阿速里妃会有意见吗？"忽必烈有些担心，他知道阿速里妃对他一直满腹怨言，她们一直责怨忽必烈总是沉浸在察必的房里。忽必烈在宴请愖王子之后，便主动来到阿速里房里，叫来忽都鲁揭里迷失。

阿速里打扮得古里古怪的，上身穿着一件镶花边的褪色燕式女骑马衣，头发剪成中原人式样，头上戴着一顶饰以破旧羽毛的高地帽，显得相当标致。女儿忽都鲁揭里迷失个子不高不矮，身材苗条，把刚洗过的头发高高地梳成大揭田髻，插着一支穗簪子，显得格外潇洒。官粉只擦到脖根，敞着衣襟，微微露出了乳沟，皮肤显得比官粉还要白。她身穿一件大花单衫，松松地系着一条掺了假的黑缎子面腰带，从背后打成结子的地方露出大红的麻绸子里。她虽然握着一支梳子，但她并未梳头，只是愣愣地望着忽必烈。

忽必烈见忽都鲁揭里迷失倚在阿速里身旁对自己笑，便释然地对她点了一下头："女儿，为父来看你。"

"来看我吗？"

"是的。"

"怎么才来？"

"是有些晚了。"

"为什么来这么晚呢？父汗。"忽都鲁揭里迷失说。

"为父早就说来看你的。"忽必烈已听出女儿的哀怨。

"那您为何早不来？女儿很想念您。"

"忙呀！"

"忙什么呢？"

"你兄长真金总让我放心不下，还有他身边的那些人，总想着尽快让你父汗把位子让出来给他坐。"

"那你怎么不让呢？汗位有什么好的呢？为了它，你和哥哥闹得父子不睦，多不好啊！父汗，不如把汗位让出来，你到我阿妈这里来吧。"

"不行啊。"

"为什么？"

"汗国大事太多了。"

"都有什么大事，需要女儿帮忙吗？"忽都鲁揭里迷失说。

"正有此意。"

"怎么，真能用得着我？"忽都鲁揭里迷失拍了一下阿速里的肩，"阿母，我父汗真的能用得着我哩！"

"用得着你？"阿速里冷笑一声，"用你干什么？"

"不信你问父汗。"忽都鲁揭里迷失摇晃了一下阿速里。

"问他什么？我懒得理他。"阿速里咬牙切齿地说。

"你很恨我？"忽必烈走近阿速里，向她赔着笑。

"是的。"

"阿速里。"

"不要叫我。"

"我们都老了。"

"是你老了。"

"你也是。"

"不，我不老。"阿速里甩开忽必烈的手，大声说道，"我不会老的，我阿速里永远是年轻的。"

"别再孩子气了。"

"什么孩子气？你问过孩子吗？你看过孩子吗？"阿速里说，"我老了吗？察必不是比我更老？"

"你妒忌察必？"

"不。"

"恨她？"

"为什么要恨她？"阿速里说，"她做她的皇后，我做我的皇妃，井水不犯河水，我会求她吗？"

"察必常夸你呢。"

"夸我？"

"真的。"

"哄我呢。"阿速里泪流满面地说,"察必为何不来?"

"是我来对你说一件事的。"忽必烈把惇王子之事说了一遍,"惇王子还是不错的,就让女儿嫁给她吧。"

"嫁到高丽?"

"对。"

"谁的主意?"阿速里说,"这是察必在算计我吧。"

"哪里的话呀。"

"一定是察必。"

"不,是我的主意。"忽必烈说,"忽都鲁揭里迷失和惇王子很匹配,阿速里,你看一下惇王子就知道了。"

"我不看。"

"看一下,你就会知道我把忽都鲁揭里迷失许配给了一个年轻有为的人。"忽必烈满脸堆笑地说。

"一定是察必在害我。"阿速里说,"一定是她。"

"是我的主意。"忽必烈说。

"你的主意?"阿速里说,"把女儿嫁到高丽,你忍心?"

"阿速里,此乃军国大事。"忽必烈的口气严肃起来。

"什么军国大事?"阿速里瞪了一眼忽必烈,气愤地说,"平日里我们娘儿俩住在冷宫,此时却想到了我们。大汗,这难道不是察必的过错?"

"不是。"忽必烈说,"如果说有错,那一定是我的过错。"

"不,父汗。"忽都鲁揭里迷失说,"是我的错。"

"你有什么过错?"阿速里转过脸来问忽都鲁揭里迷失道。

"不该责怪父汗。"

"不过,为父这许多年以来,确是对女儿你很少照料。"忽必烈叹了一口气说,"还有对你阿母,也很歉意。眼下惇王子从高丽而来,和亲以后,对汗国非常有益。"

"大汗,对汗国有益之事,女儿还是应当尽力而为之。"忽都鲁揭里迷失说,"女儿应尽此孝道。"

"真识大体。"

"那你还是夸我阿母吧。"忽都鲁揭里迷失把阿速里推到忽必烈面前,"女儿能识大体,全凭母亲教导。"

"不要说我,"阿速里还是心中有气,"我比不上察必。"

听罢,忽必烈笑了起来。

"你笑什么?"阿速里更加有气,"笑我不会说话吗?"

"察必在你之前嘛！"忽必烈拍了一下阿速里的肩。

"那耶律美还在我之后呢，你对她也是比我要好嘛！"

"我们只说察必吧。"忽必烈的口气似乎有几分认真，他望了一眼女儿忽都鲁揭里迷失说，"你们知道我为何很敬重察必吗？"

阿速里摇了一下头。忽都鲁揭里迷失说："父汗，那还不是和我阿母一样？"

"她和阿速里别乞是不一样的。"忽必烈叹了一口气说，"没有察必，哪有我的汗位？又哪有我们的今天汗国呀？"

"那是为何？"阿速里说，"不就是和阿里不哥殿下争汗之时，察必被留在漠北当人质吗？这又有什么了不起？换上我，我也愿意为大汗分忧的。"

"这个我相信，但当时毕竟有了察必，她既然那样做了，我就会对她终生不弃。"忽必烈说。

"现已一统天下，还说那些干什么？"忽都鲁揭里迷失说，"父汗，我知道你是一个至情至信的大汗，但是，让我阿母终日苦守冷宫，总是不妥的吧！再者说，我去了高丽，她一个人怎么办？"

"不要说了！"阿速里说，"女儿，我和你一块儿去。"

"你可以不去的，"忽必烈说，"我可以照顾你的。"

"大汗，事已至此，我请你恩准我随女儿去高丽国吧。"

"你一定是在怨我。"

"怨你干什么呢？我为何要怨你？"阿速里苦笑了一下。

"我很对不住你，阿速里。"忽必烈有些怜惜地捉住阿速里的手。

"大汗，不要这样。"阿速里坚定地从忽必烈的温存中离开，拉起女儿的手转身离去。临出屋门时说了一句，"大汗，我和咱们的女儿永远都会想着汗国。"

忽必烈惊悚了，眼泪也止不住地滚落下来。待忽必烈抬再眼望时，那道门，已经关得死死的。

至元八年（1271年），高丽王子愖和忽必烈之女忽都鲁揭里迷失完婚，这样，高丽王子便成了元王朝的驸马。高丽王子为了讨忽必烈的欢心，主动改穿蒙古服装，还坚持向八思巴、阿合马等人学习蒙古习俗。

在高丽王子与公主忽都鲁揭里迷失完婚不到一个月，高丽王子的父亲便病逝了，于是，忽必烈下诏高丽王子为高丽国新的国王，并派军队把王子送回国内即位，是为忠烈王。由此，高丽国向忽必烈汗称臣，成为大元朝的附属国。

草原英雄

忽必烈

田芳芳◎著　下册　中国铁道出版社有限公司
CHINA RAILWAY PUBLISHING HOUSE CO., LTD.

图书在版编目（CIP）数据

草原英雄——忽必烈：全2册 / 田芳芳著. —北京：
中国铁道出版社，2017.3（2021.9重印）
（中国历代风云人物）
ISBN 978-7-113-22640-4

Ⅰ.①草… Ⅱ.①田… Ⅲ.①忽必烈（1215–1294）–
传记 Ⅳ.①K827=47

中国版本图书馆CIP数据核字（2016）第312973号

书　　名：草原英雄：忽必烈
作　　者：田芳芳

责任编辑：刘建玮　　　　　电　　话：（010）51873038
封面设计：MXK DESIGN STUDIO　　电子邮箱：liujw0827@163.com
责任印制：赵星辰

出版发行：中国铁道出版社有限公司（北京市西城区右安门西街8号，100054）
印　　刷：三河市燕春印务有限公司
版　　次：2017年3月第1版　2021年9月第2次印刷
开　　本：787mm×1092mm　1/16　印张：28.5　字数：543千字
书　　号：ISBN 978-7-113-22640-4
定　　价：72.00元（全二册）

第八回

贤圣妙诣安社稷，奸佞玩物误朝纲

平息了阿里不哥、李璮的反叛之后，大蒙古国在忽必烈的领导下，仅几年的工夫，就健全了中央机构，完善了由忽必烈统帅的权力系统。

自中统元年（1260年）建立中书省后，忽必烈把总理中书省吏、户、礼、兵、刑、工六部的权力交给了自己的儿子。中统四年（1263年），忽必烈又置枢密院，统领大蒙古国的军事枢纽。由于这是掌管全国兵力及其部署的关键部门，故而忽必烈不放心汉人及外人插手，皆由自己的儿子及蒙古宗亲掌握。中统五年（1264年），忽必烈下诏改开平为上都，改燕京为中都，又颁诏改元为至元，言明拯民之首要是让百姓安居乐业等等。

这一年的八月，忽必烈颁改元至元诏中曰：

应天者唯以至诚，拯民者莫如实惠。朕以菲德，获承庆基，内难未戢，外兵未戢，夫岂一日，于今五年。赖天地之昇幎，暨祖宗之垂裕，凡我同气，会于上都。虽此日之小康，敢朕心之少肆。

比者星芒示儆，雨泽愆常，皆阙政之所繇，顾斯民之何罪。宜布唯新之令，溥施在宥之仁。据不鲁花、忽察、秃满、阿里察、脱火思辈，构福我家，照依太祖皇帝扎撒正典刑讫。可大赦天下，改中统五年为至元元年。于戏！否往泰来，连续亨嘉之会；鼎新革故，正资辅弼之良。咨尔臣民，体予至意！

至元五年（1268年），忽必烈又创设了草原诸汗皆闻所未闻的督察机构御史台，是主要管理全国官员的不法行为的机构。这个机构是忽必烈在李璮、王文统被诛后建立的。

中央机构的完善，对社、村的管理也容易起来了。忽必烈改造了蒙古国原有的千户体制，让农村五十家为一社，设社长督管农务及生活诸事。同时倡导大兴水利，鼓励农桑，极大地促进了农村经济的发展。

忽必烈面对蒙古权责不清、中央机构混乱的状况，令刘秉忠、许衡等人定内外之官。

刘秉忠说："大汗，唐宋以来，中央实行三省制，但宋国实际起作用的是丞相、枢密院、御史台，掌管军事和监察。我们应仿照宋制，在中央设丞相掌行政，枢密院掌军事，御史台掌监察。"

忽必烈说："子聪先生此意为何？监察设置有何作用？"

刘秉忠说："大汗，南宋为何衰落？因为贾似道卖官。这官怎么能卖呢？他们买来官之后，肯定要下狠心把买官的钱捞回来，这样，岂不毁了百姓。"

忽必烈说："确实是这样。"

刘秉忠说："您想，他们必定从老百姓头上摊派一些多余的银子，才能既完成国库那一份，再余下自己想捞的那一份。这样下去，百姓不就毁了吗？"

忽必烈说："是这样的。"

刘秉忠说，"国库只许他筹三十万两，但他要想捞三十万两，只需每个百姓人头多加一倍就行了。他捞上三十万两银子，上下打点用去十万两，自己还能落得二十万两，何乐而不为呢？"

忽必烈说："他送去的十万两，人家还会重用提拔他哩。"

刘秉忠说："正是。"

忽必烈说："他送去的十万两，心中自然不甘，他还要下狠心从百姓头上捞，如此下去，又苦了百姓。"

刘秉忠说："大汗英明。"

忽必烈说："看来是要加强督察之力，把那些人查出来。"

刘秉忠说："还有一怕。"

忽必烈问："怕什么？"

刘秉忠说："怕搞监察之人也是一个贪官。大汗试想，上边来人监察我，我就给上万银两，那上边来人还忍心来监察于我吗？肯定是于心不忍。"

忽必烈说："这是一个很值得我们斟酌的事情。"

刘秉忠说："大汗，政体要更新，且要不断更新。"

忽必烈说："天下国家，犹如一人之身，中书省是我右手，枢密院是我的左手哇。"

刘秉忠说："大汗，中书省不能专权，枢密院更不能专权。"

"专权？"

"大汗，中央机构要精干、实用。"刘秉忠笑了笑说，"大金和南宋如何能亡？还不是官设得太多。"

草原英雄：忽必烈

"那么，总得有人来管理百姓。"忽必烈笑着说，"就像一群羊，总得有人来牧。无牧者，羊群是要乱的。"

"大汗，"刘秉忠说，"百姓是羊又不是羊，可牧又不可牧。"

"怎么讲？"

"他们能为羊，是因为有草吃。"刘秉忠笑着说，"大汗，中原老百姓是天底下最好的百姓呀！"

"他们很温顺。"

"是很温顺。"刘秉忠说，"他们只要有吃的，能吃饱肚子，就会各安其命，就会听天由命，就会安居乐业。只要不关他们的事，他们都不问。"

忽必烈笑了笑。刘秉忠问道："不知大汗您是否同意我的看法。"

忽必烈点了一下头。

刘秉忠接着说道："但是，大汗，他们有时又不是羊。"

"那是什么？"

"虎。"

"为何？"

"大汗，"刘秉忠说，"百姓们在有吃有穿的情况下会各安其命，但在衣不蔽体、食不饱腹的情况之下呢？"

"没有穿没有吃的情况下……"忽必烈皱了一下眉头。

刘秉忠耐心地等待忽必烈说话，他多么期望忽必烈能理解他的良苦用心啊！但忽必烈依然沉吟不语。

刘秉忠说："大汗，当官之人，只有心系百姓，百姓才能不成为虎呀！你想，当官如贼，见百姓就抢、就夺、就拿，百姓能不怕吗？"

"不能不怕。"

"百姓能不反吗？"

"不能不反。"

"百姓能心安吗？"

"不能心安。"

"百姓愿意安常守顺吗？"

"不愿意。"

"那百姓还会做羊吗？"

"不会。"忽必烈望着刘秉忠，很满意地点了一下头。忽必烈终于明白了刘秉忠的良苦用心，他下决心重整政体。

忽必烈采纳了刘秉忠等人的建议，在中央设立中书省、枢密院、御史台机构，中书令为中书省之长，由皇太子兼任，下设官员无定数，定右丞相、左丞相各一人，总领省事，统率百司；设平章政事四人，为丞相的副手；设右丞、左丞各一人，参政知事三人为执政官。忽必烈在改革中央机构的同时，对地方机构也作了改革和整顿，逐步建立健全了行省制度。当时，将大都周围的河北、山西、山东称为腹地，由中央的中书省直接统辖。

建立元朝后，忽必烈在全国设十个省，即陕西，辖今甘肃、内蒙古一部分；甘肃，辖今宁夏；辽阳，辖今辽宁、吉林、黑龙江及内蒙古其余部分、黑龙江以北、乌苏里江以东至俄罗斯南地区；河南，辖今湖北、安徽、江苏长江以北；四川，辖今陕西、湖南；云南，辖今云南、四川、广西、泰国、缅甸北部；湖广，辖今湖南、贵州、广西、湖北、广东；江浙，辖今浙江、福建、安徽南、江苏南、江西、澎湖、台湾；江西，辖今江西、广东；征东，辖今高丽、日本。忽必烈在十个行省之外，还在漠北设和林转运司，改作和林宣慰司都元帅府，作为中央的派出机构，管理政府所属军民和城郭、工局、仓廪、屯田、驿站等事务。

忽必烈通过吏员出职选拔官员，为了保证官员的行政效率，制订了一系列吏员出职和官吏考核、监察制度。还规定，每年各级官员都要向上荐举吏员，称为发贡，这一套官吏选拔、考核制度，基本上属于中原王朝汉法系统。

阿合马找到真金："殿下，此为汉法治国，这还是蒙古人的天下吗？"

"父汗不是我们蒙古人吗？"真金也是一肚子气。

"长此以往，还不是刘秉忠把持朝政吗？"

"刘秉忠能反不成？"真金说，"到时有人治他。"

"如何治他？"

"他言行严谨，现在是找不到办法。"真金叹了一口气。

阿合马说："办法倒是有，怎么能找不到办法呢？"

"什么办法？"

"刘秉忠儒吏兼通，他的弟弟在下面办学敛财。"

"阿合马，你听好。"

"有何吩咐？"

"这财权归你掌管，如有纰漏，还不是你的责任吗？"太子真金叹了一口气，"阿合马，你斗不过他。"

"会的。"

"不可能。"

"有办法。"阿合马心中不服，把牙咬得咯嘣作响，"刘秉忠独揽朝纲，到处任用汉人，总会有疏忽谋私的地方。"

"这是父汗应允的。"真金叹了一口气说。

"大汗有时太纵容他了。"阿合马说，"让我说，该削一下汉人的权势。您想，将来您执掌天下，如何管得了这么多汉人，不如现在趁早除去。"

"除去什么？"

"汉人官僚。"

"这不行。"

"为何？"

"有违圣命。"

"那当如何是好？"

"阿合马，刘秉忠任用汉人，就是在安插亲信。"真金说，"咱们也可以任用自己的人，对吗？"

"殿下英明。"

"安童如何？"

"他才多大，能给他安一个什么职？"

"去禀告父汗，就说安童有经天纬地之才，不就行了？"真金说，"话是可以说的，但看由谁来说。"

"谁说？"

"刘秉忠。"

"让刘秉忠举荐安童？"

"对。"

"行吗？"

"行。"真金说，"先让安童到沉堂寺去，那里正是刘秉忠之弟办的学堂，不少蒙古贵裔都在那里。"

"在哪里？"

"三座和尚楼之间，住持是几位德高望重的法师。"真金说，"我听过他们的经课。"

"如何？"

"习行移算术，字画谨严，能言善辩。"真金说。

"不简单。"

"是的，那里人士才识明敏，吏事娴熟，日后都会补充为吏。"真金说，"刘秉忠还能不信他弟弟？"

"会的。"

"那就快传安童。"

"是。"阿合马应声而去。

安童衣甲整齐，面色沉静地走了进来。真金曾和他是儿时的伙伴，几年不见，都已成了大人。而当阿合马把安童带到真金面前时，真金都愣住了。

阿合马说："这位就是安童。"

真金说："小弟，咱们有些日子未曾谋面了。"

安童说："是的，多谢殿下还把我记在心上，真是感激涕零。"

安童身材端端方方，胸脯宽宽大大，他那大脑袋上的头发卷曲着，穿着金黄的绸衬衫，绒布裤子。他的头发发亮，浓眉底下一对明亮的大眼，还有年轻的小黑胡子下边雪白的牙齿，都闪闪发光，他那绸衬衫柔和地闪光。他几乎没有眉毛，没有睫毛，生有红褐色的眼睛。他穿着黑袍子，举动里有一种温雅，很有些特别。

安童见真金在盯着自己，就笑了笑，说道："我还是老样子，不太注重修饰，只是随便惯了。"

真金说："这样很好。"

安童说："殿下召我来有何重要之事呢？我只想过一种平民生活，安居乐业、恪守家训。"

真金说："你乃忠臣之后，怎能以平民论之？"

安童说："不能以民众视之，将是我最大的遗憾。"

真金说："什么遗憾，我没有听懂你说的话。"

阿合马说："安童的意思，是想过一种与世无争的生活。他守着老国王木华黎的封地，在宫中做怯薛头领，他就很知足。"

安童说："是很知足。"

真金说："很知足？难道不思报国就知足了吗？"

安童说："在下时刻念着忽必烈汗的恩典，以图报效。"

阿合马说："安童真是少年英才，难得的英才。"

真金说："既是难得英才，就请出来为汗国做事。"

阿合马说："应当出来。"

安童说："在下不敢。"

真金说："有何不敢？现在汗国正是用人之际。"

安童说："不敢以人才自居，只是一个书蠹而已。"

阿合马说："怎么能这样说呢？咱们都是汗国的精英，为汗国效力，以后，更应勤思为汗国效命。"

安童说："我是一个散漫之人，也已过惯了散漫生活，不想理政事。再者，从政需要一颗激进不言败的心，在下不思进取，怎敢妄言为国效力，只怕误了军国大事。"

安童说完之后，长叹了一口气。阿合马看了一眼真金，又看了一眼安童，也长叹了一口气。真金有些抑郁，他不明白安童为何会淡泊名利，也不明白安童为何突然对他冷淡了许多。

真金拜见母亲时说："安童为何会是这样一个人？"

察必听了真金的述说，却感到安童是一个难得的人才。察必说："孩子，你应当多亲近像安童这样的人。"

"多亲近他？"

"对。"

"那就是要远离阿合马这样的人？"真金问，"母亲，您的言外之意，是不是让我疏远阿合马？"

察必点了一下头。

真金说："这怎么可能？阿合马大智大勇，他人才难得呀。"

"比刘秉忠如何？"察必说，"阿合马总在你父汗面前说刘秉忠的坏话，可你听说过刘秉忠说过阿合马一个'不'字吗？没有，这就是说阿合马不及刘秉忠。"

"不及他什么？"

"气量。"

"什么气量？"

"就是包容之心。"察必说，"为政之人当有包容之心，也要有宽容之心，这样方能不斤斤计较。只有这样，才能不计个人得失，不抢功名利禄。眼下，安童正是这样的人才，难得的人才。"

"怎么？"

"你是皇太子，不正是你来举荐安童的吗？"察必说。

"是我举荐的。"真金有点懊恼说了过多赞美安童的话。

察必说："这样吧，等你父汗来了之后，咱们再议一下安童的事。"

真金说："父汗呢？"

察必说："到刘秉忠那里去了。本来，他是想叫我一块儿去的，只是我感到身体不适，才没去那里。"

真金说："又是到刘秉忠那里，我猜也是。"

真金满腹怨言地告别母亲察必，来到刘秉忠住处，正听得刘秉忠向忽必烈述说政体划分之法。

"大汗，"刘秉忠说，"如果推行汉人之法，则可大治。"

"大治？"忽必烈说，"汉法中也有一些不当之处。"

刘秉忠说："是的，我们可糅进唐宋辽金制度之优。"

忽必烈："什么优点？"

刘秉忠说："设置路、府、州、县，路统于行省，设总管、同知等官员，府一级不普遍设置，统属也不一样，有的统于路，与州平级，有的统于行省，为直隶府，与路同级，个别的则直属于中央行省，设知府、同知等官员。州也可设两类，一类直属于行省，称直隶州，与路、直隶府平级，县一级按户多少分上、中、下三等，设县尹、县丞、县尉等官。也就是设省、路、州、县四级官。"

听罢，忽必烈点了一下头。

真金在门外听到刘秉忠述说，也忍不住点头，感到刘秉忠为革新政体做了大量工作，费了不少心思。

忽必烈说："多设一级，就会多出几百或几千甚至上万官员。"

刘秉忠说："多出官员，也就多出了百姓负担。"

忽必烈说："是。"

刘秉忠说："可把路去掉。"

忽必烈说："等一下吧。"

刘秉忠说："比较通用省、府、县三级行政即可。"

忽必烈点了一下头说："就设省、府、县三级官员吧。"

刘秉忠说："我马上照办，挑出官员任用之名册。"

忽必烈说："子聪先生之意还是多任用汉人，对吧？"

刘秉忠点了一下头。忽必烈说："就怕会有许多蒙古人出来反对的。"

刘秉忠说："可以设达鲁花赤，也就是蒙古人说的镇守者。"

忽必烈点了一下头。

真金折身去找阿合马，问他"达鲁花赤"是何意思。阿合马沉吟半晌，从心里暗暗佩服刘秉忠的八面玲珑。

阿合马说："要想扳倒刘秉忠，看来得一个人。"

真金问："谁？只要你说出那个人，我就去请。"

阿合马说："八思巴。"

真金说："走，咱们现在就去探望八思巴。"

阿合马和真金来到八思巴府第时，八思巴正研究官制改革事宜。真金问："八思巴大人，汗国初行枢密院、御史台、宣政院三大机构，下面的官僚如何设置，又如何选备用人选呢？请教一二，望先生能不吝赐教，也好让我心中有数。"

八思巴说："殿下，百官的任免进退，都要经过中书省审察。职官升迁，从七品以下归吏部主管，正七品以上由中书省主持，三品以上由忽必烈汗任用。六品到九品官职，由中书省敕授。"

真金说："八思巴大人，能否告知我，在大汗国体制之中，是否还有分封采邑之制？那些诸王贵族怎么办？"

八思巴说："我和刘秉忠大人是有两种看法，各执已见。"

阿合马说："那么，八思巴大人是否同意分封采邑？"

八思巴说："刘秉忠大人是不同意分封采邑制的。"

真金非常佩服八思巴的临机应变和见风使舵，他知道八思巴也许和刘秉忠没有多少分歧，只是在任用官制上有些不同看法而已，但八思巴为了不得罪阿合马，偏要把刘秉忠另当别论。八思巴的回答令真金十分满意，故而真金有些得意忘形地说："八思巴大人，你和阿合马会成为我的左膀右臂的，当然，那要在我承袭汗位之后。"

　　八思巴心中大吃一惊，他没想到太子真金会如此张狂外露，只得说道："殿下，虽然阿合马大人是回人，我是藏人，刘秉忠是汉人，但我们想着的都是汗国利益。"

　　阿合马说："是啊，咱们处处都是为忽必烈汗着想，为殿下着想，为大蒙古天下的稳定着想。"

　　真金说："大蒙古天下要想稳定，也非易事呀。"

　　阿合马说："有殿下一心一意为国，没有难事。"

　　八思巴也点头称是。

　　真金说："没有你们这些忠心臣子，怎能保得汗国无恙。"

　　八思巴说："忽必烈大汗有过人之才，也会用人呀。"

　　真金说："八思巴大人，是不是汗国有点用汉人过甚了。汉人权势过重，是不是要危及汗国？"

　　八思巴愣了一下，至此他才明白了阿合马和真金的来意。

　　阿合马说："八思巴大人，忽必烈汗让你和刘秉忠刘大人一道整顿吏治，你是不是也同意用这么多汉人呢？"

　　八思巴本能地摇了一下头："殿下，我是拥护您的。"

　　真金点了一下头："我知道八思巴大人的心意。"

　　阿合马说："平心而论，八思巴大人，殿下是很欣赏您的，时常在人面前夸八思巴大人有治国之才。"

　　八思巴不卑不亢地说："忽必烈汗夸我结束了吐蕃三百年战乱。"

　　阿合马说："这正是惊世奇功，也正因此夸你有惊世之才。"

　　八思巴说："多谢太子夸奖，我心中有愧，对殿下做得很不够，有许多方面都做得不够，心中有愧。"

　　阿合马问："有什么愧？八思巴大人，你不忠于真金殿下吗？"

　　太子真金瞪了阿合马一眼说："阿合马！八思巴大人，刚才阿合马大人话讲得不对。"

　　八思巴说："阿合马大人的话讲得对，殿下，我就是问心有愧，对您不够过于忠诚，不像阿合马大人。"

　　真金吃了一惊。八思巴接着说道："太子殿下，我把心思都用在忽必烈汗那儿了。"

　　真金说："用在父汗那儿是对的，就是该用在那儿。"

八思巴说："殿下，您这么说，就是不怪我？"

真金点了一下头。

八思巴说："大汗令我整治吏治，还让我推行村社之制。"

真金问："什么是村社之制，阿合马，你知道吗？"

八思巴说："阿合马大人管财政，不过问吏治之事。"

阿合马尴尬地点了一下头，心想：等我捞足了钱，也像贾似道那样，向外卖官。听说刘秉忠之弟刘西坡的学苑都对外卖起了官，凶着哩。

真金说："八思巴大人，村社之制又有什么好处？"

八思巴说："社有社长，由众社众推举年事已高、通晓农事、家有兼丁之人担任，免去本人差役。"

真金点了一下头。八思巴接着说道："还在北方设锄社，就是农忙之时，先锄一家之田，本家供其饮食，其余次之，旬日之间田可治也。"

阿合马说："遇上会算计之人，到他家锄地，不给饭吃，如何？"

八思巴问："不给饭吃？那么，谁还有力气干活儿？"

阿合马说："饭有孬好，也可给一些粗杂粮吃，也可给一些白面大肉吃，管饱的吃法很多哩。"

真金笑了。

八思巴说："殿下，你是否笑我不会说话？"

真金说："我是笑阿合马毕竟是一个生意人出身。"

八思巴说："生意人？阿合马大人会精打细算呀。"

真金说："那他是不是过于苛刻了，光想让人给他干活，却不想管人家饭吃，给也不让吃饱。"

八思巴说："忽必烈大汗又在路、府、州、县之下分设乡、都等级，统称为里；城镇之中有隅、坊组织，统称为坊。里和坊有里正、主首、隅正、坊正等办事人员，负责催办税粮，负责督促徭役。"

真金心中暗暗称奇，心想：如此庞杂机构，刘秉忠还真是费了些心神。这种层层设职之法，政事逐级上传下达，各地都如此建制，也就全国井然了。

阿合马说："这一定又是刘秉忠的怪点子，设那么多职位，还不都是留给汉人当，这真是蒙古人江山汉人坐了。"

真金说："蒙古人的江山，肯定是蒙古人坐的。"

八思巴说："事实上也是蒙古人江山蒙古人坐的。"

阿合马说："不对，那么多州长、里长、县长、省长，还有坊正、隅正、主首，不都是汉人？"

八思巴说："坊正、隅正、主首可以是汉人的。"

阿合马问："为啥？"

八思巴说："因为太多的汉人，应当由汉人治理。"

阿合马说："汉人人多势众，将来要反了，岂不易如反掌。再说，刘秉忠古里古怪的，不知他葫芦里卖什么药呢？"

八思巴说："刘秉忠是忠于忽必烈汗的，可以说赤胆忠心。"

阿合马说："我可不这么认为，殿下，八思巴大人总说刘秉忠大人忠于忽必烈汗，我倒想问一下，八思巴大人有什么可以令人信服的证据。"

八思巴说："阿合马大人，你能拿出刘大人不忠之证据？"

阿合马叹了一口气说："那还用说吗？他滥用汉人。"

八思巴说："刘大人奉圣命，任用汉官也是经过忽必烈汗首肯，怎能说他滥用汉人呢？"

阿合马说："可笑。"

八思巴说："可笑什么？"

阿合马说："殿下错看了你，八思巴大人。"

八思巴说："阿合马大人，我刚才已经说过，我只是忠于忽必烈汗，因为他对我有知遇之恩，平定吐蕃之乱，全凭忽必烈大汗神威，我永远忠于他一个人。"

阿合马气得脸色铁青："你！不知好歹，我和殿下是专程来找你商讨军国大事的，不知你会有如此蛇蝎心肠，不明是非，不识大体，不识时务。"

八思巴笑了起来。阿合马说："你笑什么？"

八思巴说："阿合马大人真是好口才，会做生意。"

真金也有些生气了，大口大口地呼着气。

八思巴说："多有得罪！阿合马大人，你也是汗国栋梁，我们所做的一切，都要为汗国着想。"

阿合马说："八思巴，难道我不为汗国着想了吗？"

真金说："我能听出来，八思巴不是一个笨人。"

阿合马说："八思巴是笨人，天下第一大笨人。"

八思巴说："我不笨。"

阿合马说："殿下就在你面前，你居然不承认是对他忠诚，这不是天底下最大的傻瓜？"

八思巴说："不是傻瓜。"

阿合马说："就是。"

八思巴说："只有不忠于忽必烈汗的人才是傻瓜。"

阿合马说："忽必烈汗早晚要传位于真金的。"

八思巴说："阿合马，做臣子的忠于大汗有错吗？"

阿合马说：“殿下专为你而来，未想到他错看了你，你居然不识时务。”

真金叹了一口气。阿合马和八思巴都止住言语，愣愣地望着真金。

真金悄然离去。阿合马尾随真金来到太子府门前，低声问道：“殿下，对八思巴这样的人，该用什么办法对付他？”

真金说：“你看着办吧！你是最忠于我的，阿合马。”

阿合马点了一下头。

真金说：“阿合马，不论做出什么事，都与我无关。”

阿合马又点了一下头。

真金说：“干什么事都要干净利落，出手要快。”

阿哈马说：“我会的，太子，一定会快刀斩乱麻！”

真金说：“斩乱麻？阿合马，这是什么意思？”

阿合马说：“殿下，你不用多问，我知道。”

真金问：“我是想问，什么是斩乱麻？你说。”

阿合马说：“殿下，我的意思你应该懂的。”

真金摇了一下头。

阿合马说：“殿下，你真的不懂我对你的心意？”

真金说：“我一直都认为你是个大智大勇之人。”

阿合马说：“我不会辜负殿下对我的期望。”

真金说：“阿合马，我可什么都没对你说。”

阿合马点了一下头，转身而去。在他转身离去之时，真金分明看到阿合马嘴角露出的那一丝笑，是一丝冷笑。

过了几日，阿合马途经沉堂寺门口时，听到里边有诵经传道的声音。

“安童？”阿合马吃了一惊，“安童真的在里面呢？”

安童也好像看见了阿合马，对阿合马点头致意。

不知为什么，阿合马对安童顿生一股怜爱之意，他下意识地对安童招了一下手，安童笑眯眯地朝他这边走过来，边走还边吹着口哨。

“在这里还好吗？”

“好。”

“没想到你真会来这里读经书。”阿合马笑着说，“你能到这里来，也是殿下所期望的。安童，我们都应当为殿下做些事，特别是你。”

安童点了一下头。

阿合马说：“也并非是说忠于殿下就是不要忠于忽必烈汗。我们为人臣子，当然是要忠于大汗的。”

安童笑着说：“阿合马大人果真这么想？很好。”

"我就是这么想。"

"有人说你只忠于真金殿下。"安童笑嘻嘻地说。

"一定是有人陷害于我。"

"阿合马大人，真的没有人在我面前说你的坏话。"安童说，"刘秉忠大人之弟在这里主事，你是否见他一下？"

"刘秉忠？"阿合马咬牙切齿地说，"这个奸贼。"

"刘大人不奸。"

"他是奸恶之人。"

"阿合马大人，我像尊重你一样敬重他的。"安童说，"你们都是忽必烈汗的重臣，汗国离不开你们的。"

"能。"

"不能。"

"安童，你马上就会明白的。"阿合马咬牙切齿地说。

"阿合马大人，你有什么心事吧？"安童依然笑嘻嘻的。

"没有心事。"阿合马说，"我能有什么心事呢！"

"没有更好，咱们都应把心思放在治理汗国上。"安童说，"眼下汗国初定，忽必烈汗正鼎立新政，我们都要为大汗效犬马之劳，为大汗甘心做出丰功伟业而不露名。"

"不露名？"

"对。"

"什么意思？"

"就是干什么事都不留真实姓名。"安童说着笑了起来。

阿合马能感到安童的笑里隐藏着什么，但他又一时猜不透。

阿合马在朝中颇感孤单，放眼朝野，唯自己一人与汉臣争执。他看到忽必烈颇为倚重安童，便想拉住安童，成为自己阵营的人。

夜幕落了下来，安童所住的院子蒙着一层惨白的月光，罩在头顶上的天空，有着稀稀疏疏的星星，亮亮的，仿佛一些光明的泪珠就要坠落。

阿合马悄声走了进来，对安童说："我是特来请教一些事宜的，特来相扰，请勿见怪。安童，不知你还有雅兴小酌呢。"

安童正在独自饮酒，他一杯接一杯地喝。见阿合马到来，并不起身，还是自斟自饮着。阿合马有些难为情地笑了一下，安童捏起几粒花生米，放在嘴里，咯嘣咯嘣地嚼着，冷冷地说道："来了，坐。"

阿合马兀自找来一个酒杯，与安童对饮了一杯，说："刘秉忠他们所谈的是什么？为什么能迷住忽必烈汗？"

安童说："就是程朱理学所说的理，也叫天理。"

阿合马冷笑一声说："这个世道，从哪儿谈天理呢？"

安童说："刘秉忠认为的天理就是万事万物产生的根源。"

阿合马嗤之以鼻："什么根源？中原汉人就会故弄玄虚，他们只是妖言迷惑忽必烈大汗，可笑，大汗居然还信刘秉忠他们那些汉人。万事万物，有什么根源？还不是长生天来决定的。"

安童说："我也是这么认为的来着，可忽必烈汗不听。"

阿合马说："那他听谁的？还不是刘秉忠他们那些汉人？"

安童说："刘秉忠大人和王社教、龙广天书他们那一帮人在忽必烈汗面前，红得发紫。"

阿合马叹了一口气："我很担忧。"

安童说："忧从何来呀？"

阿合马说："我有句话，不知你肯不肯听。安童，如果你听的话，在下就是来献计的，咱们携手共敌刘秉忠。安童，殿下也看中你是个人才，英俊年少，将来必成大器。我不相信咱们斗不过刘秉忠。"

安童呷了一口酒说："刘秉忠提出三纲五常、伦理道德，他就是想用儒家思想去影响忽必烈汗。"

阿合马说："何为儒家思想，它怎能影响大汗呢？"

安童说："'以马上取天下，不能以马上治天下'，这是汉儒们经常劝谏忽必烈汗的。现在，忽必烈汗很听这些，也信这些。"

阿合马呷了一口酒说："不能以马上治天下？谁信？"

安童问："什么谁信？"

阿合马说："谁信服你？谁会那么老实听话？汉人吗？不可能的。一有机会，汉人就会反的。"

安童说："汉人会反？忽必烈汗如此英明，怎么可能？"

阿合马微笑一下，并不言语。他呷了一口酒，居然站起身，端起酒杯，在庭院中转悠起来。这是墟城师苑墙东边的第一个巷子，院主是黄捣主。黄捣主在捣鼓一些南北鸡蛋生意，院落有三间主房，一个庭院加上一条甬路直通大门。大门是坐北朝南开的，门两旁的池陂搞煤生意，东旁是一爿小店。安童很能理会汉人用意，他只是想尽快在经堂院学完忽必烈汗要他学的儒家学说。他知道忽必烈汗已对自己允诺下来的事情不会变的，他也知道自己虽然年少，总归是青山遮不住。他就要出来为忽必烈汗做事了。

安童走近阿合马，用手拍了一下阿合马，把阿合马吓了一跳。

"安童，你吓着我了。"阿合马笑着说。

安童说："能有幸陪阿合马大人喝上几杯，真是令人开怀的事情。阿合马大人，走。"

"进去坐？"

"对。"

"不进去了。"

"真是怠慢阿合马大人了。"安童说，"那好，搬到外边。"

阿合马和安童真的把酒桌抬到庭院中。此时，月升东山，美丽的月光透过东家小店的房脊，正好直朝安童射过来。

安童呷了一口酒，抬眼望了一下东天。月亮高高地悬挂在深蓝色的夜空上，向大地散射着银色的光华，从东家屋顶上投下了朦胧的阴影。珍珠似的露珠，从白杨的肥大而嫩绿的叶子上，从爬在老槐树上重重地下垂着的淡紫色的藤萝花穗上，悄悄地降落下来。庭院中，飘荡着浓郁的花香。

阿合马并不能体会安童的心境，他连叫几声安童的名字，并不见安童有什么反应，便悄然起身离去。走到大门时，还见安童呆傻傻地望着月亮。阿合马突然感到真金有些好笑，他怎么会看中安童呢？

阿合马找到真金，叙说了见到安童的情景，真金愣了好半天才说一句话："大智若愚。"

真金思索良久，便决定直接问忽必烈汗刘秉忠滥用汉儒之法的事，他以为只有这样，才能让刘秉忠有些收敛。

忽必烈正与沈元帅探讨东征日本之事，没想到真金会如此不通情理，险些将他杖责解气。他只是愤懑地说："你是皇太子，何必要跟大臣们过不去呢？"

真金像是受了莫大委屈似的说："汉儒的话，有什么好？"

忽必烈质问道："那么，你说一下汉儒的话有何不好？"

沈元帅说："大汗，殿下也并未明说汉儒是谁。"

太子真金说："就是刘秉忠，就是他们那些常说'马上取天下，不能马上治天下'之人，用心何其毒也！"

忽必烈说："怎么啦！他们这样劝谏，有错吗？"

沈元帅说："大汗，殿下之意是刘秉忠有些言辞过激。"

忽必烈说："什么过激？依我看，子聪先生的话没有错。"

沈元帅说："殿下只是有些不理解刘大人而已。"

真金看了一眼沈元帅，见沈元帅朝他挤了一下眼睛，却又不懂何意。真金呆呆地立在那儿，愣愣地望着忽必烈，他多么希望忽必烈下令治刘秉忠的罪，削去刘秉忠和那些汉人权势呀！

忽必烈说："你应当多向大臣们学习治国之道。"

真金说："难道孩儿现在不是在说治国之道？"

忽必烈说："我听得出来，你是在说一些治人之道而已。"

沈元帅笑了一下。

真金说："我们靠武力取天下，文治能行吗？"

忽必烈问："有何不行？"

真金说："先祖们一直都是在马背上生存的。"

沈元帅说："汉人们以前是在山洞里生存，现在还不是出来了。"

真金说："蒙古人不能下来，不能从马背上下来。"

忽必烈说："为啥？"

真金说："那样的话，还叫什么'马背上的民族'？"

沈元帅说："大势所趋，天下一统，到处都是蒙古人嘛！"

忽必烈说："蒙古人的天下，这个一点也没有错。"

真金说："我们要靠武力治天下，正如我们靠武力取天下。父汗，有些人只是怕我们杀汉人，他们才胡说老子和孔夫子。"

忽必烈大怒道："大胆小儿，你真是口出狂言！《诗》《书》《礼》《易》《春秋》还有《论语》《孟子》《大学》《中庸》，这些书我都是要学的，现在，我令你也要学，回去好好学习吧！"

忽必烈轰走真金之后，感到很疲乏，便半倚在锦榻上，合目小憩起来。

他知道刘秉忠一干汉臣的"马上取天下、马下治天下"说得不错，也明白真金目睹汉臣垄断朝堂而不悦是性情使然。李璮、王文统已经伏诛，蒙古国一片安靖，汉臣们面临如此局面，应不会再敢起异心。但是，自己对汉制的一味认同，会不会因此而使汉臣们骄蛮起来呢？忽必烈心中不禁一沉，也思忖片刻，便传令怯薛头目扎察把安童叫来。

安童进来后，跪地行礼。忽必烈抬手招呼道："安童，起来，坐到我身边。"

安童一身月色长袍，映衬着英俊而稍带稚气的脸。他有些惶然，听大汗赐坐，只得斜欠着身子，坐在了锦几上。

忽必烈依旧斜靠在榻上，径直问道："听说近日阿合马到你那里去过？"

"大汗明察，去过两次。"安童据实回答。

"嗯，"忽必烈见安童如此坦白，很满意，又问道，"他都说些什么呀？"

"回大汗，他对刘秉忠刘大人恨之入骨，是去骂刘大人的。"

"那你知道他为何恨刘秉忠吗？"

"臣有所耳闻，是刘大人进谏过他假借为汗国征赋之机，贪污了些钱财。还有冶炼……"

安童没有讲毕，就听忽必烈又问道："那阿合马为何到你那里去骂刘大人呢？"

安童有些紧张，他稍沉了沉，回道："我猜他是看臣下得大汗及皇后错爱，欲与我拉关系。再说，他心有所虑，不敢当面与刘大人论辩。"

"你很诚实。"忽必烈笑了。

安童的心定了下来，抬头望着忽必烈有些日渐发福的身体，又道："大汗，臣有一点想法，不知可否讲出？"

"讲。"忽必烈的眼中充满了喜爱，看着安童。

"臣以为，推行汉制、倚重汉臣是大汗的英明之举，经验证也是卓有成效，目前汗国一派祥和之气，汉臣功不可没。但汉臣侍奉大汗的目的却有万千，有为天下宁和的无私耿介之人，也有为高官厚禄诱惑之人，还有久藏祸心、欲颠覆我大汗国政权的李璮余孽。大汗想必已有提防之心，可绝第二个李璮的出现。"

忽必烈听着这个英姿勃发的青年之话，不由心中一动：自己的心思他全明白。忽必烈点了点头："所言有理，汗国初靖，不容再有祸端。阿里不哥老实了，李璮也死了，有些人就开始说天下太平了，该重农桑了。"

"大汗，重农桑没有错，但关键是要有和平的局面，而这局面的关键则是军队。"

"噢？说下去。"

"如今伯颜将军征山东回归，正赋闲在上都，大汗没忘了他吧？"

"当然。伯颜的确是一猛将，冲锋陷阵从不迟疑，你有何想法？"

安童向前坐了坐，道："大汗没想过让伯颜将军参与政事吗？"

忽必烈明白了安童的意思，他是想用伯颜在朝中担要任，以军威震慑有不轨之心的奸臣。忽必烈点了点头，道："安童，你该出来为我干点儿事了。"

安童跪地："安童唯大汗尽遣，绝不辱命。"

第二天，忽必烈下诏，任命伯颜为中书左丞相，安童为光禄大夫、中书右丞相，增食邑四千户，共理朝中政事。至此，中央最高权力机构已经改变了汉臣独掌的局面。这不仅标志着忽必烈已经有了提防汉臣异心的警觉，也说明了忽必烈要在汉制治国的旗帜下，逐渐限制汉人权力，要大张旗鼓地培植一些其他宗族的臣属了。

在这次权力转移的过程中，阿合马又一次成了受惠者。

阿合马虽在忽必烈面前颇讨欢心，但因汗国初期，忽必烈的着眼点是依汉制整顿汗国政务，而汉学知识贫乏的阿合马不能给忽必烈提出施政纲要，因此也没有引起忽必烈的注意。阿合马削尖脑袋，挤入政坛后，仅仅是管些财粮小事，不由得急在心上。为了能得重用，他想出了一个好办法。

在中统年间，冶铁业在钧州（今河南禹县）一带颇为发达，但都属个人作坊形式。阿合马认为如果将这些冶铁户由朝廷统一管理，实行垄断冶铁业，会有利可图。而此时的忽必烈汗国初立，国库空虚，忽必烈常感受其掣肘。在征服阿里不哥后，忽必烈为了稳住西北的蒙古诸王，多用金银赐之，更是加剧了汗国国库

的拮据。因此，阿合马的这一建议被忽必烈欣然采纳了。

阿合马不愧是商人出身。他得到忽必烈的支持后，掌控了全国的冶铁户，每年输铁一百三十余万斤，用此铁打造成农具后，又高价向农民兜售。恰逢忽必烈大倡农桑，自然很顺利地卖掉了这些农具，并为忽必烈换回了粟米万石。忽必烈大为惊喜，在朝堂上连声夸赞阿合马一心为国，当庭升阿合马知上都府，领中书左右部。

刘秉忠此时正在中原，闻听此事后，专门回到上都，在一次朝廷议事中，出班奏道："大汗，臣想吟诗一首。"

忽必烈不知就里，便允道："准。"

刘秉忠扫了一眼站在身边的阿合马，吟道："年来货卖枸入官，苦窳倚俘价格增。"

"这是何意？"忽必烈有些不解。

刘秉忠回答道："陛上，这是百姓的呼声。阿合马大人冶造的农具粗制滥造，质量低劣，而价格昂贵，百姓不想买，可却被官府强行分配，百姓叫苦不迭。这诗句便是明证。"

阿合马一见刘秉忠当庭斥责自己，也出班奏道："大汗，劝扶农桑本是刘大人倡议过的，如今微臣冶铁治农具，一为汗国谋利益，二为百姓兴农事，刘大人为何有此责备？"

刘秉忠亦厉声说道："冶铁由朝廷一统不错，为百姓造工具也不错，错的是阿合马大人借机中饱私囊，坑害了无辜百姓。"

"笑话，我一心为了汗国，你竟污蔑我私吞银子，有证据吗？"阿合马尖叫着。

"好了，"忽必烈有些腻了这帮臣下的争斗，他看了看刘秉忠道，"你的意思我知道了，都下去吧，阿合马要有则改之，无则加勉。散朝！"

阿合马这次朝堂争斗中没吃败仗，他从中窥出了忽必烈急欲敛财、充盈国库的心思。于是他又提出整顿食盐课税，忽必烈又是应允。

当时的食盐已实行官府专卖，在产盐区，由官府出面，设立场官，役使灶户煎煮，然后再由官府卖给百姓，所得归国。但当时有一些私盐商用贿赂手段与场官勾结，把持盐市，勒索百姓，令百姓深受其害。盐是百姓生活之必需，所以此局面也令百姓怨声不断。有诗道：

> 人生不愿万户侯，但愿盐得淮西头。
> 人生不愿万金宅，但愿盐商千料舶。
> ……
> 盐商本是贼家子，独与王家埒富豪。
> 亭丁焦头烧海榨，盐商洗手筹运幄。

大席一囊三百斤，漕津牛马千蹄角。

司纲改法开新河，盐商添力莫谁何。

在艘镇鼓顺流下，检制孰敢悬官铊。

百姓见官府不禁止盐商的行为，纷纷煮盐私卖，一时间，官府的官盐没了销路，阿合马得知这种状况后，下决心改一改。他知道百姓煮盐难以禁止，便下令私盐准予经营，但需向官府交纳课税。此法一行，立即为忽必烈增收了大量白花花的银子，忽必烈当然高兴之至，赞不绝口地夸道："自从你为朕理财以来，朝中国库渐盈，是你的功劳哇。"

阿合马从此在忽必烈眼里，已不仅仅是一个乖巧听话的小吏，简直是汗国捞钱的金勺子。这回加封安童、伯颜时，忽必烈也准备重用阿合马。汗国的权力中心为中书省，在罢去中书省左右部后，忽必烈颁诏，迁阿合马为中书省平章政事，位居副宰相之职，进阶荣禄大夫，可谓荣宠一身了。

忽必烈忙乎完汗国人事、政策诸项事宜后，见朝中一时晏静，便真的感到累了，觉得该歇息一下了。

一天，忽必烈躺在察必的斡耳朵里，怎么也睡不着，察必不无担心地问："大汗有何心事？"

"没有。现在安童他们独当一面，处理起政务来头头是道，我很放心。"

"那大汗为何不开心？"

"不开心？没有呀。"忽必烈应着。

察必脱掉衣衫，偎在忽必烈怀中，嗔道："那大汗怎么有点儿心不在焉的啊？是不是嫌我老了？"

忽必烈伸手搂住察必，依旧漫不经心地道："不是你老了，是我老了，我没有鱼水之欢的兴趣了。"

察必笑道："那对别人也没有兴趣了吗？"

"你倒抱怨了，除了你这里，这几个月来，我曾到过别的斡耳朵吗？不知足。"忽必烈看着娇嗔的察必，笑了。

"那是大汗对我们这几个斡耳朵的都没兴趣了。不过扎察快回来了。"

"扎察到哪里去了？"

"我遣他到弘吉剌部去了。"

弘吉剌部素有美女之部的美誉，忽必烈知道扎察又去为自己选美女了，不禁说道："怪不得近日没见他，难为你想得如此周到。"

察必笑了笑，没吭声。

依蒙古人旧俗，只要养得起，男人娶多少女人都可以，而且当男人死后，遗

媵可以改嫁他人，这个"他人"可以是先夫的兄弟、叔伯乃至儿子。当年拖雷死后，忽必烈的母亲唆鲁禾帖尼就曾被窝阔台下令改嫁给拖雷的亲侄子贵由，被唆鲁禾帖尼婉拒。嫁娶在蒙古人看来是一件极为平常的小事，绝不似汉族素有"好女不嫁二夫"的古训，故而察必对忽必烈多享用几个女人没有丝毫嫉妒。寻常的牧马汉子都可以三妻四妾，更何况坐拥天下的大汗呢？再说，忽必烈不管有多少女人，但他内心里却仅有自己一人，无论朝中或是宗亲有什么大事，忽必烈总会与自己商量，这一点察必是清楚的。所以，这次见忽必烈忙于政事，疏于男女之事，便主动派扎察到弘吉剌部为忽必烈选美去了。

三日后，满面风尘的扎察带着三十名弘吉剌美女回到了上都。自忽必烈称汗以来，扎察已是第三次主理选美之事了，做起来自是得心应手，井然有序。

给忽必烈选美是个极为复杂的事情。首先在弘吉剌部让部族首领推荐六十名十五岁至二十岁的少女，继而由扎察及选美官员一一审视。审自然是审其家族背景、是否还是处女等；视则是让六十名女子列队在官员面前行走一下，看其是否美丽、是否端庄。待选出其中优秀的三十名女子并带回上都后，并不能够直接去侍奉大汗，而是要由皇后再一次甄别、挑选，将其中最优秀的挑出来，稍差一些的分派下去，学习烹饪、女红等手艺，留在宫中侍奉大汗的生活起居。所以忽必烈的宫中，不像汉王朝宫中蓄养太监，而是清一色的女仆陪伴左右。

在皇后选出十几位优胜者后，仍不可近身大汗，尚需由资深的宫娥再进行一番更仔细的考查。要观察她们吃饭是否面露粗鄙之相，睡觉是否打呼噜，身体是否有异味等，甚至要脱衣服，检查其身是否有疤痕、痣等，可谓精挑细选之极。

这回选美带回的三十人中，仅有十二位通过了筛选，其余的分到各部门学习手艺去了。留下的十二人被分到了忽必烈的四个大斡耳朵中，等待忽必烈的临幸。这十二位女子中，数月儿姑娘最为出色，所以，察必将月儿领到了自己的斡耳朵中。

忽必烈的四个斡耳朵中有美女无数，但每个斡耳朵中均有一人是主事的，比如：

第一斡耳朵察必主事；

第二斡耳朵忽鲁黑臣主事；

第三斡耳朵迭里真可敦主事；

第四斡耳朵巴牙兀真可敦主事。

尽管在以前的几位蒙古汗王时期，每个斡耳朵是平等的，没有长幼尊卑之分，但由于察必是忽必烈的原配，而且又极得忽必烈爱怜，所以，在上都，唯有察必的宫殿最为豪华，距忽必烈的寝殿最近，而忽必烈也曾明确地指示宫中一切杂务均由察必主理。在这一点上，察必颇似汉皇宫中的皇后，所以，尽管忽必烈称汗十多年后方封察必为皇后，但她自忽必烈称汗那天起，已经是实际上的皇后了。

这天，政务不多，忽必烈得以到儿子们读书的学堂里转了转。自真金小时起，忽必烈便命他及几位王爷的子孙要学汉文、读汉书。王鄂、姚枢都曾为这些皇子皇孙们授过课。

学堂就设在后宫的西北角。迈步到这里，首先映入眼帘的是一排排葱郁的大树，大树围绕着一座颇有江南汉地风格的小亭子，亭中备有石桌子石墩，亭子四边还有一排木凳，是皇子皇孙们座谈休息的地方。再往里走，便能看到先生正式授课的大殿了。大殿门涂红漆，铜铆光亮，殿顶高旷，四周有飞檐，俨然如汉地的一般。殿内同样供有儒圣孔子的塑像，与汉地所不同的是忽必烈的塑像也与孔子比肩而立。忽必烈的塑像威严英武，与孔子儒雅飘逸的风采比起来，倒也别有一番景致。

忽必烈走进大殿，见大殿空空如也，没有一人，他不禁奇怪地问身后的扎察：“怎么没人来上课？”

扎察躬身应道：“是察必皇后说今天太热，让小王爷们休息一日。”

“嗯。”忽必烈应着，也感到衣服被汗浸透了，是有些热。于是便道，“那我们回去吧，这天是够热的。”

扎察知道大汗如果不言明是去哪里，仅言“回去”，那一准儿是回察必皇后那里。他正巴不得忽必烈去那儿呢，因为自己这回选来的美人还没被忽必烈临幸过呢，自己自然也还没得到封赏。

察必一见忽必烈进了屋，忙道：“看大汗这一身的汗，快坐下喝杯凉茶，歇息一会儿。”

忽必烈抹了抹头上的汗，道：“侍候着，我洗个澡，身上都被汗泡起来了。”

察必应着，忙令宫娥倒水、拿毛巾，自己则扶着忽必烈脱掉衣服。

忽必烈半躺在温凉适宜的大木桶里，惬意地道：“好舒服。”

察必站在桶边，问道：“要不要我给大汗洗一洗？”

“不用了，我躺一会儿，你下去吧。”

察必答应着，挥挥手，让宫娥们同自己一同退下了。

忽必烈躺在木桶中，只觉得从内到外一阵清凉，就连呼吸也变得较前平和缓慢了，他不由得合上双眼，小寐起来。

恍惚中，他似乎感到有双小手在自己的头上轻轻地按揉着，很舒服。他没有言语，仍旧闭着眼睛享受着。过了一会儿，这双温柔的小手又滑到他的胸膛，在他的胸前揉搓着、划动着，慢慢地，这双小手开始向他的腹部划去，一点儿一点儿地滑落到小腹，再向下，动着、动着……

忽必烈在一片清凉中倏然觉得自己有些冲动了，血液似乎流动快了，心跳也有力起来了，浑身开始有了着火的感觉了。这感觉令他熟悉，他知道自己是想要女人了。他仍合着双目，将那双小手按在自己的小腹上，轻道：“察必，我刚凉快一会儿，我们晚上再亲热好不好？”

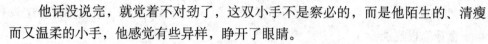

　　他话没说完，就觉着不对劲了，这双小手不是察必的，而是他陌生的、清瘦而又温柔的小手，他感觉有些异样，睁开了眼睛。

　　木桶外，一位汉人装束的女子正跪在地上，也正看着他呢。

　　"你是谁？察必！察必！"

　　察必应声跑了进来，见忽必烈面有愠色，忙道："大汗，可洗好了？"

　　"这是谁？"

　　察必笑了："这是月儿，是扎察为大汗选来的。怎么，她不中意？"

　　忽必烈听后，方才放心，抬眼打量着月儿。

　　"月儿，抬起头。"察必言罢，又退了出去。

　　月儿一身汉地少女装束，嫩绿的衣裙，浅黄的布袜，腰间束一条湖蓝色的绢带。发黑如墨，唇红欲滴，端正高挺的鼻梁，一双圆圆的眼睛满含羞怯。

　　忽必烈见她相貌俊美，语气便和缓了些，问道："多大了？"

　　月儿张开小嘴儿，露出一行洁白的贝齿，道："回大汗，十六岁。"

　　"岁"字说完，月儿的两颊上显出两个浅浅的酒窝儿。这两个酒窝儿给她有些稚气的脸上涂上了一抹娇媚，忽必烈看得有些呆了，又问道："来宫里是家里同意的？"

　　"回大汗，月儿是个孤儿，被弘吉刺部收留。这次来上都是月儿自愿的。"

　　月儿说着，抬眼偷扫了忽必烈一眼，又低下了头。这一眼在忽必烈看来，简直是波光流媚，美不胜收。忽必烈盯着月儿那浓密的睫毛，笑了："你抬起头来，刚才那么大胆，怎么这会儿倒害羞了？"

　　月儿知道忽必烈是指她刚才为他按摩的事，不由得两颊飞红，娇嗔地道："都是皇后让我……"她不好意思说下去了。

　　"让你干什么？"忽必烈追问着。

　　"让我给大汗……"

　　忽必烈见窘迫的月儿满面飞霞，哈哈大笑："你怎么不听皇后的话了？来呀！"

　　月儿抬手刚要抚上忽必烈的肩头，又缩了回来，嘴巴张了一下，又没说出什么。忽必烈被撩拨得有些把持不住了，他伸手把月儿拉进了木桶之中。月儿挣扎了几下，便偎在了他的胸前。

　　忽必烈看着被水浸湿了衣裳的月儿更是欲火难耐，他有些急促地打量着凹凸分明的月儿，不由分说地撕去了她的衣服，把她压在了身下……

　　忽必烈一生阅女人无数，可月儿却令他颇为惊讶。这位看上去一脸稚气、小巧玲珑的女孩儿，在床上却是如此热烈、忘我，全没了优雅羞怯，情到深处时，情不自禁地低吟浅唱，身体犹如彩蝶般舞动起来。她的轻吟与扭动，更是让他欲火贲张，引得他一次次地冲击着……

有了月儿，忽必烈感到自己仿佛年轻了许多。尽管夜晚屡屡加班加点，可清晨起床后，反更觉神清气爽，精神抖擞，他越发觉得这月儿是个宝贝，越发离不开她了。

就在忽必烈尽情地沉醉在月儿温软的怀抱里享受着时，南宋度宗皇帝赵禥却正陷入极大的烦恼之中。

咸淳五年（蒙古至元六年，1269年）五月，正是临安一年中最美的时候。时值仲春，树木葱茏，万花竞放，气候温暖。往年的这些时候，度宗都要号令大臣们结伴畅游西子湖，今年，度宗没了兴趣。

度宗赵禥自先帝理宗驾崩继位以来，上有谢太后掌管内宫，下有贾似道主理朝政，他自己颇为轻闲，没事儿就在后宫与妃嫔们吃花酒、观歌舞，日子过得极为逍遥。

在度宗继位之后，国库不充，贾似道出谋划策，计天下户口，将两浙、两江、两湖、两广、福建、成都等地五百多万户检人口一千余万人，并按人头征赋，一时之间，国库充盈，朝野俱惊。度宗深为欢喜，曾当庭宣贾似道有"定策"之功，加封魏国公，特授太师，并令朝臣要称贾似道为"周公"，并言："臣皆谓太师是挟皇太后之威而行，可放眼朝野，谁比太师更功高一筹。"

此后，度宗更是放权于贾似道，自己不再日日上朝了。宋宫在皇帝每夜临幸嫔妃后均要记载入册，度宗竟一夜循三十女，令宫中掌册小吏目瞪口呆，大呼："天下竟有夜幸三十次之人，唯吾皇矣。"

度宗也以之为荣，不仅广染宫中形色，还在贾似道的安排下，化装出宫，频频出入酒肆欢场，以玩民女为野趣。有些耿直朝臣谏阻，均被贾似道冠以莫须有的罪名，或贬或诛。一时间，整个南宋朝堂只剩下了贾似道一个人的声音。天下百姓无不愤然。

度宗毫不理会，继续着自己荒淫无度的生活。但是，蒙古人打扰了他的云雨梦：蒙古都元帅阿术包围了南宋的军事重镇襄阳、樊城。度宗无可奈何地打起精神，坐在了大殿的龙榻之上。

殿外春光明媚，鸟语花香，而殿内却是死气沉沉，静得如同没人一般。度宗高坐在龙榻上，看着殿中列班静立的群臣，心里烦死了。昨天他被贾似道接到了贾府，一场歌舞酒宴之后，两个豆蔻少女一同侍奉了他。这是他第一次在贾府内寻欢，除令他有些新鲜之外，两位少女歌艺、色艺均精，也令他颇为开怀。两个少女在室内披纱轻舞，继而弃纱投怀，让他直感到有进了仙境之感。未毕，贾似道还说日后有更新鲜的玩意儿等着他，他有些迫不及待地等着下一次出宫"野趣"了。可这蒙古人不知趣，偏又围了襄、樊二城，大臣们也没人有良策可献，度宗怎能不烦，他只得一个劲儿地盯着贾似道。

贾似道早把皇上的心思摸清了，出班奏道："圣上，臣荐一人，可御蒙敌。"

度宗一听，喜道："还是太师聪明，说。"

贾似道道："臣荐范文虎范将军。范将军乃圣上爱将，又是名门之后，如圣上命他征蒙古敌人，定可大胜而归。"

度宗见是贾似道荐的，哪能不准："就依太师所言，命范文虎为大元帅，即日赴襄、樊二城，杀退蒙古人。"

范文虎急忙出班，跪地应道："臣遵旨。臣定不负皇恩，完成使命。臣唯有一事相求。"

度宗有些不耐烦了，应道："讲吧。"

范文虎道："臣闻知蒙古国的重臣信使郝经在临安，臣欲带他前去，或能一用。"

贾似道瞪了范文虎一眼。他怎么能让郝经出来呢，如果郝经泄露了自己与蒙古人曾私订和盟的事，那还了得？贾似道略一思忖，奏道："回圣上，郝经为一儒士，正在微臣府上著《陵川文集》，一个文人怎能上阵御敌。再说范将军未战便筹他计，不知范将军意欲如何？"

范文虎有些生气，正欲回击，度宗摆手道："范爱卿不要说了，明日就启程吧，所需粮草尽向太师征调即可。散朝！"

说罢，度宗起身便走，临走时还向贾似道丢了一个眼色。贾似道轻轻地点了一下头。

度宗刚下朝回到寝宫，便忙着招呼太监们准备衣服，要出宫去。这时，宫外传来了"太后驾到"的喊声，度宗只得出迎谢太后的驾临。

谢太后年逾四十，但仍是白面红唇，风韵犹存。理宗活着时对她宠爱至极，度宗继位后，对她也一向十分尊敬，从不忤逆，所以谢太后的日子一直是顺顺当当的。当谢太后听闻蒙古大军围了襄、樊二城后，颇为担心，她进殿坐定后，便着急地问道："皇上可有了应对蒙古大军的对策？"

度宗回答道："多谢太后挂念，孩儿已遣范文虎征剿蒙贼，明日即可发兵。"

谢太后听罢，放了心："范将军文武双全，应能歼灭蒙贼。"

度宗怕皇太后不走，忙道："太后不必担忧，孩儿自会安排好的。您多注意身体就是了。"

谢太后见度宗一会儿站起来，一会儿又坐下，仿佛有什么急事似的，便问："怎么，皇上有事？"

度宗搓了搓手，回道："我与太师想商谈点儿事去。"

谢太后见皇上是与太师有约，也就站起了身，道："皇上既与太师有约，我就回去了。"

"恭送太后。"

度宗把谢太后送走，自己也赶紧换上便装，找贾似道寻乐子去了。蒙古人与襄阳、樊城之事，早让他丢在了脑后。

理顺了政务，积蓄了国力，忽必烈心中唯一的梦想就是灭掉南宋了。前些天虽已派人围了襄、樊二城。可还是为如何灭宋而发愁。

真金颇能理解父亲，他请求道："灭宋已是最好时机，我想先到南宋打探一下情况，顺便把郝经大人解救回来。"

忽必烈同意了真金南去的请求，也答应了真金带阿合马同去的请求。于是，真金便和阿合马一起到临安去了。

在临安，郝经的仆人王金受尽了虐待和折磨，已经死去，郝经很想把自己的境况报告忽必烈，但又没有办法，只好艰难地熬时度日。一天，贾莉苹和丫环杏花偶然来到花园，发现一只落在地上的大雁正拍打着翅膀，但它怎么也飞不起来，就想上去助那大雁一臂之力。待杏花前去捡那大雁时，郝经突然灵机一动，对着杏花大喊："那是我的大雁，那是我的大雁，不许碰它。"

杏花说："这是天上被雨水打落的大雁，怎么是你的呢？"

郝经说："就是我的。不信，你拿过来，我叫它。"

杏花说："叫它？"

郝经点了一下头。

杏花把大雁捧到郝经的窗前，说："叫它吧。"

郝经说："我是郝经，就是龙城南的那个郝经，您听到了吗？如果听到的话，你就叫一声儿。"

大雁呆立在杏花掌中，没有动静。贾莉苹嫣然一笑。

杏花说："叫呀。"

郝经望了一眼大雁。

贾莉苹饶有兴趣地走近郝经的牢房，觉得这个犯人很有趣。

郝经还在耐心地跟那只大雁说道："我是郝经，就是在大金国考上状元的、文武双全的郝经，奉忽必烈之命前来拜见宋国皇上，不想被贾似道囚在这里。大雁，我现在需要你的帮助，你答应我。"

贾莉苹一愣："你是郝经？就是那个蒙古汗王忽必烈的重臣郝经？你认识龙广天书吗？"

郝经十分惊诧，说道："你们是贾府什么人？刚才你叫她小姐？"

杏花说："她就是我们这里的小姐，不过，小姐是贾丞相的义女。"

贾莉苹说："杏花，不要多言。刚才，你已是言多有失了。"

郝经说："我乃忽必烈汗的使者，贾丞相竟敢把我扣押在这里。"

杏花说："老爷做事自然有他的道理，你就忍耐一下吧。"

郝经说："那要忍多长时间，太久了，会误军国大事的。"

郝经偷偷望了一眼贾莉苹，她挺着胸，穿着灰色裙装，橙黄色的袜子，下面是平底圆头的靴子。额上齐眉的刘海，脖上一件淡青色丝巾，发鬓垂在两耳边，把她的鹅蛋形的面庞衬托得恰到好处。整齐的发额下面，在两道修眉和一个略高的鼻子的中间，不高不低地嵌着一对大眼睛。这对大眼睛非常明亮、深邃，射出来一种热烈的光，给她热烈、活泼的脸添了光彩。她朝郝经面前一站，立即就把郝经惊呆了。

贾莉苹让杏花回去，杏花似乎不大情愿，但她俩还是走了。

郝经望着贾莉苹和杏花的背影，心中久久不能平静。

贾似道正在屋中品茶，正想着有什么更新鲜的玩法儿可以让度宗开心，见女儿贾莉苹进来，便问："莉苹，现在兵荒马乱，少出去。"

杏花说："我们只是到了后花园，并未到院外去。"

贾似道大惊。贾莉苹说："父亲，你怎么了？像是怕我们到后院。"

贾似道说："看到了什么？你们到后花园看到了什么？"

杏花说："一个犯人。"

贾似道说："怎么？郝经跟你们说了些什么？你们不要信他，他只是一个犯人，是大宋的敌人。"

杏花说："郝经是一个犯人，他并没有对我们说什么。"

贾莉苹说："父亲，郝经是有才之人。"

贾似道说："是个大才子，我就是很欣赏他才让他著书立说。"

贾莉苹说："父亲上次到鄂州取得大捷，是天大的好事，但是，我听海山法师说，不少人在说父亲的不是。"

贾似道说："不求有功，但求无过，为天下办点好事吧。当官之人，就是要为天下百姓办事，不为天下百姓办事，要当官的干什么？不求皇上嘉奖。"

贾似道说得正义凛然，但正是他把朝廷搞得贿赂行风，腐败成风，他个人生活也相当糜烂。贾似道成天只知吃喝玩乐，并在临安西湖造"半闲堂"，养妓多人，大肆淫乐。

就在不久前，临安一位偏将王大全，因骑马时不慎踏碎了半闲堂外的青石板，便被贾似道贬为平民。他一气之下投到海山法师门下，海山法师说："你能看破红尘，不容易。一朝官吏，现在成为方外之人，是不是感到人生如白云苍狗啊？"

大全说："是如白云苍狗，真是变化无常，难以预料。"

这时，隔壁酒馆的老板岳七娘进门说道："海山法师，我那爿酒馆里新来一位蒙古巨商，不知有多少金银财宝，老是找临安大赌坊聚赌。"

海山法师说："那蒙古商人底细如何？会不会是崆峒派的九九妹呢？七娘，

你要小心为妙，多盯着他们。"

大全说："法师，方外之事，我们是不是要少管？"

海山法师说："阿弥陀佛，那蒙古商人来者不善，一定是为蒙宋军国大事而来，我们去探探虚实。"

岳七娘把海山和大全领到她的小店时，阿合马和真金正聚众豪赌。他们见海山法师来到，却仍是照样我行我素，并不理会海山法师。海山法师附耳对大全耳语了几句，大全便出去了。

阿合马见大全出去，急忙对真金耳语几句，也随大全出去了。岳七娘不知这是什么意思，她望一望海山法师，轻声问道："师傅，我也出去？"

海山法师点了一下头。

岳七娘随阿合马左拐右绕，却见阿合马走进了半闲堂。正当岳七娘想进去的时候，大全拉住了岳七娘："不要进去了。是海山法师让我把那商人引到这里的，咱们不要进去，因为这是贾似道的地盘。"

岳七娘望了一眼"半闲堂"三个字，点了一下头。

大全说："走吧。"

正在这时，文天祥和贾莉苹、杏花走了过来，他们老远就看到了岳七娘。文天祥说："七娘，你到这儿干吗？"

岳七娘说："你们到这里干什么？是不是想进半闲堂？"

贾似道筑半闲堂，贾莉苹并不知晓，杏花也不知道，她俩听不出岳七娘有讥讽之意，只是对岳七娘点了一下头——这是临安女子相见问好的礼节。

岳七娘也点头致意。虽然岳七娘不想和贾莉苹接触，但她知道恩师海山法师很喜欢与之对弈，也就忍下气来，与贾莉苹称姐道妹，假意亲热。

大全说："贾小姐又来找海山法师对弈，是否？"

贾莉苹点了一下头。

文天祥说："巧得很，我是到西湖找林升的，遇上了贾小姐。"

岳七娘说："这真是天缘奇遇，有缘人总能相见。"

贾莉苹赧然不语，岳七娘却豪气地大笑起来。她这么一笑，连文天祥也不好意思起来。杏花说："岳大侠最会取笑人了。"

大全说："不如咱们走吧，也许海山法师正想对弈呢。"

贾莉苹催杏花跟大全走，她们只是默默前行，却把岳七娘和文天祥放在了后边，落下了很远也不曾回头看一下。杏花有些沉不住气了，她轻声对贾莉苹说："小姐，文公子好像并未跟上来。"

尽管杏花说话的声音很小，大全还是听到了，他说："咱们只管走，也许文天祥和岳七娘想去喝上几杯呢。"

杏花回头看了看，果然见到文天祥随岳七娘进了一家酒馆。杏花说："小姐，文公子真的随岳大侠去了酒馆。"

　　贾莉苹说："只管走你的路，少管人家喝酒的事。"

　　大全说："就是嘛！他们喝酒，咱们去对弈嘛！"

　　且说阿合马进了半闲堂，却见贾似道正与人斗蟋蟀。阿合马说："请问这里斗蟋蟀有什么具体的要求吗？"

　　贾似道说："你是何人？怎么称呼你？干什么的？"

　　阿合马说："这些都该是问你的，你是干什么的？"

　　贾似道看了一眼身边的王公贵族，他们都相视一下，大笑起来。贾似道"嘘"了一下，轻声说："兄弟，看来你是一个很有意思的人，叫啥？"

　　阿合马说："大丈夫行不更名，坐不改姓，我啥名字都无所谓。不过，你要先报上你的名字。"

　　贾似道说："你叫什么名字？来这里的人，都要报名。"

　　阿合马说："先报名？"

　　贾似道说："我们都报过名字了，现在该你了。"

　　阿合马说："那好吧，我叫马合，这里有什么玩儿法？"

　　贾似道说："马合？怎么没有听说过，有钱吗？"

　　阿合马说："要钱干什么？我就是钱多，花不了。"

　　贾似道和几个达官贵人对视一眼，大笑起来。

　　阿合马说："你们笑什么？我说的话全是真的。"

　　众人又大笑。

　　阿合马说："我就是听说临安好玩儿，才来这里的。"

　　贾似道说："马合，你是一个愣头青，二小子呀！"

　　阿合马说："什么是愣头？什么又是二小子呀？"

　　众人又大笑不止。

　　阿合马说："你们南人挺有意思，真和善。"

　　贾似道说："和善？"

　　阿合马说："就是挺和善的，我一说话你们就笑哩。"

　　贾似道微笑了一下："你这小子，挺有意思，好玩儿。"

　　阿合马说："怎么个玩儿法？我看你们每人面前一堆银子还有一沓银票，是不是在玩儿赌钱呢？"

　　众人又笑。贾似道说："怎么，马老板也想赌上一把？来吧。"

　　阿合马说："来多大的，怎么个玩儿法？我听一下。"

　　贾似道说："你不过是个小商人，无名小卒，我们听你的。"

阿合马说："那好，你们这些人有多少银子和银票？"

贾似道说："干什么？问我们这些干什么？没有企图吧？"

阿合马说："什么企图？"

贾似道说："马合，你说一下你是什么意思吧？"

阿合马说："咱们不准出这个屋子，看谁身上的钱多。"

众人又笑起来。阿合马说："怎么？是不是不敢掏出来数一数。"

贾似道说："来，各位把钱都掏出来，点一点。"

阿合马说："快点儿，让我开一下眼界，看一看。"

贾似道说："那好，让你见识一下我们有多富。"

阿合马笑了笑："好，你们掏出来数一数，我也掏。"

贾似道说："你等一下吧，我们马上就能数好。"

很快，在阿合马的眼前便出现了一片金山银山，还有一大堆银票，贾似道用一种轻蔑的目光望着阿合马，这使阿合马受到极大的刺激。阿合马一抖身上的一个口袋，朝地上一掷，说："看一看吧！别照坏了你们的眼睛。"说着，阿合马把口袋里的珍珠、宝石、金条倒了一地，还有一沓银票，众人都惊呆了。

阿合马说："我这堆东西足够你们总数的几倍，单是一样就比你多，还不够陪你们输几天的？你们这群小厮，说玩儿多大的，咱们斗一下吧。"

众人惊立不语。

贾似道拍一下胸口说："看来阁下真是一位贵人哩。"

阿合马说："怎么？不就是斗一下蟋蟀吗？来吧。"

贾似道说："你能输得起吗？我这里可是先买蟋蟀，再斗蟋蟀，不知马合兄弟可懂我这里的规矩？"

阿合马说："多少钱买一只蟋蟀？我愿意奉陪。"

贾似道说："就你地上这一堆金银财宝，够买一只。"

众人低语："丞相大人心太黑了，这么多财宝才买一只蟋蟀。"

阿合马愣了一下。贾似道说："怎么？不敢吧，那好，你把你的东西收拾好，走人。快些走吧，真不是一个男人。"

阿合马说："如果谁输了怎么办？会不会赖账？"

贾似道说："不好再说下去吧？再说不好听了。"

阿合马说："那好，我相信你们这些人，咱们赌。"

贾似道说："这里的蟋蟀，你任挑一只，算你的。"

阿合马说："随你的便，给哪一只都行，我无所谓。"

贾似道说："无所谓？你说你无所谓是什么意思？"

阿合马说："就是你给我哪一只，随便给我哪一只都行。"

众人大笑。贾似道心想：这小子真是一个二杆子，就给他挑一个最赖的吧。

贾似道说："就这一只吧！虽然它断了三条腿，还行。"

阿合马说："那好，我就要了这一只，开始吧。"

贾似道刚想说开始，一愣，马上又停了下来，他望一眼阿合马说："马合，你还真行，真会做生意呢。"

阿合马说："怎么？"

贾似道说："你拿什么跟我赌？这里的钱财已不是你的了。"

阿合马说："不是我的了？就是说我只剩下这只跛腿蟋蟀？"

贾似道点了一下头。

阿合马说："也行，我找一下我身上的银票，看看还有多少。"说着，阿合马朝裤裆里掏了一把，居然又掏出一沓银票，说，"穷家富路，还有。"

贾似道吃了一惊："这是多少？咱们要来个数目。"

阿合马说："等一下。"说着，又从裤筒里掏出一沓银票。

贾似道催促道："快掏，掏完它，咱们赌一个痛快。"

阿合马从身上掏出许多银票说："这样吧，咱们论堆。"

贾似道分了一会儿，说："有五堆吧，咱们开始吧。"

阿合马说："也就是说我连赢你五次，你的钱财是我的了。"

众人大笑起来。

贾似道笑了笑，说："也就是说，我只需赢你一次，你的钱财就是我的了，是不是？"

阿合马点了一下头。众人又大笑不止。贾似道也大笑，他想不到天底下居然有这等货色。

阿合马对着蟋蟀吹了一口气，用手指抠了一下它的粪门，从身上捻出一粒盐泥塞到蟋蟀的肛门里。贾似道挑出一只又肥又大的蟋蟀，朝坛中一放。

阿合马又对着蟋蟀吹了一口气，口中还说着什么。

众人愕然。

贾似道说："小子，你在鼓捣什么？有什么吹的。"

阿合马说："要吹。"

贾似道说："不管你玩什么花样，你是输定了。"

阿合马说："未必。"

贾似道说："南人谁不知道我是最会玩儿蟋蟀的。"

阿合马说："北人谁不知道我是最会玩儿那些会玩儿蟋蟀的。"

众人一片嘘声。

贾似道说："别嘴硬。"

阿合马说："那咱们就斗一斗看吧，到底谁输谁赢。"

贾似道说："来吧。"

阿合马说："不行。"

贾似道说："怎么了？"

阿合马说："这样不行，如果我赢了，你不给我怎么办？"

贾似道说："你怕我输不起？如果你真的能赢，我会信守诺言，保证给你。如果食言，你可到处臭我。"

阿合马说："臭你什么？"

贾似道说："臭我不是南朝玩儿蟋蟀的第一高手。"

阿合马说："不行，还是不行，我还有一个请求。"

贾似道说："什么请求？"

阿合马说："就怕你办不到，不如你先立个字据。"

贾似道说："什么字据？"

阿合马说："不用多说，我也能看出你在南朝是个有头脸的人。我只求赢了你之后，我能顺利离开南朝北返。"

贾似道说："北返？"

阿合马说："是的。"

贾似道说："什么意思？你说北返是什么意思？"

阿合马说："我只是一个商人，也没有什么意思。"

贾似道说："那好吧，我答应你，让你北返无阻。"

阿合马说："要个凭证，或者是通行令之类的东西。"

贾似道随手掷给阿合马一块令牌，说："拿去吧。"

阿合马说："我还有一事。"

贾似道说："什么事？跟你斗蟋蟀，真是多事。"

阿合马说："我还有一个随从，他那里还有一些银两，我想您能否差一人去取来，顺便连那个人也带来。"

贾似道问："他那里还有多少银两？值得一去吗？"

阿合马说："还有这么多，只要您把他带来就知道了。"

贾似道按阿合马说的地方把真金带过来之后，真金果然又掏出了比阿合马还要多的银两。阿合马轻声对真金耳语几句，真金不住地点头。

真金说："让他出去吧，我来跟你斗一斗蟋蟀。"

贾似道说："行。"

阿合马出去了。

出了半闲堂，阿合马直奔贾似道府邸，拿出令牌，一路畅通无阻，很快把郝经解救出来。郝经说："感谢阿合马大人救命之恩，日后定当图报，多谢，多谢。"

阿合马领郝经来到半闲堂外，见真金已笑眯眯地立在门外。阿合马问："怎么样？殿下。"

太子真金说："他们都让我赢傻了，现在都傻坐在里边呢。"

阿合马说："银两宝贝呢？"

真金说："我们是来救人的，要那些玩意儿干吗？"

阿合马说："那有上亿银两，怎能白白给了这些南人。"

郝经说："救命之恩，在下一定涌泉相报。"

真金说："快走吧，我父汗正想着你盼着你呢。"

阿合马说："稍等一下，我到里面取一些银票。"

北归的路上，真金见阿合马总是有花不完的银票，就问阿合马到底拿了多少银票，阿合马说："反正咱们是赚了，比咱们下的注要多。"

真金说："到底是做生意的人，是个赚钱能手。"

阿合马说："那殿下应向忽必烈大汗禀报我的功劳。"

郝经说："我会向忽必烈汗推荐您的，阿合马大人。"

范文虎奉了圣命，自然不敢怠慢，第二天就点齐了兵马，校阅了一遍。他发现兵器锈蚀、兵马衰弱、甲胄蛀坏、军旗破烂，心中不免叹息万分。自太祖皇帝创建宋朝以来，没有兴盛多少年便逐渐衰落下来。理宗皇帝不理朝政，其继任者更甚于他，度宗皇帝索性耽于声色，把朝廷大权放任贾似道把持。蒙古兵围攻襄阳，眼看着如此重要的兵家必争之地将失，皇上不急也不恼，真是没得救了。

范文虎一路上跟副将夏贵领着兵马，风餐露宿、马不停蹄地向襄、樊二城奔去。他知道蒙古的都元帅阿术已经围城日久，二城的百姓恐怕早已断粮，他就是拼尽力气，也要把这将倾的大厦支撑起来。

第三天中午时分，四万大军到达了临近襄阳不足五十里的无名谷。夏贵拍马赶到范文虎面前，提醒道："将军，此谷山势险峻，谨防蒙古人在这里埋伏兵马，通过山谷时应轻装简从，避免被敌军伏击。"

范文虎冷笑道："你也真是过于小心了！我们是来伏击蒙古人的，怎么能反被蒙古人伏击呢？还是抓紧过山谷吧，离襄阳还有好几十里路呢，一旦阿术攻破城，我们岂不是前功尽弃了吗？"

可是，夏贵抬头向山谷周围一看，但见四周山势险恶，自己的兵马好像置身四面高墙之内，不由心胆俱裂，遂不顾范文虎的反对，勒马向将士命令道："全军抛掉辎重，一律轻装，快速通过山谷。"

一声令下，四万兵马潮水一般地向无名山谷涌去。当他们全军将士进入山谷之后，范文虎举目向周围山崖望去，只见峭石耸立，崖壁千仞，一阵阵冷风不断吹来，更增加了山谷险恶的气氛，他心里不由得说道："阿术正在想着去迎娶新婚的妻子，哪里想到在这里设伏兵马呢？"

想到这里，便对夏贵冷笑道："你也太多心了，蒙古人的才智本来不高，何况阿术一心去迎娶汉族新婚妻子，哪里还顾得在这里埋伏兵马？"

谁知他的话音刚落，山谷里便响起了震天动地的喊杀声，周围山崖上人群涌动。随着喊杀声，乱石纷纷落下来，砸到正在仓促行进的宋朝军队中间。宋军受此惊吓，又被乱石打得张皇失措，顿时混乱不堪。

夏贵气得铁青着脸，对范文虎说道："你到底是何居心，硬说这里蒙古人不会埋伏兵马，千方百计将我们引到这儿来，难道是偶然的吗？"

范文虎自知理亏，仓促间只得提醒道："别再说了，快些命令兵马迅速撤离山谷，退出去才能保住军队，以防全军覆灭。"

夏贵怒不可遏地吼道："到这时候了，你若真的关心全军就应该积极组织军队与敌人对抗，抓紧时间冲出山谷，怎么能撤退呢？"

范文虎极力争辩道："蒙古人既在这里埋伏兵马，想冲出去是比较困难的，反不如撤退容易。"

话未说完，四周呐喊声如雷声滚滚，一阵紧似一阵，在纷纷砸来的乱石中间，还有带着哨音飞来的弓箭，宋军死伤惨重。

夏贵看到想冲出去已有困难了，只得命令兵马后撤。但是，将士们前来报告道："谷口已被蒙古人堵住，一旦靠近，乱箭射来，已万难冲出去了！"

此时，蒙古的将领们把谷口堵得密不透风，阿术高坐在北边的山崖上，指挥着兵马打击宋兵。

正当宋兵进退维谷之时，蒙古骑兵如猛虎下山，向溃乱不堪的宋军冲来了。蒙古铁骑手执大刀，如狂风冲进宋兵中间，一阵乱砍乱杀，加上马蹄的冲撞与践踏，四万宋兵被冲杀得四散奔逃，争相逃命去了。

范文虎忙对夏贵喊道："你领着队伍在前，我随后跟着，一起冲出去吧，不然，会全军覆没的！"

此时，阿术见宋军溃乱不堪，便指挥全部兵马从四面八方杀向谷中，那些如狼似虎的铁骑横冲直撞，宋军一片片地倒下，一群群地东奔西窜，范文虎和夏贵也被冲得各自散开，领着自己的亲信夺路而逃。阿术站在高崖上看得分明，命令弓箭手道："射死他们！"

于是，那些强弓硬弩，一阵乱箭齐发，夏贵的副将眨眼之间便身中数箭，一头栽下马来，死于非命。

那些宋军一见大将身亡，又前进不得，后退不能，无力抵抗，便纷纷放下兵器，主动投降了。四万人马被杀伤大半，剩下的一万多人全都当了俘虏。

这一仗，阿术获得了全胜，宋朝的四万兵马全军覆没，对宋廷震动很大。夏贵藏身在尸体堆中，方逃了一命。

范文虎逃回临安后，先是备了一份重礼送到了贾似道的府上，接着才向度宗禀告了自己全军覆灭的战况。度宗惊呆了，他的眼里，蒙古人全是茹毛饮血的野蛮人，竟还懂得排兵布阵的招数。后来，还是贾似道出招，又命李庭芝率张贵、张顺带援兵再去一战。而范文虎也因了太师的"理解"，把失败归在了蒙古人"太过狡诈"上，保住了性命。唯有范文虎和贾似道才知道，他这条命值了多少钱。

襄阳与樊城的地理位置极为重要，是临安的西方屏障。如果襄、樊失守，那蒙古大军就会顺江东下，灭掉南宋轻而易举。襄阳的宋军守将吕文焕心中明白，故而不敢有一点儿大意。在阿术围城后，他传言下去，紧闭大门，任谁也不许开，除非他本人亲临，并命城中人每日仅食一餐，以节省粮食，等待援军的到来。

为了保住这座城，使它发挥对临安的护卫作用，几年前曾经过一番加固。在城外挖深壕，用大木头立为栅栏。在靠近城墙的地方，挖壕两道，各宽一丈，深半丈，壕底埋下尖木桩。在壕的内侧接近城墙的一侧，再构筑马墙一道，间留炮眼，排列战车、枪炮。在大壕外边挖了一道道沟堑，设下陷阱，井底插上尖木桩，上面铺上秫秸，掩上土。城外这套复杂的工事，专是用来对付蒙古骑兵的，并能阻止步兵及其攻城器械接近城下，若是不了解情况，准会吃亏的。

但是，度宗皇帝令吕文焕失望了。

日子一天天过去了，他望眼欲穿地盼望着，结果却是范文虎将军的全军覆没。吕文焕走上城墙，看了看城外如白蘑菇般的蒙古军营帐，他知道自己支持不了几天了。

果然，第二天，蒙古军开始了攻城大战。阿术首先命令吹见哗率炮阵开火。眨眼之间，襄阳城墙上炮火轰鸣，守城的宋兵血肉横飞，还不等吕文焕组织弓箭手搭弓放箭，东城墙就被轰开了丈余的口子。吕文焕只觉得眼前一股尘烟漫起，无数蒙古铁骑便杀到了身前。吕文焕拔剑应战，还没做出几个招式，便被旋风般的铁骑踩在了脚下，成了一堆肉泥。

没了主师的宋兵像没头苍蝇一般，纷纷放下手中的兵器，跪在地上，乞求投降。蒙古铁骑跟割韭菜般，抡圆了臂膀，砍向了跪地求饶的宋兵。襄阳失陷了。

阿术受忽必烈大汗之命攻襄、樊二城以来，颇筹划了一些时日。他发现此城坚固无比，壕沟又深又宽，他知道凭硬攻恐会伤亡过大，于是便下令围而不攻，首先让城内百姓与兵卒饿得没了力气，没了信心，同时下令在四周镇中征用造火器的工匠，日夜兼程地造枪造炮。待他感到火炮够用了，便又下令掘开城外清河之堤，引水灌满了护城之河。入冬以后，水一结冰，阿术的攻城机会就来了。

这一役，不仅反映了阿术已然由一个莽撞的青年成长成了一个胸有筹谋的将军，而更可贵的是，他在攻下城后，下令凡是投降归顺的子民一概不杀。但是对于宋兵却一律砍杀，不留活口，并放火烧死了十三名宁死不降的平民。一时间，整个襄阳顺从地伏在了阿术的脚下。

　　阿术骑着高头大马，神气地走进了襄阳城。

　　隆冬的襄阳，虽是万物凋零，枯枝盈目，但城中道路平坦、宽敞，商铺比肩而立，几处高门大院的门前还蹲着几尊威严的石狮子。城中的房屋都是飞檐亮瓦，斜倾而设，透着几分优雅，几分庄重。阿术走到一处大宅子前，下马问道："这是谁的宅子？"

　　吹见哗是他的副帅，在身后应道："是襄阳一个大商贾住的，元帅不妨住在这里。"

　　阿术大胜之后，摆宴欢庆。吹见哗忙里忙外地照应着，一会儿上酒，一会儿又催促上肉。酒至半酣，阿术问道："吹见哗，你没准备点儿别的？"

　　"回元帅，除了吃的喝的，自然还有玩儿的。"

　　"叫上来看看。"

　　吹见哗遂向门外高声喊道："歌舞伺候！"

　　话音未落，只听一阵脚步声传来，先是进来一队手持各种兵器的少女，随着一阵悠扬的乐曲声响起，踏着细碎的舞步，边唱边舞，飘然而入。

　　那些弹琴、跳舞的少女，年龄都是十四五岁，花儿一样的面容，穿着宛如蚕翼一样的绸衣，那苗条的体形、身上的许多妙处，全都清清楚楚地毕现出来，她们婉转地唱着那些俗调艳曲，不时用含情的目光对阿术进行挑逗。

　　吹见哗笑眯眯地指着那些歌女说："怎么样？她们比起蒙古女人的吸引力，是不是要大得多？"

　　阿术却答非所问地道："这些歌舞对我来说，真是对牛弹琴呢！"

　　吹见哗立即大声说道："别跳了！"

　　阿术抬手向几行少女一指，向座位上的将士道："随便挑吧，每人一个，尽情地玩乐吧。"

　　待部下们酒足饭饱地领着挑好的女人走了以后，吹见哗上前问道："元帅，您为何不留下一个？"

　　阿术笑了："吹见哗，你不也没留么？"

　　吹见哗"哈哈"一笑："元帅，您都知道了？"

　　阿术点了点头，道："说吧，你自己要哪个？"

　　吹见哗问道："元帅先请。"

　　"好！我不客气了，就是那白衣女子了。"说罢，二人就"哈哈"大笑起来。

原来，这宅子的主人有两个双胞胎姐妹，年方十五岁，一位素着白衣，另一位则长年一袭水红。在攻下城后，阿术、吹见哗都风闻此地有两位风华绝代的佳人，他们怎肯放弃如此美味。吹见哗把二女藏在宅后小屋时，就跟阿术通了气。

　　二人相搀着，向宅后的小屋走去。走到门前，推门进去，二人相视一笑，一个进了左厢房，一个进了右厢房。少顷，两间屋内均传出了少女哭泣、呻吟及粗粗的喘气声……

　　而此时，整个的襄阳城内，到处回响的却是一片劫掠之声。

　　襄阳失陷之后，樊城更加孤立，在阿术的大炮轰击之下，城内一片慌乱。守将无心恋战，开城投降。

　　元至元十年（1273年），宋军死守了六年的襄、樊二城，终于落入元军之手。从此，宋朝长江上游门户洞开，宋军再也无法阻挡阿术的蒙古大军。

　　忽必烈得知阿术率大军攻克襄樊，心中十分高兴，下诏嘉奖众将士。在封赏众将帅后，忽必烈又遍宴群臣，以示圣恩。

　　席间，忽必烈见此役功臣刘整笑声最亮。这刘整原是南宋降将，见他如此开心，忽必烈不禁问道："刘整将军，你可知这回我大汗军队胜在何处哇？"

　　刘整稍一沉思，起身回道："大汗，卑将以为缘由有三。"

　　"说说看。"

　　刘整应道："这一是大汗深得众民之心，万民敬仰，我军所到之处自是如临汗地，而南宋度宗却荒淫无度，且奸相当道，百姓民不聊生，失民心者失天下，南宋衰亡已是近在眼前。此为一。"

　　忽必烈满面笑容，又问："这二呢？"

　　"二是大汗的战略战术得当，指挥英明。在大汗之前，也屡次攻宋，但皆以川蜀为主攻方向，欲攻下川蜀后灭宋，以绕过长江天堑之险。但遗憾的是川蜀地势险峻，易守难攻。而襄、樊则是宋地之西方屏障，如克下此二城，则江淮尽归大汗怀抱，我顺流东下，江南唾手可得。正是大汗的英明战术，我蒙古大军方一战而胜。此为二。"

　　忽必烈见刘整如此清楚自己颁布的战令及其内涵，不由得喜上眉梢："还有三呢？"

　　"这三就是朝廷中诸位大臣的粮草调配有度，令我攻守均无后顾之忧。"

　　忽必烈听罢哈哈大笑："好一个刘将军！好一张利嘴！"

　　燕王真金站起身，走到刘整面前，道："刘将军文武兼备，我敬你一杯！"

　　刘整躬身后撤，将杯中酒一饮而尽。

　　在阿术他们前边奋战的时候，忽必烈也没闲着。他又下令组建水军、大造战船。忽必烈已经洞察到蒙古军善于野战、而水战能力几近全无的状况。他令手下组建七万水军，日夜操练，并造船五千余艘，为攻宋做着积极的准备。

伯颜请求乘胜南伐。

"伯颜，你有信心？"忽必烈问伯颜道，"去攻临安？"

"是的。"伯颜说，"大汗，我有信心攻下临安。"

忽必烈也有意南伐，但为了把事情办妥，特召姚枢、许枢和徒单公履等人问计。徒单公履说："乘破竹之势，席卷三吴，此其时矣。"

忽必烈十分赞赏，于是成立了荆湖襄阳和淮南正阳两个行枢密院，以史天泽、合丹等人为枢密使，为大举攻宋做准备。

至元十一年（1274年）正月，阿里海牙上奏忽必烈："襄阳，昔之用武之地也，今天助顺而克之，宜乘胜顺流长驱。"

忽必烈问："然后呢？"

阿里海牙说："宋可平也。"

于是，忽必烈下诏：

爰自太祖皇帝以来，与宋使交通。宪宗之世，朕以藩职奉命南伐，彼贾似道复遣宋京诣我，请罢兵息民。朕即位之后，追忆是言，命郝经等奉书往聘，盖为生灵也。而执之以致师出连年，死伤相藉，系累相属，皆彼宋自祸其民也。襄阳既降之后，冀宋悔祸，或起另图，而乃执迷，图有悛心，所以问罪之师，有不能已者。今遣汝等，水陆并进，布造遐迩，使咸知之。无辜之民，初无预焉，将士毋得妄加杀掠。有去逆效顺，别立奇功者，验等第迁赏。其或固拒不从及附敌者，俘戮何疑。

忽必烈发布诏谕以后，伯颜前来辞行。忽必烈语重心长地对伯颜说："前人曹彬不嗜杀而平江南，我的意思你懂吗？"

伯颜说："大汗之意，是让我到江南之后，不要乱杀？"

忽必烈说："不错。"

伯颜点头称是。

如果把波涛汹涌的长江比作一条飞舞的巨蛇的话，那两淮地区的建康（今江苏南京）、临安（今浙江杭州）就是蛇头，巴蜀地区是它的蛇尾，而荆襄则是它的软腹。忽必烈一反昔日蒙古诸王攻宋先攻巴蜀的策略，精准地将一拳打在了蛇腹襄、樊二城后，又回过头来猛击临安、建康两蛇头，可谓是棋高一招，胜算已定。

南宋的文武大臣们岂会看不出忽必烈这招四面出击、各个击破的策略，当襄阳、樊城二城被阿术攻克之后，整个南宋陷入了极大的恐慌之中。一干文武大臣连夜聚在度宗歇息的福宁殿外，捶胸顿足，惊恐万分。

福宁殿内，红烛高烧，度宗皇帝披着一件薄薄的衣衫，正斜倚在锦榻上，观赏着宫娥们的艳舞。

时值六月，临安正处在一年中最为闷热的季节，一行宫娥仅着薄如蝉翼的长裙，翩翩起舞。舞姿曼妙妖娆，充满了欲望的诱惑，一会儿如缤纷落英般飘逸，一会儿如大河奔流般迅疾，一会儿又似鸟儿振翅高翔。宫娥丰腴、凹凸有致的身体随着舞姿的变幻，玲珑尽露，她们一边舞着，一边用热辣辣的眼睛盯着度宗。

度宗被包围在一片波光流媚的诱惑中，看了一会儿就再也耐不住了，伸手招呼过来一位宫娥，在轻快的乐曲中，滚在了锦榻上……

福宁殿外的朝臣们听着殿内笙乐不断，还夹杂着女人娇嗔的呼叫声，知道是度宗又在玩"夜御三十女"的把戏。尽管都急得搓手，但谁也不敢去打扰皇上的好事。

贾似道也在大臣的行列当中。中午刚刚得到了一只蟋蟀的他也是心急火燎的，他太想赶紧办完正事，去逗那只蟋蟀了。等了一会儿，贾似道急了，迈步上台阶，推开拦在殿门的太监，走进了福宁殿。

刚办完一件"好事"的度宗有些疲惫，见贾似道进来，有点不高兴，但仍打起精神，问："太师夜入宫中，有何事要奏？"

贾似道跪地说道："圣上，蒙古军破了襄、樊二城。"

"我知道了，我看了你上的折子。"

贾似道又道："圣上，大臣们都跪在殿外，等圣上召见呢！"

度宗不悦地道："大半夜的，见什么？明儿再说吧。"

贾似道又道："圣上不妨见一见，否则他们不会走的。"

度宗有些来气了，摆手道："不走就让他们跪着吧。"

贾似道进前笑着说："圣上见一见，打发走他们就是了，免得跟门神似的扰圣上的雅兴。"

度宗一想也是，自己在殿内翻云覆雨，大臣们在殿外"听房"有些不雅，便道："太师，让他们进来吧。"

"臣遵旨。"

不一会儿，福宁殿的地下就跪了黑压压一大片朝臣，纷纷奏道："圣上，襄、樊二城已破，临安危矣！"

"圣上，赶快调兵护城吧。"

"圣上，开国库征兵吧。"

"圣上，蒙古铁骑已呈包围之势。"

"圣上，莫误了大事，还是发兵向上，迎头狙击吧。"

……

度宗看着大臣们一个个面红耳赤，抢着为自己出招儿，心里烦得要死，也气

草原英雄：忽必烈

得要命。他一抬手，止住乱哄哄的话音，问道："太师，你看该如何办？"

贾似道站在底下，耳边响的全是那只宝贝蟋蟀的鸣叫，听皇上问自己，便出班回道："回圣上，臣以为是有人扰乱圣听。二城虽陷，但距临安犹远，不必如惊弓之鸟。"

度宗笑着说道："还是太师镇定沉着。"

一干大臣急了，纷纷跪地奏道："圣上，蒙古铁骑一日千里，不可不防。"

"圣上，那忽必烈早有一统天下之心。"

"圣上，临安屏障已无，危在旦夕呀！"

"圣上英明，快做准备吧！"

……

贾似道面向度宗，道："圣上，蒙古人攻我大宋攻了几十年，大宋还不是固若金汤。这些人分明是唯恐天下不乱。臣以为让张世杰将军去守卫长江天堑足矣，谅蒙古人游不过来。"

度宗点点头道："命张世杰率三万精兵镇守长江沿岸，下去吧。"

大臣们不敢再言，只得退了出去。贾似道则一阵风似地跑回了自己的"半闲堂"。

进入夏天以来，度宗皇帝总是感到身体不适，浑身没有一丝力气，吃饭饭不香，睡觉睡不安。除了跟嫔妃们厮混外，对什么都没兴致。到了七月份，他索性连嫔妃们也腻了，整天躺在福宁殿里发呆。

贾似道看出来了，忙让御医给度宗诊脉煎药，忙乎了几天，度宗仍没有什么好转。度宗烦得摔了药罐，索性不许御医再治。

贾似道眼珠一转，计上心来。他要让圣上重新生龙活虎起来，要让圣上重新笑逐颜开。

一天，贾似道颇为神秘地进见度宗。施礼后，把手中的锦包一举，道："臣有宝贝要献给圣上。"

度宗懒懒地问道："什么宝贝呀？"

"一幅画。"

度宗哂笑道："朕连李公麟的画都不稀罕，这又是谁画的？"

贾似道回答："是臣画的。"

度宗有些吃惊："太师的画艺提高了？"

"臣的画艺不好，但画的物件好。"

度宗道："那就呈上来吧。"

"臣遵旨。"

在画卷还没打开时，度宗皇帝正端起一杯茶要喝，当画卷一展开，他端到嘴边的茶盅再也送不到嘴里，他就那样端着，眼睛透过缭绕的热气一下定在了画卷上。

随即，度宗皇帝把茶盅放在一边，用双手轻轻地把画卷捧起来，慢慢地靠近眼睛。

度宗皇帝的眼睛放出了光彩，虽然他阅尽后宫佳丽，但他还从没见过比画中人更漂亮的女人。画中人太美丽了，不仅有着天仙般的容貌，更有着超越凡尘的气质。特别是那弯弯的嘴角，虽只是简单地用笔一勾，但让人瞧了其中似含了万种风情，有着几分顽皮，又有着几分可爱，更有着几许矜持。还有那勾出的衣纹饰带，犹如迎风飘举，流畅自然，更增人的飘逸风姿。度宗皇帝把画像又放回案头，竟情不自禁地用手在画像上抚摸起来。站在旁边的贾似道轻咳一声："圣上看这可是宝贝？"

度宗连声道："是宝贝，朕看是天下至宝。"

贾似道又道："圣上可想将真正的物件一阅？"

度宗笑了："阅、阅，快送来让朕一阅！"

画中的女子是贾似道在一只花船上发现的，他见此女子艳丽多姿，倾城倾国，便买到府上，几经调教，准备送给皇帝。见度宗着实欢喜，贾似道便立刻给度宗送了来。

度宗自得了这女子，仿佛又恢复了欲望，又开始与这名女子厮混在一起。终于，一天清晨，女子见度宗面白如纸，鼻孔仅剩下一缕游丝了。

咸淳十年（1274年）七月，大宋度宗皇帝驾崩，年仅三十三岁。皇子赵㬎即位，年仅四岁，太皇太后临朝颁诏。

这样一来，太皇太后和幼小的恭帝赵㬎更要倚重贾似道了。贾似道除了还不敢坐那龙榻外，在南宋真的是一手遮天、说一不二了。

伯颜率数十万蒙古铁骑，暴风骤雨般扑向了南宋。

阳逻堡（今湖北黄冈西北）是汉阳的门户，如阳逻堡能抓在手中，汉阳门户洞开，鄂州、江陵均唾手可得。伯颜看准了这个命门，陈兵阳逻堡，欲拿下此地，而宋军守将正是曾大败于阿术的夏贵。

夏贵自援襄、樊二城败归之后，因主将范文虎免得一死，他自然也没受到责罚。再加上贾似道与他曾是斗蟋蟀的玩友，故而他反被封为宋淮西制置使。这回率兵守卫阳逻堡后，夏贵不敢大意，派重兵分据要害御之，伯颜的大军抵达后，倒也没找出什么良策攻下此地。

伯颜可谓是忽必烈手下最得力的战将。数十年南征北战，伯颜早没了年轻时的鲁莽，历练出了一身排兵布阵、筹谋计策的本领，就连元朝的文臣儒士们也赞叹伯颜是张飞与诸葛的合身，有勇有谋。故而，忽必烈派伯颜担当攻宋大任，是一百个放心。

伯颜也知道忽必烈的此番攻宋是志在必得。蒙古诸王攻宋攻了几十年都没结果，这一回，忽必烈是要改变历史，把南宋这只肥羊吞下去了。随着大元朝的日益强盛，边远地区的首领均已纷纷向忽必烈称臣。目前，拿下南宋，忽必烈一统天下的鸿志就得以实现了。

伯颜深知任重道远，所以一路打过来，他是极为小心的。命属下驻扎在距阳逻堡五十里的凡镇后，伯颜按兵未发，他要一个一击必破、一战而胜的稳稳当当的结局。这不仅会减少部下的伤亡，更主要的是会击沉南宋守将的信心与士气。

伯颜率侍卫策马奔到凡镇外的一座土丘上，远眺着坚固的阳逻堡城墙，他感到强攻恐会困难。回营帐后，伯颜首命速不罕率三万兵马去包围汉阳，并飞箭传信到汉阳城内，扬言要在五日之内攻下汉阳。

汉阳宋将张皇失措，连忙向夏贵求援。夏贵认为元军意在汉阳，便率兵支援汉阳。伯颜见宋兵中计，大喜，当下便向兵力虚空的阳逻堡发起了攻击，同时命令速不罕炮击汉阳。

此时，阿术也已经率元军趁雪夜渡过了青山矶，搭起浮桥，掩杀而来。宋兵大惊，慌忙弃师，只身逃向庐州。伯颜顺利地夺下了阳逻堡后，又趋兵直围鄂州。

阿术与伯颜汇聚于鄂州城下后，轻而易举地克下了鄂州，稍稍休整三天后，留下四万元军据守鄂州，伯颜与阿术的几十万元军如雷霆万钧之势，东下直扑临安。

临安城陷入了天塌地陷般的惊恐之中。街道两旁的商铺全都大门紧闭，城里有钱的人家都把金银细软装在船上，悄悄地南下逃命，没钱的人家也是身背包袱，踯躅在出城的大小官道上。

皇宫内，同样是一片忙乱。太皇太后几次下诏召贾似道进宫议事，都被贾似道以"重病在身，难以起床"为理由回绝。太皇太后没有法子，唯有搂着幼小的宋恭帝，低泣着。

"太皇太后！"一个太监喊着。

太后抬眼见太监领着一人进来，便问："何事？"

"太后，这便是那位能知身前身后事的神算子。"

原来，太皇太后见不到贾似道，心里又没办法，便命人去宫外找占卜之士来算算这大宋的命运。见此人面目清雅，估计是位有道之人，太皇太后道："你平身吧。"

神算子站起身，急切地道："太皇太后，草民昨夜已得神谕，言我临安将会被长着一百只眼睛的人掌握。草民知道天下没有长一百只眼睛之人，故而临安无恙，请太皇太后放心吧。"

……

太皇太后目送神算子出了殿门，心里稍稍地宽慰了些。是呀，临安怎么会说破就破呢？蒙古人打了几十年，不是都没打进来嘛。

太皇太后刚有些放下心来，一个太监跪在地上道："太皇太后，这次攻宋的大将叫伯颜，对吗？"

"对，这又如何？"

"回太皇太后，'伯颜'二字的汉文意思，就是一百只眼睛。"

"啊！"太皇太后一听，大叫一声，搂着浑身哆嗦的恭帝号啕大哭起来。哭声仿佛能传染似的，工夫不大，整个皇宫里到处是哭声、喊声，令人听来心神俱惊。

太皇太后知道形势危急，便下了一道诏书，令各地赶快起兵勤王。庐陵文天祥看到太皇太后勤王诏书，拿出全数家财招募一支军队，欲星夜赶往临安保卫王室，但是，却遭到宰相陈宜中的拒绝，被派到平江去作知府，之后又被派去守余杭附近的独松关。然而，还未等文天祥去上任，两地均已失守，陈宜中只好同意文天祥去临安。但这时宋朝大势已去，无可挽回。

眼看着蒙古铁骑到了家门口，太皇太后一天下了七道圣旨召贾似道进宫，贾似道在"半闲堂"里也坐不住了，被迫受命督军迎战。贾似道领着十三万精兵溯江西上，不去考虑如何抵抗，反而遣使向伯颜议和，并允诺如果同意，贾似道可以向大元称臣，并洞开国库，任由伯颜取用。

伯颜对使者微微一笑："我渡河之前为何不来议和？"

使者哭道："宰相当时正忙。"

伯颜道："忙什么？忙着逛窑子，还是斗鸡呀？"

听罢，营帐内的大元兵卒一起哈哈大笑起来。

伯颜站起身，面色一沉，道："你回去告诉贾似道，若想议和，令他亲来见我！"

贾似道哪敢来见"长一百只眼睛"的伯颜，只得分兵应战。宋兵早已吓破了胆，刚一应战便溃不成军，贾似道逃到扬州，连夜上书请太皇太后迁都南逃。

太皇太后自感无颜下诏迁都，下令夺去了贾似道宰相之职，贬循州流放。押解途中，贾似道被兵卒一锤砸死。贾似道到死也没想到，自己一生享尽荣华，竟落得此下场。

文天祥主张让太皇太后、全太后和恭帝走海路避锋芒，自己留下背城一战，陈宜中则愤怒地说："让太皇太后入海，不等于弃城吗？"

"我是决意留下的。"文天祥知道陈宜中想跑。

"难道你文天祥留下来，就能阻止蒙古人入城吗？"陈宜中问。

文天祥摇了一下头。

陈宜中笑了。文天祥说："但我可以拼命应战，保护太皇太后和皇上转移。"

"转移？"陈宜中大笑，"说得好听，还不是逃。"

文天祥问："那宰相大人有什么良策？快点定夺。"

陈宜中说："文大人，别急，让我考虑一下吧。"

文天祥说："还有什么好办法吗？陈大人，快讲。"

陈宜中说："明日我差人给你一纸，你照计行事。"

谁知陈宜中连夜出城而逃，留给文天祥的是一纸"和谈"命令。文天祥领命去和谈，却被伯颜扣下来做人质了。

伯颜说："刘秉忠大人特别安排我，要留下文先生性命。"

文天祥说："我不会为你们蒙古人做事的，快点儿杀我。"

伯颜说："谁不想活下来呢？只有活下来才能办事情。"

文天祥说："那快放我。"

文天祥出使元营被扣留，被元兵押解北上，行至镇江，文天祥与随从人员设法逃出，历尽艰险，来到福州。其时，宋度宗之子益王赵昰、卫王赵昺也从临安逃出，经毛州抵达温州，张世杰和陆秀夫等人后来越城逃走，听说二王在温州，文天祥特赶来相会。文天祥赶到之后，与张世杰、陆秀夫共拥立九岁的赵昰为帝，是为宋端宗。但在忽必烈大军攻击下，文天祥连连失败，就连妻子欧阳伊人、女儿柳娘、环娘也落入元军之手。文天祥在至元十五年（1278年）十二月六日在广州海丰北的五坡岭被张弘范捉住，张弘范劝文天祥投降，被他严词拒绝。

张弘范押文天祥途经零丁洋时，文天祥写下了悲壮的千古绝唱《过零丁洋》诗：

辛苦遭逢起一经，干戈寥落四周星。
山河破碎风飘絮，身世浮沉雨打萍。
惶恐滩头说惶恐，零丁洋里叹零丁。
人生自古谁无死，留取丹心照汗青。

至元十六年（1279年）二月，文天祥被押到大都。忽必烈吩咐大臣，想方设法劝降。于是，劝降者一个个接踵而至，但都被文天祥严词拒绝了。

忽必烈亲自劝降不成，仍然不想杀害他，有意释放，然刘秉忠说土星犯帝坐，疑有变。忽必烈觉得有些可惜，还是下达了杀死文天祥的命令，这是后话。

伯颜把南宋的图书、符印、宝物等一并缴获，打上封条，押回了大都。看着这些战利品，忽必烈拈须大笑："打开，快打开！"

当金光闪烁的珠宝一起呈现在众臣的面前时，忽必烈不禁热泪长流，颤抖着拿起一柄如意，哽咽道："这都是属于我大元了。"

朝臣们纷纷恭贺大汗灭宋之喜。察必在一旁冷冷地道："这都是身外之物，无需珍重，应拿出去展示，让我们的子孙以之为鉴。"

忽必烈抬眼看了一下察必，叹道："我岂是被这些铜臭之物眩花了眼睛。自祖父起，近五十年了，这些年，为了完成祖父的心愿，为了灭掉宋国，我们付出了多大的牺牲。这灭宋的大业，终于在我忽必烈手中完成了。我是为此而激动，为此而振奋啊！"

察必的眼泪也流了下来，道："大汗想得可真远呢！"

可悲的南宋，尽管在国家将亡的时刻涌现出了像文天祥这样千古流芳的民族英雄，但是，这些壮士的悲壮气节不巧撞上了历史长河中的一座巨礁。显然，击沉了南宋及其壮士的忽必烈是这个历史时期最为炫目的人物，所以，他的胜利是一种必然。

忽必烈对自己能完成这个历史使命，光耀数十年诸代蒙古汗王的努力，也是颇为得意的。但是，这种得意是精心蓄积了五十年才得到的。早在蒙哥汗时期，忽必烈围住鄂州，曾对属下言道："吾犹猎者，不能擒圈中豕，野猎以供汝食，汝可破圈而取之。"整个南宋帝国何尝不是躲在高墙屏障内的贪乐家猪，但如何"破圈"却使忽必烈绞尽脑汁。

的确如忽必烈所言，他自己是一位猎手，他将蒙古人打猎的天才发挥得淋漓尽致。如果将亚细亚大陆比作猎场的话，忽必烈则早已着手清扫南宋东南一隅周围的猎场了。一个带有忽必烈性格特征的大包抄、大合围的战略计划渐次载入人类的战争史册中，气势之雄伟令人叹为观止。

具体地说，在世界地图上，忽必烈是这样调遣他的猎手的：从北、西、南三个方向游弋于南宋边疆。

先看北部一线。忽必烈在河南、山东、陕西的根据地稳定之后，开辟了两个战场，一个是江淮战场，包括淮西、淮东和胶东；一个是荆襄战场，在宋军重点借汉水以襄阳、江陵、鄂州为中心防御的情况下，忽必烈沿其外围驻屯。在南宋之北，忽必烈摆下河南江北行省和江淮行枢密院、荆襄行枢密院。

再看南宋西部，忽必烈早在宪宗三年（1253年）就征服了吐蕃东部，借蒙哥南征巩固了蒙古在东川、西川的占领地。

最后再看南部，在将大理纳入版图之后，忽必烈继续向南宋帝国以南扩大战果，由兀良合台征服了大理东部诸蛮。

在他下令全线攻击南宋之前，他就已经完成这举世罕见的合围之势，南宋唯有东部的一片汪洋不见蒙古铁骑，实际上，南宋已然陷入四面楚歌之中，困兽犹斗也是枉然了。

所以，当文天祥们慷慨激昂地"留取丹心照汗青"时，怨只怨在汹涌的历史大河中，偏偏逢上了忽必烈这般气度万千的人物。

可以不夸张地讲，忽必烈灭宋之举，就是一部运筹帷幄的战争教科书。此誉绝不为过。

现在的忽必烈，已经犹如一只展翅的雄鹰，冲出了大草原，遨翔于华夏大地上空，把历史上最为广袤的土地踩在了自己的脚下。

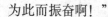

【第九回】

酒肆里佛道争锋，行宫中姊妹拔刀

近些日子，刘秉忠总是感到头昏脑涨。下朝后，他头重脚轻地往家走着，一不小心，脚下踩空了，他踉跄了几步后，停下来喘着气。

姚枢疾走几步，上前搀扶着刘秉忠，关切地道："刘大人，你不舒服？"

"不妨事，自我到上都后，总是有点头昏，想是累的吧。"

姚枢不放心刘秉忠自己回去，便一路说着关心的话，把刘秉忠送回了家。

刘秉忠命妻子点上灯，备了一桌酒菜，跟姚枢喝起酒来。刘秉忠端着酒杯，叹道："我老了，该休息了。"

姚枢摇头道："还不是累的。这几年为了建好大都，你夜以继日，鞠躬尽瘁，把大都建得差不多了，你也累坏了。"

姚枢说的全是实话。自至元三年（1266年）年底，忽必烈就督促刘秉忠去建设大都。蒙古人嫌恶旧物的习俗，不管是被火烧过的房子，还是被踩成沟坎的旧路，都被视为不祥之兆。忽必烈既然打算定都金中都，自然不会使用金国旧宫殿的。刘秉忠领命后，选定以琼华岛为中心的湖区及周围空旷地区为新址，规划好城池、宫阙后，让张宏略、段天佑负责具体建设。可刘秉忠偏偏又是个办事缜密的人，他无数次地夜宿工地，亲自核实工程的每一个细节。在他的带动与督促下，工程进展神速，至元九年（1272年）春天，宫城竣工。两年后，正月宫告成。

大都城气势磅礴、雄伟辉煌，城为坐北朝南，方圆两万八千余米，都城内有皇城，皇城内又置宫城。皇城内为大汗的生活工作场所，皇城外的城区整齐划一，分成五个坊，为官员、百姓的居所。当忽必烈到中都看到气势雄浑的正月宫时，曾激动地仰天长叹："我终于有了统御天下的宫殿了。"

刘秉忠放下酒杯，苦笑道："为臣之道，就要尽忠尽力，我是问心无愧了。"

姚枢接道："可大汗仍不满足，又在漠南建造上都。两都理政，僭越千古哇。"

"嗯，马可·波罗曾劝过大汗，说他从未听说过世界上能有如此奢华的帝都也没见过有如此慷慨赐金给属下的帝王。他让大汗节俭一些，可大汗并未采纳。"

姚枢摇头道："刘大人有所不知，大汗施赠下臣，是为了让下臣忠贞不贰，为了赏罚分明。平时，大汗是很节俭的。"

"你是指大汗任用阿合马他们横敛捐税？"

"不全是，"姚枢回答道，"前几天，太子真金生病，我陪大汗前去探望，见真金身下铺着锦被，大汗脸色不悦，还是阔阔真跪下禀陈理由，说太子有病怕潮才铺的，大汗听后才有笑颜。至于阿合马嘛，我也多次上谏大汗，不要宠信太过，任他胡为。"

"姚兄，我们都是汉人，多说无益。自李璮反叛之后，大汗对我们汉人就有了戒心了。"

"是呀，若不是有刘兄与我共事大汗，我还真有些心中无底呢。"

"近日大汗多次提到安童，恐怕大汗想重用他。"

"安童秉性仁恕，天资聪慧，定能成大事。"姚枢说着，又凑近些道，"刘兄如若身体不适，不再辅佐大汗的话，我也不想跟阿合马他们斗下去了。"

"千万别这样，大汗已经依我俩的谏言封了真金为太子，这是多好的局势呀！当年我跟随大汗，目的就是想让大汗少些杀戮，少些征战。跟其他汗王相比，忽必烈汗的确是做到了不枉杀无辜。现在太子受郝兄的熏陶，深谙汉儒文化，郝兄日后尽力辅佐大汗跟太子，是功德无量的呀。"

姚枢点了点头，一口干了杯中的酒。

三日后，刘秉忠病逝于上都，年仅五十九岁。忽必烈闻听此噩耗，不禁流下了眼泪。他对群臣说："子聪先生事朕三十余年，小心缜密，不避艰险，言无隐情；其阴阳术数之精，占事知来，若合符契，只有朕知道，他人是不会了解的啊。"

刘秉忠死后，忽必烈为他举行了隆重的葬礼，派遣礼部侍郎赵秉温，护送灵枢南还大都，归葬于大都西南二十里崇福乡之原（即今北京卢沟桥畔），后改葬邢州祖茔。

在皇妃阿速里随公主忽都鲁揭里迷失去高丽之后，刘秉忠又英年早逝，忽必烈总有一种惆怅的感觉，察必说："也许阿速里妹妹忌恨之人是我，大汗不必内疚。"

忽必烈叹了一口气。察必说："不如去上都巡幸吧，一来巡幸的日子到了，再者我们可以到那里去散散心，狩狩猎，如何？"

忽必烈点了一下头。巡幸的队伍出发了。

走在巡幸队伍最前面的是驮着黑旗、小鼓的骆驼，以及驮着皮鼓的马匹，骆驼是挑选的双峰驼，前峰绑黑旗，后峰绑赤旗，驼毛结有璎珞，系有铜泽小镜，上拖一面有底铜鼓，由一人乘驭。马鼓则是在精选的马匹背上绑缚一个四足小架，上置皮鼓一面，马首、马胸、后胯"皆缀红缨拂铜铃"，由一人乘骑负责敲鼓，一人徒步牵引着。巡幸队伍先由一鼓响起，而后众鼓齐鸣。

巡幸队伍浩浩荡荡，忽必烈乘坐的是象辇，有时也骑马。一路风尘，赶到九里湾时已是天近黄昏。忽必烈说："就在九里湾住下吧，上一次来好像也是住这里的。这里有一家大桃源酒肆，那里的酒还是很美的。"

刚从吐蕃回来的八思巴说："是的，大汗，那家店主叫淘没祥，人还是不错的。"

忽必烈一行住下之后，淘没祥急忙叫来因倒九、月合兰、拥盗珊、耶律红向大汗请安，他们忙前忙后，很快把酒菜上齐。耶律红端着酒走向忽必烈时，忽必烈当时就愣住了。

忽必烈看见了耶律红，她穿着一件裹得紧紧的白色长袍，只露出她优美的脖子和一部分肩膀，袖子遮住了她的胳膊，衣褶遮住了她的脚。

忽必烈看见耶律红那张美丽的脸蛋简直美得无法形容，散开的头发披在肩上，脸上溢着笑意，但她的眼里却有一种常人难以觉察的火焰。忽必烈只觉得这个女子有些怪怪的，他似乎有一种感觉，这个女子像是从坟墓里走出来的，或者像一个站在曙光里的灵魂。她是耶律美？忽必烈当时就有这一种想法。自从耶律美隐去之后，忽必烈有时还会想着她，而今，她就站在自己面前："耶律美，你怎么会在这里？"

"我不是耶律美，我叫耶律红。"耶律红笑微微地道。

"叫耶律红？"忽必烈有些疑惑地笑了一下。忽必烈觉得耶律红和耶律美真是太像了，就笑着问她，"耶律美是你什么人？她一定是你的姐姐？"

"不，我没有姐姐。"耶律红说，"我只有一个表姐。"

"那一定是她了。"忽必烈笑了笑说，"快叫她出来吧。"

"不，她叫莉苹真人，是一个道士。"耶律红说道，"大汗，可要唤她上来？她就在楼上独自饮酒呢。"

"怎好打扰人家呢？"忽必烈笑道，"真人也饮酒吗？"

八思巴凑到忽必烈面前："大汗，僧俗之人的分别原本不在酒上，酒是人间最好的东西。"

"我说过了吗？"忽必烈朗声大笑起来，在他笑声落地的时候，莉苹真人走了下来——她便是贾莉苹。几年前，她随岳七娘一行数人到海山法师那里隐行，并在海山法师门下潜修文武之道，多年不曾出门。今日，云游到九里湾，全是为了赴约相见漠北武学领袖九九妹。等到忽必烈巡游到此时，桃源酒幌周围方圆数十里已是只准进不准出。莉苹真人既是出不了九里湾，便索性在桃源酒家兀自饮起酒来。表妹耶律红说大汗忽必烈已经来了，她有意让莉苹真人回避，莉苹真人说："不必，我倒想见一下忽必烈。"

忽必烈见立在自己面前的莉苹真人的那副神气像是一种幻觉，但对她周围的人来说，她还是存在的。高高的个子，长得挺丰满，俊美的脸颊密密地生着细小的雀斑，她的弯弯的、优雅的眉毛微微地扬起。她的鲜明的嘴唇两角，荡漾着微笑，微微露出她那整齐的牙齿。走路的时候，她摇动着倾斜的肩，风情万种。

忽必烈看呆了。莉苹真人道："拜见大汗。"

"你是莉苹真人？"

"正是。"

"既想饮酒，不如就在一起饮吧。"忽必烈招呼道，"八思巴国师，快命人上好酒好菜来，招待客人。"

"大汗不必了。"

"为何不愿与我一块儿饮酒？"忽必烈有些莫名其妙，"这里的酒是漠北上等好酒，我是喝过的。"

"酒再好，也要看一个人是不是愿意喝。"莉苹真人说。

"你不愿意喝？"

"是的。"

"为何？"

"怕坏了道行。"

"那你刚才不是在楼上饮酒吗？"忽必烈笑着说。

"大汗，一个人饮酒的味道和众人饮酒的味道是不一样的。"莉苹真人说，"两个人饮酒更是风味不同。"

"那是为何？"

"只有一个人时，才能静下心来，让尘埃落定。"

"一个人的好处？"

"嗯。"

"人多了就烦？全没了心境？"

"大汗英明。"

忽必烈和莉平真人说的话，让八思巴听得目瞪口呆，他只觉得莉苹真人绝非等闲之辈，就凑到忽必烈耳畔低语几句，忽必烈连连点头。

莉苹真人甩了一下拂尘，准备告辞，只听得八思巴说："真人请留步，佛面和道场本来是不同炉，但我要问一下真人是谁的门下，昔日在何处谋生？"

八思巴脸上有一股说不出的神气，加上那衣着更是显得神秘。莉苹真人后退一步，她着实被八思巴吓了一跳，她回头看了一会儿八思巴，点了一下头说："你是西天佛子，我所言者又能超乎三界之外吗？"

"我们都是要上天言好事之人，怎可谢绝大汗的盛情呢？"八思巴说，"依我看，客人不妨坐下饮一杯。"

"为什么？"

"因那是圣命。"

莉苹真人说："大人监管上都的建筑也是圣命，可大人怎会私盖庙宇而违圣命呢？"

"你不要蛊惑大汗。建上都，是对汗国之祖的敬重。"八思巴有些生气了，因为莉苹真人提到的是他监管上都建筑之事。至于他趁机盖了多少庙宇，只有他自己心里清楚。

"国师，汗国初立，切勿劳民伤财。"莉苹真人说。

"休要妄言。"

"在下不敢。"

"我大元国国力财力充裕，建上都是让其成为天下名贵之地，何言劳民伤财呢？"八思巴有些气愤地说道。

忽必烈在一旁蛮有兴趣地看着这一僧一道斗嘴，没有言语。而察必皇后却心有疑虑：这突然现身的几位女子是何方人士，怎会如此巧合地在这里遇到大汗的巡幸大队呢？

想到此，察必高声叫道："淘没祥！"

"小民在！"淘没祥赶紧放下手中的活儿，进屋跪地回道。

察必问："你这是酒肆还是什么？"

"回皇后，小民开的是酒肆。"

察必隐隐一笑："可为何有如此多的女子在此？"

淘没祥道："回皇后，全是小民的江湖朋友，偶来小肆，不想有幸能见到大汗跟皇后。"

察必冷笑道："怎么你这些朋友都如此关心政务，是否有入仕之念？"

淘没祥以为察必是有些嫉妒耶律红的美貌了，便小心地道："回皇后，她们都是凡尘外之人，早已了无尘念。"

忽必烈见察必面色不悦，便插嘴道："看来凡尘之外的人也关心我大元的建都之事。扎察，你派几人把她们送出桃花源吧。"

扎察答应着，把耶律红、莉苹真人带了下去。

忽必烈抬眼看了看察必，道："皇后是惦念着安全？"

察必点了点头。

"那我们就尽快赶往上都吧。"

忽必烈到上都后，受到了上都蒙古诸王的热诚迎接与款待。

忽必烈一举攻下南宋，把天下攥在了手掌心，完成了自成吉思汗起五十年未竟的宿愿，颇令蒙古诸王敬佩与折服。目睹忽必烈庞大的巡幸队伍，蒙古诸王更是慨叹盖过诸先汗王，纷纷列队前来朝觐。

忽必烈的巡幸队伍可谓盛大无比。忽必烈威风八面地乘坐着由安南进贡的白象辇，后随一大群后妃、诸王、医生、星占家及各种官吏，单是侍卫就有一万两千余人。而其行猎的宫帐也豪奢得令人难以置信。宫帐大得无法描绘，一万两千名侍卫在帐前列下，方刚刚填满帐前的空地。帐内设三大厅堂，每个厅堂均用三根雕花镏金柱子支撑，帐外用白、红、黑条纹相间的狮皮覆盖，里面则衬以贵重的貂皮饰壁。一个厅堂是他召见官员、议事用的，一个厅堂是他的寝帐，内有一张宽大无比的床，床上铺着斑斓虎皮，另一个厅堂则是他吃饭、饮酒及小歇的居所。

这顶硕大无比的宫帐周围，还驻扎着众多后妃、贵族的幕屋，占地之广与景况之盛大壮观，宛如一座移动的都市一般。诸王对忽必烈的折服与敬仰，自然会有丰厚的回报，忽必烈也乐融融地把大把的银子撒了出去：

赏诸王银五千两，帛类各三百匹；

赏塔察绵五千匹，绢五千匹，帛三百匹；

赏兀鲁忽带银五千两，文绮三百匹；

赏不都银五千两、文绮三百匹，金素一百五十匹；

赏先朝皇后帖木伦银二百五十两，罗缄等自定；

赏在座的诸贵族锦衣十三套；

……

一时间，上都城内欢声一片，君臣同喜。

诸王除了跪在忽必烈面前臣服外，自然也要想方设法地讨忽必烈的欢心，都会挖空心思，或献美女、或呈宝物取悦大汗。忽必烈一概收下，宝物交予察必收好，美女则把出众的留下，放在自己那张大床上，其他的就赏赐文武群臣。

忽必烈巡幸上都，名为避暑，但他一直让快马报来大都的情况，处理着国政大事。在上都城内，还设一些重要的官僚机构，如中书省的上都分省、御史台的上都分台、翰林国史院的上都分院。

如此庞杂的机构，当然需要繁多的建筑，于是，之前八思巴受命扩建上都。外城占据城市西、北两面，东南省城与皇城相接，城墙全部夯土筑板，门外有半圆形宫城。宫城位于皇城正中偏北，四角都建有角楼。

负责漠北兵马粮草的桑剌前来拜见忽必烈，向忽必烈禀报了上都的军政情况。忽必烈听后很满意。

"大汗，漠北一切正常，汗国子民唯大汗指令是尊。"桑剌说，"王叔兔拔哥很尽心粮草筹备之事，枢密副使不忽木和中书左丞廉希宪大人都希望大汗迁到上都来，这里毕竟是大元祖地。"

"迁到上都来？"忽必烈摇了一下头，"不必迁都。这里有你们，我就放心

草原英雄：忽必烈

了。不忽木和廉希宪呢？"

"他们在魏阙端门那里准备大汗游城之事呢！"桑剌说。

"廉希宪如何？"

"大汗，是说廉希宪大人政绩还是为人？"桑剌谄笑道，"他和不忽木大人都是大元国忠臣呀。"

"是吗？"

"正是。"桑剌眨了一下眼睛说，"不过，他们二人多有不和。"

"为何不和？"忽必烈望了一眼身边的察必，点了一下头，"桑剌细说说，廉希宪有何牢骚。"

"正是廉希宪牢骚满腹。"桑剌说，"他一个回回人，能授他如此要职，他却一百个不满意，一千个看不惯。整日唯我独尊，目空一切，恃才傲物。"

"你说话可要有凭有据，廉希宪大人有功于我大元国。"忽必烈说，"早年在漠南之时，他便对汗国忠心耿耿。"

"正因为如此，他才居功自傲。"

"不会吧。"

"上都能与廉希宪大人交往者有几个？"桑剌说，"他整日念叨着要回大都，说到那里才是如鱼得水。"

"回大都？"

"是的。"

"他说为什么没有？"忽必烈有些生气了。

"没有。"

"总有缘由吧。"

"不与众臣合拢，整天一副不可一世的样子。"

"都有何言行？"

"大汗，你知道我对汉学不太通，也听不懂他说的什么世人皆醉他独醒，"桑剌媚笑道，"谁醉了呢？孙子才醉了呢！每次喝酒他都喝不过我。"

"他喝酒？和你一块儿？"忽必烈摇了一下头，"桑剌，廉希宪不会与你一块儿喝酒吧。我不明白，你为何不学一点儿汉学之道呢？现在，蒙古贵族不都在学吗？"

"大汗言之有理。"

"是嘛，就是要学呀。铁穆耳才多大？都已会背唐诗了。"忽必烈说着望了一眼察必，察必点了一下头算是回应。忽必烈笑说，"桑剌，现在让你学也有些难为你。不过，你可主动向廉希宪讨教一点儿嘛！"

"大汗，那廉希宪狂傲之极呀！"桑剌认真地说。

"如何狂傲？"

"修上都御天门时，他和阿合马大人顶了嘴，还差一点儿动手打阿合马大人，有好多人都知此事。"桑剌说。

　　"确有此事？"

　　"是的，大汗。"

　　"叫一个人来，我要问一下是怎么回事。"忽必烈说。

　　"是，大汗，我出去叫一个人来。"桑剌起身走向帐外。

　　正巧王著走了过来，桑剌一把拉住王著的手："王著，大汗在里面要问一下廉希宪打阿合马大人之事，你要替阿合马大人美言几句呀。"王著点一下头。

　　"大汗，那天王著也在场。"桑剌把王著领到忽必烈帐前。

　　"大汗，那天我在场。"王著行过大礼，坐在一旁。

　　"王著何职？"

　　"大汗，在下益都千户。"王著说，"大汗，上都正门是御天门，阿合马大人那天与廉希宪大人为建御天门旁的泉池时发生争执，微臣在场。"

　　"阿合马要修那个泉池？"

　　"对。"

　　"廉希宪不让？"

　　"正是。"

　　"最后还是修好了？"

　　"是修好了，但那个泉池成了阿合马大人自己的了。"王著说。

　　"不对，大汗，王著在胡扯。"桑剌气恼地叫道。

　　"桑剌勿多言。"忽必烈瞪了桑剌一眼，桑剌便不吭气了。忽必烈说道："王著，你接着讲下去，尽管讲。"

　　"多谢大汗。"王著朝桑剌讥笑了一下说，"这个泉池本是御天门一景，但阿合马大人有意据为己有，这才把廉希宪大人激怒了。他先是质问阿合马大人为何趁修上都之机修自己的泉池，没想到阿合马大人不买账，对廉希宪大人的质问理都不理，还嘲弄他。"

　　"如何嘲弄？"

　　"阿合马大人说，廉希宪是一只可怜的小狗，只会狂吠。"

　　"廉希宪动怒了？"

　　"大汗，廉希宪大人扯住阿合马大人的衣领说：'你说我是一只小狗，我现在就要咬你，把你咬死。'"

　　"怎么，廉希宪要咬死阿合马？"忽必烈有点哭笑不得。

　　"是的，大汗。"

　　"咬了吗？"

"嗯。"

"真的咬了阿合马？"

"对。"

"咬在哪儿？"

"脖颈。"

"这如何得了。"

"好在只咬破了一点儿皮。"

"这么说，有好多人对阿合马不满？"忽必烈说。

"正是。"

"这是为何？"

"大汗您想，阿合马大人在自己的宅院里修泉池，却要打着修筑上都的旗号，这还了得？"王著说。

"不，大汗，这里有阿合马大人修泉池归属清单。"桑刺拿出一张单子递向忽必烈，"大汗，您看过之后，就会知道实际的泉池归属之事。"

忽必烈看了一会儿清单，又把它递给身旁的察必。察必看了一会儿，低声对忽必烈说："大汗，此事就此作罢吧。阿合马既是为您修了这个泉池，就不要再追究此事了。"

忽必烈点了一下头，轻声说："阿合马已是众矢之的了啊。"

上都总体布局利用了这个泉池的美丽风景，位于城正南的地方。环城城墙约有十七里，称为萧墙，俗称阑马墙。上都城南正门为御天门，御天门外是广阔的宫廷广场，左右两侧为千步廊。

忽必烈携察必转了一下上都太液池，坐在池边，与察必在那里把酒对饮起来。察必说："大汗，阿合马可谓用心良苦。还有八思巴，他们该算是您的左膀右臂了。不过，张文谦那些汉人对您也是赤胆忠心的。您看刚才那益都千户王著，真能算得上嫉恶如仇了。桑刺，则很乖巧。"

忽必烈点了点头。

"乖巧之极呀。"忽必烈呷了一口酒说，"我这里需要的是王著那样的谏臣，不要那些只会花言巧语的人。"

"是的，看来大臣们多有不睦，这不是好事呀。"

忽必烈叹道："目前，朝野中既有张文谦这样的汉臣，也有安童这样的蒙古人，还有阿合马这样的回回人，前边又有伯颜为我戍边，多好的局面，只是这权臣纷争让我心不安。"

察必亦道："太子近来也心浮气躁的。"

忽必烈吃惊地问："真金又惹事了？快告诉我，到底发生了什么？"

察必抬眼看了看忽必烈，接着道："真金与安童走得很近。"

"安童是个好孩子，在任上政绩卓著，真金亲近他是好事。"

"是好事，但二人交好的根本原因却是都有一颗仇视阿合马之心。"

"噢？"忽必烈有些不解。前些日子总是把心思放在攻宋大事上，忽必烈对身边的事一点儿也没察觉。他惊诧地问："真金不是跟阿合马不错吗？"

"那是几年前的事情，如今大不同了。"

至元九年（1272年），忽必烈宣布阿合马主持中书省。阿合马大权在握，日益骄横起来。南宋灭亡以后，元朝便以中统钞更换了江南地区的交子、会子，统一了币制，这对促进经济的发展本是极为有利的事情。但是，在阿合马看来，全国发行统一的货币，那是聚敛钱物的好手段。

在至元十年（1273年）以前，中统钞的发行额每年不过十万锭，灭南宋以后当然数量要有所增加，但阿合马却乘机滥发钞币，将其变成了搜刮财富的手段。自至元十三年（1276年）起，阿合马印发的中统钞，自数十万锭至一百九十万锭，使中统钞贬值五倍以上。阿合马这样做的直接后果是物重钞轻，公私俱弊，严重阻碍了经济的发展，使老百姓的生活更加困顿。

至于药材与食盐的贸易，姚枢、徒单公履主张使百姓从便贩卖，不加干预。可阿合马怎会放过自己发财的机会，在一次与忽必烈单独见面时，阿合马巧言令色，向忽必烈进言道："北盐与药材贸易事宜，姚枢、徒单公履皆言听百姓从便贩鬻，臣则以为此事若让小民为之，恐造成天下混乱，应于南京（今河南开封）、卫辉（今河南汲县、辉县等地）等路籍括药材，于蔡州（今河南汝阳）发盐十二万斤，禁止私人私自贸易，一概由官府统辖。"

忽必烈听后，对阿合马的建议表示赞同，说道："好，就这么做吧。"

这样一来，官府将质次价高的食盐、药材出售给老百姓，从中牟取暴利，残酷地搜刮百姓。

攻宋后，国库有些支绌，阿合马知道忽必烈有些不悦。忽必烈曾在一次朝会上说要奖赏将士，自然需要更多的银子。阿合马摸准了忽必烈的脉搏，又上前奏道："自大军南伐以来，减免编户征税，又罢转运司官，令各路总官府兼领税课，以致国用不足。臣以为莫若验户数多寡，以远就近，立都转运司，量增旧额，选廉官干吏分理其事。如此，则民力不屈，国用充足矣。"

忽必烈又是依计采纳，施行了下去。

在税收方面，阿合马则改变了以往汉族儒士所推行的重农桑、轻赋役、休养生息的政策，任意增加税收。元初，在北方地区实行丁税政策，并按丁和驱丁征收，每丁每年纳粟一石，驱丁每年纳粟五升，新户丁驱则分别为五升、两升五斗，老幼之人不缴纳丁税。阿合马则将其提高一倍，使老百姓的负担日益加重的同时，竟然还规定地多者要缴纳地税。在江南地区，自南宋灭亡以后，元朝按以往惯例，对其实行夏秋税制，但阿合马只令其缴纳实物的三分之一，其余以钞折算，仅此一项每年即多向江南百姓搜刮中统钞十四万锭，将百姓逼向破产的边缘。

真金目睹阿合马的行为，心中不悦，他不知道父汗为何总是对朝中臣子言听计从。先是刘秉忠，刘秉忠死了以后，又是阿合马，父汗何时才会如此宠信自己呢？真金看着阿合马在中书省呼风唤雨，恼怒不已。

随着阿合马敛财手段愈来愈残酷，朝廷中的汉族儒士纷纷反对阿合马的所作所为，但忽必烈并不以为意，反而更加信任阿合马，任其胡作非为。有一次，一个名叫亦马都丁的官员因欠官府钱而被罢官，直到他死后也没有还清。中书省官员便将此事上奏给忽必烈，要他裁处此事，忽必烈竟然不屑地说："此乃财谷之事，请与阿合马商议处理。"忽必烈对阿合马的信任竟达到如此地步，令上奏者无所适从。

安童在事后曾大醉一场，慨叹圣上被阿合马敛财之技遮住了双眼，对这贪婪之徒竟如此宠信。对阿合马的痛恨使安童与真金找到了共同语言，二人常在一起斥责阿合马。

阿合马却浑然不知，在为朝廷敛财的同时，没忘了为自己攫取好处。他不仅在全国各地强占民田，还挟权经商，获取四方之利，在家中设置总库，号之曰"和市"，那些唯利是图者趋之若鹜。阿合马还常常依仗权势，将别人家尚有几分姿色的妻女占为己有。他曾声称，只要别人献上妻女，便可获得高官。于是，那些恬不知耻之徒便将自己的妻女作为礼物送到阿合马的床上，任其凌辱，以换取高官厚禄。阿合马通过各种手段，拥有妻妾达四百余人，生活荒淫至极。

在与安童一番商讨后，一次朝议中，真金出班奏道："父汗，节用与爱民方是兴国大计，一味刮掳百姓，定会官逼民反。"

"放肆！百姓犹如我之儿女，怎说我是刮掳？"忽必烈有些动怒。

阿合马出班奏道："大汗爱民之名天下皆知，太子之言谬也。"

真金气道："我与父汗讲话，没有你插嘴的份儿！"

忽必烈大怒："大元朝堂岂是父子之所？所有臣子均可秉君直谏！"

阿合马一脸喜色。安童见状，忙上前道："大汗，太子是说目前课税较重，恐百姓不堪承受。"

忽必烈见安童这样说，面色方有所和缓，道："这事，安童下去与阿合马议一议吧。"

君臣不欢而散。下得朝堂，阿合马趾高气扬，边走边冲安童道："什么时候到我府上议事呀？"

真金怒不可遏，抽出弹弓射向了阿合马。只听阿合马一声惨叫，额上顿时起了鸡蛋大的肿包，但他又不敢向太子发威，只得捂着头恨恨而去。真金、安童大笑起来，解了一丝心头之恨。

察必告诉忽必烈真金与阿合马交恶，并出手将其击伤之事后，忽必烈陷入了沉思。

第二天，忽必烈升帐议事，果见阿合马头部红肿，佯装不知地问道："阿合马，你的头怎么了？"

阿合马惧怕太子真金，不敢如实相告，便撒谎说："臣骑马不慎，被其踢伤。"

在一旁的真金看着阿合马狼狈不堪的样子，觉着犹不解恨，便问："阿合马，吾以弓击汝头、划汝脸，为何不实言告诉大汗，反而要撒谎呢？"

阿合马面对忽必烈和众位朝臣，当即面红耳赤，低头不语。忽必烈问阿合马："太子之言当真？"

阿合马又一次矢口否认道："大汗，实乃臣骑马不慎所致，与太子无关。"

真金大怒："你竟敢说我是马！"说着，真金上前扭住阿合马，一阵拳打脚踢，打得阿合马用手抱着头，不敢还手，一会儿的工夫便血流满面，衣衫破碎。

"真金！"忽必烈大怒，"朝堂之上，殴打宰相，成何体统，下去！"

阿合马对太子真金赔礼道："臣并无骂太子意，实出无心。"

太子真金说道："阿合马，你可知欺君之罪？"

阿合马答道："臣知！"

太子真金说道："你为何不实言相告面破之事？"

阿合马一时语塞，刚才血红的面部转成猪肝之色，呆呆地站在那里，等候忽必烈发落。忽必烈却挥手道："都下去吧。"

真金坐在母亲察必身边，仍在喘着粗气，见父亲进来，便道："父汗，阿合马乃奸臣也，不知节用、爱民，只顾重敛搜刮民脂民膏，此等下作之人当废黜之，不应留其在朝廷。"

忽必烈听了太子真金的言论，心中有些不快，但他并没有显露出来，只是说："朝中用度日增，阿合马敛财有术，于朝廷有功，不可随意废黜之。"

太子真金见忽必烈在为阿合马开脱，不便再说什么。这件事之后，阿合马仰仗忽必烈对他的信任，仍然擅断朝政，威震朝内朝外，但他对太子真金却如老鼠见了猫一般，唯恐避之不及。

察必见忽必烈在上都巡幸，仍不能放下朝中琐事，于是便安慰道："大汗，这守漠北的桑刺还是有才的。"

"我也这样认为。"

"漠北被他治理得如此风调雨顺，已是难得。"

"人才难得。"

"还用他？"

"用。"

"刘秉忠之弟为何要开那经学院？"察必呷了一口酒。

"主要是为我大元国培养儒家人才。"忽必烈说，"半部《论语》都能治天下，你有没有听说？很有意思的。"

"比佛学有意思吗？"

"各有乐趣。"

"还是找八思巴来谈一下佛学吧。"察必说。

"那也好。"忽必烈呷了一口酒，叫怯薛去传八思巴。

此时，八思巴正和阿合马、桑剌三个人喝酒。桑剌把王著抨击阿合马之事说了一遍，气得阿合马直咬牙切齿。

"那王著，真是活得不耐烦了。"阿合马猛喝了一口酒。

"桑剌，"八思巴说，"你看该怎样帮阿合马大人。"

"阿合马大人会把这事料理好的，他不需要我们帮忙。"

"要的。"阿合马说，"我有意让你们二位帮我。"

"真的？"八思巴说，"桑剌在此，有难处尽管说。"

"难处就是能不能尽快把王著那小子除去，以解我心头之恨。"阿合马说，"桑剌，这里你说了算？"

"阿合马大人，这里咱们说了都不算。"桑剌说，"这里是忽必烈汗说了算。"

"这也有道理。"八思巴说，"不过，大汗是不会处置王著的。"

"为什么？"桑剌不解地问，"有你和阿合马大人在大汗耳边吹风，难道还不能让大汗下令处置王著？"

"不能。"八思巴摇一下头，"我知道，大汗最忌谗言。"

"那怎么办？"桑剌说，"该不会让我去给大汗说吧？"

"理应如此。"八思巴说，"我们来到上都，你也尽地主之谊。"

"那好。"桑剌说，"我这就去找大汗，让他去了王著之职。"

桑剌说完饮了一杯酒，正想起身时，一个怯薛走了过来，说道："国师，大汗请您去泉池理佛，走吧。"

八思巴先是愣了一下，继而卖给阿合马一个顺水人情："桑剌大人，还是我去到大汗那儿帮阿合马大人吧。"

阿合马有一种意外之喜，他没想到八思巴会助他。阿合马忙点了一下头说："如此甚好，一切有劳国师。"

八思巴说："咱们三人情谊为重。"

阿合马说："是这样的，是这样的，咱们情谊为重。"

桑剌说："国师前往，定不会让阿合马大人失望。"

阿合马说："如此说来，真是要多谢八思巴大人。"

八思巴笑了一下，朝阿合马、桑刺摇了一下手："二位在此等候佳音，我一定不会辜负二位大人的期望。"

怯薛引八思巴来到忽必烈和察必面前，八思巴躬身施礼："大汗，皇后，这太液池真是风光无限。不过，却有人参了阿合马大人的本，真是不分青红皂白，冤枉了阿合马大人。其实，阿合马大人还不是为了大汗好吗？"

"坐下吧！"忽必烈笑了一下说，"国师，咱们只谈佛事。"

八思巴说："大汗，昔人寿万岁时，有一王，名曰'十奢'，其大夫人生育一子，名曰罗摩。"

"是为太子？"

"正是。"八思巴呷了一口酒说，"那十奢王第二夫人又有一子，名曰罗漫，不如罗摩太子有大勇武。他能闻声见形，无人能及。"

"此二子当无敌于天下。"忽必烈呷了一口酒。

八思巴微笑了一下，给忽必烈斟上酒，又为自己斟上。

忽必烈微笑着说："国师再讲下去。"

八思巴点头称是，继续说道："时第三夫人又生一子，名婆罗陀。"

"三夫人又生一子？"

八思巴说："十奢王的第四夫人也生一子！"

"还有一子？"

"是的。"

"只此四子了吧？"察必被八思巴逗笑了，她呷了一口酒说，"国师，那十奢王已有四子，够了。"

"够了，够了。"忽必烈说着笑了笑，"再讲下去。"

"是，大汗。"八思巴说，"第四夫人生一子，名叫灭怨恶。"

"叫什么？"

"灭——怨——恶。"

"噢。"

察必摇了一下头，问忽必烈："八思巴刚才说什么？"

"灭怨恶。"

忽必烈说："国师，皇后有些耳背，休要见笑。"

"是，大汗。"八思巴说，"第三夫人，十奢王甚爱敬，这是他有偏爱。"

"偏爱三夫人？那是为何？"

"三夫人艳美之极。"

"贪色的十奢王。"忽必烈呷了一口酒，微笑着说道。

八思巴说："十奢对三夫人说：'我今于尔，所有财宝，都无吝惜。若有所需，随尔所愿。'"

"他把所有财宝都给三夫人？"忽必烈叹了一口气，"还对她说'尽管拿去，不要吝惜'？真是大方。"

"是这样的。"

"接着说。"

"那夫人说：'我无所求。'"八思巴说，"没想到三夫人不要。"

"有这等事？"忽必烈睁大了眼睛，"她为何不要？"

八思巴说："不久，十奢王遇害，命在危矣，即立太子罗摩，代己为王。于是罗摩以帛结发，头著天冠，如王者法。"

"然后呢？"

"大汗，然后就有小夫人瞻视王病。"八思巴说。

"怎么，小夫人去看了十奢王？"忽必烈笑了笑。

"正是，大汗。"

"如何结果？"

"小夫人染病。"

"怎么回事？"

"是被十奢王染上的。"八思巴说，"小夫人自恃得宠，见罗摩绍其父位，心生嫉妒。寻启于王，求索先愿。"

"小夫人要干什么？"

"大汗，小夫人缠着十奢王，要他立她的儿子为王。"

"这还了得。"

"是很麻烦。"

"何止麻烦？"忽必烈有些激愤的样子，他将一杯酒一饮而尽，"干预朝政的贱人，真是该死。"

"是该死。"

"十奢王如何说？"

"十奢王闻小夫人之言，譬如人噎，既不得咽，又不得吐。"

"那十奢王又如何处置此事？"忽必烈想探个究竟。

八思巴呷了一口酒说："王者之法，法无二语。"

"是应该法无二语。"

"然十奢王从少已来，未曾达信。"八思巴说。

"那如何是好？"

"思唯是已，即废罗摩，夺其衣冠。时弟罗漫，语其兄弟，兄有勇力，兼有扇罗，何以不用，受斯耻辱。"

"他兄弟如何说？"

"兄答弟言：'遵父之愿，不名孝子。然今此母，虽不生我，我父敬待，亦如我母。'"八思巴说。

"还有呢。"

"婆罗陀极为和顺，实无异意：'如我今者，虽有大力扇罗，今可与父母及弟，所不应作，而欲加害。'弟闻其言，即便默然。"八思巴叹了一口气。

"那两个儿子呢？"忽必烈呷了一口酒，"还有二子呢？"

"那二子远置深山，经十二年，乃听远国。罗摩兄弟，即奉父敕，心无结恨，拜辞父母，远入深山了。"

"真是好孩子。"忽必烈感慨万千。

八思巴说："时婆罗陀，先在他国，寻马远国，以用为王。然婆罗陀素与二兄，和睦恭右，深存敬重。既远国已，父王已崩，方知母妄兴废立，远攘二兄。嫌其生母所为非理，不言跪拜。"

"此为义子也。那他如何对其母讲？"

"大汗，那子对母说：'母之所为，何期悖逆。'"

"有悖情理也。"

"正是，大汗。那子对母言罢，便向大母跪拜，信胜于常。时婆罗陀，即将军众，至彼山际，留众在后，身自独来。当弟来，他对弟言：'先恒称弟婆罗陀义让恭顺，今日将兄来，欲诛伐我之兄弟？'"

"他们有些怕婆罗陀？"

"是的，以为是来诛杀他们兄弟的。"

"有了猜测。"

"对。大汗，为人臣子，最忌猜测无常。"八思巴说，"大汗，那兄语婆罗陀言：'弟今何为将此军众？'弟对兄说：'恐涉道路，逢于贼难接之。'"

"噢，原来如此。"忽必烈微笑了一下，呷了一口酒，道，"是怕他们兄弟路上有事。"

"是的，大汗。"

"还怕有贼。"

"对，大汗。"八思巴说，"他们兄弟误会解除。"

"然后呢？"

"兄弟言：'先受父命，远徙来此，我今云何，辄得还返？'"

"让他们回去了？他们可愿意？"

"不愿意。"

"那当如何？"

"兄说：'若与辄意，不名仁子孝亲之义，如是苦求不已，兄意曛然，执意弥固之坚。'"

"一定想让他们回去。"忽必烈说，"感情之深也。"

"大汗，弟知兄意终不可回，旋即从兄。"

"依从他们？"

"只能如此。"

"感人呀。"

"索得兄长革屣，惆怅懊恼。"八思巴叹了一口气。

"没有办法？"

"没有什么好主意，要了兄长的鞋子，留作纪念。"

"兀自回去了？"

"是的，大汗。"

"后来呢？"

"统摄国政。"

"还是成了一国之主呀。"忽必烈感叹着喝完了一杯酒。八思巴忙给忽必烈斟上。

"日后如何？"忽必烈呷了一口酒，笑着问八思巴，"还有呢？"

八思巴呷了一口酒，对忽必烈微笑了一下，又为忽必烈斟了一下酒说："大汗，那子当上王之后，常置革屣于御座之上，日父朝拜，问讯之义，如兄无义。亦常遣人，到彼山中，数数请兄。然其二兄，以父先敕十二年还，年限未满，至孝尽忠，不敢违命。"

"生子当如斯也。"忽必烈感叹道，"真是义子呀。"

八思巴说："大汗，也是以忠孝因缘，那时，一切人民，炽盛丰满，五谷丰熟，十倍于常。"

"这叫国旺天心顺呀。"忽必烈感慨万千，他一仰脖将酒泼向心中的怒火，"今有阿合马枉私修太液池，真是胆大妄为。如此下去，我大元国将毁于一蚁之穴。国师，如果阿合马再有此举，定斩不饶。"

"是的，大汗。"八思巴急忙起身伏地。他未料到忽必烈会发那么大的火，急忙请安回去，他压根不想再提阿合马之事，正所谓"识得时务为俊杰"。

但是，阿合马见到八思巴时，八思巴却说已替他在忽必烈面前讲过情了，并且对阿合马说，大汗夸你把泉池修得好呢。

阿合马放心了，他想，长此以往，修上一片城池，就可捞足上万黄金白银，这样下去，国库还不成了自家的。

就在忽必烈准备到上都郊外去狩猎之时，莉苹真人听到消息之后，沉思许久，向兔拔哥说出了自己的一番计划。兔拔哥听后沉吟了一会儿，同意了。

忽必烈率领大队人马出上都之后，便来到了一片树林前。就在这时，莉苹真人出现了，她对兔拔哥推荐给她的阿兰娜和耶律红附耳几句。耶律红说："我去。"

耶律红策马来到忽必烈面前。忽必烈见耶律红对他微笑，当下就令怯薛退后，随耶律红驰进树林。

"知道你会来。"

"为什么？"忽必烈笑问。

"漠北武学有无边法力。"耶律红说着，叹了一口气。

"你知道漠北武学？"

"是的。"

"现在是谁主持？"

"九九妹。"

"噢，还是她。"

"大汗，真的能推祸福，很准的。"耶律红说，"这将来如何，我都推算过了，如果事有不成，你我还会有两次见面的机会，如果能见到你，即证明我对大汗一片赤诚。"忽必烈皱了一下眉头，想了一会儿说："你真不认识耶律美吗？"

"不认识。"

"说实话。"

"是不认识，大汗，小女子怎敢欺瞒您呢？"

"如此甚好。你既不认识耶律美，我就放心了。"忽必烈叹了一口气。

"请大汗明讲。"

"耶律红。"

"大汗，咱们下马吧。"耶律红说着跳下马来。

"好的。"忽必烈也跳下马，放开马缰，任马儿自由地走，"耶律红，我怕你与耶律美有什么瓜葛，还在怨恨我。"

"怨恨你？那是为何？"

"我怕耶律美是和我含怨分袂，这许多年来一直见不到她，我也很自责。"忽必烈说。

"自责？"

"是的。"忽必烈叹了一口气，"感到有点对不起她。"

"那又为什么？"

"因为是我负了她。"

"这也不怪你。"

"为什么不怪我呢？就是我抛弃了她。"忽必烈说。

"大汗，你有四个大斡耳朵，好多女子都以得您宠幸为荣，她怎么会怪你呢？"耶律红笑着说道。

"你不懂的。她很认真。"

"对大汗吗？"

"是的。"

"那你呢？"

"我有察必足够了。"忽必烈说，"你们不会知道我和察必的感情。没有察必，怎有我的汗位？"

"皇后有如此大功？"

"正是。"面对美人，忽必烈有一股回首当年之勇的念头。

"与阿里不哥殿下争斗？"

"还有诸王。"

"都有谁？"

"都过去了。"

"大汗，事情没有过去。"

"没有？"忽必烈已预感到事情不妙，"耶律红，怎么一回事儿？"

"大汗，有个王爷还惦着你呢。"耶律红笑了笑。

"哪个王爷？"

"兔拔哥。"

"王叔？"忽必烈愣了一下，"他是拔都系的人。"

"对，他在这里，就是他让我来侍候你的。"说着，耶律红拔出了刀。忽必烈当即就惊呆了。

耶律红持刀刺来，忽必烈大叫一声闪到一旁："耶律红，这是为何？"

"受人之托。"

"谁？"

"天下汉人和漠北诸王。"

"为何要加害本汗王？"

"你自己知道。"

"我不知道。"忽必烈惊叫，"我与漠北系并无瓜葛。"

"但你毕竟得罪了一些王爷，"耶律红说，"比如兔拔哥。"

"兔拔哥王叔在拔都王那里，怎么会回到漠北？"忽必烈惊呼不止，"他在这里是不是与桑哥有关？"

"这个我便不知道了，也不想知道，那是你们黄金家族的事。"耶律红阴冷地说。

"难道你真的要杀我吗？"忽必烈见面前美人突然变成罗刹，有些惋惜。

"大汗，不是我要杀你，是你们家族的人要杀你。"

"到底是为什么？"

"为夺汗位。"

"汗位？"忽必烈眨了一下眼睛，说道，"真是好笑。"

"有什么好笑的？"

"天下都在我的手心上，还来夺什么汗位？"忽必烈仰天长笑。

"你一天不死，这汗位就到不了别人手上。"

"你能告诉我是哪些人吗？"忽必烈想尽量拖延时间，希望和他一起狩猎的兵马快些赶过来。但是，忽必烈很失望。

这时，耶律红又持刀砍了过来，忽必烈急忙应战。

忽必烈毕竟老了，他的身法一点儿也不灵活了，尽管他也是拼命抵抗，但眼看就招架不住了。耶律红逐渐占了上风，并且步步紧逼，那架势是非要了忽必烈的命不可。忽必烈也看出了耶律红的意思，知道已是没有办法躲过此难，想了一下，干脆引颈受死。

于是，忽必烈放弃了争斗。

耶律红持刀又一次砍向忽必烈，那刀带着风砍了过来。就在耶律红的刀将至忽必烈脖颈的当儿，耶律美策马赶到。

"小红，住手。"

"姐姐，你怎么来了。"

"是的，我来了。"

"你来干什么？"

"劝你不要杀忽必烈。"

"不。"

"小红，你要听话。"

"不，我要杀他。"

"为什么？"

"受人之命。"

"谁？"

"蒙古诸王。"

"他们之间纷争，你又为何插手？"耶律美说着已翻身下马。

"不要问。"

"小红，你要告诉我这是为什么？"耶律美的语气不容置疑。

"姐姐，你不该来。"

"怎么？"

"漠北将有杀戮。"

"谁？"

"就是行刺忽必烈。"

"我要制止。"

"不可能。"

"为什么不可能？难道你非杀他不可？"耶律美有些生气了。

"你还爱着忽必烈？"

"是的。"

"忽必烈抛弃了你。"

"不。"

"难道他弃你而去，你还要对他念念不忘吗？"

"妹妹，你不懂。"

"有什么不懂？"

"女人的爱。"

"什么女人的爱，真够啰嗦。"耶律红说，"待我杀了他再说。"

"不行。"

"快让开。"

"有我在，你就别想杀了忽必烈。"耶律美用身体挡住忽必烈，可忽必烈依然像一尊铁塔般伫立在那儿。

忽必烈目睹耶律姐妹的争执有些不知所措，他见到眼前的耶律美，有一种恍然如梦之感。

"姐姐，让开。"

"坚决不让。"

"我是一定要杀忽必烈的。"耶律红异常坚定地说。

"就为蒙古诸王的赏金吗？"耶律美冷笑一声。

"姐姐，你不懂。"

"我有什么不懂的？"

"这么多年，我隐居在漠北，正是为了刺杀忽必烈。"

"是么？"

"是的，那里有我们好多人。淘没祥、拥盗山，还有那一帮看上去像杂耍的艺人，他们都是我们的人。"耶律红说，"忽必烈在劫难逃。"

"就在九里湾、大屯的桃源酒店，你们那一帮人要杀忽必烈？"

"正是。"

"不可能的。"

"为何？"

"我路过港河沿时，已见到八思巴领着僧兵赶过来了。"

"八思巴？"

"对，还有阿合马他们一行，有大队人马，你杀不了忽必烈的。换一句话说，杀了忽必烈，你也会死的。"耶律红的态度令耶律美有些为难，她也想尽量拖延时间，"妹妹，我匆匆忙忙地赶到漠北来，你猜为了什么？"

"不知道。"

"为找你。"

"找我干什么？"耶律红说，"我自到漠北以来，就立誓死之志，也从不对外说起你是我姐姐。"

"立志献身？"

"对，为了刺死忽必烈，我早已置生死于度外，唯负使命而倍感自豪。我认为，我的事才是天大的事，是承受万民景仰的事。"耶律红笑了笑。

"妹妹，你还小。"

"我不小了，我已懂得国仇家恨。"耶律红说。

"什么国仇家恨？"

"姐姐，你忘了？忽必烈抛弃了你，蒙古人灭了金国，耶律家族几乎灭亡殆尽。"耶律红说，"唯有杀了忽必烈，才能报了此仇。"

"冤冤相报何时了。"

"难道你已成方外之人？"

"是的。"

"一切仇恨已泯？"

"对。"

"心中无恨？"

"没有了。"

"也不恨忽必烈了？"

"不恨他了。"

"可是我恨！必须杀了忽必烈，才能解我心头之恨。"耶律红说着又挥刀朝忽必烈砍了过来。

耶律美猛地推开忽必烈，抽刀迎战耶律红。忽必烈被耶律美推开好远，差一点儿摔倒在地，这才一下醒悟过来，恍若入梦一样地看着眼前争斗的一对姐妹。

八思巴和阿合马率人赶了过来，他们将耶律美、耶律红团团围住。八思巴走近忽必烈，阿合马也快步上前："大汗，微臣救驾来迟了。"

忽必烈望了一眼还在争斗的耶律姐妹，又瞪了一眼阿合马。阿合马不解其意，只是朝忽必烈笑了一下，说："大汗，救驾来迟，望乞恕罪。听怯薛说，大汗要独自前行，微臣一听不妥，才和八思巴大人赶了过来。"

八思巴急忙走近忽必烈："大汗，正是阿合马大人所说的那样，阿合马大人想到大汗的安危，才拼命赶向这里来了。没想到，还真的有刺客呀。"

"有吗？"忽必烈的眼睛眨了一下，慢吞吞地说，"谁说有刺客了？"

"这个……那个……"阿合马指着耶律红和耶律美说道，"那两个女子？"

"不是，她们不是刺客。"忽必烈说，"她们是一对姐妹。"

"姐妹？"八思巴说，"大汗，我们来上都的路上，那女子并没说她有什么姐姐的。大汗，你问过她的。"

"我问过吗？"

"问过。"

"她怎么说？"

"她说她没有姐姐。"

"还说什么？"

"还说有一个表姐。"

"表姐？叫什么？"

"大汗，你是知道的，她是一个道人呀。"八思巴说。

阿合马也连忙点头道："八思巴大人所言极是。"

"是吗？我都有些忘了。"忽必烈说，"只是刚才看这两姐妹斗得开心，一时兴起，什么都忘了。"

"大汗，咱们怎么办？"阿合马说，"是不是乱箭将她们射死。"

乱箭？忽必烈心中一惊，抬眼望了一下四周，见到处都是张弓搭箭的僧兵和怯薛，心中一惊。

"大汗，下令吧？"阿合马说，"只要大汗令出，我们就放箭。"

"放箭干什么？"

"射死那两姐妹。"

"为什么？"

"她们……惊了皇驾。"

"你大胆！"

"是，大汗，微臣多言了。"阿合马十分气恼地退到一边。他望了一眼八思巴，想说什么，又把话咽了回去。

"大汗，那当如何是好？"八思巴有些不得其解。

忽必烈想，如果射死耶律姐妹，一定会让自己终生遗憾，毕竟他目睹了耶律美救他的过程。如果不杀耶律姐妹，就一定会放跑耶律红。

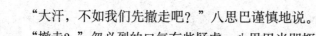

"大汗，不如我们先撤走吧？"八思巴谨慎地说。

"撤走？"忽必烈的口气有些疑虑，八思巴当即挥了一下手，向队伍做了一个撤退的姿势。"忽啦"一下，队伍便撤退了。忽必烈愣了愣神，说了声"走吧"，便也随队伍走了。他们直奔丛林外，回到了上都城。一路上，忽必烈总是长吁短叹。

忽必烈赶到上都之后，桑剌率上都文武百官庆贺忽必烈打猎归来。

"大汗这一次一定是满载而归。"桑剌谄笑着说。

忽必烈点了一下头，心中却不是滋味，他厌恶地看了一眼桑剌："漠北有什么武林之类的聚会吗？"

"大汗，有些乡民拳勇，他们都是我大元忠实子民。"

"忠于我大元国？"

"是的，大汗。"

"他们忠于大元，你是如何知道的？"忽必烈还是有些生气。

"启禀大汗，乡民拳勇都能各安其命，从不闹事。"

"不闹事，都干些什么？"忽必烈想起刚才险些被刺，心中就有气，"桑剌，你对漠北实情都了解吗？"

"是的，大汗。"

"大屯那一带情况可了解？"忽必烈想盘问一下桑剌，从他那里摸一下耶律红的底细，"那里有什么？"

"大汗，那儿有九里湾、沟头寺、往胡寨、青龙镇、桃源社、港河沿、九店、里店、高凹、平况、淘楼、在地楼，还有许多按大元律法设置的达鲁花赤。"桑剌说，"漠北武学有几支，皆以王族兔拔哥王叔为主，他们号称'漠北第一武学'。"

"兔拔哥王叔不是去了拔都那里了吗？"忽必烈说。

"他游荡江湖，居无定所。"桑剌说，"后来听人说他的妹子九九妹正统领这一带武学之门，也是为国效力的。"

"真的为国效力，还是背后有什么不义之举？桑剌，你要查实之后，如实上报。"忽必烈还有些气，"没想到此次巡幸，会如此不令我开心。"

"大汗有何不顺？"桑剌说，"尽管吩咐，我会料理好的。"

"我问你大屯那一带情况如何。"忽必烈的口气依然怪怪的。

"什么情况？我未对大汗言明那里的地貌？"桑剌有些纳闷。

"我是问你可知那里武学情况？"忽必烈像是在责问。

"大汗，那里确是风平浪静，并无异端之举。"

"真的？"

"大汗，来漠北之人，常在那里的酒肆中饮酒。"

"可那里却有拳匪。"

"拳匪？"桑剌说，"大汗，你说的是那酒馆里边？"

"对。"

"不可能。"

"怎么？"

"那里的店主只是一个艺人而已。"桑剌笑了笑。

"一个艺人？"

"对。"桑剌说，"就是唱小曲的，比如青蛇白蛇闹许仙之类的。"

"那里常聚很多人？"

"隔五日一聚，四邻八家的人都去。"桑剌说，"人很多。"

"能有多少？"

"没有计算过。"桑剌说，"大汗，有时如您游皇城一样多，也像那么热闹。他们从不闹事，很安分。"

"真的吗？"

"是的，大汗。"

"那里还有什么人？"忽必烈想直接问耶律红的事，想了一下，又把话咽了回去，笑了笑。

"大汗想问什么人？是说唱艺人，还是老人、妇人？"桑剌不明白忽必烈的意思，说道，"大汗，我可把那里的人都传过来，让大汗一一问话。"

忽必烈想了想，摇了一下头："算了吧，走时再说吧。"

"大汗，走时路过那里，我可命那些说唱艺人为大汗献艺。"桑剌还是没弄懂忽必烈之意，小心地赔着笑，"大汗，那里有说唱艺术最拿手的好段子。"

"什么？"

"青蛇白蛇斗许仙。"

"这是何意？"

"说是有青蛇白蛇共爱上读书人许仙，他们三个人共处一室，出现了一些男欢女爱之事。后来，两蛇女因争宠许仙，就互相斗了起来，很精彩。"

"好了，桑剌，朕吩咐你！"

桑剌忙跪地道："大汗，臣听旨。"

"起来吧。"

"是。"桑剌起身，站在一边，看着忽必烈。

忽必烈道："你是我蒙人的后代，漠北及我大元的后院，你一定要看护好！"

"是！"

"还有，派人把兔拔哥监视起来，把漠北一带的武林人士，连带那些杂耍唱曲儿的一概遣去戍边！"忽必烈思前想后，还是割舍不下对耶律美的留恋，于是

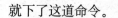

就下了这道命令。

"是！大汗，臣这就去办。"

忽必烈巡幸离去了。回到大都后，忽必烈感到此次上都巡幸不虚此行。

他最强烈的第一感觉便是在蒙古诸王中的形象地位至高无上。

自蒙哥汗死后，虽然忽里台大会上自己被推为新汗王，但是仍有多部王爷未来致贺。在平息了啰唆、阿里不哥的反叛后，漠南、漠北一带的宗王虽然不再反对自己，但仍是守着各自的属地，不离不即地尴尬着。自己奉行汉制治国，汗国经济日益兴盛富有后，又攻下了南宋，这才打动了这些王爷的心，这才让这些黄金家族的后人们开始与自己联络。自至元元年始，第一回祭祖时，自己赏出去的大批银帛也起了重大的作用，此次就连远在西域的旭烈兀后人也到大都祝贺灭宋之捷。回想起此次在上都巡幸时，跪倒在自己脚下的宗亲王爷们，忽必烈笑了，他在这一刻起，才觉得自己是蒙古人心中真正的汗王了。

忽必烈回上都的第二个感觉便是汉人的顽固与偏执。

在下诏杀文天祥时，他大有惺惺相惜的惋惜之心，他不明白这些汉人为何紧把住宗族的牌子不放手。他忽必烈是蒙古人不假，但也是以汉制治国，也是以天下百姓富裕为己任，比起那荒淫无耻的南宋父子皇帝来，要强千万倍，怎么就不能让汉人们尽数跪拜在自己脚下呢？花容月貌的耶律红妩媚多姿，笑起来顾盼生辉，怎么也会锁住眉头，向自己挺剑而刺呢？忽必烈自此感到，南宋是掌握在自己手里了，但征服南宋臣民的心仍属任重道远，仍要吩咐大臣们做好安民之事，同时要防备百姓暴动发生。

第三个感觉便是大臣们的争斗几近白热化。

一边是商挺、张文谦一干汉臣。他们奉孔子为神明，除了讲尽仁、义、礼、智之外，便是减赋、免税，想尽办法为汉地百姓谋实惠。另一边是真金、安童他们。这些人是皇亲贵胄，既拥戴汉法制国，又常因汉法的呆板而矫正，在朝中还稍有一点骄娇之气。最后这批便是以阿合马为首的桑剌等人。他们是天下搜刮财帛的高手，自然也难免百姓有怨，恰因这一点，成了前两批人的众矢之的。

而此三种人是自己缺一不可的。既要有汉臣为大元料理政务，又要有太子等自己的心腹掌握大权，还要用阿合马来充盈国库。难呀，也许，这统御天下的基本便是驭人呀？

忽必烈思来想去，便吩咐扎察传信给伯颜，令他派几个忠心的将领到漠北戍疆，接着又叫人把安童叫过来。

此时，安童正在自己府里喝闷酒。

太子真金心里不痛快，也来到了安童府中。安童的下人连忙为太子斟酒、搬座，一阵忙活。真金恨恨地道："你太不争气，为何放弃权力？"

草原英雄：忽必烈

安童知道太子是为今日朝堂之上的事生气。今日在朝堂之上，安童出班奏道："大汗，臣为宰相，却不知阿合马将自己的儿子任以要职，就连他的家奴也成了上都的参将。臣这宰相已形同虚设。"

忽必烈有些不悦："放肆！阿合马之子是朕准其升迁的，与阿合马何干！"

安童又道："大汗，臣身为宰相，自当有任免官吏之权，那阿合马一意孤行，显然是恃宠横行。"

忽必烈大怒："你是说朕用错了人？"

安童也不示弱："如大汗看臣权职太大，那臣以后唯理囚徒之事，其余政务均让阿合马大人一手独揽好了。"

忽必烈一拍龙案："安童你才是恃宠横行！我念你是功臣之后，年少有为，才任你重职，你倒目无圣上，质问起朕来了。好！你就去专管那几个囚犯吧！"

安童回想起白天那一幕，自是有些后悔，便道："太子殿下，我当时是有些冲动。"

"冲动？你是与阿合马平起平坐的一品宰相，你不想法拿他手中权柄，还自动让贤？这倒好了，他更要一手遮天了。"

安童也叹道："是啊，这回再没人能过问他的为非作歹了。"

太子道："赵璧大人病重，张文谦又一心修书，史天泽又是胸无城府的猛将，难呀！"

真金说到张文谦，张文谦又何尝不是难受。

忽必烈的藩邸老臣张文谦任御史中丞。阿合马对张文谦心存忌讳，唯恐其任御史中丞期间揭露自己的斑斑劣迹，便上奏忽必烈，要求罢诸道按察使以绝其言路来源，使御史台变成睁眼瞎，不能闻知天下事。张文谦对于阿合马的险恶用心一目了然，在朝堂上据理力争，使阿合马的阴谋化为泡影。但张文谦自知为奸臣阿合马所忌，便在完成自己的使命之后，极力求去。这使阿合马心花怒放，他对忽必烈说："张文谦乃当今大儒，大汗当命其为大学士，以尽其能。"

于是，忽必烈便任命张文谦为昭文馆大学士，领太史院，总理重修《大明历》之事。张文谦在阿合马的排挤之下，大权旁落，再也没有机会参与朝政了。

"大人，大汗召您进宫。"下人上来禀道。安童连忙起身，真金也整整衣襟，跟着安童去见父汗。

忽必烈正在进晚膳，见二人进来，忙亲热地招呼道："一块儿跟朕吃吧。"

忽必烈虽已是大元朝的皇帝了，但君臣礼仪尚不似汉族皇室那样讲究，所以，两人也不客气，坐下一起吃了起来。

边吃，忽必烈边道："安童，你在朝堂的话，朕明白。阿合马的有些行为是有些过，但他确有理财之能。我大元国祚刚兴，需要这样的人啊。"

【第十回】

婆娑红烛会儒士，葱茏绿影遇佳人

南必上山砍了一担柴火，正挑下山来。在茅封草长的乡村小路上走了一阵子，她有点累了，额头的一绺短发浸着汗珠子，粘在左边眉尖上。

南必此时还在漠南学堂学习汉学知识，南必的师姐英若莲来了，她挑柴是为了做饭招待她。

南必来到一眼井跟前，她放下担子，打算休息一下。这里是南必常歇脚的地方，她扯起褪了色的粉红布褂大襟抹了抹脸上的汗水，坐在井沿边的草坪上。

南必是一个十七岁的女子，在她那圆而黑的脸盘上，有着一双大而黑的眼睛，闪烁着热情、天真而又好奇的光芒，仿佛是刚刚踏进这个世界似的。南必的嘴角微微向上翘起，即使在气恼的时候，也掩盖不住她那美丽善良的面庞。一阵春风吹过来，南必的云发飞扬，煞是迷人。

南必的皮肤很细腻，但肤色呈现古铜色，是蒙古女子那种特有的肤色。她的嘴唇厚了一些，但曲线极美，一口牙比出壳的杏仁还白。她的那绺乌黑而发亮的刘海，已被汗水浸湿，却愈加显得楚楚动人，有一种蒙古女子特有的风韵。

也许有些累了，南必显得十分娇慵。她倚在柴草上，两条圆润的长臂，伸出来枕在头下，从她那粉红的襟领处露出一些细腻的胸脯。

英若莲来了，她说："南必，我已同恩师见过面了，你也不要再招待我了，我还有些事儿要办，得马上走。"

"走？"南必坐起了身，拍打了一下身上的草屑说，"怎么？马上到南方去吗？师姐，我是准备招待你的。"

"师妹，我这次急匆匆来去，是有苦衷的呀！"英若莲叹了一口气，"本想求见一下忽必烈汗，但家兄催我快回南方去。我也不知为何这样急！"

"过来，休息一下再上路吧。"南必伸了一下胳膊，英若莲就顺势倒到南必跟前，二人谈了一些武学之事。

317

英若莲脸上泛出一些奔跑之后的恬静的微红。她穿一件紫丁香色的上衣，在一堆柴草上，像一朵荷花在绽开，她跟前的南必更似出水芙蓉，二人相依相偎，颇似人间一种极致美景。

南必安静地坐着，在她那健康的、圆圆的、美丽的脸上，每一处都散发着青春和光彩。

南必的手臂裸到肘部，露出被日光晒成褐色的一段，似乎有些焦躁不安地摆动着。

"若莲，你刚才说准备见忽必烈汗？"南必扑闪着大眼睛。

"是的。"

"那是为何？"

"师妹，你有所不知。"英若莲说，"忽必烈有意征南。"

"忽必烈之意你因何而知？"南必说，"该不是恩师告诉你的吧？"

"正是。"二人都在刘秉忠之弟刘西坡开办的学堂中学习。

"听说这一次忽必烈汗去上都，被刺伤了。"

"只是受了惊吓。"

"刺客够大胆的。"

"不，"英若莲说，"忽必烈汗当时镇定自若，还放了刺客。"

"真的吗？"

"是的。"英若莲说，"大汗什么没经历过，区区刺客又怎能伤他？"

"忽必烈汗也够英伟的。"南必叹了一口气说。

"你见过他？"

"没有。"

"我也没有。"

"那你为何想见忽必烈大汗？"南必格格地笑了起来。

"是为了想劝他一下，不要再入侵南方交趾国。"

"就这些？"

"是的。"

"不像啊？"

"你呢？"

"我？"南必笑了一下，"我又怎么了，还不是跟你一样，没有见过忽必烈汗的面。就算他从我们面前走过，我还不是不认识他吗？你也一样。"南必说完又笑了起来。

也就是在南必和英若莲说笑的当儿，忽必烈确实从她们面前走了过去，且直奔沉堂寺而来。

刘秉忠之弟刘秉恕、刘西坡早年随忽必烈征战云南，而今，他们都回到大都，并且在金莲川安了家，刘秉恕还在金莲川开办经学院教授蒙古贵族子弟以汉学之礼。忽必烈这一次决定去沉堂寺，也主要是想看一下刘秉恕授业蒙古人的情况。

到了沉堂寺，正在此修书立说的张文谦叫来住持法师，把寺内安排停当，还在周围布置了怯薛，没多大一会儿，天就黑了。

忽必烈叫张文谦陪他饮酒，张文谦立刻现出一副感激涕零的样子。忽必烈说："你不必那样！国家之事，多劳你日理万机，才能基业永固呀！"

张文谦诚惶诚恐地说："为大汗鞍前马后，是理所应当的。"

忽必烈笑了一下说："你的书编得如何了？"

"回大汗，正在按计划进行。"

"八思巴创出了蒙古新文字，你也要用心啊。"

"是，请大汗训教。"

"我这一次入沉堂寺，途经九里湾、七里庵、红庙一带，有一种想法，有时离你要看的东西远一些，也许更能清楚一些。"忽必烈说，"'只缘身在此山中'，对吗？你们汉人真是博学多才，什么事儿都能想得明白。我呢？现在就有意跳到界外，冷静地看一下漠北，看一下桑刺。"

"桑刺？"张文谦一惊，"大汗对桑刺心有疑虑？"

"是啊。"

"大汗明智。"

"先生是忠臣，我才对你直言不讳地讲这一件事。"

"多谢大汗信任。"

"不必谢我，是先生每次都能帮我化解危难，我才想到你。"忽必烈举起酒杯说，"请用酒。"

"谢大汗抬爱。"

"先生，你此次回去，多思考一番，如何对付桑刺。"

"桑刺有变？"

"没有。"

"大汗，既然桑刺现在未有变况，不必着急。"

"不急？"

"是的，大汗，此时不必着急。"张文谦呷了一口酒。

"先生有何高论？"忽必烈叹了一口气，"桑刺之事，还有乃颜，他们早晚要成祸患。"

"大汗有此预知？"张文谦面露惊喜之色，他微笑了一下，说，"大汗，微臣也对他们多有担忧呀。"

"你也有同感？"

"是的，大汗。不过，微臣不敢断言，他们毕竟都是元朝重臣！"张文谦谨慎地说，"想要动他们，定要真凭实据，才能令蒙古诸王口服心服呀。"

"是呀，都是太阳汗的后人，没有反叛的迹象，朕也不忍砍他们的头呀。"

"正是。"

"那当如何是好？"

"可再遣人去上都。"张文谦一饮而尽，像是下了决心，"大汗，此时正是重用蒙古后起之秀的时候。"

"是该分一分他们手中的权力了。"

"分权？"

"嗯。"忽必烈点了一下头，说，"你先回去！我要一个人静下心来，好好地想一想。"

张文谦起身告退。

忽必烈很想任用张文谦推荐的所有人，包括刘西坡。

忽必烈和住持公伟法师论法，正好公伟俗家弟子来了一帮人，还有翰林学士徐岩一行数人。忽必烈感叹道："即使待在沉堂寺，也很难修身养性。"

徐岩说："修身齐家治天下，乃我汉学之精华也。"

察必说："诸子皆为世外高人，皆知先贤有'无为而治'之说，但汗国初建即出贪墨之官，何故？"

忽必烈说："日后让达鲁花赤每月上报各州县实情，中书省要每月辑出各地要典。"

徐岩说："自成吉思汗以来，各地汉人皆心向圣朝，恐临安半闲堂复出，而挡贤人之路。"

忽必烈说："不会的，不会的。我大元朝绝不允许南宋半闲堂之恶风盛行，更不允许有贾似道之流存在。"

徐岩说："举报阿合马贪赃枉法者甚多，不知大汗有何决断？如果长此以往，就怕真的要闹出一些事端，比如汉人多烈士，忠义之人难免有些义愤之举。阿合马卖官之事，已是大元流弊。还有阿合马大修寺院之事。另外，他家中还养了两名南朝歌伎，那里终日笙歌不绝，世人皆有怨言。"

另一位也说："我是有意出家为僧之人，本不想对世事多言，但不忍心各地生出事端，总想提醒大汗多备监察之职，在大元形成一个大监察网。"

忽必烈说："正如我意，元朝当用此法，使贪赃枉法之事不得出，使大元得以弊绝风清。"

察必说："如能弊绝风清，则是我元朝子民之福。"

忽必烈对这一群汉儒所言心中感激万分。在他们走后，他一个人静静地想了

草原英雄：忽必烈

许久，认为他在汗国初始，也是多靠汉人扶掖。

那时，如果没有刘秉忠，很难想象他在蒙哥汗时会遭遇什么不测。忽必烈正回想着往事时，皇后察必走了进来，她说："这一帮子汉儒，真是挺有真才实学的。"

"是啊！"忽必烈感慨道，"特别是那徐岩，看上去挺文弱，却似成竹在胸，谈经论道，真是挺有意思的，就连沉堂寺主持法师都对他赞不绝口。"

"也只有他们，能把安童这样的人培养出来。"忽必烈说，"怎么还不见安童过来？这小子，年纪轻轻的，学识却惊人之极，真是三坟五典无所不通。"

"安童昨日谏言何事？"察必说。

忽必烈说："还不是江淮行省平章沙不丁贪赃枉法之事。"

"沙不丁的胆子也太大了。"察必叹了一口气。

"不严惩沙不丁，就会有一大批贪官继续胆大妄为！"忽必烈气愤地说，"让他管粮库，他居然把粮库的粮食偷去卖了，这在哪个朝代都是不允许的。"

"断了他的手腕，是不是有些残酷？"察必说。

"他是害群之马，留他一命已是看在他屡建战功的份上。"忽必烈说，"若不是他当年追随我不离左右，真该把这样的人杀掉，还要诛他全家。"

帐外，夜色迷离，明月高悬。在忽必烈和察必谈论的当儿，安童走了进来。忽必烈让沉堂寺主持送些酒肉，他要与安童聊一会儿。不多时，帐内便灯火通明，酒肉飘香。

沉堂寺住持不时让人朝忽必烈大帐送菜送酒，颇为忙碌。忽必烈与安童持斛对饮，察必皇后亲自为安童斟酒夹菜。

忽必烈斜倚在锦兀边，一边嚼着吱吱冒油的烤肉，一边惬意地道："美酒佳肴，挚友倾谈，美哉。"

安童急忙伏地下拜。

忽必烈笑了："安童，你这是为何？"

"大汗，我不敢和您称为挚友。"安童轻声说。

忽必烈笑了，他呷了一口酒说："安童，这没有什么。我们可成忘年之交嘛！"

"大汗，微臣诚惶诚恐。"安童说，"能与大汗对饮，已是深蒙皇恩了，怎敢妄谈忘年之交？臣只想敬重大汗，把大汗当做我再生之父母。"

"很好，你的心意我懂。"忽必烈呷了一口酒。

"大汗，日后不管到什么时候，我都会待您为长辈的。"安童谨慎地说，"您毕竟是功高盖世之大汗。"

"好啦！起来吧。"忽必烈朝安童挥一下手说，"喝酒吧！"

"谢大汗。"

"安童。"

"在。"

"此处没有血腥，没有争斗，在此修身养性，真是神仙般的享受。"忽必烈惬意地笑了。

"是啊，大汗，但愿从此再没有人类互相厮杀的战争。"安童呷了一口酒，谨慎地说，"大汗，这世道该是清平的时候了，江淮一带已是十室九空，再不停止争战，就怕整个天下都要变成大牧场了。"

"那样，我可以更好地牧马嘛！"忽必烈说着笑了起来。

察必并不言语，她只是用眼盯着劈啪爆响的灯芯。

忽必烈在安童离去好长时间，都是一个人静静地望着月亮。此时，已时近黎明。

"想什么呢？"察必说，"大汗，您是不是对安童有些不满意。"

"正是。夫人，安童过于拘谨了。"忽必烈说，"桑剌统兵漠北，这是块心病呀，我需要一个能在出事之前，敢于快刀斩乱麻之人呀。"

"大汗英明。"

"夫人见笑了。"

"不，心里话。就是从心里感到大汗的英明，觉得大汗非常了不起。"

"这是为何？"

"大汗，此次出游，本是想在这里修身养性，可您还是念着大元安危。"

"是啊，朕下旨疏通运河，也不知如今办好了没有。"

"真是难得贤明之君。"察必很激动，她依偎在忽必烈肩头，感到宛如是倚靠着一堵墙。

"桑剌是我的心病，我是第一次对夫人说起。"

"我也感觉到了大汗的心事呀。"察必说着，叹了一口气。

"我心里有了一个想法。"

"让安童去漠北？"

"对，要靠他，让他先到漠北去。"忽必烈下了决心。

"分散桑剌的兵权，并可监视诸宗王的举动？"

"对。"

"大汗，此事重大，是否要与张文谦商议一番？"

忽必烈点了一下头。

被叫去和忽必烈商讨任用安童去漠北之事时，张文谦心中充满了感激。他知道尽管有不少人在进他的谗言，但忽必烈还是信任他。

"大汗，你在此修身养性，本不该过于操劳国事的。"张文谦实在不忍搅扰在沉堂寺修行的忽必烈。

"没有什么，是我让你来的。"忽必烈指了一下酒桌，说，"坐吧，咱们议一下安童之事。你有何高见？"

"在下乃一介儒臣，不敢多言军政大事。"张文谦坐定之后说，"况且，微臣已年迈体弱，这天下是年轻人的天下。大汗能任人唯贤，乃大元之幸。"

"这么说，张先生是认同安童乃一贤才了？"忽必烈笑了。

"是的。"

"我观安童有些谨小慎微。"忽必烈呷了一口酒。

"大汗何以见得？"

"方才我刚与他谈过。"

"都谈些什么？"

"漠北之事。"

"去震慑桑剌？"

"对。"

"太难了。"

"难？"

"是的，大汗。"

"正因为是难事所以才找安童。"忽必烈说，"他曾威震一方。"

"那是在他先祖属地。"

"属地？什么意思？"

"大汗，安童乃木华黎之后，有他先祖之威名，当然好管理那里的百姓。"

"先生，不要激动，你可以心平气和地讲一下你的理由。"忽必烈冷静下来，他呷了一口酒。

"大汗，让安童去漠北，正好可以让桑剌消除戒心。"

"怕桑剌怀疑？他怀疑什么？"

"大汗如果派重臣前往，桑剌一定会担心大汗会对他们那一帮人进行整治，那样，上都就会乱起来。"张文谦见忽必烈在耐心地听他讲话，微笑了一下，"大汗，您想是不是这个道理？"

"先生言之有理。"

"桑剌对大汗已有戒备。"

"我知道。"

"大汗，有计划地对桑剌的权力进行削减，才能不至于引起漠北之乱。"张文谦见忽必烈在认真倾听，他讲得更认真，"大汗，安童去了还有一个好处。"

"什么好处呢？"

"安童年轻。"

"是的。"

"这正是锤炼他的大好时机，"张文谦说，"以后才可委他大任。"

"我是有这个意思。"

"用人不疑。"

"这是百试皆应的一句话。"

张文谦笑了。这让忽必烈也很开心，他举杯对张文谦说："不过，也有一定的道理，既用安童，就不用疑他。"

"是的，大汗。"

"可他似乎有些柔弱，像一根经不起风的草。"

"大汗，草是有韧性的。"张文谦呷了一口酒。

"韧性？"

"正因为如此，才能经得起风雨。"张文谦笑了笑。

"这是为何？"

"大汗，那树木所折者乃干脆之枝，因其刚直也。"

"刚正？"

"是的，正因为刚正，所以它们才经不起风雨。"张文谦说，"安童已学了我汉学之精华，并能加以借题发挥。"

"那是何意？"

"是因为安童知道了明哲保身。"张文谦笑了笑，"安童乃东郭金箭、龙骧虎步的奇才。"

"是的。"

"大汗也同意了？"

"同意，有好多人都是如此举荐安童的。"忽必烈说。

"但大汗可知安童为何在你面前如此拘谨呢？"

"不知。"

"那是因其诚惶诚恐，怕有负圣恩。"张文谦笑着说。

"真的是这样吗？有这等事，真乃忠臣也。"忽必烈说。

"军政大事就是要靠这样的奇才，要靠这样的后起之秀。"

张文谦的话激起了忽必烈无限感慨，忽必烈举杯示意了一下张文谦，说："先生真乃兴我朝之重臣。你来之前，我还在想咱们征南之事哩！"

"征南？"

"对。"

"大汗，咱们都老了！"张文谦一时感慨万千。

"先生依然是体壮神清，还能为我大元举贤呀。"

"只有对大汗赤胆忠心，在下才能心安理得。"

和张文谦分别后，忽必烈兀自回到帐中，边饮酒边沉思。桑剌兵强将多，须有一人能与他抗衡才是。那时，忽必烈还未想到安童，他觉得还是让太子真金去上都。让真金到军中的初衷是让他历练本领，统领军队，光大祖父伟业，是想让太子真金获得荣誉与声望，但真金在渤海湾的表现，太令忽必烈伤心了。察必走近忽必烈，见忽必烈长吁短叹，就笑了一笑说："大汗，有什么不顺心之事？"

"没有。"

"那为何长叹？"

"只是想到真金之作为，故而发叹。"忽必烈说着，又叹了一口气。

"事情都已过去。"察必想劝导一下忽必烈，她斟了一杯酒递给忽必烈说，"大汗，要想开一些。"

"难呀。"

"大汗，在此修行，就是要减少烦恼。"察必说。

"能吗？"忽必烈苦笑了一下，叹了一口气，他呷了一口酒说，"真没想到会是这个样子，我本来想先让他去漠北的，没想到刚将其放到东征之位，他竟有如此野心，想来这也是令人心寒之事呀。"

"事已至此，又能怎么样呢？"察必伤心得几乎掉下眼泪。

忽必烈一饮而尽，起身为察必斟了一杯酒，又为自己斟上，苦笑了一下说："夫人，任用安童之事，我想，也只能这样！走一步，再说一步。"

"是的，大汗。"察必见忽必烈在自我宽慰，便舒心地微笑一下，"我们还有铁穆耳呢！"

忽必烈点了一下头："是的，大元并不是后继乏人。"

"对。"

"想到这些，就很开心了。"忽必烈露出了难得的一笑，这让察必也感轻松许多。

"到寺外转一转吧！"察必想乘着忽必烈的兴致，邀他到沉堂寺外的田畴上纵马驰骋，也好放松一下心情。忽必烈点了一下头。

忽必烈和察必走出沉堂寺，就沿着寺后的港河沿纵马驰骋。他俩把马催得飞快，许久才放慢了马的速度，二人相视一下，朗声大笑起来。

"我们还不老！还能骑马！"

"是的，大汗。"察必微笑一下说，"我们不光能骑马，还能骑快马。"

"是的，察必。"忽必烈跳下马，松开马缰，让它和察必的马并辔而行，他和察必则跟在马的后边走。

大地到处都一片青翠。在那些分割成碎块的水稻田里，排列着刚插下不久的秧苗，它们随着和风的吹拂轻轻地摆动着。

早种的油菜已经开花了，散发着阵阵花香，诱来一对对蝴蝶在花丛中翩翩起舞。远远望去，青苗飘摇，黄花粲粲，白蝶飞舞，相映成趣。

恰值春意浓郁。初春的阳光温暖地照着大地，新耕的泥土散发出一股清香。田畴上的小路蜿蜒着。清澈的港河沿之水和毛楼、桃源、往胡寨、沟头寺、七里庵、九里湾那一带的小河汇成溪流向前奔流，一直潺潺地向东南的三座楼、桥子流去，沿坡都是一片青绿，星星点点的野花迎着春风开放着。时而有几队迟归的雁群在晴空中掠过，发出短而嘹亮的鸣声。

新绿的叶子在枯枝上长出来。阳光温暖地对着忽必烈、察必，鸟儿在歌唱飞翔。花开放着，红的花，白的花，紫的花。真是一片明媚的春光啊！

举目凝视，一大架紫藤把路尽头的小院都罩住了。一串串盛开的藤花吊满枝头，迎风摇曳，婀娜妖媚。白丁香、紫丁香以及红艳得朱唇似的西府海棠，如刚卸下盛妆，余香尚未尽消呢，紫藤可迎上来了。

忽必烈与察必朝前方走着。他们好像走得毫无目的，很随意，无拘无束地朝前走。

"大汗，想开了，真金之事早几年出来，是要比晚些时出来要好的。"察必说，"现在他已病了，也许，以后我们一切都要靠铁穆耳了。我看铁穆耳长得虎虎生气，也许是长生天派来光大大元的。"

忽必烈点了一下头说："也许是的吧，但愿如此。"

察必说："'往昔过去不可计劫之时'，此为佛言。"

"我知道的，佛语有言曰：'有大国名为叶波，其王号湿波，以正法治国，不枉人民。王有四千大臣，主六十小国八百聚落，有大象五百头，有二百夫人，却无一子。'"忽必烈苦笑了一下，"他多不幸呀。"

"是的，大汗，凡事都要用自己的长处和别人的短处比，那样，你就能开心了。"察必笑着说。

忽必烈点了一下头。察必接着说："大汗，那王自祷告诸神及山川，后来，你猜如何？"

"怎么啦？"

"大汗，王后贵有娠，大喜也。"察必说，"王自供养夫人，床卧饮食均令细软。至满十月，便产一子，宫中二百夫人闻太子生，悉皆欢喜踊跃。"

"她们能踊跃欢迎太子临世，也算够贤惠的了。"

"是的，大汗。"

"然后呢？"

"大汗，之后就有乳太子者，有抢太子者，中有洗浴太子者，中有将太子行游我者。"察必笑了笑。

"夫人，想那太子早年确是幸福。"忽必烈说。

察必点了一下头。

"太子长大之后呢？"忽必烈呷了一口酒囊中的酒，说，"夫人，快些讲一下太子长大之后的事情吧。"

"太子至十六岁，书订射御及诸礼乐皆悉备足，太子事父母如事天神。王为太子另立宫室。"察必常听八思巴讲经，故而说起来头头是道。

忽必烈点了一下头："也应该如此，孩子毕竟大了嘛！"

"是的，大汗，"察必说，"太子少小时，常好布施天下人民及飞鸟走兽，愿令众生常得其福。愚人悟贪，不肯布施，愚惑自欺，无益于己。"

"是这样的。"

"布施之士，皆为过去当来今现在佛辟支佛，阿罗汉所光誉。年长后的太子，王为纳妃娶妻。"

"娶了何方女子？"忽必烈又呷了一口酒囊中的酒。

"妃名曼坻，乃一国王女也，端正无双。"察必说，"太子有一男一女，太子自思唯，欲作檀波罗蜜。太子白王，欲出游观，王即听之，太子便出城。"

"太子出去了？"忽必烈似乎很关心太子的命运。

察必说："后来，太子出家理佛了。但他恣意布施，国中人民，莫不欢喜。此为佛心也！"

"佛心？"

"对。"

"我也自命佛子，当有佛心也。"忽必烈笑了笑。

"是的，大汗！"察必说，"即为佛子，当散华烧香为民祈福。"

"我会的。"

"我也相信大汗。"

"夫人，你是不是还怕我对真金过不去？"忽必烈笑了笑，说，"你不必担心。"

"大汗既有佛心，定会放过太子真金的。"察必说，"况且他现在已经重病在身，废不废他都无所谓了。"

"是的。"

"此次理佛，大汗较之以前，更是泽心仁厚。"

"承蒙夫人夸奖，"忽必烈说，"上都之行以来，我一直在反思自己是不是有悖佛理之行，还不断洗心革面哩！"

"洗心革面？"

"正是。"

"这又何必呢？"

"不，夫人，即为佛子，就有天心明日，纯情似秋水。"

"秋水伊人吗？"

"正是那样的心境。"忽必烈露出一种很惬意的微笑。

不阴不晴的天气，乍寒乍暖之时，一会儿是习习和风，一会儿是暖暖春意，让忽必烈和察必都有一种说不出来的情愫。虽然人是有些老了，但心却一点也不老。他们说笑着朝前走着。

春风里带来些新鲜的泥土气息，混着青草味儿，还有各种花的香，都在微微润湿的空气里酝酿。忽必烈说："走过这片田野，不如到前边的山上走一走。"

察必说："大汗，你不累？"

"不累。"

"你真是体壮无恙，虽老犹健呀！真没想到还是那么起兴。如今，我都有些累了。"

"夫人，那么咱们就歇息一下，如何？"忽必烈带着关切的语气问，"前面有一处茅屋，进去讨一杯水喝？"

"让扎察去吧。"

"走吧。"忽必烈笑了一下，挽了一把察必，跨过一个坎儿，朝前方一处茅屋走去。他们以为那里有人家，会有水喝，所以，他们便加快了步伐。

那山脚下的一处小茅屋，正是南必暂居之地，此时的她正和英若莲作别呢。"快点走吧！"南必催着英若莲。

"这就好。"英若莲笑了笑，"你难道怕留我在这里不成？"

"我是怕你南方的哥哥担心你呀。"南必笑了笑。

"说心里话，南必，你对我哥怎么样？"英若莲诡秘地一笑。

"什么怎么样？"

"装糊涂。"

"我不懂。"

"你懂的！"

"若莲，咱们不谈这个，上路吧！"南必笑了笑。

"南必，你应当随我一块儿去南方。"英若莲还在缠着南必，希望她能随她一块儿去南方见英之伟。英之伟是英若莲的哥哥，英若莲很希望南必能成为她的嫂子。"实话告诉你，国王要招我哥为驸马呢。"

"驸马？"

"是的，是的。"英若莲说，"不如咱们一块儿去吧。"

"干什么？"

"把那国王的女儿打跑，或者劝她一下不要嫁给我哥。"英若莲扯住南必的衣襟说，"快随我去吧。"

"不行。"

"南必！"

"真的不行。"

"为何？"

"我的功课还未做完呢。"南必认真地说，"你先走吧。"

"不，我要你随我一块儿去南方。"英若莲笑着说。

"去劝你哥？"

"对。"

"让他不要娶国王的女儿？"南必格格地笑了起来。

"对。"

"然后我再嫁给你哥？"

"是的。"

"别做梦了。"

"怎么？南必，你看不上我哥？"英若莲显得很伤心。

"若莲，我们同门之谊，你难道不了解我吗？"

"了解你什么？"

"你该知道的。"

"我不知道。"

"若莲，我怎么能嫁给一个我不了解的人呢？"

"你是说你不了解我的哥哥英之伟？"英若莲大声问道。

"对。"

"你到南方时，不是见过我哥了吗？"英若莲不服气地问，"那还叫不了解？"

"那也不行。"

"怎么才叫行？"

"没有什么接触嘛！"

"你真好笑。"

"我好笑？"

"是的。"

"怎么一回事儿？"南必有些莫名其妙地摇了一下头。

"了解？难道你了解一个八十岁的老头，也要嫁给他吗？"

"是这样的。"

"真的吗？"

"没有错。"

"那好，南必，前方就有一个老者朝这里走来，你嫁给他吧！"走过来的正是忽

必烈和察必，他们并不知道南必和英若莲已锁上了茅屋的门，而且马上就准备离开。

南必望着走过来的忽必烈和察必，喃喃地说了一句："他们也很快乐嘛！"

"是啊，南必，你去吧，对那老头说：'我要当你的夫人。'"英若莲笑着说，"那老头的婆娘还会醋海兴波呢。要不然，我过去把老婆娘赶走。"

"咱们走吧。"南必微笑了一下，说，"等你下一次来大都，我们一块儿嫁给那个老头吧！你说过，咱们一块儿嫁人。"

南必和英若莲说笑着走了，远去了，越走越远。忽必烈和察必赶到那小茅屋时，见那小茅屋的门已经锁上了。

"大汗，咱们真是不凑巧。"察必望着远处那两个背影说。

"你稍等一下。"

"干什么？"

"等我去追回那两个人。"

"为什么要追人家？"

"为你讨水喝。"

"算啦！"

"不，我要去。"忽必烈说，"我把房主人追回来。"

"大汗，有你这番心意就够了。"察必很满足地微笑了一下。

"察必，这么多年以来，真是多亏了你。"忽必烈感慨道，"自与阿里不哥争汗以来，全赖你对我百般照顾。"

"大汗，别这样说。"

"是这么回事。"

"你为了我，才抛弃了耶律美，我很过意不去。"察必叹了一口气说，"大汗，我真的要很感激你才对。"

"不用感激我。"

"大汗，要不是为我而舍弃耶律美，怎能引得在上都耶律红的行刺？想来真是后怕。"察必说。

"你不要这样想。"忽必烈说，"耶律红在上都闹乱子，不光是因为耶律美，还有一些黄金家族的事哩！"

忽必烈说这话时，脸上露出一种很悲怆的神情。

听到这儿，察必心中就有一种说不出来的滋味。她不明白黄金家族的人为何要将忽必烈视为陌路，更不明白为什么会一直为一个汗位争斗不休。

察必不明白，汗位对黄金家族来说，一直都是一块儿争而食之的美羹。在忽必烈忙于征宋的时间里，西域的诸王们没有闲着。

每次想到自己在领命漠南和自己以后的南征岁月，忽必烈都会十分感激帮助他推行汉法的那些人。特别是刘秉忠，他们那些汉儒幕僚非但没有把忽必烈拉上"以夷制夷"的歧路，反而坚定了忽必烈庇佑草原诸王的决心。对他们来说，这些针对汉人的猜忌，是永远不会从忽必烈心头上抹去的。在忽必烈远袭大理、细心打理漠南时，他的同母弟旭烈兀在波斯也正忙着开疆拓土。

想当年，忽必烈为捍卫蒙古大汗的宗主权，并沿着控制中亚的战略思路挺进，急需寻找一位代言人去代理察合台兀鲁思事务。效劳于忽必烈身边的察合台曾孙八剌察言观色，向忽必烈进言："木八剌他凭什么继承我叔父阿鲁忽之位？如果大汗降旨让我继承我的叔父之位，今后我将效劳奉命于圣上。"

于是，忽必烈便派八剌协助管理察合台兀鲁思事务。更不幸的是，忽必烈这种放虎归山之举，收到的只是被那只猛虎反咬一口。忽必烈后悔晚矣！

八剌部到达察合台封地之后，施展高超的阴谋技巧，废除木八剌后拥兵自立，接着又进攻海都且初战告捷，但海都却请来自己原来的宿敌——钦察汗国的蒙古大军，合兵反攻八剌，八剌不敌，退走河中。从那以后，海都更加志得意满，他已不需理会忽必烈了。

忽必烈抢登汗位后忙于巩固汗位，旭烈兀也放松了对叙利亚的战争。

于是，大将怯的不花败在埃及军队的马蹄下，旭烈兀向西南非洲挺进的计划遂成泡影。因为追随旭烈兀西征的三个术赤后王，一个因罪被处死，另两个也莫名死去，再加上别儿哥改信伊斯兰教，对旭烈兀蹂躏伊斯兰教圣地并虐杀哈里发的行为极为恼怒，同时，别儿哥又垂涎伊儿汗国的高加索，便气势汹汹地扑向旭烈兀，开始自相残杀。

黄金家族的人从来都不怕自相残杀，且是早已有之。于是，旭烈兀亲统三十万大军，迎击来犯的别儿哥。

那时，忽必烈只能望着旭烈兀与别儿哥的战尘叹息，同时命令自己的勇士们去勇猛地迎击海都。忽必烈也不是常胜之军，在别失八里损失近十万兵马。

乞人察克完成了自己同八剌握手言和的使命，忽必烈却仍不知自己喂的狗开始咬他。八剌刚能自立，就开始驱逐忽必烈伸向中亚的势力。忽必烈派火尔赤率六千骑兵去收复那里的失地，遭到八剌三万大军的迎击。火尔赤兵被迫退回。

八剌占了忽炭，令忽必烈痛心不已。现在，八剌又蚕食另两系的地盘，正式背叛忽必烈，而且海都一直都怂恿兔拔哥和九九妹对付忽必烈。兔拔哥暗地里策动桑剌，桑剌说："等一等再谈吧！"

桑剌早有意在上都自立为汗。在与海都正式开战之后，忽必烈便派阿术北上，有铁车军开路，海都觉察风向不对，勒令后退。忽必烈则命令铁车军乘胜追击，长驱直入攻到海都新巢阿力麻里。

阿力麻里军事战略地位十分重要，它位于察合台汗国的草原上，对海都及忙哥贴木儿的兀鲁思都构成威胁。

军事上的胜利并不能填补忽必烈精神上的空虚，那袅袅炊烟似的失落感却反而使忽必烈更加不安。直到忙于内战的阿鲁忽、旭烈兀、别儿哥相继去世，忽必烈绷紧的神经才突然轻松，稍放下心来，但他从未放松对漠北地区的关注。他知道，这片草原是他祖父的宝地，也是他绝对不能放弃的疆土。

忽必烈与皇后在上都一住就是两个月，察必见忽必烈近些日子以来一直伤神，便拿他开心："还是要给你找一个可心的，要一个年轻的兀真来陪你，只有这样，我才能放心。"

忽必烈侧身对察必说："夫人，我们到底还是老了。"

察必点了一下头。忽必烈说："铁穆耳都已长大成人，真是长江后浪推前浪呀。"

察必说："一代新人换旧人，这是谁也阻挡不了的。"

"老，是该老了。"忽必烈自嘲地笑了一下，"可是，有时心里还不服老，总觉得还未把咱们黄金家族的大业做好。"

"已经不错了。"

"还不行。"

"你已是统御四海的皇帝。"

忽必烈叹了一口气："还要征东、征南，交趾那边要开战，要征服它！不光打到云之南，要到天之涯、海之角。听说再朝南，还有爪哇。"

察必说："有。"

忽必烈说："如果有，就应该打下去，把天下都变成黄金家族的牧场，让蒙古后人在上面驰骋。"

"铁穆耳那时就没事干了。"忽必烈的话让察必笑了一下，她拍了一下忽必烈的肩，说，"我是老了。"

"你也不老，晚上还要喝上几杯花酒呢。"忽必烈戏谑地说，"有句话叫'人老骨头硬，老硬越有兴'。"

"老者则无用也。"察必自嘲地摇了一下头，"不服老不行。"

"不，咱们心不老。"忽必烈说，"今晚一定要喝。"

忽必烈和察必真的在晚上喝了花酒，还嬉闹了一番，忽必烈居然像一个返老还童的青壮之人，逗得察必开怀大笑，于是，她也喝得酣畅淋漓。

"一晃都六七十年过去了。"察必说，"真是快呀。"

"中原人叫'光阴似箭，日月如梭'。"忽必烈说。

"但愿黄金家族能风平浪静，"察必说，"不要再争斗啦！"

"我也希望如此呀！"忽必烈饮满一杯酒，又斟上说，"夫人，我最怕的就是咱们黄金家族再起波澜。"

草原英雄：忽必烈

"是的。"

"那些蒙古宗王手中有数万铁骑，怎能让我放心呢。"忽必烈有些愤懑，连喝了几杯，"夫人，喝酒。"

"别喝多了。"

"没喝多。"

"我有些喝多了，也有些醉了。"察必嗔笑着说。

"难得一醉。"

"我早都醉了，真的，我已经醉了。"察必吃吃地笑着，她想为忽必烈斟酒，抓了几次都未抓住酒壶。

"夫人，你真的醉了。"忽必烈也吃吃地笑了起来。

"不。"

"怎么？"

"咱们都没有醉。"察必摇晃着站起身，终于抓住酒壶。

"喝？"

"嗯！"察必点了一下头，把酒壶对着嘴咕嘟咕嘟喝了起来。

"夫人，给我留一点儿。"忽必烈起身去抢过酒壶，也像察必那样对着嘴，一阵咕嘟直喝不止。

"让给我。"

"留给我一点儿。"

忽必烈和察必夫人你争我抢互不相让，不大一会儿工夫，便喝光了一壶。那酒壶特大，待忽必烈想看那酒壶时，已觉得醉眼朦胧，倒头便睡了。

八思巴为忽必烈建造的"河教苑"已经有了毛坯雏形，只待粉刷雕镂了。

忽必烈携察必去看时，房屋已初具风格和规模。察必很满意，她让八思巴在大都城东为她建一座"前锦笑雪"宅子，八思巴点头称是，他答应在"河教苑"的宁果鹿园里为她修建"前锦笑雪"的院宅。

忽必烈看了一下位置，也很满意。整个院落综合了汉式宫殿及住宅的风格，同时在色彩上又沿袭了蒙古人喜欢的红绿之色。城墙夯土而成，外砌砖石，东西各留二门，南北各留一门。四面各建有一座高高的角亭，有修饰及瞭望的双重作用。城内建筑参差不齐，不为对称，并凿泉在其间，有着江南园林的余韵。城内还有寺院。城西北长约两千多米，西南为几百米甬道，城呈长方形。忽必烈跟察必边参观"河教苑"的建筑，边评论着各个建筑物的风格特点。

八思巴说："这都全靠刘秉忠大人生前过问设计。"

察必啧啧称奇道："子聪先生果然不凡，他以前主管城建就有不凡业绩，而今又承蒙他指导设计河教苑，算是选对了人。大汗，这个园子建起来，一定坚固、漂亮。唉！汉人之中多俊才呀！"

忽必烈伸手拍了一间房的门板，见很牢靠，开合之间没有一丝"吱吱"声响，也不禁叹道："是啊，我们在晚年执政，就应当像这房门那样结实、可靠。"察必点了一下头。

八思巴命人置上酒菜，请忽必烈和察必留在河教苑进餐。

忽必烈说："八思巴大法师，这苑子还未建好，就有喝酒之处？"

八思巴说："大汗，苑子对面有我一个佛家弟子开的酒馆，我们可在那儿进餐。我想，大汗游了园子，一定很累，不如就不回宫了吧？"

察必说："这样也好。"

忽必烈说："八思巴，你是帝师、国师、大法师，怎么能允许佛家子弟开酒馆呢？曾有大臣对我讲过，今日又听你讲，我倒要看一看这酒馆如何？"

八思巴说："大汗请。今日咱们都是着的便装，也没有几个人能认出咱们，不如大汗亲自看一看吧。"

进了酒馆，忽必烈才看到酒馆非常简陋，叫来掌柜的，掌柜的说："我们只是佛家子弟，并不吃大鱼大肉，这里的开销也是不许超过一两银子的。"

忽必烈大喜，他并不知这都是阿合马暗中做了手脚。于是，忽必烈觉得廉希宪所奏八思巴纵容僧人敛财之说，也未必真实。

掌柜的说："你们几位客官，要吃些什么？咱们这里虽无山珍海味，但菜都非常的可口，有大都有名的女儿红酒，那女儿红呀，好喝不贵，要上一坛吗？"

察必偷偷看了忽必烈一眼，发现忽必烈的眉毛都笑弯了。

酒菜备齐之后，忽必烈便举杯对八思巴笑道："昨晚还都喝醉来着，没想到，现在又喝了起来。"

察必说："人越老，越贪杯。八思巴国师呀，你可贪杯？"

八思巴摇了一下头。

小酒馆非常静，很少有人过来。即便有人过来，店掌柜也是把他们安排到外厅，绝不允许他们到内室去打扰忽必烈。这是因为八思巴当着忽必烈的面多给了店家银子，包下了雅座。对此，忽必烈也并不曾多想什么。门外几个怯薛也在开怀畅饮。忽必烈正喝得起兴，才发现门外进来两位姑娘——两个女子正是英若莲和南必，她们在大都邂逅之后，便来到这家小酒馆叙旧。

"你怎么现在才来找我？"南必有些嗔怒地说。

"我兄长缠着我要与史弼开战，才脱身，我便赶紧向北而来，要不是碰上恩师，还不知你在大都呢。"英若莲说着，端起一杯酒一饮而尽。

忽必烈似乎听到了她们说话，却又似乎听得不清楚，于是，他把杯在手，叹了一口气说："人老眼花了。"

察必问："你说的啥？"

"人老眼花。"忽必烈几乎是凑在察必的耳畔说的话，但察必似乎还是未听清，她懵然地望了一眼忽必烈。

"没听到我的话吗？"忽必烈朝八思巴笑了一下，"这一阵子她一直是这样，耳朵有时很背，听不清我说的话。八思巴，这是不是与她昨晚喝了许多酒有关？你是大法师，还是通些医道的。"

"我不如刘秉忠。"八思巴故作谦虚地摇了一下头。

"国师，你比以前更令人感到可靠、信服，吐蕃一直安靖，这样很好。"忽必烈说，"国师，咱们都已是垂垂老矣。不过，你还好，比我年轻得多，又懂养生之道。"

"全凭大汗赐福。"八思巴说，"咱们都是佛子，全凭菩萨保佑。"

忽必烈又把目光盯向外间的英若莲和南必，那目光有一种难以遏制的激情。八思巴是何等的聪明，拿眼一瞟，就已明白了忽必烈的意思。

怎样让忽必烈接触那两个女子呢？八思巴眨了一下眼睛，马上就来了主意，他叫来伙计，对他耳语几句，那伙计连连点头，唯唯诺诺地出去了。

南必和英若莲正喝得起兴，谈得也开心时，突然就从外边闯进来几个阔少。他们进来后先是围着南必和英若莲转了几圈，尔后，就开始对她们动手动脚。

忽必烈把这一切都看得一清二楚，愤然起身，来到外间，质问那几个人："你们是干什么的？这里是大都，你们安敢如此放肆？真是大胆！你们不怕死吗？"

外面几个怯薛涌了过来，"哗"地一下就亮出了各种兵器。忽必烈朝他们挥了一下手，示意怯薛们退下，继续质问那几个歹徒："真是好大的胆子，在大都如此放肆，那还了得？我老人家是一个不喜欢生气的人，你们向这两位姑娘赔个不是就行了，快一点。"

几个狂徒大声笑了起来，他们根本不买忽必烈的账。八思巴说："真该叫来咱们的人，把这几个人砍了。"

八思巴之意也就是做一场戏，能让忽必烈有机会跟那两个女子亲近就行了，没想到那几个歹徒不知天高地厚，居然真的要与忽必烈闹起来，而且一个歹徒还上前扯了一把忽必烈的白胡子，这下可把八思巴吓懵了。八思巴已知自己把玩笑开得过大，他只有这一条路，就是让这些歹徒都死光，包括那个店小二。再看忽必烈已是伸了几下脚，又出了几下拳，俨然是一个不服老的英雄，却不想被几个歹徒打倒在地。察必看得真切，大叫一声"大汗"就奔了出来。

众人愕然。

英若莲和南必也似乎听到察必是在喊大汗，她们不明白察必为何会那样喊，只是感到察必一定是被吓坏了。

英若莲"啪"地一拍桌子，纵身跃起，只是将腿在空中一扫，便将那几个歹徒接二连三地扫在地上。

南必去扶察必："你没事吧？刚才你叫他大汗？"

就在这时，忽必烈兀地睁开了眼睛："姑娘，我的名字就叫大汗，你的名字呢？能告诉我吗？"

"我叫南必。"南必突然觉得眼前这个老人很风趣，而且也很令人怜惜。这么一大把年纪还英雄救美呢！况且，身边还有自己的老伴作陪。

英若莲把那几个歹徒打跑之后，就过来和南必一块儿把忽必烈扶起来。他们重新坐定后，忽必烈开始很豪气地和英若莲、南必饮酒，察必为了压惊，也一杯接一杯地大口大口喝个不停，而八思巴也早已在又惊又吓中有些头昏脑涨，只一会儿工夫，已是不知东西南北了。忽必烈看了一眼察必和八思巴，笑着对南必和英若莲说："二位姑娘，他们都醉了。"

南必说："我们也有些醉了，没想到你老人家还真能喝。"

英若莲说："我也没想到。"

忽必烈说："我没有醉。你叫英若莲，你叫南必。"

南必点了一下头："你的记性真好，不过，我总想问你，你的名字为何叫大汗呢？是不是长得像大汗？也许只是一个绰号，每个人都能这样叫你吗？这里是大都，你不怕被人告知忽必烈吗？"

"南必，你不用怕。"忽必烈笑道，"我和忽必烈有交情，不管到什么时候，忽必烈都不会杀我的。"

"你救过他吗？"南必说，"你挺热心肠的，年轻时一定是好打抱不平。"

忽必烈的眼睛转了几圈，一拍大腿，说："就是我好打抱不平，所以常被人摔倒，好在我是被人摔打惯了的，不怕。"

南必说："门外好像几个人想过来帮你，他们是你的仆人？"

忽必烈顺着南必的思路说下去，觉得挺好玩儿的，他只点了一下头，南必便信以为真了，还不住地夸那几个仆人忠于主人，主人让他们退出去，他们便不敢再踏进门来。忽必烈说，几个仆人平时都是这样，非常忠诚，也很听话。

英若莲问："大汗，你住哪里，该不会是和忽必烈住在一起吧？"

"对的，对的，我们住在一起。"忽必烈点头说道，又见英若莲和南必吃惊的样子，忙改口道，"我们只是偶尔在一起，有时喝酒下棋，时间晚了也就住在了一起。我们关系很好，有时好得不分彼此。"

"那你的话，忽必烈一定会听吧！"英若莲说，"如果是这样的话，我倒想交你这个朋友了，你愿意吗？"

"你们不嫌我老？"忽必烈朗声大笑起来，笑得很开心。

"我们没有觉得你老。"南必笑着说，"你很老吗？"

"不老，不老。"忽必烈推了一下察必，"只是她说我老了。"

"你住在哪儿？还没告知我俩呢。"南必笑着说。

忽必烈看了一眼八思巴，见八思巴已有些醉意，便狠掐了他一下说："告诉这两位姑娘，我住哪儿？"

八思巴这会儿才清醒过来，他拍了拍脑门说："两位姑娘，不如咱们把酒挪到家里去喝吧。"

忽必烈拍手叫起来，连声说道："这样很好，这样很好，走，到我住的那里去喝。"

南必说："你住哪儿？"忽必烈拍了一下八思巴："他知道，叫他带路吧。"

八思巴说："就在前边几步远，走，咱们去吧。"

"几步远？"忽必烈听得也有些莫名其妙了。他想了一下，觉得八思巴既然这样说了，就一定会有办法。

八思巴一时性急，把他给自己专修的那片宅院想了起来，便急不可待地把忽必烈、南必、英若莲、察必和几个怯薛引了进去，好在上了酒菜，众人就都昏沉沉地睡在了酒桌边。此时，八思巴的头脑却异常清醒起来，他叫来心腹，如此这般地把一切安排停当，自己也就来了困意，和忽必烈一样倒地而睡，只是睡觉的人儿心思不一样。此时的忽必烈，又梦回到蒙哥大汗问他钩考之事……

往事悠悠，忽必烈在迷蒙中却能感受到自己当年是何等的雄姿英发，大战还未爆发，自己便能洞察秋毫。现在却垂垂老矣，一切要靠晚辈们喽！忽必烈睁开有些迷蒙的眼睛，抬眼就望到门外那一轮红日。他不知道那是夕阳还是朝阳，只是感到那日头非常柔和，发出的光并不刺眼，也不炫目。

"这都是什么时候了。"忽必烈懒洋洋地说了一句。

"正是红日当头。"八思巴谨慎地凑到忽必烈近前说，"昨晚咱们大醉不起，是这房屋主人把我弄起，醒了我的酒，我才把前后的事情弄明白。"

"真是这么一回事吗？"忽必烈揉了一下惺忪的眼睛。

八思巴谨慎地点了一下头。忽必烈伸了一个懒腰，起床后问八思巴："国师，我昨晚是不是喝了许多酒？也许是醉了？"

"大汗，您没有醉。"八思巴把语气尽量说得缓和一些，"大汗，我倒是喝了许多酒。"

"你喝多了吗？"忽必烈沉了一下脸，"不会吧。"

"大汗，微臣是喝多了一些。"八思巴笑了笑，自嘲地说道，"我的酒量是没法与大汗相比的。"

"其他人呢？"忽必烈四下瞅了瞅，"这里怎么就我们两人？"

"其余的人都被房屋主人招待到别的房间去了。"八思巴说，"我回想了一下，幸好咱们没有任何闪失。"

"闪失，什么闪失？"忽必烈说，"我好像记得昨晚有两个女子，一个叫南必，一个叫英若莲。"

"她们都已被房屋主人安顿好了，还有察必皇后。"八思巴说，"大汗，您尽管放心，这里很安全。"

忽必烈拍了一下脑门说："我昨晚好像有意向那两名女子隐瞒我的身份，这又何必呢？好笑。"

"大汗，这样的话如果能让您觉得有趣，我们可以继续这样下去。"八思巴说，"我看那两名女子对大汗您颇有好感。她们像和您很投缘，合得来。"

"你为何这样说？"

"大汗，微臣觉得您的斡耳朵里该添上几个女人了。"八思巴说，"大汗，这许多年以来，您一直没有添人。"

"我已是个老人了。"忽必烈笑了起来。

"那两个女子一个十七，一个十八，我已问过。"八思巴说，"她们二人都没有婚配，还有，都是文武双全，是刘大人学堂内的。"

"都没有婚配？"

"真的没有婚配。"八思巴走近忽必烈，诮笑着说。

"八思巴大国师，你没有告诉她们我是忽必烈吗？"忽必烈在八思巴搀扶下，蹒跚着走到坐椅前。

"大汗，没有经过您的同意，微臣不敢乱说。"

"这又何必呢？"忽必烈叹了一口气，说，"告诉那两个姑娘，我是忽必烈，我认为没必要隐瞒什么。"

"告诉她们？"八思巴有点拿不准忽必烈的意思。

忽必烈自嘲地笑了笑："就算我有那样的心思，还行吗？"

"行。"

"你说的？"

"大汗，你认为行就行。"八思巴说，"大元的一切都是您的。"

"不要这样说。"

"大汗，是都应该归属到您的名下，包括那两名女子。"八思巴说，"大汗，只要您想要的，都是您的。"

忽必烈见察必姗姗而来，他想掩住话题，但他又感到这样不太好。忽必烈觉

草原英雄：忽必烈

得什么都不应该瞒察必，他是在困难之极时开始与察必相依为命的。

所以，忽必烈觉得还是应当把招南必之事与察必夫人讲个一清二楚。八思巴却有掩饰之意。忽必烈对察必说："我们都已垂垂老矣，可眼前大元之事繁多，史弼征爪哇，我还有意再去征交趾，汉人之事又有许多玄机，可咱们的精力却顾及不过来了。"

"是啊，还是年轻好啊。"察必感叹着。她一时间还没弄明白忽必烈想说些什么，只是叹了一口气。

"皇后，如果能召两个年轻人到大汗身边陪伴，帮助料理国事，一定会非常之好。"八思巴说，"大汗年事已高，如果能有人相助，大汗一定会如虎添翼，也许会返老还童，干什么事都会精力旺盛的。"

"什么如虎添翼？"察必弄不明白八思巴想说什么，也不知道八思巴说的忽必烈能返老还童是什么意思。

"皇后，"八思巴说，"微臣之意，是大汗年事已高，再选些人到大汗身边服侍大汗，让大汗也能在时间和精力上充裕一些。再说，大汗年事已高了。"

察必有些动怒："你怎么可以说大汗年事已高了呢？不管怎么说，大汗现在都是精力充沛的，他最不服的就是别人说他老了。"

"夫人说的对。"忽必烈道，"八思巴，你言语有失，不要再胡言乱语了。"

八思巴额头上沁出了汗，他连连诺诺退了出去。

八思巴回到自己住所，见阿合马正在他院中赏花，便有些气恼地对阿合马说："阿合马大人，你还有这般闲情雅致？"

"如何没有？"

"大汗发怒了。"

"大国师，大汗都称你为帝师，他能忍心责怨你吗？"阿合马呷了一口酒，也给八思巴斟上了一杯。

"我虽是大国师，但大汗怎容别人说他年事已高呢？"八思巴叹了一口气，"真是失言。"

"那你为何要说他年事已高？"阿合马有些蔑视八思巴，心中对八思巴一连串国师、帝师、大法师、西天佛子的封号早有不服，但又说不出口。

"我是另有用意。"

"用意是什么？"

"大汗确实老了。"

"是老了。"

"需要人照顾。"

"对。"

"这才是正题。"

"是你想说出来的话题，但你没有说出来吗？"阿合马说。

"说出来了。"

"真的？"

"嗯。"

"既说出正题，大汗焉有不懂之理？"阿合马说。

"大汗是不懂我的意思。"

"什么意思。"

"你不知？"

"不太明白。"

"不，你应该知道的。"八思巴说，"你阿合马是何等聪明之人。"

"我聪明？不，如果我聪明，怎会被王著那一班人闹得不知如何应付呢？"阿合马皱了一下眉头说，"防不胜防啊！"

"要防着他。"

"谁？"

"王著。"

"我就是为此事发愁哩。"阿合马又饮了一杯酒，"那王著和一帮汉人恨死了我和卢世荣，他们欲除我等而后快呀！"

"那你可要小心。"

"我是在小心着呢！"阿合马说，"所以才在此深居简出，并不是像以前那样抛头露面。"

"都是为大元操劳呀！"八思巴感慨道，"如果不是为了大汗好，我怎能被皇后训斥呢？"

"怎么，察必皇后也训斥了你？"阿合马有些幸灾乐祸。

"是训斥了我。"

"怎么训斥？"

"还不是骂我不会说话，说大汗老矣。"八思巴说。

"大汗是老了嘛！"

"但人老是忌讳说老的。"八思巴说，"我说大汗老，也是想为大汗纳南必和英若莲找个理由嘛！"

"这是对的。"

"但大汗并不这么认为。"八思巴说。

"国师，你只需对大汗明言此计，就说他年事已高，需择两名宫女当婕妤，这又有何不可？"

"不行。"

"为什么？"

"我觉得皇后似乎很敏感，"八思巴说，"我看得出来的。"

"看出来什么？"

"我刚一说需要人照顾，皇后就像被激怒了一般。"

"开始训斥你？"

"是的。她好像从来没那样愤怒过，对我当面训斥。"

"也许皇后是对的。"

"为什么？"

"国师，皇后是元朝女尊之极，她不会容忍大汗身旁再有别的女子。"阿合马微笑了一下说，"就怕皇后从内心已意识到此事，如果是那样，就难办了。"

"难办什么？"

"大汗难遂心愿。"

"我不这么认为。"

"怎么？"

"大汗自有良策。"

"能有什么良策呢？"

"我想，也许大汗谨慎，你想，身为大汗，召一个人进宫还不是易如反掌吗？应当是这样的。"

"但愿如此吧。"

"理应如此！堂堂一国之主，怎能如愿的事都难以实现？那样传扬出去，大元威严何在？"

"大汗对皇后的恩情缠绵，是非常人所能理解的。"

"但大汗毕竟看中了南必和英若莲，谁敢不同意吗？"

"应当没有人反对。"

"我们应助大汗完成心愿。"

"如何相助？"

"咱们可以设计让大汗去狩猎，然后再与南必和英若莲邂逅。"

"行吗？"

"行。"

"那好，就这样定吧。"

"什么时候？"

"午后。"

"这么仓促？"

"凡事宜早不宜迟。"

"可要调一些怯薛？"

"免了吧。"

"怎么？"

"这事人越少越好。"

"可大汗的安全呢？"

"没事的。"

"不可大意。"

"那就这样定吧。"

阿合马和八思巴推杯换盏，一直到有些醉意朦胧时，才去找忽必烈商谈狩猎之事。他们见到忽必烈汗时，却发现忽必烈正扶着察必坐在床上。

"皇后又醉酒了。"忽必烈说，"也许她真的体力衰微，不如以前了。不过，我行，没有什么醉酒的感觉，还能喝。"

"大汗，"阿合马说，"不如趁这风和日丽，咱们去狩猎吧！"

"去哪儿？"听说要去狩猎，忽必烈来了兴致，"有马匹和随从吗？"

"大汗，"八思巴说，"马匹好找，伙伴儿也好找，南必和英若莲二位姑娘肯定愿意同去。只是要找称心如意的随从，却是不太好找的。我手下有许多僧兵，也可调来怯薛护卫，不过，那样就没有了兴致。"

南必和英若莲非常大方地催着忽必烈和八思巴、阿合马换服饰，尽快出发。阿合马朝八思巴得意的微笑了一下，八思巴也从心里暗暗佩服阿合马。他不明白阿合马对南必、英若莲说了些什么，但人家毕竟同意去和他们一块儿打猎了。

于是，忽必烈、八思巴、阿合马和南必、英若莲一行数人，便催马驰入茫茫的青翠之中。

狩猎结束后，一行人在归程中看到路边有一个小小的庭园，这园子只比普通人家的天井稍宽些许。园中草木葳蕤，群芳竞放。忽必烈勒住马，喘了口气道："扎察，看着这园中可否歇息。"

扎察就像是忽必烈的影子一般，从来是主人走到哪里，他便跟到哪里。听闻忽必烈吩咐，忙下马打探，不一会儿，扎察回来了，禀道："大汗，园中只有一个老太太，说可以进去。"

忽必烈被扎察扶下马来，向庭院走去。

阿合马给老太太一锭银子，说要在此逗留片刻，让她赶紧烧水沏茶。老太太掂了掂手中的银子，乐颠颠地去了。

忽必烈斜倚在竹椅上，对两个姑娘道："你们也坐下吧，不必拘束。"

南必咯咯一笑："拘束什么？我们又不是君臣关系。你要是真的大汗，我才

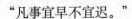

草原英雄：忽必烈

拘束呢。"

忽必烈看着笑得灿若桃花的南必，心里极为欢喜。年逾花甲的忽必烈经历过的女人太多了，可从没有一个能在他面前敢于嬉笑调皮、天真毕露的。跟南必在一起，忽必烈仿佛也年轻了许多。他发现自己总想跟南必在一起，感受她的朝气、感受她的活泼、感受她的鲜活。

忽必烈也笑了："我若是真的大汗，你会如何拘束？"

"我呀，先是跪在地上山呼万岁，然后，然后……"

忽必烈看南必的眼珠灵巧地转动着，跟一个调皮的孩子一样，不由得问："然后又如何？"

英若莲插嘴笑道："然后我师妹就嫁给他！"

南必倒也大方，见师姐奚落，索性道："我就告诉他，他是个千古英雄，是我倾慕的人。"

忽必烈龙颜大悦，哈哈一笑："那你想嫁给他吗？"

南必秀眉一蹙，道："他早有宫娥三千，怎会娶我呢？"

忽必烈仰天一笑："扎察，告诉她！"

说罢，忽必烈兀自带着阿合马、八思巴走到了院中。

忽必烈满脸笑容地吩咐二人道："你们回去吧，调三千怯薛过来，给我守住这庭园。"

"臣遵旨。"二人转身离去。

不到一刻的工夫，庭园外已是侍卫林立，守卫森严。

第十一回

娇新宠汗王封后，逢奇遇皇孙拜星

屋内的南必和英若莲听毕扎察把实情讲完，目瞪口呆。南必的脸红得像苹果，半天才结巴着问："那 那位跟着她的婆婆是 "

扎察回道："是皇后。"

英若莲看看窗外三步一岗、五步一哨的阵势，心中忐忑地道："南必，你看！"

南必也向窗外望去。她知道这不是梦，是真的了。迟疑了一会儿，她才问扎察道："我们是不是该跪拜大汗？"

忽必烈这时走了进来，应道："天下还从没有人敢不跪拜朕呢。"

二人窘迫极了，慌张着跪倒道："民女叩见大汗。"

忽必烈微微一笑，拉起南必："不必拘礼。南必，你天真烂漫的秉性非常可爱，勿要藏起来。"

南必见忽必烈牵着自己的手没有松开的意思，自己又不敢抽出来，只是红着脸任由大汗握着。英若莲和扎察见状，均微微一笑，悄然退了出去。

南必脸色微红，耳鬓间的汗水珍珠般地淌了下来，胸脯急促地起伏着，低着头，不敢抬头看忽必烈。

忽必烈只感到掌中的这只小手是那么温软，那么细腻，他摩挲着不忍放开。他抬手拭去南必发间的汗珠儿，抚了抚她发烫的双颊，托起了她的下颏。此刻的忽必烈有点冲动了。

南必斜睨了一眼忽必烈，更让她心跳不止。他的眼睛似乎喷射着火焰，扫到哪里，她身上的哪里便会着火般发烫。

她从他的目光中读出了男人对女人的渴望，但这种渴望又不是淫邪的，不是狂野的，而是掺杂着呵护。她长这么大，还从未对任何男人动过心。此刻，面对着万圣之尊的忽必烈，她竟有些心驰神往了。

此时的忽必烈也跟年轻人一般心潮涌动着。在他的眼中，南必就似那荷花一般清丽却又比荷花明艳，似那水仙般高贵却又这么伸手可及，似牡丹般雍容却又比牡丹多了几分娇嗔与妩媚。

南必不加修饰的装束，令忽必烈更领略到一股自然之美。南必呼吸的气息在忽必烈闻来是芬芳如馥。忽必烈的心底开始荡起一股冲天的亢奋，他也有些吃惊自己在如此年纪怎么还会有这么强烈的冲动。

"抬起头来。"忽必烈见南必又羞怯地低下了头，便道。

南必顺从地抬起了头。

"南必，看朕是否老迈了？"

南必打量着鬓发花白，但身材依然魁梧，腰板依然笔直的忽必烈，回道："大汗不老。"

"那南必是否还倾慕这个大英雄？"

南必脸一红，抿着嘴笑了。

南必的笑可谓倾城倾国，忽必烈仿佛被这波光流媚的笑靥击中了似的，再也把持不止，一把抱住了南必，热烈地亲吻起来。南必先是默默地承受着忽必烈的唇在自己的脸上亲吻，继而呼吸也有点急促了。

忽必烈一边吻着，一边道："南必，南必，你可愿遂了朕的心愿？"

南必轻轻地点了点头。忽必烈陡觉浑身力气大增，抱起南必，走向了里间的大床

天渐渐地暗了下来，扎察知道该回宫了。他轻轻地咳了一声，在门边道："大汗，天要黑了。"

忽必烈毕竟年纪大了，一番云雨之后不免有些疲惫。此刻，他正搂着南必小憩。

南必听见扎察的问话，推了推忽必烈："大汗，扎察在叫呢。"

忽必烈睡意朦胧地应道："进来。"

扎察推门走了进来。

南必见忽必烈让扎察进来了，忙起身披上衣裳，低头一看床上的点点落英，又赶紧用衣襟遮盖着，完了又抬头看了一眼扎察。

扎察仿佛什么都没看到，面色平静地跪在地上禀道："大汗，天黑了，是否起驾回宫？"

"唔。"忽必烈应着坐了起来。

扎察忙上前给忽必烈系着衣扣，嘴里说道："皇后催促了好几回了。"

"知道了，你出去吧！"忽必烈有话要对南必说。

"是。"扎察下去了。

忽必烈在过去的岁月中，除了察必之外，尚没有一个人让他如此爱恋。纵是那弘吉剌部来的月儿，他都没有临幸过几回，可南必却令他爱不释手。她的调皮

与率真，自然与大方都让他感到新鲜，尤其是南必那美目流盼的眼神，似乎盛满了快乐与青春。忽必烈不想就此放下南必。

忽必烈抚着南必问道："你还愿意见到朕吗？"

南必是有史以来第一次承受男人的温情。她在刚才初次体会了那种痛楚，可那痛楚又是那么令她陶醉，令她渴望。在忽必烈小憩的时候，她悄悄打量着他，有些不相信刚才那个强壮有力的人会已是须发染霜。她曾伸手轻抚着他坚实的胸脯，问着自己：这就是实现了蒙古诸王数十年宿愿的忽必烈么？

她凝视着忽必烈那高耸的鼻梁、坚毅的两颊，心中荡起了倾慕、钦佩之情。她发觉自己已经爱上了这个比自己大了许多的人。听忽必烈问自己，南必轻轻地点了点头。

忽必烈又问："你可愿意暂住在此？待我回宫安排一下，再接你。"

南必又点了点头。

忽必烈起身，道："那朕走了，你休息吧。"

南必目送着忽必烈刚到门口，她脱口喊着："大汗！"

忽必烈停了下来，回头看着南必。

南必赤足跳下床来，像一头小鹿般撞进了忽必烈的怀里，道："大汗，你会回来吗？"

忽必烈抚了抚她苹果般丰盈的俏脸，笑道："当然会回来，朕舍不下你，一定回来。"

忽必烈吩咐扎察买下这个庭园，并留了五百怯薛，自己回宫去了。

元大都皇宫里静悄悄的，皇后察必正独自在忽必烈的寝宫中走来走去地担着心。几十年来，忽必烈没有一次是如此神出鬼没地去宫外，以前出宫不是跟自己同行，便是给自己传个口信儿。今儿已经整整一天了却毫无音讯，而阿合马、真金又都说不知道。

正胡思乱想着，忽必烈迈步进了大殿。察必忙迎上去，埋怨着："大汗这是去了哪儿？真让人担心。"

忽必烈坐下来，先吩咐扎察准备晚膳，继而对察必道："朕出宫去了。"

"出宫？我当然知道。这宫里都让我找遍了。"

忽必烈跟察必坐在桌前，一边吃饭，一边东一句西一句地说着。他不想瞒着察必什么，他知道察必是个聪慧、大度的女子，早年为自己选美多是由她操办的。所以，他准备把南必的事情告诉她。

"察必，这么多年来，与朕经历了风风雨雨，难为你了。"

察必莞尔一笑："大汗，好端端地，怎么又提那些陈年往事？"

忽必烈抬手拍了拍察必的肩，感慨道："你为朕生了四个儿子，儿子们都长大了，都能承担大任了，朕该感谢你呀。"

"大汗，按汉人的说法，我们是夫妻，夫妻之间何谈'谢'字。"

"察必，你知道朕喜欢什么样的女子吗？"

察必抬手抹了抹花白的头发，笑了："大汗喜欢聪慧、美丽、贤淑的女人。"

"还是你了解朕。这么多年来，除了你，朕还未遇见过同时兼备这三点的女人呢！"

"大汗，莫不是醉了，怎么说起这些来了？"

察必心里一阵暖意袭来。她知道大汗这些年来，虽然享用过无数女人，可还从未冷落过自己。近些年虽然与他不再有床第之欢，可他不论跟哪个斡耳朵的女人亲热，却总要回到自己的斡耳朵里歇息，按忽必烈的话说是"睡在察必的身边，心里踏实"。

忽必烈放下酒杯，道："今天，朕遇到了一位颇似你年轻时的姑娘。"

察必心中一动，问："大汗，今天就是与这位三者兼备的姑娘在一起？"

"是。"

"是谁？"

"你认识的。"

"我认识的？"

察必一脸茫然，但她想来想去也想不出来。末了，才道："莫不是宫外的？"

忽必烈点了点头。

"是汉人？"

忽必烈又摇了摇头。

察必笑了："大汗直说吧。"

"是南必。"

"南必？"

"嗯。"

察必的眼前闪现出了南必那张千娇百媚的笑脸，细想起来，南必脸颊的轮廓是有些像自己，可细一思量，又不甚一样。

察必沉思了一会儿，道："南必比我年轻时开朗、活泼，行为举止更显无拘无束一些。"

忽必烈点了点头："她少了一点你的雍容端庄，可又多了一些率真、鲜活。"

察必抬眼紧盯着忽必烈道："大汗有何打算？"

"朕想把她接进宫来。"

察必仍看着忽必烈，许久才道："大汗想好了？"

"是。察必，朕想再为她设一个斡耳朵。"

"什么？"察必大吃一惊。

自太阳汗、成吉思汗起，蒙古汗王无论拥有多少女人，但只设四个斡耳朵，还从没有一个汗王僭越此例。听忽必烈这么说，察必自然大感意外。

"朕很喜欢这位姑娘，朕不想太委屈她，准备为她单设一个斡耳朵。"

"不行！"察必马上否决了忽必烈的提议。她不明白大汗已年近古稀，怎么会为一个小丫头去违祖制。察必道："汗王设四个斡耳朵是祖制，请大汗慎重。"

"察必，如今朕已是天下之王，是大元的皇帝，统御着比先汗王更为辽阔的疆域，有些祖制已不合时宜了。"

"大汗治理天下靠的是法度，我掌管后宫依的是祖制。如果大汗僭越，我又如何去管理这偌大的后宫？不可以。"

"察必，"忽必烈有些不悦，"南必让我感到浑身又充满了活力，我不想放弃她。"

"陛下可以让她住在我这里。"

"不行！"二人谈不拢，不欢而散。

南必住进这个不知名的小庭院已经三天了。三天来，除了跟英若莲说说话外，就是那位老太太奉上饭菜，再没有人来过。看看院外站得笔直的怯薛，南必不想出去打扰他们，只能躺在树荫下，看着飞舞在树梢的小鸟出神。

英若莲习过武，倒也不嫌清静，吃过午饭，练了一阵子功夫后，便进屋歇息去了，只留下南必呆呆地发愣。她心里想：为何大汗还不来？为何大汗还不来

想着想着，就睡着了。

忽必烈没能说服察必再为南必设一个斡耳朵，加之政务繁忙，所以，尽管心里老是闪现出南必的情影，却也脱不了身。

今天，忽必烈实在等不下去了，便命真金处理政务，自己带着扎察匆匆地来到了这座令他魂牵梦绕的小院。

他来的时候，南必正在树荫下小憩，他止住了要唤醒南必的扎察，让他退下，自己则坐在石几上，静静地欣赏着南必的睡姿。

从树丛中撒下的细碎阳光照在南必娇嫩的脸上，让她看上去显得分外的艳丽。明艳的脸庞，就像开在树荫里的一朵鲜花，忽必烈忍不住在她脸上亲吻了一下。南必并没有被他吻醒，于是忽必烈便找到一片树叶，童心大发地在南必脸上蹭来蹭去。睡梦中的南必只觉得脸上一阵酥痒，随即睁开了眼。她看是忽必烈在用树叶逗她，便从他手中夺过树叶，也在他脸上蹭了几下。

在忽必烈面前，南必情不自禁地流露出一种女儿向父亲撒娇般的放任，而这个小动作也勾起了忽必烈心中那父爱般的怜惜。看着睡意方退的南必，忽必烈笑道："怎么见了朕也不施礼呀？"

南必吐了吐舌头，俏目一斜，笑着道："大汗万岁、万万岁！"说着，便姿态曼妙地跪了下去。

忽必烈看着调皮的南必，高兴得不得了，忙一把把南必拉起来，揽到自己怀中，道："南必，让你久等了。"

南必一听，想起了忽必烈已有三天未来了，伸手抚着忽必烈的胡子道："大汗太忙，忘了南必了。"

"朕怎么会忘了你，朕是恨不得马上见到你。"

南必笑了，弯弯的秀目宛如两轮皓月："真的？"

"真的，来，让朕看看。"忽必烈说着，双手捧起了这张娇嫩的俊脸，亲吻着。南必被忽必烈的胡子扎得发痒，也不由得露出两排贝齿笑了。

忽必烈感到南必在自己的怀里扭动时，自己的身体也有了反应，他拉起南必，走进了屋内

欢愉过后，忽必烈看着两颊绯红的南必，叹道："天之尤物。"

"谢大汗夸奖！"南必淘气地做着跪地谢恩的姿势，笑着说。

忽必烈真是喜欢极了这个毫无羞怯之态的率真女子。刚才在云雨之时，南必无拘无束，与他一起兴奋的样子令他心醉不已。他想起察必那天的话，不由得叹了一口气。

南必不解地问："大汗何故叹息？"

"为你！"

"为我？"

"是的。"于是，忽必烈便毫不隐瞒地把他与皇后那天的谈话，全部仔细地说了出来。南必静静地听着，浓密的睫毛下，一双秀目看着忽必烈。待忽必烈讲毕，南必起身跪在了忽必烈面前。

"南必，这是为何？"忽必烈赶紧抱住了她。

南必抬起头来，双眼盈满了泪水，哽咽着道："大汗如此爱惜南必，南必谢大汗的恩宠。"

"傻姑娘，朕是离不开你了。"

"南必也深爱着大汗。请大汗接南必到宫中吧，南必不在乎什么斡耳朵，就住在皇后那里吧！"

忽必烈大为感动："好一个深明大义的南必，朕这就回去告诉皇后。"

"南必跟大汗一起回去。"

"不，朕让皇后差人接你进宫。"

"为何？"

"朕要让后宫知道，你是朕最宠爱的人。"

草原英雄：忽必烈

"大汗！"南必又一头扎在了忽必烈的怀里。

可是皇后却没能差人来接南必，皇后病了。

虽然几经御医诊治，但察必仍没能抗争过病魔。几日之后，察必皇后病逝。临终前，察必拉着忽必烈的手，久久不舍得放开。

看着心爱的察必，忽必烈两眼通红，流泪不止。察必请求大汗纳南必为皇后，并原谅她先前的嫉妒之心。

至元十八年（1281年），忽必烈失去了辅佐自己登上汗位、稳固汗国的皇后。两年后，忽必烈封南必为皇后。

夜晚，南必和忽必烈睡了。

"不要长吁短叹睡不着觉嘛！"南必对忽必烈说。

"夫人，你都想到哪里去了？"忽必烈自嘲地笑了笑说，"我只是想起咱们帝国的万水千山，我有无限感慨而已。想当年，朕与母亲在怯绿连河畔艰难地度日，今日，朕竟把天下攥在了手心，时势变幻啊。"

"大汗，话可不能这样说。"南必饶有兴趣地说，"大汗，能有今朝帝国阡陌，是大汗几经奋斗而来，也不是一件容易之事呀。"

"帝国阡陌是来之不易。"忽必烈长吁了一口气。

忽必烈对南必跟以前对察必一样，总爱把朝中的事情跟她唠叨，南必多是听着，不大发表自己的意见。她对朝政之事还不大了解，不便妄加评论。

忽必烈叹了一口气，道："朝廷要动荡一番了。"

"为什么？"

"要有朝臣更迭了。"

"这很正常啊。"

忽必烈摇了摇头，道："阿合马众怨深重，恐是要有苦头吃了。"

"大汗要杀他？"

"不是。"

"那是为何？"

"朕不杀他，自会有人动手。"

南必有些纳闷："大汗没有下诛杀他的圣旨，怎么会有人动手？"

见忽必烈没回答，南必叹道："大汗的重臣，没人敢去动他的。"

"你不相信？"

"是的，别看王著总是嚷着要杀他，我却不相信王著敢去刺杀阿合马。"

"阿合马已是惹起了众怒。"忽必烈说。

"众怒？他不是竭尽全力帮汗国理财吗？"南必轻声说，"大汗，你不要听一些人讲另外一些人的坏话。"

"可朝廷内外差不多都对阿合马怨声载道。"忽必烈说，"现在，阿合马还不知道收敛，这不是故意惹怒群臣吗？"

"群臣们是不是都有些妒忌阿合马的理财之术呢？"南必有些不相信阿合马有什么罪责，她只是认为有人在故意陷害阿合马。南必想了想说，"大汗，不如把阿合马的职权放一放，削去一点，这样，就不会引得别人眼红，也就不会引得那许多大臣上书要惩治阿合马的罪了。"

"夫人，真要多谢你了。"忽必烈说，"你这个办法真是好。"

"大汗，如果您认为这个办法好，那么您就用这个办法保护一下阿合马吧。大汗，阿合马出生入死这许多年，对汗国还是有功的。"南必说，"当年听说他随真金殿下去临安救郝经，真是英勇之极。"

"别提真金。"忽必烈似乎十分恼怒。他叹了一口气，说，"那个不争气的儿子，居然敢怂恿大臣上书，让我禅位于他，欲在我活着之时称帝，真是令人生厌。"

"大汗，真金都快不行了。"南必有些泪涟涟的样子，"他已是病入膏肓之人，您又何必跟他过不去呢？"

"真金病了？"

"是的，将不久于世了。"

"啊？"忽必烈一愣，"他不会吧？我都满头白发了，还老当益壮，他真金正值英年，怎会如此孱弱？"

"大汗，他早就在悲哀中苦熬了。"南必说。

"他的气不小哩。"

"正是。"

"就是因为想与他的父汗争位子，没有争过他的父汗，就气病了？"忽必烈自嘲地苦笑了一下。

"大汗，不要这样说。"

"我说的不对吗？"忽必烈已有几分恼怒，不禁大声嚷道，"这个汗位，外人要争，自己的儿子也要争吗？"

"大汗，事情都过去了。"南必感到十分悲哀。

"没有过去，"忽必烈叹了一口气，说，"黄金家族的人，自祖父以来就一直在争汗位，在我死了之后，还是要争的。这个汗位，绝不能让外人争了去。"

"外人？"

"是的，只准拖雷系的人继位。"忽必烈大声说。

"史弼征爪哇刚刚返回，也没有让拖雷系的人有练兵之机了。"南必想试探一下忽必烈有意把汗位传给谁。

"练兵？"

"对。"

"什么意思？"

"大汗，总得有一个您最得意之人去练兵吧，那样，他才能会统兵打仗。"南必说，"不能统兵打仗，是坐不住大元皇位的。大汗，您同意我的说法吗？"

"同意。"

"那么，大汗，您认为哪一个黄金贵族能有统兵之才呢？"

"统兵之才？"忽必烈若有所思地说，"夫人言之有理呀。"

"大汗，哪一个？"

"我认为铁穆耳有可造之处，也许是一块浑金璞玉吧！"忽必烈自信地说，"我相信铁穆耳自会超过他的父亲，他不会令我失望的。"

"大汗，我也是这么认为的。"南必说，"铁穆耳有经天纬地之才，是龙骧虎步之人，总会有他用武之地的。只是大汗忙于政务，却未使用过铁穆耳。"

"铁穆耳是我看着长大的，我对他寄予厚望。"

"大汗，铁穆耳不会令您失望的，他一定比他父亲强。"南必说，"大汗，咱们是不是去看一下真金？"

正在忽必烈踌躇之际，一个怯薛来报："大汗，王著把阿合马刺死了。"

忽必烈大惊。南必愣了半天说："大汗真是料事如神，您言王著会杀害阿合马大人，没想到他竟真的动起手来了。"

忽必烈喃喃地说："王著真乃英烈之士，是勇士也。"

南必说，"大汗，王著行刺国家重臣，该斩首。"

忽必烈喃喃地说："是啊，行刺大臣，是违背法度的行为。来人，把王著押入大牢！"

正当忽必烈犹豫的当儿，南必对怯薛说："快去！大汗已说过了，斩首！"

"是！"怯薛领命而去。

捉住王著之后，天也就亮了。大元文武诸臣听说王著杀了阿合马，都拍手叫好，但他们又听说忽必烈已把王著绑了起来，而且马上就要斩首，立即都慌了神。

史弼听说此事之后，当即联合文臣武将共同上奏忽必烈，一定要保王著的性命。

忽必烈说："王著杀的是汗国重臣，就怕不能饶过他。史弼，念你是得胜将军返朝，既然你出面求情，就不灭他的九族了。这样，也算对王著网开一面了。"

史弼说："大汗，王著乃英雄也，不光不能杀他，还要赏他。"

早在李璮叛乱之后，忽必烈就有汉人不和他一条心的看法，开始对汉人产生疑忌心理而稍加戒备。

其实，忽必烈与汉人疏远，不仅仅是因为李璮叛乱，更重要的是汉人中本身就有"窝里斗"现象。有些汉人容不得同座之人超过自己，否则的话就要和他斗，把他斗下去。在与他斗的时候，可以不择手段，可以造谣、诽谤、无事生非。

汉人儒生，多数是程朱理学之徒，他们对中国古代哲学思想的发展做出了贡献，但他们有一个共同点，即崇尚空谈、不务实际、讲究义理、反对功利，主张存天理、灭人欲。这种言义不言利的思想，成为中国古代的传统思想，对人们的影响极为深远。于是，在事忽必烈时，同僚之中也就出现了相互鄙夷互相倾轧的现象。

这种"仁义"思想，使蒙古初入中原时期，对于改变蒙古的杀掠政策以及帮助蒙古统治者确立各项统治制度和政策，都曾起到过积极的作用。但是，形势不断变化，汉儒仍死死守着"仁义"思想，反对功利，有时也会显得迂腐和不识时务。

汉儒不仅有时表现出迂腐和无知，更重要的是，他们讲求仁义道德，而反对功利主义，满足不了当时战争不断、百废待兴对金钱的需要。

因此，忽必烈开始意识到满嘴仁义道德的汉儒们作用的有限性，对儒士们吟诗作赋、崇尚空谈、不务实际之风渐渐不满，他曾说过："汉人唯务课赋吟诗，将何用焉。"也就是说，忽必烈讨厌空谈。

汉人不能帮助忽必烈解决财政上的巨额需求，所以忽必烈才开始把眼光转到善于经商的色目人身上，阿合马便是从中渔利的一位。当然，阿合马也是有才的，深得忽必烈赏识。

在与忽必烈的接触中，阿合马很注意自己的言行，所以他与太子真金一道去南宋临安救郝经才被传为美谈。

阿合马在任上首先整顿了税收。为驾驭财政，在至元三年（1266年），忽必烈接受阿合马的建议，正式设立"制国用使司"，也就是专管钱的地方。

当然，大元有了专管钱的机构，阿合马也就成了制国用使司的司长。上任伊始，他便请求忽必烈设立诸路转运司多所，以亦比、烈金、留远烈、往永宁、兀翠桦、扎马刺丁、谢言、雪公卫、纥石亨、恐青宇、朝瓦丁等人为负责官员，让他们负责整顿税收，筹措经费。

阿合马在整顿税收过程中，还在全国推行包税制。所谓包税制，也称"扑买"，或者叫"买扑"，其实就是将一地应交税钱包给税官，承包税额确定后，忽必烈不再过问征税之方式，也不管他们是如何征费的。分明是大元朝出银子修的大道桥梁，你从上边路过时却要让你交费，按人按车收银子，这还不是劫财要老百姓的钱吗？强盗还是来暗的，在阿合马包税制之后，居然出现明火执仗抢掠百姓之事。牵走你的猪、羊、牛、马等牲畜，扒掉你的房、屋、墙院，看你还敢不敢不交大元所需税银？

在各地出现包税制之后，居然有一个叫涉猪发丁的人想以银一百四十万承包天下课税，阿合马还真的推广了此法。安西王曾向阿合马建议"陕西课税发办一万九千锭，所司若果尽心措办，可得四万锭"。阿合马命他负责征陕西税，两年后，京兆各路税收超过四万锭，但老百姓的负担也就加重了。

阿合马自恃力量强盛，肆无忌惮地诋毁汉法，贪污受贿，无所不为，逐渐引起蒙汉重臣的不满。

忽必烈重用安童，曾对阿合马形成了一些牵制，但安童随皇子那木罕出兵平息阿力麻里后，阿合马又重新掌握了朝中大权，且变得变本加厉。

益都千户王著看到阿合马专权暴敛，引起了朝廷内外的普遍不满，一个个恨得咬牙切齿，遂秘密铸造了一只大铜锤，发誓要锤杀阿合马。

王著和龙广天书、王社教、廉希宪几个人常在一块儿喝酒。廉希宪说："王著，要想好抽身之计。"然后，又低声对王著说，"不妨带个帮手，到时候万一失手，也好有个接应，总之，对你是有好处的。"

龙广天书也点了一下头，她凑到王著近前轻声说："王将军，此事就依廉希宪之意，到时也许真如廉大人所言那样，如有麻烦，我们为你到大汗那里求情。"

此事还真被龙广天书和廉希宪说对了，在听到阿合马被刺之后，忽必烈立即下诏斩杀王著。王著临刑时视死如归，大声说："我王著为天下除害，今天要死了，将来必定有人赞扬我的事迹。"

人们在歌颂王著侠士之行的同时，开始揭露阿合马的罪恶。由于阿合马理财颇有成就，最初，忽必烈并不相信。

就在阿合马被杀的四十天之后，忽必烈想用一颗大钻石来装饰他的皇冠，找来找去没有找到。南必说："大汗，不如到阿合马府上去查一下吧！众人都说阿合马贪财，那么，咱们就查一下阿合马那里。"

忽必烈同意了。结果，忽必烈派到阿合马家里的人，真的在阿合马的妻子滕折那里找到了两颗硕大无朋的钻石。

人们见忽必烈开始正视阿合马的罪恶，便纷纷揭露阿合马贪污受贿和卖官鬻爵的罪行。说阿合马欺男霸女，无恶不作，"凡有美妇而为彼所欲者，无一人得免。妇未婚，则娶以为妻。已婚，则强之人己。如闻某家有美女，则遣其党徒语其父曰：'汝有女如是，曷不嫁之伯罗阿合马，则彼将授汝以高官显职，荣任三年。'女父若以女献，遂立授显职"，阿合马因此"尽得美妇为其妻妾"。阿合马"有子二十五人，皆任显要，""淫纵亦如其父，所行无耻无义"。

忽必烈见众人怨积深，下令从坟墓中把阿合马的尸体挖出来，"在脚下系上绳，拖到大都菜市口，让车从他身上驶过，纵犬食之"。

忽必烈又下令清查阿合马家财，在搜查其妾之家时，得两张熟人皮于柜中，两耳俱存。忽必烈听说此事，气得要死，下令活剥了阿合马的儿子忽辛、阿散等人的皮，把阿合马四十个妻子和四百个妾分配了，还把他的财产和家具都充了公。

接着，忽必烈又下令，原来因向阿合马献纳妻女姊妹而得官者一律罢黜，将阿合马占据的民田归还原主。就这样，阿合马的党徒得到了比较彻底的清算。

太子真金听说此事之后，高兴地差人叫来八思巴，亲自为八思巴斟了一杯酒说："国师，父汗如此做法，我大元有望矣！"

"我早就厌恶阿合马的品德卑劣，国师定有同感。"太子真金叹了一口气，接着说道，"也难怪，汉人中一些中坚大臣都快要死了。"

"是的，太子。"

"我也快死了。"

"太子千岁千千岁。"

"活不到一千岁了。"

"太子无恙。"

"别那么说。"太子真金苦笑了一下。

"有长生天庇佑太子，不会有事的。"八思巴呷了一口酒。

太子真金近日身体不好，一直休息在家，暂时不再处理政务。

但凡在宫中长大的汉家皇子们，都娇生惯养，讲究"饥一分、寒一度"方可健康，所以这些皇族贵胄多是体质单薄，早夭者颇多。而真金是在蒙古大草原上成长起来的，从小是吃兽肉、喝烧酒、经风沐雨，他的身体一直跟雄狮一般健壮。这次患病的主要原因，是忽必烈对他大发雷霆引起的。

在忽必烈得到南必后，对她极为宠爱，总想时刻陪伴在她左右，一会儿也不想分开。基于这种情况，忽必烈索性把朝廷政务一并交给了真金，自己不再每日上朝，只跟南必在后宫赏花品茗、听曲观舞。日子一长，大臣们也就习惯了这种情况，每遇大事均是禀告太子，而太子真金也颇争气，说话得体，处理政务稳妥得当，令朝野上下一片赞誉。

谁知，有位地方小吏见忽必烈不再关心政务，而真金又如此能干，便上了一道奏折，奏折中曰："大元皇帝年事已高，不妨让位于太子，以休养身体，颐命天年。"

真金阅过此折后，大吃一惊，吓得赶紧压下，未敢明示于臣。真金知道权力在蒙古人心中有多么重，更知道父汗为了这个权力奋斗了多少年。目前父汗让自己总理政务，不过是因为父汗刚得新宠，爱不释手而已。再说，父汗放权于己，也是父汗不放心别人、信赖自己的儿子罢了。如今，有这般不开眼的臣子，昏头昏脑地上了如此不辨主次的折子，父汗若知道了，还以为是自己指使大臣干的呢。真金越想越怕，他太了解父汗最不能容忍的就是对他皇权的轻视，连轻视都不能容忍，更别提是掠夺去了。万幸自己先看到了这折子，否则，父汗岂不气得杀了自己。于是，就把这份折子压了下来。

但不幸的是，忽必烈无意中知道了此事。

原来，真金身边有一位怯薛，曾不在意地跟扎察说："太子近日很忙，刚才看折子时面色死灰，大汗淋漓。"

　　说者无意，听者有心。扎察久在皇帝身边，自然知道太子大汗淋漓的原因定是那折子，于是，忽必烈就知道了这份不寻常的折子。

　　接下来的事情就简单了。扎察轻易地把那折子拿到了手，呈给了忽必烈。忽必烈阅后，果然龙颜大怒，命怯薛把真金自朝堂上叫了回来。

　　真金垂首听着父汗的大声斥责，他怎么申辩也难以消除父汗对自己的怀疑。

　　"你说不是你指使，那为何留中不发？分明是心中有鬼！朕如此地信赖你、器重你，一直想把大元托付于你，没想到你却等不及了，要弒父篡位了？我真是养了一只没有良心的狼！渤海湾事件，我没有责罚你，是念你年幼无知，可现在你不是毛头小子了，大臣们不是都夸你理政得当、深沉有度吗？没说错，你果真深沉，深沉到要杀自己的老子了！"

　　忽必烈的胡子颤抖着，气得面如重枣。真金跪在地上，两行泪水淌了下来，哆嗦着道："请父汗明鉴，儿真无此心，儿愿以死明志。"

　　忽必烈冷冷一笑："死？你敢拿死来威胁朕，你死了，有脸去见你那地下的娘亲吗？察必啊，你真是白疼了这个孽子了。"

　　提起去世的爱妻，忽必烈的心软了，他知道自己不能真杀了真金。察必如若活着，是不会让自己伤了她心爱的儿子的。

　　忽必烈不由得流下了眼泪，他哽咽着道："看在你母亲的份上，朕先留住你的头，滚回去好好想想吧。"

　　太子妃阔阔真已经不年轻了，连儿子铁穆耳都到了在军中为国效力的年纪了，她也没有什么太操心的事情了，每天除了做些女红之外，就是精心地照料着丈夫真金的生活。她知道父汗对丈夫颇为倚重，而丈夫又是干活不要命的脾气，所以，她天天是变着法子为真金做可口的东西吃。在南必进宫后，阔阔真同这位比自己都小好多的"母后"成了好朋友。

　　就在忽必烈父子争吵的时候，南必已经派人将实情告诉了她，让她宽慰一下真金。此时，见丈夫垂头丧气地进来，阔阔真忙迎上去，问："跟父汗解释清楚了吗？"

　　"没有，父汗正发火呢。"

　　见真金倒在了床上，阔阔真拽过一床锦被给丈夫盖上，又道："你也是，那折子不该留中不发。"

　　"我是怕父汗误会我。"

　　"大丈夫应该光明磊落，你留中不发才恰恰会让父汗误会。"

　　"唉！"

　　"吃点东西吧？"

"我不饿！"

"铁穆耳刚送来的烤羊腿，很鲜的。"

"不吃！"

自这天起，真金就病了，吃不下、睡不着，身体也日渐消瘦起来。他已不再后悔那件事情了。他经过长久的思索，发现不干政务是件很清静、很平和的事情。他开始阅读佛学书籍和诗词歌赋，开始了远离朝堂的生活。

当听闻阿合马被杀，他更是感到朝堂的险恶，从政的可怕。这时，八思巴来了。

"在渤海湾起事，我是祈过长生天的，但不知何故，我怎么就不能成功呢？"长生天对太子真金的诱惑力已经不大，他长长地叹了一口气，说道，"我可以和你谈经论佛的，国师，说到佛教，我还是信的。"

"太子英明，"八思巴说，"苍生之命系于佛祖矣！"

"系于佛祖？"

"正是。"

"这是为何？"

"我佛慈悲！"八思巴微微一笑，说，"我佛讲究普度众生。"

"如何普度？"

"太子，我可以跟你讲六牙白象、迦楼罗神鸟、须达以金布地价只园，那里有先贤的智慧，包罗万象。讲过之后，太子就懂了。"八思巴说。

"那好啊！快讲！"太子真金微笑了一下，说，"国师，我真想听一下你的佛法。"

"佛法无边。"

"无边？什么意思？"太子真金说，"是不是很大的意思。"

"不观所生处，唯观于德行。"八思巴说，"有德之人，种姓有别，千行无异也，太子听得懂吗？"

"不太懂。"

"太子，懂就是懂，不懂就是不懂。"八思巴说。

太子真金摇了一下头。

八思巴微微一笑说："太子，释迦牟尼说：'人要和平、牺牲、慈爱、诚信、平等、无私、克制贪欲。'"

"你说到克制贪欲？"太子真金的眼睛突然一亮，他呷了一口酒说，"国师，克制贪欲也是佛法上所言？"

"正是。"八思巴点了一下头，"太子，佛法是讲不让人有贪欲的！佛法云：'贪婪是一切罪之根。'"

忽必烈携南必来到太子真金这里时，太子真金正若有所思地念叨着"贪婪是一切罪之根源"的话语。南必很欣喜地对忽必烈说："大汗，太子已经潜心修佛了！我让您来看一下他，您还不乐意。"

忽必烈也有几分惊喜，他简直有些不相信自己的眼睛：眼前的真金仿佛对世间的一切都大彻大悟似的，那种眼神，分明是淡薄一切名利才会有的眼神。

八思巴忙起身给忽必烈和南必行大礼："见过大汗和皇后。"

"起来吧。"忽必烈挥了一下手说，"咱们一块儿坐！正好我现在还有些酒兴，真金，能喝上几杯，是不是感觉要好一些？"

太子真金一愣，匆忙给忽必烈和南必行过大礼："孩儿小恙，让父汗、皇娘操心了！适才我正听国师讲法，真是受益匪浅！国师法力无边呀！"

八思巴说："是太子有慧根！大汗、皇后，我才说了九牛之一毛，太子已触类旁通，对佛理大彻大悟。"

太子真金觉得谈经论佛如此美好，他跪地向忽必烈和南必一拜，说："孩儿想跟国师修佛。"

忽必烈说："如此甚好，如此甚好。国师，收下他吧。"

八思巴躬身一揖说："多谢大汗厚爱，我一定与太子一起研修佛学，共渡人生之苦海。"

"国师，"南必说，"今既得太子为学生，讲一下大意抒海吧。"

八思巴点了点头，说："昔有国名欢乐无忧，王号曰广慈哀。"

"广慈哀乃为欢乐无忧国之国主？"太子真金问。

"是的。"八思巴说，"国有居士名摩诃檀，妻子叫梅陀。"

"梅陀？"南必问，"摩诃檀之妻不叫梅陀吧？我好像听说过，叫什么陀，但一时又记不起来了。"

"就叫她梅陀吧！"忽必烈说。

八思巴说："夫妻二人生有一子，姿容端正，世间少有，坠地便语。"

"坠地便语？什么意思？"太子真金说，"生下来就能说话？"

"是的。"八思巴说，"且说话时还以手立誓。"

"如何立誓？"忽必烈说，"以手合十，说誓言？"

"大汗，正是那样。"八思巴说，"他说：'我当布施天下，救济人民。'"

"好大的志向。"南必说，"刚坠地就有济世之志。"

"皇后所言极是！"八思巴说，"他还说：'有孤独贫穷者，我当给护，令得安稳也！'其言铮铮。"

"好大的口气呀！"忽必烈说，"他立志护天下贫者。"

"正是。"八思巴说，"父母因名为大意，所谓象之大也。"

"大意！"太子真金说，"大意者，为大象无形也。"

八思巴呷了一口酒，说："大意之父母，见其有异姿不与人同，恐是天龙鬼神也，但念天下人民穷厄者，欲护视之耳。说此意，便止不复语。"

　　"没有什么废话。"忽必烈说，"此子更是难得。"

　　南必说："大汗最喜能为汗国办些实事之人呀。"

　　"正是如此。"忽必烈呷了一口酒，微笑了一下。

　　八思巴说："那子年至十七岁，乃听取父亲之言：'我欲布施勤苦之人，今得安稳也。'父母念言，子初生时，已有是愿。"

　　"父母说，他生下来是说过要为贫苦之人布施之语。"太子真金说，"大意的父母又把此话对他讲了一次？"

　　"对。"八思巴说，"父母告子言：'吾财无数，自恣意所施与，不想制约也。'父母是很大方的，他们可以让大意随便花国库的钱，但只要是救济穷人。"

　　"是呀，是呀！"忽必烈感慨道，"我视阿合马为大意也。"

　　"大汗悟性极高，"八思巴说，"大汗已悟佛理。"

　　"我却未悟得。"太子真金见众人说笑，自己却不知是为何，"国师，你刚才是说我父汗已悟佛理？"

　　"正是。"八思巴说，"大汗悟性实在是深厚无比。"

　　"我却不太明白。"太子真金端起酒杯，却没有心思喝下去，"国师，也许我悟性不够，不能修佛。"

　　"太子，你已能悟出人生之罪孽乃贪婪所致，即为慧根。"八思巴说，"但比起大汗，还是不如的。"

　　"我是不比父汗的。"太子真金说，"父汗乃旷世之英杰。"

　　忽必烈高兴地大笑起来。南必也笑了。

　　忽必烈从太子真金那里离去以后，过了好多日都以为太子真金是有些大智若愚的，他在和南必去郊外寺庙拜佛的路上，还在回味太子真金的一些言行，叹了一口气。

　　南必问："大汗，因何大为伤感？而今大元四海升平，我们只是去做了一些佛事，又有何愁？"

　　"夫人，"忽必烈说，"我是没有什么愁事，我是想到太子才叹了一口气。夫人，太子不是怯懦之辈。"

　　"执礼甚卑。"

　　"此话怎讲？"

　　"太子那样做是对的。"南必说，"他只有那样做。"

　　"怎样？"

　　"大智若愚。"

“我正是那样想着他的。”忽必烈说，“妒鳞者难成大器，委佗又有孤愤触乳之压，故而太子想它中图大。”

“它中图大，还能图到哪里去？”南必笑了笑。

“夫人所言也是。”忽必烈说，“拔都系的人不再有动作，大元朝即得以安立也。世人安乎仁，故能爱。”

“大汗，如今太子归佛，可令叛心者弭口，乱语者弭耳，有思乱者弭思，实是大元之一大幸事矣！”

“夫人言之有理。”忽必烈说，“贤德之士还会云集到大都的。《楞严经》说：‘内分即是众生分内，因诸爱染，发起妄情。爱染日已薄，禅寂日已固。’”

“大汗所言极是。”南必说，“夜行被绣，不足为荣，而今太子能守真，咱们就忘其尤诟，重新待他。”

“嗯。”

“大汗英明。”

“不，夫人，你心里对我是有所忌恨的。”忽必烈说，“你一定责怨我对太子真金太过严厉了。”

“才不是那样。”南必说，“既立其为太子，有何怨之？”

“有叛乱之嫌，怎担太子之重任呢！”忽必烈叹了一口气。

“大汗，您也见到了，真金已潜心修佛了嘛！”南必有些伤感，“不立他为太子，还真立他弟弟？”

“有其子铁穆耳。”

通往寺院的小路弯弯曲曲，沿港河沿，一路前行，也就到了庙寺的西南角。路很窄，树木枝繁叶茂，只能望见一片青天，漏下一线阳光。

田垄间闪耀着金黄色的光辉，原野上遍地是花朵，原野四周的灌木丛中也有成百上千的花在盛开着，高耸在灌木后面的森林蔚然地立着，发出飕飕的细语声，并且被五颜六色的花朵点缀着。鸟儿在枝头上飞来飞去，树杈间传来阵阵鸣啼，芳香夹杂在风里飘过。在田垄间，草地上，灌木和森林背后，又可以看见同样披着金光的田垄、遍地花朵的草原、被百花覆盖着的灌木丛，一直到那被阳光照耀的森林遮蔽着的远山为止。

寺院两旁的菩提树成荫，有一群小鸡在树下啄食。那些雏儿真是可爱，有鹅黄的，有黑的，有淡黑的，有的像鹌鹑一般驳杂的，全身的绒毛像那绒团儿一样，一双黑睛如墨品一般，啾啾的叫声，真的比山泉的响声还要清脆。忽必烈回首看了一下走过的路，那路突然变得空旷和孤寂了许多。

被踏过的路直挺挺地躺在那儿，像是漫无尽头的灰和沙组成的线，两旁排列着高大而瘦瘠的树，看上去，绝无动人之处。一片连绵不绝的山峦，在天空下，向大都的方向伸延着，没有出口，也没有岗陵，路两旁的麦田是那样神奇，就似上天已经量好每一根嫩茎的高度似的，竟使它的表面一如平镜。

路两旁的景色越远越美丽，大自然中的任何东西都不可能比它们更美丽了。整个地面形成一个金色带绿的海洋，上面点缀着千万朵各种各样的花，细长的草茎上面露出淡青色的、蓝色和淡紫色的矢车菊。

在这鸟语花香的氛围中，忽必烈的心中作出了一个大决定，这个决定，使他的晚年生涯染上了血腥与痛苦的色彩。

成吉思汗在世时，曾多次对儿孙们说过："征服，是我一生中最为快乐的追求。"

成吉思汗是这样说的，也是这样做的，并且在做的过程中体味到了至极的快乐。他的铁骑所到之处，无不是臣服的疆域。忽必烈现在已经不是一个传统意义上的蒙古部落首领了，而是大元帝国的帝王。他除了继承了先汗王们的征服激情和掠夺欲望外，心中更有一种普天之下、舍我其谁的气概。在忽必烈看来，凡是太阳能够照射到的地方，他就能征服，能让太阳下的每一寸土地都臣服在自己的脚下。在南宋这个最为肥美的猎物落入囊中之后，忽必烈又把目光瞄向了更遥远的南方——安南、缅甸及爪哇。

在灭掉南宋后，伯颜把大批的南宋宝物运到了忽必烈面前。忽必烈平生第一次知道这世上竟还有种类如此繁多的宝贝——象牙、香料、珍珠、玳瑁。这些异域宝贝勾起了他急欲征服其产地的欲望，他开始了按部就班、有条不紊的准备。

至元十八年（1281年）十月，忽必烈在屡派信使至安南、令安南臣服被拒绝之后，自行认定安南已是大元帝国的疆域，诏命成立安南宣慰司，并册立陈遗爱代为安南国王。同时，派信使到爪哇，诏令爪哇国王到大都朝见。偏居一隅的爪哇国王根本不知大元帝国的强大，冷淡地拒绝了。

这些准备工作均出乎忽必烈所预料的没有结果——安南、爪哇均蔑视泱泱万众的大元帝国。忽必烈得到了他想要的出兵的理由，便大造舰船、冶铁铸炮，并派自己的儿子远赴南方，一个儿子为云南王，镇戍大理等地；十一子脱欢为镇南王，虎视湖广一带。派子上阵，足以表示了忽必烈一定要拿下南方，把这些盛产宝物的疆域都归进大元帝国的雄心。

至元二十年（1283年），忽必烈下达了诏命，兵分三路，直指南方，吹响了征南的战争号角。一路是都元帅纳速剌丁兵发缅甸，一路是唆都攻打占城，还有一路则由脱欢带领直逼安南。刹那间，南方大地狼烟四起，血染长川。

数十万蒙古铁骑势如破竹，杀气腾腾，一路扫荡而来。南方诸城自是无法守住家园，纷纷兵败，弃城而逃。当脱欢把自安南城上缴获的敌方旗帜飞送至大都时，忽必烈做梦都笑出了声——他料定儿子们的征战不久即可全面告捷。

忽必烈显然低估了地域气候与民族矛盾所能产生的巨大影响。南方气候潮湿、多雨少晴，而且重峦叠嶂、树林茂密，林中疫气丛生、毒虫遍野。生长在北方草原的蒙古骑兵不仅要追截躲进深山老林的仇敌，还要提防毒虫的侵袭、山岚瘴气的传染。缅甸国更有高招，摆出百头大象战阵冲击元军。在多方面因素的综合影响下，元军战斗力开始下降了，兵卒出逃、患病屡见不鲜。

消息传来，忽必烈心力交瘁。尽管缅甸已遣使者，声言臣服于大元帝国，但主帅唆都却死在阵前。忽必烈生平第一次遭遇如此尴尬的局面。

回首灭宋的无数战役，不都是大元帝国全胜吗？心有不甘又能怎么样呢？忽必烈想到了自己颇为喜爱的皇孙铁穆耳。

忽必烈一阵沉思之后，命怯薛传皇孙铁穆耳来见。

铁穆耳正在母亲那里吃饭，听闻圣上传令，自然不敢怠慢。扬鞭催马，一路疾奔，在傍晚时分赶到了忽必烈的面前。

看着一身尘埃、气喘吁吁的孙子，一股怜爱之情袭上忽必烈的心头，他慈祥地笑着，让孙子坐了自己身旁。

皇孙铁穆耳长得并不是人们印象中的那样厚实，而是瘦高个儿、细胳膊、长鼻子、嘴唇松弛润湿，那张有棱有角的脸像一刀劈出来的，但脸上的线条很优雅，肤色也显得非常柔和，多情的眼睛有些黄里透黑，眼白并不是蒙古种那样黄得如猫眸，它的鲜嫩有些近似中原人。能称得上秀丽的眼睛上面，眉毛有些像汉人国画中的手笔，栗色的睫毛很长。腮帮上长着一层丝绒般的汗毛，色调正好同生来卷曲的淡黄头发调和。白里泛着金光的太阳穴不知有多可爱。短短的下巴颏儿高贵无比，往上翘起的角度适中自然。一口整齐的牙衬托出粉红的唇，笑容灿烂而纯真。你会疑心这是个女扮男装的人，但是他生就一副孩子的长相，还有使他的样子好像绵羊的卷曲、浅色的头发。

"你可知朕为何叫你来吗？"

"孙儿不知。"

忽必烈的目光非常温和地看着英气勃勃的孙子，道："脱欢他们在安南的战事不利。"

"孙儿已经听说了。"

"你说说看，朕该如何办？"

"孙儿以为安南地处东南，地理位置极为重要，如果能征服他们，我们就打开了远征爪哇的门户。所以，孙儿以为安南是大元帝国出兵海外的跳板，不可放弃。"

听孙子所言均与自己所想合拍，忽必烈点了点头，又道："接着讲。"

铁穆耳喝了一口茶，道："孙儿还以为，脱欢王叔此役不算战败，而是战胜。"

"怎么讲？"

"缅甸已乞和臣服，此为一胜果；安南王已遁入深山，此为二胜果；经此战，我们了解了那里的气候、地形，此为三胜果。"

忽必烈不禁龙颜大悦。在消息传来后，曾有大臣上书请忽必烈停战，以免再有死伤，但他却从心里不愿承认自己的设想是失败的，听铁穆耳这番"胜利"论，大有与自己息息相通之意。

忽必烈笑了："如果朕再派你去如何？"

"孙儿自当奋勇。"

"好！近日就出发吧。"

"祖父，孙儿保证拼尽全力，但无法保证即日大捷。"

"嗯。"忽必烈应道。

"目前敌寇已入深山，剿之定会费时日，故而　　　"

忽必烈打断他的话，道："朕令你去是历练实战经验，见识一下血腥气息。你只可随军，不另委实职。你洞晓朕之深意吗？"

铁穆耳大愕，他这时方知晓祖父之心。自父亲被祖父斥责之后，一直患病在家，虽未削去太子称谓，也已不再主理朝政。现在看来，祖父是想培养自己。想到此处，铁穆耳一挺胸脯："孙儿明白！"

"明白就好，小心一点儿！"

"孙儿遵旨。"

望着铁穆耳远去的背影，忽必烈宽慰地笑了："真似朕年轻时一样。"

南必在一旁一直静静地听着，见忽必烈笑了，便打趣道："大汗年轻时怎么样？"

忽必烈一抚南必的肩："走，让朕在床上告诉你。"

铁穆耳回到宫中，向父母陈说了祖父让自己出征南方的消息。真金有些忧心儿子的安全，但阔阔真却道："男儿不上阵御敌，怎能成为顶天立地的汉子！去吧，儿子，只是要注意安全。"

第二天，铁穆耳便带着祖父派给他的辅将别儿哥及八百兵马，踏上了南去的征途。

铁穆耳一路上晓行夜宿，一个多月后便欺近了安南国的边缘。在与脱欢等人见面后，铁穆耳便把营帐扎在了一座庙宇旁边。他坐在帐内，怎么也忘不了脱欢见他时的表情。脱欢那张黑黑的脸上，有几种极为复杂的表情，有吃惊、气恼、嫉妒，还有一缕恨意。父亲身为太子，怎会令这些叔伯们钦慕之余妒恨满怀呢？他不知道自己此番初涉军旅，会有什么困难在等着自己。刚才脱欢极不情愿地把两万兵马划给自己，还派来一名主将，分明是不想给自己实权。铁穆耳索性叫起别儿哥，走出营帐，在野地里散步。

别儿哥已体味到秋天的况味，庙中有股凉气，让人觉得有阵阵寒意。长在前院的蒿草，也都有些颓了，各种秧棵似有霜迹，老榆树全身的叶子都在打哆嗦，是秋风在摇动它们。这很能使人联想到肃杀，是凄凉，是秋风，是红叶，是荒林，是萋草，然而秋却有另一种意味，没有春天的阳气勃勃，也没有夏天里的烈日炎炎，也不像冬天里的枯槁凋零，秋有一种大气磅礴的气象。秋天的树木，瘦削而苗条，轮廓分明，体态婀娜的躯干披戴着一簇簇赭红的绒毛。

太阳有些黯淡了，那真是"碧云天，黄叶地，秋色连波，波上寒烟翠"。可惜，别儿哥并不懂这《苏幕遮》的含义："山映斜阳天接水，芳草无情，更在斜阳外。"

晚风轻轻地吹拂着铁穆耳的头发，黄昏的香气沁入他的鼻腔。秋末的黄昏总是来得很快，还没等山野上被日光蒸发起的水汽消散，太阳就落进了西山。

站在庙前的铁穆耳，注目着山脚下的云海。他是在向往着那铺天接海的云雾吧！大面积的，扇面形的云霞，从白棉花球变成了金色的菠萝了。然后，出现了一抹玫瑰，一抹暗紫，像是远方的花圃，雪青色、灰黑色和淡黄色时隐时现，掺和在一起。

整个的天空也随着这云霞的色彩而渐渐暗下来了。陡然间，落日终于从云霞的怀里落到了地平线上，好像吐出一个大鸭蛋黄，由橙黄、橙红变得鲜红，由大圆变成了扁圆，最后被傍晚的朦胧吞没了。

于是，山谷中的岚风带着浓重的凉意，驱赶着白色的雾气向山下游荡；而山峰的阴影更快地倒压在村寨的屋顶上，阴影越来越浓，渐渐和夜色混成一体。

月亮还未升起，淡淡的晚霞在海面上轻轻地飘荡，海岸上的溪流在欢跃地、潺潺地流下来，还有岸上的蟋蟀也叫了起来，仿佛很远，又仿佛很近，大自然的恬静令别儿哥有些陶醉了。

忽必烈是对的，是该跟汉人学一些诗词歌赋。啊，多美啊！铁穆耳在心底反复这么呼喊，他真后悔自己没有吟诗作赋的细胞，没有丹青写意的本领。铁穆耳瞩目西方，一团色彩绚丽的熔金般的烈焰，渐渐由绚烂归于平淡。末了，淡淡的暮色笼罩了天半，宛如一首奇妙的曲子，优美极了，洪亮极了，但却渐渐地归于岑寂、无声，让铁穆耳心中似有无穷的感喟：夕阳无限好呀！

铁穆耳目睹着南国美不胜收的景致，便下定了决心，一定要把这块芬芳的土地征服，献给祖父。说干就干，铁穆耳集合军队，反复讲到"军心似铁"，又反复讲到"感召日月"。

此时，只见一颗巨星划着一道光亮，落在半空，接着又打着火光，放着光彩，停在离地一人高的空中。

铁穆耳感到惊奇。他想：南方果然是奇事多多。他令别儿哥快去取过来，他要看个明白，那到底是什么玩意儿。

铁穆耳心想，如果是什么稀世之宝，就算打了败仗，但有天才奇宝奉献给他的祖父忽必烈，也有大功之赏。

别儿哥脚踩马蹬，站在马背上去取那个东西。

那个发光体因为过热，让人不得伸手，更不敢睁眼。铁穆耳想，这物件似星非星，似矛非矛，莫不是上苍赐予的圣物？想了想，他便策马上前。他双膝跪天，想以心相换。结果，那个带着光轮的物件又升至半空，急得铁穆耳一再搓手。

别儿哥走过去，先是拜了几拜，双手合十，虔诚祈祷，又手抚心胸，三拜九叩。结果，光轮一动不动了。别儿哥说："铁穆耳元帅，快点过来，这东西像被磁力吸在这里，你来瞧一瞧吧。"

铁穆耳心里一亮，他策马过去，亲手解开赤兔马的肚带，卸下雕花的金鞍，铺在地上，顺手把红缨金盔挟在腋下，把玉带搭在肩上，跪在马鞍上祈祷："上苍，我是大元皇孙铁穆耳，你若有意佑我，就把这个圣物赏赐给我！多谢上苍！"

铁穆耳虔诚地祈祷着，光体终于回落到手中。铁穆耳低头一看，原来是一块矛头状的陨铁，在空中弹落几下，正巧在铁穆耳伸手之际，落在他的手中。铁穆耳手握这枚金光闪闪的矛头，对两万将士说："此乃万众之心，乃胜利的旗帜，乃战神苏鲁锭也！先汗曾有此物，今天到我手中，此乃上苍帮我！诸位将士，跟着我吧。"

"铁穆耳千岁！"

"铁穆耳必胜！"

"铁穆耳一定会将大元疆土扩大！"总之，喊什么的都有，一时间，喊声贯耳。铁穆耳也亲自举着鹰旗舞了一番。

鹰旗赫赫。战神威威。

铁穆耳兴奋极了，这不正是长生天赐予自己的吗？长生天赐我苏鲁锭，不是在暗示我会像战神一般英勇吗？更为令他高兴的是，两万兵马目睹了这一盛况，定会对自己尊崇听命的。

但当铁穆耳率兵进入安南境内之后，方才感到皇命不好完成。安南国王及其军队或隐入莽莽原林，或匿于险峻重叠的群山，或浮舟于海上，使铁穆耳成了一头浑身是力气却总找不到猎物的狮子。而地貌陌生、虬枝横路、毒藤缠身，稍不留意，便会被吐着火红毒信子的蛇咬上一口。蚊虫叮咬，疫疠不断，铁穆耳已是疲惫之极。

就在铁穆耳意欲放弃的时候，一个机会从天而降。

一天，铁穆耳及其部属来到了玉儿山下，驻扎在了一个叫那罕的小镇中。那罕地处三山合围之中，气候宜人，建筑古朴，不似一些村寨全是木屋藤床。这里有些砖土房子，而且人口也多，这很合铁穆耳的心思。

在那罕住了两天之后，铁穆耳没有接到出去搜山的战报，有些烦闷地坐在屋前的石板上，自斟自饮着。这时，别儿哥一步迈了过来，高兴地道："元帅，喜讯。"

"是何喜讯？"

"我发现了一个秘密。"

"说说。"

"这村寨之中，有一对美丽的双胞胎姑娘，听说长得花容月貌。"

铁穆耳有了些兴致。整日搜寻敌人的日子乏味极了，正好找几个女人来乐一回。他抬眼看了一看别儿哥："真是那么漂亮？"

"真的。"

"那怎么还不带来。"

"带来了。"

"人呢？"

"就在门外。"

"叫进来。"

"得令。"别儿哥笑着出去了。

一眨眼，两位美丽的少女站在了铁穆耳面前。铁穆耳定睛一看，不由得惊呆了。

南国女子的装束，短衫长裙，恰到好处地勾勒出曲线的玲珑，白皙如绢的皮肤恍若凝脂，红红的小嘴、黑如泼墨的眼睛，跟从仙境走来一般。更令人惊诧的是，这两位女子相貌一样，如果不是一位丰腴、而另一位稍显苗条外，就似一个模子刻出来的一般。

铁穆耳呆呆地看了半天，方醒过神来，站起身走到两个女子身边，用手抬起了两人低垂着的脸。铁穆耳的手掌托着苗条姑娘的下颌，只觉得好像抚的是光润无皱的丝帛一般，没有一点瑕疵。他就这么抚着姑娘的下颌待了半天，才伸手搂住了那位丰腴一些的女子。

被他搂在怀中的躯体温软而芬芳，他有些忍不住了，两手托起这姑娘就向屋内走去。

"元帅。"那个苗条的女子叫住了他，他回过头来。

苗条的女子跪了下来，道："请让我来侍奉元帅吧。"

铁穆耳有些奇怪，他还没见过抢着来侍奉自己的情景，他把手中的那女子放在地上，问道："为什么？"

"姐姐已有身孕。"

"嗯？她已嫁人？"

"尚未嫁人，只是有了身孕。"

铁穆耳有点乐了，这南国女子可真奔放。他不由得招呼两位女子坐在石板上，唠起了家常。而这两位女子见铁穆耳很是温和，便道出了一个秘密。

原来，这怀孕的姑娘是被安南国王的一个大臣给奸污了。因为这女子容貌艳美，大臣不忍放手，经常来那罕与姑娘亲热。这姑娘虽恨其污辱了自己的清白，但又不敢忤之，便一直默默地忍受着。

铁穆耳闻之，忙问："近日可曾来过？"

"七日前来过。"

"可曾留言何日再来？"

"当时说是十日之后。"

"你知道他藏在哪里？"

"说是在那罕东边的山上。"

铁穆耳高兴极了，他终于抓住了敌人的狐狸尾巴。那大臣既然是个重臣，定是与那安南国王在一起。铁穆耳踱了几步，心中有了主意。

"我是大元帝国的皇孙铁穆耳元帅，你们别怕，我不为难你们。你有身孕，可回家去了，我会传令下去，不得入你家骚扰。"两位女子跪地称谢。

铁穆耳又拉着苗条的姑娘，问："你叫什么？"

"罕儿。"

"罕儿，你可愿意跟着我吗？"

罕儿抬头看着魁梧的铁穆耳，不知如何回答。

"别怕，我不勉强你。"

罕儿终于轻轻地点了点头。

三日后，那大臣果然又来到了那罕镇，去了罕儿家。

别儿哥率一百名铁骑，轻而易举地活捉了那位大臣。在铁穆耳一番软硬兼施之后，那大臣终于答应了合作。

早已过够了逃亡日子的安南国王，在那大臣的几句游说之后，便同意向大元帝国俯首称臣，并提出要见铁穆耳一面，以确认一下保他性命的诺言。铁穆耳几经考虑，没有与之见面，只是赠之一柄腰刀表示了诚意。铁穆耳怕的不是这末路的国王，而是怕有人会诬告他私通贼首。

如此看来，看似勇猛的铁穆耳，倒有如细发般的缜密。

忽必烈徜徉在后宫花园里，正与南必漫步。扎察急匆匆地走了上来，把铁穆耳从南方传回的书信递给了忽必烈。忽必烈阅后大喜，不由得哈哈大笑起来。

南必好奇地问："大汗，因何如此大笑？"

"铁穆耳的信中说，他在安南战果辉煌，不仅歼灭了三千余名敌人，而且安南国王也称臣于大元了。"

"真的？"

"是真的，你看，这里还有安南国王的乞罪书，说是要永远臣服于我，还说要送我礼物呢。"

"什么礼物？"

草原英雄：忽必烈

忽必烈见扎察身后的怯薛们抬来一个大木箱，便道："打开看看，是什么礼物。"

怯薛们撬开木箱，自箱内托出了一尊人像。

忽必烈只见那人像在阳光的照射下，金光灿烂，炫人双目，不禁用手在额上搭着，道："是金子铸的？"

扎察回道："是纯金的，大汗。"

这尊纯金的人像呈跪拜之姿，安南国王是用此像，代表自己向大元皇帝请罪称臣的。

忽必烈哈哈大笑起来。南必也笑了："这个铁穆耳，真有本事，半年的光景，就让南方臣服了。"

忽必烈道："好苗子，能堪大任呢。"

"大汗，把这个好消息传示天下吧。"

"当然，我还要大摆宴席，庆贺一番。对了，叫上真金一家。"

"是。"

"圣上！"又一怯薛急步走来，跪道。

"讲。"

"安童回来了。"

"安童？"

"是，那木罕和阔阔出王爷也一起回来了。"

"走！"

忽必烈急步向大殿奔去，一点儿也不似七旬老人的样子。南必不禁叹道："真是人逢喜事精神爽。"

安童和那木罕、阔阔出三人被漠北的海都扣押已经多年了，这被扣押的原因还是来自黄金家族的内讧。

在忽必烈抢登汗位之后，不仅阿里不哥的诸子孙不服气，蒙哥系后人及察合台系后人也都不服气，不过畏惧忽必烈的强大势力，没敢做出格儿的事情。在忽必烈举兵南下灭宋的时候，窝阔台系的海都插手宗族事务，令察合台之孙大为光火，于是两系便打了起来，结果是忽必烈最终渔利。他派儿子那木罕进驻西北，与真金的北庭军联手，抢占了别失八里及阿力麻里地区，使忽必烈手中的西北疆域又向西扩张了千里。

但不料海都把持了窝阔台、察合台两系的联盟大权。在忽必烈忙于南下之际，海都露出了狰狞面目，他先是扣押了正在西北巡察公务的大元朝宰相安童，又把忽必烈极为器重的两个儿子那木罕、阔阔出押了起来，并出兵东南，夺回了阿力麻里，使忽必烈的西北防御线被迫撤到了别失八里。

忽必烈坐上帝位这么多年了，无数汉人疆域都臣服在了脚下，可却仍不能得到黄金家族的认可，这颇令忽必烈气恼。他本来心中最宏大的理想是将天下最肥沃、最广袤的土地都踩在大蒙古汗的脚下，怎么却不能得到蒙古人的支持呢？尤其是不能得到成吉思汗子孙的支持呢？这样一来，忽必烈还不得不将大元帝国最为精锐的部队摆放在这样一条漫长而又人烟稀少、土地贫瘠的荒凉防线上，沉重的军事开支销蚀了大元帝国无数的财富，搅乱了他一统天下的帝国梦想，尤其是自己得力的宰相和心爱的儿子也被扣押。忽必烈忍无可忍了，他派遣自己最信赖的伯颜率兵北上了。

伯颜果然不负众望，不久便传来了收复和林的消息，并将昔里吉擒杀，将撒里蛮俘虏。海都老实了，也收敛了许多，不仅放回了皇子，还致信忽必烈，表示不再挑起战火。而在暗中，海都却仍在厉兵秣马，图谋下一回合的战事。

战争年代谋求的和平是短暂的、虚无的，是下一次更为惨烈的决战的序曲。这一点，忽必烈比谁都清楚。

大元帝国的皇宫中，正在举行盛大的酒宴。

当夜色刚刚降临，宫女们便点亮通红的巨烛。大殿中央，摆放一条长长的案几，案几上，山珍海味、香茗醇酒应有尽有，一班文武大臣分坐两旁。忽必烈高坐龙榻，君臣举杯，庆贺安南臣服及皇子们返家。

一阵由稀而密的鼓声，拉开了歌舞的序幕。天边的云霞还没有散尽，霞光铺泻在半明半暗的天空，一队身披轻纱的舞女首先出场表演，她们好似一队仙女临尘下凡一样，一下子就把人们带入了半仙半幻境地。

随着霞光的散尽，天色暗了下来，短暂的静场后，一位灵巧的舞女骤然狂舞着入场，只见她纤腰如弱柳，身柔似无骨，一会儿把腿绕到前颈和胸前，一会儿把腰弯到双胯之间，更让人赞叹的是，她竟能在花枝间飞度来往。

原来，白天时，舞女们早在花丛间绑了一条细绳子，当夜色笼罩中，谁也不会看到它，当她突然跃起在那条绳子上跳跃前行并不断做出花样时，人们当真以为她身轻如燕，能凭借着花枝的起伏而跳舞呢，无不发出赞叹之声。最后，她飞跃而下，从侍女手中拿来两杯酒，献在忽必烈的面前。

忽必烈哈哈大笑，端杯递给扎察："去，送给安童，朕赐予他了。"

安童离坐叩首，接杯在手，谢恩。

南必坐在一边，见忽必烈一杯一杯地往嘴中倒酒，怕他大醉，便上前劝道："大汗，不要再饮了。"

"不妨事，不妨事。"

直到月上中天之后，君臣方才散去。回到寝宫，忽必烈依旧处于亢奋之中，他凝视着灯下美丽的南必，像个年轻人一般扯下衣裳，滚到了一起

第二天，直到日上三竿，忽必烈和南必才醒来。经过一夜的颠鸾倒凤，激情的宣泄达到了从未有过的顶峰。二人都有些疲倦，他们懒懒地斜靠在床上，并不忙着起床。

第十二回

失金弓爱妃获罪，困良臣发妻兴兵

卢世荣犹如一颗流星，划入忽必烈的眼帘。金钱与财富使忽必烈激动，只有把玩珍宝银钞时，忽必烈才会发自内心由衷地笑。财富给忽必烈以安全感，安全感的背后是快感。敛财如恶癖，忽必烈已无法将其从天性中抹掉。忽必烈是在至元二十一年（1284年）年末见到卢世荣的，那还是桑哥推荐的，称卢世荣很富聚财术。卢世荣本人就宣称能救钞法、增课税，上下都对汗国有益，说上可裕国，下可不损员。忽必烈听后极为兴奋，他急需的就是这种理财奇才，他认为并不是国之不富，而只是缺乏能使百姓丰衣足食又能使国家富裕的理财之人。

现在，卢世荣这颗新星终于闪耀光芒，但不知怎的，却又与阿合马的余党搅到一块儿，这让忽必烈很烦恼。

忽必烈对卢世荣的信任甚至达到言听计从的程度。卢世荣奏请措施规划，有时忽必烈甚至不看就批准。

卢世荣说："天下能规运钱财者，向日皆在阿合马之门，今辑录以为污滥，此岂可尽废？臣欲择其通才可用者，然惧有言臣用有罪之人。"

忽必烈不假思索地回道："何必言此，可用者用之。"于是，一大批阿合马党人重新被起用。

卢世荣宣传他若理财，能使国库成倍增长而又不扰民，其实也无外乎整治钞法，增加课税，加强各领域的官营敛刮。同时，他还推行某些减免赋役、惠民生计的政策。

事实上，许多具体办法都是无法实施的，而且惠民与敛刮本身就相抵牾，但这些形同一纸空文的建议书，其用意却值得赞赏，在忽必烈眼中他真的是一个怀抱既不扰民又能富国的人。

幻想者迟早会碰到现实的崖壁之上。忽必烈总想卢世荣能给自己带来丰收与富裕，本已是双重的空谈，而卢世荣在幻想之上又添增了小人得志的通病——肆无忌惮，便更令人不容，并由同情而达到难于理解的愤怒。卢世荣得意不久便要奏杀回朝后任宰相的安童，还要奏杀左司郎中，令忽必烈老大的不高兴。

"安童乃我元朝之重臣，岂可说杀就杀？你与他有私怨吗？"忽必烈有些生气地说道，"算啦，你要与安童和好。"

"大汗，安童并不想与我和好呀。"卢世荣也显示出愤懑之态。

"安童不与你和好，你可主动与他和好，这还做不到吗？"忽必烈说，"我大元有你们这几根柱子也不容易，你们若不和睦，我还能靠谁？"

卢世荣心中一阵窃喜，至少他听出忽必烈还是把他卢世荣当作一根大元的柱子的。他狡诈地说："大汗，我有意与安童相和，但他却并不买我的账。安童只是和那一帮汉人来往，对我却不那么热情。另外，玉木儿也该杀。"

"玉木儿？"忽必烈一愣，"不能杀！卢世荣，你不能说杀谁就杀谁，在你眼里，我还是帝王吗？"

"大汗，请您恕罪，我的本意是杀去一些不利于大元帝国之人。"

"不利于大元帝国？"

"嗯。"

"那是何意？"

"他们不利于大元帝国敛财，有的还对大元帝国敛财之举多有不满。"卢世荣愤怒地说道，"大汗，那些人不该杀吗？"

忽必烈转念一想，卢世荣也是为大元帝国着想，便微笑了一下，说："卢世荣，安童不是不满你为国敛财，他只是担心整治钞法扰了全国之民。"

"扰民？"

"对，"忽必烈点了一下头说，"你们都是为国着想。"

过了好长时间，忽必烈还是觉得卢世荣这个人有些问题。南必皇后安慰他说："既然用了卢世荣，还是把他用好，让他为国理好财，这样大元帝国才能兴旺。"

但南必毕竟年轻，对宫廷权势的争斗，还是多有不知。

阿合马的表弟阿合巴跑到卢世荣那里，作出一副悲天悯人之态："你是元朝的财神，忽必烈汗不该对你那样的。"

"财神？"

"对。"

"谁把我当财神？"

"忽必烈汗是该把你当成大元财神的。"阿合巴说。

"没有。我看大汗是偏袒安童那些人的，在大汗眼里，我还不如龙广天书那些汉人。"

"卢大人言重了。"

"我言重了？"卢世荣说，"事实不正是如此吗？大汗不容我说他们那些人错处，这还得了？"卢世荣叹了一口气，"我看，我这个大元帝国财神也是无所谓的。"

"怎能这样说呢？"阿合巴说，"大元不能没有你啊！"

"不要抬举我。"

"不是抬举你。"

"我有什么？你还不是取笑我吗？"卢世荣苦笑了一下。

"如果大汗不重用你，说明他就不是万民景仰的大汗，因为他不识贤才！你是大元第一功臣，为国聚财，劳苦功高，应当是大元重臣。"

"多蒙错爱。"

"是真的。"

"别人不这么认为。"

"怎么？"

"你不知道？安童那几个人真是恨死我了。"

"为何？"

"他们说我敛财无方，伤了大元民心，惹得大元之民怨声载道，还说我比阿合马有过之而无不及。"

"阿合马？"

"对。"

"敛财无方？"

"是的。"

"还说你伤了国民的心？"阿合巴冷笑了一声，"现在哪一个当官的还不是变着法地刮取民脂民膏？"

"话是这么说。"

"难道不对吗？"阿合巴说，"他们能有财物到上边打点，可有谁来查办他们？最苦的还不是老百姓？"

"是的，最苦的是老百姓。"卢世荣说，"今日我才知道你是一位忧国忧民之人。"

"忧国忧民？"

"对。"

"你今日才知我，还不算迟。"阿合巴说。

"是的。"

"卢世荣，我对你一向看好，我认为你是大元帝国的栋梁之才。"

"多谢。"

"不要谢我，要谢就谢忽必烈汗。"阿合巴说，"咱们都是大元帝国之臣，当然，一切都要听大汗的。"

"言之有理。"

"卢世荣，如果忽必烈汗很在意你与我交往，你看是不是咱们以后就不要来往了？我毕竟是罪臣之弟。"阿合巴阴冷地说，"现在的人都喜欢乱说，那分明是妒忌。"

"妒忌什么？"

"妒忌你卢世荣有治国之才呀！你是大元的大财神。"

"那人们又会如何妒忌你与我的交往呢？"

"因为只有你和我性情耿直，挺谈得来，咱们又不愿与安童那些人交往，所以，总有一些人非常妒忌你和我交往，总有一些人到忽必烈汗面前说你和我的坏话，就是这样。"

"可恼。"

"恼什么？"

"安童那些人。"

"不光是安童，还有廉希宪他们那些人。"阿合巴说，"真不知他们那些人要干什么？是想把你这个大元的财神扳倒吗？不可能，不可能的。"

"有可能的。"

"为何？"

"因为他们总是到忽必烈汗面前进我的谗言，总是喋喋不休地讲我的坏话。"卢世荣说，"三人成虎啊。"

"三人成虎？"

"就是有很多人说老虎要来的时候，就有人信了。"

"谁信？"

"忽必烈汗。"

"他信什么？"

"信我是罪臣。"卢世荣说，"真是可笑。"

"可笑什么？"

"我为大元立下汗马功劳，却要成为大元的罪人。"

"不可能。"

"大汗对我已有恶意，我能看得出来。"

"忽必烈汗会怎样？"

"不知道。"

"忽必烈汗不会像对阿合马一样对待你吧？我想不会的。"

"大汗不是你，他会这么认为？"

"也许不会。"

"是呀。"

"那又有什么办法？"阿合巴作出很为难的样子。

"如果你是大汗就好了，那样，你就会认为大元离不开我这个财神。"卢世荣笑着说道。

"我是钦佩忽必烈汗。"阿合巴说，"只是那真金太子在渤海湾之战后，本应废了他的太子称号的。"

"废了太子？"

"对。"阿合巴点了一下头，"难道卢兄不知此事？不会吧！你应当知道此事的呀。"

"此为黄金家族之秘事，外人多不知内情。"卢世荣苦笑了一下，说，"看大汗之意想传位给铁穆耳。"

"铁穆耳还是个乳臭未干的孩子，能支撑国家大局？"阿合巴摇了一下头。

"我也不相信。"

"那当如何？"

"应当找一个像您这样老成持重的人应付大局。"卢世荣说，"只不过就怕忽必烈汗不会这样想。"

忽必烈为大元财力之事烦恼日久，便想外出散散心，与南必一起驱车朝斡难河飞驰而去。

车轮滚动着，马奶酒的威力越来越大，最后完全主宰了人的灵魂。

忽必烈和南必同坐在一辆宽敞的马车上。车厢四周用名贵的貂皮相围，四边是用兽皮铺盖的木凳，中间有一个不小的方桌。桌上酒杯盈满，菜肴飘香。二人一边饮酒，一边说笑着。

忽必烈笑问："南必，你还没见过蒙古汗王祭祖的场面吧？"

"没有，我只见过一位功盖千秋的汗王。"

"你又恭维我了。"

"南必说的是心里话。此番回家，我实在是太兴奋了。"

"家？我们要驻扎在呼兰皇后家，怎么是你家？又说笑了，该罚。"忽必烈说着，捏着南必的脸蛋笑道。

"大汗，臣妾冤枉。"南必佯装出痛不欲生的样子。

"有何冤屈呢？"忽必烈非常喜欢南必调皮的样子，不禁也佯装审案的样子问道。

"臣妾是大草原上奔跑的小鹿，饮的是母亲河斡难河的乳汁，吃的是长生天赐给的青草。请大汗明察。"

忽必烈哈哈大笑起来，南必也伏在忽必烈的膝上笑疼了肚子。两人说笑着推杯换盏，不一会儿就酣醉着进入了甜美的梦乡……

呼兰皇后的车辇就跟在忽必烈的车后，她听到前边的车中不时传出的笑声，心里没有一丝妒意。自从大汗得了南必后，心情畅快，很少发脾气，而被封为大斡耳朵皇后的南必，仁贤善良，在四大斡耳朵中颇有人缘。按蒙古汗王们的习惯，四大斡耳朵里主管事情的都可称为皇后，呼兰就是忽必烈的斡耳朵里的一位皇后，与南必皇后私交甚好。

呼兰皇后的侍女阿勒塔妮坐在呼兰身边，也听到了传来的阵阵笑声，不禁羡慕道："我要能像南必皇后般漂亮，该有多好！"

"小丫头！想让大汗临幸你不成！"

"皇后，"阿勒塔妮脸红了，"我是个从小离家的孤儿，多亏皇后带我入宫，唯有侍奉好您，方能报得大恩，我怎么会离开您呢。"

呼兰皇后笑了："好一张利嘴！拿酒来，我有些渴了。"

"是。"

很快，车过斡难河，来到了呼兰皇后家的毡帐前，猎狗把她从酣醉中唤醒。她突然想到了生身的老母，索性背着金弓、银囊跑下车来，牵着挂在车边的坐骑，直奔自家的毡帐去了。呼兰也是忽必烈的斡耳朵中的女人，这回伴着忽必烈和南必皇后来到了她的家乡斡难河畔。而此时，忽必烈汗仍在酣醉中，即便是到了呼兰家中也一直酣睡不醒。

次日清晨，百鸟还没有鸣叫之时，忽必烈就醒了过来，他和南必相视一眼，都兀自笑了起来。

忽必烈汗和南必回到自己的金帐。这时，他们醉意已被驱除。突然，忽必烈唤起呼兰来，左右人急忙回禀："大汗，呼兰皇后回家探她的母亲去了。"

忽必烈一阵苦恼："走了？那么，我的金弓呢？"

"仍在呼兰那儿？"南必问了一下身边的怯薛，怯薛点了一下头。

也许左右人已经意会，大蒙古国素有"没有大汗的赐准，金弓离帐，隔夜不归，以死刑处之"的规定。忽必烈正为此事恼怒之时，呼兰匆忙地从家里拎着银囊回来了，却不知将金弓丢在了什么地方。

忽必烈见此情形更是火上浇油，一怒之下便唤来八思巴，令他翻开钦定《青册》，查实确有关于金弓之载，因此，要按先汗青册判决呼兰为死刑。

平定周边之乱后，忽必烈有意让八思巴整理《青册》。平时，忽必烈也是很少按《青册》治人之罪的。

呼兰是忽必烈大斡耳朵之妃中较美丽的一位，很讨南必的喜欢，她不但弓马娴熟，而且能说会唱，在淮北时曾师从于一些说唱名家，还曾师从于王社教、元好问、白朴等名家学词治文，因此，忽必烈在悠闲之际总会找她做伴。此次违律，忽必烈真不忍判她死刑，所以召她来，只是想问个明白，但呼兰心中不知，很害怕。

呼兰走进金帐，忽必烈问道："金弓为何夜不归来，今有白纸《青册》立下大法，它乃无情的大魔，何时何地都要居于汗国之人的头上。看你，如今你已是违了先汗遗命，还有什么话要讲的？"

呼兰不愧是一位谏客，满腹辞令、随即可吐，她不慌不忙地对忽必烈说："大汗，我记得有一句古谚，我想在临刑前赠给大汗，不知可否？"

忽必烈闻听此言，已减了一点火气，表示愿意接受她的谚语。呼兰说："斩人应听其言，死者呢？死者应留遗嘱。"

忽必烈点头说："有理。"

呼兰吟道：

从二十岁起，

我就背金弓，

为您夜之耳，

为您日之睛，

从未染恶习，

从未荒唐径，

因酒而醉之，

此为倾真情。

我心似明月，

何曾偷金弓，

从三十岁起，

身伴有金弓，

是汗手上盾，

是汗臂上鹰，

从未沾奸狡，

从未有赝性，

因酒而醉事，

此是真实情。

因醉犯了戒，

青册不留情！

忽必烈认为呼兰所言有一些道理，他朝南必点了一下头。

南必微笑了一下。呼兰继续说道："难道，金弓一夜不归帐，还能起到阻汗返朝的作用吗？"

忽必烈点了一下头说："起来吧，你说的我已明白。"

三百人的胡笳、火不思乐队，奏起了《忽必烈汗之歌》。

金帐前，一千人的看台之上，坐满了忽必烈汗的亲族、将领们。按照古老的风俗，大会第一项就是祭鹰族，他们要欢迎忽必烈回到怯绿连河，还要祭战神苏鲁锭，由萨满教主人腾格里主祭。

接着，又是祭圣山，忽必烈站在看台中央，把带子搭在臂上，把皇冠捧在怀里，向不儿罕山敬了九叩礼，接着又指蘸奶酒，弹向不儿罕山，泼进斡难河水。最后，公祭性的泼酒开始了，无数的部众向山水弹祭奶酒。奶酒春雨般落下，空气中充满了乳香、酒香，白云也像是醇乳凝成的。

忽必烈坐在龙座上，九大臣子把他连同雕花的龙座高高地抬起。龙座是用九张白马皮包裹而成的。这样簇拥着，绕场一周，数万之众扬起片片的白色花朵，直至龙座被放进金帐里。

数千名的亲族、将领、夫人、侍从聚在等级不等的帐幕内，一般部众则"蘑菇圈"般地围拢着，煮熟的全羊成车地运来，成排的皮桶里满是芳香的奶酒。忽必烈坐在高大的金帐里，在稍低的位置上，右翼是哈萨尔亲族们，还有九大臣子们，左翼是河兀伦系的娘家人，还有呼兰的族人。忽必烈面前，金器、银器、毛皮、刺绣堆积如山，被他大把大把地赏给人们。

凡是进帐拜忽必烈的人，不管其身份、等级如何，都领到了珍奇的赠礼。忽必烈乘兴喝了很多的酒，他每喝一碗都要奏起乐来，众人起立，男人在他面前，女人在南必皇后面前，翩翩起舞。

此时如同一个欢腾的节日顶峰，遥远的部族使者也陆续到来，他们听说年老的忽必烈汗回到怯绿连河，都携带着礼物送来，忽必烈又将大部分礼物分赠给大家。

九千部众的九千匹骏马，马尾上都系上了红绸，赛马时，从远处看，就像满天红霞落在草原上。比箭之时，羽箭跟刮风似的，草原都伏在地面上，唱歌跳舞时，山峰在摇摆，河水在翻浪。

跳舞跳到第九天时，九千部众从九千尾马上解下红绸，围成一个圆圈，跳起团圆舞，跳到高兴之时，部众们就摘下长弓，弹着弓弦，发出"嗡嗡"之声；跳到最狂热之时，部众们都拔出腰刀，弹着刀背，发出"当当"之声。九千双脚，踏出九十个圆圈，踏平了九十圈花草，花瓣挂在靴筒之上，随着舞步飘荡。唱呵，跳呵，胡笳和着四弦的"火不思"把日头唱停了，唱得百灵鸟也收住了翅膀，不儿罕山的森林也舞起了松涛。人们唱着：

冬天消逝，

只有温暖，
混乱消失，
只有荣繁。

　　从这以后，草原上才出现了彩虹蘑菇圈，每当甘露降落之后，在九千部众围成的九十个圆圈之上，就圈出长了洁白的草蘑。每当降雨之后，天空就出现了彩虹——它们都是欢庆忽必烈回到怯绿连河呀！

　　呼兰的族人之首是者革力，他眉开眼笑，充满智慧的眼睛，献出了祝酒词一般的诗句，很悠扬的歌声，让忽必烈和南必听得心旷神怡。歌中唱道：

在此盛大的宴会上，
若不饮足烈酒，
岂不单调无味？
在此吉庆的日子里，
若不一醉方休，
岂不终生后悔？
酒入口，
好像雄狮发疯，
酒出口，
好似舌上爬蝇，
酒沾唇，
又像土蜂叮螫，
酒进肚，
又似巨象受惊。
酒，耗费人的家私和金银；
酒，使人失去理智和聪明；
酒，使人身体衰弱；
酒，使人忘却誓盟。
痛饮一杯酒，
烦恼自出来；
痛饮二杯酒，
心锁酒能开。
酒是欢快之友，
酒是寒冷之柴，

琼浆可增年寿，

美酒可助雄才。

赴宴的人们，

快快碰杯，

寻欢而醉！

远近的亲朋，

饮下美酒，

岂不欢慰？

交谈之际，

能增加兴趣；

冲杀之时，

能壮胆助威。

难道酒是灵魂，

酒就是胜利？

难道酒就是朋友，

酒就是旗帜？

酒啊……酒！

忽必烈和南必皇后坐在正席之上，他们把持重而温暖的目光，投射在众臣子的脸上，显然是在掂量着他们的分量。而呼兰的族首者革力在狂欢狂吟之后，则大笑着走出宴会大厅。

者革力登上一匹白马，银镫映照雪光，忽东忽西，箭一般来往穿行，从这个万户到那个万户，从这个千户到那个千户。者革力身穿白袍，套着貂皮坎肩。唯独帽顶之上镶缀着铜制的小鹰，闪着金光。

此时者革力已到一个疯狂的境界，他被一种权力欲望冲得头昏脑涨，翻身下马，来到忽必烈面前说："启禀大汗，长生天的两道圣旨，均被我从天上驮了回来。第一道圣旨，教手推日月的忽必烈汗再活上八十年，尽管九种语言的百姓，指令——山川为您倾向，江河为你流淌，五畜为你供肉，虎豹为你站岗。我的汗主，长生天还说了第二道指令，他命我为萨满教主。"

听罢，南必一愣，忽必然也惊惑不已。

者革力说："第二道指令教活吞牛狗一样的者革力替大汗管漠北。大汗您只需待在上都几日，回大都去吧。日后，这里就有者革力来管，如何？"

忽必烈和呼兰都沉默不语，南必大笑起来，笑得者革力有些莫名其妙。

者革力心想，你南必只不过是一个小丫头，又能奈我何？者革力把心一横，心想：成败与否，在此一举。于是，者革力大唱不止，且手舞足蹈：

> 披三层的铁甲，
> 身有三丈之长，
> 吃个三岁牲口，
> 拽来三头牦牛，
> 咽下带弓之人，
> 只当一顿点心。
> 大拽弓，
> 射九百步，
> 生得不似常人。
> 犹如一条大蟒，
> 我在佑我族人。
> 忽必烈汗啊！
> 你快回到大都，
> 这里交给谁人？

正在这时，有一只猫头鹰飞来，落在金帐前的白色鹰旗顶之上，"嗷嗷嗷"地叫了三声。忽必烈汗心中不禁悚然，预感到灾祸要临头，南必则附在忽必烈的耳畔说："大汗，不可听信惑众妖言啊！"

忽必烈用手指了一下猫头鹰说："皇后，快把它射杀。"

南必受令，随即搭上雕翎箭，张开七尺弓，"嗖——"的一声过去，不料正在此间，忽有一只喜鹊从旁飞过，正巧撞在南必的箭矢之上，"噗啦"一声落了下来，顿时丧命，而那只可恶的猫头鹰却死里逃生，慢慢地往天边遁去了。

此举南必也很懊恼，心中郁闷，把弓弃在地上，念了一声："不幸的吉鸟啊，不幸的吉鸟啊。"她手捧起这只中箭的喜鹊，对着竖在金帐右侧的"金鲁锭"祈祷了几句。

者革力说："大汗，以前我听说你曾与七个晃豁坛的人一鼻孔出气，这些我可不信，之后呢？你又未能送来兀鹫羽毛，现在南必皇后又射杀那只吉祥的喜鹊。大汗，这将招至大患！大汗，在上都，这是任何一个大元子民都不能容忍的。"

南必怒道："我是皇后，你却说怎的不能容我？"

者革力说："皇后又怎么着？你射杀吉鸟当治罪。"

南必说："怯薛，过来给者革力上枷，关上百日。"

四名怯薛当即给者革力戴上重枷押了下去，然后抛在带有栅栏的干井之内，只宰杀一只野牛供其食用。至今，在内蒙古巴彦淖尔盟的乌拉特前旗，还有一处名叫者革力井子的地方，据说是因关者革力而来。

呼兰皇后蓦地从寝床上惊起，她越想越觉得该替族长者革力到忽必烈那儿去求个情，也只有她能救者革力。

夜已经来临。呼兰皇后来到金帐门前的时候，宿卫想阻止她，但谁也不敢触她的手，她毕竟是忽必烈四大斡耳朵的女子。

忽必烈见呼兰夜里闯进大帐，知道是为她的族长者革力之事而来，便站起身，迎上两步说："何事？"

呼兰开口直言道："大汗，今夜我若不来，我将难受得一夜不会安生。者革力乃我族人之首，他在天井受罪，我又怎能睡得安生？大汗，放了他吧！"

南必说："呼兰皇后，你是多么贤惠、善良呀！"

忽必烈传怯薛把者革力押过来，让他来见呼兰。

金帐的大门突然打开，者革力戴着木枷被押了过来。呼兰说："者革力，你究竟犯了什么罪？快向大汗认罪吧。"

者革力不语。呼兰说："族长，难道你的舌头冻在嘴里了吗？"

者革力见到呼兰，心一酸，挤出两滴眼泪，但立刻又冻在睫毛上了。他的嘴唇在颤抖着，舌头真的冻在嘴里了吗？咳，者革力真是有话难言。

忽必烈示意呼兰去解掉者革力的枷，呼兰便走过去持刀割了木枷上的皮制结绳，边割边说："大汗，饶了他吧，他是醉后胡说，不是真心话。"

忽必烈说："你这话是何意？我却听不明白。"

呼兰说："大汗，可留给者革力一个改正的机会？"

者革力说："君一怒可倾国，君一怒可破城。大汗，我日后一定会拥戴大汗，不再有什么不轨之行。"

南必朝忽必烈点了一下头。忽必烈说："鸟儿不应自毁窝巢，你是上都重臣，要一心想着全国的利益，不要只想自己如何争权夺势。"

者革力不住地点头称是。

者革力虽被释放，但呼兰心中仍有一个芥蒂，她回到自己的寝帐，一连数日也没有出来，脖子上好似勒着一个套杆，闷闷嘘嘘，喘不上气。

寝帐里很静。火炉旁有一位年轻美貌的女子正跪着在煎熬草药，这个女子便是耶律美的侄女阿勒塔妮，今天，是她守帐的日子。她自入宫以后，呼兰很喜欢她，在生活上关怀她，令她很感动。

呼很是蒙语女儿之意，呼兰叫了一声："呼很。"

阿勒塔妮心里阵阵激动。呼兰说："你把挂在帐壁上的那口七星宝剑递给我。"

贤惠而温顺的阿勒塔妮站立起来，离开炉旁，把那口宝剑递了过来。

呼兰把宝剑顺放在胸前，从护手一直抚摩到剑的尾端，然后把它紧紧地搂在身边。这把剑是忽必烈先祖之物，也速该在临终之时，曾对夫人说过："这把剑留给你，教育子孙后代。"几十年风雨过后，呼兰想着片段的往事，仍感觉比喝下马奶子酒还要香甜。

呼兰的寝帐很静，阿勒塔妮端着药壶，轻轻地走了过来，她半跪在呼兰的床头，用弯弯的牛角勺喂起药来。

在呼兰眼中，阿勒塔妮就是一个好女儿，受到呼兰打心眼里的喜欢。忽必烈得知此事，知道呼兰没有自己亲生的孩子，也感到非常宽慰。

南必说："大汗，不如就封阿勒塔妮为公主吧。"忽必烈点头称是。

也就在呼兰收阿勒塔妮为义女的那一天，突然有一个以"行善者"为名的人来到了怯绿连河——她是耶律美派来的，是想催阿勒塔妮回帽儿山。

来者正是九九妹。九九妹走进帐幕，要求布施，呼兰皇后对九九妹说："既然是行善者，就进来坐在左床。饿了有肉，渴了有乳。尊贵的客人，随便吧，请不必客气。既然是第一次见面，那就请珍惜这个值得纪念的时间。"

看起来，客人很感激主人，按照萨满教主仪，九九妹念了这样两句：

> 天为父，地为母，善者为其子孙。
> 饥予肉，渴予乳，乞者跪其父母。

九九妹念着祝辞，跪下给呼兰皇后三叩礼，表示敬意。

呼兰皇后将九九妹扶起，并陪坐在桌前，一同饮酒、进餐。席间，九九妹总是打听忽必烈和南必之事。

那时，十七岁的阿勒塔妮已与呼兰有了母女般的情谊，她像一面镜子似的能照进慈母的心，她随着母亲呼兰的喜怒哀乐像四季一样跟着变幻。

阿勒塔妮对待母亲呼兰喜欢的客人，表现得更为殷勤。当客人一撂筷子，阿勒塔妮就忙着端上奶茶。阿勒塔妮那轻盈的步子，就像花间翻飞的蝴蝶，别说是男人，就是女人也没有一个不喜欢她的。

正在这时，跑进来一个十岁的小男孩田木吉勒失剌，他背着玩耍的弓箭。当问明田木吉勒失剌是安童之弟时，九九妹立刻闪出了两道饿狼贪食般的目光，但瞬间又温顺下来。

九九妹心想，杀不成忽必烈，杀一个他手下臣子之弟也是很合算的。九九妹并不想把阿勒塔妮招回来，她瞪着田木吉勒失剌，立刻燃起了复仇的火焰。突然间，九九妹凶相毕露，将小男孩夹在腋下撒腿就跑，瞬间便闪出了帐门。

呼兰大声呼喊："孩子！田木吉勒失剌，完了，完了。"

惊唤之中，阿勒塔妮从帐门之中闪出，当她赤手空拳出击的时候，九九妹已上了马背。正当九九妹抖缰欲逃之时，阿勒塔妮也上了马背，并伸手拽住了田木吉勒失剌的辫发，紧紧不放。

随着一阵厮打，那马也旋转起来。九九妹无奈，只好拔出刀子来，回首对着阿勒塔妮的左肩刺去。血顺着刀口淌了出来，阿勒塔妮的左手再也抬不起来了，但她马上换上右手，还是紧抓不放。

那马儿兜了一个圈子，只听"扑哧"一声，刀子又插进了阿勒塔妮的右肩，她终于坠下马来。

万幸的是，田木吉勒失剌也在挣扎之中滚落马下。这时，只见阿勒塔妮拖着伤臂一跃而起，一脚踢向九九妹的右手，九九妹举刀相迎，结果这一刀未中。当九九妹第二次举起刀之时，她的右手中了一箭，刀子飞了出去。

安童赶来了。还有忽必烈和南必皇后，他们身后有数不清的怯薛。

九九妹落荒而逃。

忽必烈非常欣赏阿勒塔妮的忠勇，决心把她带回大都。

南必同意了，只是说道："我们把阿勒塔妮带走，呼兰皇后怎么办？"

呼兰皇后说："大汗那儿正缺人手，让阿勒塔妮去吧。"

忽必烈笑了。

当卢世荣得知忽必烈在去漠北时发生了者革力事件后，他决定亲往漠北。

者革力很热情地款待了财神卢世荣，欢宴过后，卢世荣酒意未过，朦胧中仿佛有一群美女向他走过来，并翩翩起舞，为他唱起祝福的歌。

卢世荣一惊，猛睁睡眼，帐空空、情淡淡，伸手不见美女来。他愤怒地起身，踉踉跄跄地拿过佩剑，背上彩弓，带上侍卫朝者革力的帐中走去。他要问一下者革力为何不给他美女？

都知道秃马惕部有许多美女，者革力也常拿美女送人，与大都那里疏通关系。那里的百姓被称作林中之花，他们以狩猎为生，以兽皮为衣，客店般的天穹笼罩着他们的帐篷。相比较而言，这里还是自由的王国。大概正因为如此，这里才被称作是美女之乡。

者革力正与族中长者商议，他想退出族长之职，由上一任族长之妻莎豁儿塔儿浑执掌部落。者革力深知自己酒后闯祸之事，虽在呼兰皇后的求情下免受责罚，但自己毕竟是冒犯了天威，忽必烈汗原谅了自己并不表明他会忘掉此事。者革力有意给忽必烈留下一个洗心革面的印象，他这叫识时务，或者叫急流勇退，待机而动。

塔儿浑年轻美貌、有勇有谋，还有一手好箭法，因此很受部众拥戴，者革力对此心知肚明。塔儿浑答应了者革力让她接任族长之职，她有意完成先夫之志，把族人的家园建设得更好。

正在这时，族中望哨前来向塔儿浑报说有几十人朝这里驰过来。塔儿浑问："这会是谁？不会是来庆贺的吧。"

者革力说："是卢世荣。"

"卢世荣？"

"对。"

"他为何到这里来？什么目的？"

"不可告人。"

"有什么不可告人的目的？"塔儿浑问者革力说，"如果卢世荣的目的对我们族不利，咱们就不见他。"

者革力说："见还是见，不过，对他要提防一些。"

"提防什么？"

"提防他心怀叵测。"

"很可怕？"

"嗯。"

"不会背着大汗吧？"

"背着大汗？"者革力说，"我预测他正是为此事而来。"

"为何？"

"你想，他听说我托教主之体闹忽必烈汗，还不是有意与我套个近乎，以图谋不轨？"

"套近乎？"

"对。"

"那是为何？"

"卢世荣为我大元的财神，忽必烈汗对他宠幸有加。"

"那么又能怎么样？"

"他是来要美女的。"

"不给就是了。"

"对。"者革力点了一下头。

"我想杀了他。"

"杀了他？"

"对。"塔儿浑点了一下头。

"行吗？"

"责任我来承担，我不能连保护族人安全的小事都办不了。"塔儿浑的语气十分坚定。

"族长，要有礼节。"

"什么意思？"

"可以先礼后兵。"

"先礼后兵？这是什么意思？"

"什么意思？"者革力说，"我当族长那么多年，还没有出现来了官员就杀的事情！要先礼后兵。"

"先迎接卢世荣？"

"对，要迎他。"

"为何要迎接这样一个会为咱们族人带来灾难的人呢？真是不懂。"塔儿浑很生气。

"要迎！"

"为何？"塔儿浑说，"那样做，就是引狼入室嘛！"

"卢世荣乃忽必烈汗宠幸的财神。"者革力说。

"那又如何？"

"如何？"者革力说，"如果他掩其意图，到忽必烈汗那儿告说咱们对他不周，大汗会责怨我们的。"

"责怨？"

"正是。"

"我可以面见忽必烈大汗。"

"不行。"

"为何不行？"

"族长，您是刚继任的族长，对大元的规矩还不太懂。"

"规矩？"

"对。"者革力说，"咱们族多出俊男美女，忽必烈汗会每年到咱们这儿来上一次，总要挑走几个女人。"

"那又如何？"

"要等到忽必烈汗每年来咱们族巡幸之时，才能得见他。"

"原来如此。"

"那么，眼下就不要得罪这个被忽必烈汗看好的财神。"

"那么，我就耐着性子去迎他吧！不过，我要忍一些的。"塔儿浑说，"如果我忍不住，那就会开杀戒。"

"去吧。"

"快！传令。"塔儿浑说，"箭筒士准备，出迎。"

塔儿浑披上族长官袍，固苏冠上插上盔缨，简装速行。

蹄声在山谷里"哒哒哒"地响起，塔儿浑迎上卢世荣，一直陪着卢世荣走进三程望哨。

每程望哨均处在山口险要之地，上有浓绿的松荫，下有深谷的溪水，中间架有人工石板小路，只能一骑通行。

卢世荣很紧张。他并未过过深谷溪水，瞪着眼、冒着汗，只好把鞭子夹在腋下，还嫌马儿太快。他还很担心会一时不慎，连人带马跌落水中。

就这样，卢世荣不停地擦着汗，被塔儿浑迎进兽皮帐内。

帐内，别有一番林中百姓独特的点缀。正位是一张大型的木椅，铺着一张完整而斑斓的虎皮，四只虎爪落地，张开的巨爪各抓着一柄卧地短剑。塔儿浑平时就坐在虎皮椅子上，而且她随时都可以抓起四把剑。

虎皮椅的前面，是一张原木雕琢的案桌，桌上摆着四具七角八叉的鹿头，鹿头上挂着精美的食刀、镶银的火镰等食具炊具。帐壁满是黑貂皮缝制的帷幔。

卢世荣心想：这娘们儿，她的帐篷要比我那儿还要富丽。

塔儿浑为了迎接卢世荣，在四座兽皮帐内同时举行酒宴。

卢世荣从大都带来的三十个宿卫被请进普通兽皮帐内，由塔儿浑选定的族中十名骑射高手作陪。

塔儿浑看了一眼卢世荣，见卢世荣正得意洋洋地坐在虎皮椅上。

塔儿浑请来九位长老陪宴。那张原木雕凿的案桌之上摆满了山珍野禽，满帐飘着奶酒的芳香。据说，塔儿浑所在的部落秃马惕人最能酿制马奶酒，也正是部落中的美酒酿制之法，深得忽必烈的赏识。

忽必烈晚年很爱饮酒，秃马惕人除能酿造马奶酒外，还能酿造烈性的奶酒，经六蒸六酿工艺流程者为上品，其名称也因回锅次数而异。头次酿出的奶酒称"阿尔乞如"，此品酒力不大，度数也低。将"阿尔乞如"酒入锅，加上一定比例的酸奶子再酿出酒，称为"阿尔古"酒，也叫"回锅酒"，三酿的称"好尔吉"，也叫二次回锅，四酿的叫"德善舒尔"，五酿的叫"沾普舒尔"，六酿的为"薰舒尔"，也被称为最佳酒。

塔儿浑生性好酒，她连喝了五十碗薰舒尔酒后，卢世荣已感不胜酒力，瞪着血红而混浊的眼睛，死死地盯着塔儿浑。他才喝到二十碗，而塔儿浑已比他多喝了三十碗，且喝个不停，让他吃惊不已。卢世荣仿佛感到有三十个塔儿浑，在他眼前转成一个圈，仿佛这样转了三圈以后，卢世荣忽然想起了一桩大事。

卢世荣心中明白，这桩大事比薰舒尔佳酒还要美，比起一岁的羔羊还要香。卢世荣说："我最敬重的人是忽必烈汗，在青年之时，我就梦想能与忽必烈汗共骑着一匹马，共睡一顶帐，共拉一张弓，共使一杆枪，还有什么，我心中明白。"

塔儿浑说："还有什么？"

"只是不能说。"

"为何？"

"不能说出来的。"卢世荣说，"塔儿浑族长，你是明白人。"

"明白什么？"

"你应该知道。"

"不知。"

"真的？"

"嗯。"

"这怎么可能？"

"有何不可能。"

"不可能的。"卢世荣微笑了一下说，"塔儿浑族长如此聪慧，难道会不知道吗？我一点儿都不相信。"

"我塔儿浑并不聪慧，"塔儿浑说，"有谁说我聪慧了吗？"

"我。"

"那是为何？"

"凭感觉。"

"什么感觉？"塔儿浑哑然失笑，"我只知忠于忽必烈汗。"

"我们都是忠于忽必烈汗的。"卢世荣放下酒碗。

"是吗？我看不出来。"

"看不出来什么？"卢世荣心中有些发虚，他强作镇静地呷了一口酒，说，"我刚才怎么说来着，说你聪慧吧？"

"是吗？"

"对。"卢世荣笑了。

"不对。"

"为何？"

"我听不懂你这个忽必烈汗信任的财神所言何事？"

"听不懂？"

"是的。"

"这怎么可能？"

"有何不可能？真是笑话！"塔儿浑端起一碗酒一饮而尽。

"我刚才都说过了，我一直梦想着与忽必烈汗共同怎么着怎么着的。"卢世荣说，"难道你还未听懂？"

"没有。"

"真的？"

"嗯。"

"你这是何意？"

"这正是我要问你的。"塔儿浑又端起一碗酒。

"问我？"

"对。"塔儿浑点了一下头，把碗中酒一饮而尽。

"我已说过了。"

"你都说些什么？"

"说什么？不都讲得一清二楚了吗？明白人还要细讲吗？"

"要。"

"您不明白？"

"不明白。"塔儿浑说，"我只知忠于忽必烈汗。"

"可他垂垂老矣。"

"老了？"

"对。"

"我不懂这是何意。"

"真的不懂？"

"正是。"塔儿浑有些生气，"你说大汗老了是什么意思？"

"总得有人继承皇位吧？"

"继承皇位，天经地义。"

"谁？"

"此乃皇宫之事。"

"塔儿浑族长，在下此次前来，就是想与您密谋此事。"

"密谋？"

"对。"

"为何要密谋？"

"你林中百姓素有狂傲不羁之天性，好用。"

"好用？"

"正是。"

"如何好用？"

"难道塔儿浑族长不想把族人的荣耀和地位再朝上放一放？"

"放哪儿？"

"朝上。"

"朝上是哪儿？"

"大都。"

"为何去大都？"

"你不必再问，塔儿浑族长，您是应当明白的。"

"我还是要问的。"

"问什么？"

"为何要提到大都？"

"塔儿浑，你实在不想与我合作，咱们就免谈了吧。"

"免谈是何意？"

"换个话题吧。"卢世荣已酒足饭饱，正是饱暖思淫欲之时，他说，"你们部落出美女，天下闻名。"

"如何？"

"塔儿浑族长，我既然来了，就要赏识一下。"

"如何赏识？"

"挑几个女人。"

"干什么？"

"给我。"

"卢世荣，"塔儿浑有些生气了，"有忽必烈汗的令箭吗？"

"哦……哦哦，令箭倒是没有。"卢世荣有些吞吞吐吐地说道。

卢世荣吐着酒气熏天的舌头，把金盔、佩剑通通堆在案桌上，压翻了盘子，推倒了杯子。卢世荣伸着脖子、瞪着眼睛、干嚼着舌头，却不知说些什么。

塔儿浑已是酒壮英雄胆，她伸手拿过忽必烈汗赐给卢世荣的金盔和佩剑说："这个金盔，狗脑袋可戴，猪脑袋可顶，它怎能算是大汗之令？你身为忽必烈汗重臣，被人捧为大元的财神，你却来这里招摇撞骗。来人哪，我要举着你的脑袋去见忽必烈汗，让你到他那儿说一下'忽必烈汗老矣'，他的皇位该如何办？走吧，咱们一块儿去大都，到那儿再说吧。"

卢世荣想唤来他的宿卫，但是已经来不及了。门口闯进两个大汉，抓小鸡般地把卢世荣提了出去。卢世荣的三十名宿卫也如同一网黄雀，被缴了弓箭、腰刀。

再说忽必烈正与南必皇后在辟喀勒湖畔避暑，有时出去打猎，玩儿个痛快，当他听说卢世荣到秃马惕部被那里的人捆了起来，十分惊讶。

忽必烈开始以为是秃马惕部那里的风景把卢世荣陶醉了，抑或是那里的美女把卢世荣挽留？忽必烈就这样疑虑着。于是，忽必烈唤来国师八思巴，命他前去接应一下，因为卢世荣去秃马惕部，是忽必烈应允的，名义是到那里巡视，却几日不见音讯，这令忽必烈很是忧心。忽必烈对八思巴说："秃马惕人历来都是桀骜不驯，莫不是一反常态？有什么举动，尚不可测。你是国师，到那里不必大动肝火，因为刀柄在咱们这里。"

八思巴带了三十骑，匆匆忙忙地奔向秃马惕部。

塔儿浑得知八思巴是不请自来，她弄不明白八思巴是何意而来，决定先把他抓住囚起来再说。有几个族老不同意，带着酒意的塔儿浑说："这样做干净利落，省得他来到这里再多嘴多舌，他们都以为咱们丛林的人容易造反似的！还不是他们不信任咱们？如果信任我们，也不至于有不轨之图的人都到咱们这里来。他们这样来，分明对咱们是不信任的。与其这样，不如咱们先把来人囚住，以后再说。其实，咱们何曾不是心里向着忽必烈汗。"

于是，塔儿浑命手下一视同仁，在八思巴用马蹄丈量了一天萨彦岭之后，被秃马惕人前哨所劫。

八思巴通过几处悬桥，被引进了塔儿浑的兽皮帐。

八思巴自幼便在失必儿狩猎，东至拜喀勒湖，西至边儿的石问都曾有他的足迹。塔儿浑在十三岁那年曾到过吐蕃的布达拉宫，并在那里与八思巴相遇。那时，八思巴已是吐蕃佛教领袖。塔儿浑之父与八思巴曾结拜过兄弟，住过一个帐篷，但这都是往事了。因此，八思巴到这里来，自以为早有故人情面，又以大元帝师兼钦差的身份，当然既任性又有几分轻狂。他坐在虎皮椅上，大发雷霆，对塔儿浑训斥不已。

塔儿浑的几个侍卫看不惯，上去就打了八思巴几个大嘴巴。

八思巴大怒，令三十个侍卫一起动手，把塔儿浑的几个侍卫砍成肉酱，接着又要治塔儿浑的罪。

塔儿浑见事已至此，便不由分说，以无知之罪将八思巴拘禁在一个岩洞里。八思巴在洞中大声号啕："塔儿浑，居然敢囚国师。"

"国师？"塔儿浑愤怒地说，"什么国师？哪里的国师？"

"大元朝。"

"什么大元？"塔儿浑冷笑了一声，"你们把咱丛林百姓当做大元的子民看待了吗？来一个要抓咱，来两个要杀咱，咱就是那刀案上的一块儿肉吗？"

"什么肉？"

"你是国师，还不明白把咱丛林百姓当作什么肉吗？"

"不懂。"

"怎么？还是国师哩。"

"我是国师。"

"那又如何？"

"塔儿浑！"八思巴变得十分恼怒，"我是为你们部族的利益，才不辞辛苦来这里的！你要想明白。"

"为我们的利益？"

"正是。"

"什么利益？"

"你不知道？"八思巴说，"你囚了大元的财神，忽必烈汗能不动怒吗？我奉旨前来，是为你们好。"

"卢世荣？"

"对。"

"这么说，忽必烈汗也早知道卢世荣的言行？"

"知道。"

"忽必烈汗怎么会怂恿这样一个人来祸害我们部族？"

"祸害？"八思巴说，"塔儿浑，你这是什么话？卢世荣奉旨来巡视你部，你却囚了他，怎么叫祸害呢？我看你是胆大包天，怪不得大汗对我说你们不驯服，是很难管的林中百姓。难道你们有反意？"

"不驯服？很难管？这么说，大汗并不信任我们。"

"我是国师，你们都敢抓，还让大汗怎样信任你们？真是笑话！"八思巴说着，冷笑一声，"我是以长辈身份与你说话的，你却如此胆大妄为。"

"看起来，忽必烈汗是不信任我们的。"塔儿浑叹了一口气。

"自作自受。"

"谁？"

"你们！秃马惕人！"八思巴说，"现在，你们反意已是昭然若揭，不几日，忽必烈汗定会着阿术、伯颜前来将尔等扫平！不信，就走着瞧。"

"那又如何？"

"将尔等扫平。"

"怎样扫平？"

"把你们林中百姓赶尽杀绝！"八思巴想吓唬一下塔儿浑，"现在放了我和卢世荣，也许还有余地。"

"什么余地？"

"塔儿浑，放了我和卢世荣。"八思巴说，"我乃大元帝师，卢世荣乃大元财神，放了我们，我们可在大汗那儿为你求情，也许罪不至死。"

"放了你和卢世荣？"

"对。"

"然后，你就和卢世荣一块儿回到大都，面见忽必烈汗。"

"正是。"

"见到忽必烈汗，你和卢世荣就请会大汗发兵。"

"不会的。"

"为何？"

"我说过，只要放了我和卢世荣，咱们凡事好商量。"

"有什么可商量的？"塔儿浑冷笑一声，"你们都是什么人物？真是笑话！与你们能有什么好商量的。"

"我们是何人物？"

"乃国师也，乃财神也。"

"正因为如此，我们可在忽必烈汗面前为你求情。"

"那么，现在谁为你求情呢？"塔儿浑冷笑一声。

"塔儿浑，你不要犯浑！"

"如何？"

"我与汝父有安答之谊，"八思巴眼见塔儿浑杀心渐起，心中也有几分害怕，"塔儿浑，把你父亲特儿亨找来。"

"他四海为家，到哪儿去找他老人家？真是笑话！"

"塔儿浑，你记不起我当年对你的好处了吗？"

"什么好处？"

"特儿亨带你到吐蕃布达拉宫，我对你那么好，你总不会以怨报德吧？"八思巴真的有些害怕了。

"要是你对我好，你还会来到我的部族动辄杀人吗？"

"那是误会。"

"误会？"

"对。"八思巴很后悔自己初来时的强硬，"侄女，我与你父特儿亨有八拜之交，你应当体谅我的难处。"

"有何难处？"

"对你们林中百姓，大汗已是够宽厚的了，不过，你们有时做得太过分了一些。不管怎么说，你们也不应因了大元的财神卢世荣呀！他可是忽必烈汗的宠臣呀！塔儿浑，我的好侄女，要三思啊！"

"他和你还不都是一个样？"塔儿浑说，"要我们的女人，要杀我们的男人，还对我们一百个不放心，要我三思什么？"

塔儿浑干脆一不做二不休，当即召集部众，发动起义，宣布秃马惕部独立，脱离忽必烈汗的管辖，并宣告部族之人严阵以待，如有来犯之敌，只可进攻还击，不可退却，要与敌人决一雌雄。

没几日，忽必烈汗便得知秃马惕人已经反叛的消息。于是，忽必烈通过"箭速传骑"招来阿术和伯颜，命二人协同征讨秃马惕部。

阿术率精兵一万，以"箭速传骑"为先导，火速赶到辞喀勒湖畔，在行宫里，见到了避暑的忽必烈。忽必烈说："不可乱杀。"

阿术领命而去，他命部将加快行军速度，因为伯颜大军已经以"人行十日，马跑一天"的速度向萨彦岭出发了。

夜里，伯颜就在萨彦岭下宿营。第二天一早，伯颜派三十骑为前哨，过山口之时，不见秃马惕人的望哨游动，更不见阿术兵马的行踪。被伯颜派去的那三十骑兜了一个圈子，观山赏水，轻松而归。

伯颜根据蹄迹行踪，判断阿术还在途中，虽已料到孤军作战之弊害，但又想到卢世荣和八思巴都在塔儿浑手里，性命危在旦夕，不得不立刻营救。

"不入虎穴，焉得虎子？"伯颜当下把心一横，下令军士前行。

萨彦岭密林遮天，密得连饥蛇也难以钻过去。若不是自幼生在这里，别说是一个阡陌小径，就连旦夕也难以辨认，但即便是这样，伯颜也是好不容易才找到巴儿思山口。

巴儿思山口，伯颜听说过，只有通过这个山口，才算到了秃马惕的前程望哨。伯颜率一千精兵通过山口，上了弯弯曲曲有如魔窟一般的石板桥。

石板桥上发出"哒哒哒"的蹄声，伴着阴冷的山风，似乎震聋了耳鼓。若有一匹马打个前蹄，就会把山口堵个水泄不通，因而，兵士们个个谨慎前行。

阿术之部还未到来。伯颜觉得已经到了一程望哨，但不见一人出来拦阻。

秃马惕人的兽皮帐已经历历在目，却不见一人进出。伯颜正在生疑时，突然山崩地裂，一声呼号，石板桥落下一排，堵塞了回路。而塔儿浑的兵马已雄赳赳地开战列阵，杀将过来。

这时，厮琅琅嚼环响，叮当当撞镫声，哗啦啦一阵乱箭，随后就是刀光剑影，伯颜和他的千人精骑陷入重围。除了葬进深渊的、箭穿刀砍的，一千人兵马只剩了几百人，被一同押进部落里。

夜里，塔儿浑来到伯颜囚处。伯颜身体多处受伤，他一阵清醒，一阵昏迷。塔儿浑知道伯颜自小追随忽必烈并屡立战功，曾攻下南宋都城临安，俘宋之末帝和名将文天祥，于是，塔儿浑心中对伯颜产生了几分敬慕之情。塔儿浑命身边的人走开，她独自一人走进了囚伯颜的室内。

一柱松明亮了起来。塔儿浑轻轻地走近伯颜身旁，一双秀目停在淤血的伤口上。

"将军，委屈你了。"

"干什么？"

"元帅，我来看你。"到这个时候伯颜还有英雄气概，令塔儿浑更加敬佩之至。

"少来那一套。"

"怎么回事？"塔儿浑说，"难道元帅如此不近人情？"

"什么人情？"伯颜说，"我千人精兵所剩无几，这算什么人情？你把卢世

草原英雄：忽必烈

荣、八思巴放了，咱们再谈。"

"不行。"

"怎么？"

"卢世荣来策反我。"

"策反？"

"对。"

"怎么可能？"

"千真万确。"

"胡说。"

"有我族人作证。"

"那有何用？"伯颜冷笑一声说，"你的族人当然要为你说话！塔儿浑，你不要与大元为敌。"

"分明是大元不信任我们。"塔儿浑气呼呼地说。

"不信任你们？"

"嗯。"

"如何信任你们？来的人被你们杀的杀，抓的抓，如何让大元朝信任你们？真是天大的笑话。"

"你们都是来干什么的？"

"你说呢？"

"我敬重你是个英雄，才来看你，却未料到你如此懵懂无知。"塔儿浑说，"我不知道你都在想些什么！"

伯颜平静下来，道："大汗命令我不要杀戮你们的，故才带千人兵马。"

"笑话。"

"怎么是笑话？"伯颜说，"难道我带十万之兵来了吗？"

"没有。"

"那还不是你们有意与我大元为敌！"伯颜愤怒地说。

"与大元为敌？"

"是的。大汗命我了解真相，他不相信呼兰皇后的部族会背叛他，这其中定有误会。"

"你说过是大元来剿灭我们的。"

"可大汗吩咐我要以和谈为主。"

"和谈什么？有什么可谈的？"塔儿浑冷笑一声说，"忽必烈汗既让你们来剿灭我们，又让你们少杀生，这不是一件很可笑之事吗？天大的笑话。"

"我只带来了千人，难道还不明白大汗的真实意图？"

"对你们来讲，真实的意图还不是打个前哨。"

"什么意思？"

"大批元军在后面。"

"这倒是真的。"

"让我不幸言中。"塔儿浑说，"你真是假仁假义。"

"你辱我还不是辱了忽必烈汗的仁爱之心？你要放明白一些。"

"忽必烈汗对我部族有仁爱之心，就不应让元军前来。"

"我们只来千人，并无开战之意。"

"千人精骑，还不叫开战？"塔儿浑冷笑一声说，"若不是念在你是天下少有英雄的份上，我早已把你射成刺猬了。"

"你知道我？"

"我是敬重你的。"

"敬重？"

"对。"

"你知道我什么？"

"你是忽必烈汗的总角之交，还有阿术，你们都是从小就随忽必烈汗东征西杀的将军。"塔儿浑说，"你与阿术总是一块儿用兵，我没猜错的话，这一次，忽必烈汗又是让你和阿术协同作战。"

"正是。"

"又被我言中了。"

"那又如何？"

"伯颜，你和阿术都是忽必烈汗帐前百战百胜的将军，派你们二位前来，还有什么和谈之理？谁信？"

"塔儿浑，你最好放明白一些。"

"怎样明白？"

"忽必烈汗命我和阿术前来，正是让你明白一个事理。"

"什么事理？"

"放了卢世荣、八思巴。"

"不放又如何？"

"死路一条。"

"谁？"

"你们部族。"

"真是笑话。"塔儿浑笑了笑，她抽出箭矢搭弓在手，"嗖"地一箭，射灭那柱松明，扬长而去。

第十三回

雄兵出征伐日本，神风降临佑东瀛

塔儿浑走后不久又折身而返，这令伯颜大感意外。塔儿浑亲自点明松火，她像是尽最大努力克制自己的愤怒。塔儿浑的秀目紧盯着伯颜的箭伤，女性的怜悯情怀顿生，战时的杀气减退了，握剑的手腕松弛了。

塔儿浑把松明火把慢慢移到伯颜的头上边，尽管由于箭伤所致，伯颜微合的眼睑已经染上了紫黑色，尽管嘴角上还挂着斑斑点点的血迹，但端庄的相貌，包括整齐的胡须，仍不失当年刚武英俊的风貌。人是老了些，但气度不减当年。

这一切，触动了塔儿浑的情肠：他若能有诚心不杀部族，自己宁愿做他的偏妾，一马同鞍，驰骋疆场，杀个痛快。何况松明灯下，金盔、银甲还在闪闪发光，对于这个女性来说，又是更大的诱惑。

塔儿浑唤来女仆，欲给伯颜饮水的时候，伯颜心神一振，他也感到了塔儿浑对他的关爱，遂放松了一身的骨节。

塔儿浑落下了几滴眼泪，悄然走了。伯颜的目光一直注视着她的背影。

秃马惕人这一夜都没有入睡，有的饮酒，有的跳舞，庆祝着他们的胜利。他们把死者的盔缨挂在帽子上，把死者的弓衣、箭囊背在身上……这样欢乐着，却不知，阿术大军已经排山倒海地压过来了。

先是在巴儿思山口，阿术大军虚张声势，呼喊着要捉拿秃马惕人，然而精锐已从兽行小径而入。阿术见军马畏葸不前，则令人折枝为鞭，不进则打；又令人各带斧、锛、锯、凿之器，以扫山径之障。

阿术先着"箭速传骑"去救回伯颜、八思巴和卢世荣。塔儿浑又惊又恐又痛惜，她回到自己的大帐，坐在虎皮椅上还没等定过神来，阿术大军已到达山巅，如临秃马惕人的天空之上。杀声起处，秃马惕人如黄雀入了大风，如黄羊掉进了陷阱。

一个时辰之后，塔儿浑和部将就被全部捉拿，在一个山洞里，阿术还找到了塔儿浑的父亲特儿亨。特儿亨在洞中文武双修，不仅武功出神入化，还练得精于

各国方言土语。手中翻弄着书的特儿亨，也和他的部族被一道带到了大都。

阿术和伯颜向忽必烈讲述了平定塔儿浑的经过。忽必烈看了一眼南必，南必说："他们基本上执行了大汗的意图。"

于是，安童受命去看望了被安置在伯颜家的塔儿浑父女。

塔儿浑这回反叛可谓是被逼上梁山。在父亲的一番开导下，塔儿浑向安童诉说了这次反叛的前前后后。

安童听后，心中大惊：莫非卢世荣与西北的海都有勾结？否则为何会在微醉之下向塔儿浑述说"大汗高龄"之类的话呢？

在阿合马被杀后，大元帝国上下均不敢再言财钱之事，唯恐被看成是阿合马的余党。只有卢世荣看出了忽必烈的心思，他知道大汗四处出兵，又要戍守西北漫长的防线，需要大把的银子应付。

于是，卢世荣自荐为大元掌理钱粮，也取得了一点儿成绩。受宠于大汗后，应该满足了，可他为何却在索要美女之前说那些令人吃惊的话呢？

安童感到事态严峻，便直接禀告了忽必烈。

忽必烈未动声色，又遣伯颜回家再探虚实。被安置在伯颜家中的塔儿浑，早就盼望着能再见伯颜，当伯颜迈步进入她的房间时，她竟情不自禁地扑到伯颜的怀里，痛哭起来。

在伯颜的好言安慰下，塔儿浑方止住哭声，又向伯颜叙述了此番反叛的经过。伯颜见塔儿浑双目红肿、泪流满面的模样，心中也甚是怜惜。

忽必烈听毕伯颜的回复后，冷冷一笑："说谎的人不会撒同样的、没有一丝不同的谎，塔儿浑所述不是假的。安童。"

"臣在。"

"你把卢世荣收入大牢，问口供。"

"臣遵旨。"

当卢世荣被安童一番软硬兼施的审问后，承认自己说了对大汗不恭的话及向塔儿浑索要美女之事，但拒不承认自己与海都有联系，也没有颠覆皇权的阴谋。

安童向忽必烈回禀之后，忽必烈沉思了半天，才道："宁信其有，不信其无，安童，着人去办吧。"

"臣遵旨。"

就这样，卢世荣被诛，而塔儿浑父女则被接到了宫中朝见忽必烈。

塔儿浑跪在大殿之下，痛哭不已。忽必烈走下丹墀，亲手搀起塔儿浑父女，好言安慰了一番。

忽必烈设宴招待了塔儿浑父女。一杯酒下肚，特儿亨就红了脸，两杯酒才入怀，特儿亨已经头晕眼花，他从千变万化的语言中，挑来挑去，才选中这样几句话："月亮在天上也亮，在水中更亮，您在蒙古是知名的大汗，在蒙古以外还是大汗，请不必介意，您的威名超过白厮波。"

忽必烈笑了。

塔儿浑和南必不停地喝着酒。塔儿浑自恃酒量过人，一坛又一坛地喝下去，却总不见南必醉倒，这令塔儿浑很吃惊。

特儿亨唱道：

> 威震四海的大汗，
> 且不要杀我父女。
> 捉得金星，
> 逮住赤鸟，
> 到火鸟升起之地，
> 为你拔除不祥。
> 捉得彗星，
> 为你扫除灾荒。

忽必烈摇了摇头，表示听不懂。

特儿亨说："我的大汗，您不仅是一个能转生的佛体，而且还应是天下之汗。东方的岛国还未称臣，是您的一块心病。早晨，那里会变成一条黑花大蛇，那时您捉不得，中午，那里又会变成一只花斑的猛虎，那时您又捉不得，夜晚睡觉之时，那里又会变成一个俊秀而稚气的仙童，坐在您的心头上，与您美丽而年轻的妃子欢聚，到那时，您又是捉不得。大汗，对吧？"

"嗯。"忽必烈点了一下头，边微笑而沉静地听着，边将着他那棕黄色的胡须，浓重的眼眉不时地跳动着，像鹰的双翼，展翅欲飞。他冷冷地道："他若是花蛇，那么，我忽必烈汗就变鹰。"

"变鹰？"

"对。"

"那也捉不得。"

"他若是猛虎，那么，我就变成一头雄狮又如何？"

"捉不得。"

"他若是仙童，我就变成一个顶天立地的力士。"

"那也捉不得。"

"特儿亨，那你说该怎么办？"忽必烈用眼盯着特儿亨。

特儿亨并不言语，酒后的特儿亨把三寸之舌锁在嘴里。忽必烈还是追问他怎么办，他站起来，忽必烈也站了起来，示意特儿亨到宫外走一走。

特儿亨并不想出去，他看了一眼宫外，低下头想了一会儿，又坐了下来。忽必烈也坐了下来，他问特儿亨在想什么，特儿亨唱道：

> 铜镜里的鲜花就要失去芬芳，
> 铜镜里的明月就要失去光亮。
> 月儿碎了，
> 花流水了。
> 一重天地一重水，
> 一方水土一方情。
> 来时一溜儿烟，
> 去时一溜儿风。
> 永存的敖包上燃起飞腾的火，
> 燃烧吧，永存的火，
> 有火就是有生活。

忽必烈笑了，他知道特儿亨已经醉了。

而此时，塔儿浑和南必皇后正喝得兴起，她们越喝越有相见恨晚之意，越喝越觉得彼此情投意合。

忽必烈也是乘着酒兴，问了些塔儿浑关于其父的情况，塔儿浑如实相告。她说父亲特儿亨早有意为大元建功立业，躲在山洞修文修武，一心等着为大元效力之机，但一直是时乖命蹇，没有机会。

听罢，忽必烈笑了。

初夏时节，大草原上已是一片古丽盖花开过，银吉嘎花怒放的景象。这正是黄羊、牝鹿产羔的季节。湛蓝的天空，才掠过几对飞鸿的倩影，浓绿的树丛，刚传出几声鸟儿的鸣啼。

寝殿被打开天窗，窗外几片白云浮动。忽必烈仰视着高不可测的晴空，在他那宽阔饱满的额头下面，生着一双威严的浓眉，眉下那目光锐利的眼睛，常常使人望而生畏。线条直挺的鼻子，同脸部那端庄的轮廓相衬，既刚毅坚韧又顽强自信。

南必皇后居然与塔儿浑饮酒到天亮。忽必烈走到屋外，此时，滚出地平线的红日跃上云层，给丛林、草莽镀上一层金灿灿的光亮，静静的皇宫外的城河水，映着飞动的云彩，犹似马群滚动。

忽必烈起了个大早，在贴身怯薛的陪同下，向校场走去，途中，忽必烈还在想着特儿亨说的一些事情。

忽必烈漫步在松软的大地，扪心自问：作为浴血奋战且曾一度统一蒙古民族的合不勒汗之后，自己一生都是在马背上度过，但今日呢？难道特儿亨说的那个太阳升起的地方，就不能对自己俯首称臣吗？

要征服东瀛！忽必烈这样想着，决定攻打日本。

回溯历史，中华大地上每一次战争纷起、皇朝更迭时，其余波总会震撼到高丽。高丽如同中华的连体儿一般，岁岁年年地默默承受着这种震撼。

视天下四海为己有的忽必烈也不例外。中统元年（1260年）三月，立足未稳的忽必烈就有了征服高丽的雄心，他曾对高丽的信使道："普天之下，唯有你国与南宋仍不臣服。"

高丽自然不敢与大蒙古的铁骑较量，只能一次较一次更为加倍地纳贡于忽必烈。忽必烈把自己的女儿嫁给高丽国王后，算是给了高丽一段平静安宁的时光。

但忽必烈既然视"太阳能照射到的地方均为吾土"，怎会对日升之国东瀛没有一点儿征服的欲望呢？既然东瀛拥有无数的黄金、珠宝、钻石、玉器，怎能不把它握在自己的手中呢？当忽必烈如雄鹰一般在高丽的天空上飞舞时，他那双敏锐而又饥渴的眼睛已紧紧地盯上了东瀛。

自至元二年（1265年）起，忽必烈就开始了他征服东瀛的序曲。他先是三番五次地派信使到东瀛，修书内容多是欲与毗邻结好之词，最多也不过是在信尾附上一句"若不与吾修好，吾将视汝为敌"之类略带威胁的话。

日本国是深受中华儒家理念熏陶的国度，面对蒙古人篡夺了华夏皇权已是视之为"僭越"，视之为"野蛮践踏了文明"，又怎肯与茹毛饮血、在荒原中放牧的蒙古人修好？面对忽必烈信使接踵而至，日本天皇开始还以礼相待，继而便拒之不见，后来索性将信使扣押数月，方才放还。

忽必烈龙颜大怒，令龙广天书为元帅，率两万五千名大军东去征服日本。龙广天书及其属下均是旱地征战的好手，从未有过水战的经验，在渡海侵袭了对马、壹歧两岛后，遇到大风，元军船舰尽毁。龙广天书只能携余部返回了大元朝，承受了她生平第一次战败的苦恼。

接下来，忽必烈在忙于征服安南、爪哇的同时，还要时刻警惕西北防线，便暂缓了征东的举动。但忽必烈从未忘记东海那边的肥沃与东瀛人的桀骜不驯，现在，忽必烈觉得时机来了。

首先是近两年风调雨顺，国库丰盈，再有就是自己年事已高，须加紧完成一统天下的宏志。当然，还有两个极为重要的原因，就是降蒙的宋军及塔儿浑部族这两个问题。

自南宋灭后，大元朝俘虏了宋军兵卒二十余万，将这些降虏兵卒化整为零，分到了大元军营的各个地方。这些兵卒中颇有些"念旧"，时不时会惹起几宗小型的反叛之举。忽必烈看在眼里、记在心上，此番远征东瀛，他指明了由这些降虏打头阵。

塔儿浑虽然已经在忽必烈面前尽表了一片忠心，但她的部族向以骁勇好战闻名于草原，又居住在上都与和林之腹地，使得忽必烈心中颇有忌惮。此次东征，塔儿浑部亦是一支绝对的主力。

忽必烈早已筹划周密了，他不但命塔儿浑为东征元帅，而且大胆地任命宋降将范文虎为都元帅，二人在叩谢皇恩之时，又怎能体察到老谋深算的忽必烈的另一个用意呢？而且，出征之前，大汗还要大祭祖先，以求保佑他的东征之师。

此时，日本的一位名曰杜秀的使臣来到了大都。为了对东瀛展示大元帝国的威风，忽必烈命人把日本使臣叫到校场。使臣走近忽必烈，忽必烈问："东瀛之主，现在何人？"

使臣回答："川田秀吉。"

忽必烈听后，似乎例行仪式一样地向南方看了一下，并不说话。怯薛牵来一匹马，忽必烈翻身上马，轻轻一拍鞍鞒，两脚一扣，箭也似地飞走了。

忽必烈那娴熟的换乘骑技，就像喜鹊跳在马背上，使臣杜秀一点儿也不相信忽必烈已是年近八十的老人。他决定回到东瀛，要向天皇好好说一说忽必烈的文治武功，说说这大元朝是多么地危险与可怕。

忽必烈的骑技赢得了众人的掌声，当他掉头归来，左三刀、右三刀，砍断了六棵木桩之后，以一招"镫里藏身"把刀插在地上，再掉转马头过来，又以一招"海底捞月"把刀拾了起来，然后才"鹞子翻身"，甩镫跳下马来。

骑士和怯薛们蜂拥而至，把忽必烈抬了起来，举向天空。

日本使臣告辞了。

忽必烈汗开始着手训练攻打东瀛之军。备战是严肃的，有水战，有攻城的云梯、砂囊的使用法及攻城的掩护法，还有军士接近敌人时用的大盾制作法和使用法。每每饮露餐风，也曾以刀为鞭，像溪水汇入大江。忽必烈汗让塔儿浑挂帅东征日本，一直把队伍训练到都能顺从忽必烈意愿为止。

军士们一个个都练得"镫皮为之抻长，铁镫为之磨热"，似紫焰中锤打出来的铁钻子，各图门似赛马一样地争先恐后，像摔跤似地互不相让，骁勇的军士都能以一当十，无所畏惧。每每蓝天为被，马背为床，忽必烈要强化训练准备东征日本的军士，立志要把一年的里程缩为一个月，把一个月的路程缩为一天，把一天的里程缩为一辰，把一辰的路程缩为一瞬。忽必烈最不赞成的，是早上说的晚上就改了，晚上说的早上改了。忽必烈的士兵常常宣传"枪刺扎来不眨眼，羽箭飞来不低头"的尚武精神。

有时，忽必烈还不顾年迈之躯，钻进普通的帐幕，枕着衣袖，铺着鞍垫与士兵共宿；有时，他跳上普通坐骑，张弓搭箭，挥舞刀剑与士兵同练，还常常宣传"以流涎解渴，以牙肉充饥"的艰苦作风。

士兵们开始食以粗茶淡饭，受尽清贫之苦，以备适应战时。近一个月，每个图门只设一次便宴，嗜酒者略饮涓滴，只以歌舞助兴，挥起长袖来欢乐一会儿。这真是难得的一瞬！在这一瞬之间，忘却了那一个月的艰辛困顿，刀光剑影。

到第二天熹微之时，各个图门包括千户、百户及十户，已经变成了步调一致的一个人，流言蜚语消歇了，懦怯心理消释了，厌战情绪消弭了，恋爱思想消失了。众星捧着月亮，江河归向大海；元军四十万铁骑的将领，对忽必烈的情感由敬慕发展到敬爱、敬仰，他们把自己生的欲望、死的怀念，全寄托在忽必烈汗的宏图远略里，誓死随他同涉冰川、共度关山，甚至置身于血海之中而面无惧色。百川汇海，天下归心，忽必烈大汗的宏图正向四面八方扩展着。忽必烈，天下之汗。

忽必烈的二百位使者，像一张巨网似的撒向日本国内，他们有计划地完成着关于东瀛的情报搜集任务，其中最受推崇的是忽必烈汗的女婿孛秃。那是龙儿年斡里扎河之役之后，在一次比箭中选定的。

孛秃是这张巨网上的大纲，东瀛之情报须汇总到他的手上，才能向忽必烈陈报。也正因为如此，忽必烈迫切盼望着孛秃的到来。

"怎么？遇到了什么不测之事了吧！"正当忽必烈与南必皇后焦急地翘首期待之时，孛秃——这个神秘的大探，风尘仆仆地回来了。

孛秃身着东瀛和服、峨冠博带，腰佩一柄镶金嵌银的宝刀，俨然一派中原将相之风。忽必烈见此情况，虎眉倒竖："我的孛秃，快去把衣服换过再来，虽说彼此别离多日，怀念之情殷切，但穿着异国之装，总不得体吧。"

孛秃在忽必烈身边也有十五年了，并先后娶了两位带有黄金家族血统的妻子，他太了解忽必烈了。于是，孛秃急转身跑出金殿，换了一身蒙古式的袍服，前来拜见。富丽堂皇的金殿里，堆满了不少东瀛的梨花银枪、方天画戟、七星宝剑，明光熠熠，青锋森森。

忽必烈以严厉的目光查看着每一件兵器，然后，他淡淡地笑了，对孛秃说："明天，你看看咱们的兵库，再到校练场上看看吧！"

阔别大都已久的孛秃，在第二天来到金殿前广场上。在林立的兵器库内，他见到了种类繁多的新式锋刀利剑、钢枪铁镞，不禁内心为之一震，双眼发呆。真是巧夺天工之妙，一支名叫"飞锁"的羽箭，在南国和金国时都很难见到——一张弓可以同时搭上十五六支箭，瞄准之后，扫开飞锁，利箭脱弦飞去，射中目标后，箭镞便轰然起火。

这种箭乃汉人到东瀛之后所造，根据孛秃访得的图纸仿造而成。但是，此次孛秃腹内却装着忽必烈所不知的、更深奥的治国经纶、安邦韬略，装着东瀛的通都

大邑、险关要隘，装着东瀛国的意向、村野民心，乃至于东瀛的人口和粮秣来源。

一个月的虎羔，狗可以捉弄它；两个月的幼狮，狼就可以欺压它。无论虎羔，还是幼狮，只要长到一年之后，狗和狼就会避开它了。彼时，貌似强大的诸国都是这样对待新兴的蒙古的。

又是一个牧草滴翠马膘流油的季节，忽必烈汗命孛秃率四十万大军，以塔儿浑为帅，开始远征东瀛。

塔儿浑在征东前，忽必烈和南必皇后带着他的黄金家族，包括他的母亲氏族以及妻室氏族的人，来到祭祖台前。忽必烈解下腰间佩带搭在肩上，摘下金盔，捧在手里，与众人向着太阳，向着不儿罕山，向着祭祖台，行了九叩礼。

忽必烈吟诗韵文：

合不勒、俺巴孩、忽图剌、也速该诸列祖列宗：
天上风云不定，
地上不朽英名，
在你摇篮之地，
在你称汗之岭，
蓬松树下犹新，
再次庆贺大功。
征伐之都，
今已归顺。
江河湖海，
同举大尊。
战旗猎猎，
战神威威。
天下统一，
列祖欣慰。
出发祭祖，
英录在位。
天地齐助，
凯歌当归。

如果说大都是一个天大的棋盘，那么以四百个图门组成的方阵，就像围棋的棋子一样摆在其间。在每个方阵里，百户长列于五面军鼓之前，手握腰刀，犹如欲飞的猎鹰，就要扑向东海。

草原英雄：忽必烈

往日，金帐前的广场上，林立的兵器帐内，满是种类繁多的新式钢刀利剑、钢枪铁镞，今天已经背挎在士兵的身上。每个百户方阵，均有一张可搭十支箭的巨弓，"飞锁"火箭驮在军马背上，真是兵器壮胆，好不威风。阿术的铁车军，单独列在图门之前，炮口指向东海，好不威风。

南必皇后扶着忽必烈走上阅兵台。台下是忽必烈最高统帅的大型四轮帐车，车上架着一座能容纳百八十人的白毡帐幕。此时，拴在一旁的二十一匹白骟马，尚未驾辕。九足白旄纛在右，九足黑旄纛在左，轮帐车前插着擦拭一新的苏鲁锭。

至此，士气已如翻滚的江河、奔腾的万马，然而，只有忽必烈本人知道，他这次命四十万大军远征东瀛，并不是轻而易举能成功的。元军远离本土跨海东征，如若赌输了命运，大元将元气大伤。

但是，如果能一战而胜，那收获就不仅仅是东瀛的疆土与财富了，同时也会令一切心存反念的人不敢再起反叛的念头，而且说不定会让塔儿浑的部族坚定了跟随大元帝国的信心，真是一举数得呀！忽必烈汗考虑到这些，于是，他把原部族的首领直到他的"图们"、千户以及兄弟、儿子、至亲、那可儿们统统率领在身边，一起为大军祭祖祈福，留下的只是年幼或年老的人。到了这时，忽必烈对汉人的兵法已经趋于实备，如果说灭金宋等国用了穿凿法、火掠法，那么这一次跨海东征，则是他想试一试扇形法的进军阵形，以诈术法取胜，先着塔儿浑之父特儿亨到日本为使，以达到远涉大海后歇兵整备和以逸待劳的目的。

忽必烈汗年届古稀那一年的仲夏，他在祭祖、祭旗仪式之后，率领黄金家族的人为塔儿浑元帅送行。范文虎、塔儿浑和龙广天书组成三个翼的庞大前锋，犹如三只坚硬而锋利的犄角，从东海之滨一直蜿蜒到起伏的金界壕，约有八百伯勒，大军爬山越岭，没有损失一兵一卒。每个骑士挂上一匹从马，无论箭囊、盾牌还是革囊里的阴阳刺轮圈、套马索，均成了投掷兵器，肉干和少许的鲜乳以及夜宿的毡褥等，通统在马背上携带。此时，仿佛天在动，好似地在走，四十万大军占据着庞大的海面，像一座大山在海面上移动。

登上东瀛之后，元军以席卷之势，扫清驻守在大水泺的东瀛兵。

进而，元军触角般的三程望哨，已经插到东瀛的乌少土。乌少土地处东瀛西门，是文永十一年（1274年）刚刚修筑起来的边门。乌少土竣工还不到三个月，就曾被孛秃派游骑攻破，并将它砸个粉碎。

但是，就在孛秃击破乌少土不久，那里却又迅速修复起来，据说，那是东瀛的第一大城堡，像一只猛虎守在边门一旁。

那段边城，犹如一道铁链系在数十座险峰之巅。

边门前是乌少土西去的要隘，而后就可从这里渡海。边门旁修复一个大堡，堡下有三十盘暗箭，只要有一人一马踏在翻板之上，只要在它的射程之内，定会遭到暗箭的射杀。

那时的东瀛天皇正面临岛内、高丽及大元三面的夹击。

高丽王从南面派兵，东瀛内乱军又在西方对峙。如神兵天降的元军再袭过来，东瀛已是首尾难顾。

乌少土虽然被修复了，但东瀛天皇却依旧心神难安，对于蒙古兵的来犯，他惊恐万分。那个以擅生边隙罪名被囚的使元使者杜秀，在被投入监狱之后不久，又被天皇像宝石一样地看重起来。

东瀛天皇不但将他释放出狱，而且派他率军驻守乌少土。在日本，素有"天上鸟上土，人间鬼门道"的说法，早在孛秃袭乌少土之时，这里还没有暗箭的装置。在俘房的工匠中，有一人曾对孛秃说，乌少土的三十盘飞锁暗箭还没有安装的时候，你们就袭过来了。不然，这套暗箭的装置，孛秃怎么会知道？

当孛秃率领的前锋轻骑接近边门的时候，只见大门四开，无人把守。

孛秃举目望去，乌少土像一个巨大的海龟，趴卧在重峦叠嶂的边墙之上，没有一点生气。孛秃思索了一阵，脑子里映出那位工匠的影子。

孛秃看到这般情景，定是埋伏暗箭的迹象。于是，他当即传令前程望哨立刻勒缰下马。这时，穿行在烟尘里的兵马戛然停下，个个都握弓搭箭，严阵以待。只见一群卸下鞍鞯的从马被赶到边门下。元军一阵排箭射过去，屁股中箭的马群惊了，狂啸着直向边门奔了过去，果然，暗箭"嗖嗖嗖"地雨点般射过来。

那些被孛秃下令冲出去的从马，在一阵悲鸣之后，横三竖四地摔在地上。以杜秀为首的东瀛督阵将领，立刻从乌少土的瞭望口里，传出了一阵狂笑。可是，不等东瀛之兵再次发箭，孛秃素有训练的精骑便飞箭般地冲了进去。

杜秀在元军精骑的突袭之下，中箭后掉头先逃。又一阵厮杀之后，除了抛下的具具死尸，其余的残兵败将都仓皇地撤退了。这样，塔儿浑的先头部队就在孛秃的带领下，跨过了东瀛边墙，全部开进东瀛。

已是八月天气，孛秃所率前锋兵马穿过乌少土，连拔五座营，得以长驱直入。不久，触角就已伸到富士山脚下。东瀛天皇得知之后，火速调遣防御使川田秀吉。如果说乌少土是东瀛外墙，那么富士山则为东瀛内院，因此，东瀛天皇才遣川田秀吉屯兵富士山，据险结阵，整兵以待。

富士山有九大险峰、六大沟壑，雁飞到此，遇风辄落。

孛秃准备强攻富士山脚下的川田秀吉部，他想借乌少土之战东瀛军元气未复的良机，准备血战一场。

黄昏之后，孛秃令铁车军暗暗地开进富士山脚下，驾起车上的火炮，将炮口对准几个军事目标。另一部埋伏东西两处，塔儿浑亲乘游骑，部署战阵：在几处修筑要塞，路旁埋伏精兵，在高阳崖岭上，安放流木礌石，在沿河峡谷中，设置

草原英雄：忽必烈

横木障碍。布置就绪之后，她才通过七道宿卫，走进行帐。

塔儿浑自决心侍元以来，从来不懂得什么叫疲劳，更不懂得什么叫困倦。她走近大帐，令两个宿卫把沉重的大酒瓮移到帅帐之前，伸手将酒瓮翻起，亲自斟满几大杯，对左右将士们说："自古战争，胜负有序，它绝对不是赌场上的狂热。来，你们都饮一杯！我们受忽必烈汗之命而来，一定不要辜负了忽必烈汗对我们的期望。"

字秃饮过酒之后，突觉诗兴大发。他游历甚广，出口成章。他说道："我要登上富士山，变成老虎多凶残。"

塔儿浑说："你若成为西山虎，我是猎人挽强弓。"

字秃说："我就走上东山坡，变成一只大黄羊。"

塔儿浑说："你变黄羊无处逃，我拿利箭把你射。"

字秃说："我要钻入草丛中，变成鹌鹑躲进窝。"

塔儿浑说："你变鹌鹑钻草丛，我变鹞鹰把你捉。"

二人边饮酒边说笑，滑稽而幽默的字秃还扮作各种动物，着意模仿飞禽走兽的动作神态，栩栩如生。塔儿浑又兴奋地饮下一口酒，站起来对字秃说："来，字秃，你扮作野兔，我扮作海青，玩儿一个《鹰兔之戏》如何？"

几位大将听塔儿浑如此一说，皆击掌称快，唯独塔儿浑带来的老族长者革力瞥了字秃一眼，"扑哧"一声又笑了，看来有些无奈，只好转身离去。

字秃蹲下两腿，蹦三蹦跳三跳，还不时地左顾右盼，形象动作逼真极了。随即，引来一片掌声。

这时，塔儿浑走下帅位，笑微微地解下佩带，拎在手里，另一手拎着五尺长袍一抖，亮出猎鹰起飞的姿势，然后站定不动，又一阵鼓掌之后，这个"女猎鹰"才飞了出去。起初，野兔蹦三蹦，猎鹰盘三旋。然后，野兔窜进林里，翻身搂住微细的柳条，好似一张弯弓。当鹰儿俯冲过来时，野兔将柳条一松，犹如开弓一箭，鹰儿被打了回去。

也就是这样，塔儿浑拎着宽大的衣襟，在行帐里转了七八圈，当帽子落在地上的时候，将士们一片惊呼。最后，字秃以"兔子蹬鹰"的神奇动作收场。

当塔儿浑扎上佩带，重回帅位之时，者革力对她悄声说："元帅，明日将临一场血战，你何不与众将士议些军事？再者，这一番'兔子蹬鹰'，不仅显得粗野，没有半点儿文雅之气，而且也显得不吉利。"

塔儿浑大笑，然后对者革力说："临阵者，安而不惧，方是常胜之剑；悦而不忧，方是制胜之弓。何谓粗野？何谓文雅？何谓吉利？我却通统不顾，我想的却是心安义正。安则悦，惧则惊；我若有负于忽必烈汗，天必厌之，安得不惧？今我顺乎忽必烈汗之愿，收四方也，安得不悦？"

塔儿浑说完之后，挥手告示将士们离帐入寝。然后，塔儿浑自己也走进寝帐，安然大睡，响起雷鸣般的鼾声。这一夜，者革力却没有合眼，他怕川田秀吉来袭。

塔儿浑得特儿亨真传，受训于《孙膑兵法》，兵法云：合军聚众，务在激气。临境强敌，务在厉气也！但塔儿浑还懂得：临阵者，安而不惧，悦而不忧，激励斗志，乃为攻战夺胜之妙法。

川田秀吉把军士安顿在富士山脚下的鸡毛沟，这一夜，川田秀吉却怎么也睡不着，在一片嘈杂之后，才生火煮饭。

防御使川田秀吉依仗地形、兵力的优势，也有与元军拼个雌雄之心。

自川田秀吉任防御使以来，统兵最多不过十个谋克，现在，他手里却握有四十万大军，犹如一柄千斤大剑，使他握不起来。

但是，他又知道"重马压阵、巨剑敌畏"之说，所以时而显得坦然，高傲居上；时而又显得恐惧，手足无措。

夜里，当川田秀吉正在他的营帐里踱来踱去的时候，麾下有一位叫作方天化吉的将领向他进谏。方天化吉说："如今元朝兵强势盛，精骑数万，锐不可当。南方诸国和西方诸国还有北方诸国国都已被他打败，可为前车之鉴，近日不如屯兵守之。"

"守？"

"对。"

"那是何策？"

"元帅，"方天化吉说，"元军之锐气在矣！可避之。"

"锐气？"川田秀吉说，"他们疲师而来，何谈锐气？"

"乌少土已被元军攻破，近日我等当固守不动。"

"固守不动？"

"正是。"

"不与他们开战？"

"对。"

"天皇会怪罪我们的。"

"不会。"

"会的。"

"元帅，众一怒，可破城。"

"国王一怒可倾国呀！"川田秀吉说，"还是要慎行为妙。"

"不可，万万不可。"方天化吉说，"不可开战。"

川田秀吉一怒，兔粪大的胆子一时膨胀起来。于是，他对方天化吉厉声申斥道："我有马兵二十万，步兵二十万，四十万大军与元军对抗，况且鸡毛沟自古就有隔天之说，惧元军作甚？"

"避其锋芒呀！我的元帅。"方天化吉坚持自己的主张。

"避你个球！"川田秀吉说，"你个胆小如兔的东西，也敢来进谏？"

"在下知错。"

"知了吗？"

"噢。"

"听着，"川田秀吉说，"明晨，我要堂堂正正地与元军厮杀一场，免得他们得寸进尺，还有进攻京都之意。"

"元帅英勇。"

"去吧！"川田秀吉将方天化吉呵斥下去，不再多言。

一夜无话。

八月的午夜，蚊蝇正盛。快天亮时，川田秀吉惊醒，如坐针毡，他哪里还有半点儿睡意？

川田秀吉左思右想，突然一股夜风吹来，营门大开，他悚然起立，头发竖起，冠盔幡然落在地上。

于是，川田秀吉惊恐不已，左顾右盼之后，才安下心来，这时，他决定把监军玩鄂诺勒请来，重议一下方天化吉的进谏——他又突然觉得方天化吉言之有理。

玩鄂诺勒进帐之后，与川田秀吉密谋许久。过了一个时辰，川田秀吉下令把方天化吉传了进来。

川田秀吉说："彼一时，此一时，你莫要怪我。你的谏述，虽若古铜之鉴，半暗半明，倒映出了我的一点儿心境。你说的'屯兵固守'实为上策，故授令你为特命军使，出使元军，力劝元军主帅塔儿浑回师。她如应允，可取边城乃几个小岛作为代价，但切不可上告。若叫天皇知道，你我不但官职不保，并将危及性命，连同九族。你去吧，等待你的佳音，愿天皇佑你。"

方天化吉非常顺利地来到元军大营，然后通过几百箭筒士的营帐，才被引进塔儿浑帅帐。

元军的一切都显得安泰，也显得沉静，没有一点儿鏖战临头的感觉。这里的一切显得很乐观，更显得恬然，没有半点生死临头的滋味。方天化吉在这里受到了使臣级的厚待，塔儿浑元帅亲自为他斟酒，亲自为他夹肉。酒过三巡，方天化吉把要说的话全讲尽了，但塔儿浑却未说话。

塔儿浑犹如一尊佛像，沉默不语，更使人肃然起敬，更叫人难以揣测。这个凝重的静，就是动的开端，在这种无奈的状况下，方天化吉只好又先开口道："尊贵的塔儿浑大元帅，您是受忽必烈汗之命前来，与我东瀛并无深仇大恨，该收步了。"

真是可恶，塔儿浑元帅还是一言不发。方天化吉接着说："退吧。"接着，他从南宋讲到西夏，从金国讲到西辽，从金字塔讲到交趾。

"你回去吧，使者！"塔儿浑在沉默之后，只讲了这么一句话。

方天化吉没有直接回话，只见他起身向塔儿浑行了三叩礼，但最后一叩，没有抬起头来，显然是等待着塔儿浑元帅的再次规劝。塔儿浑说："你若归去，我派人送你回去，你若留下，可任你大位子。"

　　方天化吉终于留了下来，他懂得战争的双方犹如演戏，一方是喜剧，另一方则是悲剧，这一次，他知道自己是扮了个悲剧中的丑角。因此，他不愿再这样演下去了。方天化吉还记得：他自小就有倾慕忽必烈汗之心，现在上天给了他这个机会，他才觉得活在这个世上有些意义。

　　在天光大亮之前，鸡毛沟已陷入包抄之中，就像狐狸陷进围猎的圈子一样。看来，这场悲剧已到了尾声，但川田秀吉却还在等着方天化吉的到来哩。

　　此时，方天化吉仍在元军的帅帐里，他在接受着塔儿浑的款待。塔儿浑想起忽必烈汗曾说，梦幻者常常不被军事家称道，原因就在这里。当川田秀吉还在梦幻之中，二十万元军先头部队在杜秀带领下，已经以迅雷不及掩耳之势杀将过来。四十万东瀛之军如套中惊马，又似中箭之伤鹿，全部被元军堵截在深谷之中。那幽深的山谷，哪是能逃脱得了的。

　　天还未明，在昏暗中，二十万蒙古军精骑人不遗鞍，马无颠踬，沿六道深壑杀奔而来。此时，弓箭没有什么用处，只好挂在鞍边，腰刀和佩剑才是得心应手的东西。围得东瀛之军，接仗的人自相杀戮，逃走的人自相践踏。不到几个时辰，几十里鸡毛沟已是积尸满谷，惨不忍睹。

　　川田秀吉单马脱逃，遁入川田家族内堡，元军则乘胜追击，直逼伊豆。

　　伊豆拥有上万人口，统辖十二个州，制毡、制革、造车、兵器等手工作坊最为发达。孛秃和三百密探，早已像蚊蝇般密集地附在伊豆周围。

　　自从破了乌少土，又攻鸡毛沟，现又直逼伊豆，节节取胜，川田秀吉也看到了元军的所向无敌。如今，他只是想用伊豆再与元军决一雌雄。

　　塔儿浑的帐车在摇晃着，就像孩提时荡在银摇篮里一样，但彼时可以睡，此时不可眠，因为伊豆岛已经依稀可见。"嗒嗒嗒"，一串清脆的蹄声传来，一个前程望哨来报："此地已近伊豆城池，前程望哨各乘马匹，惊叫者卧地不起，受惊者难勒嚼环。经巡查，既没暗箭又没伏兵，不知乘骑为何惊惧而失蹄？"

　　塔儿浑投奔忽必烈汗之前也已在马背上度过了十余年，已经是一个"望坐知兵马，嗅地知远近"的军事家。她听过之后，甜甜地一笑说道："何以惊怪？川田秀吉从乌少土败阵下来，经鸡毛沟巡守此城，俗话说'狡兔三窟，狡狐三迷'，他定是习以为宝；川田秀吉是布置铁蒺藜，撒满要隘，快掉马回去，待查明来报。"望哨领命而去。

　　风去风来，望哨又回报说："元帅，经查果然是布以铁蒺藜百余里，马匹确实难以动蹄，无怪才阵阵受惊。"

塔儿浑收回扇形法进军战策，开始施展分进合击的战术，开始分路进攻。

塔儿浑先着一支中军右翼以穿凿之法抵达伊豆岛北岸，然后折向西北，又令一支左翼攻占滦堵等地，第三支是做前锋的一翼，再经鸡毛沟直指东京。因为塔儿浑知道其父特儿亨同扎八儿去往东京，准备与东瀛天皇密谈，所以，富士山脚下只剩下塔儿浑万人箭筒士和者革力所率领的一翼前锋，共有五万兵马。这五万兵马尽是塔儿浑的族人，他们都是秃马惕人的精英，尽是些紫焰中锤打出来的铁钻子，特别是那万人箭筒士，尽是些生铜煮的、熟铁锻的、铃没地方、扎没空隙的铜兵铁将，以鞭为刀，饮露骑风，以一当十。

兵书云："席卷天上、包举宇内、囊括四海的圣主，马背托天，四蹄动地，积有兵书万言也：如丛草般行进，如海子般列阵，如凿子般攻取，如大蛇般猛进。虽出偏师，亦必先发精骑，四散出走。登高眺望，探哨一二百里，以通报左右前后之虚实。如某道可取、某城可攻、某地可战、某处可营，均归探马负责。百骑环绕，可裹万众。

塔儿浑安坐指挥大帐内，先看了一会儿兵法。扎八儿回来了，塔儿浑走出行帐将他迎了进来，看他的坐骑已不像以前那样，胖得皮肉险些绽放出来，看看他的着装，已不像以前那样盔缨似火、金甲粼粼。塔儿浑想：为什么盔缨丢了一半，金甲缺了半边？

塔儿浑转眼不看他这些，她在观察扎八儿灰亮亮的眼睛。噢，她明白了，希望还在眼里。于是，塔儿浑在行帐设宴，为他洗尘。酒席间，塔儿浑让扎八儿讲她父亲特儿亨的情况。扎八儿叹了一口气："元帅，特儿亨老前辈未到东京，便遇上东瀛第一剑道高手丘大魁子和东瀛第一游侠武子君雄，还有东瀛第一拳段高手杜文化郎，三人合战特儿亨前辈。"

"慢慢说。"

"是的。"

"三个人？"

"对。"

"第一剑道高手？"

"嗯。"

"叫什么？"

"丘大魁子。"

"还有谁？"

"第一游侠。"

"武子君雄？"

"嗯。"

"还有文化郎？"

"杜文化郎。"

"他是什么？"

"东瀛第一拳段高手。"扎八儿呷一口酒说道。

"我父亲怎么样？"塔儿浑也呷了一口酒，又举碗饮尽。

"特儿亨老英雄宝刀未老，他连战三杰，打得昏天黑地。"

"可知三杰的来头？"

"据查，他们为东京之西萧艾之地的龙城武派传人，"扎八儿说，"其师乃文武双修的天下第一游侠。但却行踪不定，不知名姓。"

"是谁？"

"不知道。"

"这是为何？"

"那人不定行踪。"

"什么意思？"

"不见其踪迹。"

"那如何收授三徒？"塔儿浑说，"不能去东京，如何又能完成忽必烈汗交授给我们攻掠东瀛之重任。"

"忽必烈汗未必知道会出现这档意外之事。"

"但忽必烈汗却在等着我们攻掠东瀛的捷报。"

"元帅，"扎八儿呷了一口酒说，"忽必烈汗怎知我等实情？"

"攻不下东京总是实情吧？"塔儿浑又饮了一碗酒。

"特儿亨老前辈有意让我来向您禀报，可武力攻打东京。"

"武力攻打东京？"

"对。"

"谈何容易？"

"不易也要以武力攻打，这是老英雄之意。"扎八儿说。

"但不是忽必烈汗之意呀。"塔儿浑又饮了一碗酒，她拭了一下唇边的酒水说，"忽必烈汗有意让我们文武兼攻，他说，到时候可以文武相辅相成。"

"相辅相成？"

"是的。"

"那是什么意思？"

"文可助武。"

"武也可助文？"

"对！"塔儿浑端起酒碗呷了一口，"此计甚妙。"

"妙？"

"嗯。"

"有什么可妙之处？"

"文武相辅呀。"

"元帅。"

"嗯，"塔儿浑放下酒碗说，"扎八儿，你想说此计不行？"

"此计不行。"

"那是为何？"

"元帅，老英雄特儿亨已说过可武力攻打东京，自有其理。"

"何理之有？"

"元帅，那三杰与老英雄战了三天三夜，不分胜负。"扎八儿说，"老英雄现已与那三人结为朋友了。"

"什么朋友？"

"武友呀！"扎八儿说，"他们四人英雄相惜呀。"

"英雄相惜。"

"正是。"

"四人已成武友？"

"对呀。"

"那三人是何底细，却不知道呀？"塔儿浑叹了口气。

"只知丘大魁子居东镇，杜文化郎住七里庵子，武子君雄住天皇的藏岛之峪一带。"扎八儿说，"这几日，我正是奉命前去那一带查看了一番。"

"是谁之意？"

"老英雄特儿亨。"

"这是为何？"

"元帅，武力攻打东京正是那三杰所献之策，老元帅怕有诈，却要查一下他们底细。"扎八儿说。

"结果呢？"

"不错。"

"什么意思？"

"老元帅信了。"

"信什么？"

"可以武力攻打东京。"

"忽必烈汗并无此意。"

"您是元帅。"

"可忽必烈汗是有旨意要文武相辅相成。"塔儿浑说，"不可违背忽必烈汗的旨意，不然的话，打了败仗，难辞其咎，忽必烈汗早有安排定有其理。"

"忽必烈汗并不知道这些实情。"扎八儿坚持说道。

"但我知道实情，不能欺骗大汗。大汗是想先用武力攻其锐气，再迫其投降，臣服于大元帝国。我不可违背大汗的旨意。"

"元帅！"

"不要多言。"

"元帅，我有话要说。"

"不要再说了。"塔儿浑有些气恼，"唯大汗是从，才能不给我们的族人带来祸患，懂吗？"

扎八儿叹了一口气。

"扎八儿，有心事？"

"元帅，我是为老英雄特儿亨好，也是为忽必烈汗好。"

"为忽必烈汗好？"

"是的。"

"那就听忽必烈汗的。"

"忽必烈汗不在这儿，我们可以像汉人说的那样，'将在外，君命有所不受'。"扎八儿苦笑了一下。

"不受君命？"

"对。"

"那即是叛贼。"

"元帅，咱们是将在外。"扎八儿说，"能打胜仗，忽必烈汗自然是个好心情，反之，受命于君，又有何用？"

"何用？那就是忠臣。"

"忠臣？"

"是的。"

"忠臣不能打胜仗，要忠臣又有何用？"扎八儿说。

"扎八儿，放肆。"

"元帅恕罪。"

"扎八儿，我知道你的心情。"塔儿浑说，"如今蒙古人内部倾轧，没有几个人能相信咱们是忠于忽必烈汗的。这一次，我岂能放弃表示忠心的机会？"

扎八儿叹了一口气："元帅你想，大汗让我们来征战，还不是来送死？"

"送死？"

"对。"

"这是何意？"

"元帅，为何军中有许多降元的宋军呢？为何忽必烈汗只派几个老将来协助你呢？"扎八儿说，"忽必烈汗还不是用尽咱们秃马惕人的精英，如果此一役败了，咱们秃马惕人则元气大伤。"

"元气大伤？"

"是的，元帅。"

"何意？"

"秃马惕人再无反元之力，忽必烈汗无忧矣。"

"不要这样说。"

"元帅，特儿亨老英雄命你折兵去攻东京，自有他的道理。"

"什么道理？"

"那浪人三杰似乎说不让你们去攻伊豆，但又不肯说出缘由。"

"不，我马上就兵发伊豆。"塔儿浑的语气不容置疑。

扎八儿说："元帅，你如果能给我一些时日，我可回大都去禀告忽必烈汗，让他同意特儿亨老英雄的意图。"

塔儿浑不置可否地点了一下头。扎八儿见塔儿浑态度暧昧，伊豆又一时难以攻下，便一意孤行地回到大都。

此时，忽必烈正和南必皇后密切关注着东瀛战况。南必皇后说："大汗，不知何故，我总觉得不应该派往东瀛四十万大军，应当减少一半，以防不测。"

"什么不测？"忽必烈最怕这样讲，他说，"遣使东瀛，不正是有意避开武力吗？只是特儿亨有些令人忧心。皇后，你也算个读书之人，君子最讲一个'义'字，但在处理国家大事上，这样却行不通。"

"特儿亨会坏大事不成？"南必皇后说，"他们父女会配合得天衣无缝的。大汗，我信任塔儿浑。"

"但特儿亨不比塔儿浑。"忽必烈说，"塔儿浑可为族人而战，但特儿亨却会为江湖道义而战。"

"江湖道义？"

"对。"

"这怎么可能？"

"有何不可。"

"他会违背旨意不成？"

"皇后，那特儿亨乃一代豪杰，"忽必烈叹了一口气，"他如果改变意图，将坏大事。"

"改变意图？"

"是的。"

"这怎么可能？"

"皇后，特儿亨素以侠义著称天下，如若他以苍生为念，定会以我之策击败东瀛；但是，就怕他一时心血来潮，急功近利，想快些结束东瀛之战。"

"真的吗？"

忽必烈点了一下头。

"这样多不好。"南必皇后也有几分哀愁的样子。

忽必烈说："当初只想让他们父女联手。"

"让他们父女联手也许是对的。"南必皇后说，"我觉得塔儿浑确有帅才，她会执行圣令的。"

"帅才？"

"对。"

"不行。"

"怎么？"

"塔儿浑比起安童，比起铁穆耳，都是没办法比的。"忽必烈笑了笑说，"她倒能称得上一个忠臣。"

"忠于大元。"

"正是。"

"这也是人才难得。"

"不过，有时却只会愚忠。"忽必烈说，"她会执行朕的旨令的。"

"就怕其父特儿亨。"

"对。"

"那当如何是好？"南必皇后叹了一口气。

"也没有什么好的办法。"忽必烈说，"将在外君命可以不受呀。"

"这是何意？"

"我们当然希望他能不折不扣地执行圣旨，切不可胆大妄为。"忽必烈说，"如果不听圣令，元军就会陷入绝境，那将是背水一战的绝境，一旦战败则无可挽回。如果特儿亨能配合得好，那样，在元军受挫之前，就会有和谈的一线生机。"

"嗯。"

"不过，特儿亨就是不急功近利，也不会那样轻易和谈成功的。"南必皇后说，"那川田秀吉也非善类，他一定会拼死抵御塔儿浑的。"

"是的。"

"如果那样，塔儿浑在绝望中会有谁来助呢？"南必皇后说，"大汗，不如再遣使去东瀛一次。"

"去东瀛？"

"对，再遣使。"

忽必烈慢慢地把目光转向庭外，他望着蓝天上舒卷的白云，微笑了一下，说了一句只有自己才能听到的话后，便与南必一块儿走向庭外。忽必烈似乎心情很乱，又似乎在斟酌一个重大的决策。就在此时，扎八儿赶到了。

扎八儿把实情禀告忽必烈之后，忽必烈问："扎八儿，你是说特儿亨确有意让塔儿浑以武力攻打东京？"

"大汗，正是。"

"不可。"

"大汗，在下前来就是想向大汗禀明实情的。"

"什么实情？"

"武力攻打东京。"扎八儿说，"大汗，特儿亨所言极是。"

"胡说！"忽必烈有些愠怒，"扎八儿，特儿亨呢？"

"特儿亨已去塔儿浑战营，但他确是一片苦心，望大汗能谅解。"扎八儿说，"武力攻打东京，可破东瀛。"

忽必烈愣了一下。南必皇后问："为何不按大汗的旨意办事？"

扎八儿低了下头。

忽必烈说："扎八儿，你难道不知文武相辅相成之道？"

"相辅相成？"扎八儿有些疑惑，"大汗，这是何意？"

"征东瀛不比攻打别国，那是越海而战。"忽必烈叹了一口气说，"扎八儿，你听不出我的言外之意吗？"

"请大汗明教，"扎八儿说，"大汗，难道我越海而战，就不能战败东瀛了吗？大汗，我不信。"

"不信什么？"

"我就不信不能打败东瀛。"扎八儿说，"那高丽国还不是臣服了我大元？难道东瀛就不会如此吗？"

"休再多言，马上修书给东瀛王。"忽必烈坚定地说。

于是，忽必烈以兵部侍郎黑的、礼部侍郎殷弘为国信使、副国信使，配以虎符和金符，持国书出使东瀛。

忽必烈在给东瀛的国书中写道：

大蒙古国皇帝奉书日本国王。朕唯自与小国之君，境土相接，尚务讲信修睦。况我祖宗，受天明命，奄有区夏，遐方异域，畏威怀德者，不可悉数。朕即位之初，以高丽无辜之民久瘁锋镝，即令罢兵，还其疆域，反其旄倪。高丽君臣感戴来朝，义虽君臣，欢若父子。计王之君臣，亦已知之。高丽，朕之东藩也。日本密迩高丽，开国以来，亦时通中国。至于朕躬，而无一乘之使以通和好。尚恐王国知之未审，故特遣使持书，布告朕志，冀自今以往，通问结好，以相亲睦。且圣人以四海为家，不相通好，岂一家之理哉？以至用兵，夫孰所好。王其图之。

　　忽必烈在国书中表示了与日本"通问结好"之意，虽然没有明令日本称臣，但以高丽为例暗寓其意，并威胁日本，不来通好，"以至用兵"。至于他心中是如何想的，谁也不知。

　　黑的、因弘二人持忽必烈国书和扎八儿一起前往日本。三人一边走，一边议论着东征的一些事情。黑的说："不如咱们先去高丽，会更好一些，再说也好有个照顾。忽必烈汗似有意提及可先往高丽。"

　　"忽必烈汗这样说了吗？"因弘说，"我没听到。"

　　"我听到了。"扎八儿说，"忽必烈汗似乎有这个意图。"

　　"听到了什么？"黑的说，"这可是军国大事，我们马虎不得。"

　　"怎敢呢！"因弘说，"也许忽必烈汗有意让咱们去高丽呢！"

　　"这不可能。"黑的说，"因弘，你说这不可能吧？"

　　"我也这么认为。"因弘说，"我一直都不认为忽必烈汗会同意我们绕道高丽，你们想，那又何必呢？"

　　"怎么又不可能呢？"扎八儿说，"高丽国王也会助我们一臂之力。"

　　"什么一臂之力？"黑的问，"扎八儿，你这是何意？"

　　"我认为这正是忽必烈汗之意。"扎八儿说，"也许忽必烈汗有让你我'明修栈道，暗度陈仓'之意。"

　　"什么明修栈道？"黑的问，"修什么栈道？"

　　"你不懂吗？"扎八儿说，"大汗在修书中写得一清二楚。"

　　"我怎么看不到什么一清二楚之事？"因弘笑了笑。

　　"国书上说高丽无辜之民久瘁锋镝，即令罢兵还其疆域也。"扎八儿说，"其意即是让东瀛小国快识时务，像高丽那样俯首称臣。"

　　"识时务？"因弘说，"东瀛人会识什么时务？我不信。"

　　"东瀛人不会像高丽人那样听命大汗的。"黑的说，"他们有什么武士道之类的东西，挺可笑的。"

　　"什么可笑？"扎八儿说，"他们那是忠于东瀛天皇。"

　　"更是可笑。"黑的说，"不如找一下你的师祖特儿亨。"

　　"算了吧。"扎八儿说，"忽必烈汗此次再遣使臣，摆明了是不相信特儿亨师祖。找他又有何用？"

草原英雄：忽必烈

“不需要找他。”因弘说，“咱们可去高丽找公主。”

“更没必要了。”扎八儿说，“忽必烈汗又没明示让我们去高丽，现在去高丽已是擅自行动了。”

“不要这样说，”因弘说，“忽必烈汗在大都不了解前方的战况，何必事事都向他奏个一清二楚呢？”

“因弘，你这话有道理，要是塔儿浑元帅能像你这样想就好了。”扎八儿说，“我一直坚持将在外君命有所不受。”

“不受君命是不对的。”黑的说，“塔儿浑有苦难言。”

“她有什么苦？”扎八儿说，“那里有忽必烈汗信任的一些重要将领，即使有过失，忽必烈汗也会宽恕塔儿浑的。塔儿浑元帅前怕狼后怕虎的，难成大器。”

“扎八儿，算起来你也该称塔儿浑为师叔的，不要对她不敬，”因弘说，“塔儿浑人还是不错的。”

“我是这么认为，不过，她过于呆板了些，总是唯汗令是从，贻误了战机。”扎八儿叹了一口气。

“怎么可以这样说呢？”黑的说，“忽必烈汗又遣我们去东瀛，难道不还是着意要对东瀛文武兼攻吗？”

“我总觉得忽必烈汗此计甚妙。”因弘笑了笑说，“也许这才叫做明修栈道，暗度陈仓之计。”

“话是这样说，就是不知有多少胜算。”扎八儿笑了笑，“我一直都不赞成这个计策。”

“那你是何意？”因弘说，“你总不会抗旨不遵吧？”

“那倒不会。”扎八儿说，“这个意思里面一定有南必皇后的见解，我这样想，又觉得有几分道理。”

“南必皇后？”黑的说，“真还没有想到呢！”

“我起初并不信服南必皇后。”扎八儿笑着说，“一个美貌的女子，有何计谋？”

“现在呢？”因弘说，“现在又如何信服南必皇后呢？”

“只是觉得南必皇后目光中有一种洞察世事的光芒，让人有几分敬畏。”扎八儿说，“真没想到。”

“没想到什么？”因弘说，“没想到南必皇后很聪慧？”

“嗯！”扎八儿点了一下头，“确实有点没想到啊！”

“事实也是如此。”黑的说，“大元的命脉在她手上。”

“谁？”扎八儿说，“大元的命脉在谁手上？”

“南必皇后。”黑的说，“你难道不这样认为？”

“是的，事实上忽必烈汗有些过于宠信南必皇后。”因弘说。

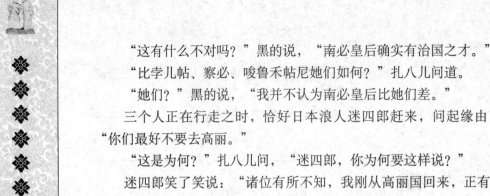

"这有什么不对吗？"黑的说，"南必皇后确实有治国之才。"

"比孛儿帖、察必、唆鲁禾帖尼她们如何？"扎八儿问道。

"她们？"黑的说，"我并不认为南必皇后比她们差。"

三个人正在行走之时，恰好日本浪人迷四郎赶来，问起缘由，迷四郎说："你们最好不要去高丽。"

"这是为何？"扎八儿问，"迷四郎，你为何要这样说？"

迷四郎笑了笑说："诸位有所不知，我刚从高丽国回来，正有要事去禀报忽必烈汗。你们不知道我是孛秃的使者？这样说你们懂吗？"

"孛秃的人？"扎八儿说，"那不是专门搜集敌情之人？"

"正是。"迷四郎说，"我是为忽必烈汗效命之人。"

"如何效命？"扎八儿说，"你一个东瀛浪人，有何能耐？"

"话不要这样说。"迷四郎说，"说穿了就不好了。"

"这是什么意思？我有些听不懂。"扎八儿笑了笑。

"听不懂吗？"迷四郎说，"听不懂，总会看得懂。"

迷四郎说着朝路边瞅了瞅，见一块牛头石，他把手掌搓了几搓，一掌插进去，那手掌竟插进牛头石里。

扎八儿嗤之以鼻，黑的有些吃惊，因弘则有些惊呆了。

扎八儿说："这有什么了不起？真是雕虫小技。"

扎八儿放眼瞅了瞅，也没找到物什，他上前探了一步，拾起迷四郎抓过的那块牛头石，两掌搓了搓，内三合加外三合，六合劲到子午中冲功要害之时，大叫一声，竟把那块牛头石像揉细沙一样。少顷，牛头石化为沙粒，"哗哗哗"的一会儿就流完了。

迷四郎惊傻了。扎八儿笑微微的拍了一下黑的肩头说："黑的，这只是小技。"

因弘说："大技如何？"

扎八儿说："不要说叫我师祖特儿亨来了，就是叫我师妹东儿前来，即可把一柄钢刀揉成细沙。"

迷四郎瞠目结舌了许久才恍然离去，临走之时，还不停地回望扎八儿，只是觉得扎八儿很平常。

至此，迷四郎才知道中原武功之奇，也明白了"真人不露相"之说。他想，以后还是少在人前丢人现眼。

见到忽必烈之后，迷四郎说明了高丽国的情况，忽必烈惊问："怎么，高丽国在搞夺权之变？"

"是的。"迷四郎点了一下头。

"这是为何？"忽必烈大惊失色道，"如何会发生这等事？"

草原英雄：忽必烈

南必皇后也愣住了。

忽必烈叹了一口气，他有些不忍心想下去，他甚至不相信高丽国政变这个事实。高丽国还有他一个女儿，他怎能舍弃他的女儿呢？南必皇后好像也察觉到了忽必烈的心思，却又找不到话来安慰他。

扎八儿和黑的、因弘是不是还要去高丽呢？他们会不会误了大事？这都让忽必烈心乱如麻。南必皇后问迷四郎："高丽国王要另立其弟？"

"对。"

"这又何必？"

"天知道是怎么回事，皇后。"迷四郎叹了一口气。

南必看一眼忽必烈说："大汗，王子的品行不好。"

忽必烈点了一下头。

迷四郎说："听说国王的弟弟有意夺权，是挟天子以令诸侯。"

"这当如何是好？"南必皇后说，"大汗，派兵过去？"

忽必烈说："派谁去呢？眼下善战者心在东瀛。"

迷四郎说："大汗，要不然我去，如何？只是大汗要信得过我。"

"信得过你？"

"对。"

"这是何意？"

"大汗，我是个东瀛浪人。"

"这又有何妨？"忽必烈朗声笑了起来，"四海之贤才尽为我所用。迷四郎，不要这样说。金人、西夏人、回回人、汉人、南人、交趾人、爪哇人、高丽人，就连马可·波罗都在扬州当了十六年的官了，迷四郎，你懂吗？看起来你不懂。"

迷四郎点了一下头。

"你和孛秃为大元朝确是立了大功。"忽必烈笑了笑说，"不过，你既为大元所用，就要一心想着大元。"

"大汗，我是想着大元。"迷四郎嘴上这样说，可心里却在说，我想大元，大元能一心想着我吗？还是疑我不用。谁不知道你忽必烈将天下人等分了四等？

迷四郎敢怒不敢言，只是耐心地听着忽必烈的训斥，而忽必烈却越说越来劲。

"不要对大元有所疑惑，大元是相信你的。你和孛秃确为大元立下奇功，这一次，你又传来高丽政变之讯，很及时。"忽必烈说。

"但听大汗安排。"

"很好，先去高丽。"忽必烈说，"到高丽国之后，找金方和金亮兄弟，他们自然会接应你的。"

"金方和金亮？二人是何等人物？"

"那金亮曾与武子君雄、杜文化郎通好，他出兵攻打京都，自有妙计。"忽必烈说，"眼下只有此计了。"

迷四郎笑了。忽必烈说："迷四郎，他们助你攻进东京，你就会立大功了。"

"谢大汗。"

迷四郎拿着忽必烈的诏书去了，他一路上都沉浸在登上日本岛立功加爵的喜悦之中。到了高丽，他和金氏兄弟调集了一万五千兵马，大举进攻日本。此时，塔儿浑已渡过对马海峡，正准备进攻日本马岛时，与金氏兄弟会合。

日本天皇后宇多闻讯大惊，急调川田秀吉迎战。元军与日本军相遇博多（今日本福冈），元军用火炮猛轰日军。

"用炮打，狠狠地打。"塔儿浑令兵车营用炮轰击。塔儿浑的侍卫突见三面拥过来无数日本武士，不禁大惊失色。

塔儿浑看到宿卫惊慌的样子，忙问："何以惊慌？"

宿卫用手指了一下。塔儿浑环顾一下，也惊得瞠目结舌，她大声叫道："快撤！"

"朝哪儿撤？"

塔儿浑说："下海。"

就在元军登上战舰后不久，龙卷风刮了起来。

忽必烈不懂海洋气候，塔儿浑更是不懂。飘荡在海面上的几千艘战船，在惊涛骇浪中，就像一叶小草般脆弱无助。一艘、十艘、无数艘战船在转眼之间就被巨浪打碎了，无数元兵哭天喊地地挣扎着。塔儿浑在海水中挣扎着，她到死也没明白，为什么自己占尽先机的境况下，一缕亡魂竟不能回归故里。

但令士兵们更加愤怒的是，当风息浪静时，十多万士兵却找不到了他们的统帅。原来，忻都、范文虎等高级统帅早已乘高丽的几艘坚船，可耻地抛下十多万军粮和武器丧失殆尽的士兵，逃回了国内。

被遗弃在岛上的士兵，既无船可渡，又没有武器和粮食，其惨状可想而知。他们呼天抢地之后，冷静下来，推举一位姓张的百户做主帅，率领大元帝国的弃儿伐木造舟，制作木排，准备回国。

但镰仓幕府不允许他们生还，立即派出大军，前来进攻已失去抵抗能力的元军。八月七日，日本劲旅开到，张百户率军肉搏，元军六七万人被屠，剩下的二三万人被驱至八角岛。八月九日，大元帝国的军队也尝到了分类屠戮敌人的滋味，日本将蒙古人、高丽人、北方汉人分出，尽数杀掉，而日本镰仓幕府将南方汉人视为唐人，为表示对唐人的友好，他们知恩图报般将"唐人""不杀而奴"。

就这样，十余万大军只有三人乘舟生还国内。

忽必烈轰轰烈烈、大张旗鼓发动的第二次征日战争就以这悲壮的结局，画上了句号。

草原英雄：忽必烈

【第十四回】

最无奈垂垂老迈，堪可叹烈烈英魂

忽必烈眼见征日失败，决定再遣礼部侍郎王文灿、乐部侍郎万东、计议官张峰和撒都鲁丁等出使日本。他们由高丽人郎将夫离集及捎工上佐等人为向导，先至长门津室，既而前往太宗府。

日本国王不但不接见元使，还下令将部分使节枭首示众。几个回来的使臣向忽必烈禀明实情之后，忽必烈又遣几个使臣过去，也被日本人杀死。

忽必烈怒不可遏，立即召来大将忻都和共卫冬等人，让他们立即去攻打日本。刘宣等人劝了半天，才使忽必烈稍稍息怒，并没有马上出兵。

忽必烈不甘心失败，又决意以阿塔海为征东行中书省丞相，准备第三次征战日本。

忽必烈责令江南各行省大造船只，地方官不管人民死活，按人头摊派造船数目和造船之料。淮西尉宣使昂吉儿见状，上书直言民苦，请备暂停征战日本之役。

"昂吉儿，好大的胆子，叫他来大都领罪。"忽必烈把昂吉儿的奏折弃于案上。

昂吉儿到大都后，被忽必烈责骂一番，还是南必皇后说情，方免了"渎职"之罪。昂吉儿怀着满腹委屈，来到太子真金那里诉苦，而真金此时正听国师八思巴谈经论道。

八思巴说："佛有言曰：'昔者有鹿数百为群，随逐美草，侵近人邑。'"

太子真金问："也许是美草之惑，它终不该侵近人邑。"

八思巴说："国王出猎，遂各分进，有一鹿母怀子独逝。"

"丢了吗？"太子真金似有惋惜之情，心情也好像很沉重。

"是的。"八思巴说，"被逐饥瘦，失侣怅快也。时生二子！"

太子真金问："后来呢？"

昂吉儿走进来："恩师，太子，人为万物之灵，是不应杀生的，但世人多昧，却杀之。"

八思巴点了一下头，对昂吉儿说："你来得正好，在淮西，你也能算得上我的得意门生了，对吧？"

昂吉儿立即伏地作感谢状。

太子真金说："国师，那母鹿是不是有性命之忧？"

八思巴说："坠猎弥中，悲鸣欲出，不能得脱。猎师闻之，便往视之。见鹿心喜适前欲杀。"

太子真金问："真的要杀？"

昂吉儿说："太子，且听国师讲下去，你自会一清二楚。"

八思巴说："昂吉儿，我受忽必烈汗之命来给太子真金传道，而今太子佛学大进，我会禀明忽必烈汗的。"

太子真金说："多谢国师。"

昂吉儿看了一眼八思巴，又看了一眼太子真金，他似乎明白了什么。心道：太子，不过装作虔诚之态。

八思巴说："鹿乃叩头哀求，自陈：'向生二子，尚小无知。'"

听罢，太子真金居然流出了泪。

八思巴说："太子悲天悯人，多有怜悯之心，我看到了。"

太子真金说："多谢国师，望乞在父汗面前多多美言。"

八思巴点了一下头。

昂吉儿说："恩师，却说那母鹿求人，实是感天动地。"

八思巴点了一下头说："正是，闻所未闻母鹿求人。"

太子真金说："佛喻世人多行善。国师，对吗？"

八思巴说："太子聪慧之极！"

昂吉儿笑了。八思巴问："你笑什么？"

"恩师，我笑佛家之言有时未能劝人尽善。"昂吉儿说。

"这是何意？"太子真金问。

"忽必烈汗征东以来，多劳民伤财。"昂吉儿说。

八思巴说："有时仗是要打的，打仗还能不死人？"

太子真金说："我认为国师言之有理。说实话，我也想打仗。"

"你也想打仗？"八思巴说，"太子也想去日本？"

昂吉儿说："目前山东有多股叛匪正在作乱，忽必烈汗不去剿灭他们，竟对跨海征东这种劳而无功之事感兴趣，真是有些得不偿失。"

八思巴说："昂吉儿，以后不要信口雌黄，不然的话，会影响你的前程！小小年纪，真是不知深浅。"

也就是在这个时候，忽必烈和南必皇后来到了这里。忽必烈一直怀疑太子真金是否真的能修成道，便想趁此机会查看一番。忽必烈和南必皇后听了一阵子，确实感到太子真金已是有些佛心天月。透过南必皇后扯开的一点儿帷幕，忽必烈看到了太子真金泪流满面的样子。

八思巴说："母鹿命曰：'尔还勿来，无得母子并命俱死。吾没甘心，伤汝未识。世间无常，皆有别离。'"

昂吉儿说："世间无常，皆有别离。比如忽必烈汗的征东之事，不知要有多少家人都是别离无常。"

太子真金说："征东之事乃父汗之意，谁也不许违抗。"

帷幕后的南必悄声对忽必烈说："大汗，征东之事不可再行了。现山东又有乱军作乱，还是先平定内乱要紧！"

就在这时，八思巴和太子真金、昂吉儿均已听到帷幕后忽必烈和皇后南必的言语，他们伏身拜请大汗和皇后出来。忽必烈见状，便和南必皇后一起出来了。

回到紫檀殿，忽必烈问南必皇后："你觉得太子可用？"

南必皇后点了一下头。

适有自称为红月义军的一支队伍，在山东已攻占相城等许多城镇，忽必烈便有意遣太子真金前往应战。

"行吗？"南必还有些犹豫，"大汗，是不是再考虑一下？"

"不必了。"忽必烈笑了，"太子一定不会令我失望。"

果然，太子真金出征后连连告捷。真金率元军攻破义军大营后，突然觉得自己神清气爽了许多。但是，他并不知道自己是回光返照。

兵车营的兵卒见太子真金来参战，真是兴奋异常。而恰在此时，铁穆耳已战得竭尽全力，却不见相城的人出降。

太子真金不见攻下相城寸地，便责怨铁穆耳，铁穆耳心中十分懊恼。

相城地处龙城之南，有瓦子口、龙山子、木集、郝店四个外城，与主城连为五虎之势。尽管铁穆耳几经攻打，无奈都是羊入虎口，有去无回。

至此，铁穆耳方才相信中原处处有高人，义军并非等闲之辈。

太子真金来到相城与铁穆耳汇合一处，便屯兵在相山北大营，那里有个溯里大峡谷，元军便在那里依帽山、瓦子口几处安营扎寨。那里的人都说帽山的萝卜瓦子口的葱，吃食自然是有一套，元军也非常乐意驻扎在那里，但久攻不下义军大营，待在那里，太子真金自觉脸上无光。

正在太子真金愁闷饮酒之际，怯薛来报："杨玉求见。"

"快请。"太子真金久闻速不台元帅在巴儿思溜溜三界大营训出的大将军有八人，他们号称八大金刚，杨玉便是其中之一。少小之时，他和一些黄金家族的小辈，还常缠着速不台学用兵打仗，只是在渤海他一时冲动想提前称汗，被忽必烈责骂之后，便与速不台系少了一些来往。而今，速不台手下大将军来见，太子真金自有几分亲切。

杨玉等人进了帅帐，纳头便拜，太子真金急令怯薛将杨玉搀起。翟大老泪纵横地说："太子殿下，我兵车营损兵折将，寸功未立，实是罪该万死，特来向您请罪。"

"言重了。"太子真金令人摆宴为杨玉、翟大接风洗尘，恰在此时，兵车营又有靳华一干人等前来领罪，都承认自己有损三界兵车营的威名，未能与忽必烈立功争光。

太子真金笑着说："诸将都是大元的功臣，速不台老帅手下的大将军，你们都是久负威名的将军，用你们汉人的话说，叫'小咎不折光辉'。此次攻相城，正想讨教。"

"在下不敢。"张海说，"我父张宇在三座楼当统领之时，就让我为忽必烈汗立功，可我现在寸功未立，真是有些惭愧。"

"我很欣赏诸位汉将的勇猛之举。"太子真金把语气说得尽量柔和一些。

天刚大亮之时，翟大向太子真金请命："殿下，在下愿打头阵，如果不幸身死，当请殿下庇我子孙。"

太子真金从没听过如此丧气之语，不觉触动心思，皱了下眉头说："我会的，我令你与诸位汉将打头阵。"

翟大欣然答应，就和杨玉率兵马当众冲出。此次出击的兵马都是巴儿思溜溜训练出来的精兵，以兀鲁人为主力。那兀鲁之人以杀为勇，有时以人血当酒饮。虽然众寡悬殊，却没有一人畏葸不前，见诸位将领身先士卒，兵士们更是杀心顿起，呐喊着向前冲杀。

相山北城及瓦子口的义军守将周岳为帽山人，让他守瓦子口，是想用他对帽山一带的地形熟知之巧，而大破元军来袭之兵。听说此次元军中来了一些汉将，周岳暗下决心：誓与北城共存亡。

几个回合下来，义军也损失不小，现在听说又有元军来犯，周岳气得暴跳如雷。他亲自指挥全军，命令北城义军出城迎战，奋勇杀敌。

两军相接，掀起疯狂的屠杀，他们不计生死，不计个人得失，勇往直前。义军们个个都勇不可当，双手舞刀，一个个都像舍了命一般。

元军很快占了上风，义军被杀得遍地横尸。兵败如山倒，义军已无心恋战，寻路退却。

太子真金大喜，正考虑是否命大部人马全面出击。就在这稍稍犹豫的当儿，不提防背后射来冷箭，真金一箭中背，翻身落马。

元军和义军都有军士去抢太子真金，木合剌快了一步，一个燕子掠水把太子真金拎上战马，冲开义军众骑，直向元军大营，并大叫："快传令救太子，快传令救太子，快传令救太子！"

三声呼救声让太子真金感动得热泪盈眶，太子真金问："如果让你留在这里，你可愿意？"木合剌点了一下头。

铁穆耳带领众将奔到太子真金近前，亲自为太子真金拔箭裹伤。

太子真金的伤口很深，鲜血大量涌出，染红了整件战袍。

"铁穆耳，为父真的是老而无用了。"太子真金大口地喘着粗气，爱怜地望着儿子说，"这一役要靠你了。"

"父亲莫急，无大碍的。"

"可我还是感到老矣。"太子真金居然流下了眼泪。

几个围过来的将军都劝太子真金少说一些话。铁穆耳说："赶快修书呈禀忽必烈汗，要忽必烈汗得知此事。"

太子真金笑了。铁穆耳也笑了。

太子真金对铁穆耳说："你真是一个聪明的孩子。"

铁穆耳说："我不聪明，我只是为黄金家族的和睦做些力所能及的事。家族要和睦，外族不得入。"

"我不行了，感到胸闷得很。"太子真金苦笑了一下说。

"太子殿下请勿急躁妄动。"杨玉安慰太子真金的时候，不知不觉之中眼泪涌了出来，他是从内心感到焦急，发自真心地流出了眼泪。这令太子真金十分感动，他觉得此人是难得的忠勇之将。

铁穆耳喃喃地祝祷着他的父亲早些安康，但见太子真金气喘吁吁，方知其父伤势不轻。

铁穆耳一边督请医生赶快为父亲疗伤，一边把木合剌叫到一边："我父亲就交给你照看了，有半点差池，唯你是问！"

"是！"

铁穆耳飞身上马，怀着满腔的激愤，准备对义军赶尽杀绝，以报伤父之仇。

在蒙古人统一了华夏大地之后，类似红月义军这样的反蒙抗争队伍在全国时有出现，多数均已被剿杀干净，但山东为孔孟之乡，这里的百姓最容不得由被他们称为野蛮人的蒙古人来统御，所以，这里的反蒙火焰一直是熄而未灭。忽必烈近年忙于四面出击，征服邻国，放松了对国内叛逆起义的镇压，这支由江湖人士组成的红月军便发展神速，还占了相城、里城等几个小城。

铁穆耳兵合一处，命杨玉、翟大各率一支。杨玉佯攻相城，准备引敌出城，翟大则埋伏在相城通往里城的路上。在元军的炮火猛攻下，城中守军果然在半夜悄然出城，不想被翟大候个正着，近万名红月军无一生还。铁穆耳又马不停蹄，一举攻下里城，至此，山东境内数年未再起抗蒙战事。

同样的月夜，忽必烈和南必在得知太子真金伤情之后，辗转反侧，二人披衣来到皇宫外。

忽必烈长吁短叹。南必也叹了一口气。

忽必烈说："把太子真金调回来了，可前方由谁去顶替他？"

南必沉思不语。

月光如流水一般，静静地泻在甬道上。庭院有一个塘，忽必烈和南必就依偎着立在塘边。

忽必烈决意和南必一起去看一下太子真金，他知道真金的病情已是严重之极。

到太子真金那儿，忽必烈又有些踌躇，他心中似有些烦乱。月光如流水一般，静静地泻在太子真金庭院中的水塘里。也就是在那一刹那，忽必烈似有一种超脱之感。那月光静静地照着甬道旁的水池，水池里则有青雾腾起。

太子真金强撑着身体见过忽必烈和南必皇后。

南必皇后对太子真金嘘了一下，她用手指了指若有所思的忽必烈。

忽必烈盯着月光下的水榭，一动也不动，如木雕泥塑一般。

一时间的宁静，谁也没有说话，似乎都能听到别人的心跳声。忽然，忽必烈叹了一口气，看着瘦如枯木的儿子，他心疼至极。南必皇后忙安慰说："太子还好，能下来走动了。"

太子真金说道："多谢父汗和皇后的关爱，还亲自跑一趟。"

真金终于没能斗过病魔，没能从父汗忽必烈手中承继大元帝国政权，在四十三岁的英壮之年，离开了这个世界。

年逾古稀的忽必烈感到自己真的老了。

已是四月的早春时节了，可忽必烈仍旧叫怯薛在紫檀殿内架起了炭火盆。望着窗外冒出了新芽的柳枝，他却感到仍是浑身发冷，没嗅到春天的气息。

"大汗。"南必笑着走入了大殿。

"大清早的，干什么去了？"

"出宫去了。"

"出宫？"

"嗯，桑哥说大都城外有一株腊梅在春日开花而不凋，已有三个月，我太好奇了，就跑出去看了看。"

"疯丫头，都是做母亲的人了，还这么孩子气。"

忽必烈虽然接南必进宫时已近花甲，但他还是赐给了南必一位龙子，故而才这般嗔怪南必。

南必笑着坐在忽必烈身边，问道："大汗，可闻到香味？"

"有哇，香自何来？"

"是桑哥自交趾带回的熏香，特意送给我的。"

"这个桑哥，倒会向皇后邀宠。"

桑哥是忽必烈的又一位主理大元帝国财政的官吏，刚刚上任不久。

"大汗，那株腊梅颇为奇怪，花瓣有四种颜色，美极了。"

"有朕的南必美吗？"忽必烈抚了抚她的脸。

"大汗。"南必娇嗔地道。

"报——"扎察在门外叫道。

"进来吧。"

扎察的手也有些颤抖了，步子也不似年轻时矫健了。他手捧折子，急道："大汗，伯颜将军的告急信！"

忽必烈心中猛然一惊，嘴里念叨着："出事了，果然出事了。"

南必见他如此神态，便连忙把信接了过来，念给他听。

原来是，乃颜与海都反了。

乃颜是帖木格斡赤斤的后人，也即是成吉思汗之弟的子孙，他一直是在和林东北方自己的兀鲁思属地上住着，与东北及其相毗邻的蒙古部族的东道诸王关系密切，其部属实力极为强大，仅次于身在中原的忽必烈。他一直不甘心死守着自己的兀鲁思过一生，便主动与西部诸王之首领海都取得了联系。二人商定由乃颜出兵五万、海都出兵十万，合兵一处，南下攻打令他们不服气的大元帝国。

忽必烈早就对这两支力量心有忌惮，所以，他没法念及伯颜年事已高，仍把他派到这西北防线上戍边。伯颜的到来，的确震慑住了乃颜与海都二人，几年来，未曾再南下寻衅。几年过去了，二人羽毛丰满了，感到可以与之抗衡了，于是便开始了南来的准备。伯颜的探子探知了这一情况，伯颜大惊。他知道这两支铁骑的分量，赶紧告诉了远在大都的忽必烈。

忽必烈正面临着他一生中最为危险的局面。如果和林的蒙古诸王再掺和其中，乃颜攻上都进而入大都，海都取和林而踞漠北的话，那这天下将不为己有了。

忽必烈"嗖"地站起身来，急命扎察叫来李庭。李庭为中书左丞、骠骑卫上将军。

李庭跪见忽必烈。忽必烈二话没说，便命道："遣使火速到伯颜处，封锁一切可能接通乃颜与海都之间联系的关卡，并飞赴和林，震慑漠北诸王。"

"是。"李庭不敢问话，点头道。

忽必烈接着命令道："遣使火速传令，命阿沙不花深入东道诸藩王属地，游说瓦解其同盟。大都所有旧属乃颜部的兵卒原地待命，没有朕的命令，一律不允许骑马持弓，违者斩！"

"是。"李庭从未见过忽必烈如此冷峻。

"你办完此事，速来见朕！"

"臣遵旨！"李庭起身，跑出了紫檀殿。

南必见忽必烈一番命令后，已是气喘吁吁，便扶他侧倚在锦榻上，宽慰道："大汗放心，有伯颜在西北，不用着急。"

忽必烈叹道："这是朕的心腹之患，朕知道早晚会有这一天的。也好，趁朕还能动，去了这块心病。"

"大汗是要……"

"朕要亲征！"

南必大愕："大汗，千万别存此念，李庭智勇双全，会办好这事的。"

忽必烈道："你不知这事态的严重性呀！稍有差池，朕这大元江山就会转入他人之手哇！"

忽必烈深谙兵贵神速的道理。他等不及再征调南方的兵力，便仅率玉昔帖木儿的蒙古军和李庭的汉军，匆匆地开赴了辽东大地。这是忽必烈称汗以来第一次亲征，可见此役对他有多么重要。

临行前，缜密的忽必烈没忘记让不忽木火速从江南调运粮草，随后北下。就这样，在南必的泪眼中，七十二岁的忽必烈出了大都城。

乃颜结营于辽河附近，还是用蒙古的传统办法，即以车环卫为军营。

忽必烈的骑军共有三十队，合为三军，每军十队，从两翼去包围敌阵。又安排五百名步兵手执刀矛坐在马背上，一声令下，骑兵发动冲锋时，这五百步兵即随在骑兵身后一同冲。也就是说，最先冲上去的五百骑兵事实上是一千人。一冲入敌阵，步兵就跳下马来，保持着最充沛的体力与勇猛，竞技状态又最佳，所以这一千人的前锋之战斗力，可谓强大之至。同时，忽必烈还做好以防万一的安排，即如果骑兵后退，这五百步兵照旧跃上马背同撤。

忽必烈自己则高坐在一座由四头大象承托着的木楼之上，象身上也都披挂了坚牢的革甲，革甲的外面又罩上一层锦衣，这座高大而宏伟的木楼，好不气派。忽必烈坐在木楼上层的前端居中，高瞻远瞩，指挥若定，对下面的激战情景又一目了然，随时可以做出最合适的具体战术上的新安排。木楼上可容很多人，除了可以及时传令的官兵之外，还站着许多弓弩手精锐，听从皇上的直接调遣与布置。木楼顶上还高树着忽必烈的日月旗。单从这一气派与架势来看，其威慑力已非常之大。加上乃颜军还从来没见过大象，更没见过这庞然大物——木楼，所以气势早已减了三分。

乃颜完全没有估计到忽必烈会如此迅速集结部队，并且会带病亲征，因而军事准备十分草率。

六月三日，忽必烈的亲征军突进到撒儿都鲁。一场突来的暴雨不仅令乃颜部将塔不台、金家奴震慑，连忽必烈本人也被这炸雷惊出一身冷汗。暴雨不停，亲征军疲惫、饥饿地踏着泥泞的道路，冒进泽地后，忽必烈突然发现自己的乘舆周围列阵的竟有六万乃颜叛军。

处境骤危的忽必烈命亲兵环舆列阵，无可奈何地在东北唱了一出空城计。白天的战事异常艰苦，十几名贴身卫士围护着象舆宝座上的忽必烈，流矢不断地落入轩舆内。象舆下的李庭被流矢中胸贯肩，裹创复战；接着李庭集中军内百弩，齐发箭矢，才压下塔不台、金家奴的攻势。忽必烈命令大将李庭、博罗欢守阵不动，冷静地等待援兵。

塔不台等觉察到忽必烈驻舆不动，也不主动出击，错认大军必然在后。入夜，李庭引十几位壮士，持火炮潜入敌阵，一时炮声大作。本已疑惧的塔不台、金家奴军闻炮大惊，自相残杀，六万叛军尽溃于野。李庭、博罗欢乘势追杀，才让忽必烈长舒了一口气。

忽必烈又命令在木楼两翼摆开阵势，还有吹奏各种乐器的，单这乐曲声已把敌军的阵势给打乱了。继之又高奏战歌，在大鸣鼓筝的同时，战斗开始，矢飞如雨，敌人当即被射倒了一大片。

在箭雨之后，一批手执刀矛的战士又冲了上去。这一役，一直杀到月上中天。乃颜被俘，乃颜帐下兵卒皆亡。

忽必烈看着面色死灰的乃颜道："你都不能胜朕这古稀之人，还想谋叛！"

乃颜一声不吭，他恨只恨自己行动太慢了。

"哼！朕只有两万兵马，却打败了你六万大军，服气不服气？"

见乃颜仍是一声不吭，忽必烈大怒："来人！用毡子裹住这叛贼，摔死他！"

左右拿出大毡，把乃颜包裹其中。轮番振摇后，乃颜即被摇振而死。

在平定了乃颜叛乱之后，忽必烈把随行的铁穆耳叫到跟前："乃颜余部仍在，哈丹也屯兵于贵烈河畔，朕把这里就交给你了。"

"祖父放心，孩儿一定不辱圣命。"

就在忽必烈起驾回大都后，铁穆耳没用上多长时间就歼灭了哈丹及其部属，乃颜所有精英至此均魂归西天。

就这样，乃颜败在了七旬老人的马下。

而西边的海都听闻乃颜六万大军竟被忽必烈的两万兵马打败，他知道自己永远也不是这位比他伟大无数倍的族叔的对手。他没敢调用一兵一卒，便远遁到遥远的西域去了，至死也未再回来。

在返回大都的路上，凝望着暮色苍茫的大地，忽必烈的耳边似乎犹在回响着战场上的戈箭撞击声、隆隆战鼓声和人叫马嘶声。他陡然感到浑身充满了力量，感到自己又是那个驰骋在刀光剑影中的青年。

战争，让忽必烈体会到了一股亲切，一股返老还童的朝气，一股想要飞翔在天空之上的冲动……

【第十五回】

惊爆竹贵体染恙，悲沉疴伉俪动情

至元二十七年（1290年）春节来到了。

洋溢着节日气氛的大都城，正笼罩在一场铺天盖地而来的大雪之中。放眼望去，大都城银装素裹，树披白霜如琼枝，地铺大雪如银毯，恰似一个纯净无瑕的仙境。大都城内的街道上，散落着孩童们点燃的花炮碎屑，红红绿绿的，如同刻意点缀在雪地上的花瓣一般，让人在一片清新优雅之中，又体味着另一分妩媚与妖娆。

大都皇城西侧，有一幢高屋亮瓦、飞檐精雕的大宅子，宅院漆红的大门外，高悬两盏明亮的大红灯笼，门口人来人往，络绎不绝。相比于东侧的大元皇宫，竟也有几分与之争辉的兴盛与繁荣。

除夕，汉人们多会围坐在火炉边，全家欢宴，喜庆新春的到来。蒙古人人主中原已有数十载，生性热情奔放的秉性，使他们也融入了欢度佳节的氛围之中，也都似汉地百姓一般，着新装、点红烛、燃花炮、摆酒宴，好不热闹。

大元帝国的尚书右丞相桑哥，此刻就已坐在他自己的大宅院里的客厅中，手捧暖炉，喜洋洋地接待着接踵而至的朝中大小官员。

桑哥是吐蕃人，曾师从于胆巴国师，通晓浮屠之学，会蒙、汉等数种语言。在忽必烈四处扩张征战耗费着大量银两的时候，阿合马、卢世荣二位理财贪官又先后死去，忽必烈的财政状况处于困窘之中。

桑哥不但天资聪明，而且阅人很准，他看出了忽必烈的心头之隐痛。经程钜夫介绍，在朝中任一微职的小吏桑哥，有了一次面见君主忽必烈的机会。

那还是六年前的事情，当时任宰相的是和礼霍孙。

忽必烈看着跪在自己面前的这位面色白皙，衣装整齐，颇有几分文人雅士气质的桑哥，心中先有了几分好感。桑哥起身后，他便问道："你想见朕，有事吗？"

桑哥恭敬地回道："臣想给大汗讲一个故事。请大汗恩准。"

忽必烈感到很有趣，笑了："讲故事？"

"是，请大汗恩准。"

"讲吧！"

"遵旨。"

在大元帝国伊始，官商合一是普遍现象，宰相和礼霍孙主掌的中书省也做生意。有一天，和礼霍孙命一位李姓通判去买油营利，桑哥毛遂自荐，请求由他去办此事。

和礼霍孙颇不喜欢这位巧言令色的吐蕃人，便有些嫌恶地道："这不是你的职责所在，你不必插手！不然亏了的话，你如何担待得起？"

桑哥则拍胸脯保证："请大人放心，我保证能盈厚利，否则提头来见大人。"

和礼霍孙虽然有所怀疑，但最终把这件事交给了他。

桑哥没有拿着钱直接去买油，而是径直奔到了僧寺，让僧寺用此笔钱开了个大买卖。三个月后，当桑哥拿回了比拿走的多两倍的钱。向和礼霍孙交差时，和礼霍孙大为吃惊，嘴里喃喃着："你真有一套，我为何从未想到过此法呢？"

当桑哥绘声绘色地把这个"故事"讲给忽必烈听后，忽必烈哈哈大笑起来，连声夸道："好办法。"

桑哥见忽必烈夸奖自己，跪在地上，道："谢大汗夸奖。"

忽必烈的脸色稍微冷了一点，又问："你来见朕，就是为了讲这个故事？"

"是。"

"为了什么？"

"为了当官。"

桑哥坦白、直率的回答令忽必烈有些吃惊，但也更觉有趣，一丝笑意又浮现在了脸上，问道："为何要当官？"

桑哥仰起头来，严肃而又庄重地道："大汗，臣的心中唯有大元帝国，唯有大汗。臣想禀告大汗，臣除了有一颗赤胆忠心之外，同时还具备管理财物、为国出谋献策的能力。大汗英明，定能看得清臣子的一片至诚！"

忽必烈看桑哥有些激动，白皙的脸上冒出了层层细汗，惜才之心顿起，他走下丹墀，亲手扶起桑哥，亲切地拍了拍他的肩膀，道："朕自然知道你的忠贞，也从这个故事中知道了你的才能。回去吧。"

"臣告退。"

桑哥心中有些忐忑：为何不加封自己呢？是否是自己锋芒太露？抑或是大汗并不相信自己设计的台词？桑哥回到家中，躺在床上，辗转反侧，无法入眠，嘴

434

草原英雄：忽必烈

里喃喃念叨着："福兮？祸兮？"

忽必烈没让桑哥等待太久。七日之后，他便命桑哥为尚书平章政事，主掌国家财库。桑哥大喜过望，上任不久，便迫不及待地推出了自己为国敛财的两大策略。

其一是更定钞法。桑哥有一位汉人挚友叶李，此人是个多才多艺的江南文人，曾为南朝皇帝雕刻、设计过交钞的版样。桑哥掌权之后，便让叶李雕刻了至元号的钞版，呈献给了忽必烈。忽必烈看到钞样上龙飞凤舞、气概非凡，自己兴奋万分，当下批准了桑哥拟定的更定钞法的计策，命令将这版从五文至两贯的十一级版付印，颁发全国。

其二是理算。所谓"理算"，就是检覆中书省的财政档案。在桑哥一番核查后，竟校检出亏空六千多锭！且不论桑哥的理算是否精准、公平，但这却让忽必烈的库银陡然大增，自然也令中书省的诸位官员均心怀忐忑、惶惶不可终日，其中有位平章麦术丁就畏惧此种理算，而主动请罪伏诛。

一番折腾，不但使忽必烈高兴自己选对了人，也让桑哥暗暗得意自己的手段高明。从此之后，忽必烈对桑哥宠信有加，放权任他为国聚财。

当然也有身正不怕影斜的人。中书省中仁厚、憨直的杨居宽看不惯桑哥的骄横霸道，曾在中书省中与桑哥对着干。当桑哥校检到他的时候，杨居宽讥笑道："我是一位掌诠选的人，从不染指钱谷，与你何干！"桑哥竟上前不由分说，命左右猛掴杨居宽的双颊，直把杨居宽打得头破血流，低头认下莫须有的罪名。

桑哥在朝中日渐跋扈，其根本是有忽必烈这个大后台。当中书省参政郭佑以"身体有恙"为托辞来避开桑哥的检覆时，桑哥当庭向忽必烈谏道："大汗，郭佑消极怠工，耽误我国家政务，此人怎能堪任中书参政！"

忽必烈未问青红皂白，当即便命道："朕命你详查此人，令他吐出公银，赶出朝堂！"

朝中大臣见桑哥在忽必烈面前说话如此有用，都出于明哲保身之念向桑哥示好。中书省中除了安童之外均转投桑哥，以保自身禄位。

春风得意的桑哥眼睛一转，又使出了另外一个花招。他奏请忽必烈设置征理司，专门负责追查财务。在获得忽必烈恩准后，桑哥派出自己手下的十二员心腹大将，分片包干，钩考天下。每个库仓诸司，更是被列为严查重点。十二人所到之处，骚乱不止，民不聊生，牢狱溢满，诛人无数。其中，行至江浙地区的纳速更是尽得桑哥真传，把江浙一带扰得鸡犬不宁。

年仅三十的纳速是一位蒙古人氏，因其胞姐是都元帅吹见哗的女人，得以栖身大都，戍守都城。在桑哥迁平章政事后，他在一系列的钩考中书省活动中，发现了暂借来的兵卒纳速。纳速体壮如牛，对他俯首帖耳，让他"为难"一下哪位大人，他准能令对方低头认罪。于是，纳速渐渐成了桑哥的随从。

当桑哥在钩考中书省一位参政时，发现此参政的新婚妻子颇为俏丽，纳速粗中有细，领悟到了主子的心思，当下便让那个新娘躺上了桑哥的大床。此后，桑哥对纳速更加信任，而纳速也暗自庆幸跟对了主人，大谋私利的机会了。

纳速来到了景色美丽的江浙之后，没有马上封查库仓、校检账簿，而是跟自己的手下，悄然住进了兴旺客栈。在客栈中，三教九流之人来来往往，大家说天道地，均是口无遮拦，根据客栈得到的信息，再加上自己的勘查，纳速很快就摸清了江浙平章及官吏的家底。

当纳速一干人大摇大摆地走入平章家时，平章对从天而降的钩考大员的服务自是周到之极，又是大摆宴席，又是送上美女，企图平安地通过钩考。而纳速在又吃又喝又玩又拿之后，方露出狰狞面目。平章在赔了银两之后，还落了个私吞国家钱谷之名。

纳速在江浙钩考时，对所有的钩考对象，都是用的这一招：先吃、玩、收受贿赂，然后将之以种种罪名"绳之以法"，不论其是否确实欺蒙国家、私吞官钱，概不放过。一时间，江浙百姓竟不许子孙再上学堂，为的是长大之后不做官吏。

朝中诸大臣对桑哥及其手下的所作所为自是一清二楚，但多是敢怒不敢言。唯有安童刚直不阿，在朝堂上，他曾声泪俱下地奏道："桑哥大增商税、清理田籍，名为国家，但多数均中饱私囊。百姓不堪课税繁重，屡屡反抗。大汗，请停止此举，将桑哥逐出朝堂。"

忽必烈自然相信安童不会是出于私心而攻讦桑哥的，但又实在舍不得刚刚"丰满"的库银又"消瘦"下来，只是应道："让朕再想想。"

桑哥知道安童在忽必烈心中的地位，有些害怕了。在一班心腹的密谋之后，想出了一个办法。那就是唆使大都城中的几位百姓为桑哥勒石颂德，让忽必烈知道一下桑哥在百姓心中是多么受爱戴的一位大臣。

忽必烈得知大都百姓自发地、出于内心地为桑哥勒石颂德，大为高兴。他不去过问这几位百姓是否是受人唆使，反而对翰林学士阎复道："这是百姓的呼声，朕的大臣能如此得民心，朕甚是欣慰。朕命你为此撰写一篇《王公辅政》之碑，立于尚书省衙之前，也算是为百官立个楷模吧。"

已经升为尚书右丞相的桑哥更加得意了，卖官求财、霸占民女、枉杀无辜之举层出不穷，愈演愈烈了。就在桑哥忘乎所以地恃宠为虐之时，他不知道自己已快走完自己的人生之旅。

已经穷尽了敛财花招的桑哥，为了持久地让忽必烈信任自己的理财能力，竟冒失地出了一个损招——命江南富户全部迁往大都。忽必烈不知此招是桑哥黔驴技穷的表现，更不知桑哥也想趁机吞没大户富室银两的私心，没有阻拦。这一举动，刹那间让江南一片动荡。大户富室们看透了桑哥欲吞财为己的私心，不肯北迁，并纷纷出钱招募乡勇，与官府展开了武力抗争。

与此同时，汀州的钟明亮、广东的邓大老等人亦纷纷举兵反元。一时间，全国各地暴动如燎原之火，迅速地燃遍了南方诸多地方。忽必烈闻之，有些心忧，便找来自己的心腹安童、不忽木及学士程钜夫，问民反之缘由及解决之办法。

三人几乎是异口同声地禀告道："圣上，官逼民，民才反；对民反，宜疏通而不宜塞堵。"

忽必烈的心情有些沉重起来，他开始怀疑桑哥是否真的是祸国殃民的元凶。听着三人几乎异口同声诉说的桑哥的种种暴行，忽必烈的心中渐渐有了主张。

而桑哥却依然浑然不知，依然认为自己是忽必烈最为宠信的大臣。趁春节已至的机会，他大发请柬，请大臣们到他府上过除夕，名义则是其夫人过生日。

大臣们收到请柬，哪敢不来，纷纷携重礼来到桑哥府上，献媚歌功，以求宰相提拔。在这一行大臣之中，有一位颇为特别——大元帝国的女元帅龙广天书。

龙广天书一直是在边陲为大元朝戍守疆界，直到三年前方被忽必烈召回大都。忽必烈知她年事已高，又是国之功臣，便在大都为她修筑了一处宅院，命其在大都颐养天年。

龙广天书一生戎马生涯，哪里闲得下来，除了每日看些诗文之外，便常到宫中，与忽必烈回首往事，并为元朝军备出些主意。

当忽必烈把自己心中对桑哥的疑虑告诉了这位建国女将后，龙广天书为忽必烈出了一个主意，喜得忽必烈听后笑着大声叫起好来。

正在客厅正座上坐着的桑哥，抬眼一望，看见一位发白如霜的老太太披着满身的雪花走进屋来，不由得心中纳闷："这朝中大臣并无女子，莫非是谁的母亲寻子来了？"

早有下人过来禀道："大人，这老太太非要见您，拦都拦不住。"

正说着，龙广天书脱下身上的斗篷，缓缓地走向了桑哥。桑哥这才认出，此人正是龙广天书元帅！他知道龙广天书是先皇后的挚友，与忽必烈汗也颇投契，她来此何干呢？一边想着，桑哥不敢怠慢，迎上来道："元帅光临本府，荣幸之至，请。"

龙广天书笑着道："今日不请自到，请谅我冒昧。"

"哪里，您是先辈，望您不吝指教一二。"

龙广天书一边用余光扫视着屋边几案上堆得满满的礼盒，一边道："我是有事想请宰相帮忙，不知宰相今日有约。"

“不妨事，不妨事，只是贱内生日，偶一小聚而已。”

龙广天书凑近桑哥，悄声道：“可否私下一叙？”

桑哥一愣，继而便引着龙广天书到了偏房。

进房之后，龙广天书关上门，道：“宰相，我一向直来直去，今天我确是有事相求。”

桑哥心里很舒服，堂堂大元帅都要求助于我，我真是非同凡响呀，但他嘴里却自谦着：“元帅乃朝中功臣，还有何事办不成？”

龙广天书叹道：“大人知道我有一远房侄子，本是行伍出身，却偏要入堂为吏，我几番教导，终无悔意，还说若我不帮他，便以死相威胁。我实在是管不了这孩子了，不知大人是否肯收他为学生？”

桑哥大悟，他知道龙广天书确有一侄在大都守城营中。桑哥推辞道：“元帅与大汗是故交，何不向大汗求情？”

“我是先皇后的好友，那新皇后南必对我很是冷淡，而大汗又那么宠爱南必，我不想去吃闭门羹啊。”龙广天书说完自己早已设计好的对白后，又叹了一口气。

桑哥一听，这个理由颇合情理，便不由自主地一挺胸脯道：“我在大汗面前还有些面子，这个忙倒是能帮，只是，只是……”他边说边偷看着龙广天书。

龙广天书仍是垂首叹气，半晌才道：“大人如能帮忙，我就先行谢过了。”她从怀中掏出一个绢袋，往桌上一放。

桑哥一看绢袋又小又瘪，冷笑道：“元帅这是何故？我桑哥岂能收元帅的礼物。你放心，我定会向大汗求情，但结果嘛……我不敢保证。”

龙广天书微微一笑，道：“我在西北多年，没什么稀罕物件，只有几粒珠子，权当是给大人玩儿的。”说着，提起绢袋，从袋中倒出了五枚小枣般大小的珍珠。

桑哥的双眼登时睁得比牛眼还大。他自平步青云之后，搜刮了天下无数至宝，可还从没看见过如此大、如此光润、如此晶莹剔透的珍珠，他伸手在珍珠上抚摩了几下，方做出一种肯为朋友两肋插刀的义气状，道：“也罢，我就去求一回大汗。元帅放心，你的侄儿定能入朝堂从政。参政如何？要么放到外衙？”

龙广天书站起来，道：“任凭大人安排吧，告辞了。”

“不送，元帅慢走。”

龙广天书疾步走出了宰相府，她只觉得喉咙一阵发痒，一张嘴便吐了几口——刚才桑哥的举止让她恶心死了。

果然，在第二天的早朝议事毕，桑哥便留了下来。忽必烈见他不退去，方问：“你为何不退？”

桑哥便开始了丑恶的表演。他先是说自己手下人手不够用，无法完成圣上的使命，继而又全力夸赞龙广天书之侄是如何如何地才学过人，如何如何地忠于大汗等等，最后请大汗用其所荐之人才。

忽必烈像往常一样，微笑着道："朕就依你所荐，你自行安排吧。"

桑哥既已专了政，凡是诠调官员，无论内外，都由他说了算。当然还要走走由中书省签发的形式，反正只要桑哥说了就要照办，而忽必烈皇帝也一定同意。

于是，那些政客、投机分子乃至地痞恶棍，都来向他行贿，走门路。只要向他重重地送厚礼，就必能买到想做的官，达到目的、满足欲望，从而贪污到更多的利，再来行更大的贿。如此恶性循环，贿赂的要价日升，世上作恶之事不胫而走，通行天下而一无阻拦。一时根本就谈不上什么国家的纲纪，凡正人君子都只有避祸之份，而绝无辩理之缘。桑哥之专横跋扈，竟不在阿合马与卢世荣之下，甚至可谓有过之而无不及。

至元二十八年（1291年）春，忽必烈皇帝到漠北去打猎，当时忽必烈已七十七岁高龄，而游猎嬉戏之心，犹不减壮年。不忽木的弟弟也里审班以及也先帖木儿、彻里三人，趁忽必烈远离大都、上都，又是心情良好而平静之机，联合弹劾桑哥专权，揭发了他的大量奸诈行径。而当时不忽木正好出使在外，三人怕力量太单薄，说服不了忽必烈，于是派了三批人赶紧去把不忽木找了回来。

忽必烈皇帝阅览了三人之劾奏，果然将信将疑，尚未置可否。正好不忽木及时赶回来，忽必烈皇帝心在盘算，想在弹劾人之外另找一位来，听听他对桑哥有什么看法。一听说不忽木来了，便单独召他入幄殿，亲问其桑哥之事，不忽木答道："桑哥壅蔽明主，紊乱政事，只要有人说公道话，必被他开罪，从而置之于死地。现在已经发展到百姓失业，盗贼蜂起，祸乱在旦夕的地步，所以必须马上诛杀桑哥，才足以重开言路，为百姓出口冤气。如若不然，臣下们可都为大汗担惊受怕啊！"

此时，忽必烈皇帝才痛下决心。

半个月后的一天，忽必烈命人把桑哥叫到了紫檀殿。刚一见面，忽必烈就道："南必皇后要过生日了，总闹着跟朕要几颗大珍珠，朕在宫中找了许多，皇后均是嫌小，不满意。你的府上可有让皇后开颜一笑的大珍珠哇？"

桑哥干脆地回道："大汗，微臣平日仅靠薄俸度日，哪里有什么大珍珠，纵是小珍珠也没有一颗。不过，听闻安童夫人有一粒宝石，我去索来如何？"

忽必烈见这奴才不仅不献珍珠，而且还捎带着打击异己，心中不禁怒意难平。忽必烈在此前虽然知道桑哥有些骄蛮，但与他对自己的忠心及敛财有方的优点比起来，仅算微瑕，人无完人嘛，用其长就是了。谁知桑哥天天向自己表白的忠心却是假的、骗人的，他连几个珍珠都不肯献给皇后，这算什么忠心！

忽必烈冷冷一笑，伸出双手拍了两下。只见偏殿的门帘一挑，龙广天书颤巍巍地走了出来。

桑哥一见，登时惊得目瞪口呆，冷汗"唰"地一下子冒了出来，他只觉得两膝一软，便瘫在地上，边拍自己胸口边大哭起来。

忽必烈面如冰铁，厉声喝道："好一个忠心的臣子！好一个无耻的奴才！滚！别在这里让朕恶心！"

几位怯薛上来，架起半瘫半傻的桑哥，出去了。

桑哥被诛，其死党也一一伏法。曾服侍过真金太子的太子詹事完泽被任命为中书省右丞相，不忽木被任命为平章政事，汉人何荣祖、架胜等均被委以重任。

在对桑哥府宅抄完之后，安童把抄家清单进呈给忽必烈时，他发现桑哥府中的积蓄竟值国库储蓄的一半还多。

忽必烈在惊诧不已中接受了这个令他心痛的事实之后，便对完泽、不忽木的"减税深以惠百姓"的建议给予了肯定，并颁布天下。

至元三十一年（1294年）正月初一，正是汉人传统的过年之时，龙广天书从忽必烈那里回到居处时已近正午。邻居的爆竹之声吵得龙广天书心浮气躁，她一点儿也不想待在家里。

皇后察必是她的知音，但现在察必已故去了。忽必烈那么快的时间就娶南必为后，这令龙广天书有些不太相信人间有什么天长地久的爱情。

忽必烈命龙广天书承袭了其父的职位，她龙广天书也是为此有好一阵子激动不已的。能统帅三军，是许多豪杰的梦想。

龙广天书望着挂在墙上的"老去官情知我胆，闲来道念见君深"的卷轴，心中有几分激动。这是王社教送给她的。送给她这卷轴之时，沈元帅、察必皇后还健在，而今，已是物是人非，自己也老态龙钟了。

龙广天书看了一会儿王社教赠的字幅，慢慢品味着其中之意，仿佛已逐渐明白了王社教的归隐之意。

此时，忽必烈已是八十岁的人了，龙广天书知道，忽必烈是有意将帝位传给铁穆耳的。龙广天书想，在铁穆耳之后呢？谁又能保证不会出现皇位动荡之局势呢？龙广天书翻弄一下书谱，她想，还真的不如学着王社教归去做陶渊明哩！

也就在龙广天书想着归隐的当儿，仆人来报南必皇后来了，当下把龙广天书惊得有些不知所措。她不明白，南必皇后为何突然来此造访。

正月初一，在汉人规矩里，是相互拜年的日子。皇后南必在此时到来，令龙广天书大感不安，她甚至有些受宠若惊了。

"不知是皇后驾到，真是有失远迎，望您恕罪。"龙广天书忙迎出门外，见到已经走上甬道的南必皇后，心中惶惑不已，不自然地行了一个大礼。

"元帅不必多礼。"南必扶起龙广天书说，"你与察必皇后、忽必烈汗都是交情深厚，你们相见向无大礼，以后，与我交往也不必有什么大礼。"

"南必皇后，我是不敢坏了规矩的，就是察必皇后在世之时，我也是行此大礼。"龙广天书说，"只是我们交情深厚，有时谈笑自如一些。"

"我也希望如此。"南必说，"大汗常在我面前提起您。"

"多谢忽必烈汗的恩宠。"龙广天书说，"就算是见了忽必烈汗，我还是要行三拜九叩之大礼的。"

"今日大汗有恙，不然的话，他也会到你这里来转一转的。"南必说，"大汗有意让我来和你聊一聊。"

"忽必烈汗的恩宠令微臣有些诚惶诚恐。"龙广天书说。

"不要这样。"

"是的，皇后。"龙广天书把南必引到室内，仆人送来茶水。龙广天书拭了一下额上的汗珠，见南必在偷窥自己，当下心中一惊，荡泼了手中的茶水。南必嫣然一笑。

龙广天书只看南必那笑靥一眼，当下已知忽必烈对南必能迷恋到何种地步。南必妩媚的样子举世罕见，走南闯北戎马一生的龙广天书，只觉得南必的美貌是世间难觅的，难怪忽必烈会封她为后。

"我来这里，确是忽必烈汗之意。"南必轻声说。

"皇后刚才讲到忽必烈汗有微恙，难道大汗病了吗？"龙广天书说，"早朝我从他那儿告辞之时，他还那样谈笑风生哩！怎会突然有恙呢？"

"是宫中人不小心放了一个爆竹，在他脚边响起，惊吓了一下。"南必说，"只怪那爆竹太大了。"

"受了惊吓？"龙广天书有些惊悸。她搞不明白，久经沙场的马上皇帝忽必烈会被一个爆竹惊吓到？她想，那爆竹一定是大得惊人了。

"也没有什么，他睡一下就会没有事的。"南必说，"只是他还念叨着你，正好我也想到你这里来看一下，所以突然造访。大汗说过，腊月里下过禁汉人军器之令，想问你各地有什么动静，子民有何谏言，大汗想让你了解一下，告知于他。"

"多谢大汗信赖。"龙广天书这回真是有些激动了。

早在至元二十九年（1292年）十二月，忽必烈曾下达缴汉人兵器之令。忽必烈一直忧心此事会激怒汉人，便差南必亲往府邸面谈于龙广天书，望其能在此事上相助自己，再为大元帝国之稳固辛苦一回。

"这一次真要有劳大驾了。"南必慢慢地喝了一口茶。

"皇后，这没有什么。"龙广天书不知该不该叫下人备饭。

"龙广天书也算重臣了。"南必并没有走的意思，她望了望墙上王社教的字幅，像突然发现什么似地说，"这幅字写得真好！好极了。"

"皇后好眼力，此字已被多人夸过。"龙广天书微笑了一下。

"龙广天书与此字主人也是同为性情中人吧！"南必皇后想说什么，却又故意不把话儿挑明。

龙广天书微笑了一下。

南必皇后见龙广天书只是微笑了一下，并不想跟自己多谈与王社教之事，便有告辞之意，哪知龙广天书说了一句："皇后，您要不要在此吃饭？"

"吃饭？"南必皇后竟然鬼使神差地点了一下头。

"吃汉人的饺子？"龙广天书微笑了一下说。

"不，饺子是回回人的。"南必皇后说，"我好像看到过王社教写的《鸳鸯湖》之类的东西，那里面有。"

"皇后看到过《鸳鸯湖》吗？王社教对我说起过，唐朝牛李之争，有安庭都护府、北庭都护府叛乱之说，还有鸳鸯湖兵马集结之奇。是的，那里边倒是真的提过饺子的来源及出处，说得一清二楚。"

"是嘛！"南必笑了起来，心想，到底还是让我把话题扯到了王社教身上。

"你哪里知道，大汗和我都是期望你去转一转，察看民情哩！"南必想。

忽必烈汗自前年十二月禁了汉军兵器，一直是坐卧不宁，他不相信一些臣子的表面文章，他很希望能有一个人能去到子民那里，去到最下层那里，把实情搞得真切无误。

龙广天书在南必此次造访之后，一直沉浸在一种难以名状的激动之中，她兀自一个人又在南必走了之后饮了许多酒，直饮得昏天黑地，一直到皎月东升，还醉意沉沉。

龙广天书觉得应策马到大都城外转一下。于是，她便翻身上马驰出城外。

龙广天书被寒风吹醒了几分酒意，便越发地兴奋，对马儿猛抽几鞭，由着马儿撒着欢儿奔跑起来。

不知不觉地，信马由缰的龙广天书到了安童的府宅前。随着一声炸响，接着是万紫千红的火焰，似花儿一般怒放。院落中响起一片叫好之声，还有人高叫着"火树银花太美妙了，妙极了"之类的呼喊声。

叫开安童的宅门，龙广天书进门之后，一时间有些惊诧：忽必烈和南必都坐在甬道尽头，旁边有一群文人雅士，他们评说着焰火如何奇妙，并不停地对忽必烈说一些恭敬应诺之辞。忽必烈只是点一下头，并不理会他们。

又一团焰火在云雾中炸开，似一派绛色的山峰，衬着一团红雾，真美极了，令人仿佛进入神话境界。

龙广天书一时间惊诧地呆立着，如同泥塑木雕一般。

龙广天书看到了王社教正静静地站在甬道另一端，正向她微笑着点头。烟火下的王社教已是须发尽白，如同霜染，依旧清瘦的脸颊也布满了道道皱纹，灰色的衣袍下依旧笔直的腰板……龙广天书实在是激动极了，她已有多年未见这位老朋友了。她情不自禁地迈开脚步，径向王社教走去。

王社教看着自己年轻时魂牵梦绕的龙广天书如今也是鬓发斑白，不禁也迎着龙广天书紧走几步，握着她的手道："多年不见，你还好吗？"

"好，好！"龙广天书说着，竟流下了两行清泪。

而王社教也已湿润眼角，道："你还是当年那般英姿飒爽，我却已经老态龙钟了。"

"谁说的，你看，我这眼角也成了小鱼尾巴了。"

"哈哈哈！"两个老人欷歔着，叙说着这多年的分别，手拉着手，不肯松开。

当辞别忽必烈与皇后之后，二人策马到了龙广天书的宅院，二人要彻夜长谈一番了。王社教的学生玉龙悄然跟在后边，不想去打扰这两位老人。

进入屋内，玉龙勤快地沏上香茗，静静地坐在一边，听着二位历经沧桑的长辈谈话。

龙广天书端起杯子，轻啜了一口香茶后，问道："这么多年，你都在哪里？"

"还不是云游天下！自从你领命去戍守边关之后，朝中阿合马、卢世荣之流又是那么专横跋扈，横行朝野，我便恳请大汗让我回江南去游览一番，从此再也没有北来。你呢？这些年，你是怎么过来的？"

"还不是统兵打仗。自大汗让我回大都颐养天年之后，我多方打听你的消息，都没有结果，你在江南干什么？"

"我本是一个文人儒士，还不是吟诗作画，教授弟子。"

"那怎么又回来了？"

"你跟大汗演了一出双簧，诛杀了奸相桑哥的事，早已传遍天下。我惊闻你已回到大都，怎能不来叙叙旧？再有，就是我这个弟子玉龙，颇有当年赵璧之才，我不想耽误他的前程，领他同来，也是想让他能入朝，为大汗出点力。"

龙广天书看看星目宽额、俊朗倜傥的玉龙，笑着说："我看玉龙这孩子，倒蛮有你年轻时的风采。"

"他比我要强多了，我哪曾有过如此飘逸的气质，否则，你当年也不会婉拒我啊。"

见王社教又提起了当年往事，龙广天书也笑了："我这一生，戎马倥偬，竟是没有时间去结情缘,想来有趣。"

王社教这把年纪了,也早对当年之举释怀,他笑道:"你是没有时间享受情愫,而我呢,也是空怀一腔热情无处倾吐哇。"

二人说着,都大笑起来。

王社教起身,在屋内踱起步来。一抬头,看到了自己早年为龙广天书题的那幅字就挂在墙壁的中央,他凝视许久,方道:"你还保存着它?"

"是的。"

"在西北打仗时也带在身边?"

"是的。"

王社教昏花的双眼又有些湿润了,半晌才道:"这么说,你的心中始终还惦念着我?"

龙广天书也走到那幅字前,轻叹道:"你我是金莲川时结下的友谊,是我的挚友,我怎么能不惦念你呢?我是一刻也忘不了的。"

二位老人的手又紧紧地握在了一起。许久,龙广天书才破涕为笑道:"两个老人还跟年轻人似的,让玉龙看见了笑话我们。"

应该说,龙广天书与王社教在安童府上的相逢,是在忽必烈的授意之下,由安童安排完成的。当时,忽必烈目睹二位老人激动地相见的场面也颇为激动,毕竟都是昔日金莲川藩王府的旧人啊,这么多年来,心与心竟仍然没有一点儿隔阂,真是令人叹服。

第二天,忽必烈就让南必安排一个精致的酒宴,他要与这些金莲川藩王府所剩无几的老朋友畅怀痛饮一番。南必担心忽必烈的身体,便劝道:"还是由安童出面吧,大汗就休息一段时间吧。"

"不行,朕要见他们。"

"大汗,您……"

"听话,去办吧。"

天刚到傍晚,龙广天书与王社教及玉龙就被忽必烈接到了紫檀殿。三人刚迈进大殿,便呆住了。

偌大的殿堂撤去了桌椅,显得空荡荡的,唯有中心铺上了几块斑斓大虎的虎皮,虎皮中央置一矮脚方桌,方桌上珍馐无数,美酒飘香。方桌的四面还摆放了几个锦垫。

就在三人呆呆地发愣时,忽必烈在南必的携扶下,笑呵呵地走了进来。三人赶紧跪下拜见,忽必烈大手一挥:"快起来,今天咱们就免去那繁文缛节,不再施什么君臣之礼,只是老友聚会如何?"

龙广天书和王社教也笑了,二人起身,与忽必烈一同坐在了方桌边。唯有玉龙跪在地上，垂首不动。

忽必烈招了招手："你也起来吧，你老师已把你的情况禀奏于朕了，安童会安排你的。"

"谢大汗。"

"王先生称赞的人，古今算起来，也没有多少，朕相信他的眼光，好好干，别辜负了朕的期望。"

"谢大汗。"

玉龙饱览古今图书，从没读过堂堂天子跟臣民称"咱们"的，更别提向一位儒士口称"先生"的。玉龙的心中激荡起阵阵波澜，庆幸着泱泱中华终于有了一位尊重知识的帝王。

忽必烈又道："今天，朕与你们二位都是暮年的老人，就让皇后跟玉龙为我们斟酒，好好地畅饮一回。"

龙广天书忙道："大汗，我一个女性怎能孤独地面对两位壮士，还是让南必皇后与我为伴吧。"

龙广天书的玩笑令忽必烈开怀大笑起来："想不到我大元帝国的女豪杰也有怯场的时候，也罢，南必就坐在朕身边吧，玉龙，倒酒。"

酒过三巡之后，几个人已是面目飞红了，讲话也随便了，气氛也更活跃了。

忽必烈捋着胡须道："自金莲川藩王府建立到今天，已是四十余载过去了。回首往来，朕真是一路维艰呢。"

王社教道："小民倒不觉得。"

"不许自谦小民，你看龙广天书多敞快，早就'我''我'的了。"忽必烈指着王社教佯怒道。

"是，大汗。我倒是觉得大汗一路走来，路途平坦，光明无限。"

"怎么讲？"

"大汗，大元帝国能有今日之盛，全赖大汗治国有方。这是长生天的一手安排，大汗想不成就大事都难呢。"

龙广天书点头道："我也颇有同感。先汗四十年未竟的志愿大汗实现了，这是长生天在佑我华夏，得到英明之主啊。"

在一旁把酒的玉龙也忍不住插嘴道："还有我华夏的版图已经囊括了无边的疆域，纵是历史上'贞观之治'的李世民也难与大汗比肩。"

"放肆！"王社教责备着玉龙的唐突。

"别拦他，让他讲。"忽必烈很爱听玉龙的话。

"是，大汗。古人曾对秦皇汉武、唐宗宋祖穷尽了赞誉之词，但大汗却令这些历史巨人汗颜。我泱泱大元，已经呈现着华夏五百年都不曾有过的广袤与兴旺，有着西夏、西辽、畏兀儿、金、宋、吐蕃、大理、蒙古、辽等诸多汇聚在大元麾下的臣民，难道这还不令人称为千古之绝唱吗？"玉龙侃侃而谈。

"说得好。"王社教点了点头。

忽必烈也笑了。在玉龙的眼里，不，在天下所有人眼里，他是历史上最伟大、无人比肩的帝王，这样的赞誉还不令他高兴吗？

南必也笑了："你小小年纪，却如此多识，可敬。"

"谢皇后。"

忽必烈又道："你颇有先生当年之风采。说说看，朕这些成就是长生天所赐吗？"

玉龙摇头道："大汗，小民不同意刚才龙元帅及我师之言。"

忽必烈指着他道："你胆子倒不小，敢否定师长的见解。有什么理由吗？"

玉龙点了点头。

"说说。"

"是，大汗。小民以为大汗能有超越千古的辉煌，是因为大汗的每一个策略的正确，而每一个正确的策略能被大汗制定，则全是因为大汗有着古今罕见的天才。太阳汗等率蒙古铁骑几十载浴血奋战，宏愿能在大汗手中实现，是大汗的英明与伟大。辽、金也是曾入主过中原的民族，他们被大汗赶出燕京的根本原因是，他们仅有善战的铁骑，却没有治理国家的能力与政策。大汗推行汉法治国，是我大元朝得以建立的支柱之一，而审时度势则是大汗建元的另一支柱。"

忽必烈越听越爱听，催道："接着说。"

"是，大汗。我蒙古铁骑如雷霆万钧之势横扫宋国，则充分地显示了大汗不仅深谙治国之精髓，更是尽得战争兵法之根本。先汗王几次攻宋不果，与其策略不当有关。大汗一改先汗王攻川蜀之旧习惯，而是围襄、樊二城，再东进攻临安，使宋国呈四面楚歌之势。单不说宋国奸相当道，纵是它有强国之势，也是不堪大汗运筹于天下的谋略的。"

龙广天书喝道："说得好！真是一语中的。"

"大汗，小民还有一言。"

"讲。"

"是，大汗。大汗还有一个盖世之举，便是结束了五百年来蒙古诸王间互相倾轧、互相拼杀的血腥，大汗让蒙古诸王及其属民都欣喜而自愿地投入到了大元帝国的怀抱，在一个旧的汗国基础上，诞生了由沙陀、契丹、渤海、女真等族组成的新的、朝气蓬勃的国家。这不仅是蒙古的一大进步，更是历史的一大进步啊！"

忽必烈感到了一种从未体味过的舒畅。是啊，自己这一生不畏生死、呕心沥血的努力，终于得到了回报，终于有了这么多的丰功伟绩，终于在历史的长河中书写了辉煌的一笔。他被玉龙的话深深打动了。

王社教满意地看着自己的学生，心道：好一张利口，好一篇情深意切的赞歌。

玉龙跪拜道："大汗的丰功伟绩仅言出一二，请大汗恩准小民修书《大元帝国颂》，以使后人均能仰慕于大汗的光芒之中。"

"好！"南必首先拍手道。

龙广天书也道："大汗，是个好主意。"

而此刻的忽必烈却敛去了笑容，站起身在大殿内来回踱着步。忽必烈清楚地知道自己这一生做过什么，知道自己缔造了前所未有的辽阔之国，但他终于摇摇头道："朕这一生，的确是做到了许多先人想做而没有做的事，但是朕的所作所为不是朕能评价得了的，还是任由后人去评说吧。"

月光如流水一般，静静地泻在紫檀殿外的甬道之上。

忽必烈在南必皇后的搀扶下，慢慢地在月光下走着路，很蹒跚，也很缓慢。甬道旁的水塘上水面清洁光亮，细看又如轻纱一样。虽然是满月，却偶尔有淡淡的云，所有的景物也就不是一直明朗着。

忽必烈从树隙中望着皎皎的明月，充满了宁静，超逸似水。

甬道旁有嫔妃们在毯子上载歌载舞，转折扭动着轻柔的腰肢，扬着修长的玉腿。忽必烈也就在这瞬间想起许多，竟然想起了与他第一次亲热的女子。

女人们一个个像早开早谢的花，一阵绚烂之后，个个都枯皮老皱，如尘土一般。忽必烈想，如果有一种圣水能留住她们的容颜就好了。

眼前漂亮的嫔妃，几年之后，还不是一个个都无可奈何花落去？

南必皇后懒懒地靠着厚裘，脸上似笑非笑，浑如海洋的眼睛停滞不动。

这使忽必烈非常着迷。忽必烈有一种想法，想伸手捏一下她那俏脸，想着想着，便把手伸了过去。

忽必烈没有料到南必皇后会捉住他的手，且把他的手放在唇边吻个不停。再看南必，已是泪流满面。

忽必烈问："你为何要哭？"

见南必皇后泪流不止，忽必烈有些莫名其妙。

南必叹了一口气。忽必烈说："南必，你难道不喜欢看这些歌舞吗？"

"大汗，我很喜欢。"南必皇后甜甜地一笑说，"我只是偶尔想哭而已。很对不起。"

"南必，难道大斡耳朵有何不适？你是我的皇后呀。"忽必烈用手拭了一下南必腮边的泪，还是忍不住捏了捏她的脸盘儿。"南必，我要干的事就一定要干好，南必，你是该了解我这点的。现在，我已是快要落山的太阳。"

"大汗，你如果不老，那该有多好啊！这大元帝国不能没有你。"

"笑话，人哪有不死之理，更无不老之理。这正如打仗，哪有不死伤之说。"忽必烈朗声大笑起来。

忽必烈感到自己快不行了，便想起了生养了自己的大草原，想起了滋润了自己的怯绿连河。

家乡的大草原，远远看去仿佛和天边相连。大草原上，到处翠色欲流，好像绿色的地毯，上面还布满了五颜六色的小花儿，又给无边的绿毯绣上了美丽的图案。草原上住着勤劳勇敢的牧马人，他们牧养着一群群牛羊和骏马。每天，他们骑着骏马，挥动着鞭子，赶着牛羊奔驰在草原上。骏马在驰骋，牧民在歌唱，碧草和小花儿在聆听……啊，一幅多么令人思念的家乡图！

忽必烈几次跟南必讲，他要回到怯绿涟河畔，要去看看他的蒙古包。南必自然不敢让虚弱的忽必烈远足。

在一次次被南必皇后拒绝后，忽必烈于1294年的元宵节最后一次梦中回到了怯绿涟河，不儿罕山，这是他的摇篮。已经八十高龄的忽必烈，也似乎预感到这是他最后一次狩猎。

不儿罕山顶上一道蓝天，浮着几小片金色浮云，一缕阳光像闪电一样落在左边峭壁上。远远前方，无数层峦叠嶂之上，团团云雾之中，忽然出现一团红雾，绛色的不儿罕山主峰，衬着那一团雾，真美极了。就像那山谷之中向上反射出红色宝石的闪光，令人仿佛进入神话境界。

南必皇后为不儿罕山这座圣山的奇异之美而惊呼，她诧异地问："真没想到先祖发源之地如此之美……"

忽必烈点了一下头。眺望一眼不儿罕山对面那些幽暗环抱的山峰，它们先是微红，然后渐红、殷红，以至像一朵迎向天空，欲放未放的荷花紫红了，赭红了。红得耀眼，红得美丽。一转眼，太阳已经升起，那红色的峰顶也一刹变为翠绿色峰顶。

忽必烈从梦中醒来，抬眼看到了紫檀殿那高高的木柱，他知道自己又一次在梦中亲吻了他的大草原。

忽必烈总是觉得胸闷气短，头昏眼花。南必知道年迈的忽必烈时日不多了，她一边给忽必烈盖好锦被，一边建议道："大汗，如今铁穆耳已在上都，是否传他来大都探视呀？"

"不用了，"忽必烈道，"他有许多政务要办，不要打扰他了。再说，我的身体一向强健，过几天会康复的。"

"那……"南必不敢说出大汗病危的话，也不敢明目张胆地让大汗安排汗国承继之事。

南必挨着忽必烈坐下，又道："大汗，是否把伯颜叫来？你们一向感情深厚，让他来宽慰几句，以博大汗开怀。"

南必知道伯颜手中握有军权，如果有伯颜在大都坐镇，即使忽必烈突然不测，也不会出乱子的。

"南必呀，睡吧。你的心意我懂，伯颜明日便到，我早就差人唤他回大都了。铁穆耳手握大元帝国玉玺，又有伯颜掌控军队，没人敢翻天的。你放心吧！"忽必烈说着，合上眼睛睡了。

南必这才知道忽必烈早安排妥当了。八旬的忽必烈身体老了，可心智依然清醒，目光依旧敏锐。南必笑了。

至元三十一年（1294年）正月二十二，忽必烈放心地合上双目，驾崩于大都紫檀殿。

同年四月，忽必烈的孙子铁穆耳即皇帝位于上都，为元成宗。